Lothar Walter, Frank C. Schnittker
Patentmanagement

Lothar Walter, Frank C. Schnittker

Patentmanagement

Recherche – Analyse – Strategie

DE GRUYTER
OLDENBOURG

ISBN 978-3-11-044344-8
e-ISBN (PDF) 978-3-11-044343-1
e-ISBN (EPUB) 978-3-11-043566-5

Library of Congress Cataloging-in-Publication Data
A CIP catalog record for this book has been applied for at the Library of Congress.

Bibliografische Information der Deutschen Nationalbibliothek
Die Deutsche Nationalbibliothek verzeichnet diese Publikation in der Deutschen Nationalbibliografie; detaillierte bibliografische Daten sind im Internet über http://dnb.d-nb.de abrufbar.

© 2016 Walter de Gruyter GmbH, Berlin/Boston
Umschlagabbildung: StudioM1/iStock/Thinkstock
Satz: Integra Software Services Pvt. Ltd.
Druck und Bindung: CPI books GmbH, Leck
♾ Gedruckt auf säurefreiem Papier
Printed in Germany

www.degruyter.com

Geleitwort

Schon lange suchen Unternehmen nach Möglichkeiten, wie sie ihre technischen Erfindungen nicht nur schützen, sondern daraus auch Vorteile für ihre Wettbewerbsstärke ziehen können. Die Tätigkeit, die sich hierauf gründet, wird *Patentmanagement* genannt. Im vorliegenden Buch erläutern zwei profunde Fachkenner, Dr. Lothar Walter als ausgewiesener Experte für Patentanalysen und Dipl.-Ing. Frank C. Schnittker als langjähriger Patentverantwortlicher in multinationalen Konzernen und zugelassener Patentvertreter vor dem US-amerikanischen Patentamt, das Thema in verständlicher Sprache und mit zahlreichen Impulsen zur Umsetzung im Unternehmen sowie zum Weiterdenken.

Zum Patentmanagement gehört eine Vielzahl an Aufgaben. Es geht dabei nicht nur darum, Erfindungen zur Patentierung zu führen – und dies vor dem Hintergrund eines globalen Wettbewerbs – sondern auch um die Gestaltung eines Patentportfolios, um die Verwertung von geschützten Ideen, um das Aufspüren patentverletzender Unternehmen, den strategischen Zugang zu fremden Technologien über die Kreuzlizenzierung, um die Sicherstellung der eigenen technologischen Position und vieles mehr. Zentrale Fähigkeiten, die in unterschiedlicher Intensität für die genannten Aufgaben benötigt werden, sind die patentbezogene *Recherche*, *Analyse* und *Strategie*. Auf sie legen Walter und Schnittker die Schwerpunkte des Buches, und sie tun dies zu Recht:

- Jedes Jahr werden weltweit hunderttausende Erfindungen beschrieben und zum Patent angemeldet. In diesem Zusammenhang wird das Bild von der Informationsflut mit gutem Grund verwendet. Ohne eine kluge *Recherche* fehlt die Grundlage für ein wirkungsstarkes Patentmanagement; und die beliebte Google-Recherche reicht bei weitem nicht aus. Hier zeigen die Autoren Wege auf, wie man durch die Nutzung patentspezifischer Besonderheiten und geeigneter Recherchetechniken ein Fundament für das Patentmanagement legt.
- Wenn auch die Recherche die Grundlage legt, so bedarf es doch weitergehender Fähigkeiten, um die gefundenen Patentanmeldungen und -erteilungen auszuwerten und aufzubereiten. Diese fassen die Autoren unter dem Begriff der *Analyse* zusammen. Der Zeit gemäß – und weit über das hinausgehend, was in anderen Publikationen zu diesem Thema zu finden ist – verbinden sie daten- (Data-Mining) und textbasierte Analysen (Text-Mining) mit aussagekräftigen Auswertungsverfahren (z.B. Patentlandkarten) und verknüpfen diese zudem mit rechtsbezogenen Analysen wie Verletzungsvermutung und -abwehr.
- Wie gut Recherche und Analyse auch sein mögen, sie entfalten erst durch eine patentbezogene *Strategie* ihre volle Wirkung. Die Autoren skizzieren das Spektrum verschiedener Patentstrategien, gehen beispielsweise auch der Frage nach, in welcher Weise eine internationale Patentstrategie gestaltet werden kann, und geben Empfehlungen zur Umsetzung in Unternehmen.

Neben den genannten Schwerpunkten finden sich in diesem Buch grundlegende Aspekte zu Patenten und anderen Schutzrechten ebenso wie ein Kapitel über die verschiedenen Aufgaben des Patentmanagements.

Ich wünsche dem Buch vor allem, dass es viele junge Menschen in die Hand bekommen, denn es hat das Potenzial, für das Patentmanagement als *Profession* zu werben und damit eine neue berufliche Möglichkeit für Nachwuchskräfte zu schaffen, die eine Brücke schlägt zwischen den Tätigkeiten von Patentanwälten auf der einen und Erfindern auf der anderen Seite. Eine solche Professionalisierung ist zudem ein wichtiger Baustein für den Erhalt der Wettbewerbsfähigkeit einzelner Unternehmen, ja sogar ganzer industrieller Branchen.

Bremen, im Sommer 2016
Prof. Dr. Martin G. Möhrle
Universität Bremen
IPMI – Institut für Projektmanagement und Innovation

Inhaltsverzeichnis

Verzeichnis der Abbildungen —— X

Verzeichnis der Tabellen —— XII

Verzeichnis der Abkürzungen —— XIV

1	Einführung in das Patentmanagement – mehr als nur Patente —— 1	
1.1	Leitgedanken des Buches —— 1	
1.2	Inhalt und Aufbau des Buches —— 3	
1.3	Lernziele und Zielgruppen des Buches —— 5	
1.4	Danksagung —— 6	
2	Grundlagen zu Patenten und anderen gewerblichen Schutzrechten —— 8	
2.1	Warum gewerbliche Schutzrechte, warum Patente? —— 8	
2.2	Entdeckung, Erfindung und Patentschutz —— 10	
2.2.1	Entdeckung und Erfindung —— 10	
2.2.2	Erfindungsschutz durch das Patent —— 13	
2.2.3	Patentschutz in wichtigen Ländern und Regionen —— 17	
2.3	Bedeutung von technischen und nicht-technischen Schutzrechten —— 32	
2.3.1	Technische Schutzrechte —— 33	
2.3.2	Nicht-technische Schutzrechte —— 37	
2.3.3	Wirtschaftliche Funktionen von Patenten —— 40	
2.4	Patentsystem und seine Akteure —— 46	
2.4.1	Entwicklung des Patentsystems —— 47	
2.4.2	Nationales und internationales Patentrecht —— 50	
2.4.3	Funktionen des Patentamts und Aspekte der Patentgerichtsbarkeit —— 54	
2.4.4	Aufgabenfeld des Patentvertreters —— 63	
2.5	Erfinder und Erfinderrecht —— 67	
2.5.1	Erfinder zwischen Genie, Irrtum und Wahrheit —— 68	
2.5.2	Arbeitnehmererfinderrecht —— 70	
2.6	Literaturverzeichnis zum Grundlagenkapitel —— 74	
3	Recherche von Patenten —— 79	
3.1	Warum Patentrecherchen? —— 80	
3.2	Patentinformationen als Quelle technischen Wissens —— 80	
3.2.1	Zugang zu Patentinformationen —— 81	
3.2.2	Eigenschaften von Pateninformationen —— 82	

3.3	Strukturelle Eigenarten von Patentdokumenten —— 84	
3.3.1	Arten von Patentdokumenten —— 84	
3.3.2	Aufbau und Inhalt von Patentschriften —— 87	
3.3.3	Strukturierung der Komponenten eines Patentdokuments —— 97	
3.4	Klassifikationen von Patenten —— 98	
3.4.1	Gemeinsame Patentklassifikation —— 100	
3.4.2	Internationale Patentklassifikation —— 103	
3.4.3	Weitere Patentklassifikationen —— 104	
3.5	Arten und Durchführung von Patentrecherchen —— 107	
3.5.1	Rechts- und informationsbezogene Patentrecherchen —— 108	
3.5.2	Prozess der Patentrecherche —— 111	
3.6	Literaturverzeichnis zum Recherchekapitel —— 133	

4 Analyse von Patenten —— 137
- 4.1 Warum Patentanalysen? —— 138
- 4.1.1 Analysen im Allgemeinen und Patentanalysen im Speziellen —— 138
- 4.1.2 Vorgehensweise bei Patentanalysen —— 141
- 4.2 Werkzeuge zur Durchführung von Patentanalysen —— 144
- 4.2.1 Erstellung deskriptiver Statistiken —— 150
- 4.2.2 Analyse semantischer Strukturen —— 154
- 4.3 Metadatenbasierte Patentanalysen —— 164
- 4.3.1 Trendverläufe —— 165
- 4.3.2 Wettbewerberrangfolgen —— 169
- 4.3.3 Zitationsnetzwerke —— 174
- 4.3.4 Kennzahlendarstellungen —— 177
- 4.4 Textbasierte Patentanalysen —— 182
- 4.4.1 Ähnlichkeitskurven —— 183
- 4.4.2 Ähnlichkeitsmatrizen —— 189
- 4.4.3 Term-Dokument-Matrizen —— 191
- 4.4.4 Patentlandkarten —— 196
- 4.4.5 Fahrspurdiagramme —— 202
- 4.5 Rechtsbezogene Patentanalysen —— 205
- 4.5.1 Verletzungsvermutung —— 210
- 4.5.2 Verletzungsabwehr —— 215
- 4.5.3 Wechselseitige Verletzungsvermutung —— 217
- 4.6 Literaturverzeichnis zum Analysekapitel —— 219

5 Strategie mit Patenten —— 225
- 5.1 Warum Patentstrategien? —— 226
- 5.1.1 Patente in unternehmerischen Innovationsstrategien —— 227
- 5.1.2 Strategische Verwendung von Patenten —— 228

5.2	Arten von Patentstrategien —— **232**	
5.2.1	Entwicklung einer Patentstrategie —— **234**	
5.2.2	Defensive und offensive Patentstrategie —— **237**	
5.2.3	Patentstrategien unter Berücksichtigung der Internationalisierung —— **239**	
5.2.4	Patentstrategien unter Berücksichtigung der Patentansprüche —— **240**	
5.3	Alternative Appropriationsstrategien —— **244**	
5.3.1	Lizenzierung von Patenten —— **244**	
5.3.2	Bildung von Patentpools —— **248**	
5.3.3	Patentverkauf und Patentkauf —— **251**	
5.4	Literaturverzeichnis zum Strategiekapitel —— **254**	

6 Management von Patenten —— 259
- 6.1 Warum Management von Patenten? —— **260**
- 6.2 Patentmanagement in Theorie und Praxis —— **261**
- 6.2.1 Begriffsbildung Patentmanagement —— **262**
- 6.2.2 Patentmanagement im Unternehmen —— **264**
- 6.2.3 Organisation des Patentmanagements —— **272**
- 6.3 Aktionsrahmen des Patentmanagements —— **275**
- 6.3.1 Aufgabenfelder des operativen Patentmanagements —— **276**
- 6.3.2 Aufgabenfelder des strategischen Patentmanagements —— **292**
- 6.4 Patentbewertung als Herausforderung im Patentmanagement —— **302**
- 6.4.1 Anlässe der Patentbewertung —— **304**
- 6.4.2 Monetäre Verfahren der Patentbewertung —— **307**
- 6.4.3 Wertbestimmung eines Patentportfolios —— **311**
- 6.5 Patentverletzungen als Herausforderung im Patentmanagement —— **313**
- 6.5.1 Interner Umgang mit Patentverletzungen —— **315**
- 6.5.2 Externer Umgang mit Patentverletzungen —— **320**
- 6.6 Literaturverzeichnis zum Managementkapitel —— **321**

7 Zusammenfassung und Ausblick —— 328
- 7.1 Inhalt in Kürze —— **328**
- 7.2 Ausblick —— **330**

Glossar —— 337

Autoren —— 347

Stichwortverzeichnis —— 349

Verzeichnis der Abbildungen

Abb. 1.1: Aufbau des Buches Patentmanagement – Recherche, Analyse, Strategie —— 3
Abb. 2.1: Bedeutung von Patenten —— 9
Abb. 2.2: Voraussetzungen der Patenterteilung —— 14
Abb. 2.3: Der Weg zum Patentschutz in Deutschland —— 18
Abb. 2.4: System der PCT-Patentanmeldung —— 29
Abb. 2.5: Technische und nicht-technische Schutzrechte —— 33
Abb. 2.6: Rangfolge der 15 weltweit wertvollsten Marken nach ihrem Markenwert in Milliarden US-Dollar —— 39
Abb. 2.7: Patentanmeldungen in den drei Regionen China, Europa und USA im Zeitverlauf —— 53
Abb. 3.1: Eigenschaften von Patentinformationen —— 83
Abb. 3.2: Auszug aus Patentblatt Nr. 11 des DPMA vom 12.03.2015 —— 86
Abb. 3.3: Titelblatt der Offenlegungsschrift DE 10 2012 221 031 A1 —— 88
Abb. 3.4: Einordnung der Komponenten eines Patentdokuments nach Abstraktionsgrad und Komplexität —— 98
Abb. 3.5: Neun Sektionen der Gemeinsamen Patentklassifikation (CPC) —— 101
Abb. 3.6: Acht Sektionen der Internationalen Patentklassifikation (IPC) —— 103
Abb. 3.7: Prozess der Patentrecherche —— 112
Abb. 3.8: Funktionsweise Boolscher Operatoren —— 114
Abb. 3.9: Vorgehen bei der Block Building Strategie —— 115
Abb. 3.10: Trefferliste einer Recherche im DEPATISnet des DPMA —— 125
Abb. 3.11: Trefferliste einer Recherche im Espacenet des EPA —— 126
Abb. 3.12: Trefferliste einer Recherche in der PatFT des USPTO —— 127
Abb. 3.13: Top Anmelder der PCT-Anmeldungen zu Kranen —— 130
Abb. 3.14: PCT-Anmeldungen zu Kranen im Zeitverlauf —— 131
Abb. 3.15: Grafische Mengendarstellung von Recall und Precision —— 132
Abb. 4.1: Fünfphasiger KDD-Prozess —— 145
Abb. 4.2: Bestandteile von Text-Mining-Systemen —— 146
Abb. 4.3: Ausschnitt aus einem Excel-Tabellenblatt mit Metadaten zu einer Patentrecherche nach DE-Patenten zu Kranen aus dem Jahre 2013 —— 152
Abb. 4.4: Tetragramme aus einem Beispielsatz —— 158
Abb. 4.5: Semantische Patentanalyse mit dem PatVisor® —— 160
Abb. 4.6: Gebrauchsmuster (U1) und Offenlegungsschriften (A1) mit Wirkung für Deutschland zwischen 1974 und 2013 —— 168
Abb. 4.7: Anteile der Offenlegungsschriften beim DPMA der acht TOP-Anmelder in der Krantechnologie in Deutschland in den Jahren 2004 bis 2013 —— 173
Abb. 4.8: Zitationsnetzwerk zur Offenlegungsschrift DE 10 2008 013 203 A1 —— 176
Abb. 4.9: Aufbau des Patentportfolios nach Ernst —— 180

Abb. 4.10: Spinnendiagramm mit fünf Kennzahlen zu Kranpatenten von der Wolffkran Holding AG und der Liebherr-Gruppe aus dem Jahre 2012 —— **182**
Abb. 4.11: Venn-Diagramm zur Verdeutlichung der semantischen Ähnlichkeitsberechnung —— **184**
Abb. 4.12: Ähnlichkeitskurve von Kranpatenten zum Vergleichspatent US 8,857,635 —— **188**
Abb. 4.13: Heat Map zu 122 Kranpatenten fünf patentaktiver Unternehmen —— **190**
Abb. 4.14: Ausschnitt der Term-Dokument-Matrix mit den Häufigkeiten von 2-Grammen zu 360 Kranpatenten —— **195**
Abb. 4.15: Ausschnitt der Term-Dokument-Matrix mit Tfidf-Maßen —— **197**
Abb. 4.16: Patentlandkarte mit 122 Kranpatenten der fünf patenaktivsten Anmelder —— **200**
Abb. 4.17: Fahrspurdiagramm aus 172 US-Patentanmeldungen der Jahre 2003 bis 2014 zu Hubseilen in der Krantechnologie —— **204**
Abb. 4.18: Hypothetische Patentlandkarte zu einer potenziellen Patentverletzungssituation —— **209**
Abb. 5.1: Tagcloud zu Begriffen im Kontext von Patentstrategien —— **233**
Abb. 5.2: Internationale, multinationale, globale und transnationale Patentstrategie —— **239**
Abb. 5.3: Patentüberflutungs- und Patentzaunstrategie —— **242**
Abb. 6.1: Patentmanagement im Spannungsfeld weiterer Unternehmensfunktionen —— **265**
Abb. 6.2: Organisation des Patentmanagements (IP-Management) in einem internationalen Technologieunternehmen —— **274**
Abb. 6.3: Risikoelemente bei der Patentbewertung —— **306**

Verzeichnis der Tabellen

Tab. 2.1: Ausgewählte Entdeckungen und Erfindungen —— **12**
Tab. 2.2: Länder, die sich dem Europäischen Patentübereinkommen (EPÜ) angeschlossen haben —— **21**
Tab. 2.3: Gegenstand, Entstehung und Laufzeit gewerblicher Schutzrechte in Deutschland —— **41**
Tab. 2.4: Entwicklungsetappen des Patentwesens —— **48**
Tab. 3.1: Ausgewählte Zweibuchstaben-Ländercodes nach WIPO-Standard ST.3 —— **89**
Tab. 3.2: Auswahl an Dokumentenartencodes deutscher, europäischer und US-amerikanischer Schutzrechte gemäß WIPO-Standard ST.16, Appendix 2 —— **90**
Tab. 3.3: Beispiele der Patentfachsprache aus Allgemeiner Technologie, Maschinenbau, und Chemie —— **96**
Tab. 3.4: Struktur der CPC-Klasse B66C 23/70 —— **102**
Tab. 3.5: Auswahl recherchierbarer Suchfelder in den Patentdatenbanken des DPMA, EPA und des USPTO —— **122**
Tab. 3.6: Trefferliste der fünf Patente zu Witterungsschutzeinrichtungen bei Kranen mit ausgewählten bibliografischen Daten —— **128**
Tab. 4.1: Data-Mining versus Text-Mining —— **147**
Tab. 4.2: Auswahl an Werkzeugen (Software Tools) für eine Patentanalyse (gar nicht ○, teilweise ◑, vollständig ●) —— **149**
Tab. 4.3: Auswahl häufigster Wörter des Projektes Deutscher Wortschatz in Rangfolge —— **159**
Tab. 4.4: Patentanmeldungen beim DPMA in 2014 nach den zehn anmeldestärksten IPC-Klassen —— **166**
Tab. 4.5: Anzahl an Offenlegungsschriften (A1 Dokumente) und eingetragenen Gebrauchsmustern (U1 Dokumente) mit Wirkung für Deutschland in den Jahren 1974 bis 2013 —— **167**
Tab. 4.6: Rangfolge die 15 aktivsten Unternehmen und Institutionen beim DPMA nach der Anzahl eingereichter nationaler Patentanmeldungen im Jahr 2014 —— **170**
Tab. 4.7: Rangfolge der Anmelder mit mehr als 5 Offenlegungsschriften von Kranpatenten beim DPMA in den Jahren 2004 bis 2013 —— **171**
Tab. 4.8: Wettbewerberrangfolge der DE-Gebrauchsmuster in der Krantechnologie im Jahre 2013 —— **173**
Tab. 4.9: Beispiele für patentbezogene Kennzahlen —— **177**
Tab. 4.10: Beispielhafte Aufstellung der anspruchsbegründenden Merkmale der Offenlegungsschrift DE 10 2014 105 618 A1 gegenüber den Ansprüchen der nächstliegenden Wettbewerbsschutzrechte —— **214**
Tab. 5.1: Patentierungsgründe aus Sicht der Unternehmen —— **230**

Tab. 5.2:	Branchenspezifische Effektivität von Schutzmechanismen für Produkt- und Prozessinnovationen —— 231
Tab. 5.3:	Indikatoren für die Unterscheidung von breiten und schmalen Patentansprüchen —— 241
Tab. 5.4:	Lizenzarten, Patentverwertung und Kooperationsform —— 245
Tab. 6.1:	Aufgabenfelder und Tätigkeiten des operativen Patentmanagements —— 291
Tab. 6.2:	Aufgabenfelder und Tätigkeiten des strategischen Patentmanagements —— 302
Tab. 6.3:	Anlässe für eine Bewertung von Patenten —— 305

Verzeichnis der Abkürzungen

AIA	America Invents Act
AppFt	Patent Application Full-Text and Image Database
ArbnErfG	Arbeitnehmererfindergesetz
BGH	Bundesgerichtshof
BPAI	Board for Patent Appeals and Interferences
BPatG	Bundespatentgericht
BSA	Bundessortenamt
CAFC	Court of Appeals for Federal Circuit
Corp.	Corporation
CPC	Cooperative Patent Classification
CPVO	Community Plant Variety Office
CSV	Comma-separated Values
CTO	Chief Technical Officer
DEKLA	Deutsche Patentklassifikation
DEPATIS	Deutsches Patentinformationssystem
DPMA	Deutsche Patent- und Markenamt
DesignG	Designgesetz
DesignV	Designverordnung
EPA	Europäisches Patentamt
ECLA	European Classification System
EPÜ	Europäisches Patentübereinkommen
Espacenet	Patentdatenbank des EPA
FI	File Index
F-term	Klassifikationssystem für japanische Patentdokumente
FTO	Freedom-to-Operate
FuE	Forschung und Entwicklung
GCC	Gulf Cooperation Council
GCCPO	Patent Office of the Cooperation Council for the Arab States of the Gulf
GebrMG	Gebrauchsmustergesetz
GebrMV	Gebrauchsmusterverordnung
GeschmMG	Geschmacksmustergesetz
GeschmMV	Geschmacksmusterverordnung
GmbH	Gesellschaft mit beschränkter Haftung
GMV	Gemeinschaftsmarkenverordnung
HTML	Hypertext Markup Language
HTTP	Hypertext Transfer Protocol
INID	Internationally agreed Numbers for Identification of Data
IP	Intellectual Property
IPC	International Patent Classification
IPEA	International Preliminary Examining Authority

IPER	International Preliminary Search Examination Report
ISA	International Search Authority
ISR	International Search Report
IT	Informationstechnologie
KMU	Kleine und mittlere Unternehmen
LG	Landgericht
LLC	Limited Liability Company
Ltd.	Limited
MarkenG	Markengesetz
MDS	Multidimensionale Skalierung
MPEP	Manual for Patent Examination on Patentability
NLP	Natural Language Processing
OLG	Oberlandesgericht
OMPI	Organisation Mondiale de Propriété Intellectuelle
PatAnmVO	Patentanmeldeverordnung
PatFt	Patent Full-Text and Image Database
PatG	Patentgesetz
PATON	Patentinformationszentrum und Online-Dienste
PCT	Patent Cooperation Treaty
PDF	Portable Document Format
PIZ	Patentinformationszentrum
PTAB	Patent Trial and Appeal Board
PVÜ	Pariser Verbandsübereinkunft
RO	Receiving Office
SAO	Subject-Action-Object
SIPO	State Intellectual Property Office
SortSchG	Sortenschutzgesetz
TRIPS	Trade Related Aspects of Intellectual Property Rights
TRIZ	Theorie des erfinderischen Problemlösens
UN	United Nations
UPC	Unified Patent Court
US	United States
USPC	United States Patent Classification
USPTO	United States Patent and Trademark Office
VDI	Verein Deutscher Ingenieure
WIPO	World Intellectual Property Organization
WTO	World Trade Organization
WWW	World Wide Web
XML	Extensible Markup Language

1 Einführung in das Patentmanagement – mehr als nur Patente

Wer nicht erfindet, verschwindet.
Wer nicht patentiert, verliert.
Erich Otto Häußer (*1930; †1999)

In der unternehmerischen Praxis sind Patente ein gebräuchliches und bewährtes Instrument zum Schutz vor Imitatoren. Führten Patente noch vor wenigen Jahren in den Rechtsabteilungen der Unternehmen ein Schattendasein, dem das Management keine große Beachtung schenkte, so haben sie sich in den letzten Jahren mehr und mehr als eine Waffe im Kampf um die Wettbewerbsposition von Unternehmen erwiesen. Patente sind zu einem wichtigen Managementinstrument geworden, und nicht nur technologieorientierte Großunternehmen sondern auch kleine und mittelständische Unternehmen setzen vermehrt auf ein Management von Patenten, mit dem Ziel, das in Patenten gebundene technische Wissen erfolgsstrategisch zu nutzen.

In der Forschung und Lehre wurden Patente früher zumeist nur in den Rechtswissenschaften thematisiert. Erst in letzter Zeit hat das Thema Einzug in die Natur-, Ingenieurs- und Wirtschaftswissenschaften gehalten, wobei sich das Patentmanagement an vielen Universitäten, Hochschulen und Forschungsinstituten zu einer eigenständigen Disziplin entwickeln konnte. Das Forschungsinteresse zielt dabei auf verschiedene Aspekte des Patentmanagements wie beispielsweise die Verwertung geistigen Eigentums, die Beobachtung von Wettbewerbern und neuen technischen Entwicklungen, die Administration gewerblicher Schutzrechte wie Patente oder Gebrauchsmuster, die Reduktion von Forschungs- und Entwicklungsaufwendungen oder den Schutz der eigenen Produkte, Prozesse und Dienstleistungen vor Imitation.

1.1 Leitgedanken des Buches

Das Patentmanagement ist offenkundig aus praktischer wie theoretischer Sicht von großem Interesse. Mit unserem Buch wollen wir deshalb einen Einblick in die verschiedenen Facetten des Managements von gewerblichen Schutzrechten wie Patenten geben. Es ist als Lehr- und Fachbuch konzipiert, welches in strukturierter Form zentrale Aspekte des Patentmanagements vorstellt und sich sowohl für das Selbststudium als auch für die Arbeit in Vorlesungen, Seminaren oder Fortbildungskursen eignet.

In den einzelnen Kapiteln haben wir uns von Fragen leiten lassen, anhand derer dem Leser aufgezeigt werden soll, wann und inwiefern ein wirtschaftliches, technisches oder rechtliches Problem vorliegt. Darauf aufbauend wird dann verdeutlicht,

welche Möglichkeiten zur Verfügung stehen, um die benannten Probleme zu lösen. Die Leitfragen lauten:
- Worin unterscheiden sich die gewerblichen Schutzrechte Patent, Gebrauchsmuster und Marke?
- Wie können datenbankgestützte Patentinformationen für strategische Entscheidungsprozesse genutzt werden?
- Wie lässt sich das in Patenten enthaltene Wissen unter ökonomischen Gesichtspunkten bewerten und inhaltlich erschließen?
- Was versteht man unter Patentstrategie und welche Patentierungsstrategien sind sinnvoll?
- Welchen Herausforderungen müssen sich das operative und das strategische Patentmanagement stellen?

Diese Leitfragen zeigen, dass zu ihrer Beantwortung ein grundlegendes Verständnis geschaffen werden muss, mit dem sich erkennen lässt, welche Relevanz Patente und das Management gewerblicher Schutzrechte besitzen. Zudem wird deutlich, dass neben den theoretischen Grundlagen auch ein dreistufiger praktischer Prozess des Patentmanagements – bestehend aus *Recherche*, *Analyse* und *Strategie* – Antworten liefern kann, die dazu dienen, dem Unternehmen den gewünschten Handlungsspielraum (*Freedom-to-Operate* (FTO)) zu verschaffen. Dieser dreistufige Prozess steht daher im Zentrum unseres Buches; die Recherche und Analyse von Patenten sowie die Strategie mit Patenten werden konkret beschrieben und ihre Umsetzung wird anhand von Fallbeispielen im Detail erläutert. Darauf aufbauend werden auch Antworten zu Fragen im Kontext des Managements von Patenten herausgearbeitet. Hierbei geht es um die Organisation des Patentmanagements und um die interdisziplinär ausgerichteten Aufgaben des operativen und strategischen Patentmanagements sowie um spezielle Herausforderungen, denen sich das Management stellen muss.

Die Darstellung und Abhandlung des Themas Patentmanagement erfolgt jeweils in sich abgeschlossenen Kapiteln, die neben einem Basistext mit Abbildungen und Tabellen auch praxisnahe Fallbeispiele beinhalten. Diese Fallbeispiele sollen grundlegende Zusammenhänge anschaulich machen und das Verständnis erleichtern. Sie sind aber nicht als Best-Practice-Lösungen zu verstehen, sondern stellen jeweils realistische Anschauungsbeispiele – unter anderem entlehnt aus der Krantechnologie – dar, welche helfen sollen, die Anwendung von theoretischen und praktischen Zusammenhängen im Patentmanagement zu veranschaulichen. Sofern aus den Beispielen Handlungsempfehlungen abgeleitet wurden, ist zu beachten, dass diese nicht als rechtlicher Rat oder Empfehlungen aus Sicht eines Patentanwalts aufgefasst werden dürfen. Sie sind lediglich als praktische Hinweise zu verstehen.

Zum Nachlesen und Vertiefen der in unserem Buch angesprochenen Fragen wird an den entsprechenden Stellen ergänzend auf Fachaufsätze oder spezielle Fachbücher verwiesen. Diese sind am Ende eines jeden Kapitels in einem Literaturverzeichnis zusammengestellt. Zudem werden einzelne im Patentwesen nicht geläufige

Begriffe direkt mittels einer Fußnote erläutert. Auch die Gesetze oder Institutionen, Behörden und Unternehmen, auf die im Basistext Bezug genommen wird, sind mit Fußnoten versehen. Des Weiteren lassen sich wichtige im Patentmanagement geläufige Begriffe in einem Glossar am Ende des Buches nachschlagen.

1.2 Inhalt und Aufbau des Buches

Das Patentmanagement-Buch ist aus den oben dargelegten Gründen in fünf inhaltliche Kapitel gegliedert, die von der Einführung und einer abschließenden Zusammenfassung mit Ausblick umrahmt werden. Abbildung 1.1 visualisiert den Aufbau des Buches.

Nach dieser Einführung in das Patentmanagement werden in *Kapitel 2* die Grundlagen zu Patenten und gewerblichen Schutzrechten dargestellt. Es wird gezeigt, dass gewerbliche Schutzrechte wie Patente dem Schutz und der Förderung von gewerblichen und geistigen Leistungen dienen. Als Bindeglied zwischen den Forschungs- und Entwicklungsabteilungen von Unternehmen und der gewerblichen Verwertung von Erfindungen kommt den Patenten eine hohe wirtschaftliche Bedeutung zu. Sie stellen eine Öffentlichkeit her, dienen der Erhaltung der Wettbewerbsfähigkeit und ermöglichen die Erschließung technischer Informationen. Mit diesen Informationen können Unternehmen beispielsweise Schutzrechtskollisionen vermeiden und Anregungen für neue Produkte, Dienstleistungen oder Problemlösungen erarbeiten.

Es sind die besonderen Eigenschaften von Patentinformationen, die diese aus betriebs- und informationswissenschaftlicher Sicht zu einer vorteilhaften Informationsquelle über technologische Sachverhalte machen. Patentrecherchen dienen

Kapitel 1	Einführung in das Patentmanagement – mehr als nur Patente
Kapitel 2	Grundlagen zu Patenten und anderen gewerblichen Schutzrechten
Kapitel 3 Kapitel 4 Kapitel 5	Recherche von Patenten → Analyse von Patenten → Strategie mit Patenten
Kapitel 6	Management von Patenten
Kapitel 7	Zusammenfassung und Ausblick

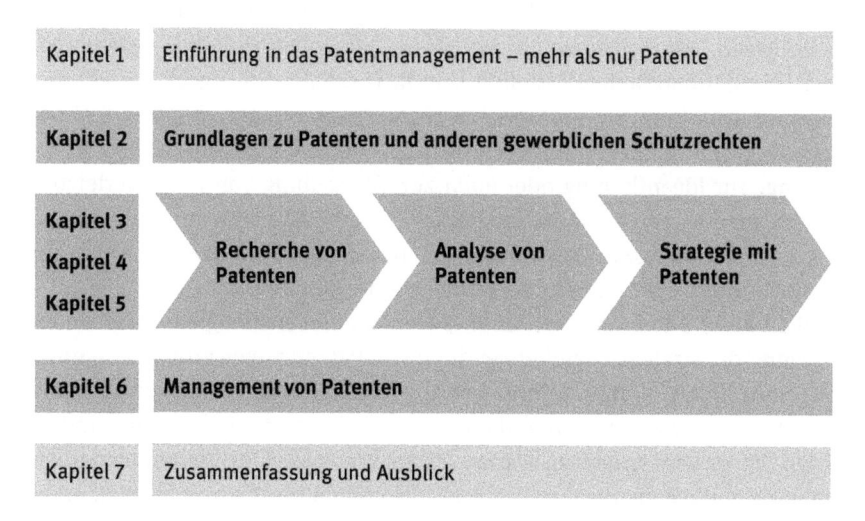

Abb. 1.1: Aufbau des Buches Patentmanagement – Recherche, Analyse, Strategie (Quelle: Eigene Darstellung).

der Ermittlung von Patentinformationen und helfen bei der Suche nach technischen Neuerungen; daher thematisiert *Kapitel 3* die Recherche von Patenten. Hier werden die Fragen beantwortet, warum Patentrecherchen überhaupt notwendig sind und welche Motive einer Patentrecherche zugrunde liegen. Darauf aufbauend wird in einem dreiphasigen Patentrechercheprozess gezeigt, wie die mit hoher Sorgfalt durchgeführte Suche nach Patentinformationen die Effektivität und Effizienz eines Unternehmens steigern kann.

Wie in *Kapitel 4* beschrieben, müssen die recherchierten Informationen analysiert werden, um das in den Patenten gebundene technische Wissen strategisch nutzen zu können. Für solche Patentanalysen, die metadaten- und textbasiert wie auch rechtsbezogen durchgeführt werden, stehen zahlreiche Werkzeuge bereit, welche sich das Data-Mining und Text-Mining in unterschiedlicher Art und Weise zu eigen machen. Sie ermöglichen es, Patentinformationen hinsichtlich quantitativer und qualitativer Gesichtspunkte weitergehend zu untersuchen.

Hinsichtlich der quantitativen Analysen wird gezeigt, wie sich mit dem Werkzeug Microsoft Excel aus einer großen Sammlung von Patentinformationen deskriptive Statistiken erstellen lassen, um gezielt Wissen für das Patentmanagement bereitzustellen. Mit der Software PatVisor®, einem vom Institut für Projektmanagement und Innovation (IPMI) der Universität Bremen entwickelten Werkzeug zur semantischen Patentanalyse, können darüber hinaus inhaltsbezogene, qualitative Analysen durchgeführt werden.

Anhand ausgewählter Fallbeispiele aus der Krantechnologie wird demonstriert, wie sich metadatenbasierte Analysen konkret durchführen lassen, um beispielsweise Trendverläufe, Wettbewerberrangfolgen, Zitationsnetzwerke oder Kennzahlendarstellungen zu erarbeiten. Ebenfalls an Fallbeispielen aus der Krantechnologie werden textbasierte Patentanalysen vorgestellt und es wird gezeigt, wie sich beispielsweise Ähnlichkeitskurven, Ähnlichkeitsmatrizen, Term-Dokument-Matrizen, Patentlandkarten oder Fahrspurdiagramme erstellen lassen. Diese Analyseergebnisse können zur Entscheidungsfindung im strategischen Patentmanagement, für das Technologie-Monitoring, zur Technologiebewertung, zur Wettbewerberanalyse, zur Erfinderprofilierung, zur Ideenfindung oder auch zur Vermeidung von Patentverletzungen eingesetzt werden. Um auch rechtliche Risiken oder Chancen zu qualifizieren, werden ferner rechtsbezogene Patentanalysen thematisiert, die beispielsweise zur Verletzungsvermutung oder -abwehr eingesetzt werden können.

In Hinsicht auf die Wahrung der langfristigen Überlebensfähigkeit eines Unternehmens kommt der strategischen Verwendung von Patenten eine große Bedeutung zu. So geht es in *Kapitel 5* um die Strategie mit Patenten, welche zur Entwicklung nachhaltiger Wettbewerbsvorteile und damit zur Erreichung der Unternehmensziele beitragen soll. Vorab wird dargelegt, warum Patentstrategien für Unternehmen überhaupt eine solch große Bedeutung haben und was unter Strategie bzw. speziell unter Patentstrategie zu verstehen ist. Des Weiteren wird ein Überblick über die Vielfalt an Patentstrategien gegeben und es werden insbesondere die defensive Patentstrategie zur Minimierung der Auswirkungen von Patentstrategien anderer Marktteilnehmer auf das eigene Unternehmen sowie die offensive Patentstrategie zur Erschwerung des Zugangs anderer Unternehmen zu komplementären Technologien und entsprechenden Marktsegmenten vorgestellt.

Patente sind ein Instrument zur Steigerung der Innovationsfähigkeit von Unternehmen und besitzen in der heutigen Wissensgesellschaft einen hohen Stellenwert. Dies zeigt sich in der stetig steigenden Zahl nationaler Patentanmeldungen und -erteilungen wie auch an der Zunahme der Patentierungen in regionalen und internationalen Rechtsräumen. Des Weiteren spielen Patente eine entscheidende Rolle bei der Steuerung von Unternehmen, und sie haben einen positiven Einfluss auf den Unternehmenserfolg. Durch die Bereitstellung ausgewählter und analysierter Patentinformationen sorgt ein Patentmanagement dafür, dass die eigenen Entwicklungen den benötigten FTO besitzen. Hierum geht es schließlich in *Kapitel 6*, welches das Management von Patenten thematisiert. Es wird gezeigt, dass das Patentmanagement zum einen verschiedene Funktionsbereiche im Unternehmen unterstützt und zum anderen – je nach operativer und strategischer Ausprägung – diverse eigene Aufgaben zu erfüllen hat.

Das Buch schließt mit der Zusammenfassung und einem Ausblick in *Kapitel 7*. Hier sind die wesentlichen Inhalte der einzelnen Kapitel kurz zusammengefasst und es wird diskutiert, welche Entwicklungen und Tendenzen im Bereich des Patentwesens das Patentmanagement in Unternehmen künftig vor neue Herausforderungen stellen werden.

1.3 Lernziele und Zielgruppen des Buches

Nach Durcharbeiten unseres Patentmanagement-Buches sollen die Leser in der Lage sein
- die grundlegenden Charakteristika der unterschiedlichen Arten von gewerblichen Schutzrechten zu erläutern und zu beurteilen,
- die zwingenden Formerfordernisse zur Generierung und zur Aufrechterhaltung von gewerblichen Schutzrechten wie Patenten darzulegen und umzusetzen,
- wesentliche Schritte der Recherche und Analyse von gewerblichen Schutzrechten wie Patenten zu verstehen und eigenständig durchzuführen,
- den Aufbau- und die Gestaltungsmöglichkeiten für ein Management gewerblicher Schutzrechte wie Patente in Unternehmen zu diskutieren und
- die Strategien und Methoden sowie die operativen Aufgaben des Managements gewerblicher Schutzrechte wie Patente zu erläutern und zu beurteilen.

Das Buch wendet sich an vier zentrale Zielgruppen:
- Verantwortliche für das Patentwesen in Unternehmen finden darin einen Überblick für ihre Tätigkeit aus einer managementorientierten Perspektive.

- Patentanwälten und -prüfern eröffnet sich ein Blick auf die vielfältigen Möglichkeiten, die sich durch daten- wie textbasierte Patentrecherchen und -analysen ergeben.
- Forscher, die sich in wissenschaftlichen Untersuchungen mit Patenten beschäftigen und diese beispielsweise als Datengrundlage für ihre Forschung nutzen, erhalten neben innovativen Recherche- und Analyseverfahren Hinweise, mit denen sich ihre Ergebnisse interpretieren lassen.
- Schließlich soll das Buch auch Studierenden dienlich sein, die das faszinierende Gebiet des Patentmanagements kennenlernen möchten.

Wir hoffen, dass der Titel *Patentmanagement* nicht abschreckend wirkt. Das Thema mag auf den ersten Blick langweilig erscheinen, erweist sich bei näherem Hinsehen aber als aufregend und spannend:

> *This book is about intellectual property (IP), once considered the most boring subject in the world. Until very recently, in fact, simply mentioning the words patents or intellectual property at a social gathering was guaranteed to invite blank stares, followed by an awkward shuffling of feet as everyone suddenly spotted dear old friends that he or she simply had to go talk on. Today, patent lawyers attract small crowds at parties – rather like astrologers used to and plastic surgeons still do – and find themselves peppered with questions such as whether that wonderful idea for a bird diaper is patentable (the answer is yes – it was issued Patent No. 2,882,858).* (Rivette und Kline 2000, S. 1[1])

1.4 Danksagung

Auf dem Weg der Erstellung dieses Buches haben uns zahlreiche Personen unterstützt und begleitet. Stellvertretend für all jene, die uns mit großer Begeisterung durch die faszinierende Welt der Patente und deren Management begleitet haben, danken wir an dieser Stelle Prof. Dr. Martin G. Möhrle ganz besonders. Bewusst sowie unbewusst haben sie alle dazu beigetragen, dass dieses Buch in seiner thematischen Fülle nun vorliegt. Des Weiteren danken wir allen derzeitigen und ehemaligen Mitarbeiterinnen und Mitarbeitern des Instituts für Projektmanagement und Innovation (IPMI) der Universität Bremen für ihre tiefreichenden wissenschaftlichen Gespräche. Besonderer Dank gilt hier M.Sc. Wi.-Ing. Jonas Frischkorn, Dr. Jan M. Gerken und M.Sc. Wi.-Ing. Michael Wustmans, die uns bei strittigen Fragen zur Recherche und Analyse von Patenten sowie zu den Aufgaben des operativen und strategischen Patentmanagements jederzeit zur

---

[1] Vgl. Rivette, K. G. und Kline, D. (2000). Rembrandts in the attic. Unlocking the hidden value of patents. Harvard Business School Press. Boston, Massachusetts. Siehe unter https://books.google.de/books?id=jCLqq80CpwwC&printsec=frontcover&hl=de&source=gbs_atb#v=onepage&q&f=false, Abruf 07.02.2016.

Verfügung gestanden haben. Namentlich gebührt unser Dank ganz besonders auch Frau Kirsten Kueven für die redaktionelle Durchsicht des Manuskripts.

Bremen und Würzburg,
im Sommer 2016
Lothar Walter und Frank C. Schnittker

2 Grundlagen zu Patenten und anderen gewerblichen Schutzrechten

Heureka! – Ich hab's gefunden!
Archimedes (*287 v.Chr., †212 v.Chr.)

Ein gezieltes Patentmanagement unterstützt das Innovationsmanagement bei der Planung und Steuerung von Innovationsprozessen. Dabei sind zur Erfüllung der vielfältigen Aufgaben im Patenmanagement grundlegende Kenntnisse in Bezug auf gewerbliche Schutzrechte, wie Patente oder Gebrauchsmuster, sowie zu verschiedenen Patentsystemen erforderlich.

In diesem Kapitel sollen die Grundlagen von Patenten und anderen gewerblichen Schutzrechten dargelegt werden, um zu vermitteln, welche Bedeutung Schutzrechte zur Absicherung eigener wirtschaftlicher Interessen und zur Erkennung fremder Interessen haben. So wird zunächst in Abschnitt 2.1 die Frage beantwortet, warum gewerbliche Schutzrechte und insbesondere Patente eine so wichtige Rolle für Unternehmen spielen. In diesem Zusammenhang werden in Abschnitt 2.2 die Unterschiede zwischen einer Entdeckung und einer Erfindung aufgezeigt und das Patent zum Schutz von Erfindungen im Detail thematisiert. Des Weiteren wird dargelegt, wie ein Patentschutz jeweils in Deutschland, Europa, USA und China erreicht wird und wie ein internationaler Patentschutz erlangt werden kann. In Abschnitt 2.3 geht es dann um die Bedeutung von technischen und nicht-technischen (ästhetischen und kennzeichnenden) Schutzrechten und es werden ausgewählte Schutzrechte näher erläutert. Des Weiteren werden die wirtschaftlichen Funktionen von Patenten diskutiert. Der Abschnitt 2.4 geht dann auf das Patentsystem und seine Akteure ein; zudem werden die Entwicklung des Patentsystems, das nationale und internationale Patentrecht, die Funktionen des Patentamts und Aspekte der Patentgerichtsbarkeit sowie die Aufgabenfelder des Patentvertreters vorgestellt. Der Abschnitt 2.5 wendet sich abschließend dem Erfinder und seinen Rechten zu. Hier geht es zum einen um den Erfinder als Individuum und seine Stellung im Patentsystem und zum anderen um das Arbeitnehmerfinderrecht, welches die Rechte und Pflichten des Arbeitgebers sowie des Arbeitnehmers hinsichtlich der von abhängig Beschäftigten gemachten Erfindungen regelt. In Abschnitt 2.6 findet sich eine Zusammenstellung der Literatur zu diesem Grundlagenkapitel.

2.1 Warum gewerbliche Schutzrechte, warum Patente?

In vielen Ländern der Welt sind das *Intellectual Property* und der Schutz des geistigen Eigentums gesetzlich geregelt. Ziel dieser Regelungen ist es, den risikobereiten Erfinder bei der Offenlegung seiner Erfindung durch die Schaffung eines zeitlichen

Monopols mit einem gewerblichen Schutzrecht zu belohnen. Seine zu erbringende Leistung besteht somit in der Offenlegung in Form der Patentbeschreibung und in der Zahlung von Gebühren an das Patentamt. Damit erzielt der Erfinder das Privileg die Erfindung – territorial und zeitlich begrenzt – zu nutzen und zu verwerten, d.h. jedem anderen ist die Nutzung der Erfindung untersagt.

Durch die Bereitstellung des technischen Wissens und die freie Nutzung nach Ablauf der Gültigkeit des Monopolrechts sollen insgesamt der technische

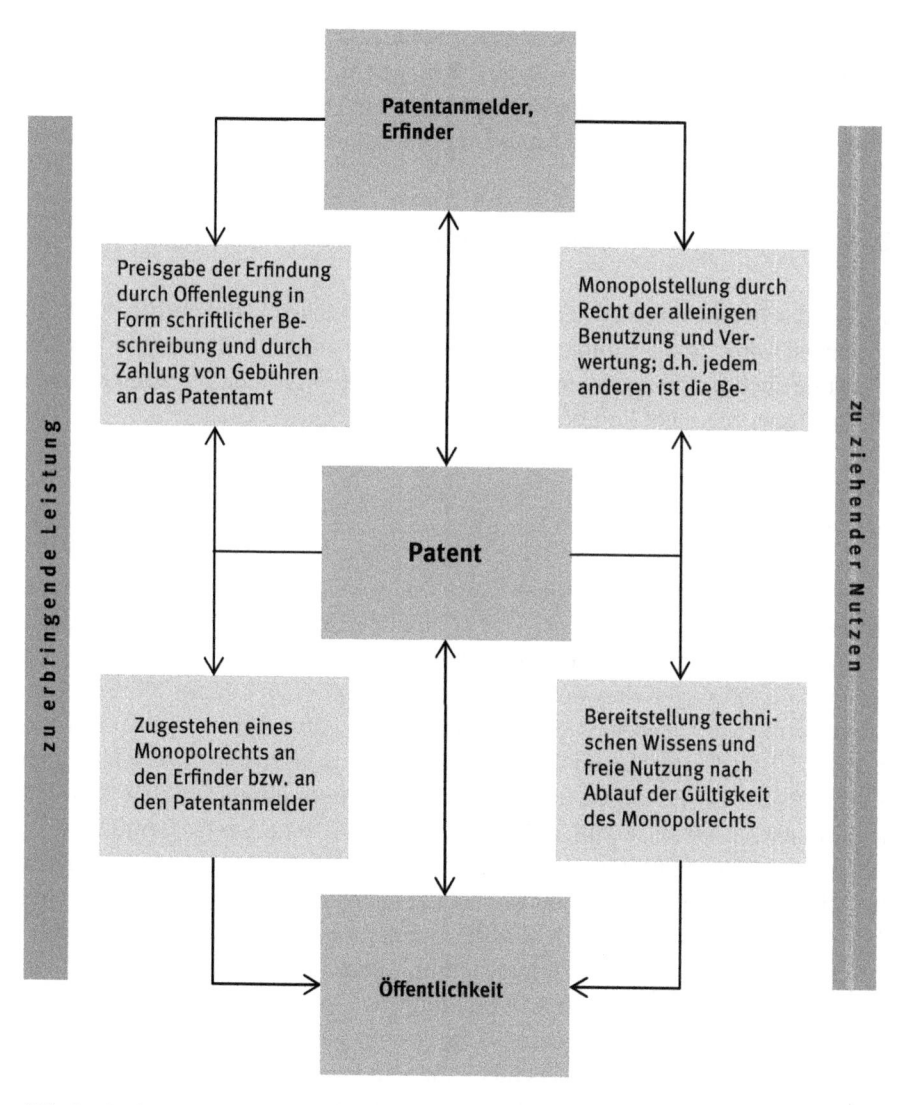

Abb. 2.1: Bedeutung von Patenten (Quelle: Eigene Darstellung in Anlehnung an Bendl und Weber 2013, S. 2).

Fortschritt und die Innovationsprozesse gefördert werden. Das Patent schützt die Hervorbringung der technologischen Innovationskraft des Erfinders und des anmeldenden Unternehmens und liefert dem Erfinder verschiedene strategische Handlungsoptionen (*Freedom-to-Operate* (FTO)), sei es hinsichtlich externer Vermarktung, Lizenzverhandlungen oder auch Steigerung des Unternehmenswertes.

Abbildung 2.1 zeigt das Verhältnis zwischen Patent, Erfinder und Öffentlichkeit und stellt die zu erbringende Leistung dem zu ziehenden Nutzen gegenüber (Bendl und Weber 2013).

Kurzum, gewerbliche Schutzrechte dienen dem Schutz geistigen Eigentums. Dabei geht es konkret um den Schutz gewerblich nutzbarer Erfindungen (Inventionen), um den Schutz von gewerblich bedeutsamen Kennzeichnungen (Unternehmensname, Produkt- und Dienstleistungsbezeichnungen) sowie um den Schutz des *Marktplatzes*, auf dem die Produkte und Dienstleistungen gehandelt werden (Ensthaler 2003).

2.2 Entdeckung, Erfindung und Patentschutz

Bevor auf das Patent als eines der wichtigsten gewerblichen Schutzrechte im Detail eingegangen wird, ist es hilfreich, zunächst eine klare Abgrenzung der Begriffe Entdeckung und Erfindung vorzunehmen. Schutzrechte wie Patente werden nämlich für Erfindungen und nicht für Entdeckungen erteilt.

2.2.1 Entdeckung und Erfindung

„*Heureka – ich hab's gefunden*", diese Worte sind wohl jedem auf der Welt bekannt. Archimedes (*287 v.Chr. in Syrakus; †212 v.Chr. in Syrakus) soll dies gerufen haben, als er in seine Badewanne einsteigend feststellte, dass das Einbringen von Körpern in ein mit Flüssigkeit gefülltes Gefäß zur Verdrängung der Flüssigkeit führt und ein Überlaufen zur Folge haben kann. Seitdem gilt er als der Entdecker des hydrostatischen Prinzips. Archimedes hat zudem verschiedene Erfindungen zu Maschinenelementen wie Schrauben, Flaschenzügen und Zahnrädern getätigt und er legte die theoretischen Grundlagen zur Mechanik, indem er als erster die Hebelgesetze formulierte.

Der Name Wilhelm C. Röntgen (*27.3.1845 in Lennep; †10.2.1923 in München) ist sicherlich ebenfalls jedem geläufig. Die nach ihm benannten Röntgenstrahlen sind nicht nur durch den Physikunterricht in der Schule, sondern auch durch den Einsatz in zahlreichen Arztpraxen zur Durchleuchtung und Feststellung von Anomalien im Körper bekannt. Am Physikalischen Institut der Julius-Maximilians-Universität in Würzburg beobachtete Röntgen 1895 in seinem Labor nach Einschalten einer Kathodenstrahlröhre ein grünes Leuchten, und sein Forscherdrang führte ihn auf die Spur der X-Strahlen, wie er seine Entdeckung nannte. Seither gilt er als der Entdecker der nun nach ihm benannten Strahlen.

Aus dem zufälligen Zusammentreffen des US-Amerikaners James D. Watson (*6.4.1928 in Chicago, Illinois) und des Engländers Francis H. C. Crick (*8.6.1916 in Northampton, England; †28.7.2004 in San Diego, USA) in Cambridge, England, resultierte schließlich der heutige hohe Bekanntheitsgrad dieser beiden Forscher. Unter Hinzuziehung von Röntgenstrukturanalyseuntersuchungen gelang es ihnen, die Doppelhelix-Struktur des Biomoleküls Desoxyribonukleinsäure (DNS) aufzuspüren.

Ebenso bekannt in der ganzen Welt ist Artur Fischer (*31.12.1919 in Tumlingen; †27.1.2016 ebenda). Mit seiner patentierten Erfindung des Spreizdübels 1961 revolutionierte er die Baubranche, und sein Fischer-Dübel ist heute sicher in jedem Haushalt zu finden. Der *König der Dübel* gilt als einer der produktivsten Erfinder der Welt, denn er hat mehr als 1.100 Patent- und Gebrauchsmusteranmeldungen für seine Erfindungen eingereicht. Am 17. Juni 2014 wurde er für sein Lebenswerk vom Europäischen Patentamt (EPA) mit dem Erfinderpreis ausgezeichnet. Den Europäischen Erfinderpreis hat das EPA 2006 ins Leben gerufen, um ausgewählten Erfindern eine entsprechende Anerkennung für ihre kreative Leistung, ihre Wissbegierde und ihren Erfindergeist, der zum technischen Fortschritt beiträgt, zukommen zu lassen.

Neben Archimedes, Röntgen, Watson, Crick und Fischer sind zweifellos auch viele weitere Namen, die mit kreativen Leistungen, Entdeckungen, Erfindungen und Patente in Verbindung gebracht werden, der Allgemeinheit bekannt. Sei es Thomas A. Edison im Zusammenhang mit der Glühbirne, Albert Einstein mit der Relativitätstheorie, Carl Benz und Gottlieb Daimler mit dem Automobil respektive Benzinmotor, Johannes Gutenberg mit dem Buchdruck, Melitta Bentz mit Kaffeefiltern, Werner von Siemens mit dem Dynamo, Robert Bosch mit der Zündkerze, Ferdinand Graf von Zeppelin mit Luftschiffen, Levi Strauss mit der Jeanshose, Konrad Zuse mit dem Computer, Steve Jobs mit dem iPhone oder auch Christoph Kolumbus im Zusammenhang mit der Entdeckung von Amerika, um nur einige wenige Namen zu nennen. Der Allgemeinheit wohl weniger bekannt ist Nakamatsu Yoshirō (*26.6.1928 in Tokio). Dennoch ist er einer der patentaktivsten Anmelder weltweit und Inhaber von mittlerweile über 3.000 Patenten. So erhielt er beispielsweise ein Patent für eine frühe Form der Diskette inklusive eines Laufwerks, hat aber auch Erfindungen zu Putt-Übungsgeräten für Golfer, zu Apparaten zur direkten Umwandlung von Strahlungsenergie wie Licht oder Hitze in Rotationsenergie oder zu Energiesystemen zur Zufuhr von Wasserstoff-Benzin-Gemischen in Motoren zum Patent eingereicht.

Diese kleine Auswahl an Forschern und Entwicklern zeigt zum einen deren schöpferische Leistungsfähigkeit und zum anderen die Vielfalt der von ihnen zu Tage geförderten Entdeckungen und Erfindungen. Eine Auswahl weiterer interessanter Entdeckungen und Erfindungen von 500.000 v.Chr. bis in die heutige Zeit ist in Tabelle 2.1 zusammengestellt und zeigt die Bandbreite der Entdeckungen und Erfindungen vom Gebrauch des Feuers über die Röntgenstrahlen und den Laser bis hin zum USB-Stick.

Tab. 2.1: Ausgewählte Entdeckungen und Erfindungen.

Entdeckungen und Erfindungen vor Christus		
Gebrauch des Feuers	500.000	Homo erectus
Ackerbau	8000	Naher Osten
Hölzernes Wagenrad	4000	Sumer
Sonnenuhr	3000	Babylon
Schloss mit Schlüssel	2000	Ägypten
Schirm	1000	China
Schere	500	Griechenland
Flaschenzug	250	Archimedes
Entdeckungen und Erfindungen nach Christus		
Glasfensterscheiben	60	Italien
Papier	100	China
Schlittschuhe	200	Skandinavien
Geld	600	China
Brille	1300	Italien
Buchdruck	1445	Gutenberg (D)
Mikroskop	1590	Janssen (NL)
Dampfmaschine	1765	Watt (GB)
Wasserstoff	1781	Cavendish (GB)
Elektromotor	1834	Von Jacobi (D)
Aufzug	1852	Otis (USA)
Glühbirne	1878	Swan (GB), Edison (USA)
Kraftwagen	1885	Benz (D)
Röntgenstrahlen	1895	Röntgen (D)
Penicillin	1928	Fleming, Chaim (GB)
Künstliche Niere	1943	Kolff (NL)
DNS-Strukturmodell	1953	Watson und Crick (GB)
Laser	1960	Maiman (USA)
Spreizdübel	1961	Fischer (D)
Silizium-Mikroprozessor	1969	Hoff (USA)
Computer Maus	1969	Engelbart (USA)
Stereobelt (Walkman)	1977	Pavel (D)
CD-ROM	1985	Philips (NL)
Wireless LAN	1992	O'Sullivan (AUS)
MP3-Player	1994	Brandenburg (D)
DiskOnKey (USB-Stick)	2000	Moran (ISR)

Diese Ausführungen und Beispiele zeigen, dass die beiden Begriffe Entdeckung und Erfindung im Allgemeinen – und insbesondere in der Nicht-Patentliteratur – synonym verwendet werden (Brockman 2000, James und Thorpe 2002, Richardson 2000 sowie Zankl 2002). So setzte sich auch Georg C. Lichtenberg (*1.7.1742 in Ober-Ramstadt; †24.2.1799 in Göttingen) mit dem Thema Entdeckung und Erfindung auseinander und schrieb:

> *Alle Erfindungen gehören dem Zufall zu, die eine näher die andre weiter vom Ende, sonst könnten sich vernünftige Leute hinsetzen und Entdeckungen machen, so wie man Briefe schreibt* (Zankl 2002, S. 11).

Auch in diesem Zitat zeigt sich die synonyme Verwendung der beiden Begriffe Entdeckung und Erfindung. Aber Entdeckungen und Erfindungen sind – nicht nur im Kontext des Patentmanagements – höchst verschieden!

Begriffsbildung Entdeckung
Eine Entdeckung stellt das Auffinden von etwas bereits vorhandenem dar. Hieraus ergibt sich eine reine Erkenntnis, nicht aber eine Lehre zum technischen Handeln; es fehlt das schöpferische Element einer Erfindung.

Das Entdecken des hydrostatischen Prinzips durch Archimedes, die Entdeckung physikalischer Gesetze wie des Gravitationsgesetzes oder des Hebelgesetzes durch Naturwissenschaftler oder die Entdeckung Amerikas durch Kolumbus sind nicht durch Schutzrechte wie Patente abzusichern. Sie stellen kein geistiges Eigentum dar. Anders ist dies dagegen bei Erfindungen, für die unter bestimmten Voraussetzungen Schutzrechte erteilt werden.

Begriffsbildung Erfindung
Eine Erfindung ist eine neuartige technische Lösung, die eine geistige Leistung darstellt, die das durchschnittliche Können eines Fachmanns übersteigt. Als Fachmann im Kontext des Patentrechts gilt eine rechtliche fiktive abstrakte Person, die zwar den gesamten Stand der Technik auf einem bestimmten Gebiet kennt, jedoch nicht in der Lage ist, selbst schöpferisch tätig zu werden.

Die Erfindung ist somit eine Lehre zum technischen Handeln unter Einsatz beherrschbarer Naturkräfte zur Erreichung eines kausal übersehbaren Erfolges. Sie wird vom Erfinder durch eine eigene schöpferische Leistung erbracht, um eine zuvor nicht bekannte Lösung respektive Anwendung im Bereich der Technik hervorzubringen. Beispielsweise ist der aus Polyamid bestehende Spreizdübel eine Erfindung, bei der sich beim Eindrehen der Schraube zwei Hälften auseinander spreizen und sich Sperrzungen elastisch gegen die Bohrungswand pressen. Demnach ist dank dieser Erfindung nur noch ein Arbeitsgang nötig, um eine belastbare Befestigung zu erreichen.

2.2.2 Erfindungsschutz durch das Patent

Das Wort Patent leitet sich aus dem lateinischen Wort *littera patens* ab, was so viel bedeutet wie *offener (Beglaubigungs-)Brief*. Ein Patent ist ein vom Staat erteiltes ausschließliches Recht, das dem Schutz des Erfinders dient und andere von der Nutzung einer Erfindung ausschließt. Dritten ist es verboten, das geschützte Erzeugnis herzustellen, anzubieten, in den Verkehr zu bringen, zu gebrauchen oder zu den genannten Zwecken einzuführen oder zu besitzen. Das Patent ist damit ein negatives Ausschließungsrecht und kein positives Nutzungsrecht. Seine Schutzrechtsdauer liegt in den meisten Ländern bei maximal 20 Jahren ab dem Anmeldedatum. Für die Aufrechterhaltung des Patents sind Jahresgebühren an das Patentamt zu entrichten. Das Patent gilt als das wichtigste gewerbliche Schutzrecht überhaupt.

Die Rechtsgrundlage für eine Patenterteilung in Deutschland ist das Patentgesetz[1] (PatG) in der Fassung von 1981 (Kraßer 2009). Im europäischen Rahmen regelt das europäische Patentübereinkommen[2] (EPÜ) von 1973 die Patenterteilung sowie die notwendigen Rahmenbedingungen. In vielen anderen Ländern gibt es vergleichbare Gesetze.

Der Patentschutz von Erfindungen ist ein staatlicher Hoheitsakt, der durch die Erteilung eines Patents nach Anmeldung und Prüfung der formellen und materiellen Erteilungsvoraussetzungen vollzogen wird. Ein Patent setzt die Patentfähigkeit voraus. Für die erfolgreiche Erteilung eines Patents sind drei Voraussetzungen zu erfüllen, wie auch Abbildung 2.2 zeigt:

§ 1 Abs. 1: Patente werden für Erfindungen erteilt,

die neu sind,	→	§ 3 Begriff der Neuheit
auf einer erfinderischen Tätigkeit beruhen und	→	§ 4 Erfinderische Tätigkeit
gewerblich anwendbar sind.	→	§ 5 Gewerbliche Anwendbarkeit

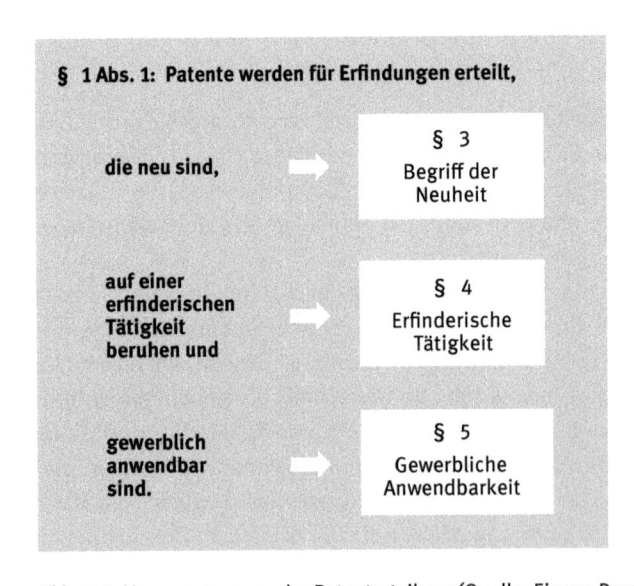

Abb. 2.2: Voraussetzungen der Patenterteilung (Quelle: Eigene Darstellung).

---

1 Patentgesetz in der Fassung der Bekanntmachung vom 16. Dezember 1980 (BGBl. 1981 I S. 1), das zuletzt durch Artikel 1 des Gesetzes vom 19. Oktober 2013 (BGBl. I S. 3830) geändert worden ist. Vgl. http://www.gesetze-im-internet.de/patg/index.html, Abruf 07.05.2015.
2 Vgl. http://www.epo.org/law-practice/legal-texts/html/epc/2013/d/index.html, Abruf 06.08.2015.

(i) Die Erfindung muss eine *Neuheit* darstellen, d.h. nicht zum derzeitigen Stand der Technik zählen.
(ii) Die Erfindung muss eine ausreichende *Erfindungshöhe* aufweisen; diese ist daran erkennbar, dass der Durchschnittsfachmann die Erfindung nicht in naheliegender Weise aus dem derzeitigen Stand der Technik ableiten kann.
(iii) Die Erfindung muss *gewerblich anwendbar* sein, d.h., ihr Gegenstand muss auf irgendeinem gewerblichen Gebiet einschließlich der Landwirtschaft hergestellt oder benutzt werden können.

Von der Patentierung ausgeschlossen sind chirurgische, therapeutische und diagnostische Verfahren an menschlichen und tierischen Körpern (§5 (2) PatG), sitten- und gesetzwidrige Erfindungen, Pflanzen- und Tiersorten (§2 PatG), Entdeckungen, wissenschaftliche Theorien, mathematische Methoden und Pläne, Regeln und Verfahren für gedankliche Tätigkeiten, für Spiele oder für geschäftliche Tätigkeiten sowie Programme für Datenverarbeitungsanlagen (§1 (3) PatG).

Die ersten fünf Paragraphen des deutschen Patentgesetzes behandeln die Voraussetzungen für die Erteilung, die Nichterteilung, den Begriff der Neuheit, die Erfindung auf Grund erfinderischer Tätigkeit und die gewerblich anwendbare Erfindung (vgl. hierzu und im Folgenden Däbritz 2001, Deutsches Patent- und Markenamt 2014 sowie Lehmann und Schneller 2003). So geht es im § 1 des deutschen Patentgesetzes um die Voraussetzungen für die Erteilung eines Patents, und es heißt hier:

(1) Patente werden für Erfindungen auf allen Gebieten der Technik erteilt, sofern sie neu sind, auf einer erfinderischen Tätigkeit beruhen und gewerblich anwendbar sind.
(2) Patente werden für Erfindungen im Sinne von Absatz 1 auch dann erteilt, wenn sie ein Erzeugnis, das aus biologischem Material besteht oder dieses enthält, oder wenn sie ein Verfahren, mit dem biologisches Material hergestellt oder bearbeitet wird oder bei dem es verwendet wird, zum Gegenstand haben. Biologisches Material, das mit Hilfe eines technischen Verfahrens aus seiner natürlichen Umgebung isoliert oder hergestellt wird, kann auch dann Gegenstand einer Erfindung sein, wenn es in der Natur schon vorhanden war.
(3) Als Erfindungen im Sinne des Absatzes 1 werden insbesondere nicht angesehen:
 1. *Entdeckungen sowie wissenschaftliche Theorien und mathematische Methoden;*
 2. *ästhetische Formschöpfungen;*
 3. *Pläne, Regeln und Verfahren für gedankliche Tätigkeiten, für Spiele oder für geschäftliche Tätigkeiten sowie Programme für Datenverarbeitungsanlagen;*
 4. *die Wiedergabe von Informationen.*
(4) Absatz 3 steht der Patentfähigkeit nur insoweit entgegen, als für die genannten Gegenstände oder Tätigkeiten als solche Schutz begehrt wird.

In § 2 des Patentgesetzes wird geregelt, für welche Erfindungen keine Patente erteilt werden:

(1) Für Erfindungen, deren gewerbliche Verwertung gegen die öffentliche Ordnung oder die guten Sitten verstoßen würde, werden keine Patente erteilt; ein solcher Verstoß kann nicht allein aus der Tatsache hergeleitet werden, dass die Verwertung durch Gesetz oder Verwaltungsvorschrift verboten ist.

(2) Insbesondere werden Patente nicht erteilt für
1. *Verfahren zum Klonen von menschlichen Lebewesen;*
2. *Verfahren zur Veränderung der genetischen Identität der Keimbahn des menschlichen Lebewesens;*
3. *die Verwendung von menschlichen Embryonen zu industriellen oder kommerziellen Zwecken;*
4. *Verfahren zur Veränderung der genetischen Identität von Tieren, die geeignet sind, Leiden dieser Tiere ohne wesentlichen medizinischen Nutzen für den Menschen oder das Tier zu verursachen, sowie die mit Hilfe solcher Verfahren erzeugten Tiere.*

Bei der Anwendung der Nummern 1 bis 3 sind die entsprechenden Vorschriften des Embryonenschutzgesetzes maßgeblich.

Der Begriff der Neuheit wird konkret im § 3 des Patentgesetzes wie folgt beschrieben:

(1) Eine Erfindung gilt als neu, wenn sie nicht zum Stand der Technik gehört. Der Stand der Technik umfasst alle Kenntnisse, die vor dem für den Zeitrang der Anmeldung maßgeblichen Tag durch schriftliche oder mündliche Beschreibung, durch Benutzung oder in sonstiger Weise der Öffentlichkeit zugänglich gemacht worden sind.

(2) Als Stand der Technik gilt auch der Inhalt folgender Patentanmeldungen mit älterem Zeitrang, die erst an oder nach dem für den Zeitrang der jüngeren Anmeldung maßgeblichen Tag der Öffentlichkeit zugänglich gemacht worden sind:
1. *der nationalen Anmeldungen in der beim Deutschen Patentamt ursprünglich eingereichten Fassung;*
2. *der europäischen Anmeldungen in der bei der zuständigen Behörde ursprünglich eingereichten Fassung, wenn mit der Anmeldung für die Bundesrepublik Deutschland Schutz begehrt wird und die Benennungsgebühr für die Bundesrepublik Deutschland nach Artikel 79 Abs. 2 des Europäischen Patentübereinkommens gezahlt ist und, wenn es sich um eine Euro-PCT-Anmeldung (Artikel 153 Abs. 2 des Europäischen Patentübereinkommens) handelt, die in Artikel 153 Abs. 5 des Europäischen Patentübereinkommens genannten Voraussetzungen erfüllt sind;*
3. *der internationalen Anmeldungen nach dem Patentzusammenarbeitsvertrag in der beim Anmeldeamt ursprünglich eingereichten Fassung, wenn für die Anmeldung das Deutsche Patentamt Bestimmungsamt ist.*

  Beruht der ältere Zeitrang einer Anmeldung auf der Inanspruchnahme der Priorität einer Voranmeldung, so ist Satz 1 nur insoweit anzuwenden, als die danach maßgebliche Fassung nicht über die Fassung der Voranmeldung hinausgeht. Patentanmeldungen nach Satz 1 Nr. 1, für die eine Anordnung nach § 50 Abs. 1 oder Abs. 4 erlassen worden ist, gelten vom Ablauf des achtzehnten Monats nach ihrer Einreichung an als der Öffentlichkeit zugänglich gemacht.

(3) Gehören Stoffe oder Stoffgemische zum Stand der Technik, so wird ihre Patentfähigkeit durch die Absätze 1 und 2 nicht ausgeschlossen, sofern sie zur Anwendung in einem der in § 2a Abs. 1 Nr. 2 genannten Verfahren bestimmt sind und ihre Anwendung zu einem dieser Verfahren nicht zum Stand der Technik gehört.

(4) Ebenso wenig wird die Patentfähigkeit der in Absatz 3 genannten Stoffe oder Stoffgemische zur spezifischen Anwendung in einem der in § 2a Abs. 1 Nr. 2 genannten Verfahren durch die Absätze 1 und 2 ausgeschlossen, wenn diese Anwendung nicht zum Stand der Technik gehört.

(5) Für die Anwendung der Absätze 1 und 2 bleibt eine Offenbarung der Erfindung außer Betracht, wenn sie nicht früher als sechs Monate vor Einreichung der Anmeldung erfolgt ist und unmittelbar oder mittelbar zurückgeht
1. *auf einen offensichtlichen Missbrauch zum Nachteil des Anmelders oder seines Rechtsvorgängers oder*

2. auf die Tatsache, dass der Anmelder oder sein Rechtsvorgänger die Erfindung auf amtlichen oder amtlich anerkannten Ausstellungen im Sinne des am 22. November 1928 in Paris unterzeichneten Abkommens über internationale Ausstellungen zur Schau gestellt hat.
Satz 1 Nr. 2 ist nur anzuwenden, wenn der Anmelder bei Einreichung der Anmeldung angibt, dass die Erfindung tatsächlich zur Schau gestellt worden ist und er innerhalb von vier Monaten nach der Einreichung hierüber eine Bescheinigung einreicht. Die in Satz 1 Nr. 2 bezeichneten Ausstellungen werden vom Bundesminister der Justiz im Bundesanzeiger bekanntgemacht.

Der Begriff der erfinderischen Tätigkeit ist Gegenstand des § 4, und es heißt hier:

Eine Erfindung gilt als auf einer erfinderischen Tätigkeit beruhend, wenn sie sich für den Fachmann nicht in naheliegender Weise aus dem Stand der Technik ergibt. Gehören zum Stand der Technik auch Unterlagen im Sinne des § 3 Abs. 2, so werden diese bei der Beurteilung der erfinderischen Tätigkeit nicht in Betracht gezogen.

Die gewerbliche anwendbare Erfindung wird abschließend in § 5 geregelt:

Eine Erfindung gilt als gewerblich anwendbar, wenn ihr Gegenstand auf irgendeinem gewerblichen Gebiet einschließlich der Landwirtschaft hergestellt oder benutzt werden kann.

Ein Patent ist also ein hoheitlich erteiltes gewerbliches Schutzrecht für eine Erfindung. Dabei spielen die zentralen Funktionen des Patents, die Schutz- und die Informationsfunktion, eine wesentliche Rolle. Neben diesen grundlegenden Funktionen treten weitere ökonomische Funktionen von Patenten in der unternehmerischen Praxis auf, die später noch ausführlich vorgestellt werden. Zuvor sollen aber erst die Wege zur Erlangung eines Patents in ausgewählten Ländern und Regionen sowie der Weg zu einem internationalen Patentschutz aufgezeigt werden.

2.2.3 Patentschutz in wichtigen Ländern und Regionen

Erfindungen können bei den Patentämtern zum Patent angemeldet werden. Diese prüfen die Erfindungen unter anderem auf Patentfähigkeit, und es sind je nach Patentamt entsprechende Richtlinien und Formerfordernisse einzuhalten, damit ausgehend von einer Erfindung über die Patentanmeldung ein Patentschutz erlangt werden kann. Da nicht alle Besonderheiten des Patentschutzes in sämtlichen auf der Welt vorhandenen Patentrechtsgebieten dargestellt werden können, wird im Folgenden der Weg zum Patentschutz in ausgewählten Ländern und Regionen, nämlich Deutschland, Europa, USA und China, beschrieben und es wird dargelegt, was unter einem *internationalen Patentschutz* zu verstehen ist, welcher durch eine sogenannte PCT-Anmeldung realisiert werden kann.

Patentschutz in Deutschland

Das Verfahren von der Anmeldung (*application*) bis zur Erteilung (*grant of patent*) eines Patents wird im Patentgesetz klar geregelt. Abbildung 2.3 skizziert

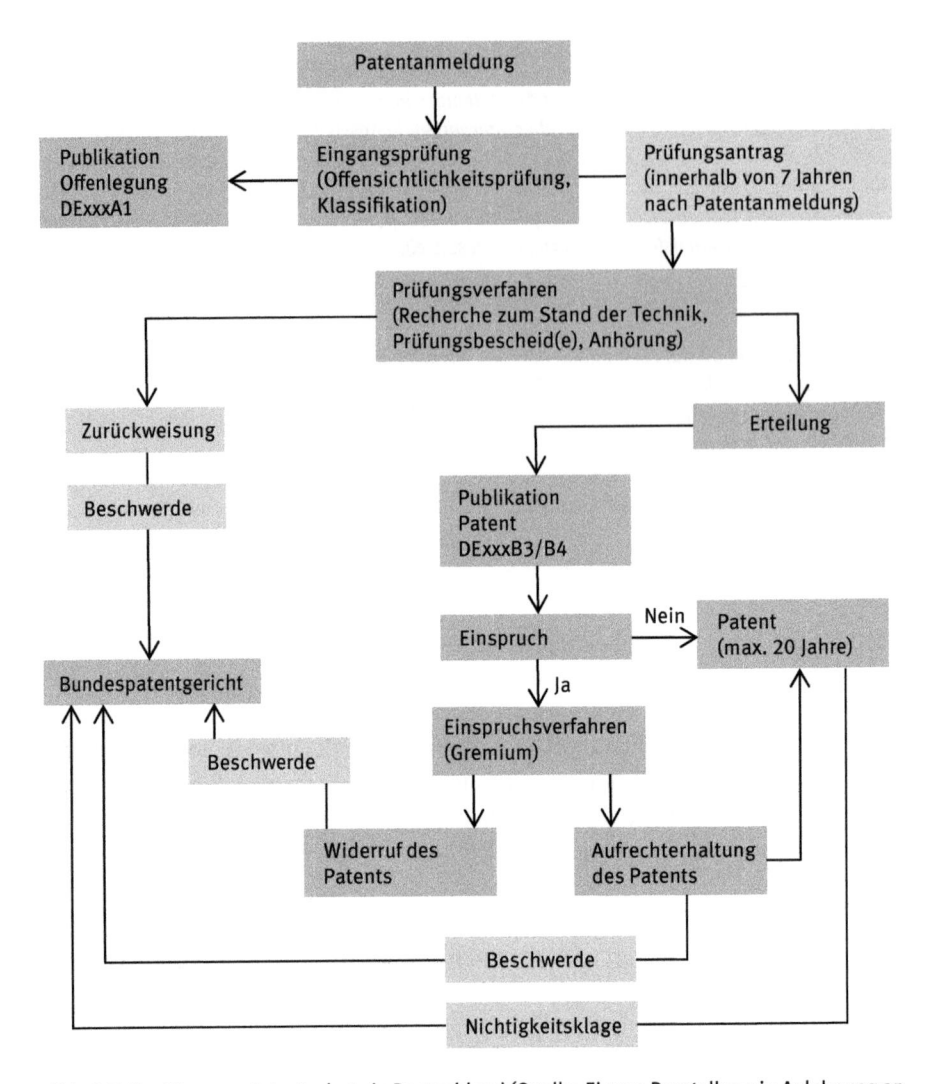

Abb. 2.3: Der Weg zum Patentschutz in Deutschland (Quelle: Eigene Darstellung in Anlehnung an Deutsches Patent- und Markenamt 2014, S. 20).

den Weg von der Anmeldung zum Patentschutz in Deutschland, also zu einem sogenannten DE-Patent. Eine deutsche Patentanmeldung ist beim Deutschen Patent- und Markenamt[3] (DPMA) oder bei den Patentinformationszentren[4] (PIZ) grundsätzlich schriftlich und in deutscher Sprache einzureichen, wenngleich es dem Patentanmelder in Deutschland freisteht, die Anmeldung auch in den Amtssprachen Französisch oder Englisch einzureichen. Die Anmeldung

---
3 Vgl. http://www.dpma.de/, Abruf 12.08.2015.
4 Vgl. http://www.piznet.de/, Abruf 10.07.2015.

muss neben dem Erteilungsantrag[5] (auf DPMA-Antragsformular) mit kurzer und genauer Erfindungsbezeichnung auch die ausformulierten Patentansprüche mit den unter Schutz gestellten Merkmalen enthalten. Des Weiteren sind dem Antrag die Erfindungsbeschreibung mit bekanntem Stand der Technik sowie den Vorteilen der Erfindung gegenüber dem bisherigen Stand der Technik beizulegen, so dass ein Fachmann die Erfindung verstehen und ausführen kann. Komplettiert wird der Antrag durch Zeichnungen mit Bezug auf die Patentansprüche und die Beschreibung sowie eine Zusammenfassung zur kurzgehaltenen Unterrichtung über die Erfindung, welche aber auch nachgereicht werden kann.

Nach der Anmeldung erfolgt seitens des DPMA eine Offensichtlichkeitsprüfung bezüglich formaler Merkmale wie z.B. der Vollständigkeit des Antrages. In einer beschränkten inhaltlichen Prüfung wird zudem untersucht, inwiefern es sich beim Gegenstand der Anmeldung dem Wesen nach überhaupt um eine Erfindung im Sinne des Patentgesetzes handelt.

Mit dem Tag der Anmeldung ist das Prioritätsdatum festgesetzt (vgl. hierzu und im Folgenden auch Rebel 2001). Priorität (*priority*) bedeutet so viel wie *Vorrang*, d.h., dass der Anmelder innerhalb einer Frist von 12 Monaten in jedem anderen Staat, der dem Abkommen der Pariser Verbandsübereinkunft[6] (*Paris Convention for the Protection of Industrial Property* (PVÜ)) angehört, eine Anmeldung tätigen kann. Von einem Prioritätsdatum (*priority date*) spricht man somit, wenn ein früheres Datum als das tatsächliche Anmeldedatum den Zeitrang eines Patentes begründet. Im Allgemeinen fällt das Prioritätsdatum aber mit dem Anmeldedatum zusammen. Das Prioritätsjahr (*period for claiming the right of priority*) beginnt mit der Eingangsbestätigung der Patentanmeldung durch das Patentamt.

Genügt die Anmeldung den Formerfordernissen, wird die Erfindung 18 Monate nach dem Tag der Anmeldung offengelegt. Die Offenlegung wird im Patentblatt wie auch auf der offiziellen Webseite des DPMA vermerkt, und die Öffentlichkeit wird auf den vom Patentanmelder ursprünglich begehrten Schutzumfang, der nach dem amtlichen Prüfungsverfahren gegebenenfalls zu einem validen Schutzrecht führt, aufmerksam gemacht.

Auf Antrag des Anmelders oder eines Dritten ermittelt das Patentamt gegen eine entsprechende Recherchegebühr zu einem vorgezogenen Zeitpunkt den druckschriftlichen Stand der Technik, der für die Beurteilung der Patentfähigkeit der angemeldeten Erfindung in Betracht zu ziehen ist. Öffentliche Druckschriften umfassen alle veröffentlichten Dokumente, wie Preislisten, Messekataloge oder Werbematerial, aber auch andere bereits erteilte Patente, die in diesem Zusammenhang von Bedeutung sind. Der in dieser amtlichen Recherche festgestellte Stand der Technik ermöglicht es dem Anmelder oftmals, sich vor Ablauf der Prioritätsfrist Klarheit über die Neuheit und den Erfindungsgehalt seiner Erfindung zu verschaffen.

---

5 Vgl. http://www.dpma.de/patent/formulare/, Abruf 12.08.2015.
6 Vgl. http://www.wipo.int/edocs/pubdocs/de/intproperty/201/wipo_pub_201.pdf, Abruf 12.08.2015.

Ist der Anmelder weiterhin an der Erteilung des Patents interessiert, kann er unabhängig vom Ergebnis der Recherche einen Antrag auf Prüfung der Anmeldung stellen. Dieser Antrag muss innerhalb einer Frist von sieben Jahren nach Anmeldung gestellt werden, andernfalls gilt die Anmeldung als zurückgenommen. Nach Beantragung dieser Prüfung und der Entrichtung der anfallenden Gebühr beginnt das Patentamt mit der Überprüfung der Anmeldung hinsichtlich der im Folgenden skizzierten Kriterien.

Die Anmeldeunterlagen werden noch einmal auf die Erfüllung der formalen und verwaltungstechnischen Anforderungen geprüft. Weiterhin wird untersucht, ob der Inhalt der Anmeldung nach den bereits beschriebenen Kriterien patentierbar ist und ob der Patentgegenstand unter das Staatsgeheimnis fällt. Die angemeldete Erfindung wird auf den Verstoß gegen Ordnung und Sitten geprüft und mit der im §1 des Patentgesetzes enthaltenen Negativliste nicht-patentierbarer Erfindungen verglichen. Schließlich erfolgt noch die Prüfung des Anmeldungsgegenstands auf Neuheit, erfinderische Tätigkeit sowie gewerbliche Anwendbarkeit.

Auffallende Mängel und Bedenken hinsichtlich der Patentfähigkeit werden dem Anmelder in einem Prüfbescheid mitgeteilt. Innerhalb einer Frist von vier Monaten ist auf den Prüfbescheid zu antworten, etwaige Beanstandungen sind durch den Anmelder auszuräumen. Genügt die Anmeldung den vorgeschriebenen Anforderungen, sind gerügte Mängel beseitigt und ist der Gegenstand der Anmeldung patentfähig, wird die Erteilung des Patents beschlossen. Das Patent wird in die Patentrolle eingetragen und die Patentschrift veröffentlicht.

Gegen die Patenterteilung kann innerhalb einer Frist von neun Monaten nach Erteilung des Patents beim DPMA Einspruch erhoben werden. Als Einspruchsgründe können fehlende Neuheit, fehlende erfinderische Tätigkeit, mangelnde Ausführbarkeit oder das Vorhandensein eines älteren Rechts, wie z.B. das durch offenkundige Vorbenutzung seitens des Einsprechenden entstandene Weiterbenutzungsrecht, geltend gemacht werden. Gegen Beschlüsse der Einspruchsabteilung des DPMA wie auch gegen andere Beschlüsse des DPMA kann der Anmelder vor dem Bundespatentgericht ein Beschwerdeverfahren einleiten. Diese Beschwerde ist innerhalb eines Monats nach Zustellung des angefochtenen Patentamtsbeschlusses schriftlich einzureichen.

Die Nichtigkeitsklage ist die letzte Möglichkeit, ein bestehendes Patent nach Ablauf der Einspruchsfrist zu Fall zu bringen. Dieses Verfahren zur Klärung der Nichtigkeit oder Zurücknahme des Patents ist ebenfalls beim Bundespatentgericht oder einem mit Patentstreitsachen betrauten ordentlichen Gericht, wie dem OLG Düsseldorf, dem LG München oder dem LG Mannheim, einzureichen.

Patentschutz in Europa

Nationale Patente bewirken einen Patentschutz nur in jenem Land, in dem die Anmeldung erfolgt ist. Mit einem Europäischen Patent (EP-Patent) kann

Tab. 2.2: Länder, die sich dem Europäischen Patentübereinkommen (EPÜ) angeschlossen haben.

Mitgliedsland	Eintrittsdatum	Mitgliedsland	Eintrittsdatum
Belgien	07.10.1977	Türkei	01.11.2000
Deutschland	07.10.1977	Bulgarien	01.07.2002
Frankreich	07.10.1977	Tschechische Republik	01.07.2002
Luxemburg	07.10.1977	Estland	01.07.2002
Niederlande	07.10.1977	Slowakei	01.07.2002
Schweiz	07.10.1977	Slowenien	01.12.2002
Vereinigtes Königreich	07.10.1977	Ungarn	01.01.2003
Schweden	01.05.1978	Rumänien	01.03.2003
Italien	01.12.1978	Polen	01.03.2004
Österreich	01.05.1979	Island	01.11.2004
Liechtenstein	01.04.1980	Litauen	01.12.2004
Griechenland	01.10.1986	Lettland	01.07.2005
Spanien	01.10.1986	Malta	01.03.2007
Dänemark	01.01.1990	Kroatien	01.01.2008
Monaco	01.12.1991	Norwegen	01.01.2008
Portugal	01.01.1992	Ehemalige jugoslawische Republik Mazedonien	01.01.2009
Irland	01.08.1992	San Marino	01.07.2009
Finnland	01.03.1996	Albanien	01.05.2010
Zypern	01.04.1998	Serbien	01.10.2010

dagegen ein Patentschutz in europäischen Ländern, die sich dem *European Patent Convention* (Europäische Patentübereinkommen (EPÜ)) angeschlossen haben, erlangt werden. Im Jahre 2015 umfasste das Übereinkommen 38 Länder, die zwischen dem 7. Oktober 1977 und dem 1. Oktober 2010 beigetreten waren. In Tabelle 2.2 sind diese Mitgliedsländer nach Eintrittsdatum aufgeführt (Europäisches Patentamt 2015a).

Auf dem Weg zu einem EP-Patent sind mehrere Meilensteine, von der Anmeldung über die Veröffentlichung bis zur Erteilung, zu erreichen (vgl. hierzu und im Folgenden Europäisches Patentamt 2013).

Die Anmeldung zur Erlangung eines EP-Patents kann in jeder Sprache, aber am einfachsten und kostengünstigsten in Deutsch, Englisch oder Französisch, beim Europäischen Patentamt (EPA) in München, Den Haag oder Berlin bzw. bei der Zentralbehörde für gewerblichen Rechtsschutz eines jeden Mitgliedslandes eingereicht werden. Die drei genannten Sprachen sind die Amtssprachen des EPA. Das EPA führt sodann eine Eingangs- und Formalprüfung hinsichtlich der Vollständigkeit aller Unterlagen wie auch formalrechtlicher Aspekte durch. Das Anmelde- und Prioritätsdatum wird dabei festgehalten.

Parallel zur Formalprüfung wird sodann ein Rechercheberich erstellt. Diesen zieht das EPA zur Beurteilung der Neuheit und erfinderischen Tätigkeit der zum

Patent angemeldeten Erfindung heran und übermittelt ihn an den Patentanmelder. Nach 18 Monaten wird die europäische Anmeldung – meist zusammen mit dem Rechercheberict – veröffentlicht, und das EPA gewährt einen einstweiligen Schutz der Erfindung in allen Ländern, die in der Anmeldung benannt wurden. Der Anmelder hat nun sechs Monate Zeit zu entscheiden, ob er das Erteilungsverfahren mit einer inhaltlichen Prüfung – sofern er den Prüfungsantrag nicht schon gestellt hat – fortsetzen möchte. Ist der Prüfungsantrag gestellt, wird seitens des EPA geprüft, ob die Patentanmeldung und der Gegenstand der Erfindung die Erfordernisse des EPÜ zur Gewährung eines Schutzrechts erfüllen. Liegen des Weiteren die Übersetzungen der Ansprüche in die beiden anderen Amtssprachen vor und sind die geforderten Erteilungs- und Publikationsgebühren bezahlt, erfolgt die EP-Patenterteilung.

Infolge der Erteilung des Patents durch das EPA zerfällt dieses EP-Patent nun in ein Bündel einzelner nationaler Patente, d.h. in seiner Schutzwirkung unterliegt das Patent dem nationalen Recht der einzelnen Länder. In diesen Ländern muss das EP-Patent nun validiert werden, damit es seine Schutzwirkung erhält und gegen Patentverletzungen durchgesetzt werden kann. Es sind also die entsprechenden Übersetzungen der Patentschrift oder zumindest der Ansprüche in der Amtssprache des betreffenden Landes einzureichen. Die Rechtsbeständigkeit erfordert zudem die fristgerechte Begleichung entsprechender jährlich wiederkehrender nationaler Aufrechterhaltungsgebühren.

Gegen eine EP-Patenterteilung können Dritte binnen einer Frist von neun Monaten Einspruch einlegen. Dabei bezieht sich der Einspruch gegen das EP-Patent auf alle Vertragsländer. Eine Einspruchsabteilung des EPA prüft den Einspruch, der sich beispielsweise gegen die Neuheit oder gegen die erfinderische Tätigkeit richtet. Der Patentinhaber kann gegen die Entscheidung der Einspruchsabteilung in schriftlicher Form bei der Beschwerdeabteilung des EPA Beschwerde einlegen. Eine unabhängige Beschwerdeabteilung des EPA entscheidet dann über diese Beschwerde, entweder in einem rein schriftlichen Verfahren oder auch in einer mündlichen Verhandlung. Der EP-Patentinhaber selber kann jederzeit nach der Erteilung des Patents dessen Beschränkung oder dessen Widerruf beantragen. Solchen Beschwerdeverfahren können wiederum weitere Parteien beitreten, die auf der Ebene des Einspruchsverfahrens unbeteiligt waren.

In wenigen Fällen, die erst dann auftreten, wenn eine der im Beschwerdeverfahren unterlegenen Parteien eine Revision des Beschlusses der Beschwerdeabteilung erlangen möchte, wird die Große Beschwerdekammer des EPA angerufen.

Damit sind im europäischen Patentverfahren neben der amtlichen Prüfungs- und Erteilungsabteilung zumindest drei weitere Hauptabteilungen mit den Einwänden gegen das rechtskräftig erteilte EP-Patent betraut, wodurch sich die vor dem EPA mögliche Verfahrensführung vom Tag der Anmeldung bis zum Tag der letztendlichen amtlichen Beschlussfassung auf einen Zeitraum von 1–10 Jahren erstrecken kann.

Patentschutz durch das Einheitspatent

Beim Einheitspatent[7] (*Unitary Patent* (UP)) handelt es sich originär nicht um ein vollkommen eigenständiges Schutzrecht, das von einem eigenständigen Patentamt erteilt wird, sondern um ein Schutzrecht, dessen Ursprung im EP-Patent liegt. Die schutzrechtsgewährende Autorität ist beim Einheitspatent (UP-Patent) die europäische Kommission, die schutzrechtserteilende Autorität ist das EPA. Damit ist der Anmeldungs-, Prüfungs- und Erteilungsprozess identisch mit dem des EP-Patents und wird auch vom EPA durchgeführt. Das EPA prüft folglich die Anmeldung, erteilt gegebenenfalls ein Schutzrecht und stellt damit das patentjuristische Grundgerüst für das Patenterteilungsverfahren zur Verfügung. Der Patentinhaber eines EP-Patents hat nun innerhalb eines Monats nach Erteilungsankündigung des zugrundeliegenden EP-Patents die Wahl, es in ein UP-Patent zu wandeln oder es in allen Benennungsländer des EP-Patents innerhalb der vom EPA gesetzten Frist erteilen zu lassen und anschließend in den einzelnen Benennungsländern zu validieren.

Das UP-Patent hingegen braucht nicht in allen Beitrittsländern einzeln validiert zu werden, um eine jeweils nationale Gültigkeit und Durchsetzbarkeit zu erlangen. Es besitzt qua Amtes Gültigkeit und nicht durch einzelstaatliche Validierungsverfahren wie beim EP-Patent.

Das UP-Patent kann in allen derzeit 26 Beitrittsländern des UP vor einer lokal, regional oder zentral aufgestellten Patentgerichtsbarkeit gegen Verletzer durchgesetzt werden oder hinsichtlich seiner Validität von derselben Patentgerichtsbarkeit geprüft werden.

Im Gegensatz zum EP-Patent ist das UP-Patent somit ein vor einer zentralen Gerichtsbarkeit verteidigendes oder angreifbares *Schutzrechtskonstrukt*. Dieser zunächst vorteilhaft erscheinende Charakter des UP-Patents wird sich relativieren, sobald das derzeit in Entwicklung stehende Einheitliche Patentgericht[8] (*Unified Patent Court* (UPC)) etabliert ist und sich herausgestellt hat, ob sich der Vorteil einer zentral stattfindenden Verteidigung mit dem Nachteil der an gleicher zentralen Stelle beurteilten Validität die Waage hält.

Neben der optionalen Wahl der Nicht-Wandlung eines EP-Patents in ein UP-Patent, dem sogenannten *Opt-Out*, wird es für bestimmte Mitgliedsländer des EPÜ weiterhin die Möglichkeit geben, ein klassisches EP-Patent zu erhalten, ohne dass ein *Opt-Out-Verfahren* vollzogen werden muss. Diese Länder sind u.a. Spanien, Schweiz, die Türkei, Norwegen und Island.

Abschließend ist festzustellen, dass es kein rechtsgültiges UP-Patent geben wird, solange nicht zumindest 13 Beitrittsländer die Errichtung des UPC ratifiziert haben, darunter notwendigerweise Deutschland, Frankreich und das Vereinigte Königreich von Großbritannien.

---

7 Vgl. http://www.epo.org/news-issues/issues/unitary-patent.html, Abruf 12.09.2015.
8 Vgl. https://www.epo.org/law-practice/unitary/patent-court.html, Abruf 12.09.2015.

Patentschutz in den USA

Das Statement „*Anything under the sun made by man*" in der Präambel des US-amerikanischen Patentrechts ist heute jedem Patentinteressierten bekannt (U.S. Supreme Court 1980). Gleichwohl trifft diese Aussage nicht bei jedem Schutzrechtsinhaber in der Welt – selbst in den USA nicht – auf volle Zustimmung, wie z.B. die langjährigen Patentstreitigkeiten zwischen Samsung und Apple zeigen (Müller 2011). So ist es auch für Praktiker im Umgang mit Patenten oftmals schwierig, die in den letzten Jahren durchlaufenen Entwicklungen des US-amerikanischen Patentrechts nachzuvollziehen oder gar die Unterschiede zu anderen Schutzrechtsbereichen, wie beispielsweise dem DE- oder EP-Rechtsraum, auszumachen – obgleich sich das US-amerikanische Patentrecht in den letzten Jahren zunehmend an den im internationalen Bereich gängigen Patentrechtsauffassungen, wie z.B. der Schutzrechtspraxis in Europa, angleicht.

Entsprechend dem US-amerikanischen Patentrecht besteht beispielsweise ein allgemeiner Vertretungszwang für nicht US-Staatsbürger oder nicht US-Anmelder; diese müssen sich bei der Anmeldung von Patenten durch einen zugelassenen US-Patentvertreter in den USA vertreten lassen.

Eine weitere Besonderheit des US-amerikanischen Patentrechts liegt darin, dass es im Unterschied zum hoheitlich motivierten Zwang der prioritätsstiftenden Erstanmeldung im DE-Rechtsraum für Patentanmelder mit deutscher Nationalität, in den USA einen besonderen Rechtsvorbehalt der US-Regierung gibt. Dieser besondere Rechtsvorbehalt (*License for filing abroad*) friert jede Patentanmeldung eines US-Staatsbürgers aus Gründen potenzieller Gefahren für die nationale Sicherheit und auf mögliche Verwendbarkeit für militärische Zwecke für zunächst sechs Monate ein. Während dieser Zeit läuft das offizielle Prüfungsverfahren zwar schon, aber prinzipiell darf ein US-Erfinder bzw. ein US-Patentanmelder keine Nachanmeldungen der Erfindung im Ausland ohne diese Freigabe durch die US-Regierung machen. Da aber ausländische Nachanmeldungen in der Regel erst kurz vor Ablauf der Prioritätsfrist von 12 Monaten getätigt werden und da des Weiteren die überwiegende Zahl der US-Patentanmeldungen keinen militärischen Hintergrund hat bzw. keine Gefahr für die nationale Sicherheit darstellt, erhalten die meisten Anmeldungen nach Ablauf der 6-Monatsfrist eine *License for filing abroad*.

Ähnlich wie auch bei einer EP-Anmeldung erfolgt in den USA eine Patentanmeldung auf elektronischem Wege. Eine persönliche Abgabe der Anmeldeunterlagen in Papierform ist zwar auch bei der *Service Door* direkt beim US-amerikanischen Patent- und Markenamt[9] (*United States Patent and Trademark Office* (USPTO) möglich, aber mit Zusatzkosten verbunden. Als Patentvertreter sind beim USPTO sowohl die sogenannten *Patent Agents* wie auch *Patent Attorneys* zugelassen. Den Patentanwalt deutscher oder europäischer Prägung gibt es in den USA nicht, weil der *Patent Attorney* ein Volljurist ist (*Attorney at Law*) und Mandanten

---

[9] Vgl. http://www.uspto.gov/, Abruf 03.09.2015.

prinzipiell in allen Rechtsbereichen beraten und vor allen Gerichten in einem bestimmten Zulassungsbezirk (*state bar*) vertreten kann.

In den USA werden Patente für Erfindungen erteilt, die in der jeweiligen Gattung als neu (*novelty, new*) beurteilt, erfinderisch (*inventive*) und nach Auffassung des US-Patentprüfers dem sogenannten *Griff des Durchschnitt-Fachmanns* nicht naheliegen und damit auch nicht aus dem nächstliegenden oder kombinierten Stand der Technik hervorgehen, sprich nicht offensichtlich sind (*non-obvious*). Des Weiteren haben sie einen praktischen Nutzen zu erfüllen (*useful*), sie sollen also eine sogenannte *Utility* besitzen. Dass eine Erfindung ausführbar und somit gewerblich anwendbar ist (*industrially applicable*), wird immer positiverweise angenommen – dieses ist aber nachrangig. Damit sind auf den ersten Blick nur marginale Unterschiede beim Begriff der Patentfähigkeit zwischen der sogenannten *kontinentalen Sicht* (z.B. EP-Rechtsraum) und der *neuen Welt* (USA) gegeben.

Die Auslegung des US-Patentrechts bei der Prüfung einer Patentanmeldung auf *Novelty*, *Non-Obviousness* und *Utility* orientiert sich in der Praxis an dem sogenannten *Manual for Patent Examination on Patentability* (MPEP). Hier sind gewisse Parallelen zum europäischen Patentrecht gegeben, in dem umfangreiche EP-Richtlinien festlegen, wann eine Patentanmeldung eine Erfindung darstellt.

Das US-amerikanische Patentrecht bietet seit 1995 dem Anmelder auch die Möglichkeit einer sogenannten vorläufigen (provisorischen) Patentanmeldung (*provisional application*) (siehe hierzu und im Folgenden United States Patent and Trademark Office 2015a). Eine solche Art der Anmeldung wird beispielsweise für Erfindungen gewählt, welche zwar schon einen hohen Reifegrad besitzen, aber noch nicht in allen Aspekten *ready for patent* sind, weil vielleicht bestimmte Tests noch nicht abgeschlossen wurden oder noch nicht klar ist, welche Merkmale wie beansprucht werden sollen. Für eine provisorische Anmeldung müssen beim USPTO lediglich eine Beschreibung und gegebenenfalls Zeichnungen eingereicht werden; die Angabe von Ansprüchen ist nicht erforderlich. Diese Unterlagen werden dann seitens des USPTO weder geprüft noch recherchiert. Gleichwohl hat der Anmelder darauf zu achten, dass die Beschreibung der Erfindung hinreichend erfolgt und so ausführlich ist, dass der Inhalt von Ansprüchen für eine geplante reguläre Patentanmeldung auch durch diese in der *provisional application* offenbarten Erfindung (Beschreibung) gedeckt ist. Eine reguläre Patentanmeldung muss innerhalb von 12 Monaten erfolgen. Hierfür sind der *provisional application* dann die Ansprüche hinzuzufügen, und die Patentanmeldung wird wie üblich geprüft und recherchiert.

Eine weitere Besonderheit des originären US-amerikanischen Patentrechts von 1790 ist das sogenannte Ersterfinderprinzip (*first to invent*), welches darin bis zum 16. März 2011 festgeschrieben war. Durch dieses Prinzip wurde in den USA jedem Erfinder – wohlgemerkt nicht dem Anmelder –, von dem eine beanspruchte Erfindung zuerst ausging, die Hauptrolle zugesprochen (*invention claimed*). Diesem Erfinder wurde überdies zugestanden, seine Erfindung gegebenenfalls zu Test- und Erprobungszwecken auch einer unbeschränkten Öffentlichkeit gegenüber zu offenbaren – da sie ja unter Umständen in einem frühen Stadium noch nicht *ready for patent* war.

Des Weiteren musste der Erfinder entsprechend dem bis 2011 geltenden US-amerikanischen Patentrecht den Beweis erbringen, dass seine Erfindung funktioniert, also dass er die Erfindung tatsächlich in einer *actual reduction to practice* genutzt und nicht nur mittels einer sogenannten *constructive reduction to practice* formuliert hatte. Auch wenn dieser Unterschied marginal erscheint, zog er beträchtliche Konsequenzen nach sich, falls nämlich zur exakt gleichen Zeit ein weiterer unabhängiger Erfinder eine gleichartige Erfindung gemacht hatte. Dann musste in einem sogenannten Interferenzverfahren (*interference*) auf jeder Seite getrennt der Beweis geführt werden, welcher der Erfinder gewisse Merkmale, Elemente und Funktionen vor dem jeweils anderen erfunden hatte und damit Priorität genoss. Solche Prioritätsstreitigkeiten sind trotz der Reform des US-amerikanischen Patentrechts durch den *America Invents Act* (AIA) in 2011 noch nicht endgültig abgeschafft. Seit dem 16. März 2011 ist nun der Stand der Technik zum Zeitpunkt der Patentanmeldung das Entscheidungskriterium (*first to file*), und es wird seither in den USA von den sogenannten *pre-AIA-* und *post-AIA-applications* gesprochen.

Der AIA hat für eine weitere Reform hinsichtlich der sogenannten Neuheitsschonfrist gesorgt. Dem Erfinder wird nun innerhalb der USA – nicht außerhalb – durch eine 12-monatige Schonfrist (*grace period*) ein vorläufiger Rechtsschutz für seine Erfindung eingeräumt, um diese prioritätsmäßig vor fremden, etwa zeitgleichen Schutzrechtsanmeldungen zu schützen. Ein außenstehender Stand der Technik kann der Erfindung im Rechtsraum der USA nicht wirksam entgegengehalten werden, es sei denn, es gibt eine zeitgleiche Patentanmeldung mit einem vergleichbaren Gegenstand.

Als weitere Änderung im US-amerikanischen Patentrecht ist die erstmalige Einrichtung eines formellen Einspruchsverfahrens zu nennen, das in seiner Verfahrensordnung erkennbare Züge der im europäischen Patentrechtsraum etablierten *Opposition* aufweist. Das vormalige Einspruchsverfahren der *Inter-Partes-Reexamination* wurde durch den *Inter-Partes-Review* ersetzt. Der insbesondere aus dem deutschen Patentrechtsraum bekannte *Einspruch Dritter* findet in einer *ex post* Betrachtung der grundsätzlichen Patentfähigkeit weiterhin in einer novellierten Verfahrensordnung der *Ex-Parte-Reexamination* statt, wobei sowohl in dem *Inter-Partes-Review* als auch im *Ex-Parte-Reexamination* Einspruchsverfahren prinzipiell nur ein druckschriftlicher Stand der Technik eingebracht werden kann, der allgemeine Bedenken gegen die Patentfähigkeit des vom USPTO unter Patentschutz gestellten Gegenstandes darstellt. Es wird in beiden Verfahren eine nicht breit angelegte Nachbetrachtung vom dafür eigens neu eingerichteten *Patent Trial and Appeal Board* (PTAB) durchgeführt, wobei der Grundsatz *of further considerations, speaking more likely than not against the patentability of the patented subject matter* die Nachbetrachtung leitet. Das PTAB ersetzt seit 2012 das vormals für die Einspruchsverfahren zuständige *Board for Patent Appeals and Interferences* (BPAI).

Kurzum, das US-amerikanische Patentrecht hat sich in einigen Ausprägungen stark verändert, und als eine der wichtigsten Änderungen kann sicherlich die wirkungsvolle Verknüpfung der Grundprinzipien der Erfindernennung (*Inventorship*) mit der Priorität angesehen werden.

Patentschutz in China
Obwohl schon in der Tang-Dynastie (618–907 n.Chr.) erste Ansätze zum Schutz geistigen Eigentums im heutigen Großraum China existierten, ist erst seit den 1950er Jahren eine gesetzliche Handhabe für den Schutz geistigen Eigentums in China gegeben. In den 1980er Jahren wurden zahlreiche Chinesen in ausländischen Patentämtern wie dem DPMA oder dem USPTO ausgebildet, wo sie die *westlich-geprägten* Schutzrechtssysteme kennenlernten. Während dieser etwa drei Jahre dauernden Phase wurde 1980 ein Patentamt gegründet und parallel dazu ein Patentschutz-Rechtssystem für die Volksrepublik China entwickelt, welches ab 1984 Gültigkeit annahm und eine große Ähnlichkeit mit dem deutschen Patentgesetz (PatG) aufweist.

In China können Schutzrechte auf technische Erfindungen durch Patente (*Invention Patents*) oder Gebrauchsmuster (*Utility Models*) erlangt sowie gewerbliche Schutzreche auf Marken und Designs (*Design Patents*) erteilt werden.

Die Anmeldung der technischen Schutzrechte ist beim Chinesischen Patentamt[10] (*State Intellectual Property Office* (SIPO) – der staatlichen Behörde für Geistiges Eigentum der Volksrepublik China – einzureichen. Die Patentanmeldung wird daraufhin einer vollständigen Sachprüfung (Neuheit und erfinderische Tätigkeit) unterzogen und eine Recherche wird durchgeführt; das Gebrauchsmuster wird dagegen nur formal geprüft. Anmelder aus dem Ausland, die keinen Sitz oder auch keinen Wohnsitz in China haben, müssen einen in China zugelassen Vertreter bestellen, der sie in Patentangelegenheiten in China vertritt. Wie bei anderen ausländischen Schutzrechtsgebieten wie den USA gilt generell auch bei chinesischen Nachanmeldungen, dass der Patentanmelder schon im Stadium der Prioritätslegung, beispielsweise bei einer DE-Anmeldung, darauf achten sollte, formelle Kriterien des chinesischen Patentrechts bezüglich der Beschreibung, der Beanspruchung und insbesondere der vorschriftsmäßigen Abbildungen zu erfüllen.

Das übrige Verfahren bis zur Erteilung des Schutzrechtes ist weitestgehend mit dem Verfahren zur Erteilung eines Schutzrechtes in Deutschland vergleichbar. So hat auch in China das Patent eine maximale Laufzeit von 20 Jahren und ein Gebrauchsmuster eine maximale Laufzeit von 10 Jahren jeweils ab dem Anmeldetag. Kleine Unterschiede bestehen dagegen zwischen den Patentprüfungs- und Einspruchsverfahren westlicher und chinesischer Prägung. So gibt es in China diverse Rechtsinstitute wie das der *Reexamination* und des *Appeals*, die einerseits eine Wiedereinsetzung des Prüfungsverfahrens und andererseits ein Beschwerdeverfahren ermöglichen.

---
[10] Vgl. http://english.sipo.gov.cn/, Abruf 28.08.2015.

Weiterführende Informationen zum Patentrecht, zu Patentverfahren und zum Umgang mit Patenten in China sind beispielsweise direkt beim SIPO oder beim Europäischen Patentamt zu finden (Europäisches Patentamt 2015b). Des Weiteren bietet das Projekt *IP Key*[11], welches seit 2013 von der Europäischen Kommission[12] und dem Harmonisierungsamt für den Binnenmarkt[13] (*Office for Harmonization in the Internal Market* (OHIM)) finanziert wird, wertvolle Informationen. Schwerpunkt des *IP Key* Projektes liegt auf dem Schutz der Rechte des geistigen Eigentums aller Nutzer in China.

Internationaler Patentschutz
Es mag zunächst irreführend erscheinen, aber einen internationalen Patentschutz kann man nicht erlangen. Es gibt nämlich kein international rechtsgültiges und auf internationaler Ebene durchsetzbares *Weltpatent*. Diverse Patentübereinkünfte bieten allerdings einheitliche Verfahren an, um in den jeweiligen Mitgliedsländern durch ein von zentraler Stelle geführtes Patentrecherche- und Prüfungsverfahren auf regionaler oder nationaler Ebene einen Patentschutz zu erlangen.

So ist durch das EPÜ – wie oben schon dargelegt – die Möglichkeit gegeben, mittels Anmeldung eines EP-Patents beim EPA einen einheitlichen Erfindungsschutz in bis zu 38 europäischen Ländern zu erhalten. Das *Patent Office of the Cooperation Council for the Arab States of the Gulf*[14] (GCCPO) ermöglicht hingegen seinen im arabischen Kulturraum beheimateten Mitgliedern (derzeit Saudi-Arabien, Vereinigte Arabische Emirate, Katar, Bahrain, Oman, Kuwait) eine zentral verwaltete und im arabischen Raum gültige Anmeldung. Das GCCPO hat seinen Amtssitz in Riad, Saudi-Arabien. Eine sogenannte *Internationale Anmeldung* ist jedoch nach dem Patentzusammenarbeitsvertrag (*Patent Cooperation Treaty* (PCT)) gegeben (siehe hierzu und im Folgenden Weltorganisation für geistiges Eigentum 2015a, 2015b und Europäisches Patentamt 2015c). Hierfür ist bei der Weltorganisation für geistiges Eigentum[15] (*World Intellectual Property Organization* (WIPO)) in Genf eine solche PCT-Anmeldung[16] einzureichen. Die WIPO ist ein Rechtsinstitut der Vereinten Nationen (*United Nations* (UN)) und nicht – wie irrtümlich oftmals angenommen – der Welthandelsorganisation (*World Trade Organisation* (WTO))

PCT-Verfahren vor der WIPO
Kern des PCT-Anmeldeverfahrens zur Erlangung eines grenzüberschreitenden internationalen Patentschutzes in einem der über 188 Länder, die der WIPO

---
11 Vgl. http://www.ipkey.org/en/, Abruf 01.09.2015.
12 Vgl. http://ec.europa.eu/index_de.htm, Abruf 03.09.2015.
13 Vgl. https://oami.europa.eu/ohimportal/de/, Abruf 03.09.2015.
14 Vgl. http://www.gccpo.org/DefaultEn.aspx, Abruf 03.09.2015.
15 Vgl. http://www.wipo.int/portal/en/index.html, Abruf 02.09.2015.
16 Vgl. http://www.dpma.de/docs/service/formulare/patent/pct_dpma_200.pdf, Abruf 25.08.2015.

2.2 Entdeckung, Erfindung und Patentschutz — 29

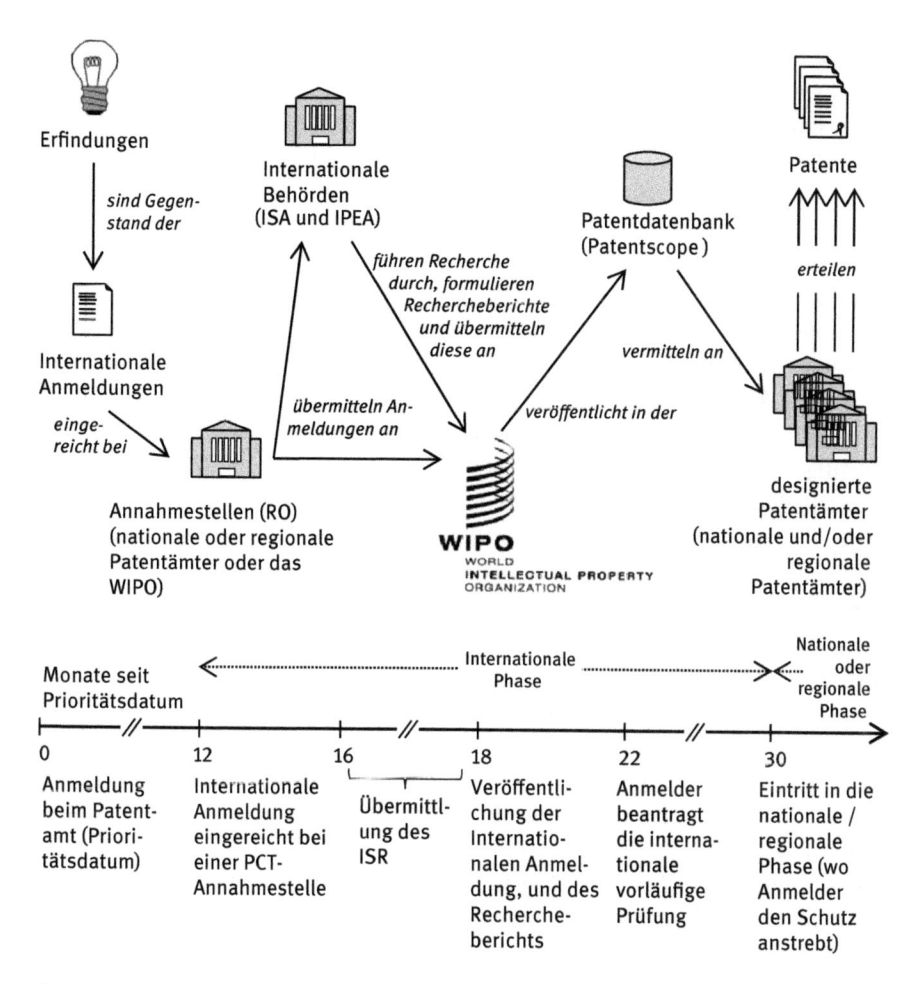

Abb. 2.4: System der PCT-Patentanmeldung (Quelle: Eigene Darstellung in Anlehnung an Weltorganisation für geistiges Eigentum 2015b).

mittlerweile beigetreten sind, ist die gegenseitige Anerkennung der prioritätsstiftenden technischen Schutzrechte, die aus Anmeldungen auf nationaler Ebene entstehen. Marken, 3-D-Marken und Design-Schutzrechte sind jedoch nicht Gegenstand dieser internationalen Übereinkunft; sie werden in separaten international gültigen Abkommen gegenseitig anerkannt. Abbildung 2.4 stellt das System der PCT-Anmeldung grafisch dar.

Die PCT-Anmeldung stellt damit ein Bündel mehrerer Anmeldungen dar, die sich im Laufe des Verfahrens in den einzelnen Ländern zu jeweils nationalen Erteilungsverfahren aufspalten und entsprechend zu einem nationalen Schutz führen können. Die internationale Anmeldung hat somit den Vorteil, dass sie in einer einzigen Sprache (der des Erfinders) für eine größere Zahl von Ländern vorgenommen werden kann. Eine Übersetzung – falls überhaupt notwendig – wird erst zu einem späteren Zeitpunkt verlangt.

Nach Einreichung der PCT-Anmeldung erstellt das WIPO einen internationalen Recherchebericht (*International Search Report* (ISR)) und übermittelt dem Anmelder damit eine vorläufige Meinung zur Patentfähigkeit des recherchierten Gegenstands bzw. Verfahrens. Auch wenn es sich hierbei um eine Meinung (*opinion*) handelt, die keinen hohen amtlichen Charakter besitzt, so gewinnt der Anmelder doch Zeit, um durch das Ergebnis der offiziellen internationalen Recherche der WIPO weitere Erkenntnis zur Neuheit (*novelty*) und eine grobe Recherchen-Prüfermeinung über den erfinderischen Gehalt seiner Erfindung zu erlangen. Diese Meinung kann die Entscheidungen auf Seiten der Anmelder über eine Weiterführung des PCT-Verfahrens bzw. einen eventuell vorgezogenen Eintritt in die regionale oder nationale Phase qualitativ unterstützen.

Wichtige Behörden im PCT-Verfahren sind (i) das Anmeldeamt (*Receiving Office* (RO)), (ii) die Internationale Recherchebehörde (*International Search Authority* (ISA)) sowie (iii) die mit der internationalen vorläufigen Prüfung (*International Preliminary Search Examination Report* (IPER)) beauftragte Behörde (*International Preliminary Examining Authority* (IPEA)).

(i) Das Anmeldeamt (RO) ist die auf nationaler oder regional zuständiger Ebene angelegte Behörde im PCT-Verfahren, welche die PCT-Anmeldung entgegennimmt. Es wird durch gesonderte Abteilungen bei den Patentämtern der jeweiligen Mitgliedsländer dargestellt. Der PCT-Anmelder kann entscheiden, wo die PCT-Anmeldung aufgenommen und verwaltet wird. Der PCT-Anmelder kann als RO auch das *International Bureau* (IB) der WIPO in Genf wählen, sofern er nicht durch Regelungen zwischen dem Patentrecht seiner Nationalität und dem IB daran gebunden ist, sein Heimat-Patentamt als RO zu benennen bzw. wenn kein RO explizit vom Patentanmelder benannt wurde. Diese Ausnahmeregelung gilt derzeit unter anderem für US-Staatsbürger, die kein freies Wahlrecht bezüglich des RO haben, sofern ihr Wohnsitz sich in den USA befindet.

(ii) Die vom Patentanmelder frei bestimmbare Internationale Recherchebehörde (ISA) führt Patentrecherchen auf dem Standard einer Sachrecherche (Stand der Technik) aus. Die *ISA* klassifiziert den von ihr recherchierten Stand der Technik anhand dessen Relevanz in Bezug auf Neuheit und Erfindungsgehalt nach Kategorien. Damit wird dem Anmelder ersichtlich, ob die Erfindung so wie ursprünglich beansprucht im Hinblick auf die entgegengehaltenen Dokumente international weitergeführt werden sollte oder ob der Umfang der Erfindung in einem anschließenden nationalen oder regionalen Verfahren eingeschränkt werden muss.

(iii) Die mit der internationalen vorläufigen Prüfung beauftragte Behörde (IPEA) ist ebenso wie die jeweilige ISA frei vom Anmelder wählbar. Das Ergebnis der internationalen vorläufigen Prüfung durch das IPEA schlägt sich im IPER nieder.

Ohne an dieser Stelle auf Beweggründe für die Wahl der einen oder anderen IPEA einzugehen, sei darauf hingewiesen, dass es IPEAs gibt, die sich sowohl hinsichtlich der Prüfungsschärfe als auch der Geschwindigkeit zum Teil deutlich von anderen IPEAs unterscheiden. Die IPEAs sind wie die ISAs innerhalb der PCT-Abteilungen bei den jeweiligen nationalen Patentämtern angesiedelt. Der Anmelder kann folglich für den IPER das DPMA wählen, obwohl er als ISA das EPA gewählt hat. Im Allgemeinen werden aber sowohl das ISA wie auch das IPEA bei derselben Patentbehörde belassen.

Ein Anmelder, der sich nach Vorliegen des ISR entschließt, die Anmeldung amtlich auf Patentfähigkeit hin prüfen zu lassen, sollte dabei seine Patentanmeldestrategie wie auch sein generelles Weiterführungsszenario für die PCT-Anmeldung berücksichtigen, wenn er sich z.B. für eine spätere nationale Phase in Deutschland entscheidet. In einem solchen Fall ist die Wahl des DPMA als IPEA ratsam, denn der mit der vorläufigen internationalen Prüfung beauftragte Patentprüfer wird in den meisten Fällen auch derjenige sein, der später mit der Patentprüfung für die DE-Weiterführung betraut wird. Bei PCT-Anmeldungen mit der Wahl des EPA als ISA und IPER ist dies sogar gewiss.

Bei der Wahl des EPA bzw. des DPMA ist damit eine hohe Verfahrensökonomie des PCT-Verfahrens gegeben, wodurch sich das offiziell zwischen der WIPO und den jeweiligen PCT-Abteilungen beim EPA bzw. DPMA verlaufende Prüfungsverfahren durchaus beschleunigt und damit unter gewissen Voraussetzungen effizient und zeitoptimiert zu durchsetzbaren regionalen oder nationalen Schutzrechten führt.

Das PCT-Verfahren ist in zwei sogenannte Kapitel (*chapter*) eingeteilt. *Chapter I* erstreckt sich auf das amtliche internationale Anmeldungsverfahren beim WIPO, auf die Patentrecherche bezüglich des relevanten Standes der Technik und die vorläufige Prüfung auf einen patentfähigen Gehalt der Anmeldung. Diese Amtsleistungen seitens des WIPO werden dem PCT-Anmelder nach Entrichtung der Anmeldegebühren zuteil. *Chapter I* ist in den meisten Fällen nach einigen Monaten abgeschlossen, sodass der PCT-Anmelder noch vor Ablauf der sogenannten 16-Monatsfrist die Entscheidung treffen kann, ob er in den *Chapter II* Verfahrensteil einsteigt, für den ein zusätzlicher Antrag zu stellen und eine Prüfungsgebühr zu entrichten sind.

Chapter II versetzt den PCT-Anmelder in die Lage, eine erste amtliche Prüfmeinung über die Neuheit und die Anerkennung eines erfinderischen Gehalts des beanspruchten Gegenstands oder Verfahrens zu erhalten. In Fällen der Einreichung der PCT-Anmeldung beim EPA mit Wahl des EPA als ISA und als IPEA gilt dieser IPER-Prüfbericht als erster amtlicher Prüfbescheid. Dieser Umstand verkürzt z.B. in einem gegebenenfalls anschließend stattfinden EP-Verfahren (in der sogenannten regionalen oder nationalen Phase) das Prüfungsverfahren. Auf den IPER muss der PCT-Anmelder antworten, ansonsten verfällt die PCT-Anmeldung auch wenn innerhalb von 30 Monaten innerhalb des PCT-Verfahrens regionale bzw. nationale Phasen eingeleitet wurden. Eine regionale Phase kann beispielsweise durch die optionale Wahl einer auf das PCT-Verfahren aufsetzenden EP-Anmeldung oder einer Anmeldung beim GCCPO eingeleitet werden. Typische nationale Phasen nach Abschluss des PCT-Verfahrens werden oftmals in den USA, in China oder Japan eingeleitet.

Alles in allem besitzt das PCT-Anmeldeverfahren somit einen wesentlichen Vorzug gegenüber einer direkten nationalen bzw. regionalen Nachanmeldung. Durch die Rechercheergebnisse der ISA hinsichtlich des Standes der Technik in Kombination mit den Ergebnissen der ISR und des IPER bekommt der Anmelder einen guten Anhaltspunkt dafür, ob eine Anmeldung Aussicht auf erfolgreiche Weiterführung in einer späteren regionalen bzw. nationalen Phase besitzt oder diese mit weiteren Kosten (z.B. für Übersetzungen und nationale Gebühren) verbundene Weiterführung gegebenenfalls vermieden werden sollte.

Bei Interesse an einer Weiterführung der Patentanmeldung nach der internationalen Phase übernehmen regional zuständige Patentämter wie das EPA oder nationale Patentämter wie das DPMA oder das USPTO das weitere Patentprüfungs- und gegebenenfalls Erteilungsverfahren. Dafür muss die Anmeldung in der jeweiligen Landessprache vorliegen. Des Weiteren sind die nationalen Gebühren zu entrichten und ein Prüfungsantrag zu stellen, um zu einer Patenterteilung zu gelangen. Die Prüfung auf Patentfähigkeit erfolgt dann jeweils seitens der nationalen Ämter. Dabei sind mit Ausnahme des EPA und des DPMA andere Patentämter nicht an das Ergebnis des IPER des WIPO gebunden und führen regelmäßig noch eigene Recherchen durch. Das USPTO nutzt den IPER dagegen allenfalls als gute Vorarbeit im Bereich der Eingrenzung des Prüfbereichs.

2.3 Bedeutung von technischen und nicht-technischen Schutzrechten

Gewerbliche Schutzrechte sind rechtliche Instrumente, die dem Schutz und der Förderung von gewerblichen und geistigen Leistungen dienen. Sie können in technische Schutzrechte (z.B. Patent, Gebrauchsmuster), in ästhetische (z.B. Designschutz) und dem Urheberrecht nahestehende Schutzrechte (z.B. Geschmacksmuster) sowie in kennzeichnende Schutzrechte (z.B. Marke) wie auch das Wettbewerbsrecht tangierende Schutzrechte (z.B. Geschäftsgeheimnis, Leistungsschutz) unterschieden werden.

Die genannten Rechte, mit Ausnahme des wettbewerbsrechtlichen Leistungsschutzes und der Geschäftsgeheimnisse, werden unter dem Begriff Schutzrechte zusammengefasst. Die gewerblichen Schutzrechte sind somit die Schutzrechte außer dem Urheberrecht, dem Recht am eigenen Bild und dem Namensrecht, da diese im Ursprung privater und persönlicher Natur sind.

Im Folgenden werden die gewerblichen Schutzrechte in technische und nicht-technische Schutzrechte strukturiert. Abbildung 2.5 zeigt die Aufteilung der gewerblichen Schutzrechte in technische und nicht-technische Schutzrechte. Nachfolgend werden dann die vier technischen Schutzrechte Patent, Gebrauchsmuster, Softwareschutz bzw. die sogenannten Computer-implementierten Erfindungen und der Sortenschutz sowie die zwei nicht-technischen Schutzrechte Marken und Designschutz im Detail vorgestellt.

2.3 Bedeutung von technischen und nicht-technischen Schutzrechten — 33

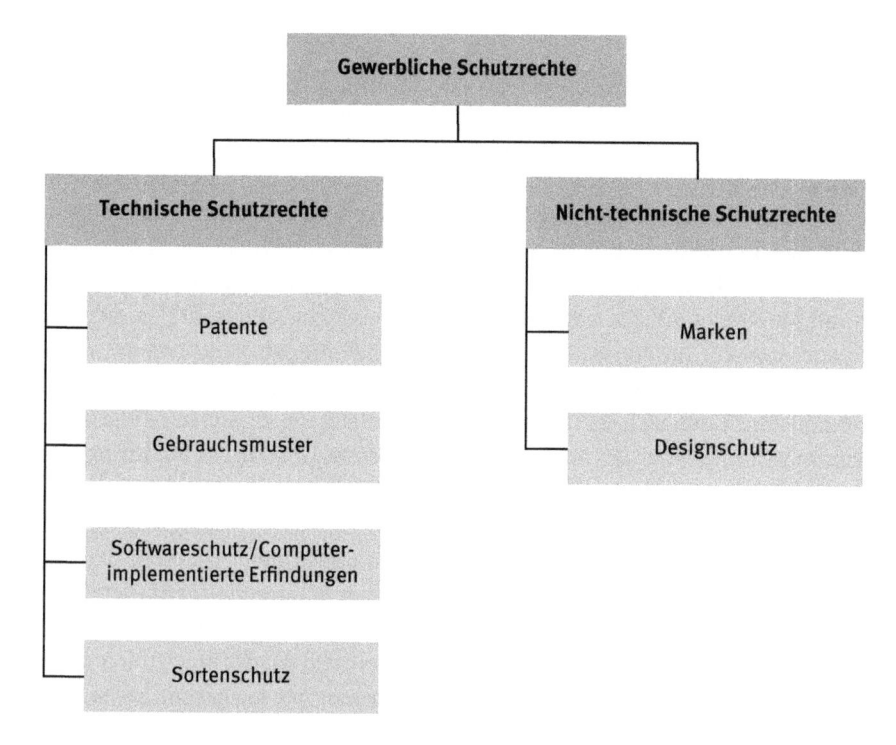

Abb. 2.5: Technische und nicht-technische Schutzrechte (Quelle: Eigene Darstellung).

2.3.1 Technische Schutzrechte

Technische Schutzrechte dienen vorwiegend dem Schutz technischer Lösungen. Als das wichtigste technische Schutzrecht gilt das Patent. Neben dem Patent existieren noch weitere technische Schutzrechte, nämlich das Gebrauchsmuster, der Softwareschutz bzw. die sogenannten Computer-implementierten Erfindungen sowie der Sortenschutz (siehe hierzu und im Folgenden auch Lehmann und Schneller 2003).

Patente
Patente schützen technische Neuerungen und Verfahren vor unerwünschter Nachahmung. Es handelt sich hierbei um ein von den Patentämtern geprüftes Schutzrecht, da ein auf ein technisches Gebiet spezialisierter Prüfer, der den Stand der Technik besonders gut kennt, im Rahmen des Prüfungsverfahrens sicherstellt, dass nur jene Erfindungen patentiert werden, welche die Voraussetzungen für einen Patentschutz erfüllen. Aufgrund dieses Verfahrens wird ein Patent als ein starkes, wenn auch nicht gänzlich unangreifbares Schutzrecht angesehen. Weiterführende Details zum wichtigen gewerblichen Schutzrecht Patent sind im vorangegangenen Abschnitt zu finden.

Gebrauchsmuster

Ein Gebrauchsmuster schützt technische, gewerblich nutzbare Erfindungen wie beispielsweise Maschinen, Teile von Maschinen, Schaltungen oder auch chemische Erzeugnisse. Dabei muss die Erfindung für ein Gebrauchsmuster eine Lehre zum technischen Handeln beinhalten. Im Gegensatz zum Patent können mit dem Gebrauchsmuster aber keine Verfahren geschützt werden. Deshalb wird dieses technische Schutzrecht umgangssprachlich oft auch als *der kleine Bruder des Patents, das kleine Patent* oder als das *Schutzrecht für kleine Erfindungen* bezeichnet (Deutsches Patent- und Markenamt 2013a sowie Wuttke 2014). Im Englischen finden sich für das Gebrauchsmuster (*utility model*) auch die Bezeichnungen *petty patent, minor patent, small patent* oder auch *utility innovations*. Die gesetzlichen Grundlagen zum Gebrauchsmuster finden sich im Gebrauchsmustergesetz[17] (GebrMG) in der Fassung der Bekanntmachung vom 28. August 1986. Die Verordnung zur Ausführung des Gebrauchsmustergesetzes finden sich in der Gebrauchsmusterverordnung[18] (GebrMV) vom 11. Mai 2004.

Beim Gebrauchsmuster gelten die gleichen Voraussetzungen wie beim Patent, jedoch werden die sachlichen Voraussetzungen hinsichtlich Neuheit, erfinderischer Tätigkeit und gewerbliche Anwendbarkeit nicht vom Patentamt geprüft. Es obliegt also dem Anmelder und Erfinder, sich vorab über den Stand der Technik zu informieren, damit auch diese Voraussetzungen für einen wirksamen Gebrauchsmusterschutz bei einer Anmeldung tatsächlich vorliegen.

Die Prüfung seitens des Patentamts beschränkt sich allein auf formale Anforderungen und hat damit zur Folge, dass ein Gebrauchsmuster schnell und problemlos – in der Regel wenige Wochen bis Monate nach dem Anmeldetag – erteilt wird. Mit diesem Vorteil geht aber auch ein entscheidender Nachteil einher, denn das Risiko, dass ein Gebrauchsmuster im Streitfall keinen Bestand hat, ist wesentlich größer als beim Patent. Dieser Umstand reduziert den Abschreckungseffekt und vermindert die Vermarktungschancen erheblich. Auch die Dauer des Schutzes liegt bei anfänglichen drei Jahren und kann auf bis zu 10 Jahre verlängert werden. Sie liegt damit erheblich unter der maximal 20-jährigen Schutzdauer des Patents. Ein weiterer Unterschied zum Patent besteht darin, dass bei der Anmeldung eine sechsmonatige Schonfrist (Halbjahresfrist) gewährt wird. Vorveröffentlichungen sind nicht schädlich, wenn die Halbjahresfrist bis zur Anmeldung nicht überschritten wird.

Das beim DPMA nach Anmeldung in die Gebrauchsmusterrolle eingetragene Gebrauchsmuster ist in Deutschland gültig. Auch in vielen anderen Ländern existiert

---

[17] Gebrauchsmustergesetz in der Fassung der Bekanntmachung vom 28. August 1986 (BGBl. I S. 1455), das zuletzt durch Artikel 2 des Gesetzes vom 19. Oktober 2013 (BGBl. I S. 3830) geändert worden ist. Vgl. http://www.gesetze-im-internet.de/gebrmg/BJNR201300936.html, Abruf 25.06.2015.
[18] Verordnung zur Ausführung des Gebrauchsmustergesetzes. Gebrauchsmusterverordnung (GebrMV) vom 11. Mai 2004. Vgl. http://dpma.de/docs/service/formulare/gebrauchsmuster/g6180.pdf, Abruf 25.06.2015.

ein Gebrauchsmusterschutz, so beispielsweise in Australien, Brasilien, China einschließlich Hong Kong und Macau, Südkorea, Indonesien, Japan, Südkorea, der Türkei oder Usbekistan, um nur einige zu nennen. In anderen – zum Großteil englischsprachigen – Ländern wie Großbritannien, Kanada oder den Vereinigten Staaten von Amerika (USA) existiert kein Gebrauchsmusterschutz. Auch eine europäische oder internationale Gebrauchsmusteranmeldung gibt es nicht (Radauer et al. 2015 und Weltorganisation für geistiges Eigentum 2015c).

Softwareschutz/Computer-implementierte Erfindungen
Software ist nach dem Europäischen Patentübereinkommen (EPÜ) und nach dem deutschen Patentgesetz (PatG) an sich nicht patentierbar (vgl. hierzu und im Folgenden Laub 2006, Möhrle und Walter 2009, Niemann 2014, Sedlmaier 2004, Walter und Gundrum 2009, Walter et al. 2013 sowie Weiser 2001). Pläne, Regeln und Verfahren für gedankliche Tätigkeiten, Spiele oder geschäftliche Tätigkeiten sowie Programme für Datenverarbeitungsanlagen werden hier explizit vom Patentschutz ausgeschlossen (PatG § 1). Dies gilt allerdings nur, soweit für Software als solche Patentschutz begehrt wird. Anders verhält es sich, wenn Software einen technischen Bezug hat, also eng mit der Nutzung von technischen Geräten in Verbindung steht, und/oder aus einer Hardware-Software-Kombination besteht. In solchen Fällen sind Computer-implementierte Erfindungen durchaus patentierbar.

Juristisch gibt es den Begriff Softwarepatent nicht, er wird im Allgemeinen nur umgangssprachlich verwendet. Dagegen hat sich im Patentwesen der Begriff Computer-implementierte Erfindung etabliert. Darunter versteht man laut der Kommission der Europäischen Gemeinschaft (2002):

> *jede Erfindung, zu deren Ausführung ein Computer oder Computernetzwerk eingesetzt wird und die auf den ersten Blick mindestens ein neuartiges Merkmal aufweist, welches ganz oder teilweise mit einem oder mehreren Computerprogrammen realisiert wird.*

Aufgrund der ansteigenden Nutzung von Informationstechnologie ist es nicht verwunderlich, dass auch die Zahl der Patente für Computer-implementierte Erfindungen wächst. Nicht nur in Deutschland und Europa, sondern auch in den USA wird dies aber z.T. sehr kritisch gesehen, und so wird seitens der US-Behörden die Erfindung zur Prüfung der Patentfähigkeit einem sogenannten *machine-or-transformation-test* unterzogen (Moore 2010). Damit ist es – wie in Europa und somit auch in Deutschland – entscheidend, dass die angemeldete Computer-implementierte Erfindung technisch ist und einen technischen Beitrag leistet. Das heißt, sie muss explizit mit technischen Mitteln ein technisches Problem lösen, damit ein Patent erteilt werden kann.

Computer-implementierte Erfindungen kommen seit einigen Jahren zunehmend bei Geschäftsprozessen vor. Als Geschäftsprozesse werden Unternehmensaktivitäten bezeichnet, die ein bestimmtes Ziel anstreben und zur Bearbeitung auf Unternehmensressourcen zurückgreifen (Staudt 2006). Als Beispiel seien Prozesse beim Online-Banking, bei Online-Auktionen oder bei Online-Bestellungen von

Büchern, Flügen oder Hotelzimmern genannt. Solche zumeist computergestützten Geschäftsprozesse mit einem erfinderischen Kern sind patentierbar und werden Geschäftsprozesspatente (*business method patents*) genannt (Möhrle und Walter 2009, Walter und Gundrum 2009 sowie Walter und Möhrle 2009). Geschäftsmodelle, welche die Abbildung des betrieblichen Leistungssystems eines Unternehmens, also die Funktionen einer Unternehmung in ihrer Erlös- und Kostenstruktur, darstellen sind hingegen nicht patentfähig. Geschäftsmodelle werden aber beispielsweise in den USA recht selbstverständlich neben technische Schutzrechte gestellt, was deren – mittlerweile – stetig anwachsende wirtschaftliche Bedeutung unterstreicht. Das wirtschaftliche Konzept des Geschäftsprozesses, also das Geschäftsmodell, wird durch die genutzte Software geprägt. Zu beachten ist in diesen Fällen, dass bei der Prüfung der Patentfähigkeit von Geschäftsprozessen aufgrund des Schnittfeldes technischer und ökonomischer Problemlösungen nicht nur der Stand der Technik heranzuziehen ist; es müssen auch nicht-technische Quellen, wie beispielsweise Publikationen aus wirtschaftswissenschaftlicher Fachliteratur, zu Rate gezogen werden.

Sortenschutz

Der Sortenschutz schützt das geistige Eigentum an Pflanzenzüchtungen. Es handelt sich hierbei um ein dem Patent vergleichbares Ausschließlichkeitsrecht, das der Pflanzenzüchtung und dem züchterischen Fortschritt in Landwirtschaft und Gartenbau dient. Zuständig für die Erteilung des Schutzes für eine neue Sorte in Deutschland ist das Bundessortenamt[19] (BSA), das den Sortenschutz auf der Grundlage des Sortenschutzgesetzes[20] (SortSchG) für Sorten des gesamten Pflanzenreiches regelt. Entsprechend dem § 1 des SortSchG wird Sortenschutz für eine Pflanzensorte (Sorte) erteilt, wenn sie unterscheidbar, homogen, beständig, neu und durch eine eintragbare Sortenbezeichnung gekennzeichnet ist. Dagegen wird nach diesem Gesetz kein Sortenschutz erteilt, wenn eine Sorte Gegenstand eines gemeinschaftlichen Sortenschutzes ist. Der Sortenschutz kann nach § 13 SortSchG 25 Jahre, in Ausnahmefällen – beispielsweise bei Hopfen, Kartoffeln, Reben und Baumarten – auch 30 Jahre betragen. Gegen den Verletzer bestehen Unterlassungs- und Schadensersatzansprüche.

Die Zentrale des BSA befindet sich in Hannover; es ist eine selbstständige Bundesoberbehörde im Geschäftsbereich des Bundesministeriums für Ernährung und Landwirtschaft. Auf Antrag der Pflanzenzüchter prüft das BSA mittels sorgfältiger Anbauprüfungen für jede neue Sorte, ob die Voraussetzungen für die Erteilung des Sortenschutzes oder für die Sortenzulassung erfüllt sind. Für diese Prüfungen stehen dem Amt mehr als 11 Prüfstellen mit ca. 630 ha landwirtschaftlicher Nutzfläche in Deutschland zur Verfügung.

---

19 Vgl. http://www.bundessortenamt.de/internet30/index.php?id=3, Abruf 19.06.2015.
20 Vgl. http://www.gesetze-im-internet.de/sortschg_1985/BJNR021700985.html, Abruf 18.06.2015.

In den USA kennt das US-amerikanische Recht sogenannte *Plant patents*, die dem deutschen Sortenschutz entsprechen, denn für einen Sortenschutz müssen die Voraussetzungen der *Distinctness*, *Uniformity* und *Stability* erfüllt sein. Auch in Europa wurde eine Regelung zum gemeinschaftlichen Sortenschutz eingeführt; zuständig hierfür ist das Gemeinschaftliche Sortenamt[21] (*Community Plant Variety Office* (CPVO)). Das CPVO ist seit 1995 eine Einrichtung der Europäischen Gemeinschaft mit eigener Rechtspersönlichkeit. Mit der gemeinschaftsrechtlichen Regelung sind für Deutschland daher zwei parallele Sortenschutzsysteme wirksam.

2.3.2 Nicht-technische Schutzrechte

Unter nicht-technische Schutzrechte fallen Marken und der Designschutz. Sie gewähren dem Inhaber das Recht, die geschützte Marke oder das geschützte Design zu nutzen.

Marken
Eine Marke – früher wurde auch der Begriff Warenzeichen verwendet – schützt Waren und Dienstleistungen eines Unternehmens durch bestimmte Zeichen, die eine Unterscheidung von konkurrierenden Waren und Dienstleistungen anderer Unternehmen ermöglichen. In der Praxis werden registrierte Marken mit dem Registernachweis ® versehen. Das Trademarkzeichen (TM) kommt aus dem angloamerikanischen Rechtsraum und wird für nicht registrierte Marken oder für Marken mit noch nicht abgeschlossenem Registrierungsverfahren verwendet. Registriert werden Marken durch ein Markenamt, also in Deutschland durch das DPMA. Schutzfähige Zeichen sind nach dem Markengesetz Wörter (z.B. Persil), bildliche Darstellungen (z.B. Mercedes-Stern), Buchstabenkombinationen (z.B. ABB), Zahlenkombinationen (z.B. 501), Hörzeichen (z.B. Intel Inside Melodie), dreidimensionale Formen wie Verpackungen (z.B. Coca-Cola-Flasche), aber auch konturlose Farben und Farbkombinationen als visuell wahrnehmbare Zeichen (z.B. Magenta/Grau der Deutschen Telekom). Die Schutzdauer von Marken ist nicht begrenzt und in Intervallen von 10 Jahren verlängerbar.

In Deutschland wird der Schutz von Marken, geschäftlichen Bezeichnungen und geografischen Herkunftsangaben durch das Markengesetz[22] (MarkenG) geregelt. Das Markengesetz wird ergänzt durch die Markenverordnung[23] (MarkenV),

---

[21] Vgl. http://www.cpvo.europa.eu/main/de/home/about-the-cpvo/its-mission, Abruf 19.06.2015.
[22] Gesetz über den Schutz von Marken und sonstigen Kennzeichen (Markengesetz - MarkenG). Vgl. http://www.gesetze-im-internet.de/markeng/BJNR308210994.html, Abruf 26.06.2015.
[23] Vgl. http://www.gesetze-im-internet.de/markenv_2004/, Abruf 26.06.2015.

die Verfahrensfragen in Markenangelegenheiten vor dem DPMA regelt. Auf europäischer Ebene ist die Gemeinschaftsmarkenverordnung[24] (GMV) vom 26. Februar 2009 bedeutsam. Mit dieser Verordnung kann in einem einzigen Verfahren *eine* Gemeinschaftsmarke erworben werden, die im gesamten Gebiet der europäischen Gemeinschaft einheitlichen, originären und unmittelbaren Schutz aus der GMV genießt (Heinemann 2013).

Der Markenschutz besitzt erhebliche wirtschaftliche Relevanz und spielt eine entscheidende Rolle bei der Ermittlung des Unternehmenswertes. So ist nach seinem Markenwert das Unternehmen Apple Inc. mit knapp 247 Mrd. US-Dollar im Jahre 2015 das wertvollste Unternehmen der Welt, gefolgt von Google Inc. (173,65 Mrd. US-Dollar) und Microsoft Corp. (115,5 Mrd. US-Dollar) (Statista 2015). In einem größeren Abstand folgen beispielsweise die Deutsche Telekom mit einem Markenwert von 33,8 Mrd. US-Dollar, Mercedes Benz (21,8 Mrd. US-Dollar), Siemens (15,5 Mrd. US-Dollar) oder Ikea (17 Mrd. US-Dollar) (Statista 2015). Abbildung 2.6 zeigt die Rangfolge der 15 wertvollsten Marken nach ihrem Markenwert in Milliarden US-Dollar im Jahr 2015.

Es zeigt sich also, dass in Unternehmen heute den nicht-materiellen Vermögenswerten (*intangible assets*) – und damit nicht nur den Patenten sondern auch den Marken – eine immer größere Bedeutung im Vergleich zu den materiellen Vermögenswerten zukommt. Neben dem Patentmanagement ist demzufolge auch das Markenmanagement in Unternehmen von enormer Wichtigkeit.

Designschutz
Modernes Design, also die Gestaltung, der Entwurf bzw. die Formgebung eines Produktes, zählt heute zu den entscheidenden Faktoren für dessen Markterfolg. Es kann zu einem bedeutenden Vermögensgegenstand eines Unternehmens werden. Viele Produkte werden alleine wegen ihres ästhetischen Gehalts gekauft, so beispielsweise Bekleidung, Geschirr oder Möbel, aber auch technische Produkte, wie etwa gleichwertige Dialysemaschinen, die sich nur durch ihr Design von denen des Wettbewerbers unterscheiden. Das passende Schutzrecht für ein Produktdesign ist der Designschutz (in Deutschland war früher die Bezeichnung Geschmacksmuster geläufig und europarechtlich ist sie es noch heute). Das Geschmacksmustergesetz (GeschmMG) wurde mit Wirkung zum 1. Januar 2014 in Designgesetz[25] (DesignG) umbenannt. Ergänzt wird das Designgesetz durch die Designverordnung[26] (DesignV) vom 2. Januar 2014 (früher Geschmacksmusterverordnung).

---

[24] Vgl. http://eur-lex.europa.eu/LexUriServ/LexUriServ.do?uri=OJ:L:2009:078:0001:0042:de:PDF, Abruf 03.09.2015.
[25] Gesetz über den rechtlichen Schutz von Design (Designgesetz - DesignG). Vgl. http://www.gesetze-im-internet.de/geschmmg_2004/BJNR039010004.html, Abruf 12.6.2015.
[26] Verordnung zur Ausführung des Designgesetzes (Designverordnung - DesignV). Siehe unter http://www.gesetze-im-internet.de/designv/BJNR001810014.html, Abruf 26.06.2015.

Marke	Markenwert
Apple	246,99
Google	173,65
Microsoft	115,50
IBM	93,99
Visa	91,96
AT&T	89,49
Verizon	86,01
Coca-Cola	83,84
McDonald's	81,16
Marlboro	80,35
Tencent	76,57
Facebook	71,12
Alibaba Group	66,38
Amazon	62,29
China Mobile	59,90

Mrd. US-Dollar

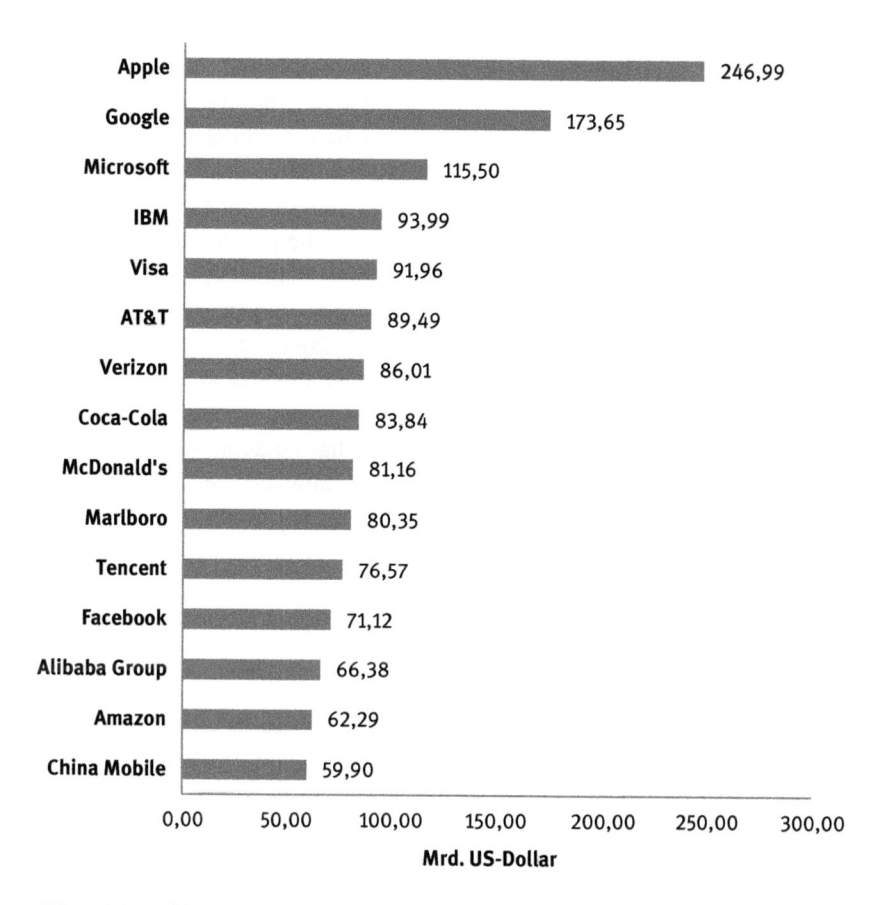

Abb. 2.6: Rangfolge der 15 weltweit wertvollsten Marken nach ihrem Markenwert in Milliarden US-Dollar (Quelle: Eigene Darstellung in Anlehnung an Statista 2015).

Das eingetragene Design ist ein gewerbliches Schutzrecht, das seinem Inhaber die ausschließliche Befugnis zur Nutzung einer ästhetischen Gestaltungsform (Design, Farbe, Form) verleiht. So werden beispielsweise in der Modebranche häufig Stoffmuster und in der Konsumgüterbranche Verpackungen, z.B. Getränkeflaschenformen, geschützt. Ein Geschmacksmuster muss neu sein (es darf kein identisches Muster vor der ersten Anmeldung veröffentlicht worden sein, es gibt aber eine Neuheitsschonfrist von 12 Monaten) und einen ausreichenden Grad an Eigentümlichkeit aufweisen (d.h. der Gesamteindruck, den das Muster auf den informierten Benutzer macht, muss sich von dem Gesamteindruck unterscheiden, den ein anderes Muster auf den informierten Benutzer macht). Das eingetragene Design ist ein sogenanntes ungeprüftes Recht. Dies bedeutet, dass die Voraussetzungen der Neuheit und Eigenart im Eintragungsverfahren vom DPMA nicht überprüft werden. Es prüft nur die formalen Voraussetzungen der Eintragung. Der Schutz entsteht mit der Eintragung in das Register. Die Schutzdauer beträgt 25 Jahre ab Anmeldetag.

Die beim DPMA registrierten eingetragenen Designs sind in Deutschland gültig (siehe hierzu und im Folgenden Deutsches Patent- und Markenamt 2013b). Des Weiteren besteht die Möglichkeit, ein Gemeinschaftsgeschmacksmuster beim Harmonisierungsamt für den Binnenmarkt (*Office for Harmonization in Internal Market* (OHIM)) in Alicante, Spanien zu beantragen. Hiermit können die Anmelder einen einheitlichen Schutz in der gesamten europäischen Union erlangen. Die rechtliche Grundlage zum Schutz des Gemeinschaftsgeschmacksmusters ist die Gemeinschaftsgeschmacksmusterverordnung[27] (GGV) vom 12. Dezember 2001. Auch das WIPO in Genf ermöglicht die Beantragung eines Designschutzes: das internationale registrierte Design, dessen Registrierung im Haager Musterabkommen[28] (HMA) geregelt ist. Der Schutz ist damit aber nicht weltweit gegeben, sondern nur in jenen Mitgliedsstaaten, die der Anmelder im Antrag benannt hat. Kurzum: Alle thematisierten technischen und nicht-technischen Schutzrechte unterscheiden sich hinsichtlich ihres Gegenstandes, ihrer Entstehung und ihrer Laufzeit. Tabelle 2.3 fasst diese Unterschiede noch einmal übersichtlich zusammen.

2.3.3 Wirtschaftliche Funktionen von Patenten

Nach Josef Schumpeter (*8.2.1883 in Triesch, Mähren; †8.1.1950 in Taconic, Connecticut) haben Patente die Funktion, innovativen Unternehmen temporäre Monopolgewinne zu verschaffen. Die durch den Imitationsschutz erzielten temporären Monopolgewinne sollen Anreize für Erfindungen und technischen Fortschritt schaffen, welche Wachstum und Wohlstand einer Volkswirtschaft erhöhen. Aus volkswirtschaftlicher Sicht sollen gewerbliche Schutzrechte wie Patente Innovationen begünstigen. Innovation heißt so viel wie Neuerung, Erneuerung oder etwas neu Geschaffenes. Das Wort leitet sich von den lateinischen Begriffen *novus* (neu) und *innovare* (erneuern) ab. Im deutschen Sprachgebrauch wird Innovation heute im Sinne von neuen Ideen und Erfindungen sowie deren wirtschaftlicher Umsetzung verwendet.

Patente und Innovationen sind wichtige Indikatoren für die wirtschaftliche Leistungsfähigkeit einer Volkswirtschaft. So stellt beispielsweise das Statistische Bundesamt[29] (oft auch als Destatis abgekürzt) Informationen über Innovationsstärke und Patentaktivitäten in Deutschland und anderen europäischen Ländern bereit. Das Bundesamt mit Niederlassungen in Wiesbaden, Bonn und Berlin ist eine selbstständige Bundesoberbehörde und gilt als der größte Anbieter amtlicher statistischer Informationen in Deutschland. Es stellt diese Informationen über ihren Europäischen Daten Service (EDS) allen interessierten Nutzern online zur Verfügung. Auch bei Eurostat[30], dem Statistischen

---

27 Vgl. http://transpatent.com/archiv/gmuvo464.html, Abruf 04.09.2015.
28 Vgl. http://transpatent.com/archiv/hma187.html, Abruf 04.09.2015.
29 Vgl. https://www.destatis.de/DE/Startseite.html, Abruf 06.08.2015.
30 Vgl. http://ec.europa.eu/eurostat, Abruf 07.08.2015.

Tab. 2.3: Gegenstand, Entstehung und Laufzeit gewerblicher Schutzrechte in Deutschland.

Schutzrecht	Gegenstand	Entstehung	Laufzeit
Patent	Technische Erfindung	Erteilung erfolgt durch das Deutsche Patent- und Markenamt (DPMA)	Max. 20 Jahre ab Anmeldetag (ergänzendes Schutzrecht max. 25 Jahre)
Gebrauchsmuster	Technische Erfindung (außer Verfahren)	Mit Eintragung in das Register des Deutsche Patent- und Markenamts (DPMA)	10 Jahre ab Anmeldetag
Softwareschutz	Computer-implementierte Erfindungen (Problem muss mit technischen Mitteln gelöst werden)	Erteilung erfolgt durch das Deutsche Patent- und Markenamt (DPMA)	Max. 20 Jahre ab Anmeldetag
Sortenschutz	Pflanzensorten	Erteilung erfolgt durch das in Hannover ansässige Bundessortenamt (BSA)	25 Jahre, in Ausnahmefällen auch 30 Jahre
Marken	Marken für Waren und Dienstleistungen	Mit Eintragung in das Register des Deutsche Patent- und Markenamts (DPMA)	Nicht begrenzt, in Intervallen von 10 Jahren verlängerbar
Designschutz	Gestaltung von Flächen oder dreidimensionalen Gegenständen	Mit Eintragung in das Register des Deutsche Patent- und Markenamts (DPMA)	25 Jahre ab Anmeldetag

Amt der Europäischen Union, können zahlreiche Informationen und Statistiken online abgerufen werden. Im Kontext von Patenten und Innovationen seien zwei Informationen, die das Statistische Bundesamt unlängst veröffentlicht hat, hier kurz zitiert:

(i) Die Patentanmeldungen beim Europäischen Patentamt (EPA) wurden aufgeschlüsselt nach institutionellen Sektoren im Jahr 2002 analysiert. Es wurde festgestellt, dass in diesem Jahr die meisten Patentanmeldungen beim EPA durch Unternehmen (82,4 %) erfolgten. Nur 17,6 % der Patentanmeldungen beim EPA stammen aus anderen institutionellen Sektoren, wie beispielsweise dem Hochschulsektor.

(ii) Des Weiteren wurde darüber informiert, inwieweit ein Zusammenhang zwischen der Forschung und Entwicklung (FuE) in Unternehmen und Patentanmeldungen besteht und wie dieser sich in unterschiedlichen Wirtschaftssektoren auswirkt. Die Analyseergebnisse lassen darauf schließen, dass Patentanmeldungen aus Europa weniger Forschungsmittel erfordern als jene aus den USA oder Japan.

Andere Untersuchungen zeigen einen Zusammenhang zwischen dem Wert von Patenten und den FuE-Aufwendungen, die zur Finanzierung der Forschungsarbeiten, auf denen die Patente beruhen, erforderlich waren (Harhoff 2004). Ausgehend von den insgesamt für FuE ausgegebenen Mitteln (etwa 645 Mrd. US-Dollar in den OECD-Ländern im Jahr 2001) und der Zahl aller von verschiedenen Patentämtern im Jahr 2001 gewährten Patente wurde grob geschätzt, dass der Anreizeffekt von Patenten einer Subvention von FuE-Aufwendungen in Höhe von ungefähr 15 bis 25 % entspricht.

Diese Ergebnisse und viele weitere Untersuchungen zeigen, dass jegliche Analyse von Patenten bei den *wirtschaftlichen Funktionen* ansetzen muss. Die wirtschaftlichen Funktionen von Patenten lassen sich in grundlegende, sogenannte primäre Funktionen sowie in erweiterte, sogenannte sekundäre Funktionen aufteilen.

Zu den primären Funktionen zählen (Burr et al. 2007)
- die Anreizfunktion,
- die Ausschluss- und Schutzfunktion sowie
- die Informationsfunktion.

Anreizfunktion von Patenten
Die Anreizfunktion von Patenten soll Unternehmen dazu bewegen, Neues zu entwickeln und in Innovationsaktivitäten zu investieren (Hall 2007). Mit steigenden Innovationsaktivitäten wächst eine Volkswirtschaft und so steigen auch die Löhne und der Lebensstandard im Allgemeinen (Grandstrand 1999 sowie Shapiro 2007). In der betriebswirtschaftlichen Literatur wird die Anreizfunktion von Patenten häufig mit der Belohnungstheorie beschrieben. Patente sollen privaten, auf Gewinnerzielung ausgerichteten Unternehmen Anreize dafür bieten, in FuE-Aktivitäten und damit in das Hervorbringen neuer Ideen zu investieren. Die Patente bringen den Erfindern und Unternehmen zeitlich befristete Monopolrechte und verringern damit das Risiko, Investitionen in FuE zu verlieren. Andere Marktteilnehmer werden durch die Untersagung einer kommerziellen Nutzung der in den Patenten beschriebenen Erfindungen dazu bewogen, in weitergehende Entwicklungen zu investieren, erfinderisch tätig zu sein und Umgehungslösungen zu schaffen.

Ausschluss- und Schutzfunktion von Patenten
Die Ausschluss- und Schutzfunktion dient dem Patentinhaber als *Waffe* im Wettbewerb. Patente können als Markteintrittsbarriere für Wettbewerber genutzt werden und damit die marktliche Alleinstellung des Patentinhabers (Unternehmens) absichern (Schwingenschlögl und Gotwald 2008). Durch das Monopol hat der Patentinhaber den Rechtsanspruch auf exklusive Nutzung der Erfindung und somit die Möglichkeit,

beispielsweise Wettbewerbern mit kostenintensiven Patentverletzungsklagen zu drohen und sie zur Lizenznahme eigener Technologien zu veranlassen. Aufgrund ihrer abschreckenden Wirkung können selbst relativ schwache Patente unter Umständen einen Markteintritt neuer Wettbewerber verhindern oder zumindest verzögern (Hentschel 2007). Verschiedene Studien haben gezeigt, dass diese Ausschluss- und Schutzfunktion für Unternehmen den höchsten Stellenwert bei den Motiven für eine Patentierung und den Einsatz von Patenten hat (Eppinger 2015). Den Schutzbereich, in dem der Patentinhaber gegenüber Dritten ein Verbietungsrecht hat, legen die Patentansprüche fest. Die Patentämter ziehen den Schutzbereich eher eng, sodass der eingeschränkte Patentschutz die Entwicklung von Umgehungs- und Verbesserungserfindungen durch Dritte möglich macht. Unternehmen wünschen hingegen einen breiten Schutzbereich, sodass mittels einer hohen Sperrwirkung des Patents Umgehungs- und Verbesserungserfindungen der Wettbewerber erschwert werden. Zur Erlangung des Patentschutzes muss aber im Gegenzug die Erfindung offengelegt werden.

Informationsfunktion von Patenten
Durch die Informationsfunktion der Patente erhält die Öffentlichkeit detaillierte Kenntnisse über die Erfindung. Aus der Offenlegung von Patenten kann aus volkswirtschaftlicher Sicht die Gesellschaft als Ganzes profitieren. Aus einzelwirtschaftlicher Sicht ergeben sich sowohl für das patentierende Unternehmen als auch für die Wettbewerberunternehmen ungeahnte Handlungsmöglichkeiten aus der detaillierten Veröffentlichung der Erfindung (Burr et al. 2007). So lassen sich technologische Stärken- und Schwächenanalysen (SWOT-Analysen, Englisch für *Strenghts*, *Weaknesses*, *Opportunities* und *Threaths*) erstellen, die eigene Technologieposition im Verhältnis zum Wettbewerb bestimmen, potenzielle Wettbewerber aufspüren oder die wirtschaftlichen Verflechtungen von Unternehmen durch Patentanalysen erkennen. Neben der Offenlegung technischer Informationen bezüglich der Erfindung durch die Patentämter werden auch rechtliche und wirtschaftliche Informationen offengelegt. Diese gewähren dem Wettbewerber beispielsweise Einblick in den Rechtsstand des Patents oder auch in laufende Einspruchsverfahren und zeigen ihm zudem, in welchen Märkten der Pateninhaber wirtschaftlich aktiv werden möchte und in welchen Ländern er Patentschutz beantragt hat.

Neben diesen drei primären Funktionen werden in der Literatur noch sekundäre Funktionen diskutiert (Burr et al. 2007), nämlich
- die Signal- und Reputationsfunktion von Patenten,
- die unternehmensinterne Anreiz- und Kontrollfunktion von Patenten,
- die Tauschmittelfunktion von Patenten,
- die rechtliche Absicherungsfunktion von Lizenzverhältnissen,
- die Finanzierungsfunktion von Patenten,
- die Überraschungs-, Erpressungs- und Nötigungsfunktion von Patenten sowie
- die Vorleistungs- und Testfunktion von Patenten.

Signal- und Reputationsfunktion von Patenten

Der Begriff der Signalfunktion bedeutet, dass die Patentierung als technisches Gütesiegel für die zugrundeliegende Erfindung genutzt werden kann (Blind et al. 2006). Das Gütesiegel kann dabei aber nur dann effektiv sein, wenn ausschließlich herausragende Erfindungen patentiert werden. So können beispielsweise Biotechnologieunternehmen ihre technologische Leistungsfähigkeit gegenüber Venture Capital Gesellschaften mit Hilfe von Patenten demonstrieren.

Werden Patente als öffentlichkeitswirksame Werbemittel zur Kundenakquise und zur Verbesserung des Unternehmensimages eingesetzt, spricht man von der Reputationsfunktion von Patenten. Eine hohe Innovationsfreudigkeit von Unternehmen wird durch eine hohe Zahl an Patentanmeldungen demonstriert (Harhoff 2005).

Unternehmensinterne Anreiz- und Kontrollfunktion von Patenten

Von einer unternehmensinternen Anreiz- und Kontrollfunktion wird gesprochen, wenn Patente als Maß für Output und Leistung des FuE-Personals (Kontrollfunktion) dienen bzw. zur Stärkung der Motivation und des individuellen Ansehens der Mitarbeiter eines Unternehmens, zur Bestätigung der Arbeitsanstrengung, zur stärkeren Identifikation mit dem Unternehmen (intrinsische Motivation) oder auch zur Honorierung der erfinderischen Leistung seiner Mitarbeiter (extrinsische Motivation) eingesetzt werden.

Tauschmittelfunktion von Patenten

Patente können auch als Tauschmittel für eine Kreuzlizenzierung (*cross licensing*) eingesetzt werden. Hierfür schließen zwei patentaktive Unternehmen ein Abkommen, welches die wechselseitige Erlaubnis erteilt, Patente des jeweils anderen Unternehmens zu nutzen. Dabei kann die gegenseitige Anerkennung entweder ohne zusätzliche Lizenzgebühren oder auf Basis einer einmaligen Zahlung erfolgen. Im Rahmen der Tauschmittelfunktion dienen Patente also als Kapital zum Einbringen in einen Patentpool. Man spricht auch von *bargaining chips,* wenn Patente als technologische Tauschwährung eingesetzt werden (Ernst 1996).

Rechtliche Absicherungsfunktion von Lizenzverhältnissen

Patente können die Funktion erfüllen, eine gesicherte Grundlage für Lizenzgeschäfte zu schaffen. Dabei kann der Lizenzgeber die Kontrolle über die Verwendung des Knowhows ausüben (Bartenbach 2012 sowie Kortunay 2003). Zum Einsatz kommen einfache Lizenzen, auch nichtausschließliche Lizenzen genannt, bei denen sich der Lizenzgeber das Recht vorbehält, Lizenzen auch an andere Interessenten zu vergeben bzw. die lizenzierte Lehre selbst zu nutzen. Des Weiteren sind ausschließliche

Lizenzen gebräuchlich, bei denen der Lizenznehmer die vereinbarten Nutzungsrechte zur alleinigen Verwertung erhält. Lizenzen dienen der Stabilisierung von Unternehmenskooperationen und -netzwerken; und Patente können als Lockmittel eingesetzt werden, um Kooperationsverträge schneller abzuschließen.

Finanzierungsfunktion von Patenten
Die Finanzierungsfunktion beruht auf der Möglichkeit, ein Patent, die zu erwartenden Erträge aus einem Patent oder den belastbaren Vermögensgegenstand Patent als Basis für eine Finanzierung zu verwenden. So kann beispielsweise eine aktive Lizenzvergabe an Dritte dazu dienen, die Lizenzerlöse zur Finanzierung neuer FuE-Vorhaben einzusetzen. Die Einnahmen aus den Patenten fallen dabei umso größer aus, je wertvoller sich die Patente für bestimmte Unternehmen erweisen oder je schwieriger es ist, die Patente zu umgehen (Grindley und Teece 1997). In einer weiteren Studie wurde gezeigt, dass Lizenzeinnahmen in manchen Fällen sogar mehr als die Hälfte der sonstigen Einnahmen von Unternehmen ausmachen können (Chesbrough 2003). Eine solche Patentverwertung wird auch zunehmend bei Forschungseinrichtungen und Universitäten zur Verbesserung der Finanzausstattung eingesetzt bzw. angestrebt. Für diese Zwecke wurden an vielen Universitäten und Hochschulen in Deutschland Patentverwertungsagenturen eingerichtet, wie beispielsweise die InnoWi GmbH[31] an der Universität Bremen als die führende Patentverwertungsagentur im Nordwesten Deutschlands oder die TuTech Innovation GmbH[32] als zentrale Anlaufstelle in allen Fragen des Technologie- und Wissenstransfers in der Metropolregion Hamburg. Diese und weitere Patentverwertungsagenturen sind in einem bundesweiten Netzwerk, der *TechnologieAllianz*[33], vereinigt.

Überraschungs-, Erpressungs- und Nötigungsfunktion von Patenten
Patente können auch zur Absicherung von zukünftig an Bedeutung gewinnenden Technologiefeldern eingesetzt werden und somit als Grundlage für Lizenz- oder Schadenersatzforderungen dienen. So wird beispielsweise mit den sogenannten U-Boot-Patenten (*submarine patents*) versucht, den durch eine Patentanmeldung geschaffenen Stand der Technik so lange wie möglich geheim zu halten, um ihn erst später *auftauchen* zu lassen und damit dann einen gegebenenfalls gefährlichen entgegenstehenden Stand der Technik in einem Nichtigkeitsverfahren anzugreifen und zu *versenken*. In jüngerer Zeit wird der Patentbesitz auch mit der alleinigen Absicht einer monetären Verwertung (Patenttrolle) eingesetzt. Patenttrolle oder Patenthaie

---

31 Vgl. http://www.innowi.de/, Abruf 11.09.2015.
32 Vgl. http://tutech.de/index.php/page/Unternehmen-2011-03-04#1, Abruf 11.09.2015.
33 Vgl. http://www.technologieallianz.de/mitglieder.php, Abruf 12.09.2015.

(*patent sharks*) erwerben Patente, ohne die patentierte technische Erfindung wirtschaftlich nutzen zu wollen (Reitzig et al. 2007).

Vorleistungs- und Testfunktion von Patenten
Patente stellen in bestimmten Fällen eine Vorbedingung für den Eintritt in neue Auslandsmärkte dar, wobei eine erzwungene Lizenzierung bestimmter Technologien in diesen Märkten, beispielsweise in China, erfolgen muss. Eine derartige erzwungene Vorleistung kann ein Test für die Glaubwürdigkeit und Langfristigkeit des Engagements (*creditable commitment*) in dem jeweiligen Markt sein.

Alles in allem erfüllen Patente also eine Vielzahl von primären und sekundären Funktionen, deren Nutzung auf sehr unterschiedliche Weise erfolgen kann. Sie schließen sich nicht gegenseitig aus und können sich im Einzelfall sogar überlagern (Harhoff 2005). So kann beispielsweise ein deutsches Unternehmen seine Patente im heimischen Markt exklusiv nutzen, um seine Marktvorteile in Deutschland zu sichern, aber sein entsprechendes Patent aus der Patentfamilie beispielsweise in den USA auslizenzieren, um aus dem dortigen Markt Lizenzeinnehmen zu generieren. Die Aufgabe des Patentmanagements der Unternehmen besteht deshalb darin sicherzustellen, in welchem Umfeld welche Funktionen eines Patents als optimal identifiziert und realisiert werden können. Patente sind somit ein wichtiges Instrument der strategischen Unternehmensentwicklung geworden, das über die ursprüngliche Funktion des Schutzes gegen Imitation weit hinausreicht.

2.4 Patentsystem und seine Akteure

Die vielerorts als Patentsystem bezeichnete Struktur zerfällt bei einfacher Betrachtung in zwei abhängige Teilbereiche. Einer der Teilbereiche ist als internes Patentwesen in Unternehmen oder Universitäten, Hochschulen und Forschungsinstituten bekannt, der andere ist als das externe institutionelle Patentrechtswesen in mehr als 188 Ländern (Stand 15. April 2015) der Weltorganisation für geistiges Eigentum (*World Intellectual Property Organisation* (WIPO)) in mehr oder minder starker verfassungsweiser Verankerung gegeben (Weltorganisation für geistiges Eigentum 2015d).

Der externe institutionelle Bereich des Patentrechtswesens stellt dabei den überwiegenden Anteil am Patentsystem dar. Er manifestiert sich im jeweils national oder regional gültigen Patentrecht bzw. Patentübereinkommen, durch Patentämter, Patentgerichte und Schiedsstellen. Der unterlegene Bereich fällt dagegen auf das interne Patentwesen, der sich in Patentabteilungen mit Verwaltungsfachleuten, Rechercheuren, Patentingenieuren, Patentassessoren und Unternehmenspatentvertretern darstellt. So unterhalten viele kleine und mittlere Unternehmen (KMU) in Deutschland, vor allem aber größere Unternehmen und Konzerne, einzelne Abteilungen oder aber zumindest eine oder zwei Patentfachkräfte, die sich zumeist in Vollzeitbeschäftigung um die schutzrechtlichen Belange und Anforderungen des privat oder öffentlich-rechtlich angelegten Unternehmens kümmern.

Im Folgenden werden das Patentsystem und seine Entwicklung dargestellt. Danach geht es um das nationale und internationale Patentrecht, um die Funktionen des Patentamts und Aspekte der Patentgerichtsbarkeit sowie abschließend um das Aufgabenfeld des Patentvertreters.

2.4.1 Entwicklung des Patentsystems

Die Anfänge einer schutzrechtlichen Kultur gehen bis in das 16. Jahrhundert zurück. Ob es bereits davor erwähnenswerte rechtliche und organisatorische Strukturen sowohl im Staat als auch auf der bürgerlichen Seite gegeben hat, darf bezweifelt werden. Gleichwohl wird im Altertum von bedeutenden Erfindungen berichtet; es ist aber aus dieser Zeitepoche kein rechtlicher Erfindungsschutz überliefert. Den antiken Erfindern aus der Handwerkszunft mangelte es also nicht an erfinderischer Kreativität, sie hatten in dieser Zeit lediglich noch keine Lobby. Der besagte Personenkreis gehörte im Allgemeinen nicht den herrschenden Schichten an, welche für die Rechtsetzung verantwortlich waren. Das Fehlen einer gezielten Gewerbeförderung kann als mangelnde Förderung der Erfinder und Urheber in der Antike angesehen werden. Konkret finden sich aber erst im Mittelalter mit dem Privilegienwesen und der Erteilung von Monopolen erste Ansätze eines Erfinderschutzes.

Die meisten Patentgesetze haben ihre Ursprünge in Gesellschaftsformen und Zeitperioden (Kurz 2000, Pfaller 2010 sowie Schamlu 1985). Das Zeitalter der Aufklärung und der beginnende Wandel von der Manufaktur (in handwerklichen, händischen Verfahren max. in Kleinserien hergestellte Einzelstücke) hin zur Industrie (in paralleler oder serieller Arbeitsteilung und in größeren Zahlen hergestellte, gleichartige Artikel) ermöglichte es, Artikel und/oder Produkte erstmals in größeren Stückzahlen herzustellen und zu produzieren – nämlich durch einfaches Kopieren. Das Kopieren in eigenen Rechten hat immer auch *unerlaubtes* Kopieren durch Andere nach sich gezogen. Kopisten von erfolgreichen, begehrten Artikeln, insbesondere in der Kunstszene und Architektur, hat es zudem über die Jahrhunderte hinweg immer gegeben. Das Kopieren war *en vogue* und teilweise gute Sitte, solange es in überschaubarem Maße, unter gleichzeitiger Anerkennung des originären Autors oder Erfinders, geschah. Die *händisch* entstandene freitragende Kuppel des Künstlers und Architekten Michelangelo Buonarroti, kurz Michelangelo (*6.3.1475 in Caprese; †18.2.1564 in Rom) hätte es nie ohne das Ursprungswerk des Genies namens Leonardo Da Vinci (*15.4.1452 in Anchiano; †2.5.1519 in Amboise) gegeben bzw. nie ohne *ähnliche* schon erfolgreich ausgeführte Werke, die auf den gleichen Grundprinzipien basierten. Dies war immer akzeptiert – bis in die heutige Zeit.

Die maschinelle Fertigung gleicher oder in vielen Aspekten ähnlicher Artikel und deren Verbreitung über einen lokalen bzw. regionalen Raum hinaus brachten es unweigerlich mit sich, dass die Hersteller sich bei anderen etwas abschauten und häufig fast das Gleiche auf den Markt brachten. Dies ist noch heute gängige Praxis.

Entwicklungsetappen

Tabelle 2.4 zeigt eine chronologische Übersicht wichtiger Daten und Ereignisse im Bereich des Patentwesens. Mit dem *Statute of Monopolies*[34] wurde in England 1624 das erste Patentgesetz erlassen, das technische Erfindungen für eine Laufzeit von 14 Jahren schützte. Das *Statute of Monopolies* gilt als Vorbild für Patentgesetze weltweit.

Tab. 2.4: Entwicklungsetappen des Patentwesens.

Jahr	Ereignis
1624	Der Anspruch des Erfinders auf ein Privileg wird im *Statute of Monopolies* in England verankert
1790	Erstes amerikanisches Patentgesetz englischer Prägung
1791	Französisches Patentgesetz, nach welchem die geistigen Eigentumsrechte dem Schöpfer zustanden
1877	Das Reichspatentgesetz tritt in Berlin in Kraft
1883	Pariser Verbandsübereinkunft (PVÜ) zum Schutz des gewerblichen Eigentums
1899	Österreichisches Patentgesetz (eng an das deutsche Patentgesetz angelehnt) tritt in Kraft
1907	Ein bundesweites Patentgesetz tritt in der Schweiz in Kraft
1949	Europarat befürwortet Schaffung eines europäischen Patentamts
1967	Gründung der WIPO in Genf
1970	Unterzeichnung des Vertrages über die internationale Zusammenarbeit auf dem Gebiet des Patentwesens (PCT – *Patent Cooperation Treaty*) in Washington
1973	Unterzeichnung des Europäischen Patentübereinkommens (EPÜ) durch 16 der 21 Teilnehmerstaaten
1977	Das EPÜ tritt für Belgien, Schweiz, Deutschland, Frankreich, Vereinigtes Königreich, Luxemburg und die Niederlande in Kraft
1978	Europäisches Patentamt (EPA) in München; Inkrafttreten des PCT
1985	Das Chinesische Patentamt (SIPO) wird mit Inkrafttreten des Patentgesetztes von 1985 gegründet
1994	Übereinkommen über handelsbezogene Aspekte der Rechte des geistigen Eigentums (TRIPS-Abkommen) (*Agreement on Trade-Related Aspects of Intellectual Property Right*)
2009	Novellierung des deutschen Arbeitnehmererfinderrechts, Unbeschränkte Inanspruchnahme
2011	Reform des US-amerikanischen Patentrechts durch den *America Invents Act (AIA)*
2015	Der Weltorganisation für geistiges Eigentum (WIPO) in Genf gehören 188 Staaten an

---

[34] Vgl. http://www.legislation.gov.uk/aep/Ja1/21/3/contents, Abruf 10.9.2015.

In den USA wurde 1790 auf Initiative von Benjamin Franklin (*17.1.1706 in Boston, Massachusetts; †17.4.1790 in Philadelphia, Pennsylvania) ein erstes Patentgesetz verkündet. Eine wichtige Reform des US-amerikanischen Patentrechts erfolgte 2011 durch den America Invents Act (AIA), welcher beispielsweise das Ersterfinderprinzip (*first to invent*) durch das Erstanmelderprinzip (*first to file*) ablöste und dem Erfinder nun eine einjährige Neuheitsschonfrist zugesteht. Diese Reform soll zu einer Angleichung des US-amerikanischen Patentrechts an das deutsche und europäische Recht führen.

Blaise Pascal (*19.6.1623 in Clermont-Ferrand; †19.8.1662 in Paris) erhielt in Frankreich für eine Rechenmaschine (Pascaline) das erste Erfinderprivileg; und am 7. Januar 1791 wurde von Ludwig XVI. August von Frankreich (*23.8.1754 in Versailles; †21.1.1793 in Paris) das erste Patentgesetz in Frankreich unterschrieben.

In den deutschen Einzelstaaten wurden die ersten Patentgesetze Anfang des 19. Jahrhunderts erlassen. Nach Gründung des Deutschen Reiches wurde 1877 das erste Reichspatentgesetz verabschiedet, mit dem die prinzipiell noch heute gültigen Grundlagen des deutschen Patentwesens geschaffen wurden. Das momentan gültige Patentgesetz stammt von 1981 (vgl. Mes 2015).

Die Industrialisierung bot Anlass zu vielen internationalen Abkommen im Bereich des gewerblichen Rechtsschutzes. In Wien (1873) und Paris (1878) fanden internationale Patentkongresse statt, und es kam zum Abschluss von bilateralen Verträgen zwischen einzelnen Staaten. Zum Schutz des gewerblichen Eigentums schlossen 11 Staaten im Jahre 1883 in Paris die Pariser Verbandsübereinkunft (PVÜ).

In Österreich trat 1899 ein Patentgesetz in Kraft, in der Schweiz geschah dies 1907. Im Jahre 1949 befürwortete der Europarat die Schaffung eines europäischen Patentamts; 1973 wurde das europäische Patentübereinkommen (EPÜ) durch 16 von 21 Teilnehmerstaaten unterzeichnet, 1977 trat das EPÜ dann in Belgien, der Schweiz, Deutschland, Frankreich, dem Vereinigten Königreich, Luxemburg und den Niederlanden in Kraft. Die Eröffnung des Europäischen Patentamts (EPA) fand am 1.10.1977 statt, und die erste Patentanmeldung wurde am 1.6.1978 registriert.

Die Weltorganisation für geistiges Eigentum (WIPO) wurde am 14.7.1967 im Zuge des Stockholmer Übereinkommens in Genf gegründet. Sie löste damit das seit 1883 bestehende Büro zum Schutz des geistigen Eigentums (BIRPI) ab. Ziel der Gründung war die weltweite Förderung der Rechte an immateriellen Gütern. Im Jahre 1970 wurde der Vertrag über die Internationale Zusammenarbeit auf dem Gebiet des Patentwesens (*Patent Cooperation Treaty* (PCT)) in Washington unterzeichnet. Durch diesen Vertrag bilden die Vertragsstaaten einen Sonderverband gemäß der PVÜ zum Schutz des gewerblichen Eigentums.

Im Zuge der Globalisierung der Weltwirtschaft wurde 1994 ein Übereinkommen über handelsbezogene Aspekte des geistigen Eigentums (*Agreement on Trade-Related Aspects of Intellectual Property Rights* (TRIPS) geschaffen. Das Ziel dieses Abkommens bestand darin, Schwellen- und Entwicklungsländer dem rechtlichen Schutzstandard der westlichen Industrieländer anzunähern und in allen Mitgliedsländern einen gemeinsamen Standard zur Durchsetzung der Rechte aus dem Patent einzuführen.

Das in Deutschland geltende Arbeitnehmererfinderrecht, nach welchem der Arbeitgeber grundsätzlich Anspruch auf die Diensterfindung und der Arbeitnehmer nur einen ausgleichenden Vergütungsanspruch hat, wurde 2009 novelliert. Seither gilt die Inanspruchnahme dann als erklärt, wenn der Arbeitgeber die Erfindung nicht bis zum Ablauf von vier Monaten nach Eingang der Erfindungsmeldung freigibt. Mit der Inanspruchnahme entsteht ein Vergütungsanspruch des Arbeitnehmers gegenüber dem Arbeitgeber. Dieser wiederum ist nach Eingang der Erfindungsmeldung dazu verpflichtet, unverzüglich die Schutzrechtsanmeldung durchzuführen.

In der Volksrepublik China wurde unter der Herrschaft der Kuomintang Partei 1944 das erste chinesische Patentgesetz erlassen. In der WIPO ist die Volksrepublik China seit 1980 Mitglied, und 1985 wurde das Chinesische Patentamt (SIPO) eröffnet.

2.4.2 Nationales und internationales Patentrecht

In Deutschland ist die Verankerung des Patentrechts in der Verfassung bzw. im Grundgesetz nicht explizit vorgegeben. Dies verhält sich in anderen Staaten durchaus anders. Dennoch gibt es in Deutschland wie auch in den meisten übrigen Ländern ein separates Patentrecht, das auf verfassungsrechtliche Grundsätze der Wahrung staatlicher wie persönlicher Interessen am Fortschritt der Wissenschaft und Technik aufbaut (Kraßer 2009).

Ein Patent verkörpert, einfach ausgedrückt, zunächst das Recht auf die ausschließliche Nutzung eines Gegenstandes oder eines Verfahrens, nicht auf die Nutzung einer Idee, zu gewerblichen Zwecken. Eine weitere Facette ist das sogenannte Verbietungsrecht. Vom Inhaber einer Erfindung, mithin Erfinder genannt, wird als Gegenleistung für diese vom Staat eingeräumte Monopolstellung verlangt, die Grundzüge seiner Erfindung – und somit sein Wissen – mit der Gemeinschaft zu teilen. Dies soll dem technischen Fortschritt oder dem Fortschritt der Wissenschaft und damit dem Erfinder sowie der Gemeinschaft dienen.

Der Staat verleiht mit jeder Patenterteilung oder Aufrechterhaltung im Grunde genommen ein Hoheitsrecht, das sich in den meisten Ländern in *Titeln* äußert. Ein erteiltes, rechtsgültiges und rechtskräftiges Patent ist oftmals einem Eigentumstitel auf ein Grundstück nicht unähnlich, in Anspielung auf den anglo-amerikanischen Sprachgebrauch des *patent-claims* bzw. der *invention claimed*.

Ein Patent ist somit ein von staatlicher Seite eingeräumter Titel, kein eigenes Recht, wie irrtümlich oftmals angenommen wird. Es entsteht in einem komplexen Verfahren, welches dem Erfinder nach umfangreicher patentamtlicher Prüfung eingeräumt wird. Ohne auf die umfangreichen Inhalte des nationalen Patentrechts oder der internationalen Patentübereinkommen tiefer einzugehen sei kurz angemerkt, dass neben dem jeweils knapp gehaltenen Patentrecht die jeweiligen nationalen Ausführungsanweisungen und Verfahrensrichtlinien der staatlichen Patentprüfung, Patenterteilung, Patentvalidierung und Patentinvalidation den Großteil der (juristischen) Fachliteratur ausmachen. Hierin unterscheiden sich nationale Patentrechte und internationale Patentübereinkommen nicht von anderen Rechtsgebieten.

Entgegen einer mittlerweile in patentfremden Rechtsgebieten vorherrschenden Meinung existiert kein internationales Patentrecht, mithin auch kein internationales Patent oder gar Weltpatent. Dagegen gibt es aufgrund (i) sogenannter Patentübereinkommen, (ii) des Patentzusammenarbeitsvertrags oder (iii) der EP- und/oder PCT-Anmeldungen vorläufige Schutzrechtsvorbehalte, die auf internationaler Ebene eingeräumt werden:

(i) Diese Patentübereinkommen wurden entweder mit regionaler oder überregionaler Tragweite zwischen Nachbarstaaten mit ähnlichem Patentrechtskonstrukt oder von Institutionen wie den Vereinten Nationen (*United Nations* (UN)), unter Beteiligung der Welthandelsorganisation (*World Trade Organization* (WTO)), geschaffen. Als Beispiel für ein erfolgreiches Patentübereinkommen sei das Europäische Patent (EP-Patent) genannt. Es stellt ein Bündelpatent nach Maßgabe des Europäischen Patentamts (EPA) dar und genießt Rechtsgültigkeit nach Validierung in derzeit bis zu 38 Mitgliedsstaaten des Europäischen Patentübereinkommens (Europäisches Patentamt 2015a).

(ii) Der Patentzusammenarbeitsvertrag (*Patent Cooperation Treaty* (PCT)) stellt Mindeststandards für die Anerkennung von auf nationaler Ebene entstandenen Prioritäten auf und räumt dem Anmelder die Option ein, seine Erfindung von der WIPO recherchieren und vorläufig prüfen zu lassen.

(iii) Während am Ende des Anmeldeverfahrens beim EPA ein valides Schutzrecht (EP-Patent) steht oder aber eine Ablehnung der Patentfähigkeit der vermeintlichen Erfindung, kann im sogenannten WIPO-Verfahren (oft als PCT-Verfahren bezeichnet) kein valides Schutzrecht von der WIPO erteilt werden. Das WIPO bzw. die von dem Anmelder über die WIPO beauftragte Patentrecherchebehörde stellt ein sogenanntes *Platzhalter-* oder Reserve-Verfahren dar, welches es dem PCT-Anmelder erlaubt, mit einer größeren Zeitreserve zu entscheiden, ob und wo die Anmeldung international weitergeführt werden soll. In der Regel folgt diese Entscheidung auf Seiten des Anmelders vorwiegend der unverbindlichen Einschätzung der WIPO, dass die in der Anmeldung spezifizierte und beanspruchte Erfindung nach eingehender Recherche wahrscheinlich einen patentfähigen Inhalt aufweist. Mit diesem kleinen *Bonus* erhält der PCT-Anmelder allerdings nur eine sogenannte vorläufige und unverbindliche Meinung über die Patentfähigkeit des beanspruchten Gegenstands oder Verfahrens. Er kann dann entscheiden, ob er das PCT-Verfahren weiterführen möchte und eine erstinstanzliche, verbindliche Patentprüfung durch das WIPO bzw. durch die vom Anmelder über die WIPO beauftragte Patentprüfungsbehörde beantragen sollte.

Der Sinn solcher Patentübereinkommen, des Patentzusammenarbeitsvertrages oder der EP- und/oder PCT-Anmeldungen besteht darin, einem Erfinder in einem Vertragsstaat das vorläufige Recht einzuräumen, in anderen Ländern ebenfalls Schutzrechte für denselben Gegenstand oder dasselbe Verfahren zu erlangen. In den Patentübereinkommen nutzen Erfinder deren Prioritätsanmeldung, z.B. beim DPMA in Deutschland, um auf der sogenannten Priorität aufbauend Nachanmeldungen zum selben *erfinderischen* Gegenstand oder Verfahren in anderen Vertragsstaaten, z.B. Frankreich oder den USA, zu tätigen. Wichtig ist dabei, dass in den Nachanmeldungen prinzipiell derselbe Gegenstand oder dasselbe Verfahren beschrieben und beansprucht werden muss, um die vorgenannte Priorität nutzen zu können. Ausnahmen von dieser Regel sind nicht gegeben, wenngleich für denselben beschriebenen Gegenstand oder dasselbe Verfahren geänderte Ansprüche vorgelegt werden können, je nach nationaler Patentrechtsausprägung oder jeweiliger Vereinbarung im Patentübereinkommen. Der anders oder auch neu beanspruchte Gegenstand bzw. das ebensolche Verfahren darf nicht über das in der Beschreibung ursprünglich Offenbarte hinausgehen, sonst erlischt die Priorität für diesen unerlaubt erweiterten Gegenstand.

Aufbauend auf zwischenstaatlichen Patentübereinkommen wie dem EPÜ (Europäisches Patent Übereinkommen, derzeit 38 Staaten), dem PCT (*Patent Cooperation Treaty*, derzeit 148 Staaten) oder dem Golf-Kooperationsrat (*Gulf Cooperation Council* (GCC), derzeit 6 Staaten der arabischen Halbinsel) können Patentanmelder den territorialen Schutzbereich der Anmeldung in den internationalen Raum erweitern. Die dafür erforderlichen Verfahren sind zum Teil sehr kostenintensiv und kommen daher oftmals nur bei erfolgversprechenden Erfindungen zur Anwendung.

Um die Leistungsfähigkeit internationaler Wirtschafträume anhand von Patenten zu untersuchen, werden häufig sogenannte Triade-Patente herangezogen. Triade-Patente sind Patente, die zusätzlich zum Inland in den jeweiligen beiden Auslandsmärkten der Triaderegionen USA-Europa-Japan angemeldet werden. Die aus den Anmeldezahlen erstellten Statistiken zu den Triade-Patenten

spiegeln die internationale Ausrichtung der anmeldenden Unternehmen wider und gelten als Indiz für Expansionsmöglichkeiten auf innovativen Märkten (Frietsch 2007, S. 8)

Seit geraumer Zeit ist aber festzustellen, dass die meisten nationalen Schutzrechtsanmeldungen in China, mit großem Abstand vor den USA und Europa, stattfinden, sodass den Triade-Patenten keine so hohe Bedeutung mehr zugemessen werden kann. Auch in internationalen Patentübereinkommen dominieren chinesische Patentanmeldungen vor den USA und europäischen Ländern. Patente gewinnen somit an Relevanz, sowohl für einzelstaatliche oder territoriale Schutzbereiche als auch für zwischenstaatliche Wirtschaftsverbünde. Bezeichnenderweise gibt es Länder, in denen Schutzrechte entweder an praktischer Bedeutung, mithin an Wert, verlieren, wohingegen andere Länder eindeutig patentweise aufgewertet werden.

Abbildung 2.7 zeigt beispielhaft die Patentanmeldezahlen in China, Europa und den USA in den Jahren 1994 bis 2013 (Weltorganisation für geistiges Eigentum 2015e). Auffallend deutlich steigen seit 2002 die Anmeldzahlen in China. Sie überschritten

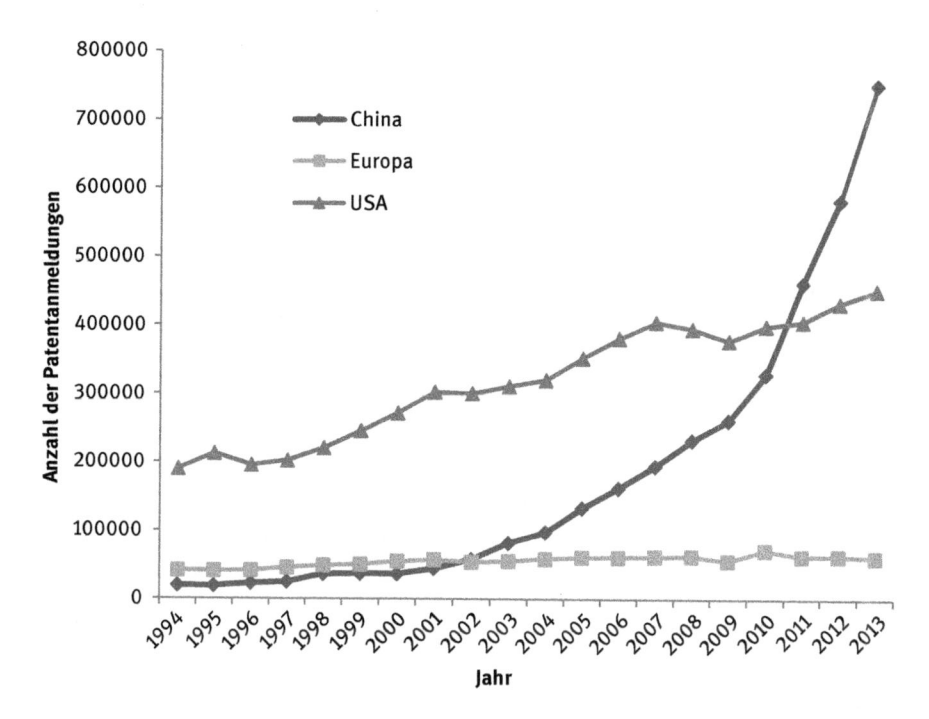

Abb. 2.7: Patentanmeldungen in den drei Regionen China, Europa und USA im Zeitverlauf (Quelle: Eigene Darstellung in Anlehnung an Weltorganisation für geistiges Eigentum 2015e).

2002 bereits die Patentanmeldezahlen in Europa, und seit 2011 liegen die chinesischen Anmeldezahlen auch deutlich über denen in den USA.

Der Wert eines technischen Schutzrechts kann somit nicht als konstante Größe angenommen werden. Ein den Wert eines Schutzrechts maßgeblich bestimmender Parameter besteht in der Möglichkeit und Wahrscheinlichkeit der Durchsetzbarkeit von Patentansprüchen vor nationalen Gerichten. Ist wegen fehlender Rechtsprechung oder gar Rechtspraxis in einem Staat im Bereich von Schutzrechten die Chance einer Durchsetzbarkeit derselben schlicht nicht gegeben oder nur als marginal zu bezeichnen, kann auch davon ausgegangen werden, dass ausgeprägte Defizite für eine effektive Patentprüfungs- und Erteilungspraxis vorhanden sind. Oftmals gibt es in Staaten, in denen durchaus valide Patentrechte in großem Ausmaß erteilt werden, teilweise sehr komplexe und kostenintensive Patentprüfungs- und Erteilungsverfahren, die viel Zeit beanspruchen und in anschließenden Durchsetzungsverfahren eindeutig Mängel einer fairen Prozessführung aufweisen. Das kann unter Umständen bis hin zu Zwangslizenzen führen, die lokalen Konkurrenten vom Patentinhaber eingeräumt werden müssen. Am faktischen Wert von Schutzrechten in Ländern mit mangelnder oder wankelmütiger Patentrechtspraxis darf durchaus gezweifelt werden.

Obwohl in den meisten Ländern Patentämter und Patentgerichte in der Regel nicht durch ein und dieselbe Behörde oder Institution dargestellt werden, was u.a. der Gewaltenteilung geschuldet ist, können durchaus nationale Patentgerichte als Anhängsel der jeweiligen nationalen Patentämter betrachtet werden, auch wenn qua Gesetz die Patentgerichtsbarkeit oberhalb der Patentbehörde angesiedelt ist. Einige nationale und regionale Patentrechte stellen die Patentämter auch als erstinstanzliche Entscheidungsbehörden auf; die Patentrechtsprechung wird hier in eigens dafür eingerichteten Abteilungen auf der erstinstanzlichen Ebene *erledigt*.

Die faktische Trennung in das die Erfindung prüfende und erteilende Patentamt und gesonderte unabhängige Patentgerichte mit unterschiedlichen Spruchkammern für die Durchsetzung und Prüfung auf Rechtsbeständigkeit (Validität) hat sich in einigen Patentrechtswesen wie Deutschland, den USA und China als Norm heraus gestellt. Über die derzeitige Aufweichung dieses Trennungsprinzips in den USA und, gegenläufig dazu, dessen verstärkte Berücksichtigung bei der gerade in Installation befindlichen europäischen zentralen Patentgerichtsbarkeit (Europäisches Patentübereinkommen (EPÜ)) wird seit Jahren heftig diskutiert, woraus sich eine Minderung der Verfahrenssicherheit ergibt.

2.4.3 Funktionen des Patentamts und Aspekte der Patentgerichtsbarkeit

Ein Patentamt ist eine staatliche Behörde, ein Patentgericht gehört der staatlichen Gerichtsbarkeit an. Es ist also der Staat, der die zentrale Rolle spielt hinsichtlich dessen ob eine Erfindung als patentfähig anerkannt wird und der daraufhin ein Verbietungsrecht für genau diese Erfindung und für nicht mehr oder weniger etabliert. Alle in Patentverfahren auf amtlicher oder gerichtlicher Seite eingebundenen Personen – interessanterweise mit Ausnahme des Erfinders – müssen ihre Eignung zur Vertretung vor dem jeweiligen Patentamt oder der Patentgerichtsbarkeit nachweisen. Dem Erfinder und seinem Patentvertreter steht somit zumindest eine Behörde und gegebenenfalls eine gesonderte Patentgerichtsbarkeit gegenüber. Das daraus erwachsende *Machtdifferenzial* bedingt je nach Ausprägung faktisch, ob ein Staat mittels seiner Behörde Patente und deren Entstehung fördert oder eher behindert. Einer patentfördernden Umgebung, wie z.B. in Europa und den USA, kann in anderen Regionen eine patentbehindernde oder zumindest patenterschwerende amtliche oder gar gerichtliche Auffassung entgegenstehen. Je nach ursprünglicher Intention des jeweiligen Staates wurden dafür Patentbehörden und Richtlinien zur Durchführung von Patentverfahren sowie eigene Prozessordnungen für Patentgerichtsverfahren geschaffen. Diese *rechtsstaatlichen* Prozesse sind weltweit noch nicht abgeschlossen, wie man an den Beispielen von China und einigen Ländern Südamerikas, aber auch in Indien und Russland erkennen kann.

Ohne an dieser Stelle tiefer auf vereinbarungsgemäße, gesetzliche oder gar verfassungsrechtliche Grundlagen der Installation sowohl von Patentgerichtsbarkeit als auch des jeweiligen Patentamts eingehen zu wollen: Es hat sich für den Fortschritt der Wissenschaft und der Technik als vorteilhaft erwiesen, wenn eine souveräne Staatsbehörde, wie ein Patentamt, jeweils nationale Schutzrechte einräumt und keine parlamentarische und damit politisch kontrollierte nationale oder regionale paralegale Institution, wie z.B. das Europäische Parlament.[35]

Die Neutralität des Staates stellt zudem die Voraussetzung dafür dar, dass Patente durchgesetzt werden können. Parteinahme und einseitige Interessenswahrung stehen der Durchsetzbarkeit nicht nur entgegen, sondern erschweren in der Regel auch das amtliche Patentprüfungs- und Erteilungsverfahren und verlangen vom späteren Patentinhaber bei der Patentaufrechterhaltung oftmals unbotmäßige Nachweise der ununterbrochenen Benutzung – *use it or loose it*. Damit geht eine im Markenbereich weltweit akzeptierte und gelebte Maxime schleichend auch auf technische Schutzrechte und Designschutzrechte über. Neben dem Recht der exklusiven Nutzung zu eigenen gewerblichen Zwecken und dem Verbot der Nutzung durch andere geht in einigen Staaten somit eine Pflicht zur ununterbrochenen Nutzung eines Schutzrechts einher.

Es bleibt abzuwarten ob als Nächstes eine Pflicht zur Durchsetzung in faktisch nicht durchsetzbaren Patentterritorien ansteht. Ein funktionierendes Patentsystem auf neutraler amtlicher Seite muss folglich durch eine neutrale Patentgerichtsbarkeit ergänzt werden, damit Patent-Erlangung und Aufrechterhaltung in einem Staat Sinn ergeben.

Patentamt
Jedes Patentamt besitzt zunächst nur eine Hauptfunktion, nämlich die der Prüfung von Patentanmeldungen auf deren Erfindungsgehalt, Erfindungshöhe und gewerbliche Nutzbarkeit hin, was weitläufig als erste Verfahrensebene bezeichnet wird. Eine weitere Funktion ist die amtliche Verwaltung von Patentanmeldungen, Patentprüfungsvorgängen, erteilten Patenten und letztlich die amtliche Aufrechterhaltung von Schutzrechten. Diese stellt eine die erste Verfahrensebene unterstützende Verwaltungsfunktion des Patentamts dar und vereinnahmt einen Großteil der Amtsbehörde.

Da jedes patentamtliche Verfahren durch Erlasse von amtlichen Bescheiden gekennzeichnet ist, kann ein jeder gegen die vom Patentamt erlassenen Bescheide Einspruch einlegen, was weitläufig als zweite Verfahrensebene bezeichnet wird. Damit kann die Patentfähigkeit eines vom Patentamt als patentfähig angesehenen erfinderischen Gegenstands durch Dritte in Frage gestellt werden. Gegen die von den meisten

---

[35] Vgl. Entscheidung der Kommission der Europäischen Gemeinschaft zu Software und Geschäftsprozesse in der Richtlinie des Europäischen Parlaments und des Rates über die Patentierbarkeit computerimplementierter Erfindungen (Amtsblatt Nr. 151 E vom 25/06/2002 S. 0129 – 013). Siehe unter http://eur-lex.europa.eu/legal-content/DE/TXT/?uri=CELEX:52002PC0092, Abruf 12.10.2015.

Patentämtern erteilten Patente kann also Einspruch eingelegt werden, ferner kann auf einer dritten Verfahrensebene gegen die Entscheidung der Einspruchsabteilung Beschwerde eingelegt werden. Gegen ein erteiltes Patent kann folglich durchaus auf amtlicher Ebene vorgegangen werden, wenngleich hierbei enge Terminvorgaben zu beachten sind, die Patentinhaber wie Patentangreifer zu zeitlich und inhaltlich strenger Disziplin verpflichten. Während in Europa und insbesondere in Deutschland zahlreiche Patente erteilt werden und – erfolgreich oder nicht – dagegen angegangen wird, gibt es in anderen Regionen eine Diskrepanz zwischen den amtlich erteilten Schutzrechten und den ausübbaren Rechten Dritter, gegen die zu Recht oder Unrecht erteilten Schutzrechte anzugehen.

Je nach *Natur* der Erfindung wird diese auf einem Patentamt zunächst einmal klassifiziert, um es jedem Interessierten zu ermöglichen, den sogenannten Stand der patentierten bzw. unter vorläufigen Schutz gestellten Technik zu erfahren. Das Patentamt veröffentlicht daher fortwährend Schutzrechtsanmeldungen, um die vermeintliche oder erwiesene Erfindung einer unbeschränkten Öffentlichkeit gegenüber offenzulegen – in genau jener Beschreibung des als erfinderisch *beanspruchten* Gegenstandes oder Verfahrens, die dem Patentamt vom Anmelder übermittelt, sprich eingereicht, wurde.

Nach der amtlichen Vergabe eines Anmeldedatums und der formellen Eingangsprüfung mit einhergehender Klassifizierung gelangt eine Patentanmeldung zum Patentprüfer. Der Patentprüfer einer durch die vorangehende Klassifikation bestimmten Abteilung recherchiert von Amtswegen den Stand der Technik, welcher der beanspruchten Erfindung entgegen steht und der seiner amtlichen Auffassung nach eine Patentfähigkeit ausschließt. Das Patentamt mit seinen Patentprüfern nimmt demnach zunächst eine ablehnende Grundhaltung ein. Eine vermeintliche Erfindung muss gegen die Meinung des Patentamts bzw. seines Patentprüfers durchaus *verteidigt* werden. Nur bei wenigen Schutzrechten, wie z.B. dem Gebrauchsmuster oder dem Designschutz, erfolgt ein vorläufiger Schutz des beanspruchten Gegenstands (jedoch nicht bei vorläufig unter Schutz stellbaren Verfahren) mittels Eintragung und Veröffentlichung. Alle anderen technischen Schutzrechte müssen ein Patentprüfungsverfahren durchlaufen; oftmals nur, um vom zuständigen Patentprüfer zu erfahren, dass die vermeintliche Erfindung zwar als neu und durchaus als gewerblich nutzbar (und ausführbar) angesehen werden kann, aber leider keine erfinderische Höhe gegenüber dem nachgewiesenen und argumentierten Stand der Technik besitzt.

Nach erfolgter Patentprüfung erhält der Patentanmelder einen amtlichen Bescheid über das Ergebnis der Recherche wie auch der Prüfung. Sollte die amtliche Prüfermeinung lediglich formelle Hindernisse für eine Patentfähigkeit anführen, können diese in der Regel ohne größeren Aufwand vom Patentanmelder oder dessen Patentvertreter behoben werden. In vielen Fällen wird für einen als patentfähig anerkannten Gegenstand die Patenterteilungsabsicht bescheinigt und gleichzeitig werden formelle Kleinigkeiten von Amtsseite behoben. Dem Patentanmelder wird von Amtsseite vor der rechtsgültigen Erteilung die Möglichkeit eingeräumt, letztmalig den zur Erteilung anstehenden Patentumfang zu bestätigen und gegebenenfalls sogenannte Teilungsanmeldungen zu initiieren. Dabei stellen Teilungsanmeldungen keinen neuen oder weiteren Gegenstand dar, sondern beruhen auf der sogenannten ursprünglichen Offenbarung der prioritätsstiftenden Anmeldung.

Sollten keine weiteren Absichten des Patentanmelders, Einwände oder Bedenken mehr gegen die Patentfähigkeit des beanspruchten Gegenstands oder Verfahrens bestehen, wird relativ kurzfristig ein Schutzrecht vom Patentamt erteilt. Das erteilte Schutzrecht wird in vielen Patentämtern in einem eigenen Register verwaltet, und die Erteilungsabsicht sowie die letztendliche Erteilung werden im Amtsblatt veröffentlicht. Das Veröffentlichungsdatum des jeweiligen Patentamts definiert die bindenden Fristen, ab der Dritte gegen die Erteilung bzw. den patentierten Gegenstand wirksam Einspruch einlegen können.

Weltweit sind also alle Patentämter mit der Aufgabe betraut, für die Öffentlichkeit Informationen über Patente und den Stand der Technik umfassend, offen und frei zugänglich bereitzustellen. Sie sind Ansprechpartner für Erfinder, wenn es um die Anmeldung einer Erfindung zum Patent geht. Heute sind viele Patentämter online über das Internet zu erreichen. Eine Liste von 63 Webadressen verschiedener Patent- und Markenämter in Europa, Amerika, Asien, Australien/Ozeanien und Afrika führt beispielsweise das DPMA auf (Deutsches Patent- und Markenamt 2015a).

Neben dem (i) Deutschen Patent- und Markenamt (DPMA) zählen heute (ii) das Europäische Patentamt (EPA) und (iii) das US-amerikanische Patent- und Markenamt (*United States Patent and Trademark Office (USPTO)*) sowie seit geraumer Zeit auch (iv) das Chinesische Patentamt (SIPO) zu den bedeutendsten Patentämtern der Welt:

(i) Das *Deutsche Patent- und Markenamt*[36] *(DPMA)*, gegründet 1877 als Kaiserliches Patentamt in Berlin, blickt auf eine über 130-jährige Geschichte zurück (DPMA 2010). Als Zentralbehörde auf dem Gebiet des Gewerblichen Rechtsschutzes in Deutschland ist das DPMA organisatorisch dem Bundesministerium der Justiz und für Verbraucherschutz[37] (BMJV) nachgeordnet. Das DPMA hat seinen Hauptsitz in München und verfügt zudem über zwei Außenstellen in Jena und Berlin. Mit über 2.500 Beschäftigten in fünf Arbeitsbereichen (Hauptabteilungen) kommt es seinem gesetzlichen Auftrag nach, gewerbliche Schutzrechte zu erteilen und zu verwalten sowie über bestehende gewerbliche Schutzrechte für Deutschland zu informieren.

Der Arbeitsbereich Patente mit über 800 Patentprüferinnen und Patentprüfern, die Patentanmeldungen prüfen, Patente erteilen und Einsprüche bearbeiten, sowie mit circa 240 Beschäftigten in den formellen Patentverfahren, gliedert sich in zwei Hauptabteilungen: H1/I (Maschinenbau und mechanische Technologie und Patentverwaltung) und H1/II (Elektrotechnik, Chemie und Physik). Ab März 2015 wird die Gebrauchsmusterstelle aus der Hauptabteilung 3 in die

---

36 Vgl. http://www.dpma.de/, Abruf 12.08.2015.
37 Vgl. http://www.bmjv.de/DE/Home/home_node.html, Abruf 22.08.2015.

Hauptabteilung 1/I verlagert. Grund sind viele Gemeinsamkeiten der technischen Schutzrechte Patent und Gebrauchsmuster.

Das Personal der Hauptabteilung 2 informiert die Öffentlichkeit, betreut unsere Informationstechnik, pflegt die Datenbanken und unterstützt unsere Kundschaft bei ihren Recherchen.

Marken und Designs werden in der Hauptabteilung 3 bearbeitet und eingetragen. Hier wird außerdem über Widersprüche Dritter und über Löschungsanträge entschieden.

In der Hauptabteilung 4 werden zum einen klassische Verwaltungsaufgaben wahrgenommen, wie etwa Personal- und Haushaltsangelegenheiten. Zum anderen hat die Abteilung unter anderem die Ausbildung der Patentanwaltskandidaten, die internationale Zusammenarbeit mit anderen Behörden des gewerblichen Rechtsschutzes und die Staatsaufsicht über die Verwertungsgesellschaften in ihrem Aufgabenspektrum (Deutsches Patent- und Markenamt 2015b, S. 1).

(ii) Das *Europäische Patentamt*[38] *(EPA)* bietet Erfindern ein einheitliches Anmeldeverfahren, mittels dessen sie in bis zu 40 europäischen Staaten Patentschutz erlangen können. Das Amt ist das Exekutivorgan der Europäischen Patentorganisation und wird vom Verwaltungsrat überwacht (siehe hierzu und im Folgenden Europäisches Patentamt 2015d). Das EPA wurde 1973 mit dem Ziel gegründet, innerhalb Europas die Zusammenarbeit auf dem Gebiet des Erfindungsschutzes zu stärken. Auf der Grundlage des EPÜ ist es heute möglich, mit einer einzigen Anmeldung in einer der drei Amtssprachen Deutsch, Englisch oder Französisch Patentschutz in bis zu 40 Staaten zu erlangen.

Die Eröffnung des EPA fand 1977 statt; es hat seinen Sitz in München und unterhält eine Zweigstelle in Rijswijk bei Den Haag, Dienststellen in Berlin und Wien sowie ein EU-Verbindungsbüro in Brüssel. Das EPA beschäftigt knapp 7.000 Mitarbeiter aus den EPA-Mitgliedsstaaten. Diese müssen je nach Dienstgrad eine, zwei oder alle drei offiziellen Amtssprachen Deutsch, Englisch und Französisch beherrschen.

(iii) Das *United States Patent and Trademark Office*[39] (USPTO) ist eine Bundesbehörde, die dem Handelsministerium der Vereinigten Staaten von Amerika (*Department of Commerce*[40] (DOC)) angegliedert und für die Gewährung von US-Patenten und die Eintragung von Marken in den USA zuständig ist. Sein Hauptsitz befindet sich seit 2006 in Alexandria, Virginia.

Grundlage für die Arbeit des USPTO ist der Artikel 1, Satz 8 der Verfassung der Vereinigten Staaten von Amerika (*U.S. Constitution*[41]), welcher besagt, dass

The Congress shall have power [...] to promote the progress of science and useful arts, by securing for limited times to authors and inventors the exclusive right to their respective writings and discoveries (LII 2015).

---

[38] Vgl. https://www.epo.org/index_de.html, Abruf 02.09.2015.
[39] Vgl. http://www.uspto.gov/, Abruf 03.09.2015.
[40] Vgl. https://www.commerce.gov/, Abruf 03.09.2015.
[41] Vgl. https://www.law.cornell.edu/constitution, Abruf 03.09.2015.

Damit ist per Verfassung seit 1787 bzw. 1790 geregelt, dass der Fortschritt der Wissenschaft und nützlichen Künste zu fördern sei, indem Autoren und Erfindern für beschränkte Zeit das ausschließliche Recht an ihren Schriftwerken und Entdeckungen gesichert wird. Kurzum, der Erfinderschutz hat in den USA Verfassungsrang (Wagner und Thieler 2001).

(iv) Das *Chinesische Patentamt*[42] (*State Intellectual Property Office* (SIPO)) ist die Staatliche Behörde für Geistiges Eigentum der Volksrepublik China und wurde 1980 unter dem Namen *Patent Office of the People's Republic of China* gegründet; seit 1998 trägt es den Namen SIPO. Im Rahmen des Projektes zur Förderung des Patentwesens in der Volksrepublik China hat Deutschland zwischen 1983 und 1987 eng mit China zusammengearbeitet und am Aufbau des Chinesischen Patentamts mitgewirkt (Europäisches Patentamt 2015b sowie Pfaller 2010). Das SIPO hat seinen Sitz in Peking.

Das SIPO zählt heute zu den vier größten Patentämtern der Welt. Es konnte in den letzten Jahren stets mit kontinuierlich steigenden Patentanmeldezahlen aufwarten. So lagen die Anmeldezahlen im Jahr 2004 bei knapp 130.000 Anmeldungen, 2014 waren es schon über 928.000 chinesische Patentanmeldungen (Europäisches Patentamt 2015b). Beim SIPO können Erfindungspatente, Gebrauchsmuster, Geschmacksmuster und Marken als Schutzrecht angemeldet werden. Die Anmeldungen sind mit Ausnahme von PCT-Anmeldungen in Chinesisch abzufassen. PCT-Anmeldungen können auch in Englisch eingereicht werden, müssen aber innerhalb einer Frist von 30 Monaten ins Chinesische übersetzt werden. Die Webseite des SIPO ist auch in den beiden genannten Sprachen verfasst, und seit 2008 stellt das SIPO sogar zwei maschinelle Übersetzungsprogramme zur Recherche von Patenten kostenfrei zur Verfügung.

Patentgerichtsbarkeiten

Das Patentmanagement setzt sich in der Praxis vorwiegend mit dem Schutz von Erfindungen sowie der Nutzung des in den Patenten niedergelegten Wissens auseinander und weniger mit der Verteidigung und Durchsetzung von Patentansprüchen (*patent litigation*), welche eher in die Zuständigkeit der Rechtsabteilungen von Unternehmen fallen. Gleichwohl sollen nachfolgend kurz einige grundsätzliche Aspekte der Patentgerichtsbarkeit dargelegt werden.

Nach den Patentprüfungs-, Einspruchs- und Beschwerdeverfahren vor den jeweiligen Patentämtern in den unterschiedlichen Ländern stehen Patentinhabern diverse Optionen offen, um entweder ein rechtskräftiges Schutzrecht gegen Verletzer durchzusetzen oder auf dem Gerichtsweg ein valides Schutzrecht für nichtig zu erklären.

Das Patentgericht stellt in vielen Ländern eine gesonderte Gerichtsbarkeit dar, die ausschließlich über die Rechtmäßigkeit amtlicher Patentverfahren und die

---

42 Vgl. http://english.sipo.gov.cn/, Abruf 28.08.2015.

Rechtsbeständigkeit von Schutzrechten befindet. In Patentübereinkommen wie dem EPÜ gibt es (noch) keine zentrale Patentgerichtsbarkeit, hier muss ein Patentinhaber sein valides Schutzrecht auf jeweils nationaler Ebene durchsetzen. Dies ist nicht nur ein langwieriges, sondern auch extrem kostenintensives Verfahren, welches in der Regel dazu führt, dass Patentinhaber faktisch daran gehindert werden, Rechte durchzusetzen. Der Abschaffung bzw. Abmilderung dieses *Verfahrensmangels* gebührt derzeit das vorrangige Interesse der EU-Kommission, die sich des Themas zusammen mit dem EPA und den jeweiligen nationalen Patentämtern angenommen hat.

Neben gesonderten Patentgerichten, die ausschließlich mit Verfahren, die das jeweilige nationale Patent-, Marken- und Designrecht betreffen, befasst sind, kann jeder Patentinhaber seine aus dem Schutzrecht erwachsenen Rechte, die ja explizit einen zivilen Charakter aufweisen, gegen andere vor sogenannten ordentlichen Gerichten durchsetzen. Sollten nach den vorgenannten, auf behördlicher Seite zur Verfügung stehenden Patenprüfungs-, Erteilungs- und Einspruchsverfahren weitere Bedenken gegen die rechtmäßige Erteilung oder den erteilten Schutzumfang eines Schutzrechts bestehen, können Dritte vor ausgewählten Zivilgerichten wie z.B. dem *Oberlandesgericht Düsseldorf*[43] oder dem *Landgericht Mannheim*[44] oder *Landgericht München* Verfahren anstreben. Patentinhaber können umgekehrt natürlich auch ihre validen Rechte gegen Dritte vor diesen Gerichten geltend machen. Insgesamt gibt es in Deutschland 12 Spezialgerichte, die in einer oder mehreren Kammern oder gar Senaten über Schutzrechte befinden. Oberster (*Patent*)-Gerichtshof ist der *Bundesgerichtshof*[45] (BGH) in Karlsruhe. Das Interessante bei den zivilgerichtlichen Verfahren vor dem Oberlandesgericht (OLG) oder dem Landgericht (LG) ist, dass die dort ansässigen Kammern in ein und derselben Verhandlung durchentscheiden können. Dies bedeutet, dass in demselben Verfahren einerseits über die Patentfähigkeit des vom Patentamt als patentwürdig angesehenen erfinderischen Gegenstandes und andererseits über eine angebliche Verletzung eines unter Schutz gestellten erfinderischen Gegenstandes entschieden wird. In solchen gleichlaufenden Verfahren kann auch über die Höhe der Entschädigung bzw. des Schadenersatzes befunden werden, sodass einem Patentinhaber durch diese mit Patentangelegenheiten betrauten Gerichte die Möglichkeit einer effizienten und zeitstraffen Verfahrensführung geboten wird.

Es gibt nur ein Gericht in Deutschland, das sich ausschließlich mit Schutzrechtsstreitigkeiten beschäftigt, und zwar das *Bundespatentgericht*[46] (BPatG). Das BPatG wurde 1961 in München gegründet und ist für Entscheidungen über Beschwerden gegen Beschlüsse der Prüfungsstellen und Abteilungen des DPMA zuständig (Bundespatentgericht 2015). Vor dem BPatG werden Streitigkeiten zu

---

43 Vgl. http://www.olg-duesseldorf.nrw.de/, Abruf 04.09.2015.
44 Vgl. http://www.landgericht-mannheim.de/pb/,Lde/Startseite, Abruf 04.09.2015.
45 Vgl. http://www.bundesgerichtshof.de/DE/Home/home_node.html, Abruf 04.09.2015.
46 Vgl. https://www.bundespatentgericht.de/cms/, Abruf 04.09.2015.

Nichtigkeitsklagen und Beschwerden zu technischen Schutzrechten sowie Marken-, Design- und Sortenschutzklagen vor insgesamt 29 Senaten geführt.

Patentschutz und Patentverhandlungen beim Einheitlichen Patentgericht
Ohne auf einzelne Gerichtsbarkeiten im Geltungsbereich des EP-Patents im Detail einzugehen, sei dennoch angemerkt, dass auf Initiative der Europäischen Union hin derzeit eine zentrale sowie regional und auf lokaler Ebene angelegte Patentgerichtsbarkeit aufgebaut wird, welche als Einheitliches Patentgericht (*Unified Patent Court* (UPC)) über Streitigkeiten aus dem gleichzeitig im Entstehen befindlichen Einheitspatent (*Unitary Patent* (UP)) entscheiden wird (Europäisches Patentamt 2015e).

Dabei wird auf die beim EPA gemachten Erfahrungen in Einspruchs- und Beschwerdeverfahren sowie auf national schon vorhandene (Patent)-Gerichtsbarkeiten zurückgegriffen. Aller Voraussicht nach wird es Anfang 2017 eine europäische Patentgerichtsbarkeit mit zentralem Sitz in Paris und Satelliten in London und München geben.

In 25 Beitrittsländern werden Patentinhaber dieses einheitliche Patentstreitregelungssystem in Anspruch nehmen können. Dazu muss ein vom EPA erteiltes und rechtskräftiges Schutzrecht, sprich EP-Patent, in ein UP-Patent gewandelt werden, wenngleich diese Wandlung ab einem noch nicht feststehenden Stichtag automatisch quasi von Amts wegen (*ex officio*) erfolgt, sofern einer Wandlung nicht innerhalb einer gewissen Frist durch ein sogenanntes *Opt-Out* widersprochen wird.

Das UPC wird auf der Ebene der ersten Instanz in allen Beitrittsländern von lokalen Gerichten unterstützt, vor denen nach der Prozessordnung des UPC Patentstreitigkeiten entschieden werden. Diese lokalen UPC-Ableger werden durch eine in Luxemburg ansässige Beschwerdekammer ergänzt. Sobald mehr als die Hälfte der Beitrittsländer die in den letzten Jahren entstandene Prozessverfahrensordnung unterzeichnet haben, werden Streitigkeiten künftig vor dem UPC ausgetragen.

Vertretungsbefugnisse vor Patentgerichten
Vor den deutschen Patentgerichten können ausschließlich Patentanwälte und Fachanwälte für gewerblichen Rechtsschutz (also auf Schutzrechtsverteidigung spezialisierte Rechtsanwälte, die eine Zusatzqualifikation erworben haben) Mandantschaft vertreten, vor den zivilen Gerichten wie dem OLG oder dem LG prinzipiell nur Rechtsanwälte bzw. Fachanwälte für gewerblichen Rechtsschutz. Patentanwälte sind keine sogenannten Volljuristen, weswegen der Prozesszwang vor den sogenannten ordentlichen Gerichten zu einer Zusammenarbeit mit Rechtsanwälten bzw. Fachanwälten für gewerblichen Rechtsschutz führt. Diese in den meisten europäischen Ländern vorherrschende Situation gibt es z.B. in den USA nicht. Dort ist ein *Patent Attorney* ein juristischer Zwitter aus einem reinen Patentvertreter und einem

normalen Rechtsvertreter. Der Begriff des Fachanwalts für gewerblichen Rechtsschutz kommt dem Vertretungsbild der Patent Attorneys in den USA recht nahe. Hingegen besitzt z.B. ein deutscher Fachanwalt für gewerblichen Rechtsschutz eine rein juristische Grundausbildung und Qualifikation, die sich durch eine Zusatzqualifikation in gewerblichem Rechtsschutz auszeichnet.

Besonderheiten der Patentgerichtsbarkeit in den USA
In den USA liegt die Zuständigkeit für Einspruchs- und Beschwerdeverfahren seit 2012 beim *Patent Trial and Appeal Board*[47] (PTAB) – zuvor war es das *Board for Patent Appeals and Interferences* (BPAI). Mit dieser innerhalb des USPTO eingerichteten Beschwerdeinstanz, die mit den Beschwerdekammern des EPA vergleichbar ist, wurde eine nicht nur auf Einsprüche und Beschwerden angelegte Abteilung geschaffen, sondern ein gerichtsähnliches Verfahren, in dem ausschließlich über die Schutzfähigkeit von Patenten (*utility* oder *design patents*) entschieden wird. Gleichwohl steht es jedem Kläger in den USA frei, den Rechtsweg auch über zivile Gerichte wie den *County Court* oder *District Court* zu wählen, um gegen Schutzrechte Dritter vorzugehen.

Ansprüche gegen Dritte aus geltenden Schutzrechten muss ein Schutzrechtsinhaber in den USA weiterhin vor zivilen Gerichten durchsetzen, womit klar wird, dass die aus dem deutschen Rechtsraum bekannten *Durchentscheidungen* in den USA nicht möglich sind. Dem deutschen und europäischen Schutzrechtssystemen entsprechend wurde damit, neben der seitens des BPAI schon existierenden Beschwerdeebene, durch das PTAB eine Einspruchsebene etabliert, auf der nun Dritte Einsprüche gegen erteilte US-Schutzrechte einlegen können.

Patentrechtsstreitigkeiten in den USA können auf drei Ebenen geführt werden, wobei diese durchaus als nicht aufeinander aufsetzende Instanzen verstanden werden können. Die Eingangsinstanz liegt auf der *County Court* Ebene, die durchweg Laien-Jurys involviert. Eine Folgeinstanz, in der oftmals eine Widerklage erfolgt, ist der jeweilige *District Court*. Damit werden Streitigkeiten über Patente potenziell von Laien entschieden, die in der Regel weder eine patentjuristische Ausbildung noch Erfahrung mit Patenten haben.

Sofern eine Patentstreitigkeit in ein Berufungsverfahren mündet, kann in den USA für diese sogenannten *Appeals* nur ein zentrales Berufungsgericht angerufen werden, der *Court of Appeals for the Federal Circuit*[48] (CAFC). Letzte und höchste Instanz bei Patentstreitigkeiten in den USA ist der *Supreme Court*[49] in Washington D.C.

---

47 Vgl. http://www.uspto.gov/patents-application-process/patent-trial-and-appeal-board-0, Abruf 04.09.2015.
48 Vgl. http://www.cafc.uscourts.gov/, Abruf 03.09.2015.
49 Vgl. http://www.supremecourt.gov/, Abruf 03.09.2015.

2.4.4 Aufgabenfeld des Patentvertreters

Ein Patentvertreter oder Patentanwalt vertritt einen Erfinder in vordringlicher Funktion vor dem jeweiligen Patentamt. Prinzipiell kann jeder Erfinder, sprich Patentanmelder, sich vor dem Patentamt seines Landes selbst vertreten, in den meisten Ländern herrscht kein Vertretungszwang. Die zunehmende Komplexität der bei einem Patentamt laufenden Patentprüfungs-, Erteilungs- und Einspruchsverfahren verlangt jedoch nach fundiertem Wissen und auch Erfahrung mit den vorgenannten amtlichen Verfahren. Aus diesem Grunde ist es ratsam, dass einzelne Erfinder bzw. Unternehmen, die eine Patentanmeldung tätigen wollen, sich schon vor dem eigenen nationalen Patentamt durch Patentvertreter oder Patentanwälte vertreten lassen. Zudem gibt es in vielen Ländern außerhalb Europas, wie z.B. den USA oder China, einen Vertretungszwang, sodass die Sinnfälligkeit der Inanspruchnahme patentanwaltlichen Rats auch schon im sogenannten prioritätsstiftenden Patentstadium gegeben ist. Gewiefte Erfinder bzw. Patentanmelder bewältigen eventuell noch die Selbstvertretung vor dem DPMA oder dem EPA in einem prozessfördernden Maße. Sobald durch Nachanmeldungen der Erfindung im Ausland weitere Rechtsvertretungen hinzukommen, gelangen diese Patentanmelder jedoch zumeist an die Grenze ihrer Selbstvertretungsfähigkeit. Auch nationale Patentvertreter greifen bei Patentnachanmeldungen im Ausland auf dort heimische Vertreter zurück, zumal in den meisten Fällen die Vertretung vor dem jeweiligen ausländischen Patentamt, wie vorbemerkt, durch dort zugelassene Patentvertretern erfolgen muss.

Was macht nun aber einen zugelassenen Patentvertreter aus? Zunächst besitzt dieser eine Zulassung bei einem oder mehreren Patentämtern – je nachdem, welche Examen er erfolgreich absolviert hat und wo er die Zulassung zur Vertretung vor dem Patentamt erlangt hat. Die Zulassung zur Vertretung kann nur ein Interessent erhalten, der vorher entweder ein ingenieurwissenschaftliches, naturwissenschaftliches Studium oder ein Studium des Wirtschaftsingenieurwesens absolviert hat und die recht umfangreichen staatlichen Examen bestanden hat (Lau 2008). Aus Gründen der Praktikabilität arbeiten Ingenieure bzw. Naturwissenschaftler (keine Mathematiker!) nach dem berufsbildenden Abschluss einige Zeit entweder in der Industrie oder in Forschungseinrichtungen, um Erfahrungen mit der jeweiligen Technik oder gar im Patentbereich zu erlangen.

Zur Anmeldung beim Patentamt als in Ausbildung befindlicher Patentanwaltskandidat genügt der Nachweis eines Hochschulabschlusses, zumindest eines *Bachelor of Engineering* bzw. *Science*, mehrjährige Erfahrung im Patentbereich oder die vom Patentamt begleitete Ausbildung bei einem zugelassenen Patentanwalt in einer Patentanwaltskanzlei. Ein während der Ausbildung parallel absolviertes Selbststudium des Patentrechts sowie des bürgerlichen und öffentlichen Rechts befähigt den späteren Patentvertreter, patentjuristische Zusammenhänge herzustellen und patentjuristische Situationen beurteilen zu können, weil das Wissen des Patentvertreters schwerpunktmäßig bei Zusammenhängen und Vorgängen des Patentrechts liegt.

Ein Patentvertreter ist somit ein Ingenieur, Wirtschaftsingenieur oder Naturwissenschaftler mit anschließendem patentjuristischen Studium, der sich einem Staatsexamen bzw. einem Examen vor einer quasi-staatlichen Behörde unterzogen hat und danach die Zulassung (auf Antrag) beim jeweiligen Patentamt oder Patentgericht erhalten hat. In vielen Ländern zieht die Zulassung vor dem nationalen Patentamt gleichzeitig eine Zulassung vor der jeweiligen nationalen Patentgerichtsbarkeit nach sich. In den USA muss ein *Patent Attorney* allerdings eine gesonderte Zulassung von jenem *State-Bar* erhalten, in dessen Bezirk er Mandanten vor Gericht vertreten möchte.

In einigen Ländern, vorrangig in denen, wo *Case Law* das Rechtssystem darstellt, hat sich das Agent-System herausgebildet. Ein Agent ist ein von der Regierung bzw. einer Staatsbehörde ermächtigter Vertreter, der einerseits das Patentsystem bewerben und andererseits für die (seinerzeit) teilweise weit über das Land verstreuten Erfinder eine Anlaufstelle in allen Patentangelegenheiten sein sollte. Auch wenn ein solches Agentensystem heutzutage als überholt erscheinen mag: der Patentagent ist dem Patentassessor in Europa und Deutschland der Prägung nach sehr ähnlich. Patentassessoren wiederum sind Patentvertreter, welche die Eignungsprüfung absolviert haben und nicht nur eine Zulassung vor dem Patentamt besitzen, sondern auch eine Zulassung vor den Patentgerichten (auf Antrag) jederzeit erlangen könnten, letzteres aber aus mannigfaltigen Gründen nicht anstreben. Patentagenten wie Patentassessoren sind häufig in technologieorientierten Unternehmen tätig und vertreten den Patentanmelder, sprich das Unternehmen, vor dem Patentamt, falls diese Aufgabe nicht von außenstehenden Patentvertretern wahrgenommen wird. Eine Vertretung des Unternehmens vor Gericht oder in patentrechtlichen Streitigkeiten vor den Patentämtern wird in der Regel hingegen sowohl vom Patentagenten wie auch vom Patentassessor außenstehenden Patenanwälten angetragen.

Das Tätigkeitsfeld eines Patentvertreters reicht somit von der Rechtsberatung bis zur Anmeldungsberatung, von der Übernahme einer patentrechtlichen Vertretung vor dem Patentamt und der Patentgerichtsbarkeit bis hin zur Verteidigung von Schutzrechten – oder auch bis hin zur Beseitigung von störenden Fremdschutzrechten.

Der Patentvertreter vertritt zweierlei: einerseits den Erfinder und andererseits die Erfindung, weil die Erfindung ein eigenständiges Recht (*in its own rights*) darstellt.

Sollte ein Erfinder kein Interesse an seiner Erfindung mehr haben, muss der Patentvertreter weiterhin die Belange des Schutzrechts, mithin das Interesse der dieses Schutzrecht innehabenden Partei, vertreten. Diese an sich skurrile Situation erwächst aus der Verschiedenheit von Erfindern, Schutzrechtsinhabern (Eigentümern) und Anmeldern.

Ein Patentvertreter erarbeitet zusammen mit dem Erfinder die jeweilige Patentanmeldung. Dabei stützt er sich auf sogenannte Erfindungsmeldungen, die ihm von Seiten des Einzelerfinders oder eines Erfinders aus Universitäten, Hochschulen, Forschungsinstituten oder Unternehmen zukommen. In dieser Erfindungsmeldung sollte der Erfinder, wenn kapazitätsmäßig darstellbar, eine möglichst umfassende

Beschreibung des erfinderischen Gegenstands oder des zu schützenden Verfahrens liefern sowie eine oder mehrere detaillierte Skizzen bzw. Prozessdiagramme ausfertigen. Der Grundsatz, dass nur der Erfinder die Erfindung wirklich (in all ihren Facetten) kennt, wird sicherlich von jedem versierten Patentvertreter bestätigt. Der Patentvertreter kann der Erfindung seinerseits nichts hinzufügen (er wäre sonst automatisch ebenfalls Erfinder) oder andichten, er kann lediglich dafür sorgen, dass die Erfindung von vornherein voll und ganz erfasst und in der Patentanmeldung vollumfänglich dargestellt wird.

Neben der Verantwortung für eine bestmögliche Offenbarung des als erfinderisch erachteten Gegenstands, für dessen eindeutige und widerspruchsfreie Darstellung in den sogenannten vorschriftsmäßigen, reproduzierbaren Zeichnungen zum Erfindungsgegenstand folglich der Patentvertreter Verantwortung trägt, besteht eine weitere Hauptaufgabe des Patentvertreters in der Beanspruchung des erfinderischen Gegenstandes oder Verfahrens.

Hierfür ist der Patentvertreter haftbar, d.h. wenn die Beanspruchung den erfinderischen Gegenstand nicht vollends trifft oder darüber hinausgeht oder die Erfindung von vornherein verkehrt beansprucht wird, kann der Patentvertreter durchaus in Regress genommen werden. Dieses ist umso verständlicher, da die Qualität eines Schutzrechts hauptsächlich darin zum Ausdruck kommt, was und wie und in welchem Ausmaß in der Patentanmeldung beansprucht wurde. Neben dem Erfinder ist der Patentvertreter – aus Sicht der Patentgerichte, Patentämter und mithin der Patentprüfer – also derjenige, der die Qualität des Schutzrechts maßgeblich beeinflusst.

Der Patentvertreter vertritt die Patentanmeldung und den Patentanmelder vor dem Patentamt und gegebenenfalls auch vor dem Patentgericht. Er meldet die Erfindung beim Patentamt an, was heute in der Regel auf elektronischem Wege erfolgt. Sobald die Patentanmeldung in das Patentprüfungsverfahren eingeht, übernimmt der Patentvertreter die Vertretung der Schutzrechtsanmeldung. Er räumt formelle Einwände des Patentamts bezüglich der Patentanmeldung aus, beantwortet die vom Patentamt, d.h. vom Patentprüfer, erlassenen Bescheide und *verteidigt* die Anmeldung gegenüber dem Patentamt. Dieser an sich ungewöhnliche Umstand erwächst daraus, dass der Patentprüfer so lange Einwände oder Bedenken gegen den Erfindungsgehalt der Patentanmeldung hat, wie der Patentvertreter diese nicht ausräumen kann. Es obliegt folglich dem Patentvertreter bzw. der Patentvertretermeinung entgegen zu treten, wozu er im laufenden Patentprüfungsverfahren den Erfinder bzw. den Patentanmelder meistens hinzuzieht. Sollten keine inhaltlichen Fragen bzgl. des Prüfungsbescheids mit dem Patentanmelder oder dem Erfinder zu klären sein, wird der Amtsbescheid vom Patentvertreter in der Regel selber erledigt. Gerade bei ausländischen Nachanmeldungen beantwortet der Patentvertreter der prioritätsstiftenden (erstgeltenden) Anmeldung zusammen mit dem ausländischen kooperierenden Patentvertreter Prüfungsbescheide des dortigen Patentamts, ohne den Patentanmelder bzw. Erfinder bei der Beantwortung immer hinzuzuziehen.

Weiterführende Informationen zum Tätigkeitsfeld eines Patentvertreters sind beispielsweise bei der Patentanwaltskammer[50] oder beim DPMA oder EPA erhältlich. Die Patentanwaltskammer mit Sitz in München ist eine bundesunmittelbare Körperschaft des öffentlichen Rechts. Als berufsständige Vertretung von Patentanwälten bietet sie die Möglichkeit der Suche nach in Deutschland zugelassenen Patentanwälten. Die Patentanwaltsliste wird tagesaktuell von der Patentanwaltskammer geführt; die Suche nach bestimmten Patentanwälten kann dabei über eine einfache Suchmaske nach Namen und/oder Adresse erfolgen (Patentanwaltskammer 2015).

Die überwiegende Zahl an Patentkanzleien findet man in Deutschland in Gebieten, in denen technologieorientierte Unternehmen mit überdurchschnittlich vielen Patentanmeldungen beheimatet sind, z.B. in den Großräumen Stuttgart oder München. In vielen Städten mit technischen Hochschulen findet man zudem Patentinformationszentren (PIZ), die oftmals im Bereich einer Hochschule oder bei lokalen Industrie- und Handelskammern[51] (IHK) angesiedelt sind. In den Patentinformationszentren werden neben gängiger Patentliteratur auch regelmäßig Erfinderberatungen angeboten. Die in den Patentinformationszentren angesiedelten Erfinderberatungsstellen ziehen lokale Patentvertreter hinzu, die Erfindern eine kostenfreie Erstberatung anbieten, um Ideen bzw. Erfindungen kursorisch auf ihren Gehalt hin zu prüfen. Die formellen Erfordernisse einer Patentanmeldung können bei den Patentinformationszentren in Erfahrung gebracht und Erfindungen zur Weiterleitung an das Patentamt eingereicht werden.

Es sollte an dieser Stelle nicht der Eindruck erwachsen, dass der zugelassene Patentvertreter lediglich die Erfindung *verteidigt*, d.h. nur die amtlich anhängige Angelegenheit und nicht den Erfinder vertritt. Sollte eine juristische oder natürliche Person verteidigt werden müssen, z.B. weil ihr die Verletzung eines unter Schutz gestellten Gegenstands von einem Patentrechtinhaber vorgeworfen wird, dann vertritt der Patentanwalt den gemuteten *Verletzer*. Umgekehrt vertritt der Patentanwalt auf der gegnerischen Seite den Patentrechtsinhaber, mithin die Erfindung, sofern Dritte unberechtigt von dem Schutzrecht Gebrauch machen, sprich die Erfindung unrechtmäßig benutzen. Sollte es zu der durchaus möglichen Situation kommen, dass wider besserer Patentamtspraxis tatsächlich zwei Schutzrechte für ähnliche Gegenstände erteilt worden sind, dann klären Patentvertreter zusammen mit dem Patentamt, welches valide Patent die sogenannte Priorität besitzt und somit den Stand der Technik für das jeweils andere Patent darstellt. Auf Antrag kann dem Anmelder eines strittigen Schutzrechtes die Patentfähigkeit entweder von Amts wegen oder von einem Patentgericht sowie von ordentlichen Gerichten aberkannt werden.

Ein thematisch und prozessual ähnliches, aber nicht gleich verlaufendes Verfahren vor dem Patentamt besteht in der Möglichkeit, ein erteiltes Schutzrecht

---

50 Vgl. https://www.patentanwalt.de/de/, Abruf 10.07.2015.
51 Vgl. http://www.ihk.de/, Abruf 10.07.2015.

innerhalb eines sogenannten Einspruchsverfahrens, gegebenenfalls mit nachgeschaltetem Beschwerdeverfahren, als ungültig erklären zu lassen. Während beim Anmeldungs-, Prüfungs- und Erteilungsverfahren vor dem Patentamt keine Vertretungspflicht besteht – was somit bedeutet, dass jeder Patentanmelder seine Patentanmeldung prinzipiell selber vertreten kann – besteht in den Einspruchs- und Beschwerdeverfahren durchaus eine Vertretungspflicht. Ohne einen Patentvertreter hinzuzuziehen, kommt ein Patentanmelder folglich oft nur bis zur sogenannten ersten Instanz, dem Prüfungsverfahren vor dem Patentamt. Sobald inländische oder ausländische Nachanmeldungen erfolgen sollen, entsteht für den Patentanmelder ohne ausländische Erfahrung und fundiertes Patentverfahrenswissen zudem eine natürliche Grenze, denn in den meisten ausländischen Staaten besteht eine Vertretungspflicht vor den jeweiligen Patentämtern durch einen zugelassenen Patentvertreter.

2.5 Erfinder und Erfinderrecht

Erfinder ist kein Beruf. Als Erfinder werden im Allgemeinen Menschen mit einem ungewöhnlichen Charakter angesehen, die mit ihrer kreativen Leistung gewissermaßen die Welt verändern, weil sie

> *Bestehendes und vermeintlich Bewährtes zugunsten einer dynamischen Entwicklung aufs Spiel setzen* (Weitensfelder 2009, S. 7).

Erfinder gelten gemeinhin als gut ausgebildet, haben oft einen Hochschulabschluss, sind selbstbewusst und können ein großes Maß an Unsicherheit verkraften (siehe hierzu und im Folgenden Giuri et al. 2007 und Vitt 1998). Sie definieren für sich klare Ziele und setzen alles daran, diese auch zu erreichen; sie werden durch ihre Arbeit und ihre Ideen intrinsisch motiviert, sehen sich als Problemlöser und können komplexe Sachverhalte zerlegen.

Im Kontext der Patente sind Erfinder natürliche Personen, die aufgrund schöpferischer Leistungen auf technischem Gebiet etwas grundsätzlich Neues erschaffen. Beschreibt ein Erfinder ein zu lösendes Problem und offenbart dieses im Detail, kann er hierfür unter den Bedingungen der Neuheit, erfinderischen Tätigkeit und gewerblichen Anwendbarkeit ein Patent erlangen. Ein genialer Einzelerfinder, der eine wirtschaftlich wertvolle Erfindung erschafft, ist eher selten; die meisten wirtschaftlich bedeutenden Erfindungen werden von Arbeitnehmern geschaffen. Entsteht eine Erfindung im Rahmen einer dienstlichen Tätigkeit, wird von einer Arbeitnehmererfindung gesprochen. Das Arbeitnehmererfinderrecht regelt die Behandlung schöpferischer Leistungen von Arbeitnehmern und stellt einen rechtlichen Rahmen zum Ausgleich der Interessen von Arbeitgebern und Arbeitnehmern her. Im Folgenden geht es daher um den Erfinder zwischen Genie, Irrtum und Wahrheit sowie um das Arbeitnehmererfinderrecht.

2.5.1 Erfinder zwischen Genie, Irrtum und Wahrheit

Es mag zunächst verwirrend erscheinen, aber der Erfinder nimmt eine Stellung außerhalb des Patentsystems ein, zumindest in den meisten nationalen und internationalen Ausprägungen des jeweiligen Patentrechts und der Patentgerichtsbarkeit. Diese zunächst widersprüchlich erscheinende Aussage fußt auf der hoheitlichen Auffassung und Ausgestaltung des Patentsystems, welches nach Staatsräson letztlich die amtliche Behörde vom Erfinder trennt. Es stehen der Erfinder und die Patentbehörde einander somit von vornherein und prinzipiell gegenüber, was sich in jedem Prüfungsbescheid eines jeden Patentprüfers widerspiegelt. Die nationale Patentbehörde des Staates erteilt in dieser grundsätzlichen Ausprägung des Patentsystems immer dann ein Schutzrecht, wenn nichts dagegen spricht. Was gegen die Patentfähigkeit eines Gegenstands oder Verfahrens spricht, bzw. welche Kriterien erfüllt sein müssen, damit auf eine *erwiesene* Erfindung hin ein Schutzrecht erteilt wird, ist in dem jeweiligen nationalen Patentrecht niedergelegt. Somit sind die grundsätzlichen Positionen zwischen dem Staat, allen im Patentsystem verankerten Institutionen und Organisationen und dem erfindenden Individuum begründet.

Was macht nun einen Erfinder grundsätzlich aus? Zunächst einmal handelt es sich um einen Menschen und nicht um ein Tier oder eine Maschine. Dieser nicht überraschende Grundsatz scheint selbsterklärend, er ist es aber seit einigen Entwicklungen der letzten Jahre nicht mehr, wie der langjährige Disput um computergestützte, computerimplementierte und letztlich computererzeugte Erfindungen in den USA (vgl. hierzu Niemann 2014, Niemann et al. 2013 und *In re Bilski* (U.S. Supreme Court 2009)) sowie die noch nicht abgeschlossene Debatte um die sogenannten Softwarepatente in Europa beweisen (vgl. hierzu *machine-to-transformation-test* (Moore 2010)). Ohne an dieser Stelle auf marktgängige Softwareprodukte eingehen zu wollen sei angemerkt, dass es IP-Services, Produkte und Dienstleistungen gibt, die sich *Invention Machine* nennen (Invention Machine 2015).

Dort, wo der Erfinder mit seiner Erfindungsgabe eigentlich am Ende ist oder wo eine erfinderische Patentumgehung angezeigt wäre, kommen solche computerimplementierten und letztlich durch eine Rechnerleistung hervorgebrachten Merkmale und Merkmalskombinationen zustande. Hiermit beschäftigten sich mittlerweile viele universitäre Einrichtungen und Forschungsinstitute, wie z.B. das Institut für Projektmanagement und Innovation der Universität Bremen, oder der Fachausschuss des Vereins Deutscher Ingenieure[52] (VDI) sowie die gesamte Forschergemeinde im Bereich der Theorie des erfinderischen Problemlösens (TRIZ) (siehe hierzu beispielsweise TRIZ 2015).

Ein Erfinder macht Erfindungen. Diese grundsätzliche Eigenschaft eines Individuums wird seit der Aufklärung durch humanistische Komponenten in den sogenannten westlichen Rechtssystemen geschützt und gefördert, und erst daraus

---

52 Vgl. https://www.vdi.de/, Abruf 14.07.2015.

erwächst das Recht des Erfinders, dass die von ihm gemachte Erfindung zunächst einmal ihm alleine bzw. auch Miterfindern gehört und nicht zuvorderst dem Staat, einem Souverän oder gar einer Kirche zufällt (Kurz 2000). Der Erfinder ist folglich der erste Eigentümer einer Erfindung. Neben die Erfindereigenschaft tritt deshalb auch die Eigentümerschaft, die je nach Konstellation der sozialen oder vertraglichen Bindungen ein komplett anderes Rechtsfeld ins Spiel bringt.

Erfinder ist gleich Eigentümer? Diese Frage beschäftigt mittlerweile eigenständige Gerichtsabteilungen bzw. Schiedsstellen. Sobald diese oftmals strittige Eigenschaft des Erfinders geklärt ist, bleibt immer noch die weniger strittige Frage zu klären, wer nun eigentlich ein Erfinder ist bzw. sich als Erfinder bezeichnen darf.

Als Erfinder darf sich jeder betrachten und benennen, der tatsächlich eine Erfindung gemacht hat. Ohne auf den ausgemachten Unterschied zwischen technischer Verbesserung und Erfindung eingehen zu wollen, ist es an dieser Stelle wichtig, auf den generellen Unterschied zwischen einer technischen Verbesserung und einer Erfindung hinzuweisen. Eine tolle Idee zur technischen Verbesserung eines Produkts oder eines betrieblichen Prozess, mit all ihren positiven und geschäftstreibenden Aspekten, ist noch lange keine Erfindung – diese Grunderkenntnis wird vielen Erfindern zuteil, die eine vermeintliche Erfindung beim Patentamt einreichen. Das Gesetz unterscheidet in vielen Ländern technische Verbesserungen von Erfindungen, wodurch auch auf betrieblicher Ebene oftmals zweierlei *Wesen* entstehen. Einerseits das sogenannte Patentwesen und andererseits das sogenannte Verbesserungsvorschlagswesen (betriebliches Vorschlagswesen). Beide Bereiche sollten durch Verfahrensanweisungen auf Betriebs- bzw. Unternehmensebene oder durch Geschäftsführungsanweisungen in der jeweiligen praktischen Umsetzung unterstützt werden.

Ein Erfinder sollte seine Erfindung vor einer Patentanmeldung zunächst selbst gegenüber dem Stand der Technik zu prüfen, indem er eine eigens angestrengte Patent- und/oder Literaturrecherche durchführt. So kann er oder auch ein von ihm beauftragter Recherchedienstleister oder Patentvertreter schon frühzeitig erkennen, ob die vermeintliche Erfindung neu ist, eine erfinderische Höhe aufweist und gewerblich anwendbar, sprich ausführbar, ist. Solange ein Erfinder sich dies zunächst nicht selbst beweisen kann, ist er kein Erfinder, sondern ein Individuum mit interessanten Ideen – nicht mehr und nicht weniger. Mangelt es der vermeintlichen Erfindung an erfinderischem Gehalt, handelt es sich dabei folglich nicht um eine Erfindung; somit gibt es auch keinen Erfinder. Was aber, wenn es zwei Erfinder ein- und derselben Sache gibt? Wenn sich zwei Erfinder als Inhaber eines gleichen erfinderischen Gegenstands gegenüberstehen, entsteht insbesondere in den USA nach dem dortigen Patentrecht eine sogenannte Interferenz zwischen zwei Schutzrechten und folglich zwei Erfindern. Der Nachweis beider Streitparteien darüber, wer als erster im vollen Besitz der (ausführbaren) Erfindung war, führt zu der Erkenntnis, wer offiziell als wahrer Erfinder anzusehen ist und wer nicht als Erfinder gilt. Da in den USA bis 2011 der Erfinder gleichzeitig der Inhaber einer Erfindung war, wurde dem Nachweis der

Erfindereigenschaft ein hoher Stellenwert eingeräumt. Dieses folgte der Ratio des US-amerikanischen Patentrechts, die sich in der früheren Maxime des Ersterfinder-Prinzips (*first to invent*) äußerte.

Die Maxime des zentralen Akteurs, des Erfinders, und dessen unzweifelhaft hoher Rang in den Reihen der Durchschnittsfachleute wurde seit 2011 Zug um Zug verändert, indem sich das US-amerikanische Patentrecht an das sogenannte europäische Patentrechtsverständnis des *first (inventor) to file* annäherte. Das *first to file* Prinzip sieht den Erfinder nicht mehr als den Ursprung und den Schöpfer allen Handelns zur Förderung der Wissenschaft und des technischen Fortschritts an. Das gemeinhin als Erfinder titulierte Genie wandelt sich somit vom zentralen Inhaber einer Erkenntnis, die zur Erfindung führt, zum Lieferanten von erfinderischen Lösungen. Der Erfinder ist somit nicht mehr der Eigentümer der erfinderischen Lösung, der diese als eigenständiger Patentanmelder beim Patentamt anmeldet, sondern er ist angestellter (verdingter) Entwickler, der neben naheliegenden Verbesserungen des Standes der Technik eben auch erfindet. Folglich stellt ein Unternehmer keine Erfinder ein, sondern Entwickler.

Neben dem Erfinder kommen somit weitere natürliche oder juristische Personen zum Tragen, nämlich der Patenteigentümer und der Patentanmelder. Ein Patentanmelder meldet eine Erfindung zum Patent an. Es ist hierbei nicht zwingend vorausgesetzt, dass der Erfinder selbst bzw. sein Patentvertreter eine Erfindung beim Patentamt anmeldet; der Erfinder kann seine Erfindung auch jemand anderem andienen, entweder durch Eigentumsübergang oder durch ein sogenanntes Übertragungs- bzw. Veräußerungsversprechen. Dabei ist zu beachten, dass der Erfinder ein Anrecht darauf hat, dass seine Erfindung beim Patentamt zum Patent angemeldet wird. Der Patentinhaber (Patentrechtsinhaber), der nach geltender Auffassung und in der Mehrzahl der Fälle zugleich der Patenteigentümer ist, ist patentrechtlich verpflichtet, eine ihm angetragene oder angediente Erfindung anzumelden. Er kann sie nicht *in der Schublade verstecken* und als Geschäftsgeheimnis gelten lassen, sofern nicht äußerst enge Voraussetzungen dafür erfüllt sind. In diesem Zusammenhang sei auf den gesonderten Tatsachenbestand und die separate Rechtsstellung der sogenannten *Trade Secrets* nach US-amerikanischem Recht hingewiesen, die ganz bewusst nicht als Patente und als nur schwer durchsetzbare Schutzrechte gelten.

2.5.2 Arbeitnehmererfinderrecht

Übergänge des Eigentums an Erfindungen – selbst wenn diese sich noch gar nicht nach patentamtlicher Prüfung als Erfindungen erwiesen haben – oder Versprechen auf Übergang der Erfindung vom jeweiligen Erfinder auf eine juristische oder natürliche Person finden sich in fast jedem heutigen Arbeitsvertrag. Aufgrund der oben beschriebenen Verpflichtung des Patentinhabers zur Anmeldung der Erfindung zum Patent beim Patentamt, sofern es sich um ein Dienstverhältnis z.B. nach dem Bürgerlichen Gesetzbuch[53] (BGB) handelt, besitzt der Erfinder in vielen Ländern nicht nur das Recht auf Anmeldung, sondern auch auf eine Vergütung seiner Erfindung (Wege et al. 2013). Somit kommt dem Arbeitnehmererfinderrecht in der betrieblichen Praxis eine große Bedeutung zu, insbesondere wenn berücksichtigt wird, dass mindestens 80 % aller gemeldeten Erfindungen von Arbeitnehmern stammen (Schwab 2014).

Der im Dienstverhältnis stehende, *gedungene* Erfinder besitzt zunächst nicht alternativ die Freiheit, seine sogenannte Diensterfindung selbst anzumelden oder gar Dritten anzubieten. Es bedarf dazu nach deutschem Recht auch keiner gesonderten Klausel im Arbeits- bzw. Dienstvertrag, wenngleich die Aufnahme einer solchen Klausel in den Dienstvertrag sinnvoll erscheint. Einem unbedarften und uninformierten Arbeitnehmer, der eventuell Erfinderqualitäten entwickelt, würde dadurch ein verständlicher Hinweis darauf gegeben, wem seine Erfindung von vornherein gehört. Ein sogenannter Diensterfinder, der eine Diensterfindung macht, muss diese folglich seinem Dienstherrn zur weiteren ausschließlichen Nutzung überlassen – und bekommt dafür einen monetären Ausgleich. Der Dienstherr, der in vielen Gesetzgebungen somit automatisch und gleichzeitig zum Eigentümer der Erfindung wird, kann nun frei entscheiden, ob er eine ihm vom Diensterfinder angediente Erfindung unbeschränkt oder beschränkt in Anspruch nehmen will. In der Praxis werden – der einfacheren Praktikabilität wegen – die meisten angedienten Erfindungen unbeschränkt in Anspruch genommen.

Die erwähnte Vergütung des Arbeitnehmererfinders stellt ein Anreiz- und Ausgleichssystem dar. Wenngleich Anreizsysteme, im englischen Sprachgebrauch als *Incentives* bekannt und oftmals als Bonussystem ausgeprägt, eher der Förderung einer innovativen Grundhaltung dienen, stellt ein Ausgleichssystem eine Vergütungsgrundlage bereit. Deswegen sind solche Ausgleichssysteme in vielen Unternehmen im Personalbereich angesiedelt, wie auch die vorgenannten Bonussysteme. Falls wegen der Ausgestaltung oder der praktischen Umsetzung von Anreiz- und Ausgleichssystemen innerbetriebliche Diskrepanzen oder Kapazitätsengpässe in den jeweiligen hauptsächlich beteiligten Bereichen aufkommen, kann es sinnvoll sein, zumindest das Ausgleichssystem auf außenstehende IP-Dienstleister oder gar Patentanwaltskanzleien auszulagern.

Die Grundzüge eines Ausgleichssystems finden sich in vielen europäischen Ländern in einem separaten Arbeitnehmererfindungsgesetz, in Deutschland in dessen letzter Novelle von 2009 wieder (Bartenbach und Volz 2009, 2012). Das Gesetz über Arbeitnehmererfindungen[54] (ArbnErfG) stellt prinzipiell nur Erfindungen in den Mittelpunkt seiner Betrachtungen und Regelungen und stellt den Diensterfindungen

---

53 Vgl. http://www.gesetze-im-internet.de/bgb/, Abruf 15.07.2015.
54 Vgl. http://www.gesetze-im-internet.de/arbnerfg/, Abruf 15.07.2015.

freie oder frei gewordene Erfindungen gegenüber. Zum Anwendungsbereich äußert sich der § 1 des Arbeitnehmererfindungsgesetzes wie folgt:

Diesem Gesetz unterliegen die Erfindungen und technischen Verbesserungsvorschläge von Arbeitnehmern im privaten und im öffentlichen Dienst, von Beamten und Soldaten.

Der § 2 des ArbnErfG legt fest, was unter einer Erfindung zu verstehen ist und besagt:

Erfindungen im Sinne dieses Gesetzes sind nur Erfindungen, die patent- oder gebrauchsmusterfähig sind.

Der § 3 stellt klar, was technische Verbesserungsvorschläge im Sinne des ArbnErfG sind. Hier heißt es:

Technische Verbesserungsvorschläge im Sinne dieses Gesetzes sind Vorschläge für sonstige technische Neuerungen, die nicht patent- oder gebrauchsmusterfähig sind.

Des Weiteren geht es in § 4 des ArbnErfG um die Begriffsbildung und es werden Diensterfindungen – auch gebundene Erfindungen genannt – von freien Erfindungen abgegrenzt:

(1) Erfindungen von Arbeitnehmern im Sinne dieses Gesetzes können gebundene oder freie Erfindungen sein.
(2) Gebundene Erfindungen (Diensterfindungen) sind während der Dauer des Arbeitsverhältnisses gemachte Erfindungen, die entweder
* 1. aus der dem Arbeitnehmer im Betrieb oder in der öffentlichen Verwaltung obliegenden Tätigkeit entstanden sind oder*
* 2. maßgeblich auf Erfahrungen oder Arbeiten des Betriebes oder der öffentlichen Verwaltung beruhen.*
(3) Sonstige Erfindungen von Arbeitnehmern sind freie Erfindungen. Sie unterliegen jedoch den Beschränkungen der §§ 18 und 19.
(4) Die Absätze 1 bis 3 gelten entsprechend für Erfindungen von Beamten und Soldaten.

Wann eine Erfindung – es geht hier ausdrücklich nicht um technische Verbesserungsvorschläge – als Diensterfindung zu betrachten ist, wird also durch den § 4 des ArbnErfG definiert. Gleichwohl setzen sich mit der Frage, wann eine Erfindung eine Diensterfindung ist, auch die Schiedsstelle beim Bundespatentgericht, das Bundespatentgericht selbst sowie sogenannte ordentliche Gerichte auseinander.

Alle Erfindungen, die nicht als Diensterfindungen zu betrachten und zu behandeln sind, gelten folglich als sogenannte freie Erfindungen, wie der § 4 ArbnErfG näher ausführt. Bei derartigen Erfindungen steht es dem Erfinder frei, nach eigenem Ermessen über diese zu verfügen, sprich sie einem Dritten anzubieten. Dabei sollte ein angestellter Erfinder aber darauf achten, nicht in einen primären Interessens- oder gar Loyalitätskonflikt mit seinem Arbeitgeber zu geraten, sofern der Dienstherr ihm seine Erfindung zur freien Verfügung *freigibt*.

Die betriebliche Praxis in vielen europäischen Ländern sieht vor, dass Dienstherren Erfindungen automatisch in Anspruch nehmen, man spricht dann von einer sogenannten Inanspruchnahme-Fiktion, sodass dem Erfinder damit auch automatisch eine Erfindungsvergütung zusteht. In jenen Ländern oder in gesonderten Fällen, in denen keine Inanspruchnahme-Fiktion existiert, muss eine Erfindung aktiv vom Dienstherrn in Anspruch genommen werden, damit diese nicht nur in seinen Besitz, sondern auch in sein Eigentum übergeht.

Nicht in Anspruch genommene Erfindungen werden somit frei, was bedeutet, dass der Erfinder, wie zuvor beschrieben, frei über diese verfügen kann. Viele frei gewordene Erfindungen werden aus Kostengründen vom Erfinder aufgegeben und somit *fallen gelassen*. Auf dem Markt haben sich mittlerweile einige Patentverwertungsunternehmen gegründet, die als Hedgefonds oder Investitionsbanken firmieren. Sie übernehmen zumeist den kompletten wirtschaftlichen Teil des Verwertungsprozesses und ihr Geschäftsmodell basiert im Allgemeinen darauf Patente zu kaufen, ein Patentportfolio daraus aufzubauen und dieses dann an andere Unternehmen zu lizenzieren (siehe beispielsweise Munich Innovation Group 2015).

Seitdem auch Hochschulen und Universitäten Erfindungen ihrer Beschäftigten in Anspruch nehmen können, haben sich dort sogenannte Patenverwertungsagenturen[55] (PVA) etabliert. Deren Aufgabe besteht darin, die Erfindungen von Hochschul- und Universitätsangehörigen zu patentieren und wirtschaftlich zu verwerten (siehe hierzu und im Folgenden Walter et al. 2007). Die PVAs sollen zudem auch außeruniversitäre Einrichtungen ohne ausreichende Patent- und Verwertungsinfrastruktur bei der schutzrechtlichen Sicherung und Verwertung ihrer Wissenschaftserfindungen unterstützen. PVAs bieten zur Durchführung des Verwertungsprozesses verschiedene Dienstleistungen an, wie beispielsweise eine Beratung von Wissenschaftlern und anderen Erfindern, die Ausarbeitung und Einreichung von Schutzrechtsanmeldungen, die Ermittlung von Kundenkontakten, die Aushandlung und den Abschluss von Verwertungsverträgen sowie die Überwachung der vereinbarten Regelungen.

Der Arbeitnehmererfinder ist an den wirtschaftlichen Vorteilen seiner Erfindung zu beteiligen und entsprechend § 9 Abs. 1 ArbnErfG angemessen zu vergüten. Für die Bemessung der Vergütung sind insbesondere die wirtschaftliche Verwertbarkeit der Diensterfindung, die Aufgaben und die Stellung des Arbeitnehmers im Betrieb sowie der Anteil des Betriebes an dem Zustandekommen der Diensterfindung maßgebend, wie in Abs. 2 des § 9 ArbnErfG niedergeschrieben ist.

Bei Streitigkeiten über Arbeitnehmererfindungsvergütungen schlichtet die vorgenannte Schiedsstelle am Bundespatentgericht oder es befinden ordentliche Gerichte darüber, sofern die Sache selbst zur Klage berechtigt und zuvor nicht per Schiedsspruch beigelegt werden konnte.

---

55 Vgl. http://www.technologieallianz.de/mitglieder.php?sort=abc, Abruf 10.09.2015.

Abschließend ist festzuhalten, dass im Gegensatz zu Diensterfindungen technische Verbesserungsvorschläge in der praktischen Ausführung nur dann vergütet werden, wenn dies laut Tarifvertrag oder Betriebsvereinbarung geregelt ist und sie vom Dienstherrn angewendet werden.

Erfindungen sind stets zu vergüten, auch wenn sie nicht vom Arbeitgeber verwendet werden (sogenannte Sperrpatente) oder wenn sie als Betriebsgeheimnis gehütet werden. Der Erfinder darf nicht schlechter gestellt werden als wenn eine zumindest prototypenfähige Ausführung in Frage käme. Viele Unternehmen zahlen in solchen Fällen pauschale Vergütungen an Erfinder, deren Erfindungen, aus welchem Grunde auch immer, nicht oder nur in sehr geringem Umfang zur Verwendung kommen.

2.6 Literaturverzeichnis zum Grundlagenkapitel

Bartenbach, K. (2012). Patentlizenz- und Know-how-Vertrag. 7. neu bearbeitete Auflage. Verlag Dr. Otto Schmidt, Köln.

Bartenbach, K. und Volz, F.-E. (2009). Die Novelle des Gesetzes über Arbeitnehmererfindungen. GRUR, S. 997–1007.

Bartenbach, K. und Volz, F.-E. (2012). Arbeitnehmererfindergesetz – Kommentar. 5. Aufl., Carl Heymans, Köln.

Bendl, E. und Weber, G. (2013). Patentrecherche und Internet. 4. Auf., Rdn. 125. Carl Heymanns Verlag, Köln.

Blind, K.; Edler, J.; Frietsch, R. und Schmoch, U. (2006). Motives to patent: Empirical evidence from Germany. Research Policy, Vol. 35(5), S. 655–672.

Brockman, J. (Hrsg.) (2000). Die wichtigsten Erfindungen der letzten 2000 Jahre: Ideen, die die Welt veränderten. 2. Aufl., Ullstein Verlag, München.

Bundespatentgericht (2015). Aufgaben des Bundespatentgerichts. Siehe unter https://www.bundespatentgericht.de/cms/index.php?option=com_content&view=article&id=2&Itemid=8&lang=de, Abruf 26.08.2015.

Burr, W.; Stephan, M.; Soppe, B. und Weisheit, S. (2007). Patentmanagement – Strategischer Einsatz und ökonomische Bewertung von technologischen Schutzrechten. Schäffer-Pöschel, Stuttgart.

Chesbrough, H. (2003). Patent pools and cross-licensing in the shadow of patent litigation. International Economic Review, Vol. 45(3), S. 33–58.

Däbritz, E. (2001). Patente – Wie versteht man sie? Wie bekommt man sie? Wie geht man mit ihnen um? 2. Aufl., Verlag C. H. Beck, München.

Deutsches Patent- und Markenamt (Hrsg.) (2013a). Gebrauchsmuster – Eine Informationsbroschüre zum Gebrauchsmusterschutz. Siehe unter http://www.dpma.de/docs/service/veroeffentlichungen/broschueren/gebrauchsmuster_dt.pdf, Abruf 03.03.2015.

Deutsches Patent- und Markenamt (Hrsg.) (2013b). Designs – Eine Informationsbroschüre zum Designschutz. Siehe unter http://dpma.de/docs/service/veroeffentlichungen/broschueren/bro_design_dt.pdf, Abruf 03.03.2015.

Deutsches Patent- und Markenamt (Hrsg.) (2014). Patente – Eine Informationsbroschüre zum Patentschutz. Siehe unter http://www.dpma.de/docs/service/veroeffentlichungen/broschueren/patente_dt.pdf, Abruf 03.03.2015.

Deutsches Patent- und Markenamt (2015a). Patent- und Markenämter weltweit. Siehe unter: http://www.dpma.de/service/links/patentaemter/index.html, Abruf 18.06.2015.

Deutsches Patent- und Markenamt (Hrsg.) (2015b). Jahresbericht 2014. München. Siehe unter http://presse.dpma.de/docs/pdf/jahresberichte/dpma_jahresbericht2014_reduziert.pdf, Abruf 06.03.2016.

Ensthaler, J. (2003). Gewerblicher Rechtsschutz und Urheberrecht. 2. Aufl., Springer Verlag, Berlin, Heidelberg, New York.

Eppinger, E. (2015). Patentpools – Eigenschaften, Motive und Implikationen. Springer Gabler, Wiesbaden.

Ernst, H. (1996). Patentinformationen für die strategische Planung von Forschung und Entwicklung. Betriebswirtschaftslehre für Technologie und Innovation, DUV Wirtschaftswissenschaft, Wiesbaden.

Europäisches Patentamt (2013). Europäische Patente und das Erteilungsverfahren. Siehe unter http://documents.epo.org/projects/babylon/eponet.nsf/0/e6ce616afbb87afac125773b004b93b5/$FILE/EPO_EuroPatente13_de.pdf, Abruf 17.06.2015.

Europäisches Patentamt (2015a). Liste der Vertragsstaaten sortiert nach Beitrittsdatum. Siehe unter http://www.epo.org/about-us/organisation/member-states/date_de.html, Abruf 09.06.2015.

Europäisches Patentamt (2015b). Patentinformationen aus Asien: China. http://www.epo.org/searching/asian/china.html, Abruf 01.09.2015.

Europäisches Patentamt (2015c). Internationale Anmeldungen (PCT). Siehe unter http://www.epo.org/applying/international_de.html, Abruf 28.08.2015.

Europäisches Patentamt (2015d). Das Europäische Patentamt. Siehe unter https://www.epo.org/about-us/office_de.html, Abruf 18.06.2015.

Europäisches Patentamt (2015e). Einheitspatent und Einheitliches Patentgericht. Sieh unter http://www.epo.org/law-practice/unitary_de.html, Abruf 28.08.2015.

Frietsch, R. (2007). Patente in Europa und der Triade - Strukturen und deren Veränderung. In: Bundesministerium für Bildung und Forschung (BMBF) (Hrsg.). Fraunhofer Institut für System- und Innovationsforschung. Studien zum deutschen Innovationssystem, Nr. 9–2007.

Giuri, P.; Mariani, M.; Brusoni, S.; Crespi, G.; Francoz, D.; Gambardella, A.; Garcia-Fontes, W.; Geuna, A.; Gonzales, R.; Harhoff, D.; Hoisl, K.; Le Bas, C.; Luzzi, A.; Magazzini, L.; Nesta, L.; Nomaler, Ö.; Palomeras, N.; Patel, P.; Romanelli, M. und Verspagen, B. (2007). Inventors and invention processes in Europe: Results from the PatVal-EU survey. Research Policy, Vol. 36, S. 1107–1127.

Granstrand, O. (1999). The Economics and Management of Intellectual Property. Towards Intellectual Capitalism. Edward Elgar, Cheltham, Northampton.

Grindley, P. und Teece, D. (1997). Managing intellectual capital: Licensind and cross-licensing in semiconductors and electronics. California Management Review, Vol. 39(2), S. 8–41.

Hall, B. H. (2007). Patents and patent policy. Oxford Review of Economic Policy, Vol. 23(4), S. 568–587.

Harhoff, D. (2004). Innovationen und Wettbewerbspolitik – Ansätze zur ökonomischen Analyse des Patentsystems. Vortrag bei der Jubiläumsveranstaltung „30 Jahre Monopolkommission" am 5. November 2004 in Berlin. Siehe unter http://www.en.inno-tec.bwl.uni-muenchen.de/research/publikationen/harhoff/harhoff6.pdf, Abruf 16.06.2015.

Harhoff, D. (2005). Strategisches Patentmanagement. In: Sönke Albers und Oliver Gassmann (Hrsg.). Handbuch Technologie- und Innovationsmanagement. Gabler, Wiesbaden, S. 175–192.

Heinemann, M. (2013). Marken- und Designrecht. In: Jürgen Ensthaler und Patrick Wege (Hrsg.). Management geistigen Eigentums – Die unternehmerische Gestaltung des Technologieverwertungsrechts. Springer Vieweg, Berlin, Heidelberg. S. 65–109.

Hentschel, M. (2007). Patentmanagement, Technologieverwertung und Akquise externer Technologien. Eine empirische Analyse. DUV, Wiesbaden.

Invention Machine (2015). A leading provider of innovation software, Invention Machine Corporation. Siehe unter https://invention-machine.com/, Abruf 13.07.2015.

James, P. und Thorpe, N. (2002). Keilschrift, Kompass, Kaugummi – Eine Enzyklopädie der frühen Erfindungen. 2. Aufl., dtv, München.

Kommission der Europäischen Gemeinschaft (2002). Richtlinie des Europäischen Parlaments und des Rates über die Patentierbarkeit computerimplementierter Erfindungen. http://ec.europa.eu/internal_market/indprop/comp/index_de.htm, Abruf 07.10.2008.

Kortunay, A. (2003). Patentlizenz- und Know-How-Verträge im deutschen und europäischen Kartellrecht. Inaugural-Dissertation. Universität Köln. Siehe unter http://core.ac.uk/download/pdf/12009149.pdf, Abruf 13.08.2015.

Kraßer, R. (2009). Patentrecht - Ein Lehr- und Handbuch. 6., neu bearbeitete Auflage. Verlag C.H. Beck, München.

Kurz, P. (2000). Weltgeschichte des Erfindungsschutzes – Erfinder und Patente im Spiegel der Zeiten. Carl Heymanns Verlag KG, Köln.

Lau, T. (2008). Perspektive Patentanwalt – Herausforderungen zwischen Technologie und Recht. e-fellows.net, München.

Laub, C. (2006). Software Patenting: Legal Standards in Europe and the US in view of Strategic Limitations of the IP Systems. The Journal of World Intellectual Property, Vol. 9(3), S. 344–372.

Lehmann, F. und Schneller, A. (2003). Patentfibel – Von der Idee bis zum Patent. N-transfer GmbH und Lizenzgeber. Siehe auch unter http://www.technologieallianz.de/webtemp/Patentfibel1fa2769d.pdf, Abruf 03.03.2015.

LII (2015). Legal Information Institute – U.S. Constitution. Siehe unter https://www.law.cornell.edu/constitution/articlei#section8, Abruf 13.07.2015.

Mes P. (2015). Patentgesetz, Gebrauchsmustergesetz: PatG, GebrMG – Kommentar. 4., neu bearbeitete Auflage. C. H. Beck, München.

Möhrle, M. G. und Walter, L. (Hrsg.). Patentierung von Geschäftsprozessen. Monitoring – Strategien – Schutz. Springer Verlag, Berlin, Heidelberg.

Moore, M. (2010). In re Bilski and the "Machine – or – transformation" test: Receding boundaries for patent-eligible subject matter. Duke L. & Tech. Rev. 05.

Müller, Florian (2011). Apple keeps pushing for February 2012 trial against Samsung in California. Siehe unter http://www.fosspatents.com/search?q=samsung+apple, Abruf 20.08.2015.

Munich Innovation Group (2015). IP Monetization and Strategy. Siehe unter http://www.munich-innovation.com/de/ip-brokerage/, Abruf 14.07.2015.

Niemann, H. (2014). Corporate Foresight mittels Geschäftsprozesspatenten – Entwicklungsstränge der Automobilindustrie. Springer Gabler, Wiesbaden.

Niemann, H.; Möhrle, M. G. und Walter, L. (2013). The Development of Business Method Patenting in the Logistics Industry - Insights from the Case of Intelligent Sensor Networks. International Journal of Technology Management, Vol. 61(2), S. 177–197.

Patentanwaltskammer (2015). Patentanwaltssuche. Siehe unter https://www.patentanwalt.de/de/patentanwaltssuche.html, Abruf 10.07.2015.

Pfaller, W. (2010). Ein Überblick über die Anfänge der Patentgesetzgebung in Deutschland und anderen Ländern. Siehe unter http://www.wolfgang-pfaller.de/index.htm, Abruf 09.06.2015.

Radauer, A.; Rosemberg, C.; Cassagneau-Francis, O.; Goddar, H. und Haarmann, C. R. (2015). Study on the economic impact of the utility model legislation in selected Member States. Final Report. Technopolis Group Austria, Wien.

Rebel, D. (2001). Gewerbliche Schutzrechte – Anmeldung, Strategie, Verwertung. Carl Heymanns Verlag KG, Köln.

Reitzig, M.; Henkel, J. und Heath, C. (2007). On sharks trolls and their patent prey. Research Policy, Vol. 36, S. 134–154.

Richardson, M. (2000). Das populäre Lexikon der ersten Male. Erfindungen, Entdeckungen und Geistesblitze. Eichborn Verlag, Frankfurt am Main.

Schamlu, M. (1985). Entstehung und Entwicklung des Patentwesens. In: Marian Schamlu (1985): Patentschriften – Patentwesen. Eine argumentationstheoretische Analyse. Iudicum Verlag, München. S. 42–45. Siehe unter: http://edoc.ub.uni-muenchen.de/2957/1/Schamlu_Mariam.pdf, Abruf 09.06.2015.

Schwab, B. (2014). Der Arbeitnehmer als Erfinder. NZA-RR, S. 281–287. Siehe unter https://beck-online.beck.de/?vpath=bibdata/zeits/nza-rr/2014/cont/nza-rr.2014.281.1.htm&pos=2&hlwords=#xhlhit, Abruf 14.07.2015.

Schwingenschlögl, T. und Gotwald A. (2008). Wirtschaftliche Bewertungsmethoden für Patente – Patentbewertung für die Praxis. Linde Verlag, Wien.

Sedlmaier, R. (2004). Die Patentierbarkeit von Computerprogrammen und ihre Folgeprodukte. Dissertation, Univ. der Bundeswehr, München. Herbert Utz Verlag, München.

Shapiro, C. (2007). Patent reform – Aligning reward and contribution. Innovation Policy and the Economy, Vol. 8, S. 111–156.

Statista (2015). Ranking der Top-100 Unternehmen weltweit nach ihrem Markenwert im Jahr 2015 (in Milliarden US-Dollar). Siehe unter http://de.statista.com/statistik/daten/studie/162524/umfrage/markenwert-der-wertvollsten-unternehmen-weltweit/, Abruf 26.06.2015.

Staudt, J. (2006). Geschäftsprozessanalyse. Ereignisgesteuerte Prozessketten und objektorientierte Geschäftsprozessmodellierung für betriebswirtschaftliche Standardsoftware. Springer-Verlag, Berlin, Heidelberg.

TRIZ (2015). TRIZ steht für das russische Akronym „Theorie des erfinderischen Problemlösen". Siehe unter http://www.triz-online.de/, Abruf 13.07.2015.

United States Patent and Trademark Office (2015a). Provisional Application for a Patent. Siehe unter http://www.uspto.gov/patents-getting-started/patent-basics/types-patent-applications/provisional-application-patent, Abruf 28.08.2015.

U.S. Supreme Court (2009). Bilski et al. vs. Kappos, Undersecretary of Commerce for Intellectual Property and Director, Patent and Trademark Office. Siehe unter http://www.supremecourt.gov/opinions/09pdf/08-964.pdf, Abruf 13.07.2015.

Vitt, J. (1998). Schlüsselerfinder in der industriellen Forschung und Entwicklung: Strategien für das Akquisitionsmanagement in Unternehmen. Betriebswirtschaftslehre für Technologie und Innovation: Bd. 27, DUV Wirtschaftswissenschaft, Wiesbaden.

Wagner, M. H. und Thieler, W. (2001). Wegweiser für den Erfinder – Von der Aufgabe über die Idee zum Patent. Springer-Verlag, Berlin, Heidelberg.

Walter, L. und Gundrum, U. (2009). Grundlagen der Patentierung von Geschäftsprozessen. In: Martin G. Möhrle und Lothar Walter (Hrsg.). Patentierung von Geschäftsprozessen – Monitoring, Strategien, Schutz. Springer Verlag, Berlin, Heidelberg, New York, S. 11–39.

Walter, L. und Möhrle, M. G. (2009). Geschäftsprozesspatente als Herausforderung für deutsche Unternehmen. In: PATINFO 2009 Informations- und Rechtsfunktion der gewerblichen Schutzrechte in einer globalisierten Wirtschaft. Proceedings des 31. Kolloquiums der TU Ilmenau über Patentinformation, Ilmenau: 18. bis 19. Juni 2009, Reinhard Schramm und Sabine Milde (Hrsg.) Ilmenau: TU Ilmenau, 420 S., S. 167–174.

Walter, L.; Brusch, M. und Hartung, K. (2007). Präferenzen bezüglich Dienstleistungen von Patentverwertungsagenturen – Eine explorative Untersuchung. GRUR, Vol. 5, Jg. 109, Köln, S. 395–400.

Walter, L.; Niemann, H.; Möhrle, M. G. und Limper, W. (2013). Aufspüren neuer Wettbewerber – Eine Patentanalyse zu Geschäftsprozessen des IT-Outsourcing. In: PATINFO 2013 Neue Wege der Patent- und Markeninformation. Proceedings des 35. Kolloquiums der TU Ilmenau über Patentinformation, Ilmenau: 6. bis 7. Juni 2013, Christoph Hoock, Sabine Milde (Hrsg.). Ilmenau: TU Ilmenau, 328 S., S. 227–245.

Wege, P.; Müller, S. und Kempel, L. (2013). IP-Compliance. In: Jürgen Ensthaler und Patrick Wege (Hrsg.). Management geistigen Eigentums. Die unternehmerische Gestaltung des Technologieverwertungsrechts. Springer Vieweg, Berlin, Heidelberg. S. 239–316.

Weiser, A. (2001). Die Patentierung von Computerprogrammen und Systemen. Technizitätskriterium, Objektorientierung und Patententwurf. Dissertation, Technische Universität Wien. Books on Demand GmbH, Norderstedt.

Weitensfelder, H. (2009). Die großen Erfinder. Marix Verlag, Wiesbaden.

Weltorganisation für geistiges Eigentum (2015a). PCT – Das Internationale Patentsystem. Siehe unter http://www.wipo.int/pct/de/, Abruf 26.05.2015.

Weltorganisation für geistiges Eigentum (2015b). Protecting your Inventions Abroad: Frequently Asked Questions About the Patent Cooperation Treaty (PCT). Siehe unter http://www.wipo.int/pct/en/faqs/faqs.html, Abruf 26.08.2015.

Weltorganisation für geistiges Eigentum (2015c). Protecting Innovations by Utility Models. Siehe unter http://www.wipo.int/sme/en/ip_business/utility_models/utility_models.htm, Abruf 25.06.2015.

Weltorganisation für geistiges Eigentum (2015d). Member States. Siehe unter http://www.wipo.int/members/en/, Abruf 08.06.2015.

Weltorganisation für geistiges Eigentum (2015e). WIPO IP Statistics Data Center. Siehe unter http://ipstats.wipo.int/ipstatv2/index.htm?tab=patent, Abruf 24.06.2015.

Wuttke, T. (2014). Das deutsche Gebrauchsmuster – eine Waffe? VPP-Rundbrief, Nr. 2/2014, S. 80–86.

Zankl, P. (2002). Die Launen des Zufalls. Wissenschaftliche Entdeckungen von Archimedes bis heute. Primus Verlag, Darmstadt.

3 Recherche von Patenten

*Zuverlässige Informationen sind unbedingt nötig
für das Gelingen eines Unternehmens.*
Christoph Kolumbus (*1451; †1506)

Patente stellen für Unternehmen einen Erfolgsfaktor dar, mit denen die technologische Position gesichert werden kann (Ensthaler und Strübbe 2006). Dabei ist es nicht nur entscheidend, die eigenen Patente zu verwalten, sondern es sind insbesondere die Patente der Wettbewerber als Informationsquelle zu nutzen. Durch die Recherche (Suche) nach Patentinformationen sind die Unternehmen in der Lage, diese Informationen zu ermitteln und die Effektivität wie die Effizienz ihres Patentmanagements zu steigern (Ernst 2003).

Es bedarf also eines grundlegenden Verständnisses der Recherche von Patenten, und genau hierum geht es in diesem Kapitel. Zunächst werden in Abschnitt 3.1 die Fragen beantwortet, warum überhaupt Patentrecherchen durchgeführt werden sollten und welche Motive eine Patentrecherche begründen. Abschnitt 3.2 legt dar, wie Patentinformationen als Quelle technischen Wissens für eine Recherche genutzt werden können. Abschnitt 3.3 widmet sich den Eigenarten von Patenten und es wird erläutert, was unter Patentinformationen, einem Patentdokument, einer Patentschrift, einem Patentregister und einem Patentblatt zu verstehen ist. Des Weiteren wird der Aufbau einer Patentschrift im Detail beschrieben und gezeigt, dass dieser einer klaren Strukturierung unterliegt. Gerade der klare Aufbau ist es, der eine gezielte Patentrecherche ermöglicht. In Abschnitt 3.4 wird ein weiteres strukturelles Merkmal von Patenten, nämlich das Prinzip der Patentklassifikation, vorgestellt und wichtige Patentklassifikationen, wie die Gemeinsame Patentklassifikation (*Cooperative Patent Classification* (CPC)) und die Internationale Patentklassifikation (*International Patent Classification* (IPC)), werden im Detail beschrieben. Sodann geht es in Abschnitt 3.5 um die Arten und die Durchführung von Patentrecherchen. Es werden verschiedene rechtsbezogene und informationsbezogene Patentrecherchen vorgestellt, wie etwa die Namensrecherche, die Rechtsstandsrecherche oder auch die Sachrecherche nach dem Stand der Technik. Für die Patentrecherchen gibt es aber noch keinen standardisierten Rechercheprozess. Lediglich für die Recherche nach Softwarepatenten wurde eine Recherchestrategie diskutiert (Park 2005), und für eine Recherche nach technischen Schutzrechten wurden Qualitätskriterien thematisiert (SIGNO 2010). Für die konkrete Durchführung einer Patentrecherche wird daher – in Anlehnung an Bendl und Weber (2013) – ein dreiphasiger Prozess, ausgehend von einer vorbereitenden Offline-Phase über eine durchzuführende Online-Phase gefolgt von einer nachbereitenden Offline-Phase, vorgeschlagen und im Detail erläutert. Abschnitt 3.6 beinhaltet abschließend das Literaturverzeichnis zum Recherchekapitel.

3.1 Warum Patentrecherchen?

Unter einer Recherche wird allgemein eine Ermittlung oder Nachforschung verstanden. Recherchen werden somit zum einen genutzt, um Informationen zu erhalten und zum anderen, um aus diesen Informationen Handlungsempfehlungen abzuleiten. Da technische Informationen vorwiegend als Patentinformationen, die von den Patentämtern zur Verfügung gestellt werden, vorliegen und technisches Wissen zu knapp 90 % in Patenten dokumentiert und veröffentlicht ist (Knight 2004), verwundert es nicht, dass Patentrecherchen durchgeführt werden. Schließlich dienen Patentrecherchen der Ermittlung von Patentinformationen und helfen bei der Suche nach technischen Neuerungen. Diese und weitere Gründe beantworten die Frage, warum es für das Patentmanagement sinnvoll ist, Patentrecherchen durchzuführen (vgl. Bonino et al. 2010):

- Durch eine Patentrecherche kann der Stand der Technik ermittelt werden. Somit wird ein Überblick über vorhandene Erfindungen bzw. Innovationen gegeben.
- Durch regelmäßiges Sichten von Patentinformationen können Doppelentwicklungen vermieden werden, d.h. Unternehmen investieren keine Ressourcen (Geld, Zeit, Energie) in Entwicklungen, die bereits bestehen.
- Durch eine Patentrecherche kann der Verletzung fremder Schutzrechte vorgebeugt werden, deren Nichtbeachtung gegebenenfalls zu zusätzlichen und ungewollten Kosten führt.
- Des Weiteren kann eine Überwachung der Wettbewerber mittels Patentrecherchen betrieben werden. Dies ist wichtig, um über die Aktivitäten der Wettbewerber informiert zu sein und frühzeitig auf Veränderungen oder Wettbewerberinnovationen reagieren zu können.
- Eine Untersuchung unternehmensfremder Patentportfolios kann potenzielle Lizenznehmer hervorbringen und so eine Einnahmequelle für das recherchierende Unternehmen aufdecken.
- Außerdem lassen sich Ideen und Anregungen für neue technische Lösungen dadurch gewinnen, dass noch unerforschte, aber notwendige Entwicklungspotenziale offen gelegt werden.

Alles in Allem unterstützen Patentrecherchen das Patentmanagement technologieorientierter Unternehmen in dessen operativen und strategischen Entscheidungsprozessen und werden somit zu einem wichtigen Managementinstrument.

3.2 Patentinformationen als Quelle technischen Wissens

Es gibt viele Gründe für die Nutzung der von den Patentämtern zur Verfügung gestellten Patentinformationen, denn eine Vielzahl an Eigenschaften macht Patente zu einer vorteilhaften Informationsquelle über technologische Sachverhalte. Im Folgenden werden daher die Möglichkeiten des Zugangs zu Patentinformationen und verschiedene Eigenschaften von Patentinformationen vorgestellt.

3.2.1 Zugang zu Patentinformationen

Bis in die 1980er Jahre hinein waren Patente ausschließlich in gedruckter Form erhältlich. So stellte das Lesen von Fachzeitschriften, Büchern und auch von Patentschriften über geraume Zeit die gebräuchlichste Form der Recherche dar (vgl. hierzu und im Folgenden Bendl und Weber 2013 sowie Walter und Gerken 2011). Umständliche und lange Wege erschwerten dabei die Gewinnung von Informationen und Daten und machten die Recherche in der gedruckten Literatur sehr zeitaufwändig. Hinzu kam das Problem der Lagerung/Speicherung und der Bereitstellung eines Zugangs zu diesen Dokumenten. Wer nach aktuellen Patentinformationen recherchieren wollte, musste in Deutschland entweder die Auslegehallen des Patentamts in München bzw. Berlin oder die regionalen Patentinformationszentren persönlich aufsuchen (Mersch 2013).

Da die Anzahl der veröffentlichten Dokumente immer weiter anstieg, benötigten die Patentämter und andere Institutionen und Bibliotheken alternative Speichermedien. Die Compact-Disc (CD) stellte mit der Speicherung digitalisierter Daten den Anfang dieser Entwicklung dar. Allerdings musste sie, genau wie Bücher auch, gelagert werden. Zusätzlich bildete die CD nur eine Momentaufnahme der Patentdokumente ab und musste – wie ein Buch – einzeln nach den benötigten Informationen durchsucht werden. So kam es Anfang der 1980er Jahre zur Entwicklung der ersten Online-Datenbanken, und es folgte der Durchbruch zur digitalen Dokumentation und computervermittelten Zugänglichkeit von Patentinformationen. Eine Online-Patentdatenbank ist heute durch den *Access on Demand* die wichtigste Quelle der modernen Recherche. Das Internet dient als Schnittstelle zwischen Informationsnutzern und Informations- bzw. Datenerstellern. Außerdem entstehen keine Lagerungsanforderungen wie im Fall von Büchern, da alle Informationen über einen Großrechner bzw. beim Host (einem in ein Rechnernetz eingebundenes Rechnersystem mit zugehörigem Betriebssystem) abgerufen werden können.

Patentinformationen können im Allgemeinen online und kostenfrei in den Datenbanken der Patentämter recherchiert werden. Des Weiteren haben sich zahlreiche kommerzielle Anbieter auf die Bereitstellung von Patentinformationen spezialisiert. Neben der direkten Nutzung kommerzieller sowie nicht-kommerzieller Patentdatenbanken zum Abruf von Patentinformationen stehen in Deutschland jedem Interessierten auch die Patentinformationszentren[1] (PIZ) zur Verfügung. PIZ gibt es in allen deutschen Bundesländern. So bietet beispielsweise das PIZ in Bremen – das Patent und Normenzentrum – ein Leistungsangebot vom Lesesaalbetrieb mit Unterstützung

---

[1] Patentinformationszentren in Deutschland. Vgl. http://www.dpma.de/docs/dpma/kooperation/piz_dt.pdf, Abruf 20.05.2015.

bei der Eigenrecherche über die Lieferungen von Kopien von Dokumenten des gewerblichen Rechtsschutzes (Patente, Marken, Gebrauchs- und Geschmacksmuster) bis hin zu Recherchen zum Stand der Technik und Beratung zur Recherchearbeit (Planung, Strategie) an.

Gleichwohl stellt die Nutzung von Patentinformationen die Rechercheure vor eine große Herausforderung, da mit einer Zahl von mehreren Millionen öffentlich verfügbaren Patentdokumenten weltweit von einer Informationsflut (*Information overflow*) gesprochen werden kann (Bergmann et al. 2007, Walter und Bergmann 2008). Es ist seit einigen Jahren weltweit ein deutliches Wachstum bei den Patentanmeldungen zu verzeichnen. Während im Jahr 2004 beim US-amerikanischen Patentamt (USPTO) insgesamt ca. 357.000 Patentanmeldungen gezählt wurden, waren es im Jahr 2014 bereits über 578.000 Anmeldungen (United States Patent and Trademark Office 2015). Ein ähnliches Bild ist beim Europäischen Patentamt (EPA) zu erkennen: Waren es 2004 noch ca. 124.000 Patentanmeldungen, wurden 2014 bereits ca. 152.000 Anmeldungen eingereicht (Europäisches Patentamt 2015a). Die Recherche nach relevanten Patentinformationen gleicht daher sprichwörtlich einer *Suche nach der Nadel im Heuhaufen*. Es zeigt sich, dass nicht nur die Informationsflut im Allgemeinen, sondern auch die Patentinformationsflut im Speziellen, ein herausragendes Thema für die Zukunft darstellt (Harvard Business Manager 2012). Die große Datenflut (*Big Data*) ist somit auch im Patentmanagement angekommen.

3.2.2 Eigenschaften von Pateninformationen

Eine Vielzahl von Eigenschaften macht Patente zu einer vorteilhaften Informationsquelle über technologische Sachverhalte (Ernst 1996, Sternitzke 2008 sowie Vitt 1998). Aus betriebs- und informationswissenschaftlicher Sicht liegen die Vorteile in der Objektivität, im Umfang, im Detaillierungsgrad, in der Internationalität, im Marktbezug sowie in ihrer Verfügbarkeit, wie Abbildung 3.1 zeigt.

Die Objektivität der Patentinformation ist durch das Patentprüfungsverfahren gewährleistet. Zum einen erfolgt seitens des Patentamts eine Offensichtlichkeitsprüfung hinsichtlich Form und Gehalt der Patentanmeldung. Es wird also geprüft, ob es sich um eine Erfindung handelt, die gewerblich anwendbar und nicht von der Erteilung ausgeschlossen ist. Zum anderen werden zwecks Erteilung eines Patents die Neuheit und die Erfindungshöhe der Anmeldung geprüft. Somit genügen alle öffentlich zugänglichen und recherchierbaren Patentinformationen bestimmten, von einer unabhängigen Patentbehörde geprüften Mindestkriterien.

Der Umfang an Patentinformationen spiegelt knapp 90 % des generierten technischen Wissens wider (Knight 2004). Da es keine rechtlich verbindlichen Vorschriften zur Veröffentlichung von Forschungs- und Entwicklungsaktivitäten gibt, stellen Patente die einzige weitreichende Informationsquelle dar. Sie werden zudem zeitnah – in der Regel 18 Monate nach Anmeldung – von den Patentämtern

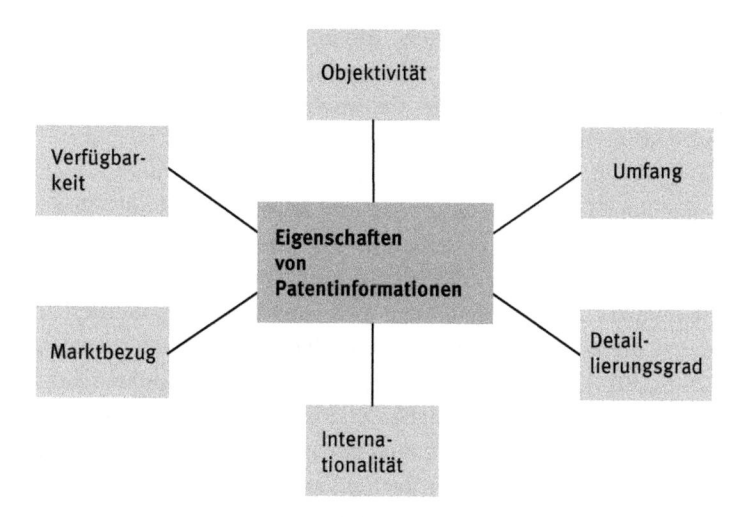

Abb. 3.1: Eigenschaften von Patentinformationen (Quelle: Eigene Darstellung).

veröffentlicht und eignen sich folglich in zahlreichen Technologiefeldern gut als Frühindikatoren für technologisch innovative Produkte.

Die Klassifikation von Patenten erfolgt durch die sehr detaillierte einheitlich genutzte Gemeinsame Patentklassifikation (*Cooperative Patent Classification* (CPC)) oder auch durch die vormals genutzte, ebenfalls sehr detaillierte Internationale Patentklassifikation (*International Patent Classification* (IPC)). Sie orientiert sich dabei an inhaltlichen Kriterien, wodurch die Zuordnung der Patente zu einem Technologiegebiet ermöglicht wird, welches dann zielgerichtet recherchiert werden kann. Zu beachten ist aber, dass sich Technologiegebiete auch über mehrere Patentklassen erstrecken können.

Ein weiterer Vorteil von Patentinformationen liegt in der Internationalität. So besteht neben der nationalen Anmeldung von Patenten auch die Möglichkeit, Patente international anzumelden. Der Patentzusammenarbeitsvertrag (*Patent Cooperation Treaty* (PCT)), der bei der Weltorganisation für geistiges Eigentum (*World International Property Organisation* (WIPO)) in Genf verwaltet wird, hat zu diesem Zweck die Grundlage für eine sogenannte PCT-Anmeldung gelegt. Die weltweit einheitliche Klassifikation von Patenten ermöglicht dem Rechercheur damit die Durchführung international vergleichbarer Analysen technologischer Entwicklungen, sodass internationale Trends aufgespürt werden können.

Der Vorteil des Marktbezugs zielt auf die gewerbliche Anwendbarkeit der patentierten Erfindung. So kann von einem anmeldenden Unternehmen gewiss vermutet werden, dass es seine Erfindungen ernsthaft am Markt umzusetzen versucht, wenn es sich den Aufwand einer Patentierung leistet.

Die Verfügbarkeit an Patentinformationen ist durch die Online-Datenbanken der Patentämter gegeben, und sie sind dadurch jederzeit und für jeden frei einsehbar.

Im Gegensatz zu nicht vergleichbaren bzw. nicht vorhandenen Angaben über Forschungs- und Entwicklungsaktivitäten von Unternehmen sind Patente nach ihrer Offenlegung zugänglich und können einzelnen Unternehmen, Geschäftsbereichen, Technologiefeldern oder Erfindern direkt zugeordnet werden.

Neben ihren zahlreichen Vorteilen haben Patente, im Gegensatz zu anderen technischen Informationsquellen wie Fachpublikationen und Experten, aber auch Nachteile. Patentinformationen bilden nicht jede technische Errungenschaft in vollem Umfang ab und unterliegen zudem Schwankungen. So sind beispielsweise elektronische Geschäftsprozesse nicht in jedem Land der Welt ohne Weiteres patentierbar, und die Anforderungen an die Technizität werden zum Teil unterschiedlich ausgelegt (Möhrle und Walter 2009, 2013). Durch die Offenlegungsfrist von 18 Monaten kann sich die Öffentlichkeit außerdem erst mit zeitlicher Verzögerung über den Stand der Technik informieren. Des Weiteren kann es seitens der Patentprüfer beim Klassifizieren von Patenten für Erfindungen aus neuen Technologiebereichen zu Problemen kommen, sodass die Patente nicht erwarteten und/oder falschen Patentklassifikationen zugeordnet werden.

3.3 Strukturelle Eigenarten von Patentdokumenten

Im Rahmen des Patentmanagements werden zahlreiche Begriffe verwendet, die mit dem Wort Patent beginnen. Genannt seien beispielsweise Patentdokument, Patentinformation, Patentblatt, Patentregister oder auch Patentschrift. Um etwas Klarheit in diesen Begriffsdschungel zu bringen, werden die Begriffe im Folgenden voneinander abgegrenzt und es wird im Detail erläutert, was sich hinter den verschiedenen Begriffen verbirgt (Däbritz 2001, Lehmann und Schneller 2003, Rebel 2001, Suhr 2000, Wagner und Thieler 2001 sowie Walter und Gerken 2011).

3.3.1 Arten von Patentdokumenten

Patentdokumente beinhalten Patentinformationen. Unter Patentdokumenten werden Patentschriften sowie die Auszüge der Patentregister subsumiert. Das Patentblatt informiert über Patentanmeldungen und andere wichtige Patentinformationen. Das Patentregister gibt dagegen Auskunft über Anmeldungen von Patenten und Gebrauchsmustern. Patentschriften wiederum sind die von den Patentämtern veröffentlichten Dokumente.

Patentdokument
Unter Patentdokumenten werden die von nationalen, regionalen oder internationalen Patentämtern veröffentlichten Schriften verstanden. Sie enthalten

Informationen über Erfindungen, für die ein Patent angestrebt bzw. erteilt oder ein Gebrauchsmuster registriert wurde. Patentdokumente sind somit Quellen der technischen Information. Jährlich werden weltweit mehr als eine Million Patentdokumente veröffentlicht. Untersuchungen zeigen, dass nur ein geringer Prozentsatz von Erfindungen in anderen Quellen als der Patentliteratur beschrieben wird; daher ist die Patentinformation für die Kenntnis des Standes der Technik unersetzlich.

Patentinformation
Patentinformationen können in technische, bibliografische und rechtliche Informationen untergliedert werden. Technische Informationen beinhalten das technische Wissen, das in den Patent- und Offenlegungsschriften enthalten ist. Sie finden sich im Titel, in der Beschreibung, in der Zusammenfassung oder in den Ansprüchen des Patents. Bibliografische Informationen sind Informationen wie Anmelder, Erfinder, Klassifikationssymbole, Anmeldetag, Vertreter, Anmeldeland und Dokumentennummer wie auch der ermittelte Stand der Technik. Rechtliche Informationen sind Aussagen über den Rechts- und Verfahrensstand. Sie geben detailliert Auskunft über den Verlauf des Patentverfahrens, z.B. ob das Patent noch in Kraft ist oder wann die nächste Gebühr fällig wird.

Patentblatt
Das Patentblatt enthält regelmäßig erscheinende Übersichten der Eintragungen im Register, soweit sie nicht nur den regelmäßigen Ablauf der Patente oder die Eintragung und Löschung ausschließlicher Lizenzen betreffen. Ein Patentblatt ist ein sehr umfangreiches Dokument; z.B. hat das Patentblatt[2] Heft Nr. 11 des Deutschen Patent- und Markenamts (DPMA) vom 12.03.2015 insgesamt 978 Seiten. Einen Auszug aus dem Patentblatt Heft Nr. 11 zeigt Abbildung 3.2.

Neben dem DPMA geben auch alle anderen Patentämter Patentblätter heraus, informieren über Patentanmeldungen oder -erteilungen und bieten dem Nutzer zahlreiche Informationen über die angemeldeten und erteilten Schutzrechte. Beim Europäischen Patentamt (EPA) ist es das wöchentlich erscheinende Europäische Patentblatt[3] (*European patent bulletin, Bulletin européen des brevets*) und beim US-amerikanischen Patentamt (USPTO) die *Official Gazette*[4], welche auch online bei den entsprechenden Patentämtern abrufbar sind.

---

[2] Patentblatt Nr. 11 vom 12.03.2015. Vgl. https://register.dpma.de/DPMAregister/blattdownload/pat, Abruf 12.05.2015.
[3] Europäisches Patentblatt. Siehe unter https://www.epo.org/searching/free/bulletin_de.html, Abruf 20.05.2015.
[4] Vgl. Official Gazette unter http://www.uspto.gov/news/og/index.jsp, Abruf 20.05.2015.

Erteilte Patente

3a)1 Erteilungen nach Durchführung des Prüfungsverfahrens

(Einspruchsfrist 9 Monate nach Veröffentlichung der Erteilung)

(10) DE 10 2009 052 182 B4
(51) **A01D 34/84** (2006.01)
   A01G 3/06 (2006.01)

(10) DE 101 36 879 B4
(51) **A01D 43/10** (2006.01)
   A01D 82/00 (2006.01)

(10) DE 101 36 879 B4
(51) **A01D 57/12** (2006.01)
   A01D 82/00 (2006.01)

(10) DE 101 36 879 B4
(51) **A01D 82/00** (2006.01)
   A01D 43/10 (2006.01)
   A01D 57/12 (2006.01)
(22) AT 24.07.2001 (43) OT 03.04.2003
(21) Akz: 101 36 879.8
(45) 1.PT 12.03.2015
(54) Verfahren und Vorrichtung zur Ernte von Langhalmkulturen

Patentblatt 135. Jhrg. Heft 11 vom 12.03.2015

(22) AT 08.09.2010 (43) OT 08.03.2012
(21) Akz: 10 2010 040 422.5
(45) 1.PT 12.03.2015
(54) **Lader für Wagenofen**
(73) Karl Heuft GmbH, 56745 Bell, DE
(74) BARDEHLE PAGENBERG Partnerschaft mbB Patentanwälte, Rechtsanwälte, 81675 München, DE
(72) Heuft, Thomas, 56072 Koblenz, DE

(10) DE 10 2013 019 515 B3
(51) **A41D 1/02** (2006.01)
   A41D 3/08 (2006.01)
(22) AT 22.11.2013 (43) OT -
(21) Akz: 10 2013 019 515.2
(45) 1.PT 12.03.2015
(54) **Bekleidungsstück**
(73) Maier Sports GmbH, 73257 Köngen, DE
(74) Grape & Schwarzensteiner, 80331 München, DE
(72) Pelzner, Kathrin, 86916 Kaufering, DE; Klinkhammer, Sabine, 40237 Düsseldorf, DE

(10) DE 10 2013 019 515 B3
(51) **A41D 3/08** (2006.01)
   A41D 1/02 (2006.01)

Abb. 3.2: Auszug aus Patentblatt Nr. 11 des DPMA vom 12.03.2015 (Quelle: Eigene Darstellung in Anlehnung an Register des DPMA 2015).

Patentregister

Das Patentamt führt ein Register, das die Bezeichnungen der Patentanmeldungen und der erteilten Patente und ergänzender Schutzzertifikate sowie Namen und Wohnorte der Anmelder oder Patentinhaber und ihrer bestellten Vertreter oder Zustellungsbevollmächtigten beinhaltet, wobei die Eintragung eines Vertreters oder Zustellungsbevollmächtigten genügt. In den Patentregistern – früher auch Patentrolle genannt – werden Anfang, Teilung, Ablauf, Löschung, Anordnung der Beschränkung, Widerruf, Erklärung der Nichtigkeit von Patenten und ergänzender Schutzzertifikate sowie die Erhebung von Einsprüchen und Nichtigkeitsklagen vermerkt. Das Patentregister[5] des DPMA trägt die offizielle Bezeichnung Patent- und Gebrauchsmusterregister. Es enthält den Verfahrensstand der beim DPMA anhängigen Anmeldungen und macht ihn für Außenstehende auch online zugänglich. In ähnlicher Weise stellt das EPA[6] Daten zur Verfügung, die ebenfalls online aus einer Datenbank abgerufen werden können.

---

5 Vgl. DPMAregister unter http://register.dpma.de/DPMAregister/Uebersicht, Abruf 12.05.2015.
6 Vgl. Europäisches Patentregister unter https://register.epo.org/regviewer?lng=de, Abruf 20.05.2015.

Patentschrift

Der Begriff Patentschrift bezeichnet ein erteiltes Patent und ist von der Offenlegungsschrift zu unterscheiden. Patentschriften werden von den Patentämtern veröffentlicht und enthalten zahlreiche Informationen. Zum einen werden bibliografische Daten, wie die Benennung des Erfinders usw. aufgeführt, zum anderen folgen Beschreibungen des technischen Gebiets der Erfindung, des bisherigen Standes der Technik und des technischen Problems sowie der Problemlösung. Zudem wird die Erfindung durch mindestens ein Ausführungsbeispiel sowie anhand von Zeichnungen erläutert. Des Weiteren werden durch die Erfindung erzielte Vorteile dargelegt, Patentansprüche aufgeführt und eine Zusammenfassung geliefert. Im Folgenden wird auf den Aufbau und den Inhalt von Patentschriften im Detail eingegangen.

3.3.2 Aufbau und Inhalt von Patentschriften

Die von den Patentämtern veröffentlichten Patentschriften sind in der Regel gedruckte Publikationen, welche heute natürlich auch online aus den Patentdatenbanken der Patentämter abgerufen werden können. Diese Patentschriften enthalten neben den oben erwähnten, durch gesetzliche Vorgaben geregelten Hauptbestandteilen Beschreibung, Ansprüche und Zeichnungen, ein Titelblatt und – soweit es sich um die Erstveröffentlichung der Patentschrift bzw. Anmeldung handelt – eine Zusammenfassung. Durch die (Patent-)Rechtsordnungen werden die Struktur und der Inhalt einer Patentschrift allerdings über diese Grobgliederung hinaus weiter verfeinert und im Hinblick auf die zugrundeliegenden Funktionen – Informationsfunktion für die Allgemeinheit einerseits, Schutzfunktion für den Inhaber andererseits – präzisiert. Hier sind im Detail die existierenden Ausführungsordnungen der nationalen und multinationalen Patentgesetze zu beachten und heranzuziehen. Gleichwohl zeigen diese Regelungen weitgehende Parallelen hinsichtlich des Aufbaus und des Inhalts einer Patentschrift. Dies wird im Folgenden näher erläutert.

Der Aufbau einer Patentschrift verdeutlicht deren generische Struktur. Beginnend mit einem Titelblatt, das die bibliografischen Daten enthält (und gegebenenfalls eine Zusammenfassung), folgt die Beschreibung mit der Bezeichnung der Erfindung und der Angabe des technischen Gebiets der Erfindung sowie abschließend die Auffführung der Patentansprüche, ergänzt durch Zeichnungen.

Titelblatt

Das Titelblatt (Deckblatt) einer Patentschrift umfasst neben den bibliografischen Daten auch die Zusammenfassung mit einer ausgewählten Zeichnung. In Abbildung 3.3 wird beispielhaft das Titelblatt einer deutschen Patentanmeldung gezeigt. Das Titelblatt bietet dem Betrachter eine erste inhaltliche Orientierung. Die hier ausgewählte Patentanmeldung trägt den Titel „*Kran, Gittermast für einen derartigen*

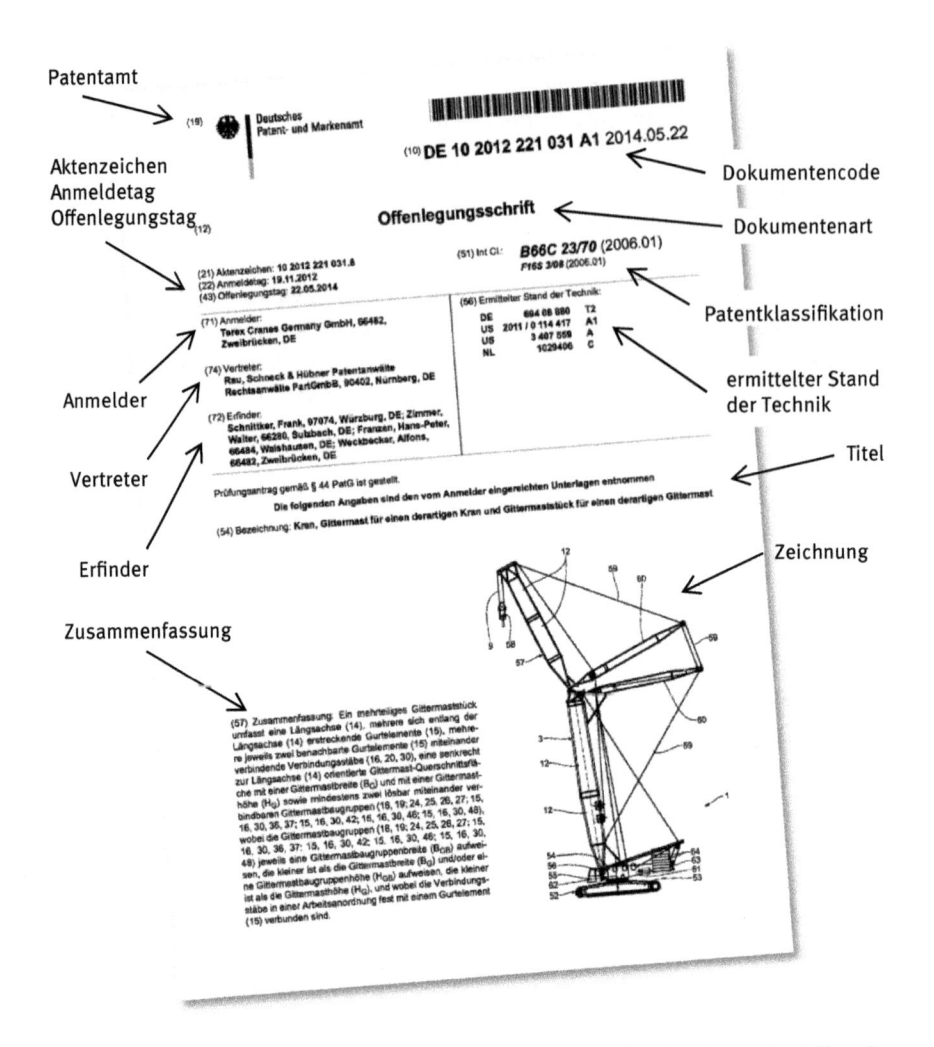

Abb. 3.3: Titelblatt der Offenlegungsschrift DE 10 2012 221 031 A1 (Quelle: Eigene Darstellung in Anlehnung an Deutsches Patent- und Markenamt 2015).

Kran und Gittermaststück für einen derartigen Kran". Neben dem Titel der Erfindung sind zahlreiche weitere bibliografische Daten zu Anmelder- und Erfindernamen und -anschrift, die anwaltliche Vertretung, Anmeldedatum, Offenlegungstag und Veröffentlichungsdatum, Recherchebericht zum ermittelten Stand der Technik und die der Erfindung zugeordnete Patentklassifikation aufgeführt. Es ist offensichtlich, dass durch den klaren Aufbau des Titelblattes bei einer manuellen Recherche, d.h. dem Durchsehen oder Durchblättern einer Vielzahl derartiger Patentschriften, bereits ein schneller inhaltlicher Überblick geboten wird. Damit wird eine rasche Auswahl und Identifikation potenziell relevanter Patentschriften ermöglicht. Auf dem Titelblatt sind des Weiteren die Dokumentenart und der Dokumentencode angegeben.

Tab. 3.1: Ausgewählte Zweibuchstaben-Ländercodes nach WIPO-Standard ST.3.

AT	Österreich	FI	Finnland	NO	Norwegen
CA	Kanada	FR	Frankreich	RU	Russland
CN	China	GB	Großbritannien	SE	Schweden
DE	Deutschland	IN	Indien	TW	Taiwan
DD	DDR	JP	Japan	US	USA
EP	EP-Anmeldung	KR	Süd-Korea	WO	PCT-Anmeldung

Jedes Schutzrecht erhält vom Patentamt ein Eingangszeichen, codiert als Aktenzeichen und Patentnummer. Dabei ist die Codierung länderspezifisch. Dadurch ist eine schnelle Information über das Herkunftsland des Patents gegeben. Sie wird nach dem WIPO-Standard ST.3[7] geregelt (Weltorganisation für geistiges Eigentum 2015). Tabelle 3.1 zeigt beispielhaft eine Auswahl von Zweibuchstabenländercodes.

In dem in Abbildung 3.3 gezeigten Beispiel trägt die Offenlegungsschrift den Dokumentencode DE 10 2012 221 031 A1. Somit handelt es sich hier um eine Anmeldung in Deutschland, da als Ländercode DE angegeben ist. Dem Ländercode schließen sich die Ziffernfolge (hier 10 2012 221 031) und die Kennzeichnung für die Dokumentenart (hier A1) an. D.h. die Codierungen lassen sich allgemein wie folgt beschreiben:

KK JJJJ NNN NNN

Diese 12-stellige Codierung für das Aktenzeichen und die Patentnummer wird in Deutschland seit 2004 verwendet. Auf den deutschen Schutzrechten aus der Zeit vor 2004 finden sich dagegen 8-stellige Codierungen, die wie folgt dargestellt werden können:

K JJ NN NNN

Der Buchstabe K gibt die Kennziffer des Schutzrechts an, und zwar in folgender Bedeutung: (1) Patentanmeldung, (2) Gebrauchsmusteranmeldung, (3) Marken, (4) Geschmacksmuster, (5) EP-Patent mit Benennung DE, Sprache Deutsch sowie (6) EP-Patent mit Benennung DE, Sprache Englisch oder Französisch. Die beiden Buchstaben JJ stehen für die Jahresangabe (das Anmeldejahr ergibt sich dabei aus einer Addition der Zahl 50 zu den ersten beiden Ziffern) und NN NNN ist die laufende Nummer.

In der seit 2004 gebräuchlichen Codierung haben die Kennziffern KK folgende Bedeutungen: (10) Patentanmeldung, (11) PCT-Anmeldung mit Bestimmung DE, (12) Zertifikate, (20) Gebrauchsmusteranmeldung, (21) Gebrauchsmusteranmeldung auf PCT-Basis, (22) Topographie, (30) Marke (ab 2005), (40) Geschmacksmuster (ab 2005), (41) Typographie (ab 2005), (50) EP-Patent mit Benennung DE, Sprache

---
7 Vgl. http://www.wipo.int/export/sites/www/standards/en/pdf/03-03-01.pdf, Abruf 26.05.2015.

Deutsch (ab 2005), (60) EP-Patent mit Benennung DE, Sprache Englisch oder Französisch (ab 2005). In dem ausgewählten Beispiel handelt es sich somit um eine Patentanmeldung (10), da die ersten beiden Ziffern 1 und 0 sind.

Die nächsten vier Ziffern JJJJ stehen für das Jahr, NNN NNN ist die laufende Nummer des Schutzrechts. D.h. also in diesem Beispiel, dass es sich um eine Anmeldung aus dem Jahre 2012 in Deutschland mit der laufenden Nummer 221 031 handelt.

Die Dokumentenart/Schutzrechtsart wird nach dem WIPO-Standard ST.16[8] mit einem zweistelligen Code gekennzeichnet. Er besteht aus einem lateinischen Großbuchstaben und einer Ziffer von 1 bis 9. Diese Buchstaben-Zahlen-Kombination gibt gewissermaßen die Information zum Lebenslauf des jeweiligen Patents wieder. Tabelle 3.2 zeigt eine Auswahl an Dokumentenartencodes deutscher, europäischer und US-amerikanischer Schutzrechte gemäß WIPO-Standard ST.16 (Deutsches Patent- und Markenamt 2009). So weist die Bezeichnung A1 für die Dokumentenart in dem ausgewählten Beispiel auf eine sachlich nicht geprüfte Offenlegungsschrift hin.

Tab. 3.2: Auswahl an Dokumentenartencodes deutscher, europäischer und US-amerikanischer Schutzrechte gemäß WIPO-Standard ST.16, Appendix 2.

Deutsches Schutzrecht	
A1	Offenlegungsschrift (sachlich nicht geprüft)
B3	Patentschrift (ohne vorherige Offenlegungsschrift) (vor 2004 mit C1 codiert)
B4	Patentschrift (nach Offenlegungsschrift) (vor 2004 mit C2 codiert)
C5	Geänderte Patentschrift (nach Einspruchs-, Beschränkungs- und Nichtigkeitsverfahren)
T2	Übersetzung europäischer Patentschrift
U1	Gebrauchsmuster
Europäisches Schutzrecht	
A1	Patentanmeldung mit Recherchebericht
A2	Patentanmeldung ohne Recherchebericht
A9	Korrigierte Patentanmeldung (Gesamtschrift)
B1	Patentschrift
B2	Geänderte Patentschrift (nach Einspruchsverfahren)
B3	Patentschrift (nach Beschränkungsverfahren)
US-amerikanisches Schutzrecht	
A1	Veröffentlichung der Patentanmeldung
A2	Patentanmeldung (erneute Veröffentlichung)
B1	Patentschrift
B2	Patentschrift (nach vorheriger A1-Schrift)
E	Reissued Patent (Neuerteilung)
S	Patentschrift (Geschmacksmuster (Design patent))

---

[8] Vgl. http://www.wipo.int/export/sites/www/standards/en/pdf/03-16-01.pdf, Abruf 26.05.2015.

Der Vollständigkeit halber sei an dieser Stelle erwähnt, dass auch internationale Patentanmeldungen (PCT-Anmeldungen) nach WIPO-Standards codiert werden. Mit der Einreichung von PCT-Anmeldungen können Anmelder gleichzeitig in 188 Ländern Patentschutz für ihre Erfindung anstreben. Diese sogenannten WO-Dokumente werden dann mit A1, A2, A3, A4 oder A8 oder A9 codiert. A1 bedeutet, dass es sich um eine internationale Anmeldung mit Rechercheberict handelt, A2 sind internationale Anmeldungen ohne Recherchebericht, A3 sind gesonderte Veröffentlichungen des Rechercheberichts, A4 sind spätere Veröffentlichungen von geänderten Ansprüchen, A8 korrigierte bibliografische Daten und A9 solche mit korrigiertem Inhalt, z.B. Korrekturen in der Beschreibung oder in den Ansprüchen.

Alle relevanten und bibliografischen Informationen sind nicht nur auf den Titelblättern der Schutzrechtsschriften an gleicher Stelle zu finden, sie sind darüber hinaus auch mit weltweit einheitlichen Suchkürzeln, sogenannten INID-Codes, versehen. Diese INID-Codes (*Internationally agreed Numbers for Identification of (bibliographic) Data*) stellen eine sehr folgenreiche Standardisierungserrungenschaft dar, da sie eine sprachenunabhängige Erschließung von Patentinformationen ermöglichen:

> *Erst die einheitliche Codierung der wichtigsten Informationsfelder macht den unbegrenzten Abgleich und Vergleich der wichtigsten Patentdaten praktisch handhabbar und damit realisierbar. Ein manueller Handabgleich wäre bereits ab einem Volumen von mehreren Hundert Dokumenten pro Patentprüfung kaum mehr verlässlich durchzuführen: aus kognitiv-kapazitiven und aus kostenmäßigen Gründen. Diese Codierung ist die Grundlage für die „Maschinenlesbarkeit" und spätere „Computerisierung" der Verarbeitung von Patentinformationen: erst sie ermöglicht eine länderübergreifende maschinelle Informationssuche nach den wichtigsten Angaben auf dem Deckblatt eines jeden Patents* (Mersch 2013, S. 208).

Das INID-Code-System (für Patente und Gebrauchsmuster) wird gemäß WIPO-Standard ST.9[9] von einer Vielzahl von Patentämtern angewandt (siehe hierzu und im Folgenden Weltorganisation für geistiges Eigentum (2015)). Es besteht aus Kategorie-Codes (10), (20), (30), (40) usw. sowie den einzelnen INID-Codes (11), (12), ..., (21), (22) usw. mit den entsprechenden Definitionen. Die Kategorie-Codes selbst werden nur dann verwendet, wenn ein bestimmtes Datenelement zwar der Kategorie, nicht aber einem einzelnen Code zugeordnet werden kann und wenn mehrere bibliografische Daten, die zu derselben Kategorie gehören, gemeinsam in einer Zeile angezeigt werden sollen. Mit den Kategorie-Codes werden
- Angaben zur Bezeichnung des Patents, des Ergänzenden Schutzzertifikats oder des Patentdokuments (10), wie beispielsweise die Bezeichnung der Schriftart oder Informationen zu Berichtigungen von Patentdokumenten,
- Inländische Anmeldedaten (20), wie z.B. die Nummer der Anmeldung oder die ursprüngliche Anmeldesprache,

---

[9] Vgl. http://www.wipo.int/export/sites/www/standards/en/pdf/03-09-01.pdf, Abruf 26.05.2015.

- Prioritätsdaten gemäß der Pariser Verbandsübereinkunft (30), wie beispielsweise das Datum der Prioritätsanmeldung,
- Daten zur Veröffentlichung (40), wie beispielsweise das Datum der Veröffentlichung eines berichtigten Patentdokuments,
- Technische Angaben (50), wie beispielsweise die Internationale Patentklassifikation oder die Bezeichnung der Erfindung,
- Hinweise auf andere nationale oder ehemals nationale Patentdokumente, die in einer rechtlichen oder verfahrensmäßigen Beziehung zum vorliegenden Schutzrecht stehen, einschließlich entsprechender unveröffentlichter Anmeldungen (60), wie beispielsweise die Nummer eines früher veröffentlichten Patentdokuments zu derselben Anmeldung,
- Angaben zu Verfahrensbeteiligten (70), wie z.B. der Anmelder- oder Erfindername,
- Angaben in Bezug auf andere internationale Abkommen als die Pariser Verbandsübereinkunft sowie in Bezug auf das Recht zu Ergänzenden Schutzzertifikaten (80), wie beispielsweise Bestimmungsstaaten nach dem PCT,

zusammengefasst. Analoge INID-Codes-Systeme sind für Geschmacksmuster (WIPO-Standard ST.80) und Marken (WIPO-Standard ST.60) entwickelt worden.[10]

Zusammenfassung
Die Zusammenfassung dient ausschließlich einer technischen Unterrichtung und Information. Für die rechtliche Auslegung der Patentansprüche kann sie prinzipiell nicht herangezogen werden. Die Zusammenfassung wird in der vom Anmelder eingereichten Form ungeprüft veröffentlicht. Sie kann aber durchaus als Aushängeschild eines Schutzrechts bezeichnet werden, und sie sollte den Leser auf den Inhalt hinweisen und sein Interesse wecken. Im Umfang sollte die Zusammenfassung aus nicht mehr als 1.500 Zeichen bestehen (PatV 2003). Beim Lesen von Zusammenfassungen ist aber die oft schwer verständliche Patentsprache zu berücksichtigen, wie beispielsweise die Zusammenfassung der Patentanmeldung DE 10 2012 221 031 A1 zeigt (vgl. auch Abbildung 3.3):

> *Ein mehrteiliges Gittermaststück umfasst eine Längsachse (14), mehrere sich entlang der Längsachse (14) erstreckende Gurtelemente (15), mehrere jeweils zwei benachbarte Gurtelemente (15) miteinander verbindende Verbindungsstäbe (16, 20, 30), eine senkrecht zur Längsachse (14) orientierte Gittermast-Querschnittsfläche mit einer Gittermastbreite (BG) und mit einer Gittermasthöhe (HG) sowie mindestens zwei lösbar miteinander verbindbaren Gittermastbaugruppen (18, 19; 24, 25, 26, 27; 15, 16, 30, 36, 37; 15, 16, 30, 42; 15, 16, 30, 46; 15, 16, 30, 48), wobei die Gittermastbaugruppen (18, 19; 24, 25, 26, 27; 15, 16, 30, 36, 37; 15, 16, 30, 42; 15, 16, 30, 46; 15, 16, 30, 48) jeweils eine Gittermastbaugruppenbreite (BGB) aufweisen, die kleiner ist als die Gittermastbreite (BG)*

---

10 Vgl. http://www.wipo.int/export/sites/www/standards/en/pdf/03-09-01.pdf, Abruf 26.05.2015.

und/oder eine Gittermastbaugruppenhöhe (HGB) aufweisen, die kleiner ist als die Gittermasthöhe (HG), und wobei die Verbindungsstäbe in einer Arbeitsanordnung fest mit einem Gurtelement (15) verbunden sind.

Zeichnung

Die Zeichnung bildet neben der Beschreibung und den Ausführungsbeispielen die Offenbarung der Erfindung. Sie soll das Zusammenwirken der Merkmale der Erfindung klar erkennen lassen und das Wesentliche hervorheben. Daher eröffnen Patentzeichnungen dem Fachmann einen schnellen und tiefgehenden Zugang zur Erfindung. Sie sind oft als (schematische) Strichzeichnung, z.B. als Drauf-, Seiten- oder Perspektivansichten, Fluss- und Blockdiagramme, oder als Schaltpläne ausgeführt. Dabei gilt es, Formerfordernisse entsprechend der Patentverordnung[11] einzuhalten (vgl. hierzu und im Folgenden Weisse 2014). So sind die Zeichnungen auf Blättern mit Mindesträndern einzureichen, und die für die Abbildung benutzte Fläche ist ebenfalls beschränkt. Sie sind zudem mit angemessenem Kontrast, in schwarzen, ausreichend festen und dunklen, in sich gleichmäßigen und scharf begrenzten Linien und Strichen auszuführen. Bleistiftskizzen oder farbige Abbildungen sind dementsprechend nicht zulässig. Die Zeichnungen sind fortlaufend mit arabischen Ziffern zu nummerieren. Die Zuordnung zu der Beschreibung und den Ansprüchen muss durch eindeutige Bezugszeichen gegeben sein. Dabei soll jedes Bauteil eindeutig mit einer Zahl versehen werden, die in der Zeichnung mittels einer gekrümmten Line auf das Bauteil verweist. Bemaßungen sind in diesen Zeichnungen anders als bei den in der Technik üblichen Konstruktionszeichnungen nicht zulässig. Wiederholend sei erwähnt, dass die Zeichnungen exemplarisch sind und das allgemeine Erfindungsprinzip nur unvollkommen wiedergeben können.

Beschreibung

Die Patentbeschreibung folgt dem Titelblatt und beschreibt die Erfindung im Detail. Sie stellt damit den Offenbarungsteil der Erfindung dar und beinhaltet das zu lösende technische Problem, die vorgeschlagene Lösung und Hinweise zur Auslegung der Patentansprüche. Dabei soll die Offenbarung der neuen Erfindung so erfolgen, dass sie von einem technischen Fachmann nachempfunden werden kann (Mes 2015). Im Einzelnen soll die Beschreibung die Bezeichnung der Erfindung, eine Angabe des technischen Gebiets der Erfindung (Einleitung), den Stand der Technik, welcher der Erfindung zugrunde liegt (gegebenenfalls mit Fundstellen), die Kritik am Stand der Technik (Mängel bisheriger Verfahren/Vorrichtungen), das technische Problem (Aufgabe), welches sich aus den Mängeln ergibt, die Angabe der Lösung des Problems (Darstellung der Erfindung), die vorteilhaften Wirkungen,

---

[11] Vgl. http://www.gesetze-im-internet.de/bundesrecht/patv/gesamt.pdf, Abruf 25.07.2015.

welche durch die Erfindung erzielt werden, die Weiterbildungen der Erfindung und dadurch erzielte Vorteile, gegebenenfalls eine kurze Beschreibung der Zeichnungen sowie die konkrete Beschreibung mindestens eines Ausführungsbeispiels anhand der Zeichnungen, gegebenenfalls ergänzt durch weitere Ausgestaltungen, beinhalten (Behrmann 1998).

Zusammengefasst sollen in der Patentbeschreibung also (i) die Erfindungsbeschreibung, (ii) der Stand der Technik mit den Fundstellen, (iii) die Aufgabe der Erfindung und deren Lösung sowie (iv) die Beschreibung eines Ausführungsbeispiels anschaulich, konkret und präzise dargelegt werden (vgl. hierzu und im Folgenden Weisse 2014). Verallgemeinernde Ausschweifungen sind grundsätzlich zu vermeiden.

(i) In der Einleitung zur Patentbeschreibung wird das technische Gebiet der Erfindung angegeben. Oftmals geschieht dies durch die Übernahme des Wortlautes des ersten Anspruchs oder die Anspruchsformulierung wird eingeleitet durch *„Die Erfindung betrifft ein Verfahren zur [...]"* bzw. durch *„Die Erfindung betrifft eine Vorrichtung zur [...]"*.

(ii) Sodann folgt die Darstellung des Standes der Technik aus dem unmittelbaren Suchfeld der Erfindung und aus dem Suchfeld der erfinderischen Lösung. Dabei ist es ausreichend, auf eine oder zwei Fundstellen einzugehen, aus denen die ökonomischen und technischen Nachteile, die mit dem Stand der Technik verbunden sind, hervorgehen. Hier finden sich dann Formulierung wie *„Aus einer bekannten Vorrichtung ist bekannt [...] häufig ist die Leistungsfähigkeit gering"* oder *„Nachteilig bei dem Verfahren [...] ist der geringe Wirkungsgrad"*. Auch auf teure, unhandliche oder aufwändige Vorrichtungen oder Verfahren wird an dieser Stelle verwiesen.

(iii) Danach wird eine Aufgabe angegeben, die durch die Erfindung gegenüber dem Stand der Technik zu lösen ist. An dieser Stelle der Patentbeschreibung finden sich dann Formulierungen wie *„Der Erfindung liegt deshalb die Aufgabe zu Grunde [...]"* und *„Zur Lösung dieser Aufgabe [...]"*. Es geht also konkret darum, was die Erfindung zur Überwindung der Aufgabenstellung, aus dem Stand der Technik heraus, auszeichnet. Die Formulierung der Aufgabe sollte mit großer Sorgfalt erfolgen, denn manchmal kann schon die Aufgabenstellung eine wesentliche Komponente der Erfindung darstellen. Bei Darstellung der Lösung dieser Aufgabe wird dann auf die Merkmale aus dem ersten Anspruch Bezug genommen und es findet sich die Formulierung *„[...] dadurch gekennzeichnet, dass [...]"* oder *„Erfindungsgemäß wird die Aufgabe dadurch gelöst, dass[...]"*. Es werden die Vorteile der erfindungsgemäßen Lösung dargelegt, und in ähnlicher Weise kann dann gegebenenfalls mit den Unteransprüchen verfahren werden.

(iv) Die Beschreibung des Ausführungsbeispiels dient der Charakterisierung und Schilderung der Wirkungsweise der Erfindung. Hierbei wird meist auf die Patentzeichnungen Bezug genommen. Dies geschieht dann beispielsweise mittels der Formulierung *„Ein Ausführungsbeispiel der Erfindung wird nachfolgend anhand* *der Zeichnungen näher erläutert"*. Das Ausführungsbeispiel kann – im Gegensatz zur Beschreibung der Zeichnung – ausführlich und detailliert sein. Es schränkt den Schutzbereich des Patents in keiner Weise ein.

Ansprüche
Die Patentansprüche stellen das Kernstück einer Patentanmeldung dar und geben an, was genau unter Schutz gestellt werden soll. Patentansprüche decken also den normativen, rechtsetzenden Teil des Schutzrechts ab. Sie beschreiben den wesentlichen Gegenstand der Erfindung, sind aber keine Zusammenfassungen der Patentbeschreibung. In den Patentansprüchen deutscher Patentschriften kann das, was als patentfähig unter Schutz gestellt werden soll, einteilig oder zweiteilig (nach Oberbegriff und kennzeichnendem Teil getrennt) abgefasst sein (PatV 2003). In beiden Fällen kann die Fassung nach Merkmalen gegliedert sein. Wird die zweiteilige Anspruchsfassung gewählt, sind in den Oberbegriff die durch den Stand der Technik bekannten Merkmale der Erfindung aufzunehmen; in den kennzeichnenden Teil sind die Merkmale der Erfindung aufzunehmen, für die in Verbindung mit den Merkmalen des Oberbegriffs Schutz begehrt wird. Der kennzeichnende Teil ist mit den Worten *„dadurch gekennzeichnet, dass"* oder *„gekennzeichnet durch"* oder einer sinngemäßen Wendung einzuleiten. Werden Patentansprüche nach Merkmalen oder Merkmalsgruppen gegliedert, so ist die Gliederung dadurch äußerlich hervorzuheben, dass jedes Merkmal oder jede Merkmalsgruppe mit einer neuen Zeile beginnt. Den Merkmalen oder Merkmalsgruppen sind deutlich vom Text abzusetzende Gliederungszeichen voranzustellen. Im Hinblick auf die technischen Merkmale der Erfindung dürfen die Ansprüche im Allgemeinen aber keine Bezüge auf die Beschreibung oder die Zeichnungen enthalten, d.h. Formulierungen *„wie beschrieben in Teil [...] der Beschreibung"* oder *„wie in Abbildung [...] der Zeichnung dargestellt"* sind nicht möglich. Enthält die Anmeldung Zeichnungen, so sollen die in den Patentansprüchen angegebenen Merkmale mit ihren Bezugszeichen versehen sein, wenn dies das Verständnis des Patentanspruchs erleichtert.

Grundsätzlich wird zwischen zwei Anspruchskategorien unterschieden, den unabhängigen Ansprüchen und den abhängigen Ansprüchen. Unter unabhängigen Ansprüchen werden der Hauptanspruch und Nebenanspruch verstanden. Sie haben i.d.R. keinen Rückbezug auf andere Ansprüche (z.B. ein Apparat mit einer Stromversorgung). Die abhängigen Ansprüche sind die Unteransprüche, sie besitzen einen oder mehrere Rückbezüge und engen somit den Schutz weiter ein (z.B. ein Apparat nach Anspruch 1 (z.B. ein Apparat mit einer Stromversorgung), dadurch gekennzeichnet, dass die Stromversorgung eine Batterie ist).

Patentansprüche sind auf den ersten Blick verklausuliert und in einer für den Techniker schwer verständlichen *Rechtssprache* (Patentfachsprache) abgefasst. Es ist bei der sprachlichen Abfassung des Patentanspruchs üblich, das Patentbegehren in *einem* einzigen Satz zusammenzufassen. Dies macht die enthaltenen technischen

Tab. 3.3: Beispiele der Patentfachsprache aus Allgemeiner Technologie, Maschinenbau und Chemie (Quelle: Europäisches Patentamt 2011).

Begriff	Patentfachsprache
Rohr, Steigrohr, Kabel oder optische Faser	Längliches Element
Nagel, Schraube oder Niete usw.	Befestigungsmittel
Stift	Schreibgerät
Spielzeugball	Kugelförmiges Objekt mit biegsamen Fäden zur Erleichterung des sicheren Fangens
Batterie	Elektronische Stromquelle für elektronische Schaltkreise
Transistor	Halbleiterschaltungsanordnung mit einer Steuerelektrode
Teflon®	Wasser- und ölabweisende Oberfläche
Polyacrylsäure(salz) oder Polyvinylalkohol	Wasserlösliches oder wasserdispergierendes Polymer

Informationen oft schwer verständlich. Die Formulierung des Patentanspruchs ist ein Kompromiss zwischen präziser Beschreibung der Erfindung und einem weitreichenden Schutzbegehren. Die Formulierung des Patentanspruchs unterscheidet sich sprachlich oft von der üblichen Beschreibung technischer Vorgänge. Dies betrifft auch Patentansprüche in anderen Sprachen.

Tabelle 3.3 stellt zur Illustration beispielhaft allgemein geläufige Begriffe ihren in der Patentfachsprache verwendeten Entsprechungen gegenüber (Europäisches Patentamt 2011). Diese Gegenüberstellung zeigt zudem, was bei der Suche nach Patenten und bei der Recherche nach Patentinformationen zu erwarten ist und welche Schwierigkeiten bei einer Patentrecherche auftreten können.

Analog zu den verschiedenen Arten von Ansprüchen können auch Patente in unterschiedliche Kategorien eingeteilt werden. Es wird zwischen (i) Erzeugnispatenten und (ii) Verfahrenspatenten unterschieden, wobei letztere noch in Herstellungsverfahrens- und Arbeitsverfahrenspatente differenziert werden (Alisch und Winter 2005).

(i) Bei den *Erzeugnispatenten* ist der Schutz umfassend, denn es spielt keine Rolle, mit welchem Verfahren das Erzeugnis hergestellt wird bzw. welche Verwendungsmöglichkeiten in Betracht kommen. Der Patentschutz wird für das neue Erzeugnis (Sache, Stoff oder Produkt) erteilt und umfasst alle Herstellungs- und Verwendungsmöglichkeiten, auch wenn dem Erfinder diese nicht bekannt sind. Unter dem Erzeugnis werden dann Sachpatente, Vorrichtungs- oder Einrichtungspatente und Anordnungspatente subsumiert. Sachpatente beziehen sich auf bewegliche Sachen mit bestimmten Eigenschaften (z.B. Schrauben oder Wellen), Vorrichtungs- oder Einrichtungspatente auf Arbeitsmittel (z.B. Maschinen oder Geräte) für Herstellung- und Arbeitsverfahren und Anordnungspatente auf Gegenstände (z.B. Schaltungen), die bestimmungsgemäß auf

andere Sachen einwirken und damit der Ausübung eines Herstellungsverfahrens dienen können.
(ii) Bei den *Verfahrenspatenten* wird die Anwendung des erfindungsgemäßen Verfahrens unter Schutz gestellt. Die Verfahrensschritte können durch Wirkungsangaben und Vorrichtungsmerkmale beschrieben werden. Bei den Herstellungsverfahren bestehen die Merkmale in der inneren und äußeren Einwirkung auf ein Ausgangsmaterial. Als Beispiel sei das Fräsen oder Stanzen genannt. Bei den Arbeitsverfahren bestehen die Merkmale in dem Verfahren, welches das hergestellte (Arbeitsverfahren) oder veränderte Erzeugnis (Anwendungs- oder Verwendungsverfahren) hervorbringt. Die Arbeitsverfahren werden an dem Ausgangsmaterial ausgeführt, ohne dieses zu verändern (z.B. Messen, Zählen, Fördern oder Reinigen). Anwendungs- oder Verwendungsverfahren zielen dagegen darauf ab, eine Sache (Erzeugnis, Stoff, Verfahren) einer neuartigen Verwendung zuzuführen. Hierbei wirkt sich die Angabe des neuen Verwendungszwecks als Beschränkung des Schutzumfangs des Patents aus.

3.3.3 Strukturierung der Komponenten eines Patentdokuments

Die einzelnen Komponenten (Titelblatt, Beschreibung, Ansprüche, Zeichnungen und Zusammenfassung) eines Patentdokuments verdeutlichen dessen generische Struktur. Sie tragen dem Umstand Rechnung, dass das Patent eine Informations- und eine Schutzfunktion zu erfüllen hat. Diese Doppelrolle des Patents ermöglicht eine Einordnung der einzelnen Strukturkomponenten und eröffnet auch die Möglichkeit, diese in Beziehung zueinander zu setzen (vgl. hierzu und im Folgenden Behrmann 1998).

Die Patentansprüche sowie die Angabe der Lösung der Aufgabe im Beschreibungsteil, welche oft wortidentisch mit dem Hauptanspruch übereinstimmt oder lediglich auf den Hauptanspruch hinweist, zielen in einer allgemeinen Sprache auf den normativen Charakter des Patents. Zur Offenbarung der Erfindung tragen neben der Lösung auch die Beschreibung der Aufgabe sowie die Beschreibung eines Ausführungsbeispiels unter Hinzuziehung von Zeichnungen sowie die Darlegung des Standes der Technik bei. Diese Strukturkomponenten zielen auf den kognitiven Charakter des Patents und informieren den Fachmann in konkreter technischer Sprache über die neuartige technische Lehre.

Damit ist eine Einordnung der Strukturkomponenten im Hinblick auf den Abstraktionsgrad gegeben, wobei zwischen einem niedrigen und hohen Abstraktionsgrad differenziert werden kann. Deren Ausprägung wird durch die Sprache und die inhaltliche Aussage der einzelnen Komponenten geprägt. Der Titel oder auch die Beschreibung des Ausführungsbeispiels sind sehr konkret und lassen sich einem niedrigen Abstraktionsgrad zuordnen, wohingegen der Hauptanspruch und die Unteransprüche aufgrund ihrer allgemein gehalten Sprache einem hohen Abstraktionsgrad zuzuordnen sind. Die übrigen Strukturkomponenten, wie die Beschreibung des Standes

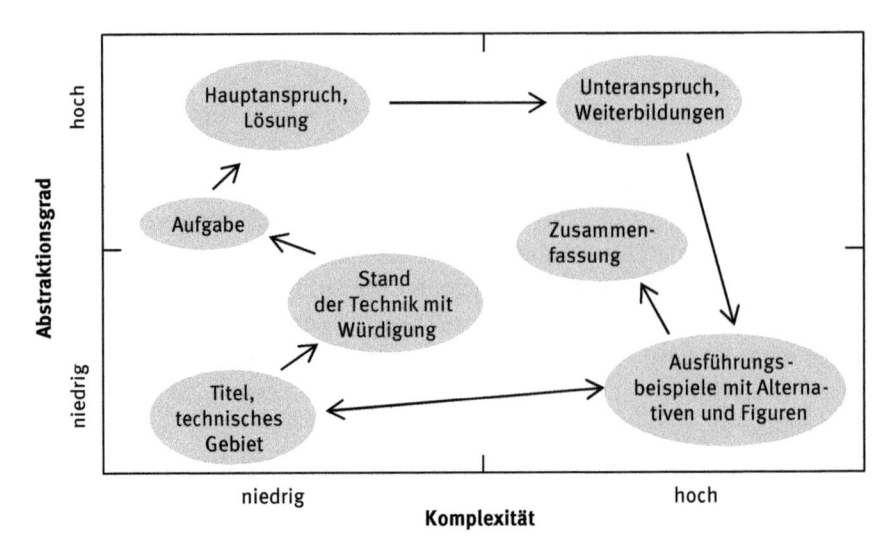

Abb. 3.4: Einordnung der Komponenten eines Patentdokuments nach Abstraktionsgrad und Komplexität (Quelle: Eigene Darstellung in Anlehnung an Behrmann 1998, S. 80).

der Technik oder die Aufgabe und Zusammenfassung, bewegen sich zwischen den beiden Extremen eines niedrigen und hohen Abstraktionsgrades.

Eine weitere Dimension zur Einordnung der Strukturkomponenten stellt die Komplexität dar (Kogut und Zander 1992). Dabei wird durch die Anzahl der in einer jeweiligen Komponente enthaltenen technischen Informationseinheiten eine Einordnung zwischen niedriger und hoher Komplexität ermöglicht. So ist der Titel mit wenigen Informationseinheiten als wenig komplex einzustufen, wohingegen die Beschreibung des Ausführungsbeispiels sehr ausführlich und detailliert sein kann (große Zahl von Informationseinheiten) und somit eine hohe Komplexitätsdimension erreicht.

Abbildung 3.4 verdeutlicht die Einordnung der Strukturkomponenten eines Patentdokuments nach Abstraktionsgrad und Komplexität in grafischer Weise. Es geht dabei weniger um die absolute Einordnung als um die relative Beziehung der Komponenten zueinander. Die Pfeile orientieren sich am Aufbau des Patentdokuments und zeigen die Reihenfolge beim Studium eines Patentdokuments auf. Beginnend beim Titel über den Stand der Technik bis zu den Ausführungsbeispielen geben sie den Weg der manuellen Informationserschließung an.

3.4 Klassifikationen von Patenten

Ein System zur Verwaltung und Dokumentation von Patenten bedarf einer gewissen Ordnung, also eines strukturierten Schemas, welchem eine Klassifikation zugrunde liegt (vgl. hierzu und im Folgenden Walter und Gerken 2011). Diese Klassifikation soll eine eindeutige Zuordnung ermöglichen. Die Klassenbegriffe müssen daher so definiert sein, dass sie sich gegenseitig ausschließen. Eine solche Erfordernis ist nur dann zu erfüllen, wenn eine Klassifikation hierarchisch aufgebaut ist (vgl. hierzu und im Folgenden Adams 2001, Molewski 1986 sowie Suhr 2000). Durch wiederholtes Unterteilen von Klassen nach immer spezifischeren Merkmalen ergeben sich Unterklassen, die eine Einordnung eines Sachverhaltes nach dem Prinzip der letzten Stelle erlauben. Dieses Prinzip besagt, dass ein Sachverhalt stets in diejenige Klasse gehört, die von den infrage kommenden Klassen im Klassifikationssystem *am weitesten hinten steht*. Da sich technische Sachverhalte stets weiterentwickeln, kann ein solches Klassifikationssystem nicht starr sein. Es muss sich den neuen Gegebenheiten anpassen, und so entstehen nach Revision eines Klassifikationssystems eventuell neue Klassen und/oder Unterklassen, die eine Einordnung eines neuen technischen Sachverhaltes eindeutig ermöglichen sollen. Hieraus ergibt sich aber die Problematik, dass dann gerade für ältere Sachverhalte eine Eindeutigkeit der Zuordnung nicht mehr gegeben sein kann, und so kommt es zu sogenannten Mehrfachklassifikationen.

Klassifikationssysteme sowie die Erstellung und Weiterentwicklung von Klassifikationen werden in der DIN 32705[12] im Detail geregelt. Man unterscheidet grundsätzlich zwischen poly- und monohierarchischen Klassifikationen. Bei einer Monohierarchie hat jede Klasse nur eine einzige Oberklasse, sodass die gesamte Klassifikation eine Baumstruktur aufweist. Einem Begriff ist immer nur ein Oberbegriff zugeordnet. Monohierarchische Klassifikationen überwiegen. Bei der Polyhierarchie kann eine Klasse auch mehreren Oberklassen untergeordnet werden. Wenn die Polyhierarchie stärker ausgeprägt ist und weitere Beziehungen zwischen den Klassen hinzukommen, spricht man eher von einem Thesaurus.

Ein Beispiel für eine Klassifikation stellt die Dezimalklassifikation zur Einteilung und Beschreibung von Wissen dar (Umlauf 2015). Die Dezimalklassifikation ist eine monohierarchisch strukturierte Klassifikation (d. h. jeder Unterbegriff hat nur einen Oberbegriff). Sie untergliedert das gesamte menschliche Wissen in zehn Hauptabteilungen. Diese werden mit den Ziffern 0 (Allgemeines, Lexika, Wörterbücher) über 1 (Literatur) bis 9 (Reisen, Länderkunde) sukzessive in (potenziell) unendlich viele Unterabteilungen eingeteilt, z.B. beinhaltet die Unterabteilung 1.0 die Epik, also die erzählende Literatur, die Unterabteilung 1.1 die Lyrik oder 1.2 die Dramatik und 1.9 die Literaturkritik.

Bei der Klassifikationen von Patenten wird die Anwendungs- und/oder die Funktionsorientierung der Erfindung berücksichtigt. Bei einer Funktionsorientierung werden die Erfindungen nach ihrer Funktion, also auf Basis der Erfassung technischer Details unabhängig von ihren Anwendungsgebieten, klassifiziert. Bei der Anwendungsorientierung erfolgt die Einordnung hingegen nach dem technischen Fachgebiet, in welchem die Erfindungen eingesetzt werden. International werden die

---

[12] Vgl. DIN 32705 – Klassifikationssysteme; Erstellung und Weiterentwicklung von Klassifikationssystemen unter http://www.beuth.de/de/norm/din-32705/1334037, Abruf 23.04.2015.

Gemeinsame Patentklassifikation (CPC) und die Internationale Patentklassifikation (IPC) genutzt. Unter den nationalen Patentklassifikationen spielte bis Ende 2014 die US-amerikanische Patentklassifikation (USPC) eine wichtige Rolle. Des Weiteren sind noch andere Patentklassifikationen, wie beispielsweise die Europäische Patentklassifikation (ECLA) oder die interne Klassifikation FI (*File index*) des Japanischen Patentamts[13], im Einsatz.

3.4.1 Gemeinsame Patentklassifikation

Die Gemeinsame Patentklassifikation (CPC) wurde vom Europäischen Patentamt (EPA) und vom US-amerikanischen Patentamt (USPTO) als *Cooperative Patent Classification* am 1. Januar 2013 eingeführt. Damit wurde ein weiterer Schritt in Richtung einer Harmonisierung des Patentrechts unternommen. Die CPC vereint die Klassifikationspraktiken beider Patentämter und stellt seither ein globales, international kompatibles Klassifikationssystem für Patente und Gebrauchsmuster zur Verfügung.

Das USPTO und das EPA haben seit Oktober 2010 gemeinsam an der Entwicklung der CPC gearbeitet. Das neue Klassifikationssystem, das rund 250.000 auf der europäischen Klassifikation[14] (ECLA) basierende Symbole umfasst und die besten Klassifikationspraktiken beider Patentämter vereint, versetzt den an Patenten interessierten Personenkreis nunmehr in die Lage, weltweit in gleich klassifizierten Patentdokumentensammlungen zu recherchieren. Somit sollen effizientere Recherchen im Stand der Technik ermöglicht werden (Europäisches Patentamt 2015b). Das EPA betreibt gemeinsam mit dem USPTO eine Internetplattform[15], welche über die CPC sowie über Neuigkeiten rund um die CPC informiert.

Das Klassifikationssystem CPC umfasst neun Sektionen A bis H und Y, wie in Abbildung 3.5 gezeigt. Die Sektion A *Täglicher Lebensbedarf* beinhaltet Bereiche von Technologien, die in der Landwirtschaft, im Lebensmittelbereich und bei der Tabakverarbeitung eingesetzt werden. Weiterhin beschreibt diese Sektion Technologien zur Befriedigung des persönlichen Bedarfes, beispielsweise Haushaltsgegenstände, sowie Technologien für den Einsatz im Gesundheitswesen. Sektion B *Arbeitsverfahren und Transportieren* beinhaltet technische Verfahren zum Trennen, Mischen und zur Formgebung von Stoffen, zum Drucken sowie zum Transport. Die dritte Sektion C *Chemie und Hüttenwesen* beinhaltet chemische Verbindungen und Verfahren auf dem Gebiet des Hüttenwesens. Die Sektion D *Textilien, Papier* umfasst neben Erfindungen

---

13 Vgl. https://www.jpo.go.jp/, Abruf 28.07.2015.
14 Vgl. http://library.queensu.ca/webeng/patents/ECLA_Class_Guide.pdf, Abruf 29.07.2015.
15 Vgl. http://www.cooperativepatentclassification.org/index.html;jsessionid=d9yf4cqzvrhq, Abruf 29.07.2015.

	A	Täglicher Lebensbedarf
	B	Arbeitsverfahren; Transportieren
S E K T I O N E N D E R C P C	C	Chemie; Hüttenwesen
	D	Textilien; Papier
	E	Bauwesen; Erdbohren; Bergbau
	F	Maschinenbau; Beleuchtung; Heizung; Waffen; Sprengen; Kraftmaschinen und Arbeitsmaschinen
	G	Physik
	H	Elektrotechnik
	Y	Allgemeine Kennzeichnung von neu entstehenden Technologien; allgemeine Kennzeichnung von sektionsübergreifenden Technologien aus mehreren IPC-Sektionen; technischer Inhalt aus den früheren USPC-Sammlungen mit Querverweisen [XRACs] sowie Digests

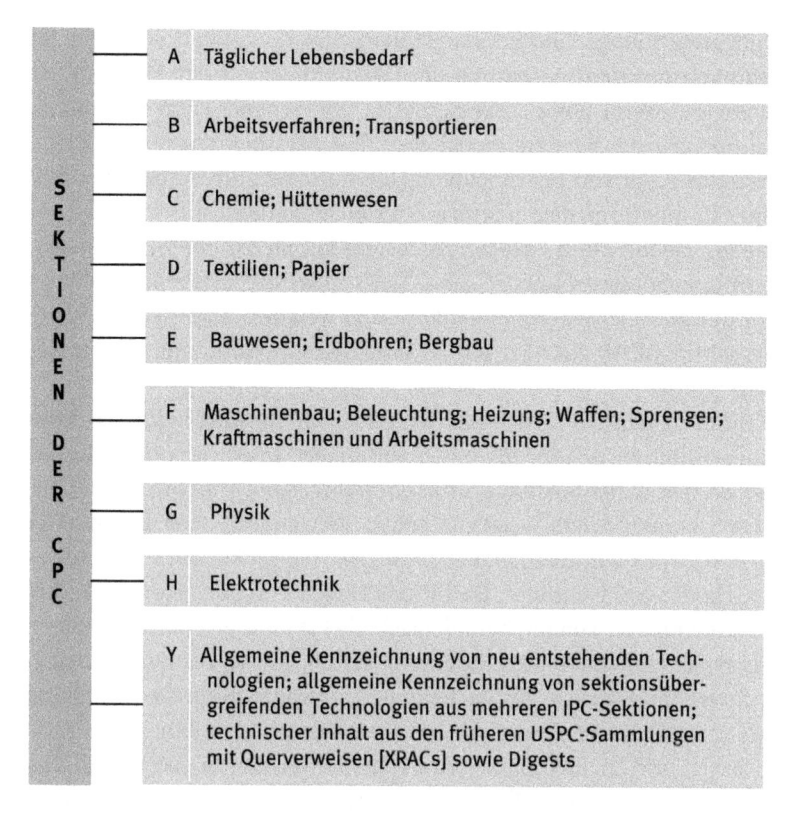

Abb. 3.5: Neun Sektionen der Gemeinsamen Patentklassifikation (CPC) (Quelle: Eigene Darstellung).

im Textilien- und Papierbereich auch weitere Technologien im Bereich flexibler Materialen. Sektion E *Bauwesen* beinhaltet zusätzlich Erfindungen aus den Bereichen des *Erdbohrens* und des *Bergbaus*. In Sektion F werden Erfindungen aus den Bereichen *Maschinenbau, Beleuchtung, Heizung, Waffen, Sprengen sowie Kraftmaschinen und Arbeitsmaschinen geführt*. Erfindungen in den Gebieten physikalischer Instrumente sowie der Kernphysik befinden sich in der Sektion G *Physik*. Die Sektion H *Elektrotechnik* beinhaltet Erfindungen dieses Bereichs, jedoch keine dreidimensionalen Strukturen von mikroelektronischen Halbleitererzeugnissen, da diese unter das Halbleiterschutzgesetz fallen. Die CPC umfasst außerdem eine Sektion Y zur Kennzeichnung *neu entstehender und sektionsübergreifender Technologien*. Des Weiteren beinhaltet sie Einträge aus der ehemaligen Dokumentations- und Beschreibungssammlung des USPTO (XRACs) sowie Digests[16].

---

16 Vgl. http://ep.espacenet.com/help?locale=de_EP&method=handleHelpTopic&topic=cpc, Abruf 26.05.2015.

Die CPC ist ein anwendungs- und funktionsorientiertes Klassifikationssystem für Patente und Gebrauchsmuster. Die Qualität der CPC wird seitens des EPA und des USPTO kontrolliert und wenn nötig verbessert. Das CPC-Schema kann in monatlichem Rhythmus überarbeitet werden, wobei die CPC-Überarbeitungen von beiden Ämtern gemeinsam in Form von Revisionsprojekten durchgeführt werden. Die CPC löst die vormalige ECLA und seit dem 1. Januar 2015 auch die USPC ab.

Um einen tiefergehenden und weniger abstrakten Einblick in die CPC-Systematik zu eröffnen, wird nachfolgend die CPC B66C 23/70 näher beschrieben. Tabelle 3.4 zeigt die Struktur dieser ausgewählten Patentklasse, in welcher beispielsweise die in der Offenlegungsschrift DE 10 2012 221 031 A1 beschriebene Erfindung seitens des DPMA klassifiziert wurde.

Bei dieser Erfindung handelt es sich um eine Arbeitsanordnung bezüglich eines Krans sowie eines Gittermaststücks für einen Gittermast eines derartigen Krans. Folglich befindet sie sich in der Sektion B Arbeitsverfahren und Transportieren (*Performing Operations; Transporting*). Aufgrund seiner Verwendung zum Heben oder Anheben von Lasten ist das Verfahren in die Klasse B66 Heben, Anheben, Schleppen (*Hoisting, Lifting, Hauling*) eingeordnet. Da für das Heben von Lasten ein Kran mit einem Gittermast zum Einsatz kommt, befindet sich die Erfindung in der Unterklasse B66C für Krane und Lastgreif- oder -trageinrichtungen für Krane (*Cranes, Load-engaging elements or devices for cranes*). Des Weiteren geht es speziell um die Gestaltung eines Gittermaststücks für einen Gittermast im Sinne dessen, dass eine hohe Tragfähigkeit gewährleistet und ein unkompliziertes Transportieren ermöglicht wird. Hier soll insbesondere die unkomplizierte Überführung von einer Transportanordnung in eine Arbeitsanordnung möglich sein. Erfindungsgemäß wurde diese Aufgabe durch ein mehrteiliges Gittermaststück gelöst, und hieraus resultiert die Einordnung in die Gruppe B66C 23 für „*Krane, bestehend hauptsächlich aus einem Lastarm, Ausleger oder einem als Schwenkarm wirkenden Dreiecksverband, gelagert, um translatorische*

Tab. 3.4: Struktur der CPC-Klasse B66C 23/70.

CPC-Patentklasse B66C 23/70		Inhalt der Sektion, Klasse, Unterklasse, Hauptgruppe und Untergruppe
Sektion	B	PERFORMING OPERATIONS;TRANSPORTATION
Klasse	66	TRANSPORTING HOISTING; LIFTING; HAULING
Unterklasse	C	CRANES; LOAD-ENGAGING ELEMENTS OR DEVICES FOR CRANES, CAPSTANS, WINCHES, OR TACKLE
Gruppe	23	Cranes comprising essentially a beam, boom, or triangular structure acting as a cantilever and mounted for translatory of swinging movements in vertical or horizontal planes or a combination of such movements, e.g. jib-cranes, derricks, tower cranes
Untergruppe	70	. . . constructed of sections adapted to be assembled to form jibs or various lengths

oder Schwenkbewegungen in vertikalen oder horizontalen Ebenen oder in einer Kombination solcher Bewegungen durchzuführen" (*Cranes comprising essentially a beam, boom,[...]*) sowie, insbesondere wegen des Zusammenbaus der Ausleger verschiedener Länge, in die Untergruppe B66C 23/70 (*[...] constructed of sections adapted to be assembled to form jibs or various lengths*).

3.4.2 Internationale Patentklassifikation

Für das europäische Patentsystem war bis 2013 die Internationale Patentklassifikation (*International Patent Classification* (IPC)) zur Klassifikation technischer Inhalte von Patenten von Bedeutung. Die IPC wurde im Rahmen des Straßburger Patentübereinkommens beschlossen und trat 1975 in Kraft. Sie umfasst rund 70.000 Unterteilungen und basiert wie die CPC auf einem funktions- und anwendungsorientierten Prinzip; allerdings überwiegt die Funktionsorientierung. Die IPC verfügt über eine hierarchische Struktur, die in absteigender Reihenfolge acht Sektionen sowie Klassen, Unterklassen und Haupt- bzw. Untergruppen umfasst. Jede Sektion beschreibt ein Technologiegebiet, wobei der Sektionstitel dem Nutzer einen ungefähren Eindruck vom jeweiligen Inhalt vermitteln soll. Zur verbesserten Handhabung der Patentklassifikation ist jede Sektion mit einem Buchstaben belegt. Die verschiedenen Sektionen sind in Abbildung 3.6 dargestellt, und die Nähe zur CPC ist sofort zu erkennen. Neben

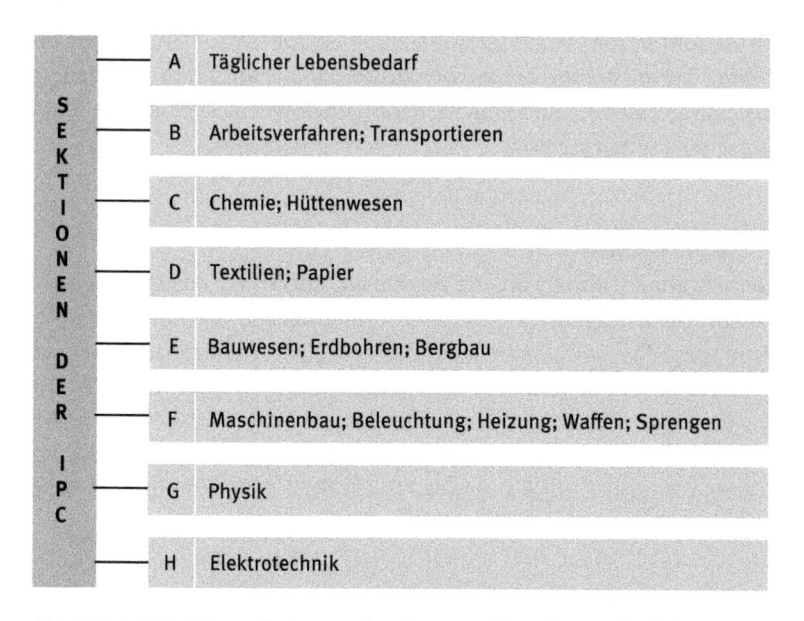

SEKTIONEN DER IPC		
	A	Täglicher Lebensbedarf
	B	Arbeitsverfahren; Transportieren
	C	Chemie; Hüttenwesen
	D	Textilien; Papier
	E	Bauwesen; Erdbohren; Bergbau
	F	Maschinenbau; Beleuchtung; Heizung; Waffen; Sprengen
	G	Physik
	H	Elektrotechnik

Abb. 3.6: Acht Sektionen der Internationalen Patentklassifikation (IPC) (Quelle: Eigene Darstellung).

den vergleichbaren Sektionen A bis H besteht der wesentliche Unterschied zur CPC im Fehlen einer Sektion Y.

Bei der Klassifikation der Patente mittels IPC finden weitere Begriffe wie die der Haupt-, Neben-, Zusatz- und Indexklasse Verwendung. Die Hauptklasse bezeichnet das durch die Erfindung hauptsächlich verkörperte technische Gebiet. Sie wird durch das erste Klassifikationssymbol im Patentdokument gekennzeichnet. Es ist zu beachten, dass die ausschließliche Nutzung der Hauptklassifikation bei der Patentrecherche zu einer sehr gezielten, aber eventuell weniger genauen Treffermenge führt. Die Nebenklassen bezeichnen ergänzend die weiteren durch die Erfindung verkörperten technischen Gebiete. Sie werden mit dem zweiten Klassifikationssymbol im Patentdokument gekennzeichnet. Die Nutzung von Hauptklasse und Nebenklasse bei der Patentrecherche führt zu großen, weniger relevanten Treffermengen. Als Zusatzklasse bezeichnet man die Klassifizierung von nicht-trivialen technischen Informationen im Patentdokument, die nicht beansprucht und nicht Teil der Erfindung sind, aber nützliche Informationen für den Rechercheur bereitstellen. Indexklassen sind Ergänzungen zu den Klassifikationsinformationen und geben zusätzliche Aspekte an, welche durch die Klassifikationsstelle nicht vollständig erfasst sind.

3.4.3 Weitere Patentklassifikationen

Zwar nutzen zahlreiche Patentämter in aller Welt die CPC und die IPC, es wurden und werden aber auch noch weitere nationale oder regionale Patentklassifikationen verwendet. In Deutschland war beispielsweise bis 1975 die Deutsche Patentklassifikation (DEKLA) im Einsatz und in den Vereinigten Staaten von Amerika (USA) war es bis Ende 2014 die *United States Patent Classification* (USPC). Im japanischen wie auch im europäischen Rechtsraum werden und wurden der FI und F-term respektive die ECLA zur Klassifikation von Patenten genutzt.

Deutsche Klassifikation (DEKLA)
Die Deutsche Klassifikation (DEKLA) bildet zusammen mit der IPC die interne Klassifikation des DPMA. Die DEKLA stellt eine Erweiterung der IPC dar und besitzt ca. 110.000 Unterteilungen. Sie wird heute ausschließlich zu Archivierungszwecken verwendet und ermöglicht eine genauere Recherche zum Stand der Technik. Die DEKLA[17] setzt die Punkthierarchie der übergeordneten IPC-Gruppe fort, ist also mindestens eine Hierarchieebene tiefer angesiedelt als die zugeordnete IPC-Gruppe. Derzeit gibt es knapp 40.000 DEKLA-Gruppen. Die DEKLA-Gruppen sind an einer

---

17 DEPATISnet Hilfe – IPC und DEKLA. Vgl. https://depatisnet.dpma.de/ipc/help.do#a16, Abruf 27.05.2015.

Großbuchstaben-Ziffern-Kombination erkennbar und folgen nach einem Leerzeichen dem IPC-Klassifikationssymbol.

US-amerikanische Patentklassifikation

In den USA wurde zur Klassifikation von US-Patenten die US-amerikanische Patentklassifikation (USPC) verwendet. Seit dem 1. Januar 2015 klassifiziert das USPTO aber nur noch nach der CPC. Im Gegensatz zur CPC war die USPC rein funktionsorientiert. Sie ordnete Technologien grundsätzlich nach ihrer Hauptfunktion (*proximate function*). Als Orientierung bei der Gliederung gemäß der Hauptfunktion galt darüber hinaus die Einteilung nach dem unmittelbaren Ergebnis, das durch die Erfindung erzeugt wird (*effect or product*). Bei Erfindungen ohne funktionale Charakteristik und offensichtlichen Effekt bzw. Ergebnis wurde nach der Struktur klassifiziert, z.B. wurde eine chemische Verbindung nach ihrem Aufbau in die Klassifizierung eingeordnet.

Im System der USPC wurden inhaltlich ähnliche Patente gemäß den o.g. Kriterien in Gruppen zusammengefasst. Dabei gab es zwei wesentliche Hierarchieebenen, nämlich Klassen und Unterklassen. Beide Ebenen wurden durch Nummern indiziert, wobei zumindest auf Klassenebene nicht durchgehend nummeriert wurde.

Eine USPC-Klasse besteht aus mehreren Unterklassen. Jede dieser Klassen und die dazugehörigen Unterklassen umfassen jeweils Titel und Definition. Der Titel beschreibt den Inhalt der jeweiligen Klasse bzw. Unterklasse in wenigen Worten, die Definition beschreibt den gesamten Inhalt der Klasse oder Unterklasse in wenigen Sätzen. Die Beschreibung der Ebenen gewinnt mit abnehmender Hierarchie an Detaillierung und Eindeutigkeit, der Umfang des jeweilig beschriebenen technischen Gebietes nimmt ab. Patente befanden sich immer in Unterklassen auf den untersten Hierarchieebenen. Ein Klassifikationsverzeichnis (*Classification Schedule*) legte die hierarchische Beziehung zwischen einer Klasse und den verschiedenen Unterklassen fest. Unterschieden wurde zwischen *Main Line Subclasses* als hierarchisch übergeordnete Unterklassen und *One Dot Subclasses*, den durch Punkte gekennzeichneten, jeweils untergeordneten Ebenen. Dieses Prinzip diente vor allem der Übersichtlichkeit und somit der Verbesserung der Handhabung.

Eine Erfindung kann neben der Hauptfunktion weitere Funktionen erfüllen, die thematisch anderen Klassen zugeordnet sind. In solchen Fällen wurde in der Unterklasse der Nebenfunktion ein Verweis zur primären Unterklasse hinterlegt (*Cross Reference*).

Das USPTO gliederte die USPC in mehr als 450 Klassen und 150.000 Unterklassen. Die USPC kann in ihrer Gesamtheit online beim USPTO[18] eingesehen werden. Die Struktur der USPC sei im Folgenden kurz anhand der USPC 212/177[19] erläutert.

---

18 Vgl. USPC Class Numbers unter http://www.uspto.gov/web/patents/classification/selectbynum.htm, Abruf 27.05.2015.
19 Vgl. http://www.uspto.gov/web/patents/classification/uspc212/sched212.htm, Abruf 27.05.2015.

Die Klasse 212 *Traversing Hoists* umfasst gemäß dem Titel und der dazugehörigen Definition Apparate und Verfahren zum Heben und zur seitlichen Verschiebung einer Last. Mit der Unterklasse 177 wurden daher speziell solche Erfindungen klassifiziert, die Mittel zur Erleichterung der Montage oder Demontage umfassten und eine Vorrichtung betrafen, welche als Mittel hierzu einen Ausleger oder Teile eines Auslegers verwendeten.

Die USPC wurde in den USA bis Ende 2014 als nationale Klassifikation genutzt. Eine Konkordanzliste[20] ermöglicht den einfachen Abgleich zwischen der CPC (wie auch der IPC) und der USPC. Der prinzipielle Unterschied zwischen der CPC und der US-Patentklassifikation begründete Fehler bei der Übersetzung der amerikanischen Notationen in die CPC- respektive IPC-Notationen mittels der Konkordanzliste, wie dies bei US-Patentschriften praktiziert wurde; d.h. die CPC (oder IPC) Klassen wurden durch die USPC-Klassen im Allgemeinen mehrfach abgedeckt und umgekehrt. Folglich ist es bei einer Recherche nach älteren US-Patenten empfehlenswert, neben der CPC und/oder IPC zusätzlich die US-Patentklassifikation zu verwenden.

File Index (FI) und F-Term Klassifikation

Das Japanische Patentamt[21] (*Japan Patent Office* (JPO)) nutzt zur Klassifikation seit 1978 den File Index[22] (FI) und seit 1984 auch die F-Term Klassifikation (Schellner 2002).

Der File Index (FI) ist wie die ECLA und die DEKLA eine Erweiterung der IPC und wird ausschließlich für die Klassifizierung japanischer Patentdokumente genutzt. Der FI umfasst mit rund 190.000 Klassen ca. 30.000 Klassen mehr als die ECLA und ermöglicht damit eine differenziertere Klassifikation von Erfindungen. Den japanischen Patenten und Gebrauchsmustern wird neben der IPC im Rahmen des File Index noch ein sogenanntes IPC-Untergruppensymbol, bestehend aus einem dreistelligen Code, beigefügt. Optional kann diesem Code dann noch ein aus einem Buchstaben bestehendes *File discrimination symbol* hinzugefügt werden.

Das F-Term-System ist ein weiteres Klassifikationssystem, das für die Klassifizierung japanischer Patentdokumente genutzt wird. Es basiert nicht auf der IPC; seine Besonderheit besteht in der multiplen anwendungsorientierten Zuordnungsmöglichkeit der Erfindung nach Themen mittels fünfstelliger Themencodes (Schellner 2002). Diese Themencodes bilden eine übergeordnete Ebene und orientieren sich an den FI-Untergruppen. Eine Unterteilung erfolgt grob in die Bereiche Mechanik, Chemie oder Elektrizität usw. mittels einer Ziffer an erster Stelle des Themencodes, gefolgt von

---

[20] Vgl. Access Classification Information by Symbol unter http://www.uspto.gov/web/patents/classification/index.htm, Abruf 03.09.2015.
[21] Vgl. Japan Platform for Patent Information unter https://www.j-platpat.inpit.go.jp/web/all/top/BTmTopEnglishPage, Abruf 27.05.2015.
[22] Vgl. https://www.jpo.go.jp/cgi/linke.cgi?url=/torikumi_e/searchportal_e/classification.htm, Abruf 27.05.2015.

sogenannten Termcodes, welche die Erfindung nach weiteren Gesichtspunkten (Ziel der Erfindung, Anwendung oder Herstellungsprozess und Verwendungsverfahren) charakterisieren. Die F-Terms setzen sich insgesamt aus einem fünfstelligen Themencode plus einem zweistelligen Termcode plus einer zweistelligen Zahl, die den spezifischen Gesichtspunkt der Erfindung näher beschreibt, zusammen. Das F-Term-System besteht aus ca. 1.700 Themenblöcken und rund 380.000 Bezeichnungscodes. Die F-Terms werden parallel zur IPC vergeben und unterliegen einem jährlichen Revisionszyklus.

Europäische Patentklassifikation (ECLA)
Die Europäische Patentklassifikation (ECLA) war eine interne Klassifikation des EPA. Sie stellt eine Erweiterung der IPC dar und besitzt etwa 160.000 Unterteilungen. Damit ist sie mehr als doppelt so fein untergliedert als die aus ca. 70.000 Unterteilungen bestehende IPC. Ein ECLA-Symbol besteht aus einer Folge von Buchstaben und Ziffern. Die ECLA wurde 2013 durch die CPC ersetzt.

Andere Schutzrechtsklassifikationen
Abschließend sei der Vollständigkeit noch erwähnt, dass es für andere Schutzbereiche des Geistigen Eigentums weitere Klassifikationen gibt, beispielsweise die Internationale Klassifikation von Waren und Dienstleistungen[23] (*Nizza-Klassifikation*), die Internationale Klassifikation der Bildbestandteile von Marken[24] (*Wiener Klassifikation*) und die Internationale Klassifikation für gewerbliche Muster und Modelle[25] (*Locarno-Klassifikation*).

Zusammengefasst zeigt sich also, dass Patentklassifikationen ein Mittel zur einheitlichen Klassifikation von Erfindungen sind. Damit sind sie wirkungsvolle Recherchewerkzeuge für das sprachenunabhängige Wiederauffinden von Patentdokumenten zur Ermittlung des Standes der Technik, zur Feststellung der Neuheit, zur Beurteilung der Erfindungshöhe und zur Bewertung des technischen Fortschritts oder aber zur Einschätzung der Verwertbarkeit von Erfindungen.

3.5 Arten und Durchführung von Patentrecherchen

Patentrecherchen helfen – wie oben schon dargelegt – dabei, den Stand der Technik zu ermitteln, Unternehmensanalysen zu erstellen, technologische Durchbrüche aufzuspüren, Kooperationspartner zu finden oder Anregungen zu gewinnen. Alles in

---

23 Vgl. http://dpma.de/service/klassifikationen/nizzaklassifikation/index.html, Abruf 22.07.2015.
24 Vgl. http://dpma.de/service/klassifikationen/wienerklassifikation/index.html, Abruf 22.07.2015.
25 Vgl. http://dpma.de/service/klassifikationen/locarnoklassifikation/, Abruf 22.07.2015.

allem unterstützen sie wesentliche Entscheidungsprozesse in technologieorientierten Unternehmen, was sie zu einem wichtigen Managementinstrument macht (Walter und Gerken 2011).

Um die Vorteile von Patentrecherchen nutzen zu können, sollte der Recherche eine gute Vorbereitung vorangehen, da sie nur dann brauchbare Ergebnisse liefert. Das heißt, dass dem Rechercheur vor Beginn einer Recherche deren Hintergrund bekannt sein sollte. Außerdem sollte der tatsächliche Bedarf nach Umfang und Vollständigkeit, aber auch nach Eingrenzungen in Bezug auf Länder und Fachgebiete, geklärt sein. Recherchen in Online-Patentdatenbanken erfordern darüber hinaus umfassende Kenntnisse z. B. über die Datenbankinhalte, den Datenbankaufbau und die Abfragesprache. Um aus der Recherche von Patenten Entscheidungen ableiten zu können, muss eine entsprechende Verarbeitung der Informationsergebnisse, d.h. Analyse, Bewertung und Verdichtung, geschehen. Die Hauptschritte der Informationsrecherche sind somit: Recherche vorbereiten, Recherche durchführen sowie Ergebnis erarbeiten und auswerten. Die Durchführung einer Recherche kann dabei auf verschiedene Arten und mit unterschiedlichen Zielen vorgenommen werden. Hierum soll es im Folgenden gehen. Es wird zunächst ein Überblick über die allgemein genutzten Patentrecherchearten gegeben und sodann die Durchführung eines Patentrechercheprozesses im Detail vorgestellt.

3.5.1 Rechts- und informationsbezogene Patentrecherchen

Ausgehend von der Schutz- und Informationsfunktion der Patente lassen sich zwei Arten von Patentrecherchen unterscheiden, nämlich die rechtsbezogenen und die informationsbezogenen Recherchen. Unter den rechtsbezogenen Patentrecherchen werden die Neuheitsrecherche, die Verletzungsrecherche, die Namensrecherche, die Patentfamilienrecherche und die Rechtsstandsrecherche zusammengefasst. Zu den informationsbezogenen Patentrecherchen gehören dagegen die Recherche zum Stand der Technik (Sachrecherche) und die Überwachungsrecherche.

Neuheitsrecherche
Bei einer Neuheitsrecherche geht es um die Beantwortung der Fragen, ob es neuheitsschädliche Patente gibt, die der eigenen Patentanmeldung entgegengehalten werden können und wann diese Patente angemeldet oder erteilt wurden.

Die Neuheitsrecherche bietet sich in einem sehr frühen Stadium von Forschungs- und Entwicklungsarbeiten an. Sie dient der Vermeidung von Doppelentwicklungen und der Sammlung von Ideen als Basis für die eigenen Forschungs- und Entwicklungsarbeiten im Vorfeld einer Schutzrechtsanmeldung oder der Suche nach dem Stand der Technik und der Überprüfung der Neuheit. Auch eignet sie sich im Verletzungs-/Kollisionsfall zur Bestimmung des Zeitrangs der Neuheit eines Schutzrechts, zur Widerlegung einer Neuheit, zur Einschränkung von Ansprüchen sowie bei Einsprüchen gegen eine Patenterteilung und bei Nichtigkeitsklagen. Als Rechercheinstrumente eignen sich hier beispielsweise die Volltextsuche in der online bereitgestellten Patentdatenbank DEPATISnet[26] des Deutschen Patent- und Markenamtes (DPMA) und die Suche in der Gemeinsamen Patentklassifikation (CPC) bzw. in Stich- und Schlagwortverzeichnissen zur CPC oder in der Europäischen Klassifikation (ECLA) des Europäischen Patentamts (EPA). Anzumerken bleibt, dass eine ergänzende Fachliteraturrecherche unabdingbar ist, um gegebenenfalls weitere neuheitsschädliche bzw. sehr naheliegende Dokumente zu finden (SIGNO 2010).

Verletzungsrecherche
Bei einer Verletzungsrecherche geht es um die Beantwortung der Frage, ob erteilte Patente existieren, deren Ansprüche sich mit dem eigenen Patent überschneiden.

Um eine Verletzungsrecherche durchführen zu können, muss eine eigene technische Lösung oder zumindest die Idee der Realisierbarkeit einer technischen Lösung vorliegen, denn es wird danach recherchiert, ob die eigene Lösung mit vorhandenen Schutzrechten Dritter kollidiert. Bei Verletzungsrecherchen wird nur in Schutzrechten (maximal der letzten 20 Jahre) recherchiert, wobei die Patentansprüche maßgebend sind (Bergmann 2011). Die Recherche kann dabei auf die interessierenden Märkte eingegrenzt werden. Die Verletzungsrecherche wird in der Regel von Patentanwaltskanzleien durchgeführt.

Namensrecherche
Bei einer Namensrecherche geht es um die Beantwortung der Frage, welche Person (Erfinder) oder welches Unternehmen der geistige Eigentümer (Anmelder) der Erfindung ist.

Bei der Namensrecherche wird nach einem bestimmten Anmelder, Erfinder oder auch Unternehmen gesucht. Ausgangspunkt für eine solche Recherche ist ein bekannter Name. Eine fundierte Namensrecherche erfordert daher eine gründliche Vorarbeit, wie etwa Analysen in Unternehmensdatenbanken, um beispielsweise Unternehmensverflechtungen (z.B. Töchter, Mütter, GmbHs für Patentadministration) zu erkennen oder die natürlichen Personen des Managements herauszufinden, die als Erfinder bzw. Anmelder fungieren (SIGNO 2010). Es ist auch zu beachten, dass die Schreibweise von Unternehmensbezeichnungen unterschiedlich gehandhabt werden kann. Beispielsweise kann das Unternehmen IBM seine Erfindungen unter dem Namen International Business Machines Corp. oder auch unter der Abkürzung IBM angemeldet haben. Durch die Namensrecherche lässt sich also die Erschließung

---

26 Vgl. https://depatisnet.dpma.de/, Abruf 25.07.2015.

neuer Geschäftsfelder durch Mitbewerber erkennen. Außerdem können mit der Namensrecherche aktive Erfinder (Experten) auf einem bestimmten Gebiet gefunden und gegebenenfalls bei Bedarf als Fachkräfte abgeworben werden.

Patentfamilienrecherche
Bei einer Patentfamilienrecherche geht es um die Beantwortung der Fragen, welche Patente auf derselben Erfindung beruhen und in welchen Ländern sie angemeldet wurden.

Bei einer Patentfamilienrecherche werden Parallelanmeldungen zu einem bekannten Schutzrecht im In- und Ausland mit gleicher Priorität identifiziert. Patentfamilien entstehen, wenn nach der prioritätsbegründenden Erstanmeldung Erfindungen in nationalen, regionalen oder internationalen Patentämtern für weitere Länder nachangemeldet werden und infolgedessen zu weiteren Patentschriften führen. Die rechnergestützte Familienzusammenführung erfolgt aufgrund identischer Prioritätsangaben, da zu einer Patentfamilie die Patentschriften mit gleicher Priorität gehören. Die Prioritätsangaben bilden den Schlüssel (Ordnungsbegriff) für die Patentfamilien.

Rechtsstandsrecherche
Bei der Rechtsstandsrecherche geht es um die Beantwortung der Fragen, welchen rechtlichen Status ein bestimmtes Patent hat, ob das Patent bereits erteilt wurde und ob Einspruchs- oder Nichtigkeitsverfahren anhängig sind.

Eine Rechtsstandsrecherche – manchmal auch Bestandskraftrecherche, Einspruchs- oder Abwehrrecherche genannt – betrifft also den Rechtstand eines gewerblichen Schutzrechts (Rebel 2001 sowie Schmitz 2010). Sie gibt Auskunft darüber, ob ein Patent vorzeitig erloschen ist, sich noch im Prüfungsverfahren befindet, zurückgewiesen oder erteilt wurde, ob ein Einspruch oder eine Nichtigkeitsklage anhängig ist oder sogar der Schutz durch ein ergänzendes Schutzrecht über die normale Patentlaufzeit von 20 Jahren hinaus ausgedehnt wurde. Die Literatur aus dem Prüfungsverfahren oder einem Einspruchs- und/oder Nichtigkeitsverfahren liefert interessante Auskünfte zur Stärke eines Patents. Eine Rechtsstandsrecherche kann aber auch die Fragen klären, ob ein Schutzrecht übertragen wurde, welche Erfinder daran beteiligt sind, ob eine Lizenzbereitschaftserklärung abgegeben wurde oder in welchen Staaten ein europäisches Patent validiert wurde.

Sachrecherche (Stand der Technik)
Die Sachrecherche nach dem Stand der Technik dient der Überprüfung einer neuen technischen Lösung und bedarf höchster Präzision und Vollständigkeit, damit wichtige Patentschriften nicht übersehen werden. Der Stand der Technik umfasst laut Patentgesetz

alle Kenntnisse, die vor dem für den Zeitrang der Anmeldung maßgeblichen Tag durch schriftliche oder mündliche Beschreibung, durch Benutzung oder in sonstiger Weise der Öffentlichkeit zugänglich gemacht worden sind (Mes 2015).

Hierzu erfolgt zumeist eine Schlagwortsuche (*key word search*) im Volltext (oder in Textteilen) eines Patents. Die Sachrecherche dient der Unterstützung von Neuheitsrecherchen und Verletzungsrecherchen und wird breit angelegt. Sie ist die in den patentanmeldenden Unternehmen wichtigste und am häufigsten durchgeführte Rechercheart.

Überwachungsrecherche
Um ständig über das Geschehen auf dem eigenen Tätigkeitsfeld informiert zu sein, werden permanente Patentüberwachungen – auch Patentmonitoring genannt – eingesetzt. Hiermit lassen sich Wettbewerberaktivitäten, Marktgeschehen und technische Entwicklung überwachen. Dabei werden neu veröffentlichte Schutzrechte regelmäßig nach relevanten Profilen abgefragt. Bei dieser Art der Recherche besteht auch die Möglichkeit, eine eigene Datenbank anzulegen, in der später effizienter recherchiert werden kann.

3.5.2 Prozess der Patentrecherche

Eine erfolgreiche Patentrecherche setzt neben der Auswahl einer Patentdatenbank und der Auswahl einer Rechercheaufgabe eine umfassende Vorbereitung und Nachbereitung voraus. Daher ist in Anlehnung an Bendl und Weber (2013) ein dreiphasiger Rechercheprozess zu empfehlen, der die Vorbereitung, die Durchführung und die Nachbereitung beinhaltet. Abbildung 3.7 stellt diesen Patentrechercheprozess grafisch dar.

Da die Verfügbarkeit von Patentdokumenten durch frei zugängliche Internetportale der Patentämter, wie beispielsweise des DPMA, des EPA oder des USPTO, gegeben ist, kann die Durchführung der Patentrecherche in einer sogenannten Online-Phase erfolgen. Hingegen werden sowohl die Vorbereitung und die Nachbereitung unabhängig von den Patentdatenbanken durchgeführt, so dass es sich hierbei um zwei Offline-Phasen handelt.

Die erste Offline-Phase umfasst die Festlegung von Rechercheziel und -aufgabe, die Bestimmung der Recherchestrategie, die Auswahl der Datenbank(en) und die Erstellung der Liste von Suchbefehlen. Während der Online-Phase werden dann die Suchbefehle in die Datenbank(en) eingegeben und so die Treffer generiert bzw. Patente identifiziert. Die zweite Offline-Phase besteht aus der Sichtung, Auswertung und Präsentation der Ergebnisse. Anhand der Präsentation wird sodann entschieden, ob eine weitere Offline-Phase mit der Festlegung einer modifizierten Recherchestrategie

```
┌──────────────────────────────────────────────────────────────┐
│          Anhand der Präsentation kann ent-                   │
│          schieden werden, ob ein weiteres                    │
│          Durchschreiten der drei Phasen mit                  │
│          neuen, modifizierten Suchbefehlen                   │
│                    erfolgen soll.                            │
└──────────────────────────────────────────────────────────────┘
```

Vorbereitung – Offline –	Durchführung – Online –	Nachbereitung – Offline –
• Festlegen des Rechercheziels und der Aufgabe • Bestimmen der Strategie • Auswahl der Datenbank(en) • Erstellen der Suchbefehle	• Eingabe der Suchbefehle in die ausgewählten Datenbank(en) • Gewinnen der Treffer • Extraktion der Trefferliste	• Sichten der Treffer • Auswerten der Trefferliste • Präsentation der Rechercheergebnisse

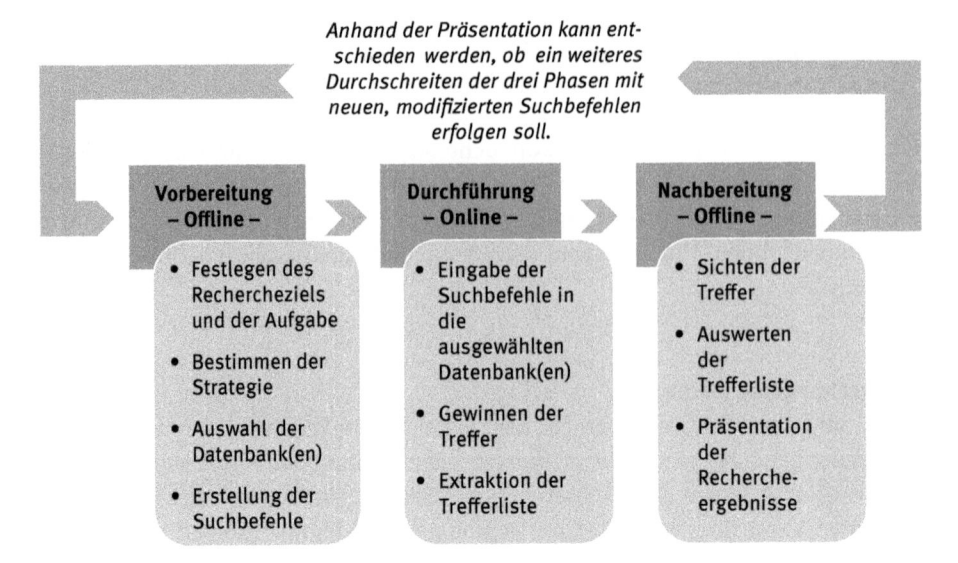

Abb. 3.7: Prozess der Patentrecherche (Quelle: Eigene Darstellung in Anlehnung an Bendl und Weber 2013, S. 134).

erfolgen soll. Während des gesamten Rechercheprozesses ist eine sorgfältige Dokumentation des Vorgehens, insbesondere der Suchbefehle, von hoher Bedeutung. Die Dokumentation ermöglicht es, die Ergebnisse zu einem späteren Zeitpunkt nachzuvollziehen, zu reproduzieren und gegenüber Dritten nachzuweisen, wann und wo die Rechercheergebnisse generiert wurden. Außerdem können weitere Patentrecherchen auf der dokumentierten Recherche aufbauen. Diese können beispielsweise dazu dienen, die Treffermenge um zusätzliche technologische Aspekte zu erweitern oder eine Einschränkung der bisherigen Treffermenge vorzunehmen. Nachfolgend werden die drei Phasen der Patentrecherche im Detail erörtert:

Vorbereitung (offline)
Zu Beginn einer Patentrecherche sind das Rechercheziel und die Rechercheaufgabe festzulegen, da diese die Auswahl der Strategie und der Datenbank sowie die Festlegung der Suchbefehle maßgeblich beeinflussen.

Rechercheziele können vielfältig sein. So kann die Ermittlung dessen, ob eine Erfindung neu ist und somit den Stand der Technik überwindet oder ob sich eine Patentanmeldung für eine gemachte Erfindung bzw. Idee lohnt als Rechercheziel im Vordergrund stehen. Weitere nennenswerte Rechercheziele wären etwa: das Ausloten eines Angriffs auf bestehende Anmeldungen oder Patente, die Beantwortung der Frage, ob ein bestimmtes Produkt oder Verfahren ein bestehendes technisches Schutzrecht verletzt, die Ermittlung des Schutzrechtsportfolios von Wettbewerbern, das Herausfinden neuer Produkte, die Wettbewerber auf den Markt bringen wollen sowie auch die Suche nach neuen Mitarbeitern oder Kooperationspartnern.

Aus diesen unterschiedlichen Rechercheziele lassen sich verschiedene Aufgaben ableiten, die entweder eine Neuheitsrecherche oder eine Recherche nach dem Stand der Technik eines Gebietes oder Technologiefeldes beinhalten. Weitere Aufgaben wären beispielsweise Verletzungsrecherchen, Rechtsauskünfte, Recherchen nach Schutzrechten von Mitbewerbern, nach Anmeldungen von Mitbewerbern, nach Erfindern, Anmeldern, Anmeldetrends oder Anbietern sowie statistische Recherchen.

An die Ziel- und Aufgabendefinition schließt sich die Ausrichtung der Strategie an. Die Strategieformulierung umfasst dabei die Auswahl einer oder mehrerer Grundstrategien sowie gegebenenfalls die geschickte Kombination dieser Grundstrategien. Grundstrategien sind Suchmethoden, die unabhängig vom Recherchegegenstand anwendbar sind. Sie verhindern komplexe und somit fehleranfällige Eingaben in Datenbanken, sind bewusst einfach, enthalten jeweils nur eine Suchmethode und stellen noch keine vollständige Patentrecherche dar. Es lassen sich die Grundstrategien (i) *Brief Search*, (ii) *Block Building* und (iii) *Successive Fraction* unterscheiden:

(i) Die *Brief Search* Strategie dient weniger der Generierung umfassender Rechercheergebnisse als vielmehr der Identifikation von Anknüpfungspunkten einer Recherche. Ziel ist die schnelle Identifikation eines relevanten Patents. Dieses Patent dient als Ausgangspunkt für weitere Patentrecherchen, z.B. zur Identifikation neuer Schlüsselwörter, interessanter Patentklassen oder zitierter sowie zitierender Patente. Die *Brief Search* Strategie sollte daher mit weiteren Recherchestrategien kombiniert werden.

Beim Vorgehen der *Brief Search* Strategie (auch *Quick Search* Strategie genannt) steht als erstes das Finden einfacher Schlagwörter (*keywords*) im Vordergrund. Dabei kann die Suche mit oder ohne Boolsche Operatoren in einer Datenbank erfolgen, wobei es im Allgemeinen sinnvoll ist, sich auf nur wenige relevante Patentklassen zu beschränken oder mit einem bekannten Patentdokument zu starten und Zitationsinformationen hinzuzuziehen (*reference hunting*). Am Ende der Brief Search kann das brauchbare Ergebnis dann als Basis für weitere Recherchen herangezogen werden.

Für den Einsatz von Boolschen Operatoren verlangen die meisten Patentdatenbanken eine bestimmte Syntax. Die wichtigsten Operatoren, die für eine Brief Search eingesetzt werden, sind AND, OR, NOT und AND NOT (UND, ODER, NICHT). Zielt die Recherche beispielsweise auf Erfindungen zu Auslegern im Kontext von Kranen ab, würde die mit dem Befehl „Ausleger AND Kran" dann alle jene Dokumente finden, in denen beide Ausdrücke vorkommen, unabhängig davon in welcher Reihenfolge die Suchbegriffe stehen. Der Operator OR hingegen würde in diesem Beispiel zu Dokumenten führen, die entweder einen der gesuchten Begriffe oder beide Suchbegriffe enthalten. Bei der Recherche kann neben dem Vorhandensein von Suchbegriffen ebenso deren Abwesenheit gefordert werden. In diesem Fall wird der Operator NOT verwendet, welcher in manchen Suchmaschinen auch als AND NOT bezeichnet wird. Der Suchbefehl „Ausleger NOT Kran" führt dazu, dass aus allen Ergebnissen der Suche nach dem Begriff Ausleger jene Dokumente systematisch ausgesondert werden, die den Suchbegriff Kran enthalten. Abbildung 3.8 stellt die Funktionsweise der Boolschen Operatoren dar.

(ii) Die Grundstrategie *Block Building* umfasst drei aufeinanderfolgende Schritte und versucht den Untersuchungsgegenstand logisch und sprachlich zu analysieren. Im ersten Schritt wird der Recherchegegenstand in mehrere Merkmalsblöcke zerlegt, dann erfolgt eine getrennte Suche für jeden Merkmalsblock und abschließend werden die Ergebnisse mit dem Boolschen AND-Operator zusammengeführt.

Liegt das Interesse beispielsweise in der Suche nach Erfindung zu Kranen mit verschiedenen Merkmalen – sei es mit speziellen Auslegern oder auch mit speziell ausgelegten Hublasten, also den vom Hersteller angegebenen Tragfähigkeiten eines Kranes – kann zuerst nach Patenten gesucht werden, die den Begriff Kran beinhalten, dann nach solchen, die den Begriff Ausleger und solchen, die den Begriff Hublast beinhalten. Am Ende werden die Teilergebnisse der Suche mit dem Boolschen Operator AND verknüpft. Abbildung 3.9 visualisiert das Vorgehen bei der *Block Building* Strategie für dieses Recherchebeispiel.

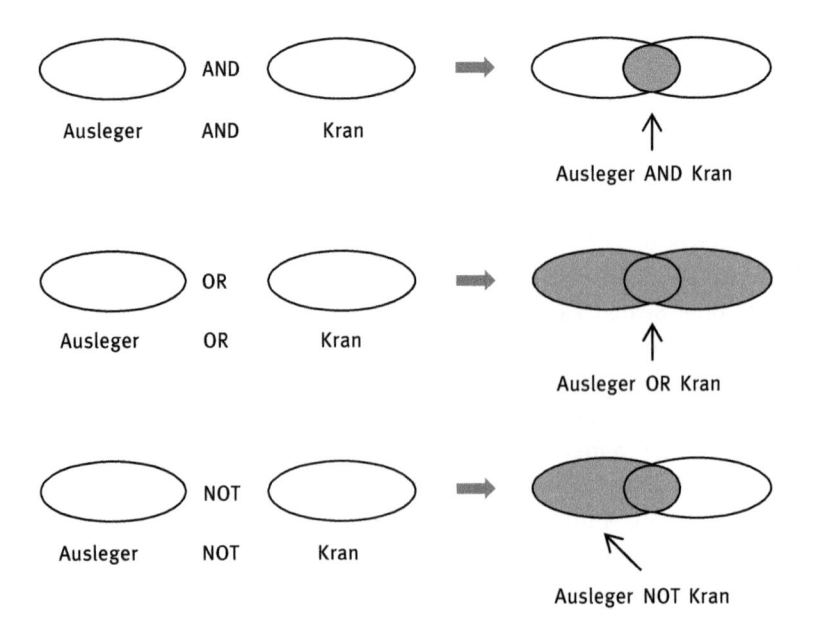

Abb. 3.8: Funktionsweise Boolscher Operatoren (Quelle: Eigene Darstellung).

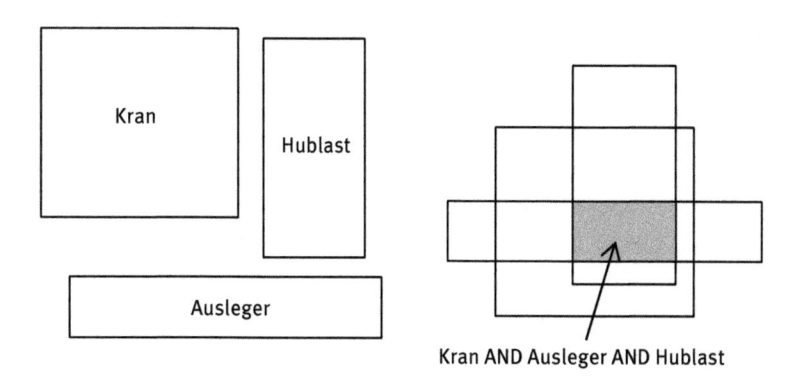

Abb. 3.9: Vorgehen bei der Block Building Strategie (Quelle: Eigene Darstellung).

(iii) Die *Successive Fraction* Strategie startet mit einer allgemeinen und sehr breit gefassten Suchanfrage. Die große Treffermenge wird schrittweise (sukzessive) in kleinere Treffermengen zerlegt bzw. das Ergebnis wird eingeschränkt.

Bezieht sich die Suche beispielsweise auf Patenten zu Kranen mit speziellen Auslegern für besondere Hublasten, wird zunächst mit dem weiter gefassten Begriff Kran recherchiert. Sodann wird die Suche unter Hinzuziehung des Boolschen Operators AND nach und nach mit den Begriffen Ausleger und Hublast eingeschränkt. Sollte das Suchergebnis nicht zufriedenstellend sein, kann die Suche mit weiteren Schlagwörtern oder inhaltlichen bzw. formalen Facetten wie Sprache, Erscheinungsjahr oder Material weiter eingeschränkt werden, bis eine zufriedenstellende Treffermenge erzielt ist. In der Patentdatenbank des USPTO kann eine solche Suche mit englischen Schlagwörtern anhand des Befehls *Refine Search* durchgeführt werden.

Des Weiteren geht es in der vorbereitenden Recherchephase um die Datenbankauswahl, welche den Rechercheur vor eine große Herausforderung stellt. Bereits gegen Ende der 1950er Jahre wurde deutlich, dass die konventionellen Mittel der Patentinformation und -dokumentation aufgrund der steigenden Datenmengen überfordert waren. Elektronische Datenbanken dienen nicht nur dazu, das vorhandene Patentwissen zu dokumentieren, sondern dies auch in einer Form zu tun, die es gestattet, Wissen schnell und zuverlässig auffindbar zu machen. Anfang der 1970er Jahre setzte die kommerzielle Nutzung dokumentenorientierter Datenbanken ein. *Information-Retrieval-Systeme* (IRS) basieren wie andere Informationssysteme (z.B. Datenbankmanagementsysteme, Management-Informationssysteme, Frage-Antwort-Systeme) auf Datenbanken, d.h. auf Sammlungen dokumentenorientierter Informationseinheiten. Die IRS basieren auf Dokumenten in natürlicher Sprache.

Ziel des *Information Retrieval* ist das Auffinden an sich bekannter Fachinformationen mit der notwendigen Vollständigkeit, Genauigkeit und Wichtigkeit. Das

Information Retrieval (computergestützte Suchen nach komplexen Inhalten) ist auf die nutzerspezifische Deckung des Informationsbedarfs für die fachliche Arbeit gerichtet (siehe hierzu und im Folgenden Henrich 2008, Lupu et al. 2011 sowie Stock 2007).

Früher wie heute steht das *Information Retrieval* also vor besonderen Herausforderungen. Noch in den 1970er Jahren beruhte das Informationsdefizit auf dem Mangel an Datenbanken, d.h. auf weitgehender Unvollständigkeit der bereitgestellten externen Information. In den 1990er Jahren resultierte das Informationsdefizit hingegen aus der weitgehenden Vollständigkeit der bereitgestellten externen Informationen in mehr als 5000 kommerziellen, sich inhaltlich überlappenden Datenbanken. Informationsdefizit durch Informationsüberangebot ist die Herausforderung, der das *Information Retrieval* seither begegnen muss. Aktuelle Probleme des *Information Retrieval* liegen in der Genauigkeit beim Auffinden von Fachinformationen und in der Bewertung aufgefunder Fachinformationen.

Zur Auswahl von Datenbanken können sogenannte Datenbankführer benutzt werden. Die Hostauswahl ist oft schwierig, weil dieselbe Datenbank von verschiedenen Hosts (kommerziellen Datenbankanbietern) angeboten wird. Es müssen also zusätzliche Auswahlkriterien (Kosten, Anzahl der Anzeige- und Suchfelder, Retrievalsprache, usw.) berücksichtigt werden. Als Host wird ein in ein Rechnernetz eingebundenes Rechnersystem mit zugehörigem Betriebssystem bezeichnet, welches Clients bedient oder Server (Software) beherbergt. Wenn die Datenbank nicht bekannt ist und nicht in einem Datenbankführer ermittelt wurde, muss die Datenbankauswahl direkt bei den Hosts (*Cross-File-Search*, Datenbank-Datenbank-Recherche) durchgeführt werden. Die *Cross-File*-Recherche signalisiert nicht nur die inhaltliche Zuständigkeit, sondern auch die Ergiebigkeit (Trefferhäufigkeit) der Datenbanken.

Patentdatenbanken unterscheiden sich hinsichtlich der zur Verfügung gestellten Informationen. Grundsätzlich lassen sich die Patentdatenbanken in (i) bibliografische Datenbanken, (ii) Zusammenfassungsdatenbanken, (iii) Volltextdatenbanken und (iv) Faksimiledatenbanken unterscheiden:

(i) Bei *bibliografischen Datenbanken* stellen im Allgemeinen der Titel der Patentanmeldung, der Anmelder, Erfinder, Prioritätsangaben, Anmeldedaten und Patentklassifikationen die in Suchfeldern abgelegten und somit recherchierbaren Patentinformationen dar. Diese Art der Datenbank eignet sich zur Suche nach allen Patentanmeldungen auf einem Gebiet oder zur Suche nach Patentanmeldungen bestimmter Anmelder. Nicht geeignet ist diese Art der Datenbank zur Suche nach bestimmten technischen Schlagwörtern, z.B. im Titel.

(ii) Bei den *Zusammenfassungsdatenbanken* (Abstract-Datenbanken) kann zusätzlich zu den Suchfeldern der bibliografischen Datenbanken in den Zusammenfassungen (*Abstracts*) direkt nach technischen Schlagwörtern (*keywords*) recherchiert werden. Die Qualität dieser Kurzfassungen ist je nach Datenbank zum Teil sehr unterschiedlich.

(iii) In *Volltextdatenbanken* wird der gesamte Text einer Patentschrift gespeichert. Es werden also große Mengen an Informationen bzw. Daten verwaltet und zugänglich gemacht. Bei Recherchen in diesen Datenbanken tritt als Nachteil oft das sogenannte Rauschen auf. Unter Rauschen wird eine übergroße Anzahl an Treffern bei der Recherche verstanden. Diese können zu der eigentlichen Bedeutung der Suchanfrage einen logischen Bezug haben oder nicht. Der Effekt des Rauschens tritt auf, wenn das Suchprogramm nur einzelne Suchbegriffe auffindet und dabei keinen technisch sinnvollen Zusammenhang zu erkennen vermag. Dies kann (insbesondere) in umfangreichen Volltexten vorkommen. Die gewünschte Begriffskombination ist letztendlich in der enormen Menge an nicht relevanten Daten versteckt. Speziell angepasste Fragestellungen sind bei der Nutzung von Volltextdatenbanken wichtig.

(iv) *Faksimile-Datenbanken* liefern, wörtlich genommen, einen Abdruck bzw. eine Kopie der Originalschrift, d.h. in diesem Fall des Patentdokuments. Um diese Daten online verfügbar zu machen, müssen Patentschriften fotografiert oder eingescannt werden. Vom Anwender können dann Abbildungen der Patentschrift aufgerufen werden. Hieraus ergibt sich der Nachteil dieser Datenbanken: Es kann darin nicht nach dem Text einer Patentschrift gesucht werden. Zur Recherche in Faksimile-Datenbanken müssen Daten wie die Veröffentlichungsnummer der Patentanmeldung oder die Anmeldenummer bekannt sein.

Zu den bedeutenden Patentdatenbanken gehören kommerzielle private Anbieter sowie unentgeltliche (nicht-kommerzielle) Datenbanken nationaler- und supranationaler Institutionen (Weltorganisation für geistiges Eigentum 2009). Dies legt die Unterscheidung der Datenbanken in kostenfrei und kostenpflichtig zugängliche Patentdatenbanken nahe.

Kostenfreie Datenbanken werden beispielsweise von allen wichtigen Patentämtern angeboten. Das DPMA ermöglicht seit 2000 eine einfache und erweiterte Online-Patentrecherche zu Patentinformationen (bibliografischen Daten, Zusammenfassungen und Faksimiledokumenten aber auch nach Volltexten aus deutschen Patentschriften seit 1877 usw.) aus aller Welt in ihrer Datenbank DEPATISnet. Diese Informationen werden u.a. über die sogenannte Einsteigerrecherche oder über die Recherche im Expertenmodus zugänglich gemacht. Der Datenbankdienst des DPMA verfügt über eine deutsche und eine englischsprachige Benutzeroberfläche und er

> wendet sich vor allem an Erstnutzer von Patentinformationen, vor allem in kleinen und mittleren Unternehmen, sowie an Schulen, Universitäten und anderen wissenschaftlichen Einrichtungen. Angesichts beschränkter Systemkapazität steht der Dienst insbesondere nicht dafür zur Verfügung, größere Datenmengen herunterzuladen. Daten und Dokumente in größerem Umfang können gegen Erstattung von Grenzkosten über den Dienst DEPATISconnect oder DPMAdatenabgabe bezogen werden. Personen, die die allgemeine Nutzung dieses Dienstes durch eine ungewöhnliche hohe Anzahl manueller oder softwareunterstützter Zugriffe zu behindern drohen (mehr als 5000 Datenbankzugriffe täglich durch dieselbe Person oder unter derselben IP-Adresse bzw. unter einem zusammengehörigen Adressbereich), können ohne weitere Vorwarnung von der Nutzung ausgeschlossen werden (Deutsche Patent- und Markenamt 2015).

Mit fast 90 Millionen Patentdokumenten zählt DEPATISnet neben Espacenet[27] des Europäischen Patentamts (EPA) heute zu den größten kostenfrei zugänglichen Patentdatenbanken der Welt.

Das EPA stellt Informationen zu Erfindungen und technischen Entwicklungen von 1836 bis heute aus über 90 Ländern in ihrer Datenbank Espacenet zur Verfügung. Bei den fast 90 Millionen Patentdokumenten in dieser Datenbank handelt es sich überwiegend um Anmeldungen und nicht um erteilte Patente. Es stehen zudem Informationen zu Patentfamilien und Rechtsstandsdaten zur Verfügung. Zudem besteht die Möglichkeit der Online-Übersetzung von Patentanmeldungen.

Über eine intuitive Benutzeroberfläche ist die Recherche nach Patentinformationen in Espacenet in fast allen europäischen Sprachen möglich. Neben bibliografischen Daten kann auch in den Textbestandteilen der Patente recherchiert werden. Espacenet bietet drei Suchversionen, die (i) Smart Search[28], die (ii) erweiterte Suche[29] und (iii) die Klassifikationssuche[30].

(i) Bei der einfachen Suche (*Beginner's Search, Smart Search*) ist die Eingabe von einem oder mehreren Suchbegriffen, welche die gesuchte Erfindung beschreiben, in nur einem Suchfeld möglich. Alternativ kann in das Suchfeld auch eine Patentnummer oder der Erfindername eingegeben werden. Unter Hinzuziehung der Abfragesprache CQL (*Contextual Query Language*) und der Boolschen Operatoren (AND, OR, NOT) können auch in diesem einen Suchfeld komplexe Suchanfragen gestartet werden.

(ii) Die Verknüpfung verschiedener Suchbegriffe ist bei der erweiterten Suche (*Expert Search, Advanced Search*) gegeben. So kann beispielsweise nach Patenten aus einem bestimmten Jahr recherchiert werden, in deren Titel oder Zusammenfassungen die ausgewählten Suchbegriffe enthalten sind.

(iii) Die Klassifikationssuche (*Classification Search*) ist dann geeignet, wenn gezielt nach allen Patenten zu einem bestimmten Technologiegebiet gesucht wird. Durch die Eingabe von Suchbegriffen lassen sich die zugehörigen CPC-Patentklassen finden, auf deren Grundlage das Ergebnis dann weiter verfeinert werden kann.

Das US-amerikanische Patent- und Markenamt (USPTO) bietet ebenfalls die Möglichkeit zur kostenfreien Recherche nach Patentinformationen.[31] In seinen beiden Patentdatenbanken[32] PatFT (*Patent Full-Text and Image Database*) und AppFT (*Patent Application Full-Text and Image Database*) sind alle Informationen zu US-Patenterteilungen seit 1976 respektive zu Patentanmeldungen seit 2001 im Volltext recherchierbar.

---

27 Vgl. https://www.epo.org/searching/free/espacenet_de.html, Abruf 25.07.2015.
28 Vgl. http://worldwide.espacenet.com/?locale=de_EP, Abruf 26.07.2015.
29 Vgl. http://worldwide.espacenet.com/advancedSearch?locale=de_EP, Abruf 26.07.2015.
30 Vgl. http://worldwide.espacenet.com/classification?locale=de_EP, Abruf 26.07.2015.
31 Vgl. http://www.uspto.gov/patents-application-process/search-patents, Abruf 03.08.2015.
32 Vgl. http://patft.uspto.gov/, Abruf 03.08.2015.

Dies kann über die einfache Suche (*Quick Search*) oder über die erweiterte Suche (*Advanced Search*) erfolgen. Außerdem ermöglicht die Suche nach der Patentnummer (*Patent Number Search*) bzw. Veröffentlichungsnummer (*Publication Number Search*) ein direktes Abrufen der Patentschrift.

Bei der einfachen Suche können maximal zwei Suchbegriffe (Schlagwörter) eingegeben werden. Des Weiteren besteht die Möglichkeit festzulegen, in welchen Bereichen (*fields*) des US-Patents die Suche stattfinden soll. Dabei können wiederum höchstens zwei Felder aus den Bereichen (Titel, Zusammenfassung, Anmelder usw.) ausgewählt werden, die mit einem Boolschen Operator verknüpft werden müssen.

Bei der erweiterten Suche muss der Suchbefehl in das Freitextfeld Query eingegeben werden. Hierbei können die einzelnen Suchbegriffe wiederum mit Boolschen Operatoren AND, OR und ANDNOT verknüpft werden.

Des Weiteren kann beim USPTO auch nach älteren Patentinformationen recherchiert werden. Es verfügt über eine Sammlung von Faksimileschriften, die bis ins Jahr 1790 zurückreicht, wobei hier nur eine Suche nach Veröffentlichungsdatum, Patentnummer und nach US-Patentklassifikationen möglich ist. Eine weitere Besonderheit der USPTO-Patentdatenbank ist zudem der Zitationsindex (*References cited*), der das Abrufen aller US-Patente, ausländischer Patente und anderer Referenzen (Nicht-Patentliteratur) ermöglicht, die im Verfahrensverlauf vor dem USPTO einer Patentanmeldung entgegengehalten wurden.

Alle weiteren Patentämter der Welt bieten zum Teil ebenfalls einen mehr oder weniger einfachen und kostenfreien Online-Zugang zu ihren Patentinformationen an. Dabei ist die Recherche nach Patentinformationen in der jeweiligen Landessprache und teilweise auch in englischer Sprache möglich. Bendl und Weber (2013) zeigen derartige Patentrecherchemöglichkeiten beispielhaft auf; Adressen zu Webseiten zahlreicher nationaler Patentämter finden sich bei der Weltorganisation für geistiges Eigentum[33] (WIPO).

Der Vollständigkeit halber sei erwähnt, dass auch das Unternehmen Google Inc. über das World Wide Web den Zugang zu Patentinformationen anbietet. Über den Google Patents Zugang[34] können beispielsweise erteilte und angemeldete US- und EP-Patente recherchiert werden. Die US-Patentanmeldungen reichen bis ins Jahr 1790, die EP-Patentanmeldungen bis ins Jahr 1978 zurück. Es kann über eine einfache Suche mittels Eingabe eines Suchbegriffs nach Patenten recherchiert werden. Alle Treffer werden aufgelistet angezeigt und lassen sich einzeln aufrufen. Die dem ausgewählten Patent zugehörigen bibliografischen Daten sowie Informationen zu den im Verfahren verwendeten Entgegenhaltungen werden dann übersichtlich angezeigt. Des Weiteren kann das recherchierte Patentdokument im Original, beispielsweise als pdf-Dokument, heruntergeladen werden. Eine erweiterte Suche ist dagegen mit

---

[33] Alphabetical List of Intellectual Property Offices. Vgl. http://www.wipo.int/directory/en/urls.jsp, Abruf 27.05.2015.
[34] Vgl. https://patents.google.com/, Abruf 27.05.2015.

Hilfe von Kriterien wie Patentnummer, Erfinder, Klassifizierung und Anmeldedatum möglich. Des Weiteren bietet die Google Patentrecherche die Funktion der Verlinkung zu zitierten und zitierenden Patenten.

Alles in allem bieten die kostenfreien Patentdatenbanken der Patentämter jedermann die Möglichkeit, zu jeder Zeit und an jedem Ort einfache Recherchen, beispielsweise nach Erfindernamen oder Patentnummern, durchzuführen. Ferner ermöglichen sie einen ersten Einstieg in neue Technologiegebiete, das Herunterladen und Dokumentieren recherchierter Patentdokumente und sind besonders zur Vorrecherche für Suchabfragen in kostenpflichtigen Patentdatenbanken geeignet (List 2008).

Kostenpflichtige Patendatenbanken werden von zahlreichen Anbietern weltweit bereitgestellt. Als Beispiele seien die Angebote von PATON[35], XPAT[36] oder STN International[37] erwähnt. Das PATON (Patentinformationszentrum und Online-Dienste der TU Ilmenau) bietet ein umfangreiches Dienstleistungsspektrum und recherchiert im Kundenauftrag in der Patent-, Fach- und Wirtschaftsliteratur von ca. 500 Online-Datenbanken. Das Patentdateninformationssystem XPAT ist ein kommerzielles Patentverwaltungssystem, welches verschiedene Datenformate und Daten unterschiedlicher Hosts unterstützt. Zudem kann es zur Beschaffung und Verwaltung kostenfreier Patentdaten verwendet werden. STN International ist ein Online-Service, der u.a. vom Fachinformationszentrum (FIZ) Karlsruhe vertreten wird. Er bietet ca. 200 Datenbanken mit wissenschaftlich-technischer Fach- und/oder Patentinformation aus Chemie, Physik, Materialwissenschaften, Mathematik, Informatik, Geowissenschaften und Biowissenschaften an. Übersichten zu weiteren kommerziellen Anbietern von Patentdatenbanken finden sich beispielsweise bei Birkner (2009), Möhrle et al. (2010) oder Schmitz (2010).

Nach Auswahl der Patentdatenbank kann die Erstellung der Suchbefehle erfolgen. Hierfür sind zunächst Schlagwörter zu sammeln, die den gesuchten Gegenstand beschreiben. Je nach Auswahl der Datenbank müssen die Schlagwörter in die entsprechende Sprache (Englisch oder Französisch) übersetzt werden. Mit diesen Schlagwörtern kann in den Textbestandteilen eines Patentdokuments, wie beispielsweise der Zusammenfassung oder Beschreibung, gezielt nach dem technischen Inhalt der Erfindung gesucht werden. Unter Umständen kann aber eine Schlagwortsuche im Titel oder in den Ansprüchen empfehlenswert sein. In diesen Textbestandteilen finden sich Substantive, Adjektive und Verben, die zu vollständigen Sätzen zusammengefügt gegebenenfalls den gesuchten Gegenstand beschreiben.

Neben der Suche nach einer Kombination von Schlagwörtern sollten weitere Kriterien zur Einschränkung der Suche festgelegt werden. Da Patentklassifikationen in der Regel den technischen Inhalt eines Patents charakterisieren, kann die ergänzende

---

35 Vgl. http://www.paton.tu-ilmenau.de/, Abruf 04.08.2015.
36 Vgl. http://www.interhost.de/xpat.html, Abruf 04.08.2015.
37 Vgl. http://www.stn-international.de/index.php?id=123, Abruf 04.08.2015.

Auswahl bestimmter nationaler oder internationaler Patentklassen die Recherche eingrenzen. Der Suchbefehl kombiniert dann die Schlagwörter mit der Patentklasse im Allgemeinen mittels des Boolschen Operators OR.

Je nach Rechercheziel und Aufgabe können Recherchezeiträume (Monate, Jahre), Anmeldeländer (Deutschland, Europa oder USA), Schutzrechtsarten (Patentanmeldung, Patenterteilung oder Gebrauchsmuster) oder auch Anmeldernamen (Wettbewerber, Lieferanten, Kunden) als weitere einschränkende Suchkriterien herangezogen werden. Im Suchbefehl sollten dann diese ergänzenden Einschränkungen mittels des Operators AND verknüpft werden.

Liegt dem Rechercheziel beispielsweise die Aufgabe zu Grunde, eine Technologiefeldexploration zu bestimmten Krantypen durchzuführen, könnten zunächst Schlagwörter wie *Gittermastkran*, *Turmdrehkran* oder *Schwimmkran* den Suchbefehl definieren. Als weitere Schlagwörter zur Kombination und Einschränkung der Suche würden sich vielleicht Bauteile wie *Ausleger*, *Laufkatze* oder *Rollenzug* anbieten, die kombiniert in den Suchbefehl einfließen könnten. Des Weiteren geht es vielleicht im Speziellen um Fahrbahnen, Schienen oder Gleise für Laufkatzen oder Krane; dann wäre eine Einschränkung der Suche mit der CPC- oder IPC-Patentklasse B66C 7/00 möglich. Als Suchzeitraum könnte zudem das Jahr 2013 oder der Zeitraum von Juni 2012 bis Juni 2013 fungieren und als Anmelder könnten ausgewählte Kranhersteller wie Liebherr Werk Ehingen GmbH, Manitowoc Crane Companies, Inc. oder Terex Cranes Germany GmbH von Interesse sein.

Mit der Erstellung der Suchbefehle ist die erste Phase des dreiteiligen Patentrechercheprozesses abgeschlossen und es folgt die zweite Phase, die Online-Durchführung der Patentrecherche.

Durchführung (online)
Nach Erstellung der Suchbefehle können diese in der zweiten Phase des Rechercheprozesses online in die ausgewählte Datenbank eingegeben werden, um entsprechende Treffer zu gewinnen und diese dann zu extrahieren. Bei der Eingabe der Suchbefehle ist zu beachten, dass die gewünschte Information nur dann gefunden werden kann, wenn in den richtigen Bereichen gesucht wird, bzw. es kann erst dann davon ausgegangen werden, dass die Information nicht vorhanden ist, wenn sie in dem entsprechenden Bereich nicht gefunden wurde (vgl. hierzu und im Folgenden Bendl und Weber 2013). Unter einem Bereich werden die recherchierbaren Felder (*fields*) in der Datenbank verstanden. Zur Veranschaulichung kann man sich eine Datenbank als einen Schrank mit Schubladen vorstellen, in dessen einzelnen Schubladen unterschiedliche Informationsteile von Patenten (Titel, Beschreibung, Anspruch oder Anmeldedatum, Erfindername usw.) abgelegt sind. Eine solche Schublade wird auch als *Index* oder *Suchfeld* bezeichnet. Die Arbeit des Rechercheurs hängt nun davon ab, wie die Informationen gespeichert sind, da das Suchfeld angegeben werden muss, in dem der entsprechende Begriff gesucht werden soll. Wird auf diese Art ein dem

Suchbegriff entsprechendes Ergebnis gefunden, können die gesamten Informationen, die zu dieser Patentschrift gehören, rekonstruiert werden.

Die Qualität einer Datenbank wird nach der Art und Anzahl der Suchfelder unterschieden. Ein wesentliches Qualitätsmerkmal einer Datenbank ist, neben der Anzahl der enthaltenen Begriffe, die Organisation ihrer Suchfelder. Die Suche kann zielgerichteter gesteuert werden und damit klarer abgegrenzte Ergebnisse hervorbringen, wenn sich genau angeben lässt, in welchem Bereich der gewünschte Begriff zu finden ist. Demnach ermöglicht eine große Anzahl von Suchfeldern eine exakte Abgrenzung der Suche und damit genauere Ergebnisse.

Entsprechend den oben angeführten Schubladen stehen beispielsweise in den Patentdatenbanken des DPMA, des EPA oder des USPTO verschiedene recherchierbare Felder (*field identifier* oder auch *field-codes* genannt) zur Suche nach Patentinformationen zur Verfügung. In Tabelle 3.5 sind beispielhaft für die drei genannten Patentämter einige Suchfelder mit ihrer Beschreibung und einem Suchbeispiel zusammengestellt.

Neben der Eingabe von Suchbegriffen in die einzelnen Suchfelder kann die Suche in den Patentdatenbanken zusätzlich zu Boolschen und numerischen Operatoren (<, >, =) auch noch mit Platzhaltern (Trunkierungssymbolen) und (zum Teil) mit Abstandoperatoren sowie mit Klammerausdrücken verfeinert werden.

Neben den drei logischen Operatoren UND (mengentheoretisch: Schnittmenge, logisch: Konjunktion), einschließendes ODER (mengentheoretisch: Vereinigungsmenge, logisch: Disjunktion) sowie NICHT (mengentheoretisch: Exklusionsmenge, logisch: Postsektion) stehen im DEPATISnet des DPMA als Platzhalter das Fragezeichen (?), das Ausrufezeichen (!) und das Doppelkreuz (*Hashtag*) (#) zur Verfügung.

Tab. 3.5: Auswahl recherchierbarer Suchfelder in den Patentdatenbanken des DPMA, EPA und des USPTO.

Feldname	Beschreibung	Beispiel
DEPATISnet des DPMA		
AB	Zusammenfassung	AB=Turmdrehkran
BI	Volltext (nur DE)	BI=(Kran UND Hublast)
PRD	Prioritätsdatum	PRD=22.04.2014
TI	Titel	TI=(Kran ODER Gittermast)
Espacenet des EPA		
in	Erfinder	in=Smith
pa	Anmelder	pa=Liebherr
pd	Veröffentlichungsdatum	pd=22/06/2015
PatFT des USPTO		
ABST	Zusammenfassung	ABST/„tower crane"
CPC	Gemeinsame Patentklassifikation	CPC/B66C23$
IN	Erfinder	IN/Schnittker

Das ? steht dabei für beliebig viele Zeichen, das ! bedeutet genau ein Zeichen und der Platzhalter # steht für ein oder kein Zeichen. Alle drei Platzhalter können am Anfang eines Suchbegriffes oder auch in der Mitte bzw. am Ende des Begriffes eingesetzt werden. Im Espacenet des EPA stehen ebenfalls drei Platzhalter zur Auswahl: das * steht für eine Zeichenkette beliebiger Länge, das ? steht für ein oder kein Zeichen und das # steht für genau ein Zeichen. Die Datenbank *Espacenet* ermöglicht aber nur eine Rechtstrunkierung. In der Patentdatenbank des USPTO steht lediglich das Dollarzeichen ($) für eine Rechtstrunkierung zur Verfügung, wobei der Platzhalter $ erst nach mindestens drei Zeichen folgen darf.

Abstandsoperatoren werden zur Verschärfung des logischen Operators UND eingesetzt, und man unterscheidet hier grundsätzlich zwischen Zähloperatoren und syntaktischen Operatoren. Zähloperatoren betrachten den Wortabstand zwischen zwei Suchbegriffen in einem Patentdokument und syntaktische Operatoren betrachten Satz- bzw. Absatzgrenzen oder die thematischen Ketten beim syntaktischen Indexieren. Als Beispiel seien die im DEPATISnet einsetzbaren Abstandsoperatoren *(W)*, *(A)*, *(L)* oder *(P)* erwähnt. Diese Operatoren werden eingesetzt, um Begriffe zu recherchieren, die entweder unmittelbar aufeinander folgen, in beliebiger Reihenfolge – jedoch unmittelbar hintereinander – auftreten, innerhalb des gleichen Teilbereiches eines Feldes vorkommen oder innerhalb eines Absatzes vorkommen. Als Beispiel sei ein Suchbefehl mit einem Abstandsoperator formuliert, mit dem präzise nach Patenten zu Witterungsschutzeinrichtungen gesucht werden kann. Mit dem Suchbefehl *BI=Witterungsschutz (W) Einrichtung)* wird nach Patenten recherchiert, bei denen im Volltext des Patents die beiden Begriffe *Witterungsschutz* und *Einrichtung* unmittelbar aufeinanderfolgen. Nicht nur im DEPATISnet sondern auch im Espacenet kann die Patentrecherche mit Abstandoperatoren präzisiert werden; in den Patentdatenbanken des USPTO stehen solche Operatoren nicht zur Verfügung.

Des Weiteren helfen Klammerausdrücke, wenn diverse Operatoren zusammen verwendet werden sollen. So wäre mit dem Suchbefehl *AB=Turmdrehkran UND AB=Ausleger ODER AB=Hublast* nicht eindeutig definiert, welche Teile des Befehls vorhanden sein müssen und welche vorhanden sein können. Ein solcher Suchbefehl führt zu einer Trefferzahl in der Patentdatenbank DEPATISnet, die mit der eigentlich gewünschten Suche nicht zu erwarten gewesen wäre. Unter Zuhilfenahme eines Klammerausdrucks kann die Trefferzahl präzisiert werden: *AB=Turmdrehkran UND (AB=Ausleger ODER AB=Hublast)*. Hiermit werden genau jene Patente gesucht, die den Begriff *Turmdrehkran* und *Ausleger* beziehungsweise *Turmdrehkran* und *Hublast* in ihrer Zusammenfassung enthalten.

Alles in allem kann sich die Eingabe von Suchbefehlen in die ausgewählten Datenbanken unter Nutzung logischer und numerischer Operatoren als sehr komplex erweisen und erfordert einiges an Übung und Geduld. Bei der Nutzung der Patentdatenbanken des DPMA, EPA und des USPTO stehen dem Nutzer aber ausführliche und aufschlussreiche Hilfefunktionen zur Verfügung, die es jedem (Erst)nutzer ermöglichen, relativ schnell zufriedenstellende Recherchen in diesen Datenbanken durchzuführen.

Nachfolgend seien als Beispiel drei Patentrecherchen kurz skizziert, die aufzeigen wie aus den Datenbanken des (i) DPMA, (ii) des EPA und (iii) des USPTO Treffer gewonnen werden können:

(i) Eine Online-Recherche im DEPATISnet des DPMA kann über die Einsteigerrecherche oder über die Expertenrecherche erfolgen. Bei der Einsteigerrecherche ist die Eingabe weniger Suchbefehle in festgelegten Suchfeldern wie Veröffentlichungsnummer, Erfindername oder Titel möglich; bei der Expertenrecherche ist dagegen eine Eingabe von Suchbegriffen unter Hinzuziehung verschiedener Operatoren gegeben, was zu einer genaueren Trefferliste führen kann.

Wird beispielsweise nach erteilten deutschen Patenten gesucht, die im Titel den Begriff Kran enthalten, bietet sich eine Einsteigerrecherche an. Hier lassen sich die entsprechenden Suchbegriffe direkt in die Suchfelder eintragen. So kann im Suchfeld *Veröffentlichungsnummer* mit dem Befehl *DE?B3* die Einschränkung der Suche nach erteilten DE-Patenten (ohne vorherige Offenlegungsschrift) vorgenommen werden und im Feld *Titel* wird der Begriff *Kran* eingetragen. Als Ergebnis werden im DEPATISnet drei Patente gefunden, welche die Suchkriterien erfüllen. Es sind die Patente DE 102009032426B3, DE 102007052954B3 sowie DE 102006038642B3 (Stand 22.06.2015). Zu beachten ist, dass mit dieser Suche keine zeitliche Einschränkung vorgenommen wurde und sich somit bei der gleichen Suche zu einem späteren Zeitpunkt eine andere Trefferzahl ergeben kann. Um eine Reproduzierbarkeit der Treffer zu gewährleisten, sollte bei Patentrecherchen grundsätzlich auch ein Zeitfenster festgelegt werden. Eine solche Einschränkung lässt sich bei der Einsteigerrecherche im Feld *Veröffentlichungsdatum* vornehmen. Ist das Veröffentlichungsdatum des gesuchten Patents (oder der gesuchten Patente) bekannt, kann hier das Datum (Tag.Monat.Jahr) direkt eingegeben werden. Alternativ besteht auch die Möglichkeit der zeitlichen Begrenzung, indem beispielsweise durch die Angabe *J-2009* nach Patenten gesucht wird, die aus dem Jahr 2009 stammen.

Komplexere Suchanfragen sind im DEPATISnet mit der Expertenrecherche möglich. Liegt das Augenmerk beispielsweise auf Patenten, die sich mit Witterungsschutzeinrichtungen bei Kranen auseinandersetzen, könnte eine Suchanfrage wie folgt formuliert werden: *BI=(Witterungsschutz (W) Einrichtung (P) Kran) UND AY=(2007 ODER 2008)*. In diesem Fallbeispiel werden Patente gefunden, in deren Volltext die Begriffe Witterungsschutz und Einrichtung unmittelbar aufeinanderfolgen und zudem im selben Absatz vorkommen wie das Wort Kran. Des Weiteren sollen die gesuchten Patente alle im Jahre 2007 oder 2008 angemeldet worden sein. Es werden mit diesem Suchstring in der Datenbank DEPATISnet insgesamt fünf Patente gefunden (AT 000000511136 B1; AT 000000511136 A5; DE 202007015320 U1; DE 112008003013 A5 und WO 002009059682 A1.

Abbildung 3.10 zeigt den Ausschnitt der Trefferliste nach Nutzung der Suchanfrage. In dieser Liste können die gefunden Patente auch einzeln eingesehen

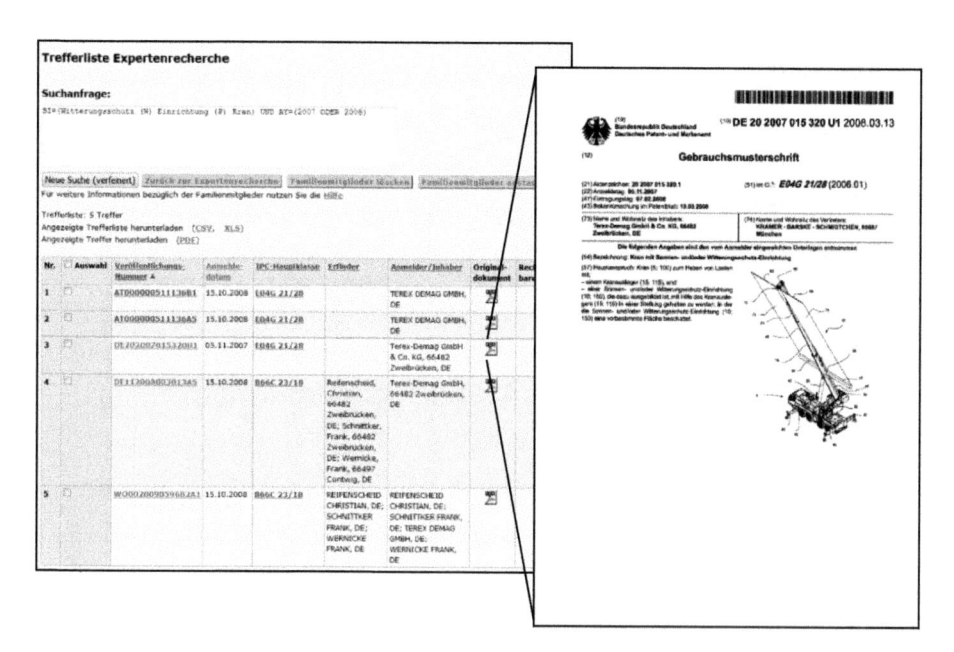

Abb. 3.10: Trefferliste einer Recherche im DEPATISnet des DPMA.

werden, wobei sich das Originaldokument als pdf-Dokument aufrufen lässt. In Abbildung 3.10 ist beispielhaft auch noch die Titelseite der recherchierten Gebrauchsmusterschrift DE 202007015320 U1 abgebildet, die durch einen Klick auf das entsprechende pdf-Logo in der Trefferliste geöffnet wurde.

(ii) Eine Online-Patentrecherche im Espacenet kann – wie beim DEPATISnet – über zwei Recherchemodi erfolgen. Über die Einsteigerrecherche (*Beginner's Search, Smart Search*) kann eine Abfrage in einem einzigen Suchfeld erfolgen, wobei hier die durch Leerzeichen oder entsprechende Operatoren getrennten Suchbegriffe mit oder ohne Feldbezeichner eingegeben werden können. Bei der Expertenrecherche (*Expert Search*) kann dagegen eine komplexere Abfrage gestartet werden. Hierfür stehen zehn Felder zur Verfügung, in denen die Suchbegriffe unter Hinzuziehung von logischen und numerischen Operatoren eingegeben werden können. Des Weiteren kann die Recherche *worldwide* in der Sammlung veröffentlicher Anmeldungen aus über 90 Ländern in der vollständigen Sammlung, einschließlich Volltext veröffentlichter EP-Patentanmeldungen, sowie in der vollständigen Sammlung, einschließlich Volltext veröffentlichter PCT-Anmeldungen, erfolgen.

Als Beispiel sei eine Recherche nach EP-Patenten zu Kranen aus den Jahren 1981 bis 2014 beschrieben, die sich im Detail mit Auslegern beschäftigen. In der Expertenrecherche erfolgt daher eine Einschränkung der Suche auf die Sammlung der veröffentlichten EP-Patentanmeldungen mit einem Veröffentlichungsdatum zwischen 1981 und 2014 (Eingabe im Feld Veröffentlichungsdatum *1981:2014*). Als Kranpatente sollen solche bezeichnet werden, die im Titel den

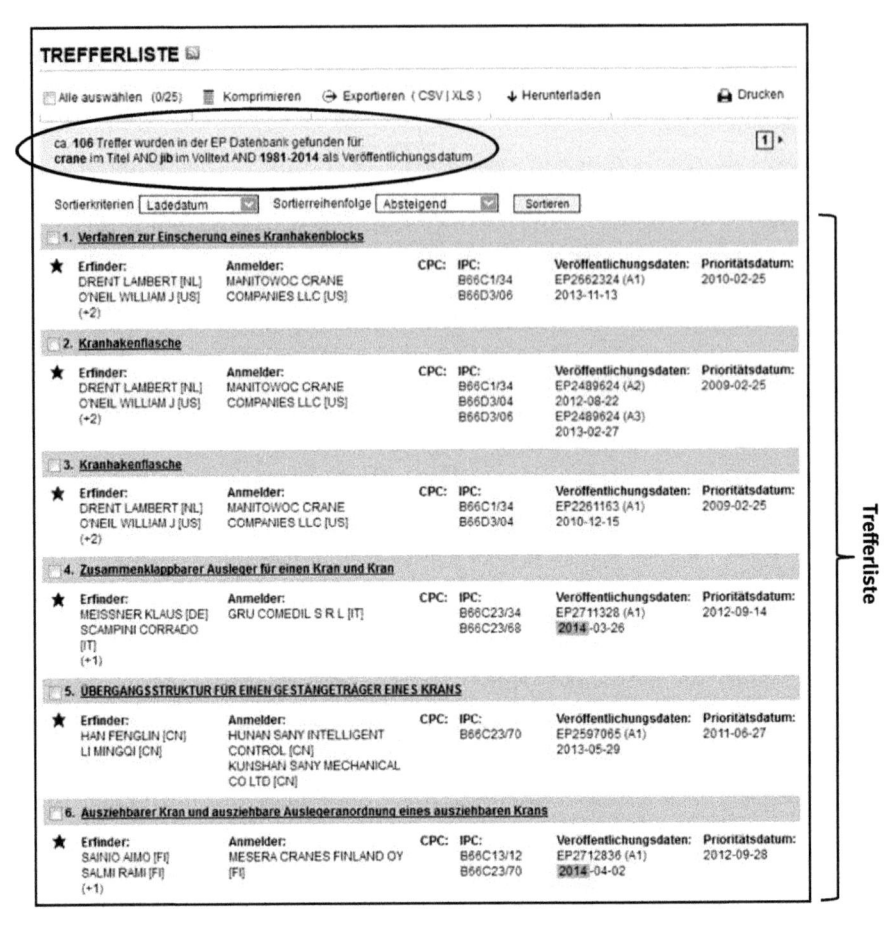

Abb. 3.11: Trefferliste einer Recherche im Espacenet des EPA.

Begriff *crane* beinhalten, wobei zudem im Volltext noch der Begriff *jib* für Ausleger vorkommen soll. Die Expertenrecherche mit den genannten Begriffen ergibt insgesamt 106 Treffer. Abbildung 3.11 zeigt einen Ausschnitt der Trefferliste aus dem Espacenet nach dieser Suchanfrage mit Angaben zu den Titeln der Erfindungen, Erfindernamen, den Anmeldern der Patente sowie der Patentklassifikation und den Veröffentlichungs- und Prioritätsdaten.

(iii) Für die Suche nach US-Patenten stellt das USPTO unter anderem die Datenbanken PatFT (*Patent Full-Text and Image Database*) und AppPT (*Patent Application Full-Text and Image Database*) zur kostenfreien Nutzung zur Verfügung. Auch der Zugang zu diesen beiden Datenbanken kann auf zwei Wegen erfolgen. Zum einen ist eine einfache Suche (*Quick Search*) in zwei frei auswählbaren Suchfeldern möglich, zum anderen können über eine erweiterte Suche (*Advanced Search*) auch komplexe Suchanfragen gestartet werden, wobei hier auch wieder diverse Operatoren sowie die Auswahl zahlreicher Feldnamen (*field codes*) zum Einsatz kommen.

Als Beispiel sei hier kurz die Suche nach US-Patenten, die einer bestimmten Patentklasse zugeordnet sind und sich mit Auslegern von Kranen beschäftigen skizziert. Mit dem Suchbefehl *TTL/crane AND SPEC/("counter jib" OR "jib section") AND CCL/212/$ AND ISD/1/1/1995->12/31/2014* werden erteilte US-Patent in der PatFT recherchiert und 16 Treffer gefunden. Die gefunden Patente sind alle primär in der USPC 212 klassifiziert und wurden zwischen 1995 und 2014 erteilt. Des Weiteren kommt im Titel aller gefunden Patenten mindestens einmal der Begriff *crane* vor und in ihren Patentbeschreibungen die Begriffe *counter jib* oder *jib section*. Abbildung 3.12 zeigt die Trefferliste mit den 16 recherchierten US-Patenten – vom jüngsten Patent US 8.777.026 mit dem Titel *Crane jib transition structure* bis zum ältesten gefunden Patent US 6.089.388 mit dem Titel *Mobile crane*.

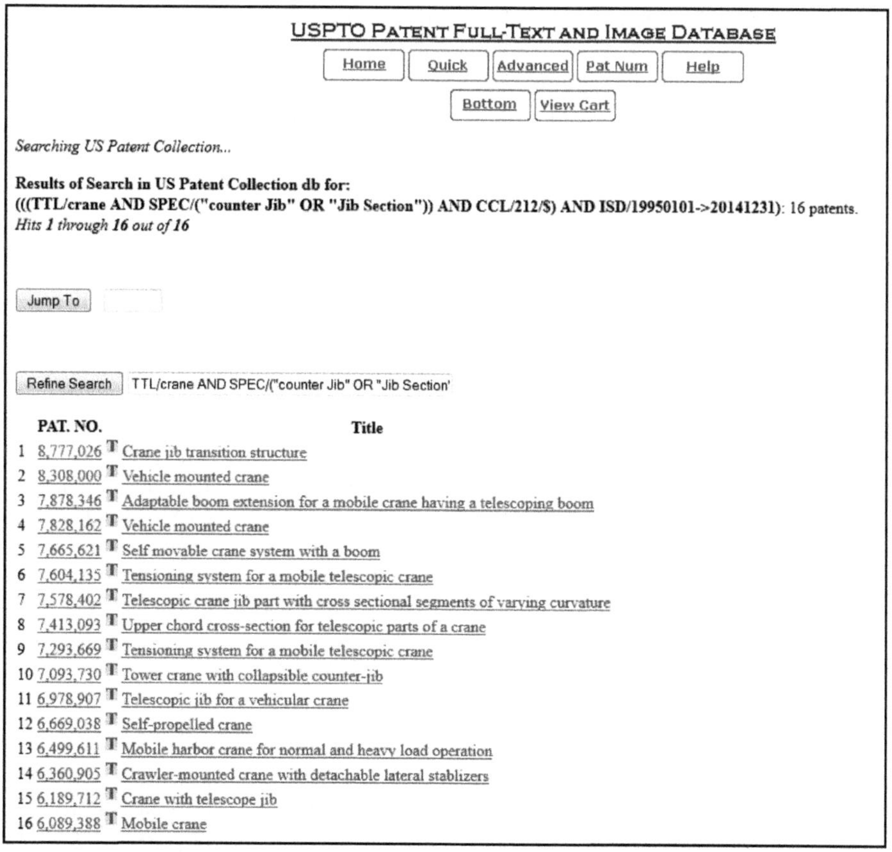

```
                    USPTO PATENT FULL-TEXT AND IMAGE DATABASE
                    Home    Quick   Advanced   Pat Num    Help
                                 Bottom    View Cart

Searching US Patent Collection...

Results of Search in US Patent Collection db for:
(((TTL/crane AND SPEC/("counter jib" OR "jib Section")) AND CCL/212/$) AND ISD/19950101->20141231): 16 patents.
Hits 1 through 16 out of 16

[Jump To]

[Refine Search]   TTL/crane AND SPEC/("counter jib" OR "jib Section"

   PAT. NO.                      Title
 1  8,777,026  T  Crane jib transition structure
 2  8,308,000  T  Vehicle mounted crane
 3  7,878,346  T  Adaptable boom extension for a mobile crane having a telescoping boom
 4  7,828,162  T  Vehicle mounted crane
 5  7,665,621  T  Self movable crane system with a boom
 6  7,604,135  T  Tensioning system for a mobile telescopic crane
 7  7,578,402  T  Telescopic crane jib part with cross sectional segments of varying curvature
 8  7,413,093  T  Upper chord cross-section for telescopic parts of a crane
 9  7,293,669  T  Tensioning system for a mobile telescopic crane
10  7,093,730  T  Tower crane with collapsible counter-jib
11  6,978,907  T  Telescopic jib for a vehicular crane
12  6,669,038  T  Self-propelled crane
13  6,499,611  T  Mobile harbor crane for normal and heavy load operation
14  6,360,905  T  Crawler-mounted crane with detachable lateral stablizers
15  6,189,712  T  Crane with telescope jib
16  6,089,388  T  Mobile crane
```

Abb. 3.12: Trefferliste einer Recherche in der PatFT des USPTO (Quelle: Eigene Darstellung in Anlehnung an United States Patent and Trademark Office 2016).

Nachdem die Suchbefehle zur Recherche in die ausgewählten Patentdatenbanken eingegeben wurden, können die gefunden Treffer zur weiteren Bearbeitung aus den Datenbanken (zum Teil) extrahiert werden. Hierfür stellen die Patentämter unterschiedliche Optionen bereit. So können die Treffer im DEPATISnet heruntergeladen und als CSV-, XML- oder PDF-Dokument (*Comma-separated values*, *Extensible Markup Language* oder *Portable Document Format*) abgespeichert werden. Damit ist eine übersichtliche Anzeige der bibliografischen Daten in einer Tabelle möglich, und mittels Tabellenverarbeitungsprogrammen wie beispielsweise Microsoft Excel sind Auswertungen hinsichtlich Anmelder, Anmeldedatum oder Erfinder möglich.

Tabelle 3.6 zeigt beispielhaft die Veröffentlichungsnummer, das Anmeldedatum, die IPC-Hauptklasse, die Erfinder- und die Anmeldernamen der fünf gefundenen Patente im DEPATISnet, die sich mit Witterungsschutzeinrichtungen bei Kranen auseinandersetzen. Es handelt sich hier um eine Patentfamilie, basierend auf dem DE-Patent 112008003013 A5. Auch die Online-Recherche im Espacenet wird durch die Möglichkeit des Herunterladens der Trefferlisten unterstützt. Zum einen besteht die Möglichkeit – nach Verifizierung mit einem Zifferncode – die gefundene Liste der Patentnummern sowie die erste Seite der zugehörigen Originalpatentschriften als PDF-Dokument herunterzuladen. Zum anderen kann die

Tab. 3.6: Trefferliste der fünf Patente zu Witterungsschutzeinrichtungen bei Kranen mit ausgewählten bibliografischen Daten.

Veröffentlichungs-nummer	Anmelde-datum	IPC-Hauptklasse	Erfinder	Anmelder / Inhaber
AT000000511136B1	15.10.2008	E04G 21/28		Terex Demag GmbH, DE
AT000000511136A5	15.10.2008	E04G 21/28		Terex Demag GmbH, DE
DE202007015320U1	05.11.2007	E04G 21/28		Terex-Demag GmbH & Co. KG, 66482 Zweibrücken, DE
DE112008003013A5	15.10.2008	B66C 23/18	Reifenscheid, Christian, 66482 Zweibrücken, DE Schnittker, Frank, 66482 Zweibrücken, DE Wernicke, Frank, 66497 Contwig, DE	Terex-Demag GmbH, 66482 Zweibrücken, DE
WO002009059682A1	15.10.2008	B66C 23/18	Reifenscheid Christian, DE Schnittker Frank, DE Wernicke Frank, DE	Reifenscheid Christian, DE Schnittker Frank, DE Terex Demag GmbH, DE Wernicke Frank, DE

Trefferliste auch als CSV- oder XLS-Dokument in eine Tabelle zur weiteren Verarbeitung exportiert werden. Zu beachten ist dabei aber, dass *portionsweise* gearbeitet werden muss, da immer nur die angezeigte Trefferliste exportiert wird und bei einer größeren Zahl an gefundenen Treffern zur Ansicht der weiteren Treffer *weitergeblättert* werden muss.

Das USPTO unterstützt den Nutzer bei der Weiterverarbeitung der Trefferliste nur eingeschränkt. Das weitere Sichten der recherchierten US-Patente ist nur dadurch möglich, dass einzelne Patentnummern angeklickt und dann als HTML-Dokument eingesehen und als PDF-Dokument heruntergeladen werden können. Weitere Auswertungen müssen manuell erfolgen.

Nach Abschluss der Online-Durchführungsphase und der Gewinnung und Extraktion der Trefferliste kann die dritte, nachbereitende Offline-Phase der Recherche beginnen.

Nachbereitung (offline)

Bei der Nachbereitung geht es zunächst um das Sichten und Auswerten der Trefferliste. Da bei den angesprochenen Patentämtern DPMA, EPA und USPTO sowie bei den meisten anderen Patentämtern der Welt die recherchierten Patente als PDF-Dokument einzeln eingesehen und dokumentiert werden können, ist somit ein Lesen, Verstehen und anschließendes Bewerten durch den Rechercheur möglich. Dies setzt aber eine sehr gezielte Recherche voraus, da ein manuelles Sichten und Bewerten einer größeren Trefferzahl deutlich zu viel Zeit in Anspruch nehmen würde.

Daher ist die Erstellung von deskriptiven Statistiken hilfreich, um auch eine größere Zahl an Treffern im Vorfeld des Lesens, Verstehens und Bewertens einer Sortierung nach unterschiedlichen Kriterien zu unterziehen. Durch diese Sortierung wird dem Rechercheur die Möglichkeit gegeben, aus einer großen Zahl an Treffern wiederum eine kleinere Zahl zu selektieren. Ein solches Vorgehen sei nachfolgend an einem Beispiel erläutert.

Bezieht sich das Interesse auf Patente zu Kranen, die als PCT-Anmeldungen vor dem 31.12.2014 eingereicht worden sind, kann im DEPATISnet mit den Suchbefehl *AB=Kran UND PC=WO UND PUB<=31.12.2014* eine Online-Recherche durchgeführt werden. Es finden sich insgesamt 94 Treffer, deren bibliografische Daten als CSV- oder XLS-Datei in Excel exportiert werden können. Damit ist nun die Möglichkeit gegeben, unterschiedliche deskriptive Statistiken zu erstellen, die beispielsweise Auskunft über die Top CPC- oder IPC-Klassen, die patentaktivsten Anmelder oder Erfinder sowie auch über die Anmeldeaktivitäten im Zeitverlauf geben können.

Abbildung 3.13 zeigt für dieses Fallbeispiel die TOP-Anmelder zu Kranpatenten, und es ist zu erkennen, dass neben Unternehmen wie dem Liebherr Werk Biberach, Demag Cranes & Components, Palfinger oder Atecs Mannesmann auch

Anzahl der PCT-Anmeldungen

Anmelder	Anzahl
Liebherr Werk Biberach, DE	7
Demag Cranes & Components GmbH	7
Palfinder AG, AT	7
Noell Crane Sys GmbH, DE	2
Siemens AG, DE	2
Wobben, Aloys, DE	2
Elin Energieversorgung, AT	2
FM Patentverwertung KG, DE	1
Cargolifter AG, DE	1
Atecs Mannesmann AG, DE	1
Gru Comedil SRL, IT	1
Hatecke GmbH, DE	1
Heijmans Oevermann GmbH, DE	1

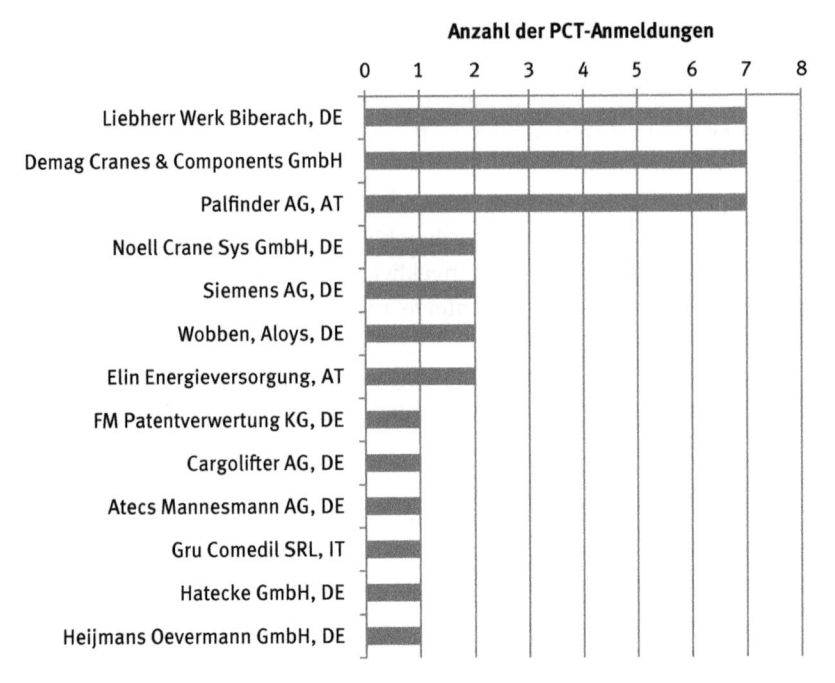

Abb. 3.13: Top Anmelder der PCT-Anmeldungen zu Kranen (Quelle: Eigene Darstellung).

Einzelpersonen als patentaktive Anmelder auftreten. So hat z.B. Aloys Wobben zwei PCT-Anmeldungen getätigt, die nun gegebenenfalls von besonderem Interesse sein könnten. Damit wären statt der 94 recherchierten Patente nur die beiden PCT-Anmeldungen von Aloys Wobben einer manuellen Sichtung zu unterziehen.

Eine weitere Möglichkeit der Nachbereitung der Trefferliste wäre eine Trendanalyse. Abbildung 3.14 zeigt die recherchierten 94 PCT-Anmeldungen hierfür im Zeitverlauf von 1994 bis 2014, und es ist zu erkennen, dass die Anmeldezahlen – mit einigen Schwankungen – in den letzten Jahren angestiegen sind und dass im Jahr 2013 mit 15 Anmeldungen das bisherige Maximum erreicht wurde.

Auch diese Nachbereitung der Trefferliste zeigt, wie zur Unterstützung des Rechercheurs die Zahl der zu lesenden Patente eingeschränkt wird, indem gegebenenfalls nur einzelne PCT-Anmeldungen aus bestimmten Jahren weiter bearbeitet werden und dann vielleicht hinsichtlich der Patentklassen gesichtet und einer Bewertung unterzogen werden.

Bei der Nachbereitung geht es also um eine erste Auswertung der Trefferliste hinsichtlich relevanter und irrelevanter Treffer. Grundsätzlich ist es das Ziel der Patentrecherche, (möglichst) alle relevanten Patentinformationen bzw. Patentdokumente zu finden. Nicht zum Rechercheproblem passende Suchergebnisse und -treffer an

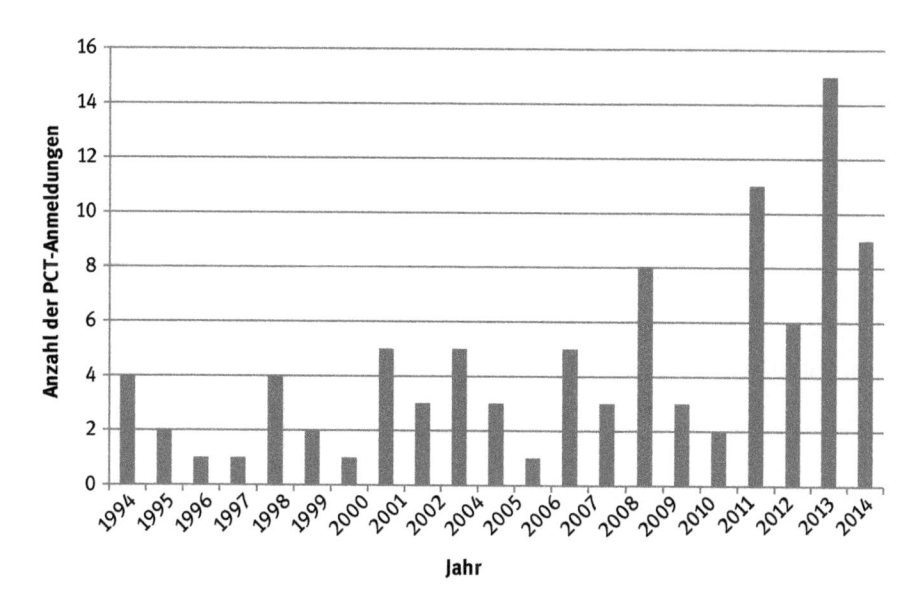

Abb. 3.14: PCT-Anmeldungen zu Kranen im Zeitverlauf (Quelle: Eigene Darstellung).

Informationen und Dokumenten sind Ballast und stören daher nur (vgl. hierzu und im Folgenden Stock 2007). Eine Messung bzw. Abschätzung der Recherchequalität ist mit den beiden Qualitätsmaßen *Recall* und *Precision* möglich (Henrich 2008 sowie Salton und McGill 1983). *Recall* erfasst dabei die Recherchevollständigkeit und *Precision* die Recherchegenauigkeit (im Sinne von Ballastfreiheit).

Abbildung 3.15 zeigt die grafische Mengendarstellung von *Recall* und *Precision*, wobei a die Menge der gefundenen relevanten Treffer, b die nicht relevanten Informationen und Dokumente, die in der Treffermenge enthalten sind (Ballast) und c die nicht gefundenen relevanten Informationen und Dokumente bezeichnet. Mit d werden die nicht relevanten und auch nicht gefundenen Dokumente bezeichnet, und so ergibt sich die gesamte Dokumentenmenge aus der Summe von a, b, c und d.

Den genannten Mengen a, b und c entsprechend, können die beiden Qualitätsmaße *Recall* und *Precision* zur Bestimmung der Recherchequalität wie folgt bestimmt werden:

$$Recall = \frac{a}{a+c} = \frac{\text{Anzahl der relevanten Dokumente im Suchergebnis}}{\text{Gesamtzahl der relevanten Dokumente}}$$

$$Precision = \frac{a}{a+b} = \frac{\text{Anzahl der relevanten Dokumente im Suchergebnis}}{\text{Gesamtzahl der Dokumente im Suchergebnis}}$$

Der *Recall* errechnet sich somit als Quotient aus der Anzahl der relevanten Informationen und Dokumente im Suchergebnis und der Gesamtzahl der relevanten

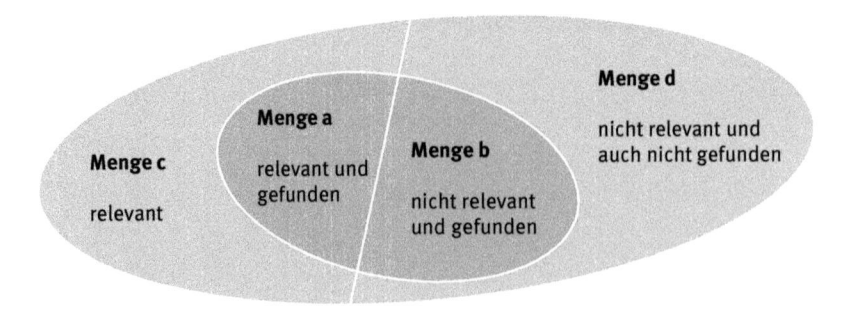

Abb. 3.15: Grafische Mengendarstellung von Recall und Precision (Quelle: Eigene Darstellung).

Informationen und Dokumente. Die *Precision* ergibt sich als Quotient aus der Anzahl der relevanten Informationen und Dokumente im Suchergebnis und der Gesamtzahl der Informationen und Dokumente im Suchergebnis.

Es ist zu erkennen, dass nur die *Precision* genau gemessen werden kann, da sich die Werte für *a* und *b* experimentell erheben lassen. Der *Recall* hingegen ist ein reines Konstrukt, da die relevanten nicht gefundenen Informationen und Dokumente – also c – nicht direkt messbar sind. Gleichwohl ist das Konstrukt *Recall* in Verbindung mit *Precision* in einem Denkmodell nützlich. So ist nämlich festzustellen, dass eine Erhöhung des *Recall* gleichzeitig zu einer Verringerung der *Precision* führen kann, d.h. die Recherchevollständigkeit geht mit einem schlechteren Grad der Recherchegenauigkeit (sprich Ballast) einher. Zu beachten ist, dass der umgekehrt proportionale Zusammenhang bei einer Recherche nach einem konkreten Patent, wie beispielsweise nach dem WO-Patent 2009/059682 A1, nicht gilt. Bei einer solchen Faktenabfrage ist bei der methodisch sauberen Recherche der *Recall* wie auch die *Precision* genau gleich 1. Der umgekehrt proportionale Zusammenhang ist aber für sämtliche problemorientierten Rechercheanfragen zu beobachten. Werden nämlich alle nicht relevanten Informationen und Dokumente in einer Patentdatenbank gefunden, so beinhaltet die Trefferliste neben den relevanten eben auch alle nicht relevanten Informationen und Dokumente. Der *Recall* wäre 1 und der Ballast riesig. Damit ist das Rechercheergebnis unbrauchbar. Im Umkehrschluss folgt aber, dass nur eine Vermeidung von Ballast die Recherchegenauigkeit erhöht und im Idealfall eine *Precision* von 1 ein völlig ballastfreies Rechercheergebnis liefern würde. Aber auch ein solches Ergebnis wäre unbrauchbar, da zu viele Informationen und Dokumente gar nicht erst gefunden werden. Die Kunst des Rechercheurs besteht daher in einem ausgewogenen Wechselspiel zwischen *Recall* und *Precision*.

Am Ende der Nachbereitungsphase sind alle Rechercheergebnisse aufzubereiten und zu dokumentieren (SIGNO 2010). Eine Nachbereitung umfasst die Überführung des Rechercheprotokolls (Transkripts) in eine Textdatei sowie – bei Bedarf – das

Abspeichern der Dokumentennachweise in einer Arbeitsplatzdatenbank. Des Weiteren ist ein Recherchebericht zu erstellen. Der Recherchebericht sollte folgende Teile enthalten:
- Recherchethema
- Einschätzung der Rechercheergebnisse
- Frageprofil (Verknüpfte Notationen, Schlüsselwörter, Deskriptoren, Autoren, Körperschaft, Dokumentenart, Zeiträume, Länderspektrum, Erfinder, Anmelder, Familiengröße, Zitierungen u.a.)
- Genutzte Datenbanken
- Anmerkungen zur Recherchestrategie und damit zur angestrebten Recherchegenauigkeit und Recherchevollständigkeit
- Liste der Dokumentennachweise
- Statistische Weiterverarbeitung der Rechercheergebnisse (z.B. Rang- und Zeitreihen)
- Volltexte nachgewiesener Dokumente
- Kontaktadresse.

Eine abschließende Präsentation der Rechercheergebnisse sollte dann mit der Übergabe der Rechercheergebnisse in der Patentabteilung, der Forschungs- und Entwicklungsabteilung (FuE) bzw. im Innovationsmanagement und/oder im Patentmanagement eines Unternehmens erfolgen. Dann kann entschieden werden, ob ein weiteres Durchschreiten der drei Recherchephasen mit neuen, modifizierten Suchbefehlen erfolgen soll oder ob mit den Rechercheergebnissen der Einstieg in den zweiten *Freedom-to-Operate*-Prozess (FTO-Prozess) – die Analyse von Patenten – erfolgen kann.

3.6 Literaturverzeichnis zum Recherchekapitel

Adams, S. (2001). Comparing the IPC and the US classification systems for the patent searcher. World Patent Information, Vol. 23, S. 15–23.

Alisch, K. und Winter, E. (Hrsg) (2005). Gabler Wirtschaftslexikon. 16., vollst. überarb. u. akt. Aufl, GWV Fachverlage GmbH, Wiesbaden.

Bendl, E. und Weber, G. (2013). Patentrecherche und Internet. 4. Auflage, Rdn. 125. Carl Heymanns Verlag, Köln.

Behrmann, N. (1998). Technisches Wissen aus Patenten. Eine empirische Untersuchung auf der Grundlage von Ansätzen des Wissensmanagements. Dissertation Nr. 2104, Universität St. Gallen, Difo-Druck GmbH, Bamberg.

Bergmann, I. (2011). Patentverletzungen in der Biotechnologie – Einsatz semantischer Patentanalysen. Gabler Verlag, Wiesbaden.

Bergmann, I.; Möhrle, M. G.; Walter, L.; Butzke, D.; Erdmann, V. A. und Fürste, J. P. (2007). The Use of Semantic Maps for Recognition of Patent Infringements. A Case Study in Biotechnology. In: Holger Ernst und Hans G. Gemünden (Hrsg.). Open Innovation Between and Within Organizations. Zeitschrift für Betriebswirtschaft – Special Issue 4/2007, S. 69–86.

Birkner, M. (2009). Mehrwerte kostenpflichtiger Patentdatenbanken Im Vergleich zum Leistungsumfang kostenfreier Patentdatenbanken. Hochschule der Medien, Stuttgart.

Bonino, D.; Ciaramella, A. und Corno, F. (2010). Review of the state-of-the-art in patent information and forthcoming evolutions in intelligent patent informatics. World Patent Information, Vol. 32, S. 30–38.

Däbritz, E. (2001). Patente – Wie versteht man sie? Wie bekommt man sie? Wie geht man mit ihnen um? 2. Aufl., Verlag C. H. Beck, München.

Deutsches Patent- und Markenamt (2009). DPMAinformativ – Informationen über Patentdokumente des In- und Auslands. Version 2.7 – 05/2009. Siehe unter http://www.dpma.de/ponline/ipia/03_DPMAinformativ_IPIA.pdf, Abruf 17.03.2015.

Deutsches Patent- und Markenamt (2015). DEPATISnet – Einführung. Siehe unter https://depatisnet.dpma.de/DepatisNet/depatisnet?action=einfuehrung, Abruf 22.04.2015.

Ensthaler, J. und Strübbe, K. (2006). Patentbewertung – Ein Praxisleitfaden zum Patentmanagement. Springer Verlag, Berlin, Heidelberg, New York.

Ernst, H. (1996). Patentinformationen für die strategische Planung von Forschung und Entwicklung. Betriebswirtschaftslehre für Technologie und Innovation, DUV Wirtschaftswissenschaft, Wiesbaden.

Ernst, H. (2003). Patent information for strategic technology management. World Patent Information, Vol. 25 (3), S. 233–242.

Europäisches Patentamt (2011). IP teaching kit. Siehe unter http://www.epo.org/learning-events/materials/kit_de.html, Abruf 03.03.2015.

Europäisches Patentamt (2015a). Annual Reports. Siehe unter http://www.epo.org/about-us/annual-reports-statistics/annual-report.html, Abruf 26.05.2015.

Europäisches Patentamt (2015b). Newsletter des EPA vom 2.1.13. EPA und USPTO führen gemeinsame Patentklassifikation ein. Siehe unter http://www.epo.org/news-issues/news/2013/20130102_de.html, Abruf 13.04.2015.

Harvard Business Manager (2012). So beherrschen Sie Big Data. Ausgabe November 2012. ISSN 0945–6570.

Henrich, A. (2008). Information Retrieval 1 – Grundlagen, Modelle und Anwendungen. Version 1.2. Otto-Friedrich-Universität Bamberg. Siehe unter http://www.uni-bamberg.de/fileadmin/uni/fakultaeten/wiai_lehrstuehle/medieninformatik/Dateien/Publikationen/2008/henrich-ir1-1.2.pdf Abruf 04.08.2015.

Knight, J. H. (2004). Patent Strategy: For Researchers and Research Managers, 2. ed., Chichester, John Wiley & Sons.

Kogut, B. und Zander, U. (1992). Knowledge of the Firm – Combinative Capabilities and the Replication of Technology. Organization Science, Vol. 3(3), S. 383–397.

Lehmann, F. und Schneller, A. (2003). Patentfibel – Von der Idee bis zum Patent. N-transfer GmbH und Lizenzgeber. Siehe auch unter http://www.technologieallianz.de/webtemp/Patent-fibel1fa2769d.pdf, Abruf 03.03.2015.

List, J. (2008). Free patent databases come of age. World Patent Information, Vol. 30, S.185–186.

Lupu, M.; Mayer, K.; Tait, J. und Trippe, A. J. (Eds.) (2011). Current Challenges in Patent Information Retrieval. Springer-Verlag, Berlin, Heidelberg.

Mersch C. (2013). Die Welt der Patente – Soziologische Perspektive auf eine zentrale Institution der globalen Wissensgesellschaft. transcript Verlag, Bielefeld.

Mes P. (2015). Patentgesetz, Gebrauchsmustergesetz: PatG, GebrMG – Kommentar. 4., neu bearbeitete Auflage. C. H. Beck, München.

Möhrle, M. G. und Walter, L. (Hrsg.) (2009). Patentierung von Geschäftsprozessen. Monitoring – Strategien – Schutz. Springer Verlag, Berlin, Heidelberg.

Möhrle, M. G. und Walter, L. (2013). Workflow-orientierte Patentrecherche zu elektronischen Geschäftsprozessen. WiSt – Wirtschaftswissenschaftliches Studium, Heft 12, S. 668–673.

Möhrle, M. G.; Walter, L.; Bergmann, I.; Bobe, S. und Skrzipale, S. (2010). Patinformatics as a Business Process: A Guideline through Patent Research Tasks and Tools. World Patent Information, Vol. 32, S. 291–299.

Molewski, K. (1986). Aufbau, Systematik und Anwendung der Internationalen Patentklassifikation (IPC). Carl Heymanns Verlag KG, München, Köln, Berlin, Bonn.

Park, J. (2005). Evolution of Industry Knowledge in the Public Domain: Prior Art Searching for Software Patents. Script-ed, Vol. 2(1), S. 47–70.

PatV (2003). Verordnung zum Verfahren in Patentsachen vor dem Deutschen Patent- und Markenamt. Patentverordnung vom 1. September 2003. Siehe unter http://www.dpma.de/docs/service/formulare/patent/2/p2790a.pdf, Abruf 22.05.2015.

Rebel, D. (2001). Gewerbliche Schutzrechte – Anmeldung, Strategie, Verwertung. Carl Heymanns Verlag KG, Köln.

Register des DPMA (2015). Amtliche Publikations- und Registerdatenbank. Siehe unter https://register.dpma.de/DPMAregister/blattdownload/pat, Abruf 12.05.2015.

Salton, G. und McGill, M. J. (1983). Information Retrieval – Grundlegendes für Informationswissenschaftler. McGraw-Hill, Hamburg.

Schellner, I. (2002). Japanese File Index Classification and F-terms. World Patent Information, Vol. 24, S. 197–201.

Schmitz, J. (2010). Patentinformetrie: Analyse und Verdichtung von technischen Schutzrechtsinformationen. DGI-Schrift, Bd. 12. DGI, Frankfurt.

SIGNO (2010). Standard für Recherchen zu gewerblichen Schutzrechten. Qualitätsvereinbarung der SIGNO-Partner und des PIZ-Netzwerkes. Siehe unter http://www.signo-deutschland.de/e5072/e6133/SIGNORecherche-Standard_Januar2010.pdf, Abruf 07.05.2015.

Sternitzke, C. (2008). Betriebswirtschaftliche Patentportfoliobewertung: Eine informationswissenschaftliche Perspektive. Dissertation an der Universität Bremen, Bremen.

Stock, W. G. (2007). Information Retrieval: Informationen suchen und finden. Oldenbourg Verlag, München.

Suhr, C. (2000). Patentliteratur und ihre Nutzung. Der Leitfaden zu den Quellen technischer Kreativität. Expert-Verlag, Renningen-Malmsheim.

Umlauf, K. (2015). Einführung in die bibliothekarische Klassifikationstheorie und -praxis, Berliner Handreichungen zur Bibliotheks- und Informationswissenschaft, Mit Übungen. Berlin. Siehe unter http://www.ib.hu-berlin.de/~kumlau/handreichungen/h67/, Abruf 26.05.2015.

United States Patent and Trademark Office (2015). U.S. Patent Statistics Chart Calendar Year 1963–2014. Siehe unter http://www.uspto.gov/web/offices/ac/ido/oeip/taf/us_stat.htm, Abruf: 26.05.2015.

United States Patent and Trademark Office (2016). Patent Full-Text and Image Database. Siehe unter http://patft.uspto.gov/netahtml/PTO/search-adv.htm, Abruf 12.02.2016.

Vitt, J. (1998). Schlüsselerfinder in der industriellen Forschung und Entwicklung: Strategien für das Akquisitionsmanagement in Unternehmen. Betriebswirtschaftslehre für Technologie und Innovation: Bd. 27, DUV Wirtschaftswissenschaft, Wiesbaden.

Wagner, M. H. und Thieler, W. (2001). Wegweiser für den Erfinder – Von der Aufgabe über die Idee zum Patent. Springer-Verlag, Berlin, Heidelberg.

Walter, L. und Bergmann, I. (2008). Patentlandkarte enttarnt Ähnlichkeiten und zeigt Potenziale – Durchblick im Patente-Dschungel. Impulse aus der Forschung 2/2008, Universität Bremen, S. 30–31.

Walter, L. und Gerken, J. (2011). Patentmanagement. Carl von Ossietzky Universität Oldenburg, Center für lebenslanges Lernen C3L. ISSN 1869–2958.

Weisse, R. (2014). Erfindungen, Patente, Lizenzen. Ratgeber für die Praxis. 4. Aufl., Springer Vieweg, Berlin, Heidelberg.

Weltorganisation für geistiges Eigentum (2009). Guide to technology databases. Siehe unter http://www.wipo.int/edocs/pubdocs/en/patents/434/wipo_pub_l434_11.pdf, Abruf 26.05.2015.

Weltorganisation für geistiges Eigentum (2015). List of WIPO Standards, Recommendations and Guidelines. Siehe unter http://www.wipo.int/standards/en/part_03_standards.html, Abruf 26.05.2015.

4 Analyse von Patenten

Erst zweifeln, dann untersuchen, dann entdecken.
Henry Thomas Buckle (*1821; †1862)

Die Analyse der recherchierten Patentinformationen bietet die Möglichkeit, externes technisches Wissen gezielt aus Patenten zu erschließen. So können beispielsweise Erkenntnisse über neue Produkte und Verfahren gewonnen werden. Patentanalysen sind daher für viele technologieorientierte Unternehmen ein wesentliches Hilfsmittel des Managements, insbesondere des operativen und strategischen Patentmanagements, um das in Patenten gebundene technische Wissen erfolgsstrategisch zu nutzen. In diesem Kapitel geht es daher um die Analyse von Patenten.

Zu Beginn wird in Abschnitt 4.1 dargelegt, warum Patentanalysen überhaupt durchgeführt werden. Des Weiteren wird neben der Erläuterung, was unter einer Analyse im Allgemeinen und einer Patentanalyse im Speziellen zu verstehen ist, die gebührende Sorgfalt bei der Vorgehensweise einer Patentanalyse thematisiert. Abschnitt 4.2 stellt dann verschiedene Werkzeuge zur quantitativen (statistischen) und qualitativen (inhaltlichen) Durchführung von Patentanalysen vor, und es werden die hierfür eingesetzten Data-Mining und Text-Mining-Techniken zur Erstellung deskriptiver Statistiken, respektive semantischer Strukturen, erläutert. Im Detail geht es an dieser Stelle um die Tabellenverarbeitungssoftware Excel der Microsoft Corporation und um die semantische Patentanalysesoftware PatVisor® des Instituts für Projektmanagement und Innovation (IPMI) der Universität Bremen. An einem Fallbeispiel werden dann in Abschnitt 4.3 quantitative Patentanalysen demonstriert, welche zeigen, wie mit diesen metadatenbasierten Analysen Trendverläufe, Wettbewerberrangfolgen, Zitationsnetzwerke und Kennzahlendarstellungen erstellt werden können, um gezielt Wissen für das Patentmanagement bereitzustellen. Abschnitt 4.4 widmet sich den qualitativen Patentanalysen und zeigt an einem weiteren Fallbeispiel, wie mit textbasierten, semantischen Analysen gezielt Wissen aus den Patenten extrahiert werden kann. Insbesondere werden hier die auf semantische Patentanalysen basierenden Ähnlichkeitskurven, Ähnlichkeitsmatrizen, Term-Dokument-Matrizen, Patentlandkarten und Fahrspurdiagramme vorgestellt. Diese visualisierten Analyseergebnisse können dann zur Entscheidungsfindung im Patentmanagement herangezogen werden. Der Abschnitt 4.5 zeigt rechtliche Risiken und Chancen auf, die aus eigenen oder fremden Patenten erwachsen und thematisiert die rechtsbezogenen Patentanalysen. Konkret geht es dabei um die Verletzungsvermutung, Verletzungsabwehr und die wechselseitige Verletzungsvermutung im Rahmen eines Interferenzverfahrens. Der abschließende Abschnitt 4.6 beinhaltet das Literaturverzeichnis zum Analyseteil.

4.1 Warum Patentanalysen?

Patentanalysen sind notwendig, um das Patentierverhalten von Unternehmen unter Berücksichtigung der Patentinformationen zu untersuchen. Das Ziel besteht darin, Entscheidungshilfen und Handlungsempfehlungen für das strategische Patentmanagement abzuleiten. Die Patentanalysen stellen damit eine wichtige Stufe der Realisierung der Ausübungsfreiheit (*Freedom-to-Operate* (FTO)) von Unternehmen dar, denn sie erfassen frühzeitig den Entwicklungsstand einer Technologie, liefern eine Einschätzung bezüglich der Entwicklungstendenzen in konkurrierenden Unternehmen, ermitteln fremde Schutzrechte, welche die eigenen Aktivitäten behindern, zeigen Situationen auf, in denen Einsprüche gegen fremde Schutzrechte erhoben werden müssen, geben Impulse für die Ideenfindung zu neuen Produkten und Verfahren oder bestimmen die technologische Problemlösungskompetenz eines Unternehmens und seiner Wettbewerber.

Die Patentanalyse ist also ein wichtiges Instrument im Patentmanagement. Im Folgenden wird dargelegt, was unter Analysen im Allgemeinen und unter Patentanalysen im Speziellen zu verstehen ist, um dann auf die Vorgehensweise bei Patentanalysen im Detail einzugehen.

4.1.1 Analysen im Allgemeinen und Patentanalysen im Speziellen

Unter Analyse versteht man allgemeinhin Verfahren und Methoden, bei denen durch die Zergliederung eines Objektes in elementare Bestandteile Erkenntnisse gewonnen werden. Diese Bestandteile können dann geordnet sowie anschließend untersucht und ausgewertet werden. Die Beziehungen und Wirkungen zwischen den Bestandteilen werden dabei unter verschiedenen Gesichtspunkten betrachtet, sei es hinsichtlich logischer Beziehungen bei Schlussketten, kausaler Beziehungen bei Ereignissen, zeitlicher Beziehungen bei Handlungen oder räumlicher Beziehungen bei Abbildungen (Lorenz 1987).

Zur Durchführung von Analysen können verschiedene Werkzeuge eingesetzt werden, die der Auswertung der recherchierten Informationen nach quantitativen und qualitativen Gesichtspunkten sowie der Interpretation der gewonnenen Daten dienen. Die quantitativen Analysen werden dabei durch Data-Mining-Techniken unterstützt, die qualitativen Analysen durch Text-Mining-Techniken.

Handelt es sich bei den Analyseobjekten um Schutzrechte wie Patente, wird von Patentanalysen gesprochen. Patentanalysen umfassen die Sammlung und Auswertung technischer Schutzrechte und dienen unter anderem der Beobachtung der Aktivitäten von Wettbewerbern, der Ermittlung der technologischen Position eines patentaktiven Unternehmens in einem Technologiefeld oder der Anregung von Technologieentwicklungen in einem Unternehmen. Die Analysen dienen also zahlreichen

Zwecken, und es lassen sich verschiedene Anwendungsfelder für Patentanalysen unterscheiden (siehe hierzu und im Folgenden Ernst 1996):
- Die *technologische Wettbewerberanalyse* soll die Patentaktivitäten der Wettbewerber frühzeitig identifizieren und technologische Veränderungen anzeigen, um dem analysierenden Unternehmen eine flexible Anpassung strategischer Handlungsalternativen zu ermöglichen. Da viele technische Neuerungen, die für ein Unternehmen relevant werden können, außerhalb der eigenen Branche entstehen, kommt der Patentanalyse eine besonders hohe Bedeutung zu. Ergänzend zur Beschaffung von Wettbewerberinformationen durch Messebesuche, Kundenbefragungen oder Recherchen im World Wide Web liefern Patentanalysen weitergehende Informationen über entscheidende Akteure und Entwicklungen, die auf den genannten herkömmlichen Wegen der Informationsbeschaffung womöglich nicht als Wettbewerber erkannt wurden und deren technologische Lösungsansätze somit noch nicht bekannt sind.

    Bei der Analyse von Patenten fungieren im Rahmen technologischer Wettbewerberanalysen zum einen die Gruppe der relevanten Wettbewerber und zum anderen die für das jeweilige Unternehmen relevanten Technologien als Ausgangspunkte. Im ersten Fall wird das Patentierverhalten analysiert, um unternehmensspezifische Technologie- bzw. Geschäftsfeldstrategien zu bewerten, im zweiten Fall geht es darum, attraktive Technologien, die potenzielle Wettbewerbsvorteile versprechen, zu identifizieren.

- Neben grundsätzlichen strategischen, operativen und taktischen Aufgaben zielt das *Forschungs- und Entwicklungsmanagement* (FuE-Management) im Speziellen auf den internen Erwerb neuen technologischen Wissens und auf die Auswahl von Technologien, die der Sicherung der zukünftigen Wettbewerbssituation des Unternehmens dienen. Angesichts knapper FuE-Ressourcen können für diese Aufgaben Technologieportfolios als Planungsinstrument eingesetzt werden, welche die Technologiepositionen der zu analysierenden Unternehmen im Vergleich zum Wettbewerb abbilden. Zu diesem Zweck werden dort in einem zweidimensionalen Koordinatensystem die vom Unternehmen beeinflussbaren Faktoren den nicht direkt vom Unternehmen beeinflussbaren Faktoren gegenübergestellt. Beinhalten diese Faktoren Patentinformationen, handelt es sich bei den Portfolios um Patenportfolios.

    Bei den Patentportfolios wird auf der Abszisse eines Koordinatensystems die relative Patentposition des zu betrachtenden Unternehmens im Verhältnis zum stärksten Wettbewerber im jeweiligen Technologiefeld oder zum stärksten Patentanmelder im Technologiefeld abgetragen. Die Attraktivität der Technologie kann beispielsweise als die durchschnittliche Wachstumsrate der Patentanmeldungen in einem bestimmten Zeitraum angesehen werden. Sie wird auf der Ordinate des Koordinatensystems abgetragen, und eine hohe Attraktivität bedeutet in diesem Falle eine hohe Wachstumsrate bei den Anmeldungen. Die Technologiebedeutung kann durch die Größe eines in das Koordinatensystem einzutragenden Kreises abgebildet werden, der z.B. den Anteil der Patentanmeldungen in einem Technologiefeld relativ zur Gesamtheit der Anmeldungen des Unternehmens widerspiegelt. Eine große Kreisfläche weist dann auf eine hohe Bedeutung hin.

Alles in allem verknüpfen die Patentportfolios die Elemente der technologischen Wettbewerbsanalysen miteinander und erlauben eine grafische Darstellung des Patent-Benchmarkings zwischen Unternehmen zur Beurteilung ihrer Attraktivität in einzelnen Technologiefeldern.

– Patentanalysen geben zudem Einblick in externes technisches Wissen, und sie können bei einer *externen Technologiebeschaffung* wie der Lizenzannahme, bei FuE-Kooperationen oder der technologieorientierten Akquisition von Unternehmen hilfreich sein. Oft ist es so, dass in anderen Technologiebereichen Wissen existiert, das im eigenen Unternehmen erfolgsstrategisch eingesetzt werden könnte. So kann ein Aufspüren externer Technologien zur Überwindung des *not-invented-here*-Syndroms beitragen (Lichtenthaler und Ernst 2006). Mögliche Lizenzgeber, Kooperationspartner oder Akquisitionskandidaten lassen sich mittels Patentrecherche ermitteln, und eine anschließende Patentanalyse ermöglicht die Bewertung der Technologieposition und ihrer Ausrichtung sowie ihrer zeitlichen Veränderung (Dreßler 2006).

– Ein weiteres Anwendungsfeld für Patentanalysen stellt das *Patentportfolio-Management* dar.

„*Die generelle Aufgabe des Patentportfolio-Managements besteht darin, die Kommerzialisierung des im Unternehmen vorhandenen Wissens zu verbessern, um somit den finanziellen Rückfluss aus dem gesamten Patent-Portefeuille zu maximieren. Dabei wird insbesondere das Ziel verfolgt, externe kommerzielle Nutzungsmöglichkeiten für eigene Patente zu identifizieren*" (Ernst 1996, S.128–129).

Mögliche Potenziale der Verwertung eigener patentierter Technologien können beispielsweise auf Basis von Zitationsanalysen erfolgen. Patentzitate werden als Indikator für die Qualität eines Patents angesehen, da der Wert einer Erfindung offenbar mit der Anzahl ihrer Zitationen korreliert (Gambardella et al. 2008, Harhoff et al. 1999 sowie von Wartburg et al. 2005). Damit ist eine ökonomische Wertbestimmung von eigenen wie auch von Patenten der Wettbewerber durch die Analyse der Relation empfangener Zitate und Erfolgsvariablen (Marktwert) gegeben (Breitzman und Thomas 2002 sowie Harhoff et al. 2003).

Das Patentportfolio-Management ist mittlerweile zu einem wichtigen Bestandteil des Patentmanagements geworden, weil es durch einen aktiven Umgang mit den eigenen Patenten und jenen der Wettbewerber zur Sicherung des geistigen Eigentums beiträgt.

– Die Analyse von Patenten kann auch für Zwecke der *Marktüberwachung* eingesetzt werden. Die Marktüberwachung dient einer kontinuierlichen Absicherung technologischer Positionen und bedarf einer expliziten Patentstrategie

bzw. Schutzrechtsstrategie, die eng mit der Unternehmensstrategie verknüpft ist: *„A business strategy is incomplete unless it adresses intellectual property"* (Shapiro 1990, S.42). Eine optimale Patentstrategie ist somit unter Berücksichtigung der internen Kompetenzen des Unternehmens und des externen Umfelds zu gestalten, mit dem Ziel, einen optimalen Schutz des geistigen Eigentums zu gewährleisten, um dadurch Marktpositionen langfristig zu sichern.
- Last but not least sei noch das *FuE-Personalmanagement* als Anwendungsfeld für Patentanalysen erwähnt. Das FuE-Personalmanagement befasst sich mit der Auswahl, der Beschaffung, dem Einsatz und der (Weiter-)entwicklung von FuE-Mitarbeitern, über die – sofern sie patentaktiv sind – durch die Analyse der Patente Informationen erlangt werden können. So ist es beispielsweise möglich, anhand eines metadatenbasierten Patentkennzahlensystems, mit dem sich die Zahl von Schlüsselerfindern in einem Unternehmen feststellen lässt, die Fluktuation und Leistungsveränderungen erfinderisch tätiger Mitarbeiter sowie mögliche Einflussfaktoren zu analysieren, um aus den Ergebnissen Handlungsempfehlungen für das FuE-Personalmanagement abzuleiten (Vitt 1998). Auf der anderen Seite besteht die Möglichkeit, mittels semantischer Patentanalysen inhaltsbezogene Informationen über die von den Erfindern getätigten Erfindungen herauszuarbeiten, um damit Erfinderprofile zu erstellen, welche Aussagen über das technische *Knowhow* von Erfindern oder Erfinderteams erlauben (Möhrle et al. 2005).

Für all diese Anwendungsfelder stehen zahlreiche Werkzeuge der Patentanalyse bereit, die von Techniken des Data-Mining und Text-Mining Gebrauch machen. Sie ermöglichen computergestützte quantitative und qualitative Analysen und werten gezielt metadatenbasierte, textbasierte und rechtsbezogene Patentinformationen aus. Bevor aber auf die Werkzeuge zur Durchführung von Patentanalysen im Detail eingegangen wird, geht es nachfolgend erst einmal um die Vorgehensweise bei Patentanalysen.

4.1.2 Vorgehensweise bei Patentanalysen

Für sorgfältige Analysen, Prüfungen und Bewertungen von Objekten im Rahmen einer beabsichtigten geschäftlichen Transaktion oder im Bereich des Erwerbs und der Zusammenführung von Unternehmen (*Mergers & Aquisitions* (M&A)) hat sich der Begriff *Due Diligence* eingebürgert. So sind beispielsweise beim Kauf bzw. Tausch von Unternehmensbeteiligungen oder Immobilien durch den Käufer Risikoanalysen mit gebührender Sorgfalt durchzuführen. Diese oftmals im Bereich des Risikomanagements angesiedelten Aktivitäten sollen offensichtliche wie verborgene Chancen und Risiken beim Kaufobjekt aufdecken und die Qualität der Entscheidung für oder gegen ein Objekt verbessern. Es geht hier also um eine sorgfältige Beschaffung, Aufbereitung und Analyse von Informationen.

Sind Unternehmen patentaktiv, steht bei derartigen geschäftlichen Transaktionen auch deren Schutzrechts- bzw. Patentportfolio im Fokus des Interesses. So prüfen zur Gesamtbewertung eines Unternehmens – nicht nur innerhalb geplanter M&As – Banken bei Kreditmittelvergaben börsennotierte Aktienunternehmen hinsichtlich ihres Patentportfolios und führen eine *Due Diligence* durch. In den USA befassen sich auch staatliche Organisationen, wie z.B. die US-Börsenaufsichtsbehörde (*United States Securities and Exchange Commission* (SEC)), mit derartigen Prüfungen zur Unternehmensbewertung.

Auch außerhalb von M&A stehen quantitative Merkmale der Patentportfolios und die daraus ableitbaren Informationen immer wieder im Blickwinkel von Wettbewerbern. Hier sind ebenfalls alle recherchierten Patentinformationen mit *gebührender Sorgfalt* zu analysieren, um aus den Analyseergebnissen nützliche Empfehlungen für das strategische Patentmanagement und die operative Entwicklungstätigkeit ableiten zu können. Folglich ist eine Vorgehensweise im Sinne von *Due Diligence* bei technologie- und wettbewerbsorientierten Patentanalysen zu beachten.

Technologieorientierte Unternehmen achten im Rahmen des Risikomanagements allgemein nicht nur auf juristische und ökonomische Implikationen, die sich aus Patentverletzungen ergeben, sondern nutzen Patentanalysen zudem gezielt für die FTO in den einzelnen Geschäftsfeldern. Somit wird auch hier deutlich, dass eine gebührende Sorgfaltspflicht in der Vorgehensweise bei einer Patentanalyse notwendig ist, um ungenaue, unzutreffende oder gar falsch interpretierte Analyseergebnisse zu vermeiden, die dann gegebenenfalls zu Fehlentscheidungen des Managements führen könnten.

Die Sorgfalt bei Patentanalysen besteht darin, dass die Analyseergebnisse für den Durchschnittsfachmann reproduzierbar und nachvollziehbar ausfallen müssen. Für einen sorgfältigen Prozess, z.B. aus dem Bereich des Qualitätsmanagements, wird unabdingbar eine Prozessvisualisierung – beispielsweise durch Flussdiagramme – verlangt, damit neben der Prozessbeschreibung unmissverständlich skizziert ist, an welchen Stellen eines Prozesses Qualität auf welche Weise erzeugt (nicht gemessen!) wird (Schmidt 1997). Auch für Patentanalysen werden Prozesse vorgeschlagen, die allesamt auf Phasenmodellen aufbauen, sei es auf drei Phasen (Identifikation, Analyse, Evaluation) oder auf vier Phasen, z.B. (i) Definitionsphase, (ii) Entscheidungsphase, (iii) Durchführungsphase und (iv) Beurteilungs- und Empfehlungsphase (vgl. hierzu und im Folgenden Ensthaler und Strübbe 2006 sowie Faix 1998). Im Detail geht es bei diesem auf Faix (1998) zurückgehenden vierphasigen strategischen Patentanalyseprozess um die Bewältigung mehrerer Teilaufgaben:

(i) In der *Definitionsphase* sind die Aufgabenstellung und das Ziel der Analyse festzulegen. Im Kern dieser Phase geht es um die Frage, welche Informationen aus den Patenten für eine weitergehende quantitative und/oder qualitative Analyse herangezogen werden sollen. Eine Eingrenzung kann dabei technologisch, z.B. durch Patentklassifikationen oder Patentzitate, unternehmensfokussiert, z.B. durch Anmelder- oder Erfindernamen, räumlich, z.B. durch den Geltungsbereich der Patente oder dem Herkunftsland der Anmelder, sowie zeitlich, z.B. durch das Anmelde- oder Erteilungsjahr der Patente, erfolgen.

(ii) Nach Festlegung der inhaltlichen Informationsziele können die Aufgaben der *Entscheidungsphase* in Angriff genommen werden. Dabei geht es um die Konkretisierung des Analyseumfelds und die Präzisierung der technologischen und unternehmensbezogenen Analyseebenen. Diese Aufgabe ist eng mit der Patentrecherche verknüpft und legt fest, wo die Informationen gewonnen werden sollen. Des Weiteren wird das methodische Vorgehen zur Auswertung der Patentinformationen bestimmt.

(iii) Nach den beiden vorbereitenden Definitions- und Entscheidungsphasen kann die *Durchführungsphase* der Patentanalyse gestartet werden. Dabei müssen die auf die Fragen und Ziele ausgerichteten Analysen eindeutige Antworten liefern und nicht etwa für Verwirrung oder Unklarheit sorgen. So sollte die Patentanalyse beispielsweise einem Durchschnittsfachmann hinreichend genaue und ausreichende Informationen liefern, um die beanspruchte Erfindung nachvollziehen und ausführen zu können, ohne Versuche im größeren Maßstab anstellen zu müssen. Das heißt, er sollte alle wesentlichen Merkmale des jeweils unter Schutz gestellten Gegenstands oder Verfahrens hinreichend genau identifizieren und aufschlüsseln können. Gelingt dies nicht, müssen gegebenenfalls in der ersten Phase die Aufgabenstellung und das Ziel neu konkretisiert oder in der zweiten Phase das methodische Vorgehen zur Auswertung der Informationen überdacht werden, um dann erneut die Durchführungsphase zu starten.

(iv) Mit der *Beurteilungs- und Empfehlungsphase* wird der strategische Patentanalyseprozess abgeschlossen. Die Analyseergebnisse werden interpretiert und bewertet, und es werden Handlungsempfehlungen für das Patentmanagement herausgearbeitet. Das Ziel der Beurteilungsphase besteht darin, *„Auswirkungen der ermittelten Aussagen zur aktuellen Situation oder zu möglichen Trends und Entwicklungen des Umfelds zu ermitteln und zu bewerten"* (Ensthaler und Strübbe 2006, S.104). Dies ist die Grundlage für die Entwicklung von Handlungsempfehlungen und die Ableitung von Maßnahmen, die zur Sicherung der Wettbewerbsposition einzuleiten sind. So bestimmt beispielsweise die Qualität des Ergebnisses z.B. einer Verletzungsanalyse, ob der nächstliegende, nicht zu verletzende Stand der Technik ermittelt wurde. Ist dies geschehen, können eine Merkmalsaufstellung und eine anschließende Merkmalsklassifizierung dazu dienen, gattungsbildende Merkmale von kennzeichnenden Merkmalen – und diese untereinander wiederum nach zwingenden Merkmalen – zu identifizieren und zu trennen (Verein Deutscher Ingenieure 2015). Bei den zwingenden Merkmalen handelt es sich um jene Merkmale einer Erfindung, die unmittelbar getroffen sein müssen, um eine Verletzung zu begründen. Vermag der Durchschnittsfachmann diese nicht zu erkennen bzw. wirkungsvoll zu umgehen, besteht die Gefahr, dass er in den Schutzbereich eines Wettbewerberpatents hineingerät und gegebenenfalls eine Patentverletzung begeht.

4.2 Werkzeuge zur Durchführung von Patentanalysen

Zur Durchführung von Patentanalysen werden verschiedene Werkzeuge eingesetzt, mit deren Hilfe die recherchierten Patentinformationen hinsichtlich quantitativer und qualitativer Gesichtspunkte weitergehend untersucht werden können. Die quantitativen Analysen fokussieren auf strukturierte Daten (Pateninformationen) wie das Anmeldedatum oder den Erfindernamen und die qualitativen Analysen auf unstrukturierte Patentinformationen, also Textbestandteile wie die Zusammenfassung, Beschreibung oder Ansprüche der Patente. In diesem Zusammenhang wird auch von Data-Mining- und Text-Mining-Werkzeugen gesprochen.

Data-Mining
Unter Data-Mining versteht man die systematische Anwendung statistischer Methoden und Algorithmen auf große Datenbestände, mit dem Ziel, Muster aus den Daten zu extrahieren und zu erkennen. Die durch das Data-Mining erkannten Muster sollen dann für einen großen Teil des Datenbestandes gültig sein (*valid*) und bisher unbekannte (*novel*) aber potenziell nützliche (*potentially useful*) wie auch leicht verständliche (*ultimately understandable*) Zusammenhänge innerhalb des Datenbestandes zum Ausdruck bringen (Chamoni 2013 sowie Cleve und Lämmel 2014). Wenn es in diesem Zusammenhang um die Bewältigung großer Datenmengen geht, wird auch von *Big Data* gesprochen (Harvard Business Manager 2012).

Data-Mining steht in einem engen Zusammenhang mit dem KDD-Prozess (*Knowledge Discovery in Databases*), denn es wird als Teil dieses übergeordneten, nichttrivialen Prozesses verstanden, welcher der Wissensentdeckung in Datenbanken dient:

> *Data mining is a step in the KDD process that consists of applying data analysis and discovery algorithms that, under acceptable computational efficiency limitations, produce a particular enumeration of patterns (or models) over the data.* (Fayyad et al. 1996, S.41)

Das KDD-Prozessmodell nach Fayyad et al. (1996) unterscheidet fünf Phasen, wie in Abbildung 4.1 dargestellt. In der ersten Phase geht es um die Auswahl (*selection*) der für die Aufgaben- und/oder Problemstellung relevanten Daten, die dann in der zweiten Phase einer Vorverarbeitung (*pre-processing*) unterzogen werden. Hierbei werden eventuell auftretende Datenfehler beseitigt. Sodann erfolgt in der dritten Phase die Transformation (*transformation*), d.h. die Daten werden im Hinblick auf die Analyseaufgabe reduziert und in eine geeignete Form gebracht. Im Rahmen des Data-Mining (*data mining*) werden in der vierten Phase geeignete mathematisch-statistische Verfahren zur Mustererkennung eingesetzt. In der fünften Phase erfolgt die Interpretation (*interpretation*) der mittels Analyse gefundenen Muster durch

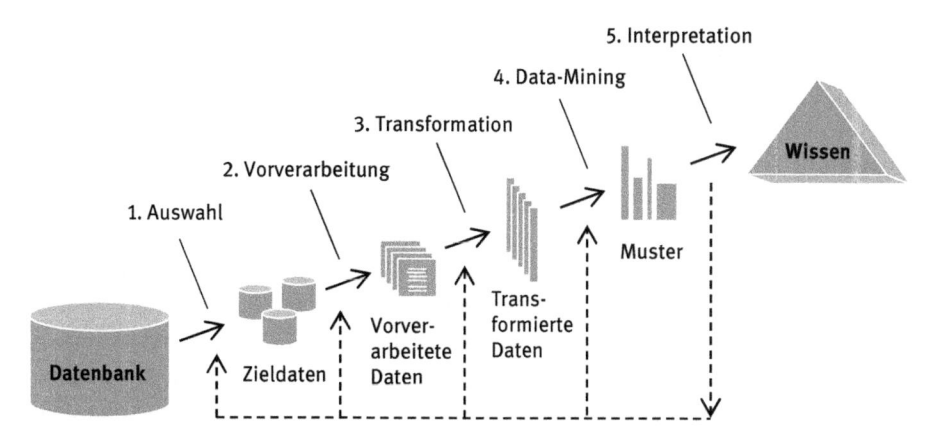

Abb. 4.1: Fünfphasiger KDD-Prozess (Quelle: Eigene Darstellung in Anlehnung an Fayyad et al. 1996, S. 41).

Fachexperten; es entsteht Wissen, welches dann hinsichtlich der Aufgabenstellung evaluiert werden kann.

Sollte das Analyseergebnis nicht zufriedenstellend sein, kann der Prozess mit dem gefundenen Muster als Datenbasis erneut durchlaufen werden. Damit ist der KDD-Prozess ein iterativer Prozess und zudem auch interaktiv, da nach jeder einzelnen Phase Entscheidungen vom durchführenden Analysten getroffen werden müssen, so z.B. die Datenauswahl in der ersten Phase oder die Auswahl eines statistischen Verfahrens in der vierten KDD-Phase.

Kurz gefasst versteht man unter Data-Mining (im engeren Sinne) lediglich einen Analyseschritt innerhalb des KDD-Prozesses, der spezielle statistische Verfahren beinhaltet, um bestimmte Muster aus hochstrukturierten Daten wie etwa bibliografischen Patentinformationen zu extrahieren, die dann so aufbereitet werden, dass neues Wissen generiert werden kann (Witten et al. 2011). Die Abgrenzung von Data-Mining als KDD-Teilprozess wird jedoch in Theorie und Praxis neuerdings immer mehr verwischt, indem Data-Mining (im weiteren Sinne) als ein vollständiger Prozess von der Datenauswahl bis zur Dateninterpretation verstanden wird (Zeller 2003). So werden heute die Begriffe *Knowledge Discovery in Databases* (KDD) und *Data-Mining* nahezu synonym verwendet.

Text-Mining

Text-Mining umfasst computergestützte Verfahren für die semantische Analyse von Texten, welche die automatische bzw. semi-automatische Strukturierung von Texten unterstützen (Feldmann und Sanger 2007, Heyer et al. 2006 sowie Porter und Cunningham 2005). Im Gegensatz zum Data-Mining können beim Text-Mining unstrukturierte

Daten, wie die Zusammenfassung oder die Ansprüche eines Patents, analysiert werden. Dies ist kompliziert, weil die Text-Mining-Werkzeuge hierfür semantische Strukturen innerhalb der Texte erkennen und mit Strukturen anderer Texte vergleichen müssen. Aufgrund dessen werden Text-Mining-Werkzeuge bisher in erster Linie auf englischsprachige Texte angewendet, da Englisch im Vergleich zu anderen Sprachen eine relativ einfache grammatikalische Struktur aufweist.

Abbildung 4.2 stellt die wesentlichen Bestandteile eines Text-Mining-Systems zusammen. Die zu analysierenden Texte können in unterschiedlichen Formaten, wie in XML- oder in einem HTML-Format, vorliegen und müssen für die spätere Analyse zunächst konvertiert werden. Hierfür werden sie in ein einheitliches Format gebracht und in einer eigenen Textdatenbank abgespeichert. Sodann können unter Hinzuziehung statistischer und linguistischer Verfahren inhaltliche Zusammenhänge in Texten bzw. Textbestandteilen herausgearbeitet werden, um verborgene Muster zu erkennen bzw. inhaltliche (semantische) Strukturen in den Texten offenzulegen. Mit dem Einsatz allgemeiner Sprachfilter sowie speziell auf die zu untersuchenden Technologiefelder angepassten domänenspezifischen Filter lässt sich das Analyseergebnis weiter verbessern. Die Anwendungsmöglichkeiten des Text-Mining sind vielfältig, denn man kann damit effizient und hochselektiv in Texten recherchieren und diese inhaltlich analysieren. Texte können automatisch gefiltert und beispielsweise nach Schüsselbegriffen (Termen) klassifiziert werden, oder es besteht die Möglichkeit der

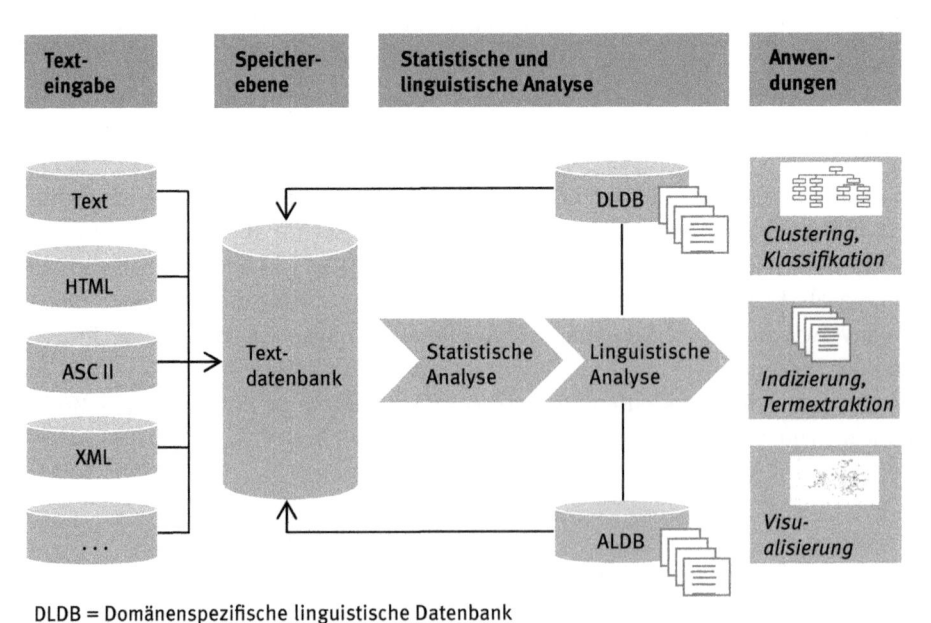

DLDB = Domänenspezifische linguistische Datenbank
ALDB = Allgemeine linguistische Datenbank (Referenzwortschatz)

Abb. 4.2: Bestandteile von Text-Mining-Systemen (Quelle: Eigene Darstellung in Anlehnung an Heyer et al. 2006, S. 6).

Tab. 4.1: Data-Mining versus Text-Mining (Quelle: Heyer et al. 2006 und Zeller 2003).

	Data-Mining	Text-Mining
Datenbasis	hoch strukturierte Daten (d.h. in festen Datenfeldern gespeichert), geringe Semantik	unstrukturierte Daten (d.h. keine gemeinsame, einheitliche Struktur), hohe Semantik
Datenherkunft	Datenbanken, *Data Warehouse* etc., häufig interne Datenbestände	Textdokumente, *World Wide Web* (WWW) etc., insbesondere externe Datenbestände
Besonderheiten	Datenanfrage mit Data-Mining-Werkzeugen (deskriptive Statistiken), Verarbeitung unabhängig vom Inhalt des Datenmaterials, erfordert in der Regel Vorverarbeitung der Daten, liefert quantitative Ergebnisse	Inhaltsanfrage mit Text-Mining-Werkzeugen (semantische Strukturen), erfasst innere Semantik der verarbeiteten Dokumente, sprachunabhängig (lexikalische Komponente), liefert eher qualitative Ergebnisse

teilautomatischen Erstellung semantischer Netze, welche die inhaltliche Struktur der analysierten Texte visualisieren (Heyer et al. 2006).

Kurz gefasst werden durch Text-Mining unstrukturierte Daten (Textdokumente) auf Muster und Ordnungskriterien durchsucht. Somit sind die Zielsetzung und die Motive beim Text-Mining die gleichen wie beim Data-Mining. Der wesentliche Unterschied besteht im Strukturierungsgrad der Datenbasis sowie in der Datenherkunft. Tabelle 4.1 stellt die Datenbasis, die Datenherkunft und die Besonderheiten des Data-Mining denen des Text-Mining gegenüber (Heyer et al. 2006 sowie Zeller 2003).

Werkzeuge

Zur Durchführung von Data-Mining und Text-Mining und damit zur Aufdeckung strukturierter und unstrukturierter Patentdaten stehen zahlreiche Werkzeuge (Software Tools) zur Verfügung. Diese können für verschiedene Aufgaben wie das Clustern strukturierter oder auch unstrukturierter Daten eingesetzt werden. In diesem Zusammenhang wurde der Begriff Patinformatics eingeführt. Unter Patinformatics wird „*the science of analyzing patent information to discover relationships and trends*" verstanden (Trippe 2003, S.211). Im Rahmen der Patinformatics sind diese unterschiedlichen Aufgaben (*tasks*) wie die Clusteranalyse oder auch eine Zitationsanalyse zu erfüllen, zu deren Unterstützung dann die verschiedenen Software Tools eingesetzt werden können.

Patinformatics kann aber auch als Geschäftsprozess verstanden werden (Möhrle et al. 2010 sowie Walter und Gerken 2011), der in die drei Kernprozesse (i) *Pre-processing*, (ii) *Patent Analysis* und (iii) *Discovered Knowledge* aufgeteilt wird.

(i) Im ersten Kernprozess *Pre-processing* geht es um die Vorbereitung der Patente für die spätere Analyse, um die Digitalisierung der Dokumente, um die Klassifikation sowie um das Ablegen der Dokumente in Datenbanken. Für diesen Prozess sind also im Detail mehrere Funktionen zu erfüllen, wie Patente klassifizieren, Patente digitalisieren, Patente in Datenbanken ablegen, Patente mit Zusatzinformationen versehen oder den Untersuchungsbereich eingrenzen.

(ii) Der zweite Kernprozess *Patent Analysis* widmet sich dem Abfragen der Dokumente aus Patentdatenbanken, der inhaltlichen Analyse der Dokumente und der Analyse von Beziehungen der Patente untereinander. Er dient der eigentlichen Analyse der Patentdokumente, unterteilt in eine Text- und eine Non-Textanalyse. Hier ergeben sich dann im Detail weitere Funktionen, wie Dokumente abfragen, Inhaltsanalyse durchführen, Dokumentenbeziehungen untersuchen oder die Non-Textanalyse durchführen.

(iii) Das Aufbereiten und die Visualisierung der Rechercheergebnisse (beispielsweise mittels Patentlandkarten) ist Gegenstand des dritten Kernprozesses *Discovered Knowledge*. Er dient dem operativen und strategischen Patentmanagement und nutzt dafür die Ergebnisse der Patentanalyse. Hier sind nun die Funktionen Visualisierung der Analyseergebnisse, Evaluierung der Analyseergebnisse und Dokumentation der Ergebnisse abzuarbeiten.

Zur Unterstützung des Patinformatics-Geschäftsprozesses stehen zahlreiche Software Tools zur Verfügung, welche die verschiedenen oben angesprochenen Funktionen gezielt unterstützen. In Tabelle 4.2 ist eine Auswahl verfügbarer Software Tools aufgeführt. Dabei setzen die Tools das Data-Mining und Text-Mining zum Teil gar nicht, teilweise oder vollständig für unterschiedliche Zwecke ein, die zum Teil auch gar nicht, teilweise oder vollständig erfüllt werden. Diese Methoden- und Zweckeinschätzungen *gar nicht*, *teilweise* oder *vollständig* basieren auf einer Sichtung der Webseiten von Anbietern sowie auf Produktflyern, Produktbeschreibungen und Demoversionen der Software Tools (Stand 2015).

Es zeigt sich, dass die meisten Software Tools Data-Mining nutzen, wie etwa Excel[1], Patent Asset Index™[2], MatheoPatent[3], PatentExplorer[4] oder XPAT[5]. So werten der Patent Asset Index™ und der PatentExplorer bibliografische Patentinformationen für die Patentbewertung aus, mit MatheoPatent lassen sich darüber hinaus auch Patentanalysen durchführen. Der Volltext bleibt im letzten Fall jedoch unberücksichtigt, sodass detaillierte Informationen zu der Erfindung verborgen bleiben. Auch STN AnaVist[6] oder Wisdomain FOCUST[7] nutzen primär Data-Mining, bieten aber schon einige Text-Mining-Werkzeuge zur Unterstützung an.

---

[1] Vgl. https://products.office.com/de-de/excel, Abruf 29.07.2015.
[2] Vgl. http://www.patentsight.com/en/the-patent-asset-index, Abruf 29.07.2015.
[3] Vgl. http://www.matheo-software.com/, Abruf 29.07.2015.
[4] Vgl. http://www.ipr-systems.de/EN/, Abruf 29.07.2015.
[5] Vgl. http://www.interhost.de/xpat.html, Abruf 28.07.2015.
[6] Vgl. http://www.stn-international.de/stn_anavist.html, Abruf 30.07.2015.
[7] Vgl. http://www.wisdomain.com/wis_html/en/Product/Focust.htm, Abruf 28.07.2015.

Tab. 4.2: Auswahl an Werkzeugen (Software Tools) für eine Patentanalyse (gar nicht ○, teilweise ◐ oder vollständig ●) (Quelle: Eigene Recherchen und Einschätzungen).

Werkzeug	Methode		Patentvolltext	Zweck	
	Data-Mining	Text-Mining		Patentrecherche	Patentanalyse
Excel – Microsoft	●	○	○	●	●
KMX Patent Analytics – Treparel	●	●	◐	●	●
LexisNexis® – LexisNexis	◐	●	●	●	◐
MatheoPatent – Matheo Software	●	○	○	●	●
Patent Asset Index™ – PatentSight	●	○	○	○	○
PatentExplorer – IPRSystems	●	○	○	●	●
Patent iNSIGHT – Gridlogics	●	●	○	●	●
PatVisor® – Universität Bremen	◐	●	●	◐	●
STN AnaVist – STN International	●	◐	●	●	●
ThemeScape – Thomson Reuters	◐	●	◐	○	●
VantagePoint – Search Technology	●	●	◐	●	●
Wisdomain FOCUST – Wisdomain	●	◐	◐	●	●
XPAT – G.E.I. Kramer & Hofmann	●	◐	●	●	◐

Nur wenige Software Tools setzen gezielt Text-Mining zur eigenständigen Patentanalyse ein. In den meisten Fällen dient es nur zur Rechercheunterstützung, wie etwa bei LexisNexis®[8] oder Patent iNSIGHT[9]. KMX Patent Analytics[10] nutzt ebenfalls Text-Mining zur Patentanalyse. Das Semantic Search Tool von LexisNexis® basiert dagegen auf der Latenten Semantischen Analyse (LSA) und unterstützt die Patentrecherche durch die Erweiterung der Suchanfrage um verwandte Begriffe. Einige Software Tools, wie beispielsweise Patent iNSIGHT und ThemeScape[11], beschränken sich zumeist auf die Extraktion einzelner Schlüsselbegriffe oder sie werten nur bestimmte Patentabschnitte, wie die Zusammenfassungen, aus. Mit Patent iNSIGHT ist eine Analyse textbasierter Patentinformationen möglich. Genutzt werden hierfür semantische Ähnlichkeiten zwischen Patenten, wobei aber in diesem Fall lediglich die Textbestandteile Titel, Zusammenfassung und Ansprüche eines Patents für die Ähnlichkeitsmessung herangezogen werden. Der PatVisor®[12] des Instituts für Projektmanagement und Innovation der Universität Bremen hingegen ermöglicht die inhaltliche (semantische) Analyse des gesamten Patentvolltextes. Dabei greift das Tool auf

---
[8] Vgl. http://www.lexisnexis.de/, Abruf 30.07.2015
[9] Vgl. http://www.patentinsightpro.com/, Abruf 30.07.2015.
[10] Vgl. http://treparel.com/information-solutions/text-analytics/, Abruf 28.07.2015.
[11] Vgl. http://ip-science.thomsonreuters.com/winningmove/secure/TI_Themescape_QT.html, Abruf 29.07.2015.
[12] Vgl. http://www.innovation.uni-bremen.de/en/patentmanagement, Abruf 29.07.2015.

eine eigene Patentdatenbank zurück. Andere Werkzeuge, wie VantagePoint[13] oder ThemeScape, bieten neben einer schnellen Navigation durch große Suchergebnismengen ebenfalls keine schnelle Erfassung des wesentlichen Inhalts einzelner Suchergebnisse. So arbeitet VantagePoint mit Suchergebnissen aus Textdatenbanken und stellt folglich keine Daten bzw. auch keine eigene Datenbank zur Verfügung. Die zu analysierenden Daten müssen importiert werden. Damit bietet dieses Werkzeug eine Unterstützung wichtiger Funktionen im Patinformatics-Kernprozess der Patentanalyse (*patent analysis*) und unterstützt Unterfunktionen wie das Extrahieren und Indexieren neuer Daten, die Erstellung einer Liste oder die Bereinigung der Daten.

Im Folgenden werden die beiden Werkzeuge Excel des Soft- und Hardwareherstellers Microsoft Corp[14]. (Redmont, USA) und der PatVisor® des Instituts für Projektmanagement und Innovation der Universität Bremen zur quantitativen respektive qualitativen Analyse von Patentinformationen näher beschrieben. Mit dem ersten ausgewählten Werkzeug Excel lassen sich deskriptive Statistiken erstellen und bibliografische Patentinformationen auswerten. Mit dem zweiten ausgewählten Werkzeug PatVisor® können semantische Strukturen aus Patenttexten extrahiert und untereinander verglichen werden, um inhaltliche (semantische) Wissensstrukturen aufzudecken.

4.2.1 Erstellung deskriptiver Statistiken

Aufgrund der Eigenschaften von Patentinformationen wie auch aufgrund des generischen Aufbaus von Patentdokumenten sind Patente für eine ganze Reihe möglicher Analysen besonders geeignet. Diese Analysen nutzen vor allem bibliografische Patentinformationen und setzen Tabellenverarbeitungssoftware (*Spreadsheet Software*) zur Verarbeitung numerischer und alphanumerischer Daten ein, mit dem Ziel der Erstellung deskriptiver Statistiken. Die bibliografischen Patentinformationen werden hierfür in Arbeitsblättern tabellarisch gelistet und können mittels einer Software bearbeitet und jederzeit abgespeichert werden. Für die Präsentation der Analyseergebnisse wird im Allgemeinen weitere Software eingesetzt, um den Inhalt der Patente auswertbar zu machen. Die Tabellenverarbeitungssoftware Excel stellt eine weit verbreitete Möglichkeit dar, solche weiterführende Analysen der Metadaten, also der bibliografischen Patentinformationen, durchzuführen.

Viele nationale Patentämter, wie beispielsweise das DPMA, bieten eine Funktion zum Herunterladen (*Download*) sogenannter *Comma Separated Value* Dateien (CSV-Dateien) an, die auf der gefundenen Treffermenge – und damit auf den recherchierten Patentinformationen – basieren. Diese Excel-kompatiblen CSV-Dateien

---

[13] Vgl. https://www.thevantagepoint.com/, Abruf 28.07.2015.
[14] Vgl. http://www.microsoft.com/de-de, Abruf 07.09.2015.

beinhalten die Metadaten der Patente (der Treffermenge) und können im Vorfeld vom Benutzer (Rechercheur) konfiguriert werden. Dabei können bestimmte Metadaten aus- oder abgewählt werden, je nach Zweck der Analyse. Einige nationale Patentämter begrenzen den Umfang der ausgegebenen Treffermenge, so etwa das DPMA. Dort ist es lediglich möglich, die Metadaten von 1.000 Treffern, die aus der Treffermenge zufällig ausgewählt werden, als CSV-Datei herunterzuladen. Werden für eine Analyse aber die Patentinformationen und damit die Metadaten von mehr als 1.000 Treffern benötigt, ist eine Recherche in Form mehrerer Teilrecherchen, beispielsweise durch eine Einschränkung auf bestimmte Anmeldejahre oder Erteilungsjahre, zu empfehlen, um jeweils eine kleinere Treffermenge zu erzielen. Im Nachgang dieser Teilrecherchen können die Informationen der gefundenen Treffer und deren Metadaten als einzelne CSV-Dateien heruntergeladen und nachträglich manuell zusammengeführt werden. Auf diese Weise lassen sich auch die Metadaten einer größeren Treffermenge an Patenten für eine weiterführende Analyse mit Excel nutzbar machen.

Excel bietet unterschiedliche Möglichkeiten des Umgangs mit den in den Arbeitsblättern (Tabellenblättern) abgelegten Metadaten. Die Größe eines Tabellenblattes wird durch die Software (Version 2013) auf 2^{20} = 1.048.576 Zeilen und 2^{14} = 16.384 Spalten (A bis XFD) beschränkt; damit umfasst ein Tabellenblatt 2^{34} = 17.179.869.184 Zellen. Diese Zellen können durch den sogenannten Zellbezug, also durch die Kombination aus Buchstaben (Spaltenangabe) und Zahlen (Zeilenangabe), eindeutig identifiziert werden. So befinden sich beispielsweise die Daten in der Zelle E20 innerhalb der Tabelle in Zeile 20 und in Spalte E. Pro Zelle lassen sich maximal 32.767 Zeichen (Text) einfügen, von denen aber nur die ersten 1.024 Zeichen angezeigt werden. Des Weiteren stellt Excel maximal 65.000 Arbeitsblätter zum Abspeichern der Metadaten zur Verfügung, wobei sich diese Anzahl je nach Arbeitsspeicher des für die Analysen genutzten Computers mehr oder weniger stark reduziert. Insgesamt kann die in Excel zu bearbeitende Datei eine Größe von mehreren Gigabytes besitzen.

Abbildung 4.3 zeigt beispielhaft einen Ausschnitt eines Excel-Tabellenblatts, welches die Metadaten von 30 Treffern einer Recherche im DEPATISnet nach DE-Patenten enthalten, die im Titel den Begriff Kran enthalten und im Jahre 2013 beim DPMA angemeldet wurden. Sie zeigt ausgewählte bibliografische Patentinformationen (Spalten) der recherchierten 30 DE-Patente (Zeilen). So findet sich z.B. in Zelle E20 der Titel *„Verfahren zur Montage eines Krans sowie Anlenkschuss, Teleskopausleger und Kran"* der Offenlegungsschrift DE 102013011173 A1, die von der Liebherr-Werk Ehingen GmbH am 4. Juli 2013 beim DPMA angemeldet wurde.

Die dargelegten Rahmenbedingungen in Bezug auf die abbildbare Datenmenge in Excel ermöglichen dem Anwender eine Vielzahl von Analysemöglichkeiten, die durch unterschiedliche vorgegebene oder benutzerdefinierte Formeln und mathematische Funktionen sowie durch deren Verknüpfung miteinander unterstützt werden. Beispielsweise lassen sich Texte in den Zellen verketten und logische Berechnungen durchführen oder es kann auf Inhalte und Werte mehrerer Tabellen zugegriffen

	A	B	C	D	Titel
1	Veröffentlichungsnr.	Anmeldedatum	IPC-Hauptklasse	Anmelder/Inhaber	Titel
2	DE202013008447U1	24.09.2013	B66C 23/687	Manitowoc Crane Group France SAS, Dardilly Cedex, FR	[DE] Kran-Seilführung
3	DE202013008486U1	24.09.2013	B66C 23/62	Manitowoc Crane Group France SAS, Dardilly Cedex, FR	[DE] Modulare Kran-Rüstwinde
4	DE202013003432U1	12.04.2013	B66C 23/70	Terex Cranes Germany GmbH, 66482, Zweibrücken, DE	[DE] Gittermastausleger für einen Kran, Gittermastelement für einen derartigen Gittermastau
5	DE102013003309U1	08.04.2013	B66C 23/64	Liebherr-Werk Biberach GmbH, 88400, Biberach, DE	[DE] Kran
6	DE102013219115A1	24.09.2013	B66C 23/68	KOBELCO CRANES CO., LTD., Tokyo, JP	[DE] Kran und Kranmontageverfahren
7	DE102013215750A1	09.08.2013	F15B 13/042	Robert Bosch GmbH, 70469, Stuttgart, DE	[DE] Ventilblock zur Bewegung eines Kran-Auslegers
8	DE102013051173A1	22.03.2013	B66C 23/70	Terex Cranes Germany GmbH, 66482, Zweibrücken, DE	[DE] Gittermastelement, Gittermastausleger mit mindestens einem derartigen Gittermastelem
9	DE102013202235B4	12.02.2013	B66C 23/26	Gru Comedil S.r.l., PN, Fontanafredda, IT	[DE] Kran mit einer Ausrüstung für den Abbau eines Auslegers des Krans in der Höhe
10	DE102013110681A1	26.09.2013	H03K 17/96	Terex MHPS GmbH, 40597, Düsseldorf, DE	[DE] Steuerschalter für eine Bedienung einer Maschine, insbesondere eine drahtlose, tragbare
11	DE102013021919A1	20.12.2013	B60H 1/00	Liebherr-Werk Ehingen GmbH, 89584, Ehingen, DE	[DE] Kran
12	DE102013021916A1	20.12.2013	B66C 23/62	Liebherr-Werk Ehingen GmbH, 89584, Ehingen, DE	[DE] Kran
13	DE102013021499A1	18.12.2013	B66C 23/64	Liebherr-Werk Biberach GmbH, 88400, Biberach, DE	[DE] Kran mit alternativen Antriebseinheiten
14	DE102013020542A1	12.12.2013	B66C 23/687	TADANO FAUN GmbH, 91207, Lauf, DE	[DE] Kran, insbesondere Mobilkran
15	DE102013017803A1	28.10.2013	B66C 1/40	VDEh-Betriebsforschungsinstitut GmbH, 40237, Düsseldorf, DE	[DE] "Fehllageerkennungssystem, Hebezeug, Kran und Verfahren zur Fehllageerkennung"
16	DE102013017430A1	18.10.2013	B66C 23/687	Liebherr-Werk Ehingen GmbH, 89584, Ehingen, DE	[DE] Gittertelekopschuss für einen Kran, Teleskopausleger und Kran
17	DE102013012468A1	26.07.2013	B66C 23/62	Liebherr-Werk Biberach GmbH, 88400, Biberach, DE	[DE] Kran
18	DE102013012019A1	19.07.2013	B66C 13/06	TADANO FAUN GmbH, 91207, Lauf, DE	[DE] Kran, insbesondere Mobilkran
19	DE102013011180A1	04.07.2013	B66C 23/697	Liebherr-Werk Ehingen GmbH, 89584, Ehingen, DE	[DE] Kragenlagerung für einen Teleskopausleger sowie Teleskopausleger und Kran
20	DE102013011117A1	04.07.2013	B66C 23/687	Liebherr-Werk Ehingen GmbH, 89584, Ehingen, DE	[DE] Verfahren zur Montage eines Krans sowie Anlenkschuss, Teleskopausleger und Kran
21	DE102013008348A1	16.05.2013	B66C 23/74	TADANO FAUN GmbH, 91207, Lauf, DE	[DE] Kran
22	DE102013006259A1	11.04.2013	B66C 23/687	Liebherr-Werk Ehingen GmbH, 89584, Ehingen, DE	[DE] Teleskopausleger und Kran
23	DE102013006258A1	11.04.2013	B66C 13/40	Liebherr-Components Biberach GmbH, 88400, Biberach, DE	[DE] Kran
24	DE102013006108A1	09.04.2013	B66C 13/14	Liebherr-Werk Biberach GmbH, 88400, Biberach, DE	[DE] Faltbarer Kranausleger und Kran
25	DE102013006104A1	09.04.2013	B66C 23/68	Liebherr-Werk Biberach GmbH, 88400, Biberach, DE	[DE] Kran
26	DE102013006073A1	08.04.2013	B66C 23/88	Liebherr-Werk Biberach GmbH, 88400, Biberach, DE	[DE] Kran sowie Verfahren zur Prüfung der Verseilung eines solchen Krans
27	DE102013005936A1	05.04.2013	B66C 23/90	Liebherr-Werk Biberach GmbH, 88400, Biberach, DE	[DE] Kran
28	DE102013005050A1	22.03.2013	B66C 23/64	Liebherr-Werk Biberach GmbH, 88400, Biberach, DE	[DE] Kranausleger und Kran
29	DE102013004820A1	20.03.2013	B66C 23/62	Liebherr-Werk Nenzing GmbH, Nenzing, AT	[DE] Halterungsvorrichtung zum Lagern von Haltestangen an einem Kran
30	DE102013003276A1	27.02.2013	B66C 13/06	Liebherr-Werk Ehingen GmbH, 89584, Ehingen, DE	[DE] Kran mit Seilschwingungsdämpfung [EN] Crane for use with rope vibration damping, has
31	DE102013002415A1	11.02.2013	B66C 23/68	Liebherr-Werk Ehingen GmbH, 89584, Ehingen, DE	[DE] Verfahren zum Aufrichten eines langen Auslegers und Kran [EN] Method for erecting long

Abb. 4.3: Ausschnitt aus einem Excel-Tabellenblatt mit Metadaten zu einer Patentrecherche nach DE-Patenten zu Kranen aus dem Jahre 2013 (Quelle: Eigene Darstellung).

werden. Hierfür stellt Excel rund 300 Funktionen[15] zur Verfügung, die in verschiedene Kategorien, wie Finanzmathematik, Statistik, Logik, Matrix oder Trigonometrie, eingeteilt sind. Zu beachten ist, dass bei der Benutzung der Funktionen in den entsprechenden Zellen grundsätzlich das Gleichheitszeichen den Funktionen voranzustellen ist. Bei der Analyse der Metadaten, die aus Patentinformationen generiert werden, kommen im Allgemeinen benutzerdefinierte oder kombinierte Funktionen zur Anwendung. Als Beispiel seien (i) die *Zählenwenn*-Funktion aus der Kategorie Statistische Funktionen, (ii) die *Jahr*-Funktion aus der Kategorie Datum- und Uhrzeitfunktionen oder (iii) die *Links*-Funktion aus der Kategorie Textfunktion erwähnt:

(i) Mit der *Zählenwenn*-Funktion (*Zählenwenn(Bereich; Suchkriterium)*) werden jene Zellen eines Bereichs, die mit den angegebenen Suchkriterien übereinstimmen, gezählt. Ein *Bereich* kann Zahlen, Matrizen oder Bezüge mit Zahlen enthalten; leere Werte und Textwerte werden ignoriert. Ein *Suchkriterium* wird durch eine Zahl, einen Ausdruck, einen Zellbezug oder eine Textzeichenfolge definiert, wobei ein einzelnes Suchkriterium angegeben wird. Das Suchkriterium muss dabei in Anführungszeichen stehen und kann mit Trunkierungen (*) versehen sein. So werden beispielsweise durch den Befehl = *Zählenwenn(D2:D31;"*Manitowoc*")* in der Excel-Tabelle (siehe Abbildung 4.3) mit den Metadaten der recherchierten Patenten zu Kranen alle Zellen des Bereichs D2 bis D31, in denen der Textwert *Manitowoc* an irgendeiner Stelle in einer Zelle aus der Spalte der Anmelder enthalten ist, angezeigt. In diesem Falle wird der Wert 2 zurückgegeben, da genau zwei DE-Patentanmeldungen vom Anmelder *Manitowoc Crane Group France SAS, Dardilly Cedex, FR* vorliegen.

(ii) Die *Jahr*-Funktion (*Jahr(Zahl)*) gibt das Jahr für ein Datum zurück. Das Jahr wird als ganze Zahl zurückgegeben, die einen Wert von 1900 bis 9999 annehmen kann. Als Beispiel führt die Funktion mit dem Befehl *=Jahr(B20)* in der Tabelle (siehe Abbildung 4.3) zur Ausgabe des Jahresdatums 2013, da in der Spalte B und in der Zeile 20 das Anmeldedatum 04.07.2013 steht.

(iii) Mit der *Links*-Funktion (*Links(Text;Anzahl_Zeichen)*) werden die äußeren linken Zeichen eines Textwerts zurückgegeben. Als *Text* wird die Textzeichenfolge mit den zurückzugebenden Zeichen angegeben. Mit *Anzahl_Zeichen* wird auf der Grundlage von Bytes die Anzahl der Zeichen angegeben, die von dieser Funktion zurückgegeben werden sollen. Als Beispiel resultiert die Anwendung des Befehls *=Links(A2;2)* in der Tabelle (siehe Abbildung 4.3) zu der Ausgabe des Wertes DE, also den ersten beiden Zeichen in der Zelle, in der die Veröffentlichungsnummer DE202013008487U1 eingetragen ist. Würde eine Recherche auch Patente aus anderen Ländern als Treffer ergeben, könnten mit der *Links*-Funktion diese Ländercodes herausgesucht und dann z.B. mit der *Zählenwenn*-Funktion gezählt werden.

---

[15] Liste aller Funktionen (nach Kategorie). Vgl. https://support.office.com/de-de/article/Liste-aller-Funktionen-nach-Kategorie-a5816775-86f7-4a34-a8f6-b26b0e0104b1, Abruf 07.09.2015.

Über die genannten Funktionen hinaus bietet Excel zahlreiche weitere Optionen, die bei der Analyse von Metadaten zur Erstellung deskriptiver Statistiken eingesetzt werden können. So lassen sich mit eigens erstellten Formeln[16] (Gleichungen) Berechnungen auf die in einem Tabellenblatt enthaltenen Zahlenwerte ausführen. Auch diese Formeln müssen bei der Eingabe in Excel mit einem Gleichheitszeichen beginnen, z.B. stellt der Befehl =*Summe(A1:A20)/Summe(B1:B20)* die Division der Summe der ersten 20 Zahlen in Spalte A durch die Summe dieser Zahlen in Spalte B dar. Wenn die Formel auf andere Zellen verweist, werden bei jeder Änderung der Daten in den Zellen die Ergebnisse von Excel automatisch neu berechnet. Des Weiteren bietet Excel die Option, mit Hilfe einer sogenannten Pivot-Tabelle[17] verschiedene Abhängigkeiten darzustellen und große Datenmengen auf diese Weise statistisch auszuwerten. Eine solche Tabelle nutzt die Ausgangsdaten aus einem Tabellenblatt ohne diese dabei zu ändern und aggregiert das Analyseergebnis in einem neuen Tabellenblatt für weitere einfache Auswertungen.

Eine Pivot-Tabelle kann im Rahmen einer Patentanalyse wirkungsvoll bei der Identifikation des patentaktivsten Unternehmens oder Erfinders sowie zur Erstellung von Patentklassenverteilungen in einem recherchierten Patentpool eingesetzt werden. Darüber hinaus kann sie die Analyse mit Trendverläufen unterstützen, indem die in den Metadaten abgelegten Anmelde- oder Erteilungsdaten der recherchierten Patente jahresweise oder auch quartalsweise zusammengestellt werden.

4.2.2 Analyse semantischer Strukturen

Die Bedeutung der Sprache, also die sprachliche Kommunikation und deren Interpretation, beschäftigt die Menschheit bereits seit Jahrtausenden (vgl. hierzu und im Folgenden Dreßler 2006 und Walter et al. 2003). So nahm schon der altgriechische Philosoph Platon (*428/427 v. Chr. in Athen oder Aigina; †348/347 v. Chr. in Athen) mit seinem sprachphilosophischen Text *Kratylos* eine Deutung von Sprache und ihren Zusammenhängen vor (Mittelstraß 1984). In jüngerer Zeit setzte sich der US-amerikanische Mathematiker und Philosoph Charles S. Peirces (*10.9.1839 in Cambridge, Massachusetts; †19.4.1914 in Milford, Pennsylvania) mit den am Sprachprozess beteiligten Zeichen auseinander. Seit dieser Zeit wird die Lehre von den am Sprachprozess beteiligten Zeichen oder die Lehre der Kennzeichen als *Semiotik* bezeichnet (Glück 2000, Hörz et al. 1996 sowie Prechtl und Burkhard 1996). Die Semiotik erfuhr

---

[16] Eingeben einer Formel. Vgl. https://support.office.com/de-de/article/Eingeben-einer-Formel-2e99d6c8-f681-44d4-b6e6-a8fad1a47b2a, Abruf 07.09.2015.
[17] Auswerten, aufbereiten und darstellen von Daten aus externen Datenquellen. Vgl. http://www.afz.bremen.de/sixcms/media.php/13/Excel2010Pivottabellen.pdf, Abruf 07.09.2015.

dann eine Unterteilung in die drei Teildisziplinen (i) Syntaktik, (ii) Semantik und (iii) Pragmatik.

(i) Unter dem Begriff *Syntaktik* (oder auch *Syntax*) wird allgemein die sprachwissenschaftliche Untersuchung der internen Struktur von Zeichensystemen und damit die Beziehung (Relation) der Zeichen untereinander verstanden. Sprachen bestehen aus einem System von Regeln und so ist es möglich, aus dem Zeichenvorrat gültige Ausdrücke oder Sätze zu formulieren. Es handelt sich also bei der Syntax einer jeden Sprache um ein formales System, das die Grundlage der Semantik bildet.

(ii) Unter dem Begriff *Semantik* wird die Lehre von den sprachlichen Zeichen und Zeichenfolgen oder auch die Bedeutung sprachlicher Begriffe verstanden. Semantik wird als Teildisziplin der Linguistik aufgefasst und ist Ausgangspunkt für die Teildisziplin der Pragmatik.

(iii) Die *Pragmatik* stellt den komplexesten Teil der Semiotik dar. Sie untersucht die Relationen zwischen Zeichen und Zeichenketten, sprachlichen Ausdrücken und den damit verbundenen Absichten, Meinungen und Handlungen des Sprachnutzers. Die Pragmatik übernimmt somit unterschiedliche Funktionen, wie z.B. die Symbolfunktion, die Symptomfunktion, die Signalfunktion und die Bewertungsfunktion. Unter der Symbolfunktion wird die Beschreibung von Ereignissen und Sachverhalten mittels Sprache verstanden. Durch die Symptomfunktion können Gefühle ausgedrückt werden. Die Signalfunktion erzeugt ein spezielles Verhalten, das durch den Benutzer von Sprache erwünscht ist, und die Bewertungsfunktion soll Denkweisen oder Zustände mit bestimmten Prädikaten belegen.

Semiotik ist also ein Grundwerkzeug für das Verständnis von Sprache. Computergestützte Werkzeuge zur Verarbeitung von Sprache müssen sich diese Grundlagen zu eigen machen, um Sprache verstehen und verarbeiten zu können. Heute setzt sich der Wissenschaftszweig der Linguistik mit der Bedeutungsanalyse sprachlicher Ausdrücke auseinander und die beiden Wissenschaftszweige *Computational Linguistics* (CL) und *Natural Language Processing* (NLP) haben das theoretische Fundament insbesondere für die Analyse semantischer Strukturen, wie sie etwa durch SAO-Strukturen oder n-Gramme gegeben sind, gelegt.

Die erläuterten sprachwissenschaftlichen Grundlagen bilden auch die Basis für die textbasierten semantischen Patentanalysen. So bietet beispielsweise das eigens am Institut für Projektmanagement und Innovation der Universität Bremen entwickelte Software Tool PatVisor® die Möglichkeit, Patente im Volltext semantisch zu analysieren. Die Analyse basiert dabei auf der Extraktion und dem Vergleich von SAO-Strukturen oder n-Grammen. Bevor dieses mit dem PatVisor® umgesetzte semantische Analyseverfahren im Detail vorgestellt wird, soll im Folgenden erst einmal dargelegt werden, was unter SAO-Strukturen und n-Grammen überhaupt zu verstehen ist.

SAO-Strukturen
Die in Patenten dargelegten Erfindungen beschreiben Problemlösungen. Diese Problemlösungen sind in einem Text als sogenannte SAO-Strukturen repräsentiert. Dabei steht die Abkürzung SAO für Subjekt (*subject*), Prädikat (*action*) und Objekt (*object*) (Bergmann 2011, Cascini et al. 2004, Choi et al. 2012, Dreßler 2006, Möhrle et al. 2005, Walter et al. 2004 sowie Yoon et. al. 2013). Diese sprachlichen Elemente geben den Sinn und die Bedeutung einer Erfindung in einer Kernaussage wider, wobei die Prädikat-Objekt-Struktur als das Problem bzw. die jeweilige Aufgabenstellung und dessen Lösung durch das Subjekt interpretiert werden kann. Es wird bei den SAO-Strukturen daher auch von Problem-Lösungsstrukturen bzw. technischen Ursache-Wirkungsbeziehungen gesprochen.

Die SAO-Strukturen (*SAO structures*) können mittels des *Natural Language Processing* (NLP) aus einzelnen Sätzen eines (englischen) Textes unter Hinzuziehung einer lexikalischen Analyse extrahiert werden. Hierfür wird ein Wörterbuch genutzt, das Informationen über denkbare Wortklassen der jeweils betrachteten Satzelemente enthält. Jedes Wort wird mit mindestens einem Bezeichner versehen, wobei der Bezeichner für eine Wortklasse, wie z.B. Verb, Subjekt, Adjektiv oder Präposition, steht. Im Rahmen einer syntaktischen Analyse kann dann herausgefunden werden, welche Struktur ein gültiger Satz annehmen kann. Durch die Beachtung syntaktischer Regeln führt dies im Allgemeinen zu einer Reduktion der möglichen Bezeichner. Sodann werden Reihungswahrscheinlichkeiten, beispielsweise unter Hinzuziehung des Hidden-Markov-Modells, berechnet, um herauszufinden, welche Reihung von Wortklassen überhaupt logisch ist (Rabiner 1989). Die semantische Analyse untersucht dann die Bedeutung der Zeichen näher und es wird geklärt, welche Bedeutung die Satzelemente im Satzzusammenhang haben. Des Weiteren werden die Elemente Subjekt, Prädikat und Objekt identifiziert. Dabei werden die extrahierten Prädikate auf den Infinitiv zurückgeführt und die Subjekte und Objekte durch Synonymfilter bereinigt. Als Ergebnis hat der NLP-Prozessor demnach die in einem Text (Patent) enthaltenen Problem-Lösungsstrukturen identifiziert.

Als Beispiel einer solchen Identifikation von Problem-Lösungsstrukturen seien drei SAO-Strukturen aufgeführt, die aus den Ansprüchen des US-Patents 8,857,635 „*Crane and method for operating a crane using recovery of energy from crane operations as a secondary energy source*" extrahiert wurden. Eine SAO-Struktur zielt dabei auf die Nutzung eines Energiewandlers (*at least one crane component – use – at least one energy converter*), eine zweite (*connecting crane to power consumer system – store – primary energy and/or secondary energy*) auf die Speicherung und eine dritte (*power – provide – energy usage fraction*) auf die Bereitstellung von Energie. Neben solchen, die Erfindungen näher beschreibenden Kernaussagen finden sich oftmals auch weniger aussagekräftige SAO-Strukturen in den Patenttexten. So ist die SAO-Struktur *figure – show – invention* sicher nicht sehr aussagekräftig und kann daher ohne weiteres aus der extrahierten SAO-Trefferliste entfernt werden.

n-Gramme

Ein n-Gramm (*n-gram*) ist ein n-gliedriger Teil eines geordneten Stranges von Elementen. Der Buchstabe n steht dabei für eine natürliche Zahl, und je nach Art der Elemente ergeben sich n-gliedrige Teilstränge oder benachbarte Folgen von Lauten, Silben, Buchstaben oder Wörtern innerhalb eines Textes oder eines semantischen Kontextes (Stock 2007). Hier werden n-Gramme als Kombinationen von Wörtern verstanden, die in einem vorgegebenen Textfenster – das im Verlauf einer Analyse über einen Gesamttext geschoben wird – gemeinsam vorkommen (Heyer et al. 2006). Sie können als Repräsentanten für formulierte Sinnzusammenhänge in einem Text interpretiert werden. Werden solche Wortkombinationen in jeweils zwei Texten (Patenten) gefunden, deutet dies auf eine inhaltliche (semantische) Ähnlichkeit hin.

Wichtige n-Gramme sind das Unigramm (Monogramm oder auch 1-Gramm), das Bigramm (Digramm oder 2-Gramm) und das Trigramm (3-Gramm). Das Unigramm besteht aus einem Wort, das Bigramm aus zwei und das Trigramm aus drei Wörtern. Allgemein kann man auch von Multigrammen sprechen, wenn es sich um eine Gruppe von *vielen* Wörtern handelt. Es hat sich aber gezeigt, dass für das Text-Mining maximal Hexagramme, also n gleich 6, eingesetzt werden sollten, um sinnvolle Ergebnisse zu erhalten (Stock 2007).

Anhand eines Satzes aus dem DE-Patent 10 2012 221 031 A1 seien die n-Gramme näher erläutert. So steht im Beschreibungsteil dieser Offenlegungsschrift der Satz *„Das mehrteilige Gittermaststück weist in der Arbeitsanordnung eine hohe Tragfähigkeit auf"*. Dieser Satz besteht aus elf Wörtern. Diese Wörter sind gleichzeitig Unigramme, d.h. das Substantiv *Gittermaststück* oder auch der Artikel *der* sind jeweils ein Unigramm. Wie sieht es nun mit den n-Grammen aus, wenn n größer als eins ist? Zur bildlichen Vorstellung kann hierfür ein Fenster variabler Größe N durch den Satz geschoben werden. Ist die Fenstergröße N genau so groß wie das n der zu extrahierenden n-Gramme, dann ergeben sich für ein Fenster der Größe $N = 4$ genau acht Fenster, respektive acht Tetragramme, wie sie in Abbildung 4.4 für den ausgewählten Satz dargestellt sind. Also können aus einem aus w Wörtern bestehenden Satz (oder Text) genau (w-n + 1) n-Gramme gebildet werden.

Dieses Beispiel zeigt sogleich die Herausforderungen einer (Patent)-Textanalyse mit Hilfe von n-Grammen. So können ohne Informationsverlust Wörter aus dem Beispielsatz weggelassen werden. Diese sogenannten Füll- oder Stoppwörter (*stopwords*) transportieren an sich keinen Inhalt, sondern haben lediglich eine Funktion im Sinne der Grammatik (Manning et al. 2008). Der Inhalt des genannten Beispielsatzes lässt sich demnach auch aus dem Satzfragment *„mehrteilige Gittermaststück weist Arbeitsanordnung hohe Tragfähigkeit auf"* ableiten. Die Länge dieses *Satzes* hat sich nun von elf auf sieben Wörter reduziert und es resultieren die folgenden vier Tetragramme *„mehrteilige Gittermaststück weist Arbeitsanordnung"*, *„Gittermaststück weist Arbeitsanordnung hohe"*, *„weist Arbeitsanordnung hohe Tragfähigkeit"* und *„Arbeitsanordnung hohe Tragfähigkeit auf"*. Auch an diesem Beispiel ist zu erkennen, dass neben der Eliminierung von Stoppwörtern noch eine grammatikalische Bearbeitung

| Das mehrteilige Gittermaststück weist | in der Arbeitsanordnung eine hohe Tragfähigkeit auf.

Das | mehrteilige Gittermaststück weist in | der Arbeitsanordnung eine hohe Tragfähigkeit auf.

Das mehrteilige | Gittermaststück weist in der | Arbeitsanordnung eine hohe Tragfähigkeit auf.

Das mehrteilige Gittermaststück | weist in der Arbeitsanordnung | eine hohe Tragfähigkeit auf.

Das mehrteilige Gittermaststück weist | in der Arbeitsanordnung eine | hohe Tragfähigkeit auf.

Das mehrteilige Gittermaststück weist in | der Arbeitsanordnung eine hohe | Tragfähigkeit auf.

Das mehrteilige Gittermaststück weist in der | Arbeitsanordnung eine hohe Tragfähigkeit | auf.

Das mehrteilige Gittermaststück weist in der Arbeitsanordnung | eine hohe Tragfähigkeit auf.

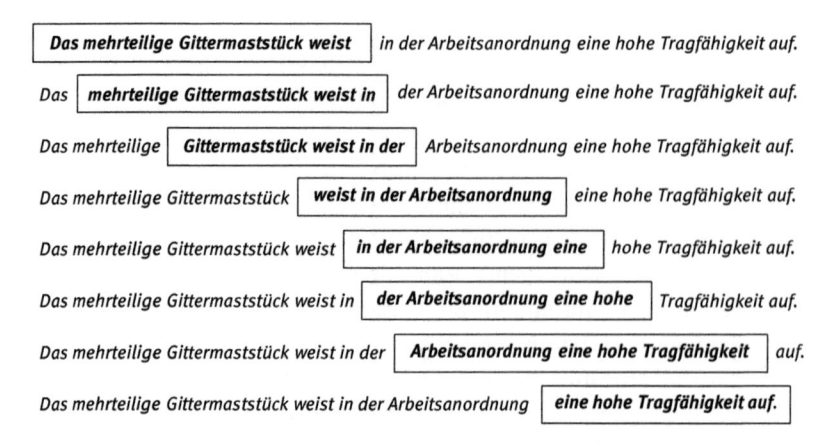

Abb. 4.4: Tetragramme aus einem Beispielsatz (Quelle: Eigene Darstellung).

(Grundform- und Wortstammbildung) von Sätzen bzw. Texten vorgenommen werden muss, um die Sinnhaftigkeit eines Satzes anhand der n-Gramme erkennen zu können. In diesem Beispielsatz würde dann das konjugierte Verb *weist* in seine Infinitivform *aufweisen* überführt werden.

Bei den semantischen (Patent)-Textanalysen spielen des Weiteren die Häufigkeiten des Vorkommens von n-Grammen in den zu untersuchenden Texten eine wichtige Rolle. In diesem Zusammenhang bekommt das Zipfsche Gesetz eine besondere Bedeutung.

Zipfsches Gesetz

Das Zipfsche Gesetz ist ein Modell, mit dessen Hilfe man bei bestimmten Größen, die in eine Rangfolge gebracht werden, deren Wert anhand ihres Ranges abschätzen kann (Heyer et al. 2006, Manning und Schuetze 1999, Walter und Gerken 2011). Erste Untersuchungen dieses Zusammenhangs führte Jean-Baptiste Estoup (*16.1.1868 in Navenne; †17.4.1950 in Paris) durch. George Kingsley Zipf (*7.1.1902 in Freeport, Illinois; †25.9.1950 in Newton, Massachusetts) untersuchte Texte auf Gesetzmäßigkeiten bzgl. der Häufigkeit des Auftretens verschiedener Wörter. Seine Entdeckungen wurden dann in den 1930er Jahren unter dem Namen *Zipf's Law* bzw. *Zipfsches Gesetz* bekannt.

Das Zipfsche Gesetz findet in der Linguistik, speziell in der Korpuslinguistik und Quantitativen Linguistik, Anwendung. Die Hauptaussage des Zipfschen Gesetzes besteht in der antiproportionalen Entwicklung von Rang und Häufigkeit. In Tabelle 4.3 ist eine Auswahl an Wörtern des *Projektes Deutscher Wortschatz*[18] in

---

[18] Vgl. http://wortschatz.uni-leipzig.de/, Abruf 03.08.2015.

Tab. 4.3: Auswahl häufigster Wörter des Projektes Deutscher Wortschatz in Rangfolge (Quelle: Heyer et al. 2006, S. 88–89).

Rang	Wort	Häufigkeit	Rang * Häufigkeit
1	der	7.377.897	7.377.897
2	die	7.036.092	14.072.184
3	und	4.813.169	14.439.507
4	in	3.768.565	15.074.260
5	den	2.717.150	13.585.750
6	von	2.250.642	13.503.852
7	zu	1.992.268	13.945.876
8	das	1.983.589	15.868.712
9	mit	1.878.243	16.904.187
10	sich	1.680.106	16.801.060
...			
100	immer	197.502	19.780.200
1.000	Medien	19.041	19.041.000
5.000	Miete	3.755	18.755.000
10.000	vorläufige	1.664	16.640.000

Rangfolge gelistet. Im Rahmen dieses Projektes wurde festgestellt, dass auch die Rangstatistik für die deutsche Sprache dem typischen Zipfschen Charakter folgt (Heyer et al. 2006). Andere Listen mit den häufigsten Wörtern in den Sprachen Deutsch, Englisch, Französisch und Niederländisch, jeweils sortiert nach ihrer Häufigkeit, sind im World Wide Web zu finden (Wortschatz 2001). Auch bei Patenttexten wurden derartige Zusammenhänge festgestellt und können somit bei semantischen Patentanalysen berücksichtigt werden.

Semantische Patentanalyse mit dem PatVisor®

Mit der am Institut für Projektmanagement und Innovation der Universität Bremen entwickelten Software PatVisor® lassen sich semantische Patentanalysen durchführen. Dieses Analysewerkzeug wurde zur Strukturierung und Priorisierung großer Datenmengen und zur inhaltlichen Wissenserschließung aus Patenten entwickelt. Es wertet dabei den Volltext englischsprachiger Patente aus, extrahiert und vergleicht die sprachlichen Konzepte, SAO-Strukturen und/oder n-Gramme unter Berücksichtigung individueller Sichtweisen mittels domänenspezifischer Sprachfilter. Damit knüpft der PatVisor® an verschiedene computergestützte Analysewerkzeuge wie neuronale Netze, Indexing-Techniken oder IPC-Spektren zur Beherrschung der Patentinformationsflut an (Abbas et al. 2014, Möhrle et al. 2010, Trippe 2003, Tseng et al. 2007, Walter und Bergmann 2008 sowie Yang et al. 2008).

Angelehnt an die Grundarchitektur von Text-Mining-Systemen, bestehend aus den drei Funktionen *Preprocessing Task*, *Core Mining Operation* und *Presentation*

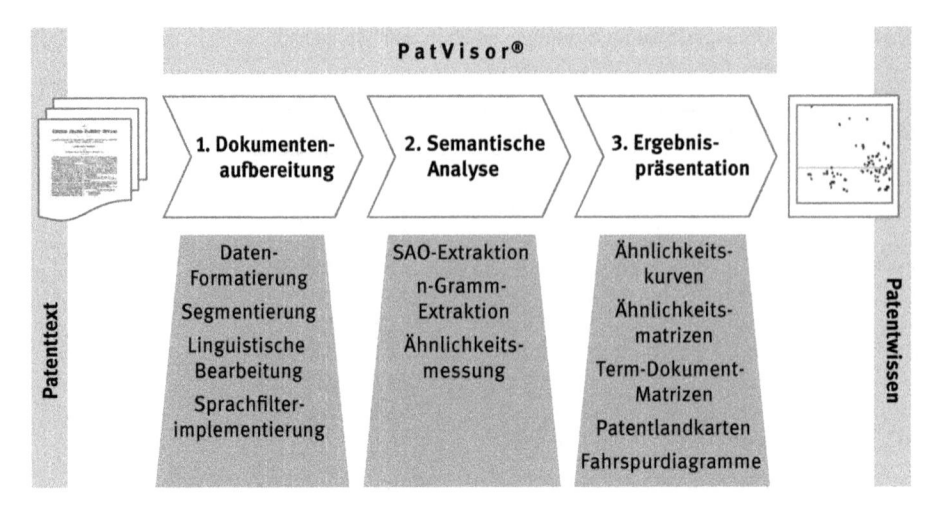

Abb. 4.5: Semantische Patentanalyse mit dem PatVisor® (Quelle: Eigene Darstellung).

Layer Component (Feldmann und Sanger 2007), nutzt der PatVisor® einen dreiphasigen Analyseprozess. Abbildung 4.5 zeigt diesen Prozess ausgehend vom Patenttext hin zum Patentwissen. Nachfolgend werden die drei PatVisor®-Phasen Dokumentenaufbereitung, semantische Analyse und Ergebnispräsentation näher beschrieben.

PatVisor® – Phase 1 zur Dokumentenaufbereitung
In der ersten Phase der Dokumentenaufbereitung geht es um die Formatierung der recherchierten Patentinformationen, die aus strukturierten (bibliografischen) und unstrukturierten (textbasierten) Patentinformationen bestehen. Die Patentinformationen, welche beispielsweise aus den frei zugänglichen Patentdatenbanken der Patentämter recherchiert wurden, liegen im Allgemeinen in unterschiedlichen Datenformaten wie HTML oder XML vor. Für die Analyse mit dem PatVisor® müssen die Patente in einem XML-Format (*Extensible Markup Language*) vorliegen und werden daher, je nach Bedarf, entsprechend formatiert.

Danach folgt mit Hilfe eines speziell für die Anforderungen und Spezifika von Patenten entwickelten Computerprogramms (*Parser*) die Segmentierung der Patenttexte (unstrukturierte Informationen) in die einzelnen Textbestandteile, wie beispielsweise Beschreibung, Zusammenfassung oder Ansprüche, sowie die Separierung der bibliografischen Patentinformationen (strukturierte Informationen) von den Patenttextbestandteilen. Dies ermöglicht eine gezielte Analyse und trägt zur Fokussierung der jeweiligen Fragestellung des Analysten bei.

Sodann werden die Rohtextbestandteile *gesäubert*, d.h. sie werden einer linguistischen Bearbeitung unterzogen. Dabei sollen die unstrukturierten Informationen eines Textes in analysierbare strukturierte bzw. semi-strukturierte Daten überführt werden. Hierfür werden Stoppwörter wie Artikel (*der, die, das*), Konjunktionen (*bis, doch, und*) und Präpositionen (*an, auf, bezüglich*) gefiltert und Synonyme zu Gruppen zusammengefasst und durch einen Zielbegriff ersetzt. So können je nach Aufgabenstellung des Analysten gegebenenfalls die Begriffe *Turmdrehkran*, *Schiffskran*, *Autokran*, *Baukran* und *Raupenkran* zu einem Oberbegriff zusammengeführt und mit dem Zielbegriff *Kran* synonymisiert werden.

Ein weiteres wichtiges Element der linguistischen Bearbeitung ist die Grundformbildung (Lemmatisierung) von Wörtern, durch die beispielsweise auch Singular- und Pluralform eines Wortes zusammengefasst werden. Die Lemmatisierung (*lemmatizing*) ist der Vorgang zur Bestimmung der genaueren Lemmata und eng mit dem Stemming, der Wortstammbildung, verwandt. Der Unterschied besteht darin, dass sich ein Wortstamm – ohne Kenntnis des Kontextes – auf ein einziges Wort bezieht und somit Wörter, die in Abhängigkeit von ihrer Stellung in den Textbestandteilen verschiedene Bedeutungen haben, nicht unterschieden werden können. Für das Stemming stehen zahlreiche Algorithmen zur Verfügung, von denen der *Porter-Stemmer-Algorithm* zu den wichtigsten Algorithmen in der englischen Sprache zählt (Porter 1980). Dabei ist aber zu beachten, dass das Stemming quasi eine Komprimierung des Textes mit Verlust darstellt und damit auch eine erhöhte Ungenauigkeit in der Textsuche einhergehen kann.

Die Implementierung der Sprachfilter, bestehend aus den domänenspezifischen Stoppwort- und Synonymfiltern sowie dem Stemmer und dem Lemmatizer, schließen die erste Phase der Dokumentenaufbereitung ab. Zu erwähnen ist, dass der PatVisor® je nach Analysebedarf und Fragestellung auch die Möglichkeit bietet, weitere individuelle Sprachfilter zu ergänzen und zu implementieren. So kann es gegebenenfalls sinnvoll sein, patentspezifische Begriffe wie Erfindung (*invention*), Beschreibung (*description*) oder Anspruch (*claim*) aus den zu analysierenden Patenttexten zu eliminieren, da sie in jedem Patenttext vorkommen und somit keine inhaltliche Aussagekraft besitzen. Auch ein Entfernen oder Synonymisieren von Zahlen und Sonderzeichen kann sinnvoll sein. Ein solcher Zahlen- und Zeichenfilter würde jegliche arabischen Zahlen wie 1, 2, 3 – jedoch keine Zählwörter wie eins oder zwei – sowie sämtliche Satzzeichen wie Kommata, Doppelpunkte, Semikola und Anführungszeichen entfernen. Bei der Entfernung von Zahlen ist aber zu beachten, dass dies nur dann sinnvoll ist, wenn diese lediglich zur Angabe von Daten, zur Nummerierung oder als Positionsnummern in Abbildungen dienen. Besitzen die Zahlen im Patent aber eine inhaltliche Bedeutung, wie es beispielsweise bei Erwähnung konkreter DIN-Normen der Fall sein könnte, so sollten sie vielleicht durch das textliche Ausformulieren der DIN-Normen synonymisiert werden.

Nach dieser ersten Phase kann in der zweiten Phase die semantische Analyse durchgeführt werden und die konkrete Extraktion von semantischen Strukturen aus den Patenttexten erfolgen.

PatVisor® – Phase 2 zur semantischen Analyse
Bei der Extraktion semantischer Strukturen geht es um textuelle Elemente, also einfache Wörter oder Begriffe, die aus einem oder mehreren Wörtern bestehen, sowie um Satzteile oder ganze Sätze eines Patenttextes. Mit dem PatVisor® lassen sich zum einen SAO-Strukturen aus einzelnen Sätzen oder n-Gramme aus kompletten Textbestandteilen extrahieren. Im letzteren Falle gilt es vorab festzulegen, mit welchen n-Grammen (Unigramme, Bigramme usw.) und mit welcher Fenstergröße die Extraktion und Analyse erfolgen soll. Zu beachten ist: Je größer das Fenster ist, das über den Text geschoben wird, desto mehr Kombinationsmöglichkeiten für n-Gramme gibt es.

Nach der Extraktion stehen die semantischen Strukturen in Form einer durch Zeichen getrennten Tabelle als CSV-Datei (*comma-separated values*) zur weiteren Analyse zur Verfügung. So können im Folgenden Ähnlichkeitsmessungen durchgeführt und einzelne Patente oder Patentmengen, basierend auf den semantischen Strukturen, inhaltlich verglichen werden. Werden beispielsweise n-Gramme in jeweils zwei Patenttexten gefunden, deutet dies auf eine inhaltliche Ähnlichkeit hin. Generell existieren für die Berechnung semantischer Ähnlichkeiten zahlreiche Zähl- und Ähnlichkeitsmaße bzw. Ähnlichkeitsalgorithmen (Möhrle 2010, Gerken und Möhrle 2012 sowie Möhrle und Gerken 2012), die im Rahmen der semantischen Analyse mit dem PatVisor® zielgerichtet ausgewählt werden können. Die Algorithmen berechnen mit Hilfe der Häufigkeit des Auftretens und dem gleichzeitigen Vorkommen semantischer Strukturen in den Patenttexten paarweise Ähnlichkeiten zwischen Patenten.

Bei dem Vergleich von zwei Patenten bzw. Patentmengen sind drei verschiedene Bereiche zu unterscheiden (siehe hierzu und im Folgenden Möhrle 2010). Der erste Bereich enthält alle semantischen Strukturen, die nur in einem der beiden Patente (Patentmenge) vorkommen, und der zweite Bereich enthält alle semantischen Strukturen, die in dem jeweils anderen Patent (Patentmenge) vorkommen. Der dritte Bereich stellt die Schnittmenge der beiden Patente (Patentmengen) dar, in denen alle semantischen Strukturen enthalten sind, die sowohl im ersten Patent (Patentmenge) als auch im zweiten Patent (Patentmenge) vorkommen. Des Weiteren wird für die Ähnlichkeitsberechnung noch die Anzahl an semantischen Strukturen benötigt, die sich in dem einen Patent (Patentmenge) befinden und identisch zu denen aus dem anderen Patent (Patentmenge) sind und vice versa. Aus all diesen Werten lässt sich dann die Ähnlichkeit der beiden Patente (Patentmengen) basierend auf den semantischen Strukturen berechnen. Hierfür existieren verschiedene Zählmethoden, wie beispielsweise die *complete-linkage-*, die *reduced-linkage-* oder die *wedding-linkage-*Methode, welche sich darin unterscheiden, wie die Verbindungen identischer semantischer Strukturen in den zu vergleichenden Patenten bzw. Patentmengen gezählt werden, wenn die einzelnen Strukturen in den Patenten bzw. Patentmengen unterschiedlich häufig vorkommen.

Auch für die Ähnlichkeitsmaße gibt es Alternativen, welche entweder die Verbindungen zwischen den beiden Patenten (Patentmengen) betrachten oder die Verbindungen analysieren, die von einem der beiden Patente (Patentmengen) zum anderen möglich sind. So kommen beim PatVisor® beispielsweise das *Jaccard-*, *Cosine-* oder auch das *DSS-Jaccard-* (*Double-Single-Sided* (DSS)) und das *DSS-Inclusion-*Ähnlichkeitsmaß zum Einsatz. Es ist zu beachten, dass die Kombination von Zählmethode und Ähnlichkeitsmaß einen starken Einfluss auf die zu berechnenden Ähnlichkeitswerte hat und diese daher sorgfältig ausgewählt werden sollten. Die Kombination von Zählmethode und Ähnlichkeitsmaß ist grundsätzlich vom Gegenstand der Untersuchung, von der Größenverteilung der Patente (Patentmenge), von der Verteilung der identischen semantischen Strukturen und von der Bedeutung des mehrfachen Auftretens identischer semantischer Strukturen abhängig.

Kurz gefasst dienen die Ähnlichkeitsmessungen also letztlich dazu, Muster in den recherchierten Patentinformationen zu erkennen und komplexe inhaltliche Zusammenhänge in und zwischen Patenttexten zu erschließen. Eine typische Aufgabe hierbei ist die Auswertung von Verteilungen, Häufigkeiten und Assoziationen. Aufbauend auf den Assoziationen können schließlich Klassifikations- und Clusteranalysen angewendet werden sowie sogenannte Mapping-Verfahren, aus denen beispielsweise semantische Patentlandkarten resultieren.

PatVisor® – Phase 3 zur Ergebnispräsentation
In der dritten Phase der Ergebnispräsentation nutzt der PatVisor® unter anderem multivariate Methoden (Backhaus et al. 2011) wie die multidimensionale Skalierung (MDS) für die grafische Visualisierung der berechneten Ähnlichkeiten oder auch statistische Methoden für die Darstellung von Häufigkeitsverteilungen der in den analysierten Patenten vorkommenden semantischen Strukturen. Der PatVisor® bietet fünf Möglichkeiten zur Präsentation der semantischen Analyseergebnisse, und zwar (i) Ähnlichkeitskurven, (ii) Ähnlichkeitsmatrizen, (iii) Term-Dokument-Matrizen, (iv) Patentlandkarten und (v) Fahrspurdiagramme.

(i) Die *Ähnlichkeitskurven* stellen die berechneten semantischen Ähnlichkeitswerte von Patenten im Verhältnis zu einem Vergleichspatent dar und zeigen somit die zu analysierenden Patente in einer geordneten Reihenfolge. Auf diese Weise können Patente identifiziert werden, die in Bezug auf das Vergleichspatent von besonderer Bedeutung sind.

(ii) In *Ähnlichkeitsmatrizen* werden die in einer Matrix zusammengestellten Ähnlichkeitswerte der analysierten Patente farbig oder in verschiedenen Graustufen dargestellt. Damit können in einer größeren Patentmenge markante Werte wie nah beieinander liegende oder gleiche Ähnlichkeitswerte von Patenten intuitiv und schnell erfasst werden. Ähnlichkeitsmatrizen werden auch als Heat Maps bezeichnet.

(iii) In den *Term-Dokument-Matrizen* (TDM) werden die Häufigkeiten des Vorkommens von semantischen Strukturen (Termen) der analysierten Patente (Dokumente) aufgelistet. Mit den Term-Dokument-Matrizen lassen sich Patente inhaltlich erschließen und der Analyst gewinnt einen schnellen Überblick über den

Inhalt eines Patents bzw. einer Patentmenge. Die Matrizen unterstützen somit das semantische Navigieren, d.h. es können einzelne semantische Strukturen in einem oder mehreren Patenten gesucht werden, und es lassen sich Terme nach der Häufigkeit ihres Vorkommens in einem oder in mehreren Patenten sortieren.

(iv) In den *Patentlandkarten* sind Patente als Datenpunkte und ihre Ähnlichkeitsbeziehungen in Form von Distanzen dargestellt, ähnlich der Platzierung von Städten in Straßenkarten (Walter und Bergmann 2008). Patente, die in der Patentlandkarte nah beieinander liegen, weisen eine hohe semantische Ähnlichkeit auf, während Patente mit nicht übereinstimmender inhaltlicher Struktur in größerer Distanz voneinander angesiedelt sind. Patentlandkarten sind somit ein Hilfsmittel zur visuellen Erfassung von Patentpositionen und -konstellationen. Dabei ist zu beachten, dass die Positionen und Konstellationen mehr oder weniger verzerrt dargestellt werden. Die Verzerrungen resultieren aus der Vereinfachung der Ähnlichkeitsbeziehungen, die für die Visualisierung erforderlich ist.

(v) *Fahrspurdiagramme* basieren auf der semantischen Ähnlichkeit von Patenten aus einer Patentmenge, welche mit Hilfe einer Heuristik angeordnet werden (Niemann 2015). Dabei erfolgt die Anordnung der Patente auf eine Fahrspur auf Grundlage des Anmeldejahres und der maximalen Ähnlichkeit zu seinen Vorgängern; wobei eine neue Fahrspur eröffnet wird, wenn ein Patent dieselbe maximale Ähnlichkeit zu mehreren Vorgängerpatenten aufweist. Die Fahrspuren zeigen daher Entwicklungspfade auf, bei denen die Patentschwerpunkte der Vergangenheit in einen zeitlichen Zusammenhang überführt werden. Damit unterstützen die Fahrspurdiagramme den Analysten bei seinen strategischen Entscheidungen.

Die Grundlage für die semantischen Patentanalysen mit dem PatVisor® bildet also der Vergleich von Ähnlichkeiten zwischen den durch SAO-Strukturen oder n-Gramme widergespiegelten Kernaussagen der einzelnen Patenttexte. Der PatVisor® generiert aus den zahlreichen Patentinformationen, aus strukturierten und unstrukturierten Daten, gezielt Patentwissen, welches für die Entscheidungsfindung im strategischen Patentmanagement, für das Technologie-Monitoring, zur Technologiebewertung, zur Wettbewerberanalyse, zur Erfinderprofilierung, zur Ideenfindung oder zur Vermeidung von Patentverletzungen eingesetzt werden kann (Bergmann 2011, Bergmann et al. 2007, Dreßler 2006, Gerken et al. 2010a, 2010b, Janzen et al. 2015, Möhrle et al. 2005, 2012, Radauer und Walter 2010, Walter und Bergmann 2008 sowie Walter et al. 2004, 2013, 2015).

4.3 Metadatenbasierte Patentanalysen

Metadatenbasierte Analysen zielen auf die Auswertung größerer Datensammlungen. Bei einer metadatenbasierten Patentanalyse geht es konkret um die weiterführende

Analyse einer größeren Sammlung an Patentinformationen, um so beispielsweise Beziehungen zwischen den recherchierten bibliografischen Patentinformationen eines größeren Patentpools aufzudecken. Da diese Patentinformationen in Tabellen dokumentiert und in Dateien wie z.B. CSV-Dateien abgespeichert werden können, ist eine quantitative Analyse der Daten mit Tabellenverarbeitungssoftware wie etwa Microsoft Excel möglich. Im Folgenden werden an einem Fallbeispiel aus der Krantechnologie metadatenbasierte Patentanalysen vorgestellt, die zeigen, wie damit Trendverläufe, Wettbewerberrangfolgen, Zitationsnetzwerke und Kennzahlendarstellungen erstellt werden können, um gezielt Wissen für das Patentmanagement bereitzustellen.

4.3.1 Trendverläufe

Technologieanalysen haben die Aufgabe der *„Gewinnung entscheidungsrelevanten Wissens zur Unterstützung des strategischen (Technologie-)Managements"* (Zeller 2003). Grundlage für Technologieanalysen ist das Technologie-Monitoring, welches Informationen unter zeitdynamischen Aspekten beschafft und interpretiert und so beispielsweise bei der Trenderkennung bzw. -analyse eine Schlüsselrolle einnimmt (Gerken 2012, Porter und Cunningham 2005, Watts und Porter 1997 sowie Wellensiek et al. 2011).

Mit einer Trendanalyse ist es möglich, sich langfristig abzeichnende Entwicklungen zu ermitteln und zu quantifizieren – mit dem Ziel, Prognosen zu formulieren, um daraus qualitative und quantitative Aussagen über die zukünftige Entwicklung unternehmensrelevanter Größen wie Produktmix, Produkteigenschaften und Produktgestaltung, Marktvolumen, Marktanteil oder Preisentwicklung abzuleiten. Bei der Trendanalyse mit Hilfe von Patenten werden die Anmelde- bzw. Erteilungszahlen in einem Technologiefeld analysiert und auf Brüche bzw. Besonderheiten hin untersucht, um daraus auf neue technologische Trends schließen zu können (Dereli und Durmusoglu 2009 sowie Niemann 2015).

Die Patentämter veröffentlichen beispielsweise in ihren Jahresberichten Informationen zu Patentaktivitäten in Patentklassen oder Regionen sowie zu deren Veränderungen im Jahresvergleich (Deutsches Patent- und Markenamt 2015) Tabelle 4.4 zeigt als Beispiel die Anzahl von Patentanmeldungen beim DPMA im Jahre 2014 nach den anmeldestärksten IPC-Klassen und deren Veränderung im Vergleich zum Anmeldejahr 2013. Es zeigt sich, dass mit 6.782 Anmeldungen die meisten Patente in der allgemeinen Fahrzeugklasse B60 klassifiziert wurden, gefolgt von der IPC F16 für Maschinenelemente oder -einheiten mit 5.680 Patentanmeldungen. Die Änderungen zum Vorjahr lagen bei 10,5 % respektive 4,1 %. Der stärkste Zuwachs war mit 12,8 % in der IPC-Klasse H04 zu verzeichnen und der stärkste Rückgang bei den Anmeldungen in der IPC-Klasse G06 (Datenverarbeitung; Rechnen; Zählen), hier fiel die Anmeldezahl um 11,1 % auf 1.615 Patentanmeldungen.

Tab. 4.4: Patentanmeldungen beim DPMA in 2014 nach den zehn anmeldestärksten IPC-Klassen (Quelle: Deutsches Patent- und Markenamt 2015).

IPC-Klasse		Anzahl 2014	Anteil an Gesamtzahl in %	Veränderung 2013 zu 2014 in %
B 60	Fahrzeuge allgemein	6.782	11,3	10,5
F 16	Maschinenelemente und -einheiten	5.680	9,5	4,1
H 01	Grundlegende elektrische Bauteile	4.594	7,7	0,7
G 01	Messen; Prüfen	4.074	6,8	6,9
F 02	Brennkraftmaschinen	2.418	4,0	4,5
H 02	Erzeugung elektrischer Energie	2.323	3,9	−0,1
A 61	Medizin oder Tiermedizin; Hygiene	2.301	3,8	3,7
H 04	Elektrische Nachrichtentechnik	1.678	2,8	12,8
G 06	Datenverarbeitung; Rechnen; Zählen	1.615	2,7	−11,1
F 01	Kraft- und Arbeitsmaschinen allgemein	1.601	2,7	5,5

Die Anmeldezahlen zeigen zum einen, dass die herausragende Stellung der IPC B60 auf die Stärke der Automobilindustrie in Deutschland verweist und sich zum anderen ein Trend hinsichtlich der Hybridtechnik abzeichnet. Auch die prozentualen Anstiege bei den Anmeldungen von Erfindungen zu Maschinenelementen und -einheiten (F16) sowie zu grundlegenden elektrischen Bauteilen (H01) verweisen auf eine zunehmende Bedeutung der Industrie 4.0, Digitalisierung der Wirtschaft[19].

Fallbeispiel
Im Folgenden soll ein Fallbespiel aus der Krantechnologie aufzeigen, wie mit Trendverläufen Entwicklungen ermittelt werden können, indem anhand der Metadaten recherchierter Patente entsprechende quantitative Größen im Zeitverlauf analysiert werden.

Patente, die Erfindungen an Kranen schützen, sind zumeist in der IPC-Unterklasse B66C klassifiziert. Diese gehört zur Klasse B66 (Heben, Anheben, Schleppen (Hebezeuge)) und trägt die Bezeichnung *Krane; Lastgreif- oder -trageinrichtungen für Krane, Haspeln, Winden oder Flaschenzüge*. Richtet sich das Interesse auf Trends bei deutschen Kranpatenten, kann im DEPATISnet mit dem Suchstring *AY_1974 und PC = DE und ICM=B66C?* nach entsprechenden DE-Patenten recherchiert werden, die in der Unterklasse B66C und den ihr zugehörigen Gruppen und Untergruppen klassifiziert sind. In diesem Fall finden sich als Treffer alle Patentdokumente (Anmeldungen, Erteilungen) sowie Gebrauchsmuster, die im Jahre 1974 beim DPMA angemeldet wurden. Die erneute Recherche mit AY=1975, 1976 bis 2013 ergibt Trefferlisten mit den Schutzrechten aus den Anmeldejahren 1975, 1976 bis 2013, und die Zusammenführung aller Treffer in einer CSV-Datei erlaubt dann eine weitergehende Trendanalyse mittels Microsoft Excel.

---

19 Vgl. http://www.bmwi.de/DE/Themen/Industrie/industrie-4-0.html, Abruf 29.09.2015.

Tab. 4.5: Anzahl an Offenlegungsschriften (A1 Dokumente) und eingetragenen Gebrauchsmustern (U1 Dokumente) mit Wirkung für Deutschland in den Jahren 1974 bis 2013.

	1974	1975	1976	1977	1978	1979	1980	1981	1982	1983
A1 Dokumente	106	97	97	95	96	90	67	75	47	52
U1 Dokumente	50	39	45	53	45	30	25	31	28	30
	1984	1985	1986	1987	1988	1989	1990	1991	1992	1993
A1 Dokumente	55	41	30	37	28	28	25	29	38	38
U1 Dokumente	46	28	19	19	26	26	43	43	45	55
	1994	1995	1996	1997	1998	1999	2000	2001	2002	2003
A1 Dokumente	32	28	29	33	40	46	51	41	41	31
U1 Dokumente	56	63	40	47	45	57	44	46	45	28
	2004	2005	2006	2007	2008	2009	2010	2011	2012	2013
A1 Dokumente	26	29	36	29	43	50	52	52	84	66
U1 Dokumente	46	49	34	29	38	26	49	30	23	26

Insgesamt finden sich in der öffentlich zugänglichen Datenbank DEPATISnet 5.367 verschiedene Schutzrechte (Patentanmeldungen (Offenlegungsschriften), -erteilungen und Gebrauchsmuster), die zwischen 1974 und 2013 beim DPMA angemeldet und seitens der Patentprüfer der IPC Unterklasse B66C zugeordnet wurden. Tabelle 4.5 zeigt beispielhaft die Anzahl der Offenlegungsschriften (sachlich nicht geprüfte Patentanmeldungen A1) und Gebrauchsmuster (U1) von 1974 bis 2013 mit Wirkung in Deutschland. Es zeigt sich bei den Gebrauchsmustern eine über die Zeit leicht schwankende Anzahl an eingetragenen Gebrauchsmustern. Die Anzahl liegt im Mittel bei knapp 39 Anmeldungen (Standardabweichung 11). Bei den Offenlegungsschriften liegt die Zahl in den ersten Jahren des Analysezeitraums bei rund 100 Anmeldungen, geht dann zurück auf ein Minimum von 25 Anmeldungen im Jahre 1990, um dann in den letzten Jahren mit leichten Schwankungen wieder auf höhere Anmeldezahlen zu steigen. In den Jahren 2012 und 2013 wurden beim DPMA 84 respektive 66 eingereichte Patentanmeldungen veröffentlicht.

Abbildung 4.6 zeigt die Trendverläufe, d.h. die Patentanmeldeveröffentlichungs- und Gebrauchsmusteraktivitäten im Zeitverlauf, und es ist deutlich das schwankende Verhalten bei den Gebrauchsmusterzahlen sowie das anfänglich abfallende und dann wieder ansteigende Verhalten bei den Patentanmeldezahlen zu erkennen.

Die Abnahme der Patentanmeldezahlen bis in die Mitte der 90er Jahre des letzten Jahrhunderts und die nachfolgenden kontinuierlichen Anstiege können auf zwei Gründe zurückgeführt werden. Die Sichtung der Anmelder in Deutschland zeigt zum einen, dass in den ersten Jahren des Analysezeitraums sehr viele unterschiedliche Wettbewerber in der Krantechnologie patentaktiv waren, und zum zweiten, dass deren Zahl mit der Zeit abnahm und sich nur noch einzelne Unternehmen als besonders patentaktiv im Markt etablierten. Es fand eine Konsolidierung durch zahlreiche

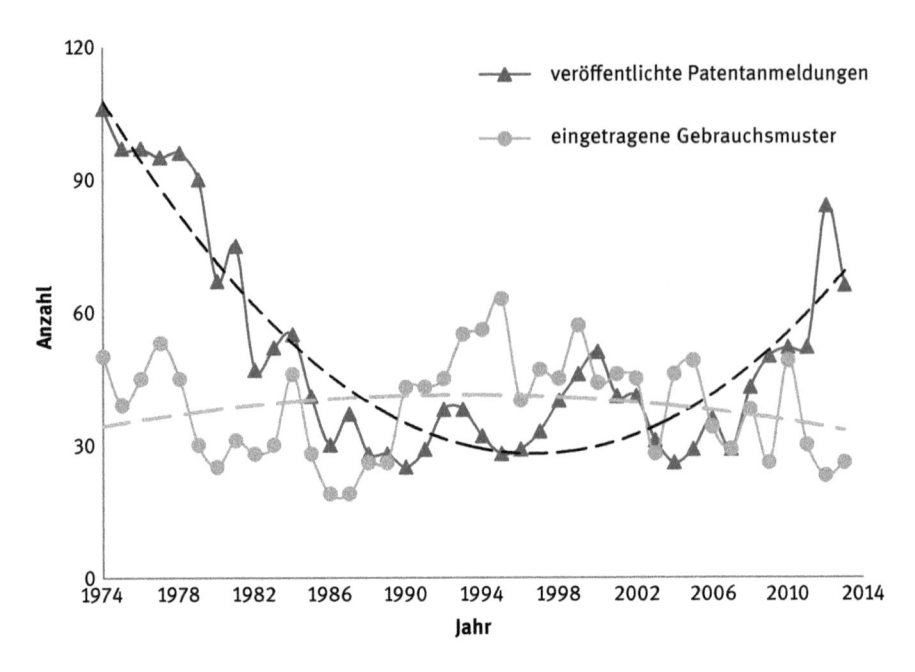

Abb. 4.6: Gebrauchsmuster (U1) und Offenlegungsschriften (A1) mit Wirkung für Deutschland zwischen 1974 und 2013 (Quelle: Eigene Darstellung).

M&As statt. So waren in den Anfangsjahren Konzerne bzw. Unternehmen wie die Demag AG, die Grove LLC, die Harnischfeger Corp., die Krupp GmbH, die Peiner Maschinen- und Schraubenwerke AG oder auch das VEB Schwermaschinenkombinat aus Leipzig besonders patentaktiv; diese sind aber als eigenständige Unternehmen heute nicht mehr am Markt vertreten. Viele der genannten Unternehmen wurden von Konzernen wie Manitowoc (im Fall von Krupp oder auch Grove LLC) oder von Unternehmen wie Terex (im Fall der Harnischfeger Corp., der Peiner Maschinen- und Schraubenwerke AG, der Demag AG oder der Noell Stahl- und Maschinenbau GmbH) aufgekauft oder sie sind wie die VEB Kombinate aus der einstigen DDR teilweise oder ganz vom Markt verschwunden bzw. nicht mehr patentaktiv. In jüngeren Jahren haben einige Unternehmen, wie die der Liebherr-Gruppe oder der Terex-Cranes-Gruppe, ihre jeweilige Wettbewerberposition durch eine verstärkte Patentaktivität gefestigt. So ist auch in den kommenden Jahren, insbesondere bei bisher im deutschen und europäischen Rechtsraum nicht sonderlich patentaktiven Unternehmen, ein weiteres Ansteigen von Patentaktivitäten zur Festigung der Wettbewerberposition zu erwarten.

Ein solcher Trend hinsichtlich der Patentanmeldungen ist auch in den USA zu verzeichnen. Im Zeitraum von 2001 bis 2013 wurden beim USPTO insgesamt 2.901 US-Patentanmeldungen zu Kranen, d.h. in der IPC B66C klassifizierte Patente, eingereicht. Diese können in der Datenbank AppFT recherchiert werden, und dabei wird deutlich, dass die Anmeldezahlen im betrachteten Zeitraum kontinuierlich anstiegen. Während in den USA nur noch wenige originäre US-Unternehmen Kranpatente anmelden, steigt die Anzahl der Patentanmeldungen von nicht in den USA ansässigen Anmeldern unablässig; die meisten davon stammen aus Deutschland bzw. Europa und China.

Im nachfolgenden Kapitel werden weitere metadatenbasierte Patentanalysen zur Erstellung von Wettbewerberrangfolgen vorgestellt, die einen differenzierten Einblick in die Patent-Wettbewerberlandschaft innerhalb der Krantechnologie erlauben.

4.3.2 Wettbewerberrangfolgen

Im Rahmen einer Patentanalyse sind Informationen über die Patentaktivitäten der Wettbewerber (Konkurrenten) zu sammeln und über einen analytischen Prozess in anwendbares Wissen über die Positionierung, Leistungsfähigkeit und Absichten der Wettbewerber zu transformieren (siehe hierzu und im Folgenden Büsch 2007). Zu den wesentlichen Aufgaben der Wettbewerberanalyse zählen somit die Antizipation von relevanten Marktveränderungen, die Antizipation von Aktivitäten der Wettbewerber, die Sammlung von Wissen über Technologien, Produkte, Gesetze und Verordnungen, die für das eigene Unternehmen potenziell relevant sind, wie auch die Vermittlung von Kenntnissen über bestehende und zukünftige Wettbewerber, Zulieferer, Kunden und Partner. Hierzu sind zu Beginn der Analyse die relevanten, aktuellen und potenziellen direkten Wettbewerber zu identifizieren, die in derselben Branche tätig sind. Sodann sollte die Analyse auch auf potenziell neue Wettbewerber ausgeweitet und zudem die Aktivitäten der Lieferanten und Kunden untersucht oder Ersatzprodukte bzw. -verfahren näher in Augenschein genommen werden (Porter 1999).

Patente und Wettbewerb stehen somit in einem engen Zusammenhang, da sie als ein wichtiges Instrument gelten, um die Wettbewerbsfähigkeit zu erhöhen und das patentaktive Unternehmen im Innovationswettbewerb zu positionieren (Mittelstaedt 2009). Die Anzahl angemeldeter und erteilter Patente spricht daher für das Innovationspotenzial eines Unternehmens sowie für dessen ökonomische Leistungsfähigkeit. Aus diesem Grunde veröffentlichen Patentämter in ihren Jahresberichten oft Tabellen mit den patentaktivsten Anmeldern, die auf deren Innovationsstärke hinweisen. Tabelle 4.6 zeigt die Rangfolge der 15 aktivsten Unternehmen und Institutionen beim DPMA nach der Anzahl eingereichter nationaler Patentanmeldungen im Jahre 2014. Bei den aufgeführten Anmeldern wurden eventuelle Verbünde von Unternehmen und Institutionen nicht berücksichtigt (siehe hierzu und im Folgenden DPMA 2015). Es zeigt sich, dass im Jahre 2014 die Robert Bosch GmbH das bei Weitem patentaktivste Unternehmen mit 4.008 Patentanmeldungen war. Damit hat dieses Technologieunternehmen rund 8,3 % der 48.144 in Deutschland eingegangenen Patentanmeldungen getätigt. Die Schaeffler Technologies GmbH & Co. KG nahm mit 2.518 Anmeldungen

Tab. 4.6: Rangfolge die 15 aktivsten Unternehmen und Institutionen beim DPMA nach der Anzahl eingereichter nationaler Patentanmeldungen im Jahr 2014 (Quelle: Deutsches Patent- und Markenamt 2015).

Anmelder		Sitz	Anmeldungen
1	Robert Bosch GmbH	DE	4.008
2	Schaeffler Technologies GmbH & Co. KG	DE	2.518
3	Siemens AG	DE	1.806
4	Daimler AG	DE	1.797
5	Bayerische Motoren Werke AG	DE	1.464
6	Ford Global Technologies, LLC	US	1.390
7	GM Global Technology Operations, LLC	US	1.080
8	Audi AG	DE	960
9	Volkswagen AG	DE	943
10	ZF Friedrichshafen AG	DE	909
11	Hyundai Motor Company	KR	659
12	Infineon Technologies AG	DE	642
13	BSH Bosch und Siemens Hausgeräte GmbH	DE	576
14	Continental Automotive GmbH	DE	493
15	Fraunhofer-Gesellschaft e.V.	DE	437

den zweiten Rang ein, gefolgt von der Siemens AG (1.806 Anmeldungen), der Daimler AG (1.797 Anmeldungen) und der Bayerischen Motoren Werke AG (1.464 Anmeldungen). Neben diesen deutschen Unternehmen sind Institutionen wie die Fraunhofer-Gesellschaft e.V. besonders patentaktiv. Aber auch Unternehmen aus den USA, wie die Ford Global Technologies oder die GM Global Technology Operations, und aus Korea, wie die Hyundai Motor Company, finden sich unter den 15 patentaktivsten DE-Anmeldern.

Fallbeispiel
Auch für die Krantechnologie kann die Erstellung von Wettbewerberrangfolgen interessante Einblicke in die Patentaktivitäten technologieorientierter Unternehmen, Institutionen oder Einzelerfinder liefern. Eine Recherche im DEPATISnet nach Patentanmeldungen (Offenlegungsschriften, A1-Dokumente), die in der für die Krantechnologie wichtigen IPC-Unterklasse B66C klassifiziert wurden, zeigt, dass zwischen 2004 und 2013 insgesamt 467 Erfindungen von 251 verschiedenen Anmeldern (also mit unterschiedlichen Anmeldernamen) beim DPMA zum Patent angemeldet wurden. Der patentaktivste Anmelder hatte in dem analysierten Zehnjahreszeitraum 39 Anmeldungen getätigt. Das Minium lag bei einer Anmeldung pro Anmelder; was 183mal vorkam. Tabelle 4.7 zeigt die mit mehr als fünf Anmeldungen patentaktivsten Anmelder von DE-Patenten zwischen 2004 und 2013. Die Wettbewerberrangfolge in der Krantechnologie wird demnach von der Liebherr-Werk

Tab. 4.7: Rangfolge der Anmelder mit mehr als 5 Offenlegungsschriften von Kranpatenten beim DPMA in den Jahren 2004 bis 2013.

Anmeldernamen		Anmeldungen
1	Liebherr-Werk Ehingen GmbH, 89584, Ehingen, DE	39
2	Demag Cranes & Components GmbH, 58300, Wetter, DE	18
3	Liebherr-Werk Ehingen GmbH, 89584 Ehingen, DE	17
4	Liebherr-Werk Biberach GmbH, 88400, Biberach, DE	16
5	Liebherr-Werk Nenzing GmbH, Nenzing, AT	13
6	Terex-Demag GmbH, 66482 Zweibrücken, DE	9
7	Liebherr-Werk Nenzing GmbH, Nenzing, Vorarlberg, AT	7
8	Siemens AG, 80333 München, DE	7
9	Terex-Demag GmbH & Co. KG, 66482 Zweibrücken, DE	7
10	Tadano Faun GmbH, 91207, Lauf, DE	5
11	ZF Friedrichshafen AG, 88046, Friedrichshafen, DE	5

Ehingen GmbH mit 39 Anmeldungen angeführt, gefolgt von der Demag Cranes & Components GmbH mit 18 eingereichten Patentanmeldungen. Auf dem dritten Rang findet sich überraschenderweise wiederum das Liebherr-Werk Ehingen GmbH mit nun 17 Anmeldungen. Auch weitere Liebherr-Werke sind unter den patentaktiven Anmeldernamen zu finden, ebenso die Kranhersteller Terex-Demag oder die Tadano Faun GmbH.

Damit offenbart sich eine besondere Problematik bei der Erstellung von Wettbewerberrangfolgen, nämlich die in den Datenbanken abgespeicherten Anmeldernamen. In den öffentlich zugänglichen Patentdatenbanken wie dem DEPATISnet des DPMA werden die Namen der Anmelder genauso eingetragen, wie sie von diesen beim Patentamt gemeldet wurden. So unterscheiden sich die beiden angegebenen Anmeldernamen für das Liebherr-Werk Ehingen in diesem Fall durch ein Komma zwischen der Postleitzahl 89584 und der Ortsbezeichnung Ehingen. Neben dem Vorhandensein oder Fehlen von Kommata können auch Rechtschreibfehler bzw. Tippfehler in den genannten Anmeldernamen dazu führen, dass diese Anmelder im Rahmen einer Auswertung als unterschiedlich angesehen werden. Des Weiteren agieren Unternehmen oft als Konzerne, fusionieren oder bilden Unternehmensverbünde, die ihre Patente dann unter verschiedenen Anmeldernamen beim Patentamt einreichen, so dass auch hier die aus den Rohdaten der Datenbanken erstellten Wettbewerberrangfolgen einer *Verzerrung* unterliegen.

Um also für eine Wettbewerberanalyse auf der Basis von Anmeldernamen aussagekräftige Wettbewerberrangfolgen zu erstellen, sind die recherchierten Anmeldernamen bei den Offenlegungsschriften, Patenterteilungen oder Gebrauchsmustern unter Hinzuziehung von Branchenexperten zu konsolidieren, d.h. die Namen sind so zu vereinheitlichen, dass alle Schutzrechte den *eigentlichen* Unternehmen zugeordnet werden. Da diese Zuordnungen sich durch Unternehmensbeteiligungen oder durch

M&As im Laufe der Jahre immer wieder verändern können, sollten die Original-Anmeldedaten, so wie das DEPATISnet sie bereitstellt, nicht *überspielt* werden. Eine Konsolidierung der Anmeldernamen kann dann immer zum Zeitpunkt der Analyse vorgenommen werden, um einen aktuellen Stand der Patentaktivitäten der Wettbewerber im Detail und zeitnah zu erkennen.

Eine Konsolidierung[20] der 251 recherchierten Anmeldernamen, unter denen in den Jahren 2004 bis 2013 insgesamt 467 Kranpatente beim DPMA angemeldet wurden, zeigt, dass es sich bei den Anmeldern lediglich um 214 unterschiedliche Patentakteure handelt, die im betrachteten Zeitraum von einer bis zu 103 Anmeldungen beim DPMA getätigt haben. Dabei wurden unter der Liebherr-Gruppe die Anmeldernamen Liebherr-Werk Biberach, Ehingen und Nenzing sowie die Liebherr-Components Biberach GmbH und die Liebherr-Hydraulikbagger GmbH zusammengefasst. Die Anmeldernamen Demag Cranes & Components GmbH, Gottwald Port Technology GmbH, Noell Crane Systems GmbH, Noell Mobile Systems GmbH, Terex Demag GmbH, Terex Cranes Germany GmbH sowie Terex-Demag GmbH & Co. KG wurden in die Terex-Demag-Gruppe und die Anmeldernamen Eisenmann Fördertechnik GmbH & Co. KG und die Eisenmann Anlagenbau GmbH & Co. KG in die Eisenmann-Gruppe aggregiert.

Abbildung 4.7 zeigt die Aufteilung der Offenlegungsschriften auf die acht TOP-Anmelder mit mehr als fünf Anmeldungen im Bereich der Krantechnologie in Deutschland, die in den Jahren 2004 bis 2013 insgesamt 204 Patente zu Kranen angemeldet haben. Die Liebherr-Gruppe meldete mit rund 51 % den größten Anteil an Patenten an (103 Offenlegungsschriften), gefolgt von der Terex-Demag-Gruppe (rund 28 % bzw. 57 Offenlegungsschriften) und der GM Global Technology Operations sowie der Siemens AG (mit jeweils rund 5 % bzw. 11 Offenlegungsschriften). Danach folgen die Eisenmann-Gruppe (7 Offenlegungsschriften) und Kobelco Cranes Co., Tadano Faun GmbH und die ZF Friedrichshafen AG mit je fünf eingereichten Patentanmeldungen. Alles in allem zeigt sich in Deutschland, dass sich unter den TOP-Patentanmeldern die Kranhersteller Liebherr, Terex-Demag oder Kobelco befinden, aber auch Wettbewerber aus anderen Branchen wie der Elektronik, so z.B. Siemens, in der Krantechnologie besonders patentaktiv sind.

Die Wettbewerber in der Krantechnologie nutzen nicht nur Patente zum Schutz ihrer Erfindungen, sondern vor allem in Deutschland auch Gebrauchsmuster. Beispielsweise machten 13 Anmelder im Jahre 2013 von diesem Schutzrecht Gebrauch und meldeten 26 Gebrauchsmuster beim DPMA an. Tabelle 4.8 zeigt die Wettbewerberrangfolge der DE-Gebrauchsmuster in der Krantechnologie. Angeführt wird die Folge von der Hermann Paus Maschinenfabrik GmbH, welche sechs Gebrauchsmuster anmeldete, gefolgt von der Terex Cranes Germany GmbH mit vier Gebrauchsmustern

---

[20] Die Konsoldierung der Anmeldernamen erfolgte seitens der Autoren im September 2015.

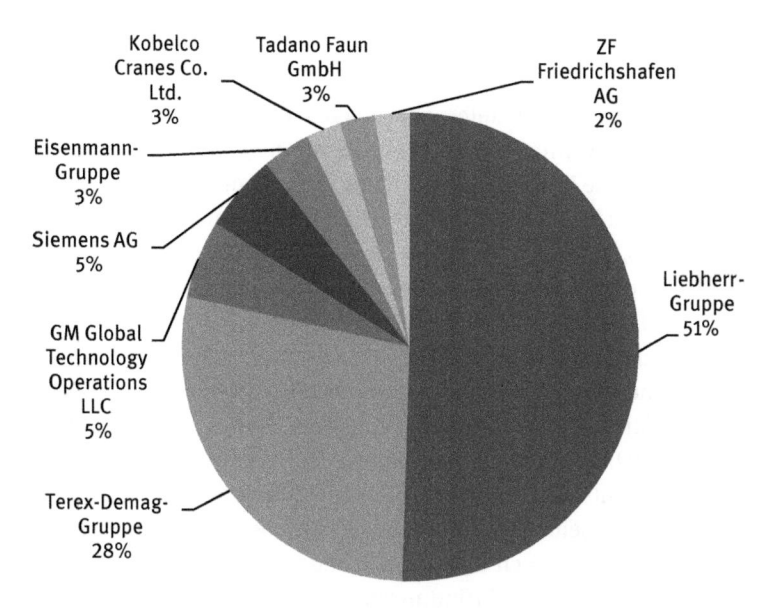

Abb. 4.7: Anteile der Offenlegungsschriften beim DPMA der acht TOP-Anmelder in der Krantechnologie in Deutschland in den Jahren 2004 bis 2013 (Quelle: Eigene Darstellung).

und der Manitowoc Crane Group France SAS (3 Gebrauchsmuster) sowie von Jitka Zencakova, einer Erfinderin aus der Tschechischen Republik, die ebenfalls 4 Gebrauchsmuster anmeldete. Es zeigt sich in der Krantechnologie also, dass neben bekannten Kranherstellern auch einige Einzelerfinder – nicht nur aus Deutschland – den Gebrauchsmusterschutz nutzen.

Tab. 4.8: Wettbewerberrangfolge der DE-Gebrauchsmuster in der Krantechnologie im Jahre 2013.

Anmelder	Anzahl	Rang
Hermann Paus Maschinenfabrik GmbH	6	1
Terex Cranes Germany GmbH	4	2
Manitowoc Crane Group France SAS	3	3
Jitka Zencakova, CZ	3	4
Liebherr-Werk Biberach GmbH	2	5
Expresso Deutschland GmbH	1	6
J. Schmalz GmbH	1	6
Marina Jürgens, DE	1	6
Kinshofer GmbH	1	6
Georg Neumann, DE	1	6
Norbert Wienold GmbH	1	6
Richard Bauer Rohstoff-Großhandel GmbH & Co. KG	1	6
Guanlian Zhang, CN	1	6

4.3.3 Zitationsnetzwerke

Patente stellen einen direkten Output unternehmerischer FuE sowie erfinderischer Tätigkeit anderer Institutionen (Universitäten und Forschungsinstitute) oder Einzelpersonen dar. Damit spiegeln sie die Innovationsaktivitäten der genannten Akteure wider. Zur Messung dieser ökonomischen Leistungsfähigkeit können Patentzitate herangezogen werden (Hall et al. 2005, Jaffe 1998, Jaffe und Trajtenberg 2002 sowie Trajtenberg 1990), denn offenbar korreliert der Wert einer Erfindung mit der Anzahl ihrer Zitationen (Gambardella et al. 2008, Harhoff et al. 1999 sowie von Wartburg et al. 2005).

Zitationsanalysen basieren auf der Analyse in Patentdokumenten enthaltener Referenzen und untersuchen die Verweisketten zwischen Patenten sowie zwischen Patenten und wissenschaftlichen Publikationen (Michel und Bettels 2001, Narin 1994 sowie Pilkington et al. 2002). Referenzen auf andere Patente oder wissenschaftliche Publikationen erfolgen entweder im Rahmen einer Prüfung der Patentfähigkeit von Patentanmeldungen oder beim Verfassen einer Patentanmeldung und werden sowohl durch die Patentprüfer als auch durch die Erfinder eingebracht. Sie dienen der Einschätzung der Neuheit und der Erfindungshöhe einer Patentanmeldung im Vergleich zum bisherigen technischen Kenntnisstand und somit der Festlegung der Anspruchseingrenzung im Fall der Patentannahme. Je nach Jurisdiktion gelten für diese beiden Zitate anbringenden Gruppen unterschiedliche Sorgfaltsvorschriften und –usancen (Meyer 2000).

Zitationsanalysen untersuchen vorwärts- und rückwärtsgerichtete Kennzahlen. Vorwärtsgerichtete Zitate (*forward citations*) sind Referenzen, die durch künftige Patentschriften gegeben werden. Rückwärtsgerichtete Zitate (*backward citations*) sind die in einer Patentschrift enthaltenen Zitate, die auf frühere Erfindungen verweisen. Die Analyse dieser Kennzahlen kann in sogenannten Zitationsnetzwerken abgebildet werden und die Analyse und Interpretation der Netzwerke erlaubt einen Ansatz zur Bestimmung technischer und ökonomischer Wertbeiträge durch Patente.

Beispielsweise lässt sich die Bedeutung einer Erfindung als Wegweiser für zukünftigen Erfindungsfortschritt durch die Anzahl der erfahrenen Referenzen approximieren (Harhoff et al. 2003, Henderson et al. 1998 sowie Trajtenberg et al. 2002). Auf der anderen Seite bieten Zitationsnetzwerke die Möglichkeit einer ökonomischen Wertbestimmung von Patenten durch die Analyse der Relation von Referenzen und Erfolgsvariablen (Marktwert) der untersuchten Einheiten (Breitzman und Thomas 2002, Harhoff et al. 2003, Narin et al. 1987 sowie Trajtenberg 1990). Alternativ kann die ökonomische Wertigkeit von Patenten auch auf Basis multipler Kennzahlen als Konstrukt oder Index der Patentqualität gemessen werden (Ernst 1996, 2003). Neben den Zitaten spiegeln dabei die internationale und technologische Breite sowie die Patenterteilung den Wert eines Patents wider. Die Gewichtungsfaktoren für das Konstrukt der Patentqualität werden idealerweise aus dem relativen Einfluss des jeweiligen Indikators auf den ökonomischen Wert eines Patentes bestimmt. Dies kann bei Vorliegen ökonomischer *Wertinformationen* für einzelne Patente oder Patentportfolios mittels regressionsanalytischer Verfahren geschehen (Ernst 2003 sowie Ernst und Soll 2003). Gleichwohl gehen mit der Zitationsanalyse Limitationen einher, da je nach länderspezifischen Patentrechtsgepflogenheiten Patente aus derselben Patentfamilie eine unterschiedliche Anzahl an Zitationen (*forward* und *backward citations*) aufweisen können. Des Weiteren ist zu beachten, dass jüngere Patente weniger häufig zitiert werden als ältere und dass das Zitationsverhalten gegebenenfalls in verschiedenen Technologien unterschiedlich gehandhabt wird.

Fallbeispiel
Im Folgenden wird an dem Fallbeispiel aus der Krantechnologie die Erstellung eines Zitationsnetzwerks aufgezeigt und dargelegt, welche Erkenntnisse sich aus einem solchen Netzwerk ableiten lassen. Unter den zwischen 2004 und 2013 im DEPATISnet recherchierten 467 Patentanmeldungen, die in der für die Krantechnologie wichtigen IPC-Unterklasse B66C klassifiziert wurden, findet sich beispielsweise die Offenlegungsschrift DE 10 2008 013 203 A1. In dieser am 08. März 2008 zum Patent angemeldeten Erfindung geht es um „*Ausleger zur endseitigen Aufnahme von Lasten, Ausleger-Baugruppen mit mindestens zwei derartigen Auslegern sowie Verfahren zur Herstellung eines derartigen Auslegers*".

Um eine große Auslegerlänge und eine große Reichweite zu erzielen werden leichtgewichtige Ausleger eingesetzt. Sie zeichnen sich zumeist durch eine monolithische Bauweise aus Faser-Kunststoff-Verbund oder durch eine Hybridbauweise aus. Bei der Hybridbauweise werden metallische Werkstoffe mit dem Faser-Kunststoff-Verbund kombiniert. An dieser Stelle setzt die in DE 10 2008 013 203 A1 beschriebene Erfindung an und nimmt dabei Bezug auf das Patent EP 0968955 A2 mit dem Titel „*Composite material jib*". Seitens des Patentamts wurden zur Beurteilung der Patentfähigkeit der eingereichten Anmeldung weitere Druckschriften, wie etwa die Offenlegungsschriften DE 19508193 A1 und DE 3631647 A1 sowie das DE-Patent 1958256 B2, herangezogen. Damit verfügt die ausgewählte Offenlegungsschrift über insgesamt vier rückwärtsgerichtete Zitate, die auf frühere Erfindungen verweisen. Diese Patentzitate (*backward citations*) werden in der englischsprachigen Fachliteratur auch *parents* genannt. Nach Offenlegung der Patentanmeldung können sodann auch künftige Erfinder auf diese Patentanmeldung referenzieren. Für deren zitierende Patente (*forward citations*) wird auch der Begriff *children* verwendet. Bezüglich des ausgewählten Beispiels zeigt sich, dass bis zum Oktober 2015 insgesamt sieben Patente die Offenlegungsschrift DE 102008013203 A1 zitiert haben. Neben Anmeldungen und Patenten aus verschiedenen Rechtsräumen wie Europa, China und den USA befinden sich unter diesen Patentreferenzen auch eine Gebrauchsmusteranmeldung aus Deutschland und eine PCT-Anmeldung.

Abbildung 4.8 zeigt das Zitationsnetzwerk zu der Offenlegungsschrift DE 10 2008 013 203 A1 mit vier rückwärtsgerichteten Patentzitaten (*parents*) und sieben vorwärtsgerichteten Patentreferenzen (*children*). Es ist zu erkennen, dass die zitierten und

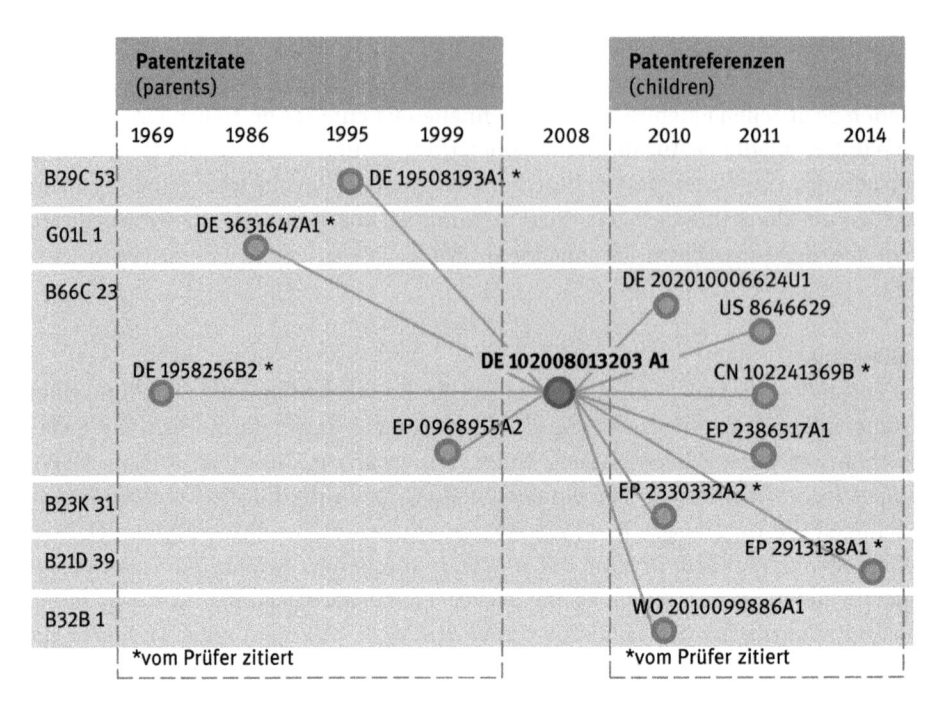

Abb. 4.8: Zitationsnetzwerk zur Offenlegungsschrift DE 10 2008 013 203 A1 (Quelle: Eigene Darstellung).

zitierenden Patente aus unterschiedlichen Technologiegebieten stammen. So sind zwei Patentzitate und vier Patentreferenzen in derselben IPC B66C 23, der Gruppe speziell für Auslegerkrane, Derricks oder Turmkrane, klassifiziert. Die beiden übrigen Patentzitate sind dagegen in der IPC-Gruppe B29C 53 und G01L 1 klassifiziert. In dieser Gruppe geht es um die Verarbeitung von Kunststoffen und Stoffen in plastischem Zustand insbesondere durch Biegen, Falten, Verdrehen, Geraderichten oder Abflachen, respektive um die Kraftmessung oder das Messen mechanischer Spannungen im Allgemeinen. In diesen beiden IPC-Gruppen finden sich aber keine Patentreferenzen. Dafür sind drei Patentreferenzen in den Patentklassen B23K 31, B21D 39 und B32B 1 klassifiziert. Diese sind vorgesehen für die Klassifikation von Erfindungen zu Werkzeugmaschinen und Metallbearbeitung, insbesondere Löten, Schweißen oder Brennschneiden (B23K 31), bzw. zum Thema der mechanischen Metallbearbeitung ohne wesentliches Zerspanen des Werkstoffs und zum Stanzen von Metall, insbesondere für das Verbinden von Gegenständen oder Teilen (B21D 39), respektive für Erfindungen zu Schichtkörpern, im Wesentlichen mit räumlicher Form (B32B 1). Damit zeigt sich, dass ein Patent auch auf andere Technologiegebiete ausstrahlen oder aus unterschiedlichen Gebieten erwachsen kann. Auch die zeitlichen Abstände der zitierten und zitierenden Patente lassen Rückschlüsse auf die Aktualität des analysierten Patents zu. Da das älteste zitierte Patent aus dem Jahr 1969 stammt und das jüngste zitierende Patent aus dem Jahre 2014, weist die Analyse darauf hin, dass es sich bei der untersuchten Offenlegungsschrift um eine tradierte Technologie handelt. Stammten die Patentzitate und Patentreferenzen überwiegend aus dem Jahresumfeld des untersuchten Patents, würde es sich eher um eine Technologie handeln, die ein schnelles Wachstum erfahren hat.

4.3.4 Kennzahlendarstellungen

Die in Metadaten abgelegten Patentinformationen ermöglichen das Herausarbeiten von Kennzahlen, welche zur weiteren Patentanalyse herangezogen werden können (Ernst 2003 sowie Fabry et al. 2006). Die Patentkennzahlen werden dann zur Beantwortung verschiedener Fragen genutzt, da sich mit ihnen beispielsweise Technologiebereiche mit hohen Patentaktivitäten aufdecken, geeignete Wettbewerber und deren Kompetenzen identifizieren oder auch das patentstrategische Verhalten betrachten lassen. Die Kennzahlen zielen dabei auf die Patentaktivität oder auf den prozentualen Anteil von Patenten in einem Technologiebereich, wenn es um die Beantwortung der Frage geht, was die unternehmensrelevanten Technologiebereiche sind oder welche Wettbewerber sich für eine Vergleichsanalyse eignen. Des Weiteren werden auch die Größe der Patentfamilie oder Zitationen für Patentkennzahlen herangezogen, wenn ermittelt werden soll, wie ein Unternehmen in einem Technologiebereich aufgestellt ist. Tabelle 4.9 zeigt Beispiele für patentbezogene Kennzahlen. Es ist zu erkennen,

Tab. 4.9: Beispiele für patentbezogene Kennzahlen (Quelle: Specht et. al. 2002, S. 258).

Gegenstand	Kennzahl	Beschreibung
Unternehmen	Gesamtzahl der Patentanmeldungen pro Zeitraum	Allgemeine Intensität der Erfindungstätigkeit des Unternehmens
	Anzahl der Patentanmeldungen in spezifischen Technologiefeldern	Interessenschwerpunkte des Unternehmens
Technologiefeld	Anzahl der Patente im Technologiefeld	Attraktivität des Technologiefeldes
	Anzahl der Patentanmelder	Höhe des Interesses von Unternehmen am spezifischen Technologiefeld
Patent	Erfolgte Patenterteilung	Technologische Qualität der Erfindung
	Laufzeit des Patents	Ökonomische Qualität der Erfindung
	Anzahl der Auslandsanmeldungen	Ökonomische Qualität der Erfindung
	Anzahl der Patentzitate und Verwendung im Rahmen von Entgegenhaltungen	Technologische und ökonomische Qualität der Erfindung

dass die Bildung derartiger Kennzahlen Unterstützung bieten kann bei der Beurteilung von Patenten, bei der Untersuchung des Patentierverhaltens eines Unternehmens oder bei der Entwicklung eines Technologiefeldes.

Die ermittelten Kennzahlen, auch Indikatoren genannt, können für eine weitere Analyse grafisch aufbereitet werden. Im Folgenden werden Patentportfolios und Spinnendiagramme als mögliche Kennzahlendarstellung näher beschreiben.

Patentportfolios

Zur Gestaltung der Schutzrechtspolitik im Unternehmen und insbesondere für das Herausarbeiten von Patentstrategien haben sich Patentportfolios als geeignete Hilfsmittel erwiesen (Möhrle und Kreusch 2001 sowie Ernst 1998 und 2003). Unter Portfolios versteht man im Allgemeinen zweidimensionale Darstellungen von zwei das Unternehmen oder strategische Geschäftsfelder beeinflussenden Faktoren, die in einem Koordinatensystem gegeneinander abgetragen sind. Ein Faktor bezieht sich grundsätzlich auf einen vom Unternehmen nicht direkt beeinflussbaren Hauptfaktor, während der andere einen unternehmensinternen, beeinflussbaren Hauptfaktor darstellt. Bei den Patentportfolios werden zur grafischen Abbildung Patentsituationen im Unternehmen dargestellt, und es werden in der Literatur vier verschiedene Ansätze diskutiert. Diese sind: (i) das Patentportfolio nach Pfeiffer et al. (1989), (ii) das Patentportfolio nach Brockhoff (1992), (iii) das Patentportfolio nach Ernst (1996 und 1998) und (iv) das Patentportfolio nach Hofinger (1997). Die ersten drei Portfolios nach Pfeiffer, Brockhoff und Ernst verfolgen einen technologieorientierten Ansatz, wohingegen das Patentportfolio nach Hofinger einen produktorientierten Ansatz verfolgt (vgl. hierzu und im Folgenden Möhrle und Kreusch 2001).

(i) Das *Patentportfolio nach Pfeiffer* hat seinen Ursprung in einem allgemeinen Technologieportfolio und bildet die in einem Unternehmen vorkommenden Technologien aus der Perspektive der dort bestehenden Patentsituation ab (Pfeiffer et al. 1989). Das Ziel besteht dabei zum einen darin, eine Bewertung von Patenten unter strategischen Gesichtspunkten zu ermöglichen und zum anderen darin, Handlungsempfehlungen im Umgang mit Patenten in bestimmten Technologiepositionen abzuleiten.

Beim Patentportfolio nach Pfeiffer wird die Patentattraktivität der relativen Schutzrechtsposition gegenübergestellt. Als Maß für die im Portfolio abzutragenden Kennzahlen kann der Anteil neuer Patente im Verhältnis zum Anteil erloschener Patente innerhalb eines bestimmten Zeitraums, die Zahl der Mehrfachklassifikationen von Patenten oder die Patentfamiliengröße herangezogen werden.

(ii) Beim *Patentportfolio nach Brockhoff* stehen vom Unternehmen zu bestimmende Technologiefelder im Mittelpunkt, deren jeweils zugehörige Patentsituation analysiert wird. Dabei wird eine Kennzahl für die Technologieattraktivität durch die durchschnittliche Wachstumsrate der Anmeldezahlen von Patenten im betrachteten Technologiefeld innerhalb der letzten vier Jahren relativ zum Wachstum der Patentanmeldungen in den letzten 16 Jahren ins Verhältnis gesetzt. Für die Patentsituation wird dann die relative Patentposition durch die Anzahl der erteilten Patente im Verhältnis zum größten Wettbewerber pro Technologiefeld als Kennzahl bestimmt (Brockhoff 1992).

Die ermittelten Kennzahlen stellen das Ergebnis für ein betrachtetes Technologiefeld dar. Im Patentportfolio wird dann am entsprechenden Kreuzungspunkt, die durch den Abszissenwert (relative Patentposition) und den Ordinatenwert (Technologieattraktivität) gegeben ist, ein Kreis eingetragen, dessen Größe sich nach der Bedeutung des Technologiefeldes für das jeweilige Unternehmen richtet. Führt man diese Analyse für mehrere Technologiefelder durch und trägt die Ergebnisse als Kreise in das Patentportfolio ein, ist eine detaillierte Stärken-Schwächen-Analyse von Technologiefeldern gegeben.

(iii) Das *Patentportfolio nach Ern*st stellt eine Verfeinerung und Erweiterung des Ansatzes von Brockhoff dar. Auch hier werden durch Patentklassen charakterisierte Technologiefelder gebildet und Kennzahlen ermittelt, die Bestimmung erfolgt aber auf aggregierter Unternehmensebene. Zu diesem Zweck werden vier Gruppen von Patentanmeldern unterschieden, nämlich Technologieführer, die aktiv qualitativ hochwertige Patente anmelden, aktive Anmelder qualitativ minderwertiger Patente, selektive Anmelder qualitativ hochwertiger Patente und inaktive Anmelder qualitativ minderwertiger Patente. Somit wird das Portfolio in vier Quadranten unterteilt, wobei die Patentaktivität (unternehmensbezogene Dimension) auf der Ordinate und die Patentqualität (umweltbezogene Dimension) auf der Abszisse abgetragen wird (Ernst 1996 und 1998).

Die Patentaktivität wird einerseits durch die relative Anzahl der gesamten nationalen Patentanmeldungen gemessen und andererseits, um Größenunterschiede zwischen den Unternehmen zu eliminieren, durch die relative Patentanmeldezahl pro Beschäftigtem. Bei den gesamten nationalen Patentanmeldungen handelt es sich um alle Patente, die innerhalb eines Zeitraums in einem Land angemeldet wurden. Bei den Anmeldungen pro Beschäftigtem wird der Gesamtwert aller nationalen Patentanmeldungen durch die Zahl der Beschäftigten, die diese Patente tatsächlich angemeldet haben, geteilt bzw. gewichtet.

Die Dimension der Patentqualität wird durch technologische und wirtschaftliche Faktoren bestimmt. So gehen in die Patentqualität beispielsweise die Erteilungsquote und die Gültigkeitsquote eines Patents in einem Technologiefeld ein, wie auch Abbildung 4.9 zeigt.

Das Patentportfolio nach Ernst eignet sich somit vor allem zur Analyse von Wettbewerbern in bestimmten Technologiefeldern. Anders als beim Portfolio nach Brockhoff können hier gleichzeitig mehrere Unternehmen untereinander hinsichtlich der Patentsituation bewertet und verglichen werden, nicht nur der nächst stärkere oder Schwächere. Dabei hilft die Einordnung der Unternehmen in vier Gruppen, die jeweils einen eigenen Strategietyp repräsentieren.

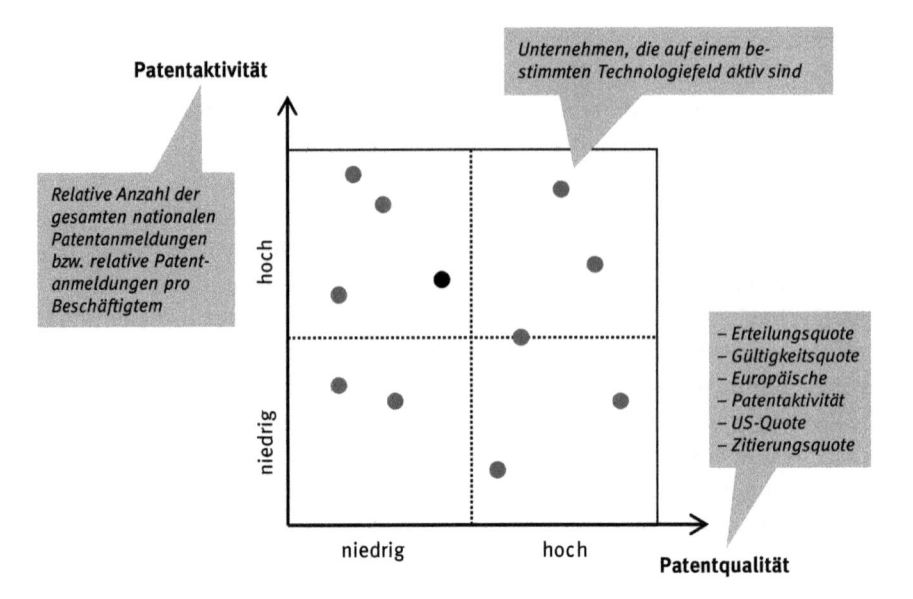

Abb. 4.9: Aufbau des Patentportfolios nach Ernst (Quelle: Eigene Darstellung nach Möhrle und Kreusch 2001, S. 201).

(iv) Das *Patentportfolio nach Hofinger* stellt nicht etwa ein bestimmtes Technologiefeld sondern das Produkt in den Betrachtungsmittelpunkt (Hofinger 1997). Wie in den drei technologieorientierten Portfolioansätzen werden auch im Portfolioansatz von Hofinger eine umwelt- und eine unternehmensbezogene Dimension betrachtet. Diese werden als markt- und technologiedefinierter Patentwert respektive Unternehmens- und innovationsdefinierter Patentwert bezeichnet. In jeder Dimension werden mehrere Faktoren, z.B. Marktstruktur, alternative Schutzmechanismen oder Patentaktivität der Wettbewerber respektive der relative Anteil des Produktes am Gesamtumsatz oder die Qualität der Erfindungen hinsichtlich des Kunden- und Herstellernutzens, kumuliert und das Ergebnis in einem Koordinatensystem an der jeweiligen Achse abgetragen.

Nach Bestimmung der Kennzahlen und deren Eintrag in das Koordinatensystem spiegelt das Patentportfolio nach Hofinger die derzeitige Gesamtpatentsituation des Unternehmens wider. Dabei werden die Gesamtwerte pro Dimension auf den beiden Achsen abgetragen und am entsprechenden Kreuzungspunkt im Portfolio positioniert. Jedem Produkt wird dabei ein Kreis zugeordnet, dessen Größe sich nach der Menge der Patente und Anmeldungen richtet. Anhand des Portfolios lassen sich nun Handlungsempfehlungen für eine erfolgreiche Patentpolitik sowie eine Entwicklungsrichtung für die Produkte eines Unternehmens aufzeigen.

Spinnendiagramme

In einem Spinnendiagramm (*spider chart*), welches auch Radarplot oder Sterndiagramm genannt wird, werden die Werte von Kennzahlen jeweils entlang einer separaten Achse dargestellt. Die Achsen beginnen in der Mitte des Diagramms, werden kreisförmig in 360 Grad gleichmäßig angeordnet und enden am äußeren Rand. Somit zeigen die einzelnen Datenpunkte in einem Spinnendiagramm Änderungen der Werte relativ zum Mittelpunkt an. Ein Spinnendiagramm stellt demnach eine Kombination aus Tabellen, Balken- und Tortendiagrammen dar (Stapelkamp 2013). Das Spinnendiagramm wurde erstmals im Jahre 1877 durch Georg von Mayr (*12.2.1841 in Würzburg; †6.9.1925 in Tutzing) für das Arbeiten mit Statistiken eingeführt.

Fallbeispiel

In der Patentdatenbank DEPATISnet des DPMA kann nach Kranpatenten und Gebrauchsmustern zu Kranen recherchiert werden, indem beispielsweise eine Einschränkung nach der IPC dahingehend erfolgt, dass die recherchierten Dokumente in der Kranpatentklasse B66C klassifiziert seien sollen. Wird die Recherche zudem auf das Anmeldejahr 2012 und auf das Prioritätsland Deutschland eingeschränkt, finden sich insgesamt 228 Treffer in der Datenbank. Unter den 228 Gebrauchsmuster, Patentanmeldungen und -erteilungen sind neben WO-, DE-, EP- und US-Patentdokumenten vereinzelt auch solche enthalten, die in Taiwan, Kanada, China, Südkorea, Österreich, Australien oder auch Brasilien angemeldet wurden bzw. in diesem Ländern auch Rechtsbeständigkeit besitzen. Primär sind alle recherchierten Dokumente in der IPC-Unterklasse B66C klassifiziert, allerdings in 56 verschiedenen IPC-Untergruppen. Unter den Anmeldern finden sich bekannte Kranhersteller wie Unternehmen aus der Liebherr-Gruppe, die Demag Cranes & Components GmbH, die Gottwald Port Tech GmbH oder auch die Wolffkran Holding AG. Des Weiteren sind auch einige Einzelerfinder patentaktiv, wie z.B. Arben Hidri und Pistoia Pescia aus Italien oder Werner Günther aus Deutschland.

Zur Analyse dieser aus 228 Dokumenten bestehenden Patentmenge werden fünf Kennzahlen herangezogen und diese beispielhaft für die beiden Kranhersteller Liebherr und Wolffkran ermittelt. Das Ergebnis wird dann in einem Spinnendiagramm visualisiert. Abbildung 4.10 zeigt das Spinnendiagramm für die beiden Kranhersteller, die anhand der entsprechenden fünf Kennzahlen verglichen werden können. Als Kennzahlen werden der Anteil am Technologiefeld, die Internationalität, die Anzahl an IPC-Hauptklassen, die technologische Breite sowie die durchschnittliche Erfinderzahl herangezogen. Dabei ergibt sich die Zahl des Anteils am Technologiefeld durch die Zahl der Dokumente der jeweiligen Anmelder im Verhältnis zu den insgesamt 228 recherchierten Dokumenten, und es ist zu erkennen, dass die Liebherr-Gruppe im Jahre 2012 mit 71 Treffern (entsprechend einem Anteil von 0,31) patentaktiver war als Wolffkran mit lediglich vier Treffern (entsprechend einem Anteil von 0,02).

Des Weiteren ist aus dem Diagramm zu erkennen, dass hinsichtlich der Internationalität die Liebherr-Gruppe stärker aufgestellt als Wolffkran, denn sie hat ihre

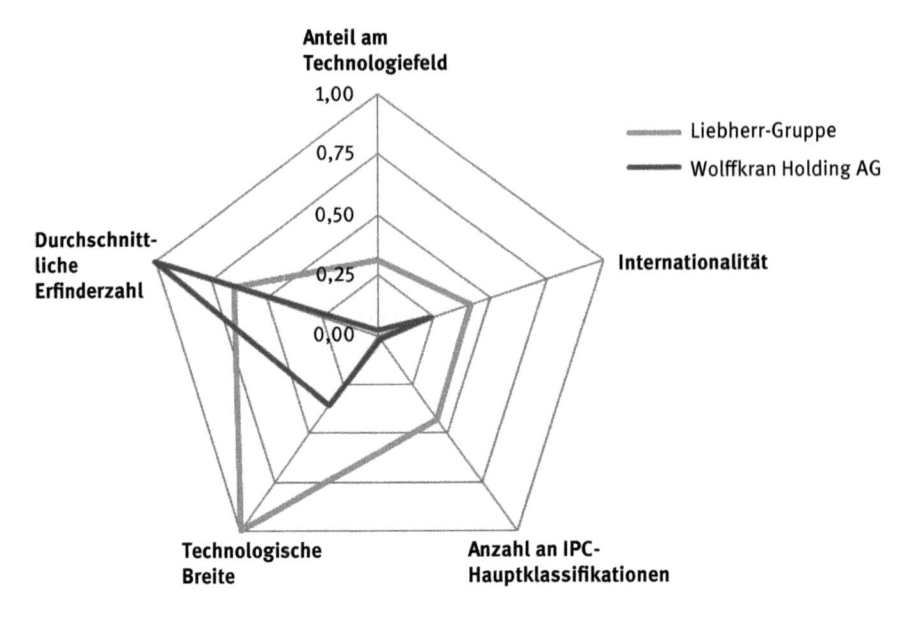

Abb. 4.10: Spinnendiagramm mit fünf Kennzahlen zu Kranpatenten der Wolffkran Holding AG und der Liebherr-Gruppe aus dem Jahre 2012 (Quelle: Eigene Darstellung).

Schutzrechte in mehr Ländern angemeldet als die Wolffkran Holding AG mit ihren vier Anmeldungen. Trotzdem ist auch bei Wolffkran eine hohe Internationalität hinsichtlich der Patentaktivitäten festzustellen, denn die Holding hat ihre vier Patente als WO-, EP-, US- und als CA-Anmeldung in vier Regionen und Ländern registrieren lassen. Daraus resultiert auch eine höhere Anzahl an IPC-Hauptklassen bei Patenten von Liebherr im Vergleich zu denen von Wolffkran, deren Patentanmeldungen alle in einer einzigen IPC-Unterklasse, nämlich der B66C 23/74, primär klassifiziert sind. Demnach zeichnet sich Liebherr durch eine größere technologische Breite aus, welche aus der Anzahl der verschiedenen Nebenklassifikationen resultiert. So sind einige Patente von Liebherr in bis zu sechs verschiedenen IPC-Nebenklassen klassifiziert. Bei der durchschnittlichen Erfinderzahl dominiert dagegen die Wolffkran Holding, denn ihre Erfindungen wurden von jeweils drei Erfindern zum Patent angemeldet, während es bei den Erfindungen von Liebherr im Mittel rund zwei Erfinder waren. Setzt man die Erfinderzahl zu der Zahl von drei Erfindern ins Verhältnis, ergibt sich der Spitzenwert von 1 für diese Kennzahl bei Wolffkran.

4.4 Textbasierte Patentanalysen

Textbasierte Patentanalysen fokussieren auf die inhaltliche Wissenserschließung aus Patenten. Hierfür stehen zahlreiche kommerzielle Werkzeuge zur Verfügung, die auf verschiedene Art und Weise semantische Strukturen aus Patenten extrahieren und zur Analyse bereitstellen. Im Allgemeinen verknüpfen diese Werkzeuge geschickt Data-Mining- mit Text-Mining-Techniken und bieten diverse Analyseoptionen.

Im Folgenden wird an Fallbeispielen aufgezeigt, wie mit der am Institut für Projektmanagement und Innovation der Universität Bremen (IPMI) entwickelten Software PatVisor® textbasierte Patentanalysen durchgeführt werden können. Für diese semantischen Analysen werden recherchierte US-Patente im Volltext genutzt, wobei als semantische Strukturen n-Gramme ausgewählt werden. Fünf Analyseoptionen, wie vom PatVisor® angeboten, werden im Detail vorgestellt und sollen zeigen, wie sich aus Patentinformationen mit Ähnlichkeitskurven, Ähnlichkeitsmatrizen, Term-Dokument-Matrizen, Patentlandkarten und Fahrspurdiagrammen Patentwissen generieren lässt. Dieses extrahierte Wissen kann dann im Patentmanagement gezielt zur Entscheidungsfindung eingesetzt werden.

4.4.1 Ähnlichkeitskurven

Semantische Strukturen können aus Patenten extrahiert und unter Hinzuziehung auszuwählender Zählmethoden und Ähnlichkeitsmaße miteinander verglichen werden. Als semantische Strukturen dienen n-Gramme oder SAO-Strukturen, die mit dem PatVisor® aus den Textbestandteilen der Patente extrahiert werden können. Dabei werden domänenspezifische Sprachfilter eingesetzt und Stoppwörter aus den Texten herausgefiltert. Des Weiteren werden einzelne Wörter durch Lemmatisierung auf ihre Grundform zurückgeführt und durch Stemming der Wortstamm gebildet. Eine ergänzende Synonymisierung von Wörtern kann die Qualität der Textanalyse zusätzlich verbessern.

Für die Erstellung einer Ähnlichkeitskurve, mit dem Ziel eines *Relevance-Ranking* bzw. einer Priorisierung einer Patentmenge, wird ein zu explorierendes Patent mit einer Menge an Patenten basierend auf den extrahierten semantischen Strukturen (Termen) statistisch verglichen. Der Ursprung des Gedankens, statistische Termverteilungen in Texten als Grundlage für ein *Relevance-Ranking* zu nutzen, geht auf den deutschen Informatiker Hans Peter Luhn (*1.7.1896 in Barmen; †19.8.1964 in New York) zurück (Stock 2007), der die Häufigkeit eines Terms in einem Text als Maß für dessen Relevanz konstatierte. Dennoch bedeutet dies nicht, dass die Termhäufigkeit positiv mit der Relevanz korreliert, sodass einem Term keine höhere Relevanz beizumessen ist, je häufiger er im Text vorkommt. Aus diesem Grunde gilt es, die bedeutsamen Wörter zu identifizieren (Luhn 1957). Letztendlich geht die Erkenntnis von Luhn auf das Zipfsche Gesetz zurück, das für alle häufig vorkommenden Wörter beziehungsweise Terme einen Zusammenhang zwischen dem Rangplatz und der absoluten Häufigkeit eines Terms in einem Text herstellt. Für Luhn besitzen nun nicht nur die Terme mit hoher Häufigkeit eine wenig oder gar nicht sinntragende Funktion, sondern auch die selten vorkommenden Wörter bzw. Termini.

Generell existieren für die Berechnung von semantischen Ähnlichkeiten zahlreiche Zähl- und Ähnlichkeitsmaße (Möhrle 2010). Beispielsweise können als Zählmethode die *complete-linkage-*, *reduced-linkage-* oder *wedding-linkage*-Methode und als Ähnlichkeitsmaße der *Jaccard-*, *Inclusion-*, *Cosine-* oder auch das *DSS-Jaccard-* (*Double-Single-Sided* (DSS)) und das *DSS-Inclusion*-Ähnlichkeitskoeffizient beim PatVisor® angewendet werden.

Zur Erläuterung der Anwendung dieser Zählmethoden und Ähnlichkeitsmaße kann auf ein Venn-Diagramm zurückgegriffen werden, in welchem die Mengen a, b, c und d sowie die Variablen c_i, c_j, $c_{i(j)}$, $c_{j(i)}$ und c_{ij} in verschiedene Beziehungen zueinander gesetzt werden. Abbildung 4.11 zeigt das Venn-Diagramm zur Verdeutlichung der semantischen Ähnlichkeitsberechnung.

Der Bereich a enthält alle semantischen Strukturen, z.B. n-Gramme, die nur im Patent i vorkommen und der Bereich b enthält jene, die nur in Patent j vorkommen. Der Bereich c bildet die Menge an n-Grammen ab, die sowohl in Patent i als auch in Patent j enthalten sind. Die n-Gramme, die in Patent i und Patent j vorkommen, sind in der Menge c abgebildet und die Terme des spezifischen Umfelds sind die Elemente der Menge d.

Die Variablen c_i, c_j, $c_{i(j)}$, $c_{j(i)}$ und c_{ij} entsprechen der Anzahl an n-Grammen in den verschiedenen Mengen. So handelt es sich bei c_i und c_j um die Anzahl an n-Grammen, die in Patent i bzw. j enthalten sind. Die Variable $c_{i(j)}$ gibt die Anzahl der n-Gramme an, die sich in Patent i befinden und identisch mit denen aus Patent j sind. Entsprechend gibt die Variable $c_{j(i)}$ jene n-Gramme wieder, die in Patent j enthalten und identisch mit denen aus Patent i sind. Folglich sind in der letzten Variablen c_{ij} alle n-Gramme enthalten, die sowohl in Patent i als auch in Patent j zu finden sind. Aufgrund der Häufigkeit der n-Gramme in den Patenten und der unterschiedlichen Zählweisen kann es sein, dass die drei Variablen $c_{i(j)}$, $c_{j(i)}$ und c_{ij} voneinander abweichen (Möhrle 2010).

Mit der *complete-linkage*-Methode werden die Verbindungen aller identischen n-Gramme in den Patenten i und j gezählt. Wenn die einzelnen n-Gramme in den

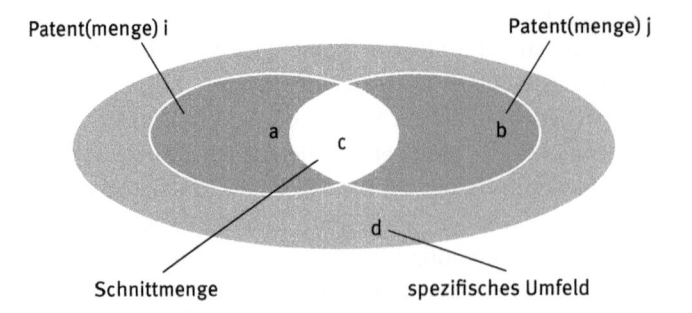

Abb. 4.11: Venn-Diagramm zur Verdeutlichung der semantischen Ähnlichkeitsberechnung (Quelle: Eigene Darstellung in Anlehnung an Möhrle 2010, S. 98).

beiden Patenten unterschiedlich häufig vorkommen, ergeben sich auch unterschiedliche Werte für die drei Variablen $c_{i(j)}$, $c_{j(i)}$ und c_{ij}. Bei der *reduced-linkage*-Methode werden die identischen n-Gramme vor dem Zählen in einem Patent zusammengefasst, sodass jedes n-Gramm in jedem Patent nur einmal vorkommt. In diesem Fall ergeben sich für die drei Variablen $c_{i(j)}$, $c_{j(i)}$ und c_{ij} gleiche Werte. Bei der dritten Zählmethode, *wedding-linkage*, wird ähnlich wie bei der *complete-linkage*-Methode gezählt. Der Unterschied besteht jedoch darin, dass identische n-Gramme nur eine Verbindung zwischen den Patenten i und j haben dürfen, die dann gezählt wird.

Für die Berechnung der Ähnlichkeit werden Ähnlichkeitsmaße genutzt, die in zwei Gruppen eingeteilt werden können. Die erste Gruppe basiert auf der Variablen c_{ij}, bei der die Verbindungen zwischen den beiden Patenten betrachtet werden. Hingegen werden in der zweiten Gruppe jene Verbindungen analysiert, die von einem der beiden Patente zum jeweils anderen möglich sind, sodass die Variablen $c_{i(j)}$ und $c_{j(i)}$ im Mittelpunkt stehen (Möhrle 2010).

Der *Jaccard-Koeffizient* (J) berechnet die Ähnlichkeit, indem die Anzahl identischer n-Gramme in beiden Patenten durch die Anzahl nicht identischer n-Gramme in beiden Patenten dividiert wird:

$$J = \frac{c_{ij}}{c_i + c_j - c_{ij}}$$

Der *Inclusion-Koeffizient* (Inc) wird mittels Division der Anzahl identischer n-Gramme durch die kleinere Anzahl der n-Gramme von Patent i oder Patent j berechnet. Somit sagt dieser Koeffizient aus, wie viel vom kleineren Patent im größeren enthalten ist:

$$Inc = min\left(\frac{c_{ij}}{c_i}; \frac{c_{ij}}{c_j}\right)$$

Beim *Cosine-Koeffizienten* (O) berechnet sich der Ähnlichkeitswert mittels Division der Anzahl identischer n-Gramme in beiden Patenten durch das geometrische Mittel der Anzahl beider n-Gramme in den beiden Patenten i und j.

$$O = \sqrt{\frac{c_{ij}}{c_i} \cdot \frac{c_{ij}}{c_j}} = \frac{c_{ij}}{\sqrt{c_i \cdot c_j}}$$

Der *DSS-Jaccard-Koeffizient* (DJ) teilt die Summe der jeweils aus der Richtung eines Patents betrachteten (*one-sided*) Schnittmengen $c_{i(j)}$ plus $c_{j(i)}$ durch die Summe der gezählten extrahierten n-Gramme c_i plus c_j:

$$DJ = \frac{c_{i(j)} + c_{j(i)}}{c_i + c_j}$$

Mit dem *DSS-Inclusion-Koeffizient* (DI) wird angezeigt, wie viel von einem Patent in einem anderen Patent enthalten ist. Die patentspezifischen Schnittmengen $c_{i(j)}$ und

$c_{j(i)}$ werden dafür durch die Anzahl der n-Gramme des dazugehörigen Patents geteilt. Der Maximalwert der Quotienten wird als Koeffizient verwendet:

$$DI = max\left(\frac{c_{i(j)}}{c_i}; \frac{c_{j(i)}}{c_j}\right)$$

Mit welchen Zählmethoden und Ähnlichkeitsmaßen die textbasierten Patentanalysen durchgeführt werden sollten, ist vom Gegenstand der Untersuchung, der Menge der zu analysierenden Patent, der Verteilung der identischen n-Gramme in den einzelnen Patenten und der Bedeutung des mehrfachen Auftretens identischer n-Gramme abhängig (Möhrle 2010).

Sind eine passende Zählmethode und ein Ähnlichkeitsmaß gewählt, können die Analysen mittels PatVisor® durchgeführt und die berechneten Ähnlichkeitswerte mit der Tabellenverarbeitungssoftware Excel dokumentiert und ausgewertet werden. Die Visualisierung der Analyseergebnisse erfolgt mit Hilfe der umfangreichen Diagrammfunktionen in Excel, und so können beispielsweise Ähnlichkeitskurven oder auch Ähnlichkeitsmatrizen zu den analysierten Patenten erstellt werden.

Mit den Ähnlichkeitskurven ist ein *Relevance-Ranking* gegeben und es lassen sich mehre Patente hinsichtlich eines auszuwählenden Patents in einer Reihenfolge *priorisieren*. Damit leisten die semantischen Ähnlichkeitsberechnungen eine wertvolle Unterstützung des Patentmanagements, beispielsweise bei der Patentüberwachung. Viele Unternehmen sind heute so aufgestellt, dass eine *zentrale Patentüberwachung* zunächst mit definierten Suchanfragen Patente recherchiert und die recherchierten Patente dann zur detaillierten Inhaltserschließung an die einzelnen FuE-Abteilungen weiterleitet. Dies kann sich schnell sehr aufwändig gestalten, denn nicht selten werden wöchentlich hunderte oder gar tausende von Patenten recherchiert. Hier kann ein *Relevance-Ranking* mit dem PatVisor® Unterstützung bieten, bei dem Patente automatisch den FuE-Abteilungen zugeordnet werden. Zu diesem Zweck werden beispielsweise spezifische Profile für die Fachabteilungen erstellt, die aus wichtigen n-Grammen bestehen. Diese Profile werden als Textdokument mit den von der zentralen Patentabteilung recherchierten Patenten verglichen, wobei den FuE-Abteilungen diejenigen Patente zugeordnet werden, welche die größten Ähnlichkeiten mit dem jeweiligen Profil aufweisen.

Auf der anderen Seite dienen Überwachungsrecherchen auch der regelmäßigen Recherche von Patenten in bestimmten Technologiefeldern. Wie bei der zentralen Patentüberwachung können auch hier Profile anhand relevanter Patenten oder anderer Dokumenten erstellt werden. Mit Hilfe dieser Profile können dann Patente in einem Technologiefeld verglichen und entsprechend ihrer Ähnlichkeit mit dem Profil priorisiert werden. Diese *Priorisierung* der Patente basiert also nicht auf einzelnen n-Grammen, sondern auf umfangreichen Profilen, die beispielsweise mehrere Patente und deren Volltext beinhalten können.

Fallbeispiel
Da sich mit dem PatVisor® nur englischsprachige Texte analysieren und entsprechende semantische Strukturen extrahieren lassen, werden für die folgenden Fallbeispiele zu den textbasierten Patentanalysen jeweils US-Patente zu Kranen herangezogen, die in der Patentdatenbank des USPTO als Volltext zu recherchieren sind. So finden sich beispielsweise in der PatFT des USPTO 360 US-Patente, deren Titel den Begriff *crane* enthält und die zwischen dem 01.01.2005 und 31.12.2014 erteilt wurden.

In diesen 10 Jahren sind erwartungsgemäß die bekannten Kranhersteller wie die Unternehmen der Liebherr- und Terex-Demag-Gruppe und die Unternehmen Manitowoc Crane Companies LLC, Chapman Leonhard Studio Equipment Inc. und Kobelco Cranes Co., Ltd. mit jeweils mehr als 16 Patenterteilungen, die explizit den Begriff *crane* im Titel verwenden, aufgefallen. Insgesamt werden die 360 Patente von 156 verschiedenen Anmeldern gehalten, deren Erfindungen vielfältige Lösungen zu technologischen Problemen im Umfeld eines Kranes beschreiben. So geht es beispielsweise in dem am 22.12.2010 eingereichten und am 14.10.2014 erteilten US-Patent 8,857,635 *"Crane and method for operating a crane using recovery of energy from crane"* um einen erfindungsgemäßen Kran, der neben primären Energiequellen, wie etwa einer Dieselgeneratoreinheit, auch über sekundäre Energiequellen verfügt. Damit beschäftigt sich diese Erfindung einerseits mit dem Einsatz mechanischer wie elektronischer Komponenten zur primären Energieerzeugung, andererseits mit der Energiespeicherung und der Ausnutzung systemimmanenter sekundärer Energielieferanten. Die Erfindung ist insbesondere an einem Ausführungsbeispiel zur Gewinnung von Sekundärenergie durch unterschiedliche Einstellungen der Krangeometrie dargestellt.

Es stellt sich nun beispielsweise die Frage, welche der anderen 359 recherchierten Kranpatente sich ebenfalls mit diesen Technologien im Umfeld der Krane auseinandersetzen. So kann mit dem PatVisor® ein Ähnlichkeitsvergleich dieses ausgewählten Patents mit den restlichen 359 US-Patenten zu Kranen durchgeführt und eine Ähnlichkeitskurve erstellt werden. Abbildung 4.12 zeigt das Ergebnis des Ähnlichkeitsvergleiches, wobei die semantische Ähnlichkeit anhand der *complete-linkage*-Zählmethode und des Ähnlichkeitsmaßes *DSS-Jaccard* auf Basis von 2-Grammen aus den Ansprüchen, der Zusammenfassung und dem Titel berechnet wurde. In Abbildung 4.12 zeigen die Ähnlichkeitswerte der ersten 25 zum US-Patent 8,857,635 ähnlichsten Kranpatente in einer Ähnlichkeitskurve versus Patentnummer.

Die Ähnlichkeitskurve zeigt, dass fünf von 359 US-Patenten eine semantische Ähnlichkeit mit dem Vergleichspatent US 8,857,635 aufweisen, die größer als 0,09 ist. Die fünf ähnlichsten Patente sind das US-Patent 8,505,754 „*Crane, preferably crawler or truck crane*" mit einem Ähnlichkeitswert von 0,112, das US-Patent 8,272,521 "*Crane moment load and load delivery system control and method*" mit einem Ähnlichkeitswert von 0,100, das Patent US 7,395,940 "*Method of operating a crane*" (Ähnlichkeitswert 0,096), das Patent US 8,632,292 „*Retractable crane built into hybrid trailer load bed*" (Ähnlichkeitswert 0,092) und das Patent US 7,599,762 „*Model-based control for crane control and underway replenishment*" mit einem Ähnlichkeitswert von 0,091.

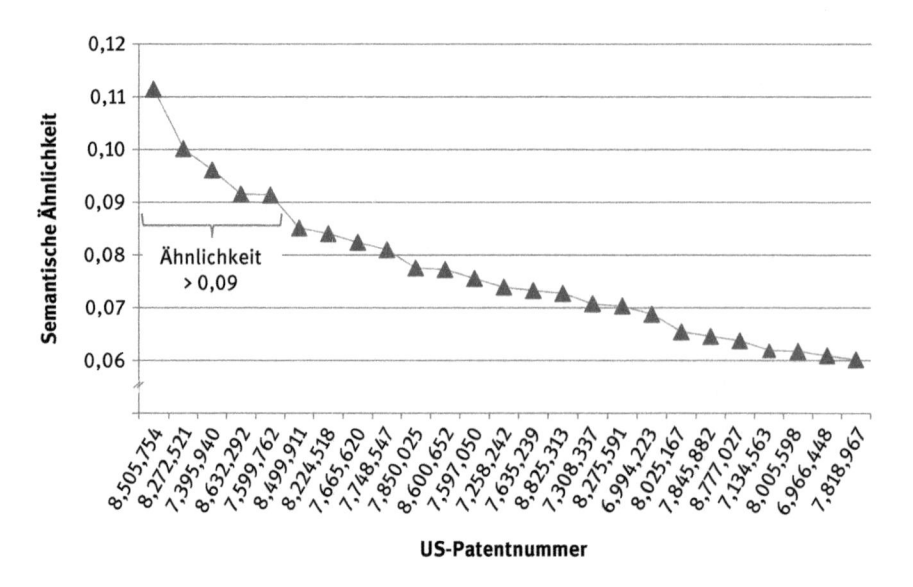

Abb. 4.12: Ähnlichkeitskurve von Kranpatenten zum Vergleichspatent US 8,857,635 (Quelle: Eigene Darstellung).

Diese fünf Patente werden von der Liebherr-Werk Ehingen GmbH (US 8,505,754 und US 7,395,940), der Auto Crane Company (US 8,272,521), von Ronald Kynn Brown (US 8,632,292) und der Rockwell Automatino Technologies, Inc. (US 7,599,762) gehalten.

Es zeigt sich, dass diese fünf sehr ähnlichen Patente aus den 359 US-Kranpatenten primär Gegenstände und Verfahren zur Überwachung und Darstellung der Kransicherheit beanspruchen. So geht es bei US-Patent 8,505,754 zum Beispiel primär um eine erste Berechnungseinheit, eine Steuerungseinheit und eine erste Visualisierungseinheit zur Gewährleistung der Kranstandsicherheit. Weiterhin wird unabhängig vom ersten Beanspruchungskomplex ein Einsatzplanungsmodul, inklusive einer zweiten Berechnungseinheit mit einem weiteren, separaten Monitor beansprucht. Der Kerngedanke ist hier eindeutig die Redundanz zweier solcher Systeme, die durch ein verknüpfendes Verfahren hergestellt wird.

Was aber ist die Gemeinsamkeit zwischen einem Kran mit einem hybriden Antrieb mit dezidiertem Energiegewinnungs- und Speicherungsregime und einem solchen Kransteuerungspatent, worin sind diese einander ähnlich? Auch wenn die jeweilige Beanspruchung teilweise gegenläufig ist oder gar eindeutig vom anderen beanspruchten Gegenstand wegführt – der Kern einer Erfassung und Regelung von kranspezifischen Grunddaten wie z.B. der Krangeometrie ist beiden Schutzrechten gemeinsam. Obgleich in beiden Schutzrechten grundsätzlich gegensätzliche Aufgaben- und Lösungsansätze verfolgt werden, sind offensichtlich hinreichend ähnliche Merkmale wechselseitig zwischen ihnen vorhanden. Diese Merkmalsgemeinsamkeit muss nicht zwingend in den Ansprüchen bestehen, sondern kann auch in der

Beschreibung, und dort insbesondere in den Ausführungsbeispielen oder ausführlichen Beschreibungen der Figuren, gegeben sein.

Damit zeigen die semantischen Ähnlichkeitsvergleiche das Potenzial für ein *Relevance-Ranking* bzw. eine Priorisierung. Es lassen sich aus einer größeren Menge an Patenten effizient jene *herausfischen*, die sich mit ihren Erfindungen ähnlichen technischen Problemlösungen widmen wie ein bestimmtes Vergleichspatent. In der Praxis bietet dies einen enormen Vorteil, da nur jene Patente aus einer größeren Menge an recherchierten Patenten gesichtet und gelesen werden müssen, die für die entsprechende FuE-Abteilung tatsächlich relevant sind.

4.4.2 Ähnlichkeitsmatrizen

Die Bestimmung der Ähnlichkeiten zwischen Patenten kann nicht nur zwischen einem zu explorierenden Patent und einer größeren Zahl an recherchierten Patenten erfolgen, sondern es lässt sich auch eine größere Menge an Patenten, beispielsweise für eine Wettbewerberprofilierung, untereinander vergleichen (Walter et al. 2013). Handelt es sich um eine Menge von m Patenten, können (m x m)-Vergleiche durchgeführt werden, deren Ergebnisse – also die Ähnlichkeitswerte – dann in einer (m x m)-Matrix abgelegt werden können. In dieser symmetrischen Matrix sind die zwischen null (komplett unähnlich) und eins (vollständig identisch) liegenden Ähnlichkeitswerte eigentlich nur im oberen oder unteren Teil (Dreiecksmatrix) der Diagonalen zu analysieren. In der Diagonale stehen die Identitäten, d.h. die Ähnlichkeit ist eins, da hier die Ähnlichkeitswerte aus dem Vergleich des jeweils m-ten Patents miteinander eingetragen werden. Oberhalb bzw. unterhalb der Diagonalen stehen dann die Ähnlichkeitswerte aus den Patentvergleichen des ersten bis m-ten bzw. des m-ten bis ersten Patents.

Ähnlichkeitsmatrizen können mit Hilfe eines Tabellenverarbeitungsprogramms wie z.B. Excel von Microsoft bearbeitet werden. So bietet Excel etwa die Möglichkeit, mit der Funktion *Bedingte Formatierung* Felder aus der Tabelle auszuwählen und diese farbig oder mit verschiedenen Graustufen zu markieren. Da in den Feldern der Tabelle die Ähnlichkeitswerte aus den Patentvergleichen stehen, können Muster und Strukturen in der durch Farben oder Grautöne unterlegten Ähnlichkeitsmatrix schnell erkannt werden. So ist die inhaltliche Analyse einer größeren Zahl an Patenten möglich, da sich markante Werte, wie nahe beieinanderliegende und gleiche Ähnlichkeitswerte von Patenten, intuitiv und schnell erfassen. Ähnlichkeitsmatrizen, in denen Ähnlichkeitswerte durch Farben oder Grautöne repräsentiert sind, werden *Heat Maps* genannt.

Fallbeispiel
Die 360 zwischen 2005 und 2014 erteilten US-Patente zu Kranen lassen sich anhand einer Ähnlichkeitsmatrix basierend auf n-Grammen weiter inhaltlich analysieren.

So ist es beispielsweise möglich, die semantische Ähnlichkeit patentaktiver Unternehmen in einer Heat Map zu visualisieren, um damit eine inhaltliche Wettbewerberprofilierung vorzunehmen oder technologische Schwerpunkte und Gemeinsamkeiten der Unternehmen aufzudecken.

Abbildung 4.13 zeigt eine Heat Map zu den 122 Kranpatenten, die von den patentaktivsten Unternehmen (Chapman Leonhard Studio Equipment Inc., Kobelco Cranes Co., Ltd., Unternehmen der Liebherr-Gruppe, Manitowoc Crane Companies, LLC sowie von Unternehmen der Terex-Demag-Gruppe) gehalten werden. Die semantische Ähnlichkeit wurde hierfür mit der *complete-linkage*-Zählmethode und mit dem Ähnlichkeitskoeffizienten *DSS-Jaccard* auf Basis von 2-Grammen, die aus dem Titel, der Zusammenfassung und den Ansprüchen der 122 US-Patente extrahiert wurden, berechnet.

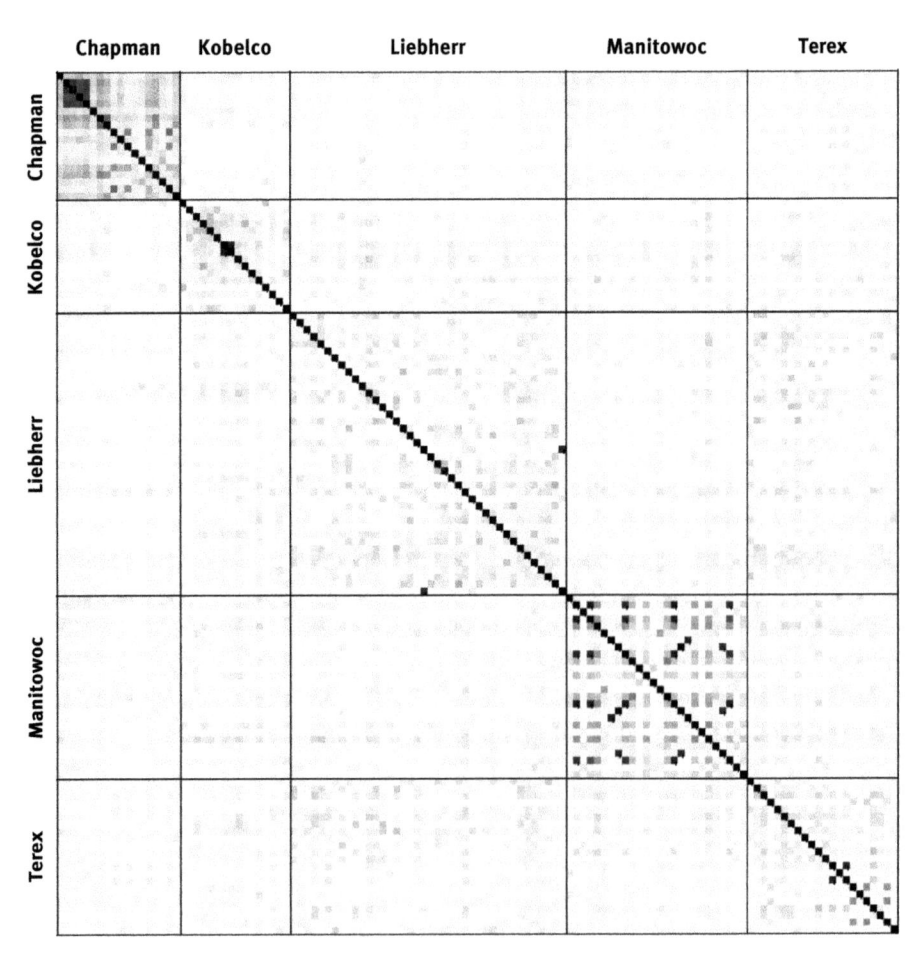

Abb. 4.13: Heat Map zu 122 Kranpatenten fünf patentaktiver Unternehmen (Quelle: Eigene Darstellung).

Die Heat Map in Abbildung 4.13 zeigt deutliche Muster und Strukturen. Da in der Heat Map die ähnlichsten Patente mit dunkleren Grautönen und die unähnlichen mit helleren Grautönen repräsentiert sind, zeigt die sehr dunkle Diagonale die Identität der jeweils 122 Patentvergleiche untereinander. Die Größen der auf der Diagonale befindlichen Quadrate spiegeln zudem die Zahl der Patente der jeweiligen Unternehmen wider. So ist Liebherr mit den meisten Patenten in der Heat Map vertreten und Kobelco dagegen mit den wenigsten Patenten.

Innerhalb der einzelnen Quadrate zeigen die Patente zudem eine differenzierte Ähnlichkeit. So sind die Patente von Chapman untereinander ähnlicher als beispielsweise jene der Terex-Demag-Gruppe. Zudem finden sich bei Chapman zwei kleinere Cluster mit sehr ähnlichen Patenten. Dies lässt auf zwei Technologiegebiete schließen, die Chapman mit mehreren Patenten zu schützen versucht. Auch bei den anderen Unternehmen finden sich zum Teil solche spezifisch mit mehreren Patenten geschützten Technologiegebiete, die durch die dunkleren Felder in der Heat Map auffallen.

Des Weiteren lassen sich Aussagen hinsichtlich der Ähnlichkeit zwischen Patenten verschiedener Unternehmen aus der Heat Map ablesen. So sind z.B. die Patente von Chapman denen der Liebherr-Gruppe sehr unähnlich, da keine dunklen Felder in den Liebherr-Rechtecken der oberen wie auch der unteren Dreiecksmatrix im Vergleich zu dem Chapman-Quadrat auf der Diagonalen der Matrix auftreten. Anders sieht dies dagegen bei dem Vergleich von Manitowoc mit den anderen Wettbewerbern aus. Hier finden sich z.B. bei Terex oder auch bei Kobelco und Liebherr vereinzelt Felder mit gleichen Grautönen, die darauf hinweisen, dass hier eine inhaltliche Ähnlichkeit zwischen Patenten dieser Unternehmen bestehen und sie somit auf ähnlichen Technologiefeldern patentaktiv sind.

4.4.3 Term-Dokument-Matrizen

Die inhaltliche Erschließung von Patenten kann auch durch sogenannte Term-Dokument-Matrizen (TDM), in denen n-Gramme (Terme) aus zu analysierenden Patenten mit ihrer Häufigkeit des Auftretens in einem Patentdokument eingetragen sind, unterstützt werden. Die Term-Dokument-Matrizen ermöglichen das sogenannte semantische Navigieren durch eine große Zahl von Patenten und geben einen schnellen inhaltlichen Überblick über wichtige n-Gramme eines Patents und/oder mehrerer Patente. Intuitiv lassen sich Patente entdecken, in denen diese wichtigen n-Gramme gleichermaßen häufig vorkommen. Des Weiteren bieten die TDMs diverse Möglichkeiten der inhaltlichen Analyse, wie z.B. eine Erfinder- oder Wettbewerberprofilierung (Walter et al. 2013 und 2015).

Dem semantischen Navigieren durch eine TDM zur schnellen inhaltlichen Erschließung einer großen Zahl an Patenten liegt die Idee der allgemein bekannten Schlagwortwolke (*Tag Cloud*) zugrunde. Bei der Schlagwortwolke handelt es sich um eine Methode zur Informationsvisualisierung unstrukturierter Daten (Texte), wobei unterschiedlich oft genannte Wörter in einem Text in der Wortwolke in unterschiedlicher Schriftgröße dargestellt sind. Das am häufigsten verwendete Wort wird also am größten abgebildet. Stoppwörter werden bei einer solchen Art der Textzusammenfassung und Informationsextraktion grundsätzlich ausgeblendet. Heute finden sich solche *Tag Clouds* auf zahlreichen Webseiten, um dem Nutzer eine schnelle Übersicht relevanter Themen zu geben. Oftmals dienen die hervorgehobenen Wörter auch der Navigation per Hyperlinks zu den jeweiligen Themenbereichen. Aufgrund der Attraktivität von Schlagwortwolken offerieren zahlreiche Anbieter Software Tools zur Erstellung eigener *Tag Clouds*. Als kostenfrei nutzbare Tools für verschiedene Anwendungen seien TagCrowd[21], Wordle[22] oder Tagul[23] erwähnt.

Mit dem Software Tool PatVisor® ist es dagegen möglich, eine Tabelle (Matrix) aller n-Gramme der zu analysierenden Patente mit den jeweiligen Häufigkeiten ihres Auftretens zu erstellen. Dabei können alle oder auch nur bestimmte Textbestandteile der Patente, wie z.B. die Zusammenfassungen oder die Ansprüche, berücksichtigt werden. Nach Einsatz domänenspezifischer Stoppwort- und Synonymfilter erfolgt eine linguistische Sprachbereinigung mittels Lemmatisierung und Stemming, und es werden n-Gramme über die Satzgrenzen hinaus gebildet. Zusätzlich können die n-Gramme über verschiedene Optionen beeinflusst werden. Der gefilterte Text wird zunächst in einzelne Wörter zerlegt. Dazu werden alle Zeichen, die keine Buchstaben, Ziffern oder „_" (*underscore*) sind, gegen Leerzeichen ausgetauscht und Mehrfach-Leerzeichen gelöscht. Anschließend werden die durch Leerzeichen getrennten Terme in eine Wortliste übertragen. Diese Wortliste wird in Abhängigkeit der Größe des n-Gramms und der Fenstergröße bearbeitet. Bei 2-Grammen, oder allgemein bei n-Grammen mit n>1, erfolgt zusätzlich eine alphabetische Sortierung, d.h. dass beispielsweise der Begriff *crane component* als *component crane* in der TDM dokumentiert wird. Die generierten TDMs können im weiteren Verlauf der textbasierten Analyse z.B. mit der Software Excel von Microsoft verarbeitet werden.

Da die TDMs alle in den analysierten Patenten enthaltenen n-Gramme mit ihrer jeweiligen dokumentenspezifischen Häufigkeit tabellarisch auflisten, kann eine inhaltliche Erschließung dahingehend erfolgen, dass beispielsweise mit dem Excel-Befehl *Suchen und Auswählen* direkt nach einem Term oder einer Termkombination, z.B. *crane component*, gesucht wird. Als Ergebnis werden all jene Patente (Dokumente) angezeigt, in welchen der gesuchte Term oder die Termkombination vorkommt. Des Weiteren können die häufigsten Terme in einem einzelnen Dokument mit dem Excel-Befehl *Sortieren und Filtern* nach Häufigkeit geordnet werden und geben somit einen schnellen Überblick darüber, worum es in dem Patent im Wesentlichen geht.

---

21 Vgl. http://tagcrowd.com/ oder auch http://www.tagcrowd.com/blog/about/, Abruf 15.10.2015.
22 Vgl. http://www.wordle.net/, Abruf 15.10.2015.
23 Vgl. https://tagul.com/, Abruf 15.10.2015.

Da Excel noch zahlreiche weitere Funktionen wie z.B. die Filterung einzelner Spalten, Zeilen oder Zellen bietet, besteht zudem die Möglichkeit, bestimmte für den Rechercheur und Analysten relevante Terme in einer (größeren) Patentmenge zu suchen und zu filtern. Somit können relevante Terme auch in einer großen Zahl an Dokumenten gesucht, farbig markiert und sortiert werden. Auf diese Weise ist ein schneller Überblick über eine große Zahl an Patenten gegeben, der zeigt, in welchen Dokumenten diese Terme überhaupt enthalten sind.

Grundsätzlich werden in TDMs Terme den Dokumenten gegenübergestellt. Durch die Möglichkeit, mittels Excel Matrizen zu transponieren, kann aus der TDM auch eine Dokument-Term-Tabelle erstellt werden. So lässt sich nun gleichzeitig nach verschiedenen Termen suchen, und es ist auch einfacher, jenes Patent zu finden, in dem diese Terme am häufigsten vorkommen. Des Weiteren ist es möglich, durch eine benutzerdefinierte Gewichtungsfunktion Aufschluss über die Relevanz der Dokumente zu erhalten.

Die Bedeutung (Relevanz) eines Terms in einem Patent oder in einer Patentmenge lässt sich ebenfalls aus der TDM herausarbeiten, indem weitere Funktionen von Excel genutzt oder gar eigens erstellte Funktionen in Excel eingegeben und zur Tabellenverarbeitung verwendet werden. So ist beispielsweise die informetrische Maßzahl Tfidf (Termfrequenz - inverse Dokumentenfrequenz) zur Beurteilung der Relevanz von Termen (n-Grammen) in Dokumenten (Patenten) einer betrachteten Dokumentenmenge (Patentmenge) heranzuziehen. Ein Term wird dann als relevant angesehen, wenn er in einem bestimmten Dokument häufig und in den übrigen Dokumenten selten vorkommt. Die inverse Dokumentenfrequenz spiegelt dagegen die Bedeutung eines Terms für die gesamte betrachtete Dokumentenmenge wider. Der Tfidf berechnet sich somit aus der Häufigkeit eines Terms multipliziert mit dem Logarithmus des Quotienten aus der Anzahl aller Patente und der Anzahl der Patentdokumente, die einem bestimmten Term beinhalten. Es gilt:

$$Tfidf_{k,s} = \left(tf_{k,s} \cdot \log\left(\frac{c}{cf_k}\right) \right) \quad \forall k,s$$

mit: tf: Termfrequenz
  idf: inverse Dokumentenfrequenz
    c: Anzahl aller Patente der betrachteten Patentmenge
    cf: Anzahl der Patente, die einen bestimmten Term beinhalten
    k: Index der Terme
    s: Index der Patente

Alles in allem ist die TDM ein geeignetes Analyseinstrument, welches den Akteuren im operativen Patentmanagement die Möglichkeit des schnellen Erschließens von Patentwissen eröffnet. Mit dem semantischen Navigieren durch die TDMs lässt sich auf einen Blick eine große Zahl an Patenten inhaltlich überblicken, und es lassen sich

Muster in der Patentlandschaft erkennen. Zudem ermöglicht das Sichten der Terme ein schnelles Lesen nicht nur eines Patents, sondern einer großen Zahl an Patenten.

Fallbeispiel

Im Folgenden sei am Beispiel von 360 Kranpatenten gezeigt, wie das semantische Navigieren durch die TDM einen schnellen inhaltlichen Überblick erlaubt. Die betrachteten US-Patente wurden zwischen 2005 und 2014 vom USPTO erteilt und verwenden alle im Titel den Begriff *crane*. Mit dem PatVisor® wurden aus dem Titel, der Zusammenfassung und den Ansprüchen der 360 Kranpatente unter Hinzuziehung domänenspezifischer Sprachfilter, der Lemmatisierung und des Stemming 2-Gramme extrahiert und in einer Excel-Tabelle abgespeichert. Es konnten insgesamt 121.146 verschiedene 2-Gramme aus den 360 Patenten extrahiert werden, die in unterschiedlicher Häufigkeit in den genannten Textbestandteilen dieser Patente vorkommen. Abbildung 4.14 zeigt einen Ausschnitt dieser aus 121.146 Zeilen und 360+1 Spalten bestehenden TDM.

Durch die TDM ist ein semantisches Navigieren auf unterschiedliche Weise möglich. So ist an dem Ausschnitt der TDM zu den 360 Kranpatenten in Abbildung 4.14 zu erkennen, dass in Spalte B die kumulierten Häufigkeiten des Vorkommens von 2-Grammen in allen 360 Kranpatenten abgelesen werden können. So kommt beispielsweise das 2-Gramm *composite crane* in allen Patenten insgesamt 1685 mal vor, gefolgt von dem 2-Gramm *crane crane* (1134 mal) und *control crane* (944 mal). Weitere 2-Gramme mit geringerer Häufigkeit sind z.B. *container cran*, *crane jib*, *camera crane* oder auch *energy primary* oder *drive motor*. Alleine das Sichten der häufigsten 2-Gramme lässt – auch für einen Fachfremden – einen schnellen Rückschluss auf die Inhalte der analysierten Patente zu.

Des Weiteren kann nicht nur die gesamte Patentmenge auf einen Blick in Augenschein genommen werden, sondern es lassen sich gezielt auch einzelne Patente schnell inhaltlich erschließen. So kommt beispielsweise das 2-Gramm *container crane* im US-Patent 6.845.873 insgesamt 40 mal oder das 2-Gramm *container container* 36 mal vor. Dagegen sind die in der Patentmenge häufig vorkommenden 2-Gramme, wie z.B. *boom crane* oder *crane mobile*, in dem US-Patent 6.845.873 überhaupt nicht relevant.

Die Sortierung der 2-Gramme in diesem US-Patent nach der Häufigkeit würde in der Excel-Tabelle dann die Möglichkeit bieten, direkt einen schnellen Rückschluss auf den Inhalt dieses wie auch jedes anderen Patents zu ziehen. In dem Beispielpatent sind die fünf häufigsten 2-Gramme *container scan*, *platform scan*, *deck scan*, *container deck* und *device scan*. Somit geht es in diesem Patent offenbar um Abtastsysteme bei Containern im Zusammenhang mit Kranen. Eine genaue Sichtung des Patentdokuments bestätigt die Erkenntnis durch das semantische Navigieren, denn das US-Patent 6.845.873 trägt den Titel „*Crane apparatus equipped with container security scanning system*".

4.4 Textbasierte Patentanalysen — 195

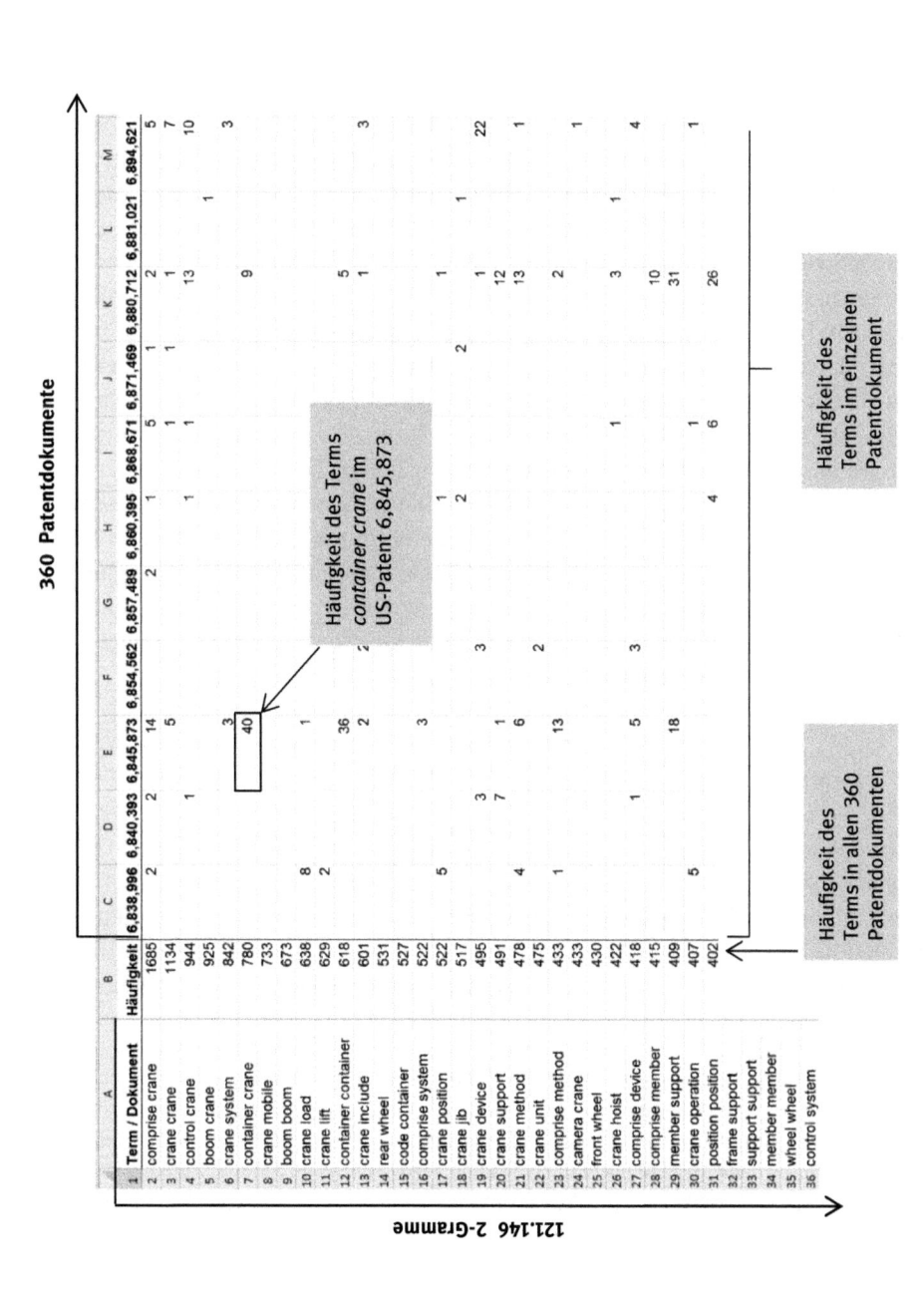

Term / Dokument	Häufigkeit	6,838,996	6,840,393	6,845,873	6,854,562	6,857,489	6,860,395	6,868,671	6,871,469	6,880,712	6,881,021	6,894,621
comprise crane	1685	2	2	14		2	1		1	2		5
crane crane	1134			5					5	1	1	7
control crane	944		1				1		1	13		10
boom crane	925										1	
crane system	842			3								3
container crane	780			40						9		
crane mobile	733											
boom boom	673											
crane load	638	8		1						5		
crane lift	629	2		36						1		3
container container	618			2								
crane include	601											
rear wheel	531											
code container	527			3						1		
comprise system	522							1				
crane position	522	5						2	2		1	
crane jib	517					3						
crane device	495		3	1						1		22
crane support	491		7							12		
crane method	478	4		6	2					13		1
crane unit	475									2		
comprise method	433	1		13								
camera crane	433											1
front wheel	430							1				
crane hoist	422				3					3	1	
comprise device	418		1	5								4
comprise member	415			18						10		
member support	409									31		
crane operation	407						1					
position position	402	5					4	6		26		1
frame support												
support support												
member member												
wheel wheel												
control system												

Abb. 4.14: Ausschnitt der Term-Dokument-Matrix mit den Häufigkeiten von 2-Grammen zu 360 Kranpatenten (Quelle: Eigene Darstellung).

Um im Weiteren nicht nur die grundsätzlich häufigen 2-Gramme in einem Patent aus der TDM zu filtern, kann mittels des Tfidf-Maßes auch nach 2-Grammen gesucht werden, die für ein Patent besonders relevant sind, aber für die Patentmenge keine besondere Bedeutung haben. Abbildung 4.15 zeigt einen Ausschnitt der TDM zu den 360 Kranpatenten mit den Tfidf-Maßen.

Am Beispiel des US-Patents 8,857,635 sei das semantische Navigieren durch diese in Abbildung 4.15 gezeigte TDM kurz erläutert. Neben den absoluten Häufigkeiten der 2-Gramme, die in allen Patenten zusammengenommen vorkommen, sind die für die Berechnung des Tfidf notwendigen Größen c, cf und idf in den Spalten C bis E aufgeführt. Sortiert wurde die Excel-Tabelle nach den Tfidf-Maßen der im US-Patent 8,857,635 vorkommenden 2-Gramme in Spalte AAG. In dem ausgewählten Patent sind somit die 2-Gramme *energy secondary*, *energy source*, *energy energy*, *energy fraction* und *energy primary* mit Tfidf-Maßen von 171,27 bis 112,48 für das betrachtete Patent besonders relevant und für die anderen 359 Patente dagegen weniger bedeutend. Es geht hier also um eine primäre und sekundäre Energieversorgung im Zusammenhang mit Kranen, mit der sich die anderen Kranpatente hingegen weniger bzw. gar nicht auseinandersetzen. Die Sichtung des betrachteten Patents bestätigt auch hier die durch die relevanten 2-Gramme erkannten inhaltlichen Zusammenhänge. Das Patent hat den Titel *"Crane and method for operating a crane using recovery of energy from crane operations as a secondary energy source"*.

Alles in allem ermöglichen die in einer TDM abgespeicherten semantischen Analyseergebnisse und das semantische Navigieren durch die Excel-Tabellen eine schnelle inhaltliche Erschließung von einem Patent oder mehreren Patenten gleichzeitig. Gleichwohl bedarf es seitens des Patentanalysten einiger Übung, da der geschickte Umgang mit diversen Excel-Befehlen für das semantische Navigieren unbedingt beherrscht werden sollte.

4.4.4 Patentlandkarten

Die Grundlage für eine semantische Patentlandkarte (*Patent Map*) bilden die Ähnlichkeitsvergleiche von Patenten basierend auf den semantischen Strukturen. Diese können mit dem PatVisor® durchgeführt werden, indem die semantischen Strukturen extrahiert, verglichen und die Ähnlichkeitswerte berechnet werden. Diese in Matrizen abgespeicherten Ähnlichkeitswerte können dann mithilfe multivariater Verfahren[24],

---

24 Multivariate Verfahren untersuchen multivariat verteilte statistische Variablen. Nach ihrem Anwendungsbezug lassen sich multivariate Verfahren in strukturprüfende (Überprüfung der Zusammenhänge zwischen Variablen) und strukturentdeckende Verfahren (Entdeckung von Zusammenhängen zwischen Variablen). Zu den strukturprüfenden Verfahren zählen z.B. die Regressions- oder Kontingenzanalyse und zu den strukturentdeckenden Verfahren z.B. die Clusteranalyse oder die Multidimensionale Skalierung.

4.4 Textbasierte Patentanalysen — 197

	A	B	C	D	E	AAD	AAE	AAF	AAG	AAH
1	Term / Dokument	Häufigkeit	c	cf	idf	TFIDF 8.839,967	TFIDF 8.839,968	TFIDF 8.839,969	TFIDF 8.857,635	TFIDF 8.862,419
2	energy secondary	67	360	1	2,556302501	0	0	0	171,2722676	0
3	energy source	62	360	2	2,255272505	0	0	0	137,5716228	0
4	energy energy	50	360	1	2,556302501	0	0	0	127,815125	0
5	energy fraction	47	360	1	2,556302501	0	0	0	120,1462175	0
6	energy primary	44	360	1	2,556302501	0	0	0	112,47731	0
7	crane energy	54	360	3	2,079181246	0	0	0	103,9690623	0
8	component energy	38	360	1	2,556302501	0	0	0	97,13949503	0
9	consumer energy	38	360	1	2,556302501	0	0	0	97,13949503	0
10	energy system	39	360	2	2,255272505	0	0	0	85,70035519	0
11	energy usage	31	360	1	2,556302501	0	0	0	79,24537752	0
12	energy power	40	360	3	2,079181246	0	0	0	79,00888735	0
13	energy storage	29	360	1	2,556302501	0	0	0	74,13277252	0
14	secondary source	29	360	1	2,556302501	0	0	0	74,13277252	0
15	consumer power	27	360	1	2,556302501	0	0	0	69,02016752	0
16	consumer system	27	360	1	2,556302501	0	0	0	69,02016752	0
17	fraction usage	22	360	1	2,556302501	0	0	0	56,23865502	0
18	component crane	169	360	23	1,194574665	0	0	0	54,95043458	0
19	comprise energy	27	360	3	2,079181246	0	0	0	51,97953115	0
20	primary source	20	360	1	2,556302501	0	0	0	51,12605002	0
21	secondary system	21	360	2	2,255272505	0	0	0	45,1054901	0
22	control energy	17	360	1	2,556302501	0	0	0	43,45714251	0
23	fraction storage	17	360	1	2,556302501	0	0	0	43,45714251	0
24	power system	52	360	10	1,556302501	0	0	0	42,02016752	0
25	component usage	16	360	1	2,556302501	0	0	0	40,90084001	0
26	energy feed	16	360	1	2,556302501	0	0	0	40,90084001	0
27	power secondary	15	360	1	2,556302501	0	0	0	38,34453751	0
28	energy operation	17	360	2	2,255272505	0	0	0	33,82908758	0
29	source system	32	360	5	1,857332496	0	0	0	26,00265495	0
30	crane power	184	360	23	1,194574665	0	2,389149329	0	25,08606796	0
31	energy unit	18	360	3	2,079181246	0	0	0	24,95017495	0
32	primary secondary	15	360	3	2,079181246	0	0	0	24,95017495	0
33	component operation	18	360	4	1,954242509	0	0	0	23,45091011	0
34	energy supply	17	360	3	2,079181246	0	0	0	18,71263121	0
35	storage unit	18	360	4	1,954242509	0	0	0	17,58818258	0
36	component control	16	360	4	1,954242509	0	0	0	17,58818258	0

360 Patentdokumente

9.491 2-Gramme

ausgewähltes US-Patent 8.857,635

Werte c, cf und idf zur Berechnung der Tfidf-Maße

Tfidf-Maße der einzelnen Terme je Patentdokument

Abb. 4.15: Ausschnitt der Term-Dokument-Matrix mit Tfidf-Maßen (Quelle: Eigene Darstellung).

wie z.B. der Multidimensionalen Skalierung (MDS), in einer Landkarte visualisiert werden. Dabei werden in der Landkarte die Patente als Datenpunkte und ihre Ähnlichkeitsbeziehungen in Form von Distanzen – bei m Patenten im m-dimensionalen Raum – dargestellt (Backhaus et al. 2011, Engelsmann und van Raan 1994 sowie Peters und van Raan 1993a, 1993b). Patente, die in der Patentlandkarte nah beieinander angeordnet sind, weisen somit eine hohe inhaltliche Ähnlichkeit auf, während Patente mit nicht übereinstimmender inhaltlicher Struktur in größerer Distanz voneinander liegen. Die semantische Patentlandkarte bietet zudem die Möglichkeit, Patente mit einer hohen inhaltlichen Nähe zu Clustern zusammenzufassen (Möhrle und Walter 2009).

Der Vorteil der MDS zur Erstellung von Patentlandkarten liegt darin, dass die relevanten Eigenschaften der Untersuchungsobjekte unbekannt sein können und das Ergebnis durch die Auswahl der Eigenschaften nicht beeinflusst wird (siehe hierzu und im Folgenden Backhaus et al. 2011). Bei den Patentvergleichen werden die Ähnlichkeiten als Eigenschaften herangezogen, wobei bei der Umwandlung der Ähnlichkeiten in Distanzen die Auswahl des sogenannten Distanzmodells entscheidend ist. Mit dem PatVisor® können die beiden bedeutenden Distanzmodelle *Euklid-Metrik* und *City-Block-Metrik* umgesetzt werden.

Bei der *Euklid-Metrik* entspricht die Distanz zweier Punkte k und l der kürzesten Entfernung im r-dimensionalen Raum (Luftlinie).

$$d_{kl} = \left[\sum_{m=1}^{M} \left(x_{km} - x_{lm} \right)^2 \right]^{1/2}$$

mit: d_{kl}: Distanz der Punkte k, l

x_{km}, x_{lm}: Koordinaten der Punkte k, l auf der m-ten Dimension (m = 1, 2, ..., M)

Bei der *City-Block-Metrik* (auch Manhattan-Metrik genannt) wird die Distanz zweier Punkte k und l im m-dimensionalen Raum als Summe der absoluten Abstände berechnet.

$$d_{kl} = \sum_{m=1}^{M} \left| x_{km} - x_{lm} \right|$$

mit: d_{kl}: Distanz der Punkte k, l

x_{km}, x_{lm}: Koordinaten der Punkte k, l auf der m-ten Dimension (m = 1, 2, ..., M)

Für die Güte der Patentlandkarte wird darin nach Auswahl eines Distanzmaßes noch ein sogenannter Stresswert berechnet. Dieser gibt an, wie gut die Ähnlichkeiten der Patente den Distanzen der Datenpunkte auf der Landkarte entsprechen. Folglich ist der Stresswert ein Güte-Maß der MDS. Je kleiner der Stresswert ist, desto besser ist die in der Landkarte angegebene Lösung (Anordnung der Datenpunkte (Patente). Der Stresswert sollte kleiner als 0,2 sein, da ansonsten die Lösung nicht ausreichend ist.

Die Nachteile der MDS liegen in der Schwierigkeit der Interpretation der erstellten Patentlandkarten, denn sie stellen Patentpositionen und -konstellationen mehr oder weniger verzerrt dar. Die Verzerrungen resultieren aus der Art der Vereinfachung der Ähnlichkeitsbeziehungen, die für die Visualisierung erforderlich ist. Werden nämlich m Patente miteinander inhaltlich verglichen, ergeben sich m mal m Ähnlichkeitswerte, die dann in einem (m-1)-dimensionalen Raum abgebildet werden müssten. Mit der MDS werden diese Dimensionen aber auf eine Fläche projiziert, mit dem Ziel, einen möglichst monotonen Verlauf von Ähnlichkeitswerten und Distanzen auf der Fläche zu erhalten (Borg 2010). Dadurch entstehen unvermeidbare Verzerrungsfehler, welche die Aussage der Patentlandkarte manchmal mehr und manchmal weniger stark verändern.

Um entscheidende Hinweise aus den Patentlandkarten abzuleiten, sollte daher eine Validierung durchgeführt werden. Geht es beispielsweise um die Analyse des FTO für ein bestimmtes Patent, so sollten die Ähnlichkeiten zwischen diesem Patent und allen anderen Patenten in einem Histogramm in absteigender Reihenfolge dargestellt werden. Nur wenn die ersten Patente in ähnlicher Position auf der Patentlandkarte liegen, kann diese verlässlich verwendet werden. Auf der anderen Seite ergeben sich beispielsweise im Rahmen einer Technologiefeldexploration visuelle Cluster, die durch eine nachfolgende hierarchische Clusteranalyse dahingehend überprüft werden sollten, ob die Cluster auch wirklich in der Form vorhanden sind, wie sie in der Patentlandkarte zu erkennen sind.

Durch die Studie von Engelsmann und van Raan (1994) wurden erstmalig bibliometrische Daten aus Patenten zur Erstellung einer Patentlandkarte herangezogen. Neuere Ansätze des *Patent Mapping* verwenden zudem konnektionistische Verfahren (Neuronale Netze) und *Self-Organzing-Maps*-Techniken zur Visualisierung strukturierter Patentdaten und ihrer Ähnlichkeitsbeziehungen (Kohonen 2001, Yoon und Park 2004 sowie Yoon et al. 2002).

Grundsätzlich sind Patentlandkarten ein nützliches Hilfsmittel zur visuellen Erfassung von Patentpositionen und -konstellationen. Sie können in vielfältiger Weise zum Einsatz kommen, etwa zum Vergleich zwischen zwei konkurrierenden Unternehmen, zur Patentverletzungsprophylaxe, zur Analyse des FTO für ein Patent bzw. innerhalb eines Technologiefeldes oder zur Exploration eines Technologiefeldes (Bergmann et al. 2007, Dreßler 2006, Gerken et al. 2010a, 2010b, Janzen et al. 2015, Möhrle und Walter 2009, Radauer und Walter 2010, Walter und Bergmann 2008 sowie Walter et al. 2004, 2013, 2015).

Fallbeispiel
Die 360 US-Patente, die zwischen 2005 und 2014 erteilt wurden und im Titel den Suchbegriff *crane* beinhalten, werden von insgesamt 156 verschiedenen Anmeldern gehalten. Die fünf patentaktivsten Anmelder sind die Unternehmen der Liebherr-Gruppe mit 40 US-Patenten, gefolgt von Manitowoc Crane Companies LLC mit 26 Patenten.

Danach reihen sich die Unternehmen der Terex-Demag-Gruppe mit 22, die Chapman Leonhard Studio Equipment Inc. mit 18 und die Kobelco Cranes Co. Ltd. mit 16 US-Patenten ein. Eine Patentlandkarte mit diesen insgesamt 122 Patenten der fünf patentaktivsten Unternehmen zeigt Abbildung 4.16. Hierfür wurden die 122 Patente inhaltlich basierend auf 1-Grammen verglichen und die Ähnlichkeitswerte mittels der MDS visualisiert.

Die semantische Patentlandkarte kann nun interpretiert werden. Dazu bedarf es zusätzlicher Informationen, z.B. bezüglich der Anmeldernamen aus den darin positionierten Patenten. Insbesondere sind der Anmeldername zur Identifizierung der Patente und die aus den Patenten extrahierbaren 1-Gramme oder auch 2-Gramme zur Clusterung der Patente in der Landkarte geeignet.

Beispielsweise findet sich das US-Patent 8,857,635 „*Crane and method for operating a crane using recovery of energy from crane operations as a secondary energy source*" der Terex-Demag – Gruppe als eines von mehreren Kranpatenten im Zentrum der Patentlandkarte. Des Weiteren liegen im Zentrum der Landkarte aber nicht nur Patente, die von Unternehmen aus der Terex-Demag-Gruppe gehalten werden, sondern auch Patente der bekannten Kranherstellern Kobelco, Manitowoc und von Unternehmen der Liebherr-Gruppe sowie ein paar wenige Patente der Chapman Leonhard Studio Equipment. Somit handelt es sich hierbei um eine Ansammlung

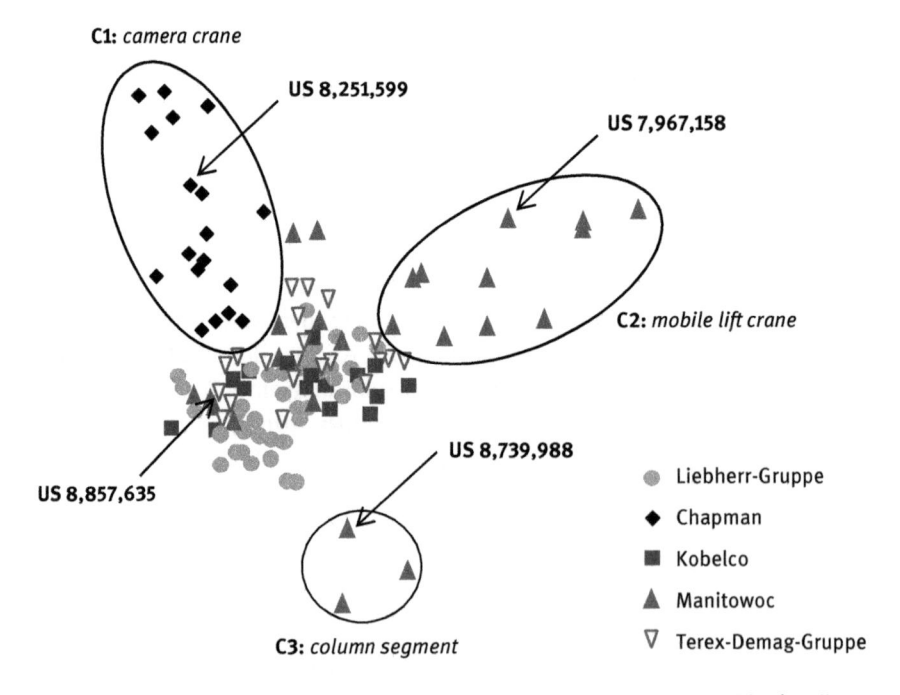

Abb. 4.16: Patentlandkarte mit 122 Kranpatenten der fünf patenaktivsten Anmelder (Quelle: Eigene Darstellung).

sehr ähnlicher Kranpatente aller fünf Anmelder. Gleichwohl zeigt die Landkarte nicht nur diese Ansammlung von Kranpatenten, sondern auch drei Cluster, die sich vom Zentrum der Patentlandkarte aus nach außen erstecken bzw. abseits von Zentrum lokalisiert sind.

Cluster C1 *camera crane* beinhaltet 18 Patente, die sämtlich von der Chapman Leonhard Studio Equipment gehalten werden. Alle Patente in diesem Cluster C1 setzen sich mit Erfindungen zu Kamerakranen auseinander, wie sie in der Film- und Fernsehtechnik zum Einsatz kommen. Mit solchen Kranen können Kamerafahrten in drei Dimensionen durchgeführt werden, wobei das zu filmende Motiv überflogen werden kann, oder die Kamera kann sich von oben auf das Motiv zubewegen bzw. sich von ihm entfernen. Die in dem Cluster befindlichen Patente setzen sich inhaltlich mit dieser Thematik auseinander, wie bereits die zehn am häufigsten in diesen Patenten vorkommenden 2-Gramme (*camera crane, camera platform, base mobile, comprise crane, counter weight, left side, drive motor, arm boom, arm crane* und *attach pivotally*) zeigen. Beispielsweise geht es in dem US-Patent 8,251,599 „*Telescoping camera crane*" konkret um einen Teleskopkran mit den kennzeichnenden Merkmalen einer Teleskoparmbasisverschiebung und der Einhaltung eines Kameraeinsatzniveaus, um einerseits einen größeren Einsatzbereich des Kamerakrans und andererseits eine hohe Bildstabilität in einer festgelegten Kameraposition zu erzielen.

Insgesamt 11 Patente von Manitowoc bilden den Cluster C2 *mobile lift crane*. Hier geht es um Patentfamilien, die sich mit dem Thema eines variabel ausschiebbaren oder auf variabler Höhe fixierbaren Gegengewichts befassen. So beansprucht beispielsweise das US-Patent 7,967,158 "*Mobile lift crane with variable position counterweight*" die Erfindung einer linear zum jeweiligen Lastfall per Gegengewichtsauslegerarm verschiebbaren Gegengewichtsanordnung (auch rückwärtiger, nicht auf dem Grundkran befindlicher Ballast genannt). Kennzeichnend ist die Anlenkung des Gegengewichtsauslegerarms einerseits am sogenannten Grundkran und andererseits am Gegengewicht, in einer Weise, die eine Maximierung der Variationsmöglichkeiten der Stellungen des Gegengewichts gegen den Grundkran (unterschiedlichste Ballastradien, bezogen auf die horizontale und vertikale Bewegungsebene) ermöglicht und zudem das Gegengewicht über einen Aufsatzrahmen innerhalb eines sicheren Ballastradius, insbesondere im Lastabrissfall, absetzt.

In diesem wie den anderen Patenten aus dem Cluster C2 zeigen die wichtigen 2-Gramme *bed rotate, crane lift, lift mobile, counterweight unit, cross member, boom hoist, engage ground, engage member, actuation device* und *actuation linear*, dass es hier vorzugsweise um gegenständliche Erfindungen zu Kranen mit unterschiedlich einstellbaren Ballastradien geht.

Der mit drei Patenten von Manitowoc besetzte Cluster C3 *column segment* ist ein kleiner, vom Zentrum der Landkarte weiter entfernter Cluster. Hier geht es um Verbindungselemente zwischen Gittermastelementen, wie sie beispielsweise die Erfindung zu einer durch zwei mechanisch über einen gemeinsamen Grundkörper miteinander in Verbindung stehende Gelenkpunkte zur geführten Verbindung zweier Gittermaststücke über sogenannte dreischnittige Gabel-Ösen-Verbindungen (Kupplungsköpfe) darstellt (US 8,739,988 „*Pinned connection system for crane column segments*"). Die am häufigsten in den drei Patenten des Clusters C3 vorkommenden 2-Gramme sind *column segment, connector extension, extension hole, connector segment, alignment surface, boom segment, connector mate, comprise connector, connector surface* und *compressive load*.

4.4.5 Fahrspurdiagramme

Die Erschließung des in Patenten niedergeschriebenen Wissens ermöglicht die Identifikation neuer Entwicklungen in einem Technologiefeld und kann als Instrument der Technologievorausschau eingesetzt werden. Vor allem Patentanmeldungen eignen sich zu diesem Zweck, denn sie geben frühestmöglich den Wissensstand der Technik preis. Des Weiteren müssen die durch Patente geschützten Erfindungen nicht unmittelbar im Markt eingeführt sein, denn durch die maximale Schutzdauer von 20 Jahren können sie sich auch erst in späteren Jahren nach der Anmeldung zum Patent im Markt etablieren. Zur Wissenserschließung können mit der Analysesoftware PatVisor® aus einer Menge für ein Technologiefeld relevanter Patentanmeldungen semantische Strukturen (n-Gramme) extrahiert und Ähnlichkeiten bzw. Unähnlichkeiten zwischen den Anmeldungen aufgedeckt werden. Weisen die Patentanmeldungen untereinander eine hohe Ähnlichkeit auf, so sind die dort beschriebenen Erfindungen miteinander vergleichbar. Folglich weisen sie auf neuartige Produkte und/oder Verfahren – und damit auf neue Entwicklungspfade – hin. Diese Entwicklungspfade beschreibenden Patente werden dann weitergehend untersucht und wiederum ähnliche und unähnliche Patente aus den darauffolgenden Anmeldejahren selektiert. Als Analyseergebnis entstehen sogenannte Fahrspurdiagramme, in denen bibliografische mit patentinformetrischen Daten verknüpft werden können. Diese Fahrspurdiagramme (*patent lanes*) visualisieren so durchgängige Entwicklungen, aufkommende Trends sowie ruhende Themenfelder in einem Technologiefeld. (Frischkorn und Möhrle 2015, Frischkorn und Walter 2016, Niemann 2015 sowie Niemann et al. 2015).

Zentraler Gegenstand der Methode zur Erstellung der Fahrspurdiagramme ist die Berechnung von Ähnlichkeitswerten zwischen den zu vergleichenden Patentanmeldungen und die Bestimmung patentinformetrischer Daten. Für ein zu untersuchendes Technologiefeld werden dazu die zugehörigen Patente aus einem bestimmten Anmeldezeitraum recherchiert und für die Analyse bereitgestellt.

Liegen die recherchierten Patentanmeldungen vor, können die semantischen Ähnlichkeiten berechnet werden. Die Berechnung erfolgt, kongruent zur Ähnlichkeitsberechnung bei der Strukturierung eines Patentdatensatzes, mittels sprachbereinigter n-Gramme und unter Verwendung verschiedener auswählbarer Ähnlichkeitsmaße (Möhrle 2010). Da die Fahrspuren die zeitliche Entwicklung in einem Technologiefeld wiedergeben sollen, wird nicht etwa eine allumfassende Ähnlichkeitsmatrix aller recherchierten Patentanmeldungen gebildet, sondern die Ähnlichkeit wird rollierend über die Anmeldejahre gemessen. Das heißt Patente, die in einem bestimmten Jahr angemeldet wurden, werden mit allen Patenten aus den Vorgängerjahren verglichen. Beispielsweise wird mit der Berechnung der Ähnlichkeiten zwischen den Patenten aus dem Jahr 2003 und den Patenten aus dem Jahr 2002 begonnen. Im nächsten Schritt werden dann die Patente aus 2004 mit den Patenten aus 2003 und 2002 verglichen. Dieser Prozess setzt sich über den gesamten zu analysierenden Anmeldezeitraum fort. Insgesamt entstehen auf diese Weise mehrere Ähnlichkeitsmatrizen, z.B. 12 Matrizen bei Berücksichtigung der Anmeldejahre 2002 bis 2014.

Die Anordnung der Patente in Fahrspuren erfolgt dann auf Grundlage einer Heuristik (Niemann 2015). Die Patente werden nach ihrem Anmeldejahr in einer Grafik (Fahrspurdiagramm) auf der Abszisse (Zeitachse) ausgerichtet. Die Zuordnung der Patente zu einer Fahrspur erfolgt auf Grundlage der maximalen Ähnlichkeit. Das heißt, ein Patent wird stets hinter jenem Vorgänger angeordnet, mit dem es die größte Ähnlichkeit aufweist. Eine neue Fahrspur wird erst dann eröffnet, wenn der Ähnlichkeitswert eines Patents einen vorher festgelegten Schwellenwert unterschreitet und sich dazu weitere ähnliche Patente in den nachfolgenden Jahren finden.

Die Aussagekraft der Fahrspuren wird im Folgenden unter Hinzuziehung patentinformetrischer Daten durch die Zuordnung von Schlagwörtern erhöht. Die Ableitung der Schlagwörter erfolgt mittels der Maßzahl Tfidf für jede ermittelte Fahrspur (Chen et al. 2012). Als Schlagwörter eignen sich beispielsweise Uni- oder Bigramme, die aus den Textbestandteilen der Patentanmeldungen einer Fahrspur extrahiert werden. Das heißt, mit dem Tfidf werden die Fahrspuren mittels fachspezifischer Terme charakterisiert, die in den Patenten einer bestimmten Fahrspur häufig, in jenen der anderen Fahrspuren jedoch verhältnismäßig selten oder gar nicht vorkommen. Neben diesen patentinformetrischen Daten können die Fahrspuren ergänzend mit bibliografischen Patentinformationen wie Anmelder, Erfinder oder Patentklassifikation verknüpft werden, um den Detailgrad der Fahrspuren zu erhöhen. Damit ist ein tieferer Einblick in die Struktur eines Technologiefeldes gegeben (Frischkorn und Walter 2016).

Fallbeispiel
An einem Beispiel aus der Krantechnologie sei nachfolgend demonstriert, wie ein Fahrspurdiagramm erstellt und daraus Entwicklungen in dem Technologiefeld herausgearbeitet werden können. Krane bestehen aus diversen Bauteilen wie dem Gegengewicht, der Schwenkeinheit, dem Ausleger und Gegenausleger sowie auch aus verschiedenen Seilen. Das sogenannte Hubseil dient beispielsweise dem Anheben schwerer Lasten. Eine Recherche nach US-Patentanmeldungen zu Hubseilen in der AppFT des USPTO zeigt, dass sich 182 US-Patentanmeldungen (A1-Dokumente), die in den Jahren 2005 bis 2014 veröffentlicht wurden, mit Erfindungen zu Hubseilen in der Krantechnologie auseinandersetzen. Die Recherche nach diesen Patenten erfolgte dabei nach dem Suchbegriff Kran (*crane*) im Titel der US-Anmeldung und nach den

verschiedenen englischen Synonymen für Hubseil (*hoist rope*, *rope*, *cable* und *wire*) in den Ansprüchen der Patente.

Abbildung 4.17 zeigt die Entwicklungsstränge in diesem Hubseil-Technologiefeld anhand von sieben Fahrspuren, die unterschiedlich stark mit Patentanameldungen frequentiert sind. In Summe finden sich 172 US-Patentanmeldungen auf den Fahrspuren, wohingegen zehn Anmeldungen keiner Fahrspur zugeordnet werden konnten; sie weisen aber dennoch einen Bezug zu Seilen in der Krantechnologie auf. Das anmeldestärkste Jahr war mit 27 Anmeldungen das Jahr 2010 und die geringsten Patentaktivitäten fanden mit zwei Anmeldungen respektive einer Anmeldung in den Jahren 2003 und 2014 statt.

Die Charakterisierung der Fahrspuren erfolgt durch die Gewichtung extrahierter Bigramme aus den Patentanmeldungen der jeweiligen Fahrspuren mit Hilfe des Tfidf-Maßes. Hierfür werden die jeweils fünf bedeutendsten Bigramme berücksichtigt und mit einem Oberbegriff versehen, welcher dann als Schlagwort die Fahrspur bezeichnet. Die Fahrspur 1 wird als Auflager bezeichnet, denn die bedeutendsten Bigramme sind hier *bearing cylinder, bearing crane, bearing luff, bearing point, bearing mobile*; diese Fahrspur beinhaltet insgesamt zwei US-Patentanmeldungen. Die Fahrspur 2 (Löffelbagger: *crane model, manipulate model, crane excavator, characterize crane, characterize excavator*) beinhaltet sechs Patentanmeldungen, die Fahrspur 3 (Arbeitsbühne: *crane mat, connect member, diameter drum, platform work, cable top*) 25 Anmeldungen, die Fahrspur 4 (Schwenkarm: *camera platform, camera crane, extendible tube, camera level, camera system*) 13, die Fahrspur 5 (Seilwinde: *boom crane, hoist rope, hoist mechanism, auxiliary mechanism, boom lattice*) 122, die Fahrspur 6 (Erdungskabel: *excavate unit, pole utility, archtype underbrace, earth wire, pole underbrace, auge crane*) sowie die Fahrspur 7 (Energieversorgung: *power supply, acquisition power, equipment power, power truck, supply truck*) jeweils 2 US-Patentanmeldungen.

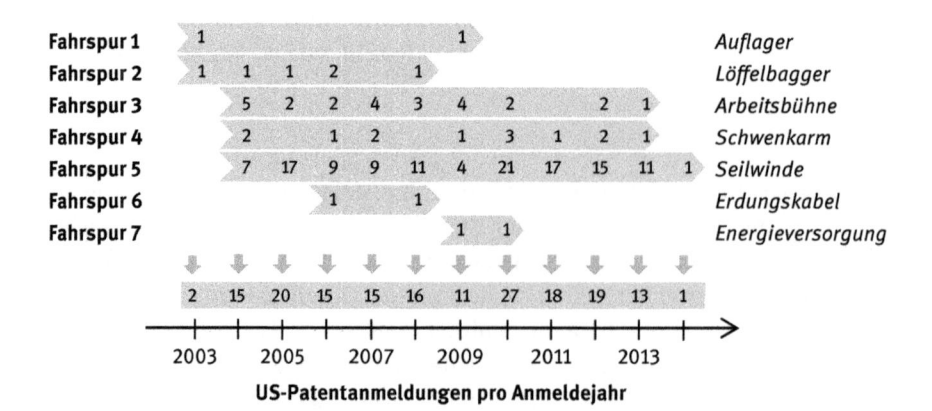

Abb. 4.17: Fahrspurdiagramm aus 172 US-Patentanmeldungen der Jahre 2003 bis 2014 zu Hubseilen in der Krantechnologie (Quelle: Eigene Darstellung).

Dieses Fallbeispiel zeigt das Potenzial der Fahrspurdiagramme zur Technologievorausschau. Sie erlauben Rückschlüsse auf die Struktur des Technologiefeldes, zeigen Entwicklungen auf und weisen auf sich abzeichnende Trends hin. Beispielsweise findet man unter den US-Patentanmeldungen zu Hubseilen ein Einzelpatent, das sich mit synthetischen Seilen und deren Herstellung für Krane auseinandersetzt (US 20120260620 *"Synthetic fiber rope for crane and method of manufacturing the same"*) und damit eine Alternative zur den gebräuchlichen Stahlseilen in der Krantechnologie beschreibt. Auf der anderen Seite zeigen die Fahrspuren weitergehende Entwicklungen auf. So starten die Entwicklungsstränge bei den Hubseilen mit zwei Patentanmeldungen in den beiden Fahrspuren 1 und 2 im Jahre 2003. Diese Fahrspuren werden mit einem respektive fünf weiteren Anmeldungen im Laufe der Zeit vertieft. Die dominierenden und bis 2013 bzw. 2014 bestehenden Fahrspuren sind die der Arbeitsbühne, des Schwenkarms und der Seilwinde. Sie beinhalten insgesamt 160 der 172 Patentanmeldungen und bilden damit den *mainstream* der Entwicklungsaktivitäten in der Hubseil-Krantechnologie ab. In ihnen werden Seilführung, Gegengewichte, Hilfs- und Hubseile sowie Hebemechanismen thematisiert. Die beiden letzten Fahrspuren zu Erdungskabeln und Energieversorgung stellen Entwicklungsstränge im Technologiefeld der Hubseile dar, die erst später einsetzen, nur mit jeweils zwei Anmeldungen frequentiert sind und auch sehr früh wieder aussetzen.

4.5 Rechtsbezogene Patentanalysen

Wozu werden rechtsbezogene Patentanalysen benötigt, wenn Patente valide Schutzrechte an sich für einen als neu und erfinderisch anerkannten Gegenstand darstellen? Warum sollten *Rechte an sich* einer weiteren rechtlichen Analyse unterzogen werden, nachdem der technische Inhalt bzw. die festgestellte technische Lehre in einem relativ aufwändigen Verfahren schon von Amts wegen beurteilt oder die Rechtsbeständigkeit eines Patents nach einem Einspruchs- bzw. Beschwerdeverfahren bestätigt worden ist? Reicht es nicht vollkommen aus, die zuvor ausgeführten metadaten- und textbasierten Patentanalysen heranzuziehen, um in Erfahrung zu bringen, welchen Gehalt und insbesondere welchen rechtlichen Schutzumfang ein Patent besitzt?

Wenn es darum geht, rechtliche Risiken oder Chancen zu qualifizieren, die aus eigenen oder fremden Patenten erwachsen, zeigt sich, dass die rein auf metadaten- und textbasierter Basis geführten und auf *Due Diligence* ausgerichteten Vorgehensweisen der Analysen nicht aussagekräftig genug sind. Auch bei einer mit gebührender Sorgfalt ausgeführten Recherche, in der vermutlich jeder relevante oder naheliegende Stand der Technik akribisch ermittelt oder sogar durch eine Nachrecherche mit größerer Tiefe verifiziert wurde, können *Patent-Überraschungen* (versteckte Patente) auftreten, die nicht recherchiert worden sind. Selbst wenn darauf aufbauend noch mit hoher Sorgfalt Analysen durchgeführt und Patentsituationen – beispielsweise in Patentlandkarten – visualisiert werden, um sogenannte *white spots* oder *dark areas* zu identifizieren (Bergmann et al. 2007, Spath und Siwczyk 2010 oder auch Walter und Bergmann 2008), ist ein vollkommener Schutz vor Patent-Überraschungen nicht gewährleistet. Es bedarf einer Ausweitung der Recherchen und Analysen auf rechtsbezogene Patentanalysen, um einen ausreichenden Handlungsspielraum in der Praxis des Patentmanagements zu erlangen sowie potenzielle Konflikte mit fremden Schutzrechten weitestgehend zu vermeiden und auszuschließen.

Ein gewisses Restrisiko dafür, in einen Patentkonflikt zu geraten, wird es aber immer geben. Dies sollte vorzugsweise von externen Patentanwälten oder Fachanwälten für gewerblichen Rechtsschutz qualifiziert werden sollte. Dadurch kann *Betriebsblindheit* oder hierarchisch bedingtes *Beschönigen* (*sugarcoating*) bei der ausschließlichen Bewertung durch rein unternehmensinterne Patentakteure effektiv vermieden werden. In den USA, wie auch in vielen europäischen Staaten, wird im Falle von Patentverletzungsvermutungen eine vom Patentinhaber oder potenziellen Patentverletzer initiierte Beurteilung und Betreuung der patentrechtlichen Situation ausschließlich durch außenstehende Patentanwälte vorausgesetzt, bevor sich ein Verletzungstribunal die unterschiedlichen Positionen zur Verletzungssituation anhört.

Eine Quantifizierung sowie Qualifizierung des Risikos sollte folglich außerhalb des Unternehmens stattfinden. Gleichwohl können vorbereitende und unterstützende Leistungen wie Vorrecherchen, das Zusammentragen des schon bekannten Standes der Technik und ein darauf beruhendes internes *FTO-Statement* sowie Nachweise zur eigenen Vorbenutzung durchaus vom unternehmenseigenen Patentanwalt oder von unternehmenseigenen Patentfachleuten erbracht werden. Insbesondere im Hinblick auf das US-amerikanische Rechtssystem ist zu beachten, dass im Falle einer sogenannten *Discovery*[25] im Unternehmen angestellte Untersuchungen oder gar intern getroffene Feststellungen (insbesondere aus rechtsbezogenen Patentanalysen heraus) gegen ein vermeintlich verletzendes Unternehmen gerichtet werden können. Die aus dem französischen Rechtsraum bekannte *Saisie-Contrefaçon*[26] erwächst aus einem ähnlichen Auskunftsanspruch wie bei der Discovery und sollte dem Anmelder eines Europäischen Patents (EP-Patent) mit Validierung in Frankreich als dortiges Rechtsmittel zur Anspruchsdurchsetzung geläufig sein. Aus der Situation einer Verletzungsklage, in welcher der Beweis quasi *aus eigenem Hause* kommt, kann

---

25 Die *Discovery* ist ein förmliches, gerichtlich angeordnetes Beweisverfahren im US-amerikanischen Prozessrecht. Vgl. http://www.americanbar.org/groups/public_education/resources/law_related_education_network/how_courts_work/discovery.html, Abruf 04.01.2016.
26 Die *Saisie-Contrefaçon* ist ein in Frankreich aufgrund eines Auskunftsanspruchs aufsetzendes Vollzugsverfahren. Es ist durch einfache gerichtliche Beschlussfassung – ähnlich einer einstweiligen Verfügung – zu erlangen. Es wird unter Aufsicht eines Justizamtsmanns oder in Anwesenheit eines Gerichtsvollziehers durchgeführt und umfasst eine Durchsuchung von Büroräumen, Archiven und Datenspeichern – auch unangemeldet. Siehe hierzu *French Intellectual Property Code, Art. L. 332-1 – copyright and related rights*, und vgl. http://www.saisie-contrefaçon.fr/de_index.html, Abruf 04.01.2016.

jedoch eine große Gefahr resultieren, vor allem wenn sich herausstellen sollte, dass der Verletzer an einer Umgehungslösung zum verletzten Gegenstand weder interessiert ist, noch an der Abwendung seiner verletzenden Handlung gearbeitet hat. Die im europäischen Raum als extrem empfundenen Kompensationsleistungen in Höhe mehrstelliger Millionen oder gar Milliardenbeträge in den USA resultieren oftmals aus Strafschadensersatzklagen, den sogenannten *Triple damage K*lagen.

Kernstück der Qualifizierung des Risikos ist die Erstellung rechtsbezogener Patentanalysen, die sich insbesondere dann anbieten, wenn

- selbstauferlegte *Compliance*[27] Richtlinien es erforderlich machen, zu jeder Zeit eine rechtlich einwandfreie – *saubere* – Situation im Patentbereich zu schaffen und aufrechtzuerhalten (Wege et al. 2013),
- ein unternehmensinternes Risikomanagement regelmäßige Analysen und Berichtslegungen zur eigenen oder fremden Schutzrechtslage festsetzt (die gerade bei schon aufgetretenen Schutzrechtskollisionen sinnvoll erscheinen),
- bei Mergers und Acquisitions (M&A) eine Zusammenführung von Patentportfolios erforderlich ist (Dreßler 2006),
- Entscheidungen innerhalb der Konsolidation bestehender Patentportfolios zu treffen sind,
- die strategische Ausrichtung der Produkt- oder Portfolioentwicklung festgelegt werden soll,
- innerhalb eines Produktentwicklungsprozesses an festgesetzten Meilensteinen z.B. Leistungen (*deliverables*) vereinbart werden sollen und
- durch Schutzrechte geschützte Wettbewerberprodukte identifiziert werden sollen, die gegebenenfalls eigene Entwicklungspläne entweder stören oder gar als unrealisierbar erscheinen lassen oder
- fremde Schutzrechte der eigenen Patentsituation gefährlich nahe kommen.

Regelmäßig durchzuführende rechtsbezogene Patentanalysen erfordern entsprechende personelle Ressourcen, die für das Patentmanagement vorgehalten werden müssen. Die hierfür erforderlichen finanziellen Ressourcen und der intern entstehende unternehmerische Aufwand sind im Allgemeinen nur grob kalkulierbar. Zum einen brauchen die zunächst eigens durchzuführenden und parallel nach außen vergebenen Recherchen im Rahmen eines internen FTO-Statements in der Regel mehrere Wochen. Zum anderen sind für die nachfolgenden Analysen und Bewertungen im Rahmen einer auf das interne FTO-Statement aufbauenden externen FTO-Opinion je nach Umfang in der Regel mehrere Monate einzuplanen. Bis das Ergebnis einer rechtsbezogenen Patentanalyse vorliegt und auf Geschäftsführungs- oder gar

---

[27] Unter *Compliance* (Regeltreue bzw. Regelkonformität) wird sinngemäß die Einhaltung bestimmter Regeln, Richtlinien und Gesetze verstanden. Bei der Befolgung zwingender rechtlicher Regelungen im Umgang mit geistigem Eigentum wird von *Intellectual Property Compliance (IP-Compliance)* gesprochen.

Vorstandsebene die Entscheidung gefallen ist, Klage einzureichen bzw. im umgekehrten Fall mit einer Widerklage zu reagieren oder aber eine Lizenz anzufragen, damit ein Verletzungsthema FTO-gerecht abgeschlossen werden kann, vergeht mitunter ein halbes bis ganzes Jahr.

Ein nicht mit entsprechenden Ressourcen ausgestattetes Patentmanagement, welches die rechtsbezogenen Patentanalysen möglicherweise nicht mit gebührender Sorgfalt durchführt, kann zu einem wirtschaftlichen Misserfolg des Unternehmens, verbunden mit entsprechender Gewinnwarnung im Falle börsennotierter Unternehmen führen. Als Beispiel sei der Rechtsstreit Apple versus Samsung mit Widerklage von Samsung an Apple erwähnt, bei dem die ursprüngliche Verletzungsklage mit Antragsstellung auf Strafschadenersatz später zu einem im Berufungsverfahren reduzierten Schadenersatz von 1,1 Mrd. US-Dollar und schließlich in einem Wiederaufnahmeverfahren zu einer Schadenersatzfestsetzung von ca. 550 Mio. US-Dollar führte.[28] Diese Tatsachen führen dazu, dass insbesondere KMUs oftmals auf rechtsbezogene Patentanalysen verzichten. Sie führen Patentrecherchen zum Großteil nur intern oder überhaupt nicht durch oder vernachlässigen gar die Überwachung des Wettbewerbs zur Aufdeckung von Patentverletzungen (Harhoff und Hoisl 2010). Im Umkehrschluss entspricht eine nicht sorgfältig durchgeführte rechtsbezogene Patentanalyse faktisch einem Auslassen von Chancen. Beispielsweise könnte die Chance verpasst werden, das mit hohen Kosten entstandene geistige Eigentum (*Intellectual Property*) in gut abgefassten Lizenzverträgen oder weiträumigen Kreuzlizenzierungsabkommen (*cross licensing*) für einen wirtschaftlichen Erfolg zu verwerten.

Hypothetisches Fallbeispiel
Am Beispiel einer hypothetischen Patentlandkarte wird nachfolgend verdeutlicht, warum eine rechtsbezogene Patentanalyse eine vorgeschaltete quantitative Patentanalyse sinnvoll ergänzt. Abbildung 4.18 zeigt diese hypothetische Patentlandkarte basierend auf einem inhaltlichen Vergleich zwischen Patenten von drei in demselben Technologiefeld, beispielsweise der Krantechnologie, aktiven Unternehmen A, B und C.

Das Unternehmen A hält insgesamt 17 Patente, die zwei spezielle Bereiche (Cluster A1 und Cluster A2) aus der Krantechnologie schützen. Auch das Unternehmen B ist mit 11 Patenten in der Krantechnologie vertreten. Sie schützen zwei weitere spezielle Krantechnologie-Bereiche (Cluster B1 und Cluster B2). Ein anderer

---

[28] Der Patentrechtstreit Apple versus Samsung auf Triple damage 2011 vor einem Geschworenengericht gestaltete sich wie folgt: spätere Verneinung des Triple damage Strafschadensanspruchs im Beschwerdeverfahren 2013, Festsetzung des endgültigen Schadenersatzes sowie Öffnung der Klage auf Folgeschadenersatz 2015, Einlegen finaler Rechtsmittel durch Samsung vor dem U.S. Supreme Court 2015. Vgl. https://en.wikipedia.org/wiki/Apple_Inc._v._Samsung_Electronics_Co.#First_U.S._trial, Abruf 17.12.2015.

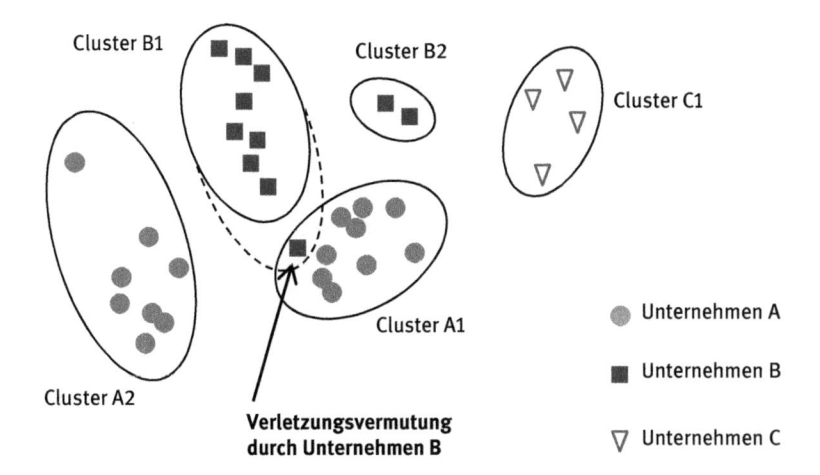

Abb. 4.18: Hypothetische Patentlandkarte zu einer potenziellen Patentverletzungssituation (Quelle: Eigene Darstellung).

Technologiebereich (Cluster C1) wird dagegen durch das Unternehmen C mit vier Patenten geschützt.

Ein Patent des Unternehmens B scheint offensichtlich den Schutzbereich des Clusters B1 zu erweitern und tangiert bzw. unterwandert den Schutzbereich des Clusters A1, der vorwiegend durch Patente des Unternehmens A geschützt ist. Das besagte Patent des Unternehmens B weist nämlich eine inhaltliche Nähe zu einigen Patenten des Unternehmens A auf und liegt somit in der Patentlandkarte in unmittelbarer Nähe zu diesen Patenten aus Cluster A1. Es kann folglich davon ausgegangen werden, dass zwischen diesem einen Patent des Unternehmens B und den Patenten des Clusters A1 von Unternehmen A ein gewisser Grad an Merkmalsgemeinsamkeiten existiert. Doch selbst wenn die räumlich nahe Patentsituation in der Landkarte zweifelsohne erkannt wird, lässt sich daraus noch nicht ableiten, welchen Schutzumfang bzw. Gehalt die betroffenen Patente tatsächlich besitzen. Es stellt sich in patentrechtlicher Hinsicht die Frage, welche gattungsbildenden Merkmale jeweils im Oberbegriff – der in den allermeisten Patentansprüchen lediglich den Stand der Technik wiedergibt – enthalten sind. Von gattungsbildenden Merkmalen eines Oberbegriffs geht in den meisten Fällen keine mittelbare Verletzungsgefahr aus, es sei denn, dass dieselbe Gattung gleichzeitig von mehreren Merkmalen verwechslungsnah geprägt ist, welche sich womöglich untereinander vollumfänglich strukturell oder funktionell substituieren. Dieses trifft auf die Mehrheit naheliegender Schutzrechte sicherlich nicht zu, selbst wenn beide Schutzrechte unter denselben *Genus* fallen. Es stellt sich folglich eher die Frage, welche spezifischen Merkmale die im Patent beschriebene Erfindung kennzeichnen und welche davon wiederum als zwingend vorhandene Merkmale identifiziert werden müssen, um eine umfassende Beurteilung einer Schutzrechtsverletzung anstellen zu können.

Gleichwohl ist durch die metadatenbasierte Patentanalyse und die Ergebnisrepräsentation in einer Patentlandkarte eine Unterstützung für die weitergehende rechtsbezogene Analyse gegeben. Die Patentlandkarte gibt im Sinne einer topografischen Landkarte Auskunft darüber, *wo ein Ort liegt bzw. wie weit Orte voneinander entfernt sind und eventuell sogar darüber, auf welcher geografischen Höhe sich die Orte befinden* (Walter und Bergmann 2008). Sie gibt aber keine Auskunft darüber, *welche Sehenswürdigkeiten oder Lebensqualität an den jeweiligen Orten vorzufinden sind*. Darüber geben aber die Merkmale der in einer Patenlandkarte identifizierten, unter Umständen kollidierenden und deswegen in kritischer Entfernung voneinander liegenden Patenten Auskunft, die daher zu sichten und zu analysieren sind. Zu diesem Zweck gilt es, mit der Patentsprache vertraute Experten heranzuziehen; d.h. im Allgemeinen erfolgt die tiefergehende rechtsbezogene Analyse in Kooperation mit Patentanwälten, denen der Umgang damit bestens vertraut ist.

Im Folgenden wird nun aufgezeigt, wie mit einer Patentverletzungsvermutung und der Patentverletzungsabwehr im Rahmen einer rechtsbezogenen Patentanalyse umzugehen ist.

4.5.1 Verletzungsvermutung

Der rechtliche Zustand eines vorliegenden Patents wird aus juristischer Sicht als Einräumung eines rechtlichen Titels betrachtet. Dieser in Form eines Patents bestehende Titel ist zunächst ein Verbietungsrecht, aus dem sich sukzessiv weitere Rechte ergeben, wie z.B. ein Recht auf Unterlassung, Schadensersatz oder Entschädigung.

Mit einem solchen Titel ausgestattet, kann ein Patentinhaber anhand eines relativ einfachen Verfahrens durch gerichtliche Anordnung (einstweilige Verfügung) einen Verletzer *des Feldes verweisen*. Solche Verweise sind regelmäßig auf Messen oder Fachausstellungen zu beobachten. Viele Organisationen und Verbände unterstützen Unternehmen bei der Bekämpfung von Schutzrechtsverletzungen auf Messen, so z.B. der Zentralverband Elektrotechnik- und Elektronikindustrie e.V. (ZVEI) in Frankfurt (Main), der seinen Mitgliedsunternehmen gezielt Hilfe und Beistand anbietet.[29] Darüber hinaus kann der Patentinhaber vom Verletzer sofortiges Einstellen aller Vermarktungsaktivitäten, die sofortige Vernichtung oder das terminierte Aufbrauchen von Werbematerialien inklusive des Anpassens von Inhalten, bis hin zur Löschung des Internetauftritts zu einem verletzten Schutzgegenstand verlangen. In seinem

---

[29] Mit dem Flyer „*Was tun gegen Produktpiraterie auf Messen?*" gibt der ZVEI Hilfestellungen zur effektiven Bekämpfung von Schutzrechtsverletzungen auf Messen. Siehe unter http://www.zvei.org/MaerkteRecht/MessenundAusstellungen/Seiten/Was-tun-gegen-Produktpiraterie-auf-Messen.aspx, Abruf 19.11.2015.

grundsätzlichen Charakter als Titel wirkt ein Patent gewissermaßen wie eine Waffe,[30] z.B. ein Schwert, die den Wettbewerber effektiv auf Distanz hält (Palfrey 2012). Der im US-amerikanischen Sprachgebrauch übliche Begriff des *claims* ist vor einem solchen Hintergrund als das durchaus aggressive Verteidigen und Vorgehen gegen andere aus einem amtlich zuerkannten, abgesteckten Schutzbereich heraus zu verstehen – im aktiven Sinne.

Die dargelegten Ausführungen zu rechtsbezogenen Patentanalysen anlässlich von Verletzungsvermutungen gelten sinngemäß auch für Gebrauchsmuster. Grundsätzlich ist ein Gebrauchsmuster genauso durchsetzbar wie ein Patent, sofern es als technisches Schutzrecht im jeweils nationalen Patentrecht vorzufinden ist und Gültigkeit besitzt. Da es sich bei einem Gebrauchsmuster lediglich um ein vom jeweiligen Patentamt eingetragenes, ungeprüftes Schutzrecht handelt, sollte der Inhaber eines solchen Schutzrechts sich vorab mit einem Patentvertreter oder einem Fachanwalt für gewerblichen Rechtsschutz beraten, bevor er in Erwägung zieht, einen potenziellen Verletzer aus einem eventuell rechtsunbeständigen Gebrauchsmuster heraus zu verklagen. Die Sinnhaftigkeit einer rechtsbezogenen Patentanalyse wird hier besonders plausibel und offenkundig.

Der Schutzumfang des Patents wird einzig durch die Patentansprüche definiert. Für den Schutzumfang sind primär alleinstehende, unabhängige Patentansprüche relevant, die sich auf keinen anderen vorhergehenden Patentanspruch beziehen. Der Schutzumfang eines Patents erklärt sich oftmals erst durch die Auslegung teilweise mehrdeutig erscheinender Begrifflichkeiten unter Zuhilfenahme der Beschreibung und der figürlichen Darstellungen in der Patentschrift sowie mit dem Verständnis der allgemeinen Lehre des jeweiligen Fachgebiets. Selbst wenn die Patentfachleute in Unternehmen üblicherweise im Rahmen ihrer Praxis eine gewisse Erfahrung auf diesem Gebiet erworben haben, sollte für eine Auslegung der Ansprüche stets ein außenstehender Patentanwalt hinzugezogen werden.

Wie gelangt ein Patentinhaber nun aber zu einer belastbaren Rechtsauffassung darüber, ob ein potenzieller Verletzer tatsächlich in den Bereich eines Schutzrechts eingreift? Wie baut man im Sinne einer rechtsbezogenen Patentanalyse ein Gutachten zur jeweils vorliegenden patentjuristischen Situation (*Opinion*) auf? Ist das auf eigener Verletzungsrecherche aufbauende, intern verfasste FTO-Statement als vorläufige Zwischenmeinung in einem Verletzungsverfahren überhaupt relevant oder ist ausschließlich ein extern erstelltes rechtsanwaltliches Gutachten, sprich die Einholung einer *Opinion*, die einzige erstrebenswerte Option? Die Antwort hierauf lautet: Beide sind von Nutzen, da das FTO-Statement als Zwischenmeinung, die auf einer primären Analyse beruht, und die FTO-Opinion als verbindliche Aussage eines außenstehenden Patentanwalts, einander gegenseitig unterstützen. Die im US-amerikanischen

---

[30] Vgl. beispielsweise http://www.handelsblatt.com/meinung/kommentare/kommentar-wenn-das-patentrecht-zur-waffe-wird/6695770.html oder auch http://erfindungen.de/patentrecht/patent-als-waffe-im-wettbewerb/, Abruf 19.11.2015.

Sprachgebrauch übliche Bezeichnung der *first and second opinion* beschreibt die Notwendigkeit des Erlangens beider Elemente für eine sorgfältig ausgeführte FTO recht gut. Es sind durchaus Situationen denkbar, in denen aus Zeitgründen auf die Abfassung eines internen FTO-Statements als Zwischenmeinung verzichtet werden muss oder der mittels FTO-Recherche ermittelte Stand der Technik schon hinlänglich bekannt ist bzw. durch Zitierungen untereinander bereits eine weitreichende Relevanz etabliert werden konnte, sodass ein FTO-Statement faktisch nicht mehr benötigt wird. In solchen Fällen bietet es sich an, ohne vorgelagertes FTO-Statement sofort eine FTO-Opinion zu erstellen.

Am Anfang jeder rechtsbezogenen Patentanalyse aufgrund einer Verletzungsvermutung steht eine *Merkmalsaufstellung* oder ein *Merkmalsvergleich*. Hierin werden alle Merkmale der unabhängigen Ansprüche eines zu analysierenden Patents voneinander isoliert aufgestellt, beispielsweise in Form einer Excel- oder Word-Tabelle (Weber et al. 2007). Wenn mehrere in einer Verletzungsrecherche ermittelte oder anderweitig zur Kenntnis gelangte fremde Schutzrechte einer geplanten Patentanmeldung oder einer konkreten Entwicklungsabsicht so nahe kommen, dass ein offensichtlicher Konflikt existiert, sollten alle Kollisions-Schutzrechte in Spalten neben die entsprechenden Merkmale des zu untersuchenden Patents gesetzt werden. Grundsätzlich werden für Merkmalsvergleiche die aus einer Entwicklungsabsicht bzw. aus einer beabsichtigten Schutzrechtsanmeldung herrührenden unabhängigen Ansprüche zugrunde gelegt. Bei bereits erfolgten Patentanmeldungen werden die unabhängigen Ansprüche der Offenlegungsschrift zugrunde gelegt, da diese in der Regel den weitestreichenden Schutzbereich definieren, der sich während des Prüfungsverfahrens aus der betreffenden Patentanmeldung herauskristallisiert.

Der als nächstliegend identifizierte Stand der Technik wird der zu analysierenden Schutzrechtsanmeldung (bzw. Merkmalssammlung bei einer konkret existierenden Entwicklungsidee) tabellarisch gegenübergestellt. Anhand der Wertigkeit der anspruchsbegründenden Merkmale (gattungsbildend/kennzeichnend/zwingend), die in der Regel den Hauptanspruch ausmachen, werden in dem nächstliegenden Stand der Technik die jeweiligen Entsprechungen hierzu ermittelt. Die Entsprechungen können struktureller oder verfahrensmäßiger Natur sein. Insbesondere bei der Gegenüberstellung von US-Patenten können die Merkmale bzw. Merkmalskombinationen auch Mischformen von Verfahrens- und Vorrichtungselementen aufweisen, oder es kann eine Beanspruchungsform genutzt worden sein, die es im deutschen oder europäischen Patentraum nicht gibt. Um ein Verständnis dieser teilweise schwer nachvollziehbaren Ansprüche und somit der Merkmale zu erlangen, empfiehlt sich in solchen Fällen die Konsultation eines US-Patentvertreters, damit ausgeschlossen werden kann, dass ein Missverständnis des beanspruchten Gegenstands oder Verfahrens am Anfang der Merkmalsaufstellung bzw. des Merkmalsvergleichs existiert. Für Merkmalsaufstellungen und Merkmalsvergleiche wird in der US-amerikanischen Patentsprache auch der Begriff *claim chart(s)* verwendet.

Fallbeispiel
Tabelle 4.10 zeigt beispielhaft eine solche Merkmalsaufstellung – summarisch, weder wortwörtlich noch vollumfänglich – zu den anspruchsbegründenden Merkmalen der Offenlegungsschrift DE 10 2014 105 618 A1 *„Verfahren und Vorrichtung zum Betreiben eines Mobilkrans sowie Mobilkran"* der Terex Cranes Germany GmbH.

Ein brauchbares Ergebnis einer Merkmalsaufstellung ist dann gegeben, wenn daraus eindeutig kenntlich wird, ob und wo Kollisionspotenziale zwischen einer konkreten Entwicklungs- bzw. Schutzrechtsanmeldungsabsicht und dem nächstliegenden, gegebenenfalls nicht zu verletzenden Stand der Technik im Einzelnen liegen. Liegt, wie im Beispiel der Merkmalsauf- und gegenüberstellung in Tabelle 4.10 erkennbar, der Fall vor, dass eine Entwicklungs- oder Anmeldungsabsicht gewisse Merkmale der Fremdschutzrechte berührt, im Großen und Ganzen aber vom nächstliegenden Stand der Technik nicht getroffen wird, ist davon auszugehen, dass eine eigene Schutzrechtsanmeldung durchaus Erfolg haben dürfte, bzw. dass der eigenen Entwicklungsabsicht kein Stand der Technik effektiv entgegensteht oder diese gar faktisch behindert. In dem angeführten Fallbeispiel der Offenlegungsschrift DE 10 2014 105 618 A1 kann der Patentanmeldung von Terex ex post bescheinigt werden, dass sie offensichtlich zwei neue Merkmale aufweist, die von keinem der nächstliegenden Fremdschutzrechte von Liebherr, alleinstehend oder in Kombination, getroffen sind. Es handelt sich dabei (i) um die Ermittlung vorher bestimmbarer und festzulegende Krangeometrien sowie (ii) um das Verfahren zur Berechnung der maximalen Tragfähigkeiten für aktuelle Krangeometrien sowie im Kranbetrieb üblicher Folge-Geometrien, wobei das jeweilige Minimum aller so bereitgestellten Tragfähigkeiten die maximale Tragfähigkeit des Krans für die gegebene aktuelle Krangeometrie bildet, wie auch die in der Tabelle 4.10 hellgrau unterlegten Stellen (Kästen) zeigen.

Somit könnte der veröffentlichten Schutzrechtsanmeldung anhand dieses recht einfachen Merkmalsvergleichs eine vorläufige FTO bescheinigt werden. Vorläufig insofern, als dass kein weiterer störender Stand der Technik zur Kenntnis gelangt, was normalerweise jedoch innerhalb des Prüfungsverfahrens vor dem Patentamt regelmäßig der Fall ist. Selbst wenn, wie in dem angeführten Beispiel dargestellt, das Erkennen und Einschätzen der vorliegenden Kollisions-Situation unproblematisch erscheint – eine Abgrenzung zwischen verletzend oder nicht verletzend ist nicht immer auf solch einfachem Wege möglich. Sobald sich Grauzonen zwischen den eigenen Entwicklungs- oder Anmeldungsabsichten und Fremdschutzrechten abzeichnen, muss zwingend ein weiterer Schritt eingeleitet werden, um zu eruieren, ob eine entsprechende Ausübungsfreiheit erlangt werden kann oder nicht.

Um festzustellen, welche der konkurrierenden oder gar kollidierenden Merkmale einander wortsinngemäß oder äquivalent entsprechen, sollte ein außenstehender Patentvertreter auf dem Merkmalsvergleich aufsetzend eine Merkmalsanalyse durchführen. Eine solche Merkmalsanalyse beinhaltet die übersichtliche Gliederung der unabhängigen Patentansprüche anhand einfach verständlicher, aussagekräftiger

Tab. 4.10: Beispielhafte Aufstellung der anspruchsbegründenden Merkmale der Offenlegungsschrift DE 10 2014 105 618 A1 gegenüber den Ansprüchen der nächstliegenden Wettbewerbsschutzrechte.

Terex DE 10 2014 105 618 A1		Liebherr DE 10 2008 021 627 A1	Liebherr EP 1 925 586 B1
Anspruchsbegründende Merkmale	Klassifizierung	strukturell / funktionell wiederzufinden in	strukturell / funktionell wiederzufinden in
Berechnungsverfahren zur **Ermittlung zulässiger Traglasten** eines Mobilkrans, bei variablen Abstützgeometrien.	gattungsbildend	Anspruch 3, Anspruch 4	Anspruch 1 (hier: Speichereinheiten und Mittel zur Überwachung), Abs. 9, Abs. 26
Das Minimum aller so ermittelten Traglasten bildet die **maximale Tragfähigkeit** des Krans bei einer gegebenen Krangeometrie.	kennzeichnend	weder strukturell noch funktionell, implizit oder explizit getroffen	Abs. 9, Abs. 25
Ermittlung der max. Tragfähigkeit bezogen auf die **Auslegerfestigkeit**, aus Traglasttabellen.	kennzeichnend	Abs. 7	Abs. 12 , Abs.13
Berechnung der max. Tragfähigkeit bez. **Standsicherheit**, als **Grenzkriterien** gelten **Grenzwerte** des jeweils zulässigen Kippmoments, bezogen auf verschiedene Kippkanten des Krans, unter den gegebenen Randbedingungen.	kennzeichnend	Abs. 9, Abs. 25	Anspruch 3, Abs. 19, (hier: Überwachung der Standsicherheit, jedoch nicht abhängig von Stützgeometrie)
Ermittlung von vorher bestimmbaren und festzulegenden **Krangeometrien**.	kennzeichnend	weder strukturell noch funktionell, implizit oder explizit getroffen	weder strukturell noch funktionell, implizit oder explizit getroffen
Um die Sicherheit im gesamten Arbeitsbereich zu gewährleisten, wird die **Arbeitsgeschwindigkeit** Richtung maximaler Traglastauslastung **stufenlos reduziert**.	zwingend	weder strukturell noch funktionell, implizit oder explizit getroffen	Abs. 21, (hier: Absenken der Drehgeschwindigkeit des Kranoberwagens)
Berechnungsverfahren für die maximalen Tragfähigkeiten für **aktuelle Krangeometrien** sowie im Kranbetrieb übliche **Folge-Geometrien**. Das jeweilige Minimum aller so bereitgestellten Tragfähigkeiten bildet die maximale Tragfähigkeit des Krans für die gegebene aktuelle Krangeometrie.	zwingend	weder strukturell noch funktionell, implizit oder explizit getroffen	weder strukturell noch funktionell, implizit oder explizit getroffen

Stichworte sowie unterstützender Anmerkungen, die zur korrekten und eindeutigen Auslegung der unabhängigen Patentansprüche führen.

Die mit dem Patentmanagement betrauten Fachleute in Unternehmen können anhand einer ersten Merkmalsaufstellung bzw. eines ersten Merkmalsvergleichs bereits wichtige Vorarbeiten für solche Merkmalsanalysen leisten. Die sich anschließende Merkmalsanalyse im Rahmen einer rechtsbezogenen Patentanalyse sollte stets von einem außenstehenden Patentanwalt durchgeführt werden. Auf diese Weise wird – wie oben dargelegt – dokumentiert, dass ein unabhängiger Patentexperte bereits in einem recht frühen Stadium einen neutralen Blick auf eventuelle Kollisionspotenziale gerichtet hat. Gleichzeitig kann der Patentinhaber vor einer zu optimistischen, teils subjektiv verblendeten Sichtweise und einer daraus erwachsenden übermäßigen Angriffshaltung bewahrt werden.

4.5.2 Verletzungsabwehr

Die Gewährleistung von Regeltreue (*Compliance*) impliziert für technologieorientierte Unternehmen, dass sie eigene und auch fremde Schutzrechte, wie etwa Patente, beachten (Wege et al. 2013). Auch wenn ein Unternehmen sich der *Compliance* (selbst) verpflichtet hat, kann es in der juristischen Praxis zu Situationen kommen, in denen *Compliance* zwar um jeden Preis angestrebt wird, sich jedoch nicht gewährleisten lässt. Eine solche Nichtgewährleistung kann beispielsweise durch Diskrepanzen zwischen den Rechtsauffassungen in den unterschiedlichen betroffenen Rechtsgebieten (z.B. Deutschland, USA oder Russland) entstehen, die auch durch wiederholte Anstrengungen zur Erreichung einer ausreichenden Handlungsfreiheit nicht zu überwinden sind. Dann ist es zwingend notwendig, die aus fremden Schutzrechten erwachsenden Risiken zu identifizieren, zu quantifizieren, zu qualifizieren und somit abzuschätzen. Sobald Anlass zu der Annahme besteht, dass eigenen Entwicklungen Patente Dritter entgegenstehen könnten oder eigene Realisierungen in den Schutzbereich fremder Schutzrechte eingreifen, sollte eine FTO geschaffen und parallel dazu eine Risikoeinschätzung vorgenommen werden. Folglich gilt es, ein Rechtsgutachten (*Opinion*) zu einer vorgefundenen Fremdpatentsituation von außen einzuholen.

Zur Beantwortung der Frage, welcher Inhalt eines Patents bekannt sein muss, um sicher zu stellen, dass kein Eingriff in den Schutzbereich fremder Patente stattfindet, reichen Patentanalysen, die z.B. auf bibliografische Sachverhalte oder wechselseitige Vorwärts- und Rückwärtszitate abstellen, alleine nicht aus. Es bedarf auch hier einer ergänzenden rechtsbezogenen Patentanalyse, um den Schutzumfang von Patenten genau zu erkennen. Wie schon zuvor ausgeführt, kann dann eine *Opinion* zur gewähnten Schutzrechtskollision eingeholt werden.

Um die zu vermeidende rechtliche Situation zu erfassen und zu analysieren, sind im Rahmen der Ausübungsfreiheit verschiedene Schritte umzusetzen. Zum einen ist eine umfassende Patentrecherche nach dem Stand der Technik durchzuführen.

Diese kann entweder anhand verschiedener Recherchewerkzeuge in Eigenleistung oder von spezialisierten externen Recherche-Dienstleistern, wie beispielsweise den Patentinformationszentren oder dem PATON,[31] dem Landespatentzentrum Thüringen der Technischen Universität Ilmenau, erfolgen. Nachdem der Stand der Technik in dem zu betrachtenden Fachgebiet ermittelt wurde, folgt im nächsten Schritt die Identifikation des den eigenen Entwicklungsabsichten nächstliegenden, nicht zu verletzenden Stand der Technik. Dieser wird aus dem Bündel des recherchierten Materials isoliert. Darauf aufbauend wird wiederum eine Merkmalsanalyse durchgeführt, die in einer Merkmalsaufstellung bzw. Merkmalsvergleich mündet.

Während im Falle einer Verletzungsvermutung die Erstellung einer FTO-Opinion noch als optional erscheint, ist im Falle einer Verletzungsabwehr das Einholen einer außenstehenden FTO-Opinion unabwendbar und nicht als optional zur eigenen Zwischenmeinungsbildung anzusehen. Die Opinion ergründet und begründet, warum ein nächstliegender, in fremden Schutzrechten bestehender Stand der Technik relevant ist, folglich welche zwingenden Merkmale durch eine Eigenentwicklung entweder nicht berührt oder auch nur nahe gekommen werden sollte.

In diesem Zusammenhang sei darauf hingewiesen, dass eine Verletzung des Patents nur dann vorliegt, wenn sämtliche Merkmale mindestens eines unabhängigen Patentanspruchs entweder wortsinngemäß oder in gleichwirkender Weise (äquivalent) in einer in Frage stehenden Realisierung verwirklicht sind. Die Beurteilung einer Verletzung im Wortsinne bereitet einem im Unternehmen mit Patenten betrauten Mitarbeiter, z.B. aus der FuE, in der Regel kaum Schwierigkeiten. Dagegen ist die Beurteilung dessen, ob bestimmte Merkmale *gleichwirkend* (äquivalent) verwirklicht sind, weitaus schwieriger. Daher sollte zur Klärung dieser Frage ein Patentanwalt hinzugezogen werden.

Sobald feststeht, welcher Schutzumfang gemieden bzw. umgangen werden muss, erfolgt ein abschließender Schritt, welcher der merkmalsmäßigen Umgehung unabhängiger Patentansprüche dient. Dazu kann beispielsweise ein *Umgehungsworkshop* mit allen im Unternehmen betroffenen Bereichen durchgeführt werden. Aufbauend auf den vorab ermittelten zwingenden Merkmalen versuchen die Teilnehmer des Workshops in mehreren Iterationen, entweder durch Hinzufügen weiterer Merkmale, durch Entfall bestimmter Merkmale oder durch komplett neue erfinderische Lösungen, das störende fremde Schutzrecht zu umgehen. Um die Neutralität der Beurteilung zu gewährleisten, sollte ein außenstehender Patentanwalt zum Umgehungsworkshop hinzugezogen werden. Dadurch wird sichergestellt, dass skizzierte Umgehungslösungen *ad hoc* auf klare oder unklare Umgehungsmerkmale hin überprüft werden können und sich gleichzeitig der Grad der Umgehung bzw. Kollisionsvermeidung beurteilen lässt. Ziel solcher Umgehungsworkshops ist also, Umgehungslösungen zu finden, die neuartige und unter Umständen sogar erfinderisch erscheinende Ansätze

---

31 Vgl. http://www.paton.tu-ilmenau.de/, Abruf 24.11.2015.

darstellen. Es bietet sich an, die erarbeiteten Umgehungslösungen umgehend zum Patent anzumelden.

Analog zu den Ausführungen zum Einsatz eines Schutzrechtes als *Schwert* besitzt ein auf vorgenanntem Wege entstandenes technisches Schutzrecht eine abwehrende Eigenschaft, d.h. es kann gewissermaßen als ein *Schutzschild* oder *Schirm* gegen Wettbewerber eingesetzt werden (Palfrey 2012).

Unberechtigt Vorwürfe von Patentverletzungen und ihre Folgen, wie etwa das Einstellen der Verkaufstätigkeit oder gar der Rückruf verkaufter Exemplare können dazu führen, dass ein der Verletzung Bezichtigter seinerseits den grundlos abmahnenden Patentinhaber auf Schadenersatz verklagt – z.B. wegen Eingriffs in seinen eingerichteten Geschäftsbetrieb In vielen Fällen besteht die reelle Chance, dass sich die Validität eines Schutzrecht relativiert oder aufhebt, etwa anhand der Betrachtung eines weiteren, bislang unbekannten Standes der Technik oder anhand des Vortrags einer neuheitsschädlichen offenkundigen Vorbenutzung im Schutzrechtsgebiet. Der Bezichtigte könnte diese Verfahrensoption somit nutzen, um auf eine Verletzungsklage des Patentinhabers mit einer entsprechenden Nichtigkeitsklage bzw. Feststellungsklage auf Nichtverletzung zu reagieren.

4.5.3 Wechselseitige Verletzungsvermutung

In den USA galt bis 2011 das Ersterfinderprinzip (*first to invent*), welches im Zuge des *America Invents Act* (AIA[32]) am 16.03.2011 durch das Erstanmelderprinzip (*first to file*) abgelöst wurde. Damit ist nun der Stand der Technik zum Zeitpunkt der jeweiligen Patentanmeldung das Entscheidungskriterium, und nicht mehr der Aspekt, welcher von mehreren Erfindern zuerst Besitz und Nutzung einer Erfindung für sich beanspruchen konnte. Aufgrund des für alle Prioritätsanmeldungen noch bis zum 16.03.2011 geltenden *alten* US-Patentrechts wird es in den USA absehbar bis zum 16.03.2031 immer noch zu *first to invent* Prioritätsstreitigkeiten kommen. Deshalb ist eine weitere Variante der rechtsbezogenen Patentanalyse, das Interferenzverfahren (*Interference*), nach wie vor von Bedeutung.

Wenn mehreren Patentinhabern parallel Schutzrechte mit ähnlichem Erfindungsgehalt von Amts wegen eingeräumt wurden und deswegen entweder die Situation einer wechselseitigen Verletzungsvermutung oder der unrechtmäßigen Besitznahme einer Erfindung (*invention derivation*) entstanden ist, kann der resultierende Validitätsstreit durch ein Interferenzverfahren geklärt werden. Das Interferenzverfahren analysiert die auf spezifischen Merkmalen beruhende Priorität von Schutzrechten. Es geht dabei nicht um die Frage, ob die einander gegenüber stehenden Schutzrechte generell rechtsbeständig sind, sondern darum, welches explizite Merkmal des einen

---

[32] Siehe beispielsweise unter http://www.aipla.org/advocacy/congress/aia/Pages/summary.aspx oder http://www.uspto.gov/aia_implementation/bills-112hr1249enr.pdf, Abruf 23.11.2015.

Streitschutzrechts vor dem jeweils gegenüberstehenden Merkmal der anderen Streitschutzrechts Priorität besitzt. Es gilt also festzustellen, welches Schutzrecht aufrechterhalten werden kann bzw. welches Merkmal im anderen Schutzrecht aufgegeben werden muss. Ein sekundäres Ziel eines Interferenzverfahrens besteht darin, ein fremdes Schutzrecht merkmalsmäßig soweit zu entschärfen, dass es eigenen Handlungen nicht mehr im Wege steht und seine Verletzung damit wirksam ausgeschlossen werden kann.

Zur Klärung der jeweils bestätigten Rechtsbeständigkeit einander gegenüberstehender Schutzrechte wurde in den USA regelmäßig eine Instanz angerufen, die im *Board of Patent Appeals and Interferences* (BPAI) beim USPTO angesiedelt war. Unter dem AIA wurde das BPAI durch das PTAB (*Patent and Trademark Appeal Board*) ersetzt, welches seit dem 16.09.2012 die aus der Prä-AIA Ära stammenden Interferenzverfahren übernommen hat. Wenn mehrere US-Patente einander bezüglich des beanspruchten Gegenstandes tatsächlich stark ähneln, bleibt aus Sicht Dritter fraglich, wer nun faktisch der jeweilige Schutzberechtigte ist, zumal auch in den USA prinzipiell der Grundsatz gilt, dass auf *eine* Erfindung nur *ein* Patent erteilt werden kann.

Das USPTO prüft während des Patentprüfungsverfahrens eigentlich nicht solch naheliegende Konflikte. Dieses liegt nicht in einer unscharfen Patentprüfung, anhand unterschiedlichen, den Patentprüfern zur Verfügung stehenden Prüfstoffs begründet, sondern in der Eigenart des US-amerikanischen Patenrechts, nämlich der 12-monatigen Neuheitsschonfrist, der sogenannten *Grace Period*.[33] Dieses Rechtskonstrukt macht es möglich, dass sich mehrere Schutzrechtsanmeldungen innerhalb der Frist zeitlich überschneiden und einander prioritätsmäßig zunächst nicht im Wege stehen. Es kann nämlich sein, dass zwei voneinander unabhängige Anmeldungen für zwei sehr ähnliche bzw. naheliegende Gegenstände parallel die Patentprüfung durchlaufen. Sollten von verschiedenen Prüfern derselben Prüfungseinheit (*Art Units*) unabhängige Patente für einander naheliegende und nicht eindeutig abgrenzbare – und somit durchaus verwechslungsfähige – Schutzumfänge erteilt worden sein, müssen sich die Patentinhaber nach dem prä-AIA US-amerikanischen Patentrecht selbst darum bemühen, eine Rechtsklärung auf amtlichen Wege vor dem BPAI herbeizuführen.

Dem Ersterfinderprinzip (*first to invent*) folgend werden sämtliche Merkmale einander gegenüberstehender Ansprüche daraufhin untersucht (Interferenzverfahren), welcher Erfinder das jeweils darin abgebildete strukturelle Element bzw. den entscheidenden funktionalen Verfahrensschritt als Erster entwickelt hat. Jeder vermeintliche Erfinder muss somit in einem langwierigen Verfahren vortragen, wann und wie er im Einzelnen in den Besitz der Erfindung gelangt ist, und sie in Form eines von einem Durchschnittsfachmann ausführbaren Gegenstandes oder Verfahrens konkretisiert hat (*constructively or actually reduced to practice*).

---

[33] Innerhalb der USA – nicht außerhalb – wird dem Erfinder durch eine 12-monatige Schonfrist ein vorläufiger Rechtsschutz für seine Erfindung eingeräumt, um diese prioritätsmäßig vor fremden, etwa zeitgleichen Schutzrechtsanmeldungen zu schützen.

Im Vorfeld eines beabsichtigten Interferenzverfahrens bietet es sich analog zu den bereits geschilderten Vorgehensweisen an, eine Merkmalsaufstellung bzw. einen Merkmalsvergleich anzufertigen. Dieser wird in der US-amerikanischen Patentpraxis, wie schon erwähnt, als *claim chart* innerhalb einer *patent deconstruction* bezeichnet. Im Rahmen dieser *patent deconstruction* bzw. *claim charts* wird anhand dokumentarischer Beweise bis hin zu Zeugeneinvernehmungen bzw. eidesstattlichen Erklärungen geklärt, welcher der vermeintlichen Erfindern wann in den legal einwandfreien Besitz eines spezifischen Erfindungsbestandteils, sprich eines strukturellen oder funktionalen Elements einer vorrichtungs- oder verfahrensmäßigen Beanspruchung gelangt ist. Der Erfinder kann z.B. anhand eigener Laboraufzeichnungen, Versuchsreihen oder Testläufen von Prototypen dokumentieren, wann er dargelegt hat, dass die von ihm beanspruchten Erfindungsbestandteile funktionsfähig waren und sein Schutzrecht damit nicht nur eine rein theoretische Sperrpatentfunktion besitzt, sondern eine nachweisbare und überprüfbare *Utility* aufweist.

Aufgrund der Reform des US-amerikanischen Patentrechts durch den AIA streben immer weniger US-Patentinhaber derartige Interferenzverfahren vor dem BPAI an. Dem sogenannten post-AIA US-amerikanischen Patentrecht folgend steht für die Klärung von Patentinhaberschaften das Rechtsinstitut der Einspruchs- und Nichtigkeitsverfahren *Inter Partes Review*, *Ex Parte Re-Examination* oder *Post Grant Review* vor den *Patent Trial and Appeal Boards* (PTAB) des USPTO zur Verfügung. Informationen zum PTAB sowie Änderungen und Neuerungen zum Interferenzverfahren sind online beim USPTO einsehbar[34].

4.6 Literaturverzeichnis zum Analysekapitel

Abbas, A; Zhang, L. und Khan, S. U. (2014). A literature review on the state-of-the-art in patent analysis. World Patent Information, Vol. 37, S. 3–13.

Backhaus, K.; Erichson, B.; Plinke, W. und Weiber, R. (2011). Multivariate Methoden – Eine anwendungsorientierte Einführung. 12. Aufl., Springer Verlag, Berlin, Heidelberg, New York.

Bergmann, I. (2011). Patentverletzungen in der Biotechnologie – Einsatz semantischer Patentanalysen. Gabler Verlag, Wiesbaden.

Bergmann, I.; Möhrle, M. G.; Walter, L.; Butzke, D.; Erdmann, V. A. und Fürste, J. P. (2007). The Use of Semantic Maps for Recognition of Patent Infringements. A Case Study in Biotechnology. In: Holger Ernst und Hans G. Gemünden (Hrsg.). Open Innovation Between and Within Organizations. Zeitschrift für Betriebswirtschaft – Special Issue 4/2007, S. 69–86.

Borg. I. (2010). Multidimensionale Skalierung. In: C. Wolf und H. Best (Hrsg.). Handbuch der sozialwissenschaftlichen Datenanalyse. VS Verlag für Sozialwissenschaften, Wiesbaden, S. 391–418.

Breitzman, A. und Thomas, P. (2002). Using patent citation analysis to target/value M&A candidates. Research Technology Management, Vol. 45, S. 28–46.

---

[34] Vgl. http://www.uspto.gov/patents-application-process/patent-trial-and-appeal-board-0, Abruf 23.11.2015.

Brockhoff, K. (1992). Instruments for patent data analysis in business firms. Technovation, Vol. 12, S. 41–58.

Büsch, M. (2007). Praxishandbuch Strategischer Einkauf. Methoden, Verfahren, Arbeitsblätter für professionelles Beschaffungsmanagement. Gabler Verlag, Wiesbaden.

Cascini, G.; Fantechi, A. und Spinicci, E. (2004). Natural language processing of patents and technical documentation. In: Simone Mariani und Andreas R. Dengel (Eds.): Document analysis system VI. Springer, Berlin, Heidelberg, S. 508–520.

Chamoni, P. (2013). Data Mining. In: Enzyklopädie der Wirtschaftsinformatik – Online Lexikon. Siehe unter http://www.enzyklopaedie-der-wirtschaftsinformatik.de/wi-enzyklopaedie/lexikon/daten-wissen/Business-Intelligence/Analytische-Informationssysteme--Methoden-der-/Data-Mining, Abruf 16.07.2015.

Chen, S. H.; Huang, M. H. und Chen, D. Z. (2012). Identifying and visualizing technology evolution: A case study of smart grid technology. Technological Forecasting and Social Change, Vol. 79(6), S. 1099–1110.

Choi, S.; Park, H.; Kang, D.; Lee, J. Y. und Kim, K. (2012). An SAO-based text mining approach to building a technology tree for technology planning. Expert Systems with Applications, Vol. 39, S. 11443–11455.

Cleve, J. und Lämmel, U. (2014). Data Mining. De Gruyter Oldenbourg, München.

Deutsches Patent- und Markenamt (Hrsg.) (2015). Jahresbericht 2014. München.

Dereli, T. und Durmusoglu, A. (2009). A trend-based patent alert system for technology watch. Journal of Scientific & Industrial Research, Vol. 68, S. 674–679.

Dreßler, A. (2006). Patente in technologieorientierten Mergers & Acquisitions. Nutzen, Prozessmodell, Entwicklung und Interpretation semantischer Patentlandkarten. DUV Gabler, Wiesbaden.

Engelsmann, E. C. und van Raan, A. F. J (1994). A patent-based cartography of technology. Research Policy, Vol. 23(1), S. 1–26.

Ensthaler, J. und Strübbe, K. (2006). Patentbewertung – Ein Praxisleitfaden zum Patentmanagement. Springer Verlag, Berlin, Heidelberg, New York.

Ernst, H. (1996). Patentinformationen für die strategische Planung von Forschung und Entwicklung. Betriebswirtschaftslehre für Technologie und Innovation. DUV Wirtschaftswissenschaft, Wiesbaden.

Ernst, H. (1998). Patent portfolios for strategic R&D planning. Journal of Engineering and Technology Management, Vol. 15, S. 279–308.

Ernst, H. (2003). Patent Information for Strategic Technology Management. World Patent Information, Vol. 25(3), S. 233–242.

Ernst, H. und Soll, J. H. (2003). An Integrated Portfolio Approach to Support Market-Oriented R&D Planning. International Journal of Technology Management, Vol. 26(5/6), S. 540–560.

Fabry, B.; Ernst, H.; Langholz, J. und Köster, M. (2006). Patent portfolio analyses as a useful tool for identifying R&D and business opportunities – an empirical application in the nutrition and health industry. World Patent Information, Vol. 19(5), S. 215–225.

Faix, A. (1998). Patente im strategischen Marketing: Sicherung der Wettbewerbsfähigkeit durch systematische Patentanalysen und Patentnutzung. Erich-Schmidt-Verlag, Berlin.

Fayyad, U.; Piatetsky-Shapiro, G. und Smyth, P. (1996). From Data Mining to Knowledge Discovery in Databases. AI Magazine, Vol. 17(3), S. 37–54.

Feldman, R. und Sanger, J. (2007). The Text Mining Handbook: Advanced Approaches in Analyzing Unstructured Data. Cambridge University Press, Cambridge.

Frischkorn, J. und Möhrle, M. G. (2015). Generierung eines Fahrspurdiagramms mittels semantischer Patentanalyse: Der Fall der kohlefaserverstärkten Kunststoffe in der Automobilindustrie. In: Jürgen Gausemeier (Hrsg.). 11. Symposium für Vorausschau und Technologieplanung HNI-Verlagsschriftenreihe, Verlagsschriftenreihe des Heinz Nixdorf Instituts, Paderborn.

Frischkorn, J. und Walter, L. (2016). Technologievorausschau mittels informetrisch ausgewerteter Patentdaten – eine Einstiegsoption für das Technologie-Roadmapping. In: Martin G. Möhrle und Ralf Isenmann (Hrsg.). Technologie-Roadmapping. 5. erweiterte Aufl., Springer, Berlin, Heidelberg.

Gambardella, A.; Harhoff, D. und Verspagen, B. (2008). The value of European patents. European Management Review, Vol. 5, S. 69–84.

Gerken, J. M. (2012). PatMining – Wege zur Erschließung textueller Patentinformationen für das Technologie-Monitoring. Dissertation, Universität Bremen.

Gerken, J. M. und Möhrle, M. G. (2012). A new instrument for technology monitoring: novelty in patents measured by semantic patent analysis. Scientometrics, Vol. 91, S. 645–670.

Gerken, J. M.; Möhrle, M. G. und Walter, L. (2010a). Semantische Patentlandkarten zur Analyse technologischen Wandels: Eine Längsschnittstudie aus der Allradtechnik. In: Jürgen Gausemeier (Hrsg.). Vorausschau und Technologieplanung. Heinz Nixdorf Institut, Paderborn, S. 325–349.

Gerken, J. M.; Walter, L. und Möhrle, M. G. (2010b). Semantische Patentlandkarten – Einsatz semantischer Patentlandkarten im Anwendungsfeld der Antriebstechnik. FVA-Nr. 560 I, FVA-Heft Nr. 924, S. 1–57.

Glück, H. (Hrsg.) (2000). Metzler-Lexikon Sprache. Metzler Verlag, Stuttgart, Weimar.

Hall, B. H.; Jaffe, A. B. und Trajtenberg, M. (2005). Market value and patent citations. RAND Journal of Economics, Vol. 36(1), S. 16–38.

Harhoff, D. und Hoisl, K. (2010). Patente in mittelständischen Unternehmen - Eine empirische Studie des Instituts für Innovationsforschung, Technologiemanagement und Entrepreneurship, München. Siehe unter https://epub.ub.uni-muenchen.de/13119/1/Harhoff_1547.pdf, Abruf 09.11.2015.

Harhoff, D.; Narin, F.; Scherer, F. M. und Vopel, K. (1999). Citation frequency and the value of patented inventions. Review of Economics and Statistics, Vol. 81 (3), S. 511–515.

Harhoff, D.; Scherer, F. M. und Vopel, K. (2003). Citations, Family Size, Opposition and the value of patent rights. Research Policy, Vol. 32, S. 1343–1363.

Harvard Business Manager (2012). So beherrschen Sie Big Data. Ausgabe November 2012. ISSN 0945–6570.

Henderson, R.; Jaffe, A. und Trajtenberg, M. (1998). Universities as a Source of Commercial Technology: A Detailed Analysis of University Patenting 1965–1988. Review of Economics and Statistics, Vol. 80, S. 119–127.

Heyer, G.; Quasthoff, U. und Wittig, T. (2006). Text Mining: Wissensrohstoff Text - Konzepte, Algorithmen, Ergebnisse. W3L-Verlag, Herdecke, Bochum.

Hörz, H.; Liebscher, H.; Löther, R.; Schmutzer, E.; Wollgast, S. (1996). Philosophie und Naturwissenschaften – Wörterbuch zu den philosophischen Fragen der Naturwissenschaften. Sonderausgabe 3., vollständig überarbeitete Auflage. Pahl-Rugenstein, Wiesbaden.

Hofinger, S. D. (1997). Patentanalyse als Instrument unternehmerischer Patentpolitik. Epi Information, Heft 4, S. 100–104.

Jaffe, A. B. (1998). Patents, Patent Citations, and the Dynamics of Technological Chance. NBER Reporter, S. 8–11. Siehe unter http://www.nber.org/reporter/summer98/jaffe_summer98.html, Abruf 08.09.2015.

Jaffe, A. B. und Trajtenberg, M. (2002). Patents, citations and innovations – A window on the knowledge economy. MIT Press, Cambridge, Massachusetts.

Janzen, I.; Braun, A.; Ensthaler, J.; Walter, L. und Wieck, K. (2015). Zur Entwicklung der Personalisierten Medizin – Eine semantische Patentanalyse zur Bestimmung der Patentaktivitäten in den USA. In: Elisabeth Eppinger et al. (Hrsg.). Dienstleistungspotenziale und Geschäftsmodelle in der Personalisierten Medizin. Springer Fachmedien, Wiesbaden S. 327–360.

Kohonen, T. (2001). Self-Organizing Maps. Springer, Berlin.

Lichtenthaler, U. und Ernst, H. (2006). Attitudes to externally organizing knowledge management tasks: a review, reconsideration and extension of the NIH syndrome. R&D Management, Vol. 36 (4), S. 367–386.

Lorenz, K. (1987). Meyers Kleines Lexikon – Philosophie. Meyers Lexikonverlag, Mannheim, Wien, Zürich.

Luhn, H. P. (1957). A statistical approach to mechanized encoding and searching of literary information. IBM Journal, Vol. 1(4), S. 309–317.

Manning, C. D. und Schuetze, H. (1999). Foundations of Statistical of Natural Language Processing. MIT Press, Cambridge, Massachusetts, London, England.

Manning, C. D.; Raghavan, P. und Schuetze, H. (2008). Introduction to Information Retrieval. Cambridge University Press, Cambridge iter alia.

Meyer, M. (2000). What is special about patent citations? Differences between scientific and patent citations. Scientometrics, Vol. 49, S. 93–123.

Michel, J. und Bettels, B. (2001). Patent Citation Analysis, A Closer Look at the Basic Input Data form Patent Search Reports. Scientometrics, Vol. 51, S. 185–201.

Mittelstaedt, A. (2009). Strategisches IP-Management – mehr als nur Patente. Geistiges Eigentum schützen und als Wettbewerbsvorsprung nutzen. Gabler Verlag, Wiesbaden.

Mittelstraß, J. (Hrsg.) (1984). Enzyklopädie Philosophie und Wissenschaftstheorie. Bibliographisches Institut, Mannheim, Wien, Zürich.

Möhrle, M. G. (2010). Measures for Textual Patent Similarities: A Guided Way to Select Appropriate Approaches. Scientometrics, Vol. 85(1), S. 95–109.

Möhrle, M. G. und Gerken, J. M., (2012). Measuring Textual Patent Similarity on the Basis of Combined Concepts: Design Decisions and their Consequences. Scientometrics, Vol. 91, S. 805–826.

Möhrle, M. G. und Kreusch, G. (2001). Patentportfolios als Hilfsmittel zur Steuerung unternehmerischer FuE-Aktivitäten – Ein kritischer Vergleich zwischen vier Ansätzen. In: Detlef Griesche, Helga Meyer und Florian Dörrenberg (Hrsg.). Innovative Managementaufgaben in der nationalen und internationalen Praxis: Anforderungen, Methoden, Lösungen, Transfer. Dt. Univ.-Verl, Kiel, S. 194–208.

Möhrle, M. G. und Walter, L. (Hrsg.) (2009). Patentierung von Geschäftsprozessen. Monitoring – Strategien – Schutz. Springer Verlag, Berlin, Heidelberg.

Möhrle, M. G.; Gerken, J. M. und Walter, L. (2012). Textbasierte Patentinformationen. WISU, Vol. 41(1), S. 91–96.

Möhrle, M. G.; Walter, L.; Geritz, A. und Müller, S. (2005). Patent-based inventor profiles as basis for human resource decisions in R&D. R&D management, Vol. 35(5), S. 511–523.

Möhrle, M. G.; Walter, L.; Bergmann, I.; Bobe, S. und Skrzipale, S. (2010). Patinformatics as a Business Process: A Guideline through Patent Research Tasks and Tools. World Patent Information, Vol. 32, S. 291–299.

Narin, F. (1994). Patent Bibliometrics. Scientometrics, Vol. 30(1), S. 147–155.

Narin, F.; Noma, E. und Perry, R. (1987). Patents as Indicators of Corporate Technological Strength. Research Policy, Vol. 16, S. 143–155.

Niemann, H. (2015). Corporate Foresight mittels Geschäftsprozesspatenten – Entwicklungsstränge der Automobilindustrie. Springer Gabler, Wiesbaden.

Niemann, H.; Möhrle, M. G. und Frischkorn, J. (2015). Patent lanes for the analysis of the evolution of a technological field: concept, design decisions, and case study for carbon fibers reinforcements in bicycle technology.

Palfrey J. (2012). Intellectual Property Strategy. MIT Press, Cambrige, Massachusetts.

Peters, H. P. F. und van Raan, A. F. J. (1993a). Co-word-based science maps of chemical engineering, Part I: Representations by direct multidimensional scaling. Research Policy, Vol. 22(1), S. 23–46.

Peters, H. P. F. und van Raan, A. F. J. (1993b). Co-word-based science maps of chemical engineering, Part II: Representations by combined clustering and multidimensional scaling. Research Policy, Vol. 22(1), S. 47–72.

Pfeiffer, W.; Schäffner, G. J.; Schneider, W. und Schneider, H. (1989). Studie zur Anwendung der Portfolio-Methode auf die strategische Analyse und Bewertung von Patentinformation. Kooperationsforschungsprojekt im Auftrage der Europäischen Gemeinschaft. Forschungsbericht Nr. 12, Nürnberg.

Pilkington, A.; Dyerson, R. und Tissier, O. (2002). The Electric Vehicle: Patent Data as Indicators of Technological Development. World Patent Information, Vol. 24, S. 5–12.

Porter, M. E. (1999). Wettbewerbsstrategie. Methoden zur Analyse von Branchen und Konkurrenten. 10. durchges. und erw. Aufl., Campus Verlag, Frankfurt/Main, New York.

Porter, M. F. (1980). An algorithm for suffix stripping. Program, Vol. 14(3), S. 130–137.

Porter, A. L. und Cunningham, S. W. (2005). Tech Mining – Exploiting new technologies for competitive advantage. John Wiley & Sons, Hoboken, New Jersey.

Prechtl, P. und Burkhard, F.-P. (1996). Metzler-Philosophie-Lexikon – Begriffe und Definitionen. J. B. Metzler Verlag, Stuttgart, Weimar.

Rabiner, L. R. (1989). A tutorial on hidden Markov models and selected applications in speech recognition. Proceedings of the IEEE, Vol. 77(2), S. 257–286.

Radauer, A. und Walter, L. (2010). Elements of Good Practice of Publicly Funded Patent Database and Information Services for SMEs – Selected Results of a Benchmarking Exercise. World Patent Information, Vol. 32, S. 237–245.

Schmidt, G. (1997). Prozessmanagement – Modelle und Methoden. Springer-Verlag, Berlin.

Shapiro, A. (1990). Responding to the changing patent system. Research Technology Management, Vol. 33 (5), S. 38–43.

Spath, D. und Siwczyk, Y. (2010). IT-gestützte White-Spot-Analyse. Potenziale von Patentinformationen am Beispiel Elektromobilität erkennen. Fraunhofer-Institut für Arbeitswirtschaft und Organisation (IAO). Fraunhofer Verlag. Siehe unter http://wiki.iao.fraunhofer.de/images/studien/studie-it-gestuetzte-white-spot-analyse_fraunhofer-iao.pdf, Abruf 17.09.2015.

Specht, G.; Beckmann, C. und Amelingmeyer, J. (2002). F&E-Management: Kompetenz im Innovationsmanagement. 2. überarb. und erw. Auflage, Schäffer-Poeschel Verlag, Stuttgart.

Stapelkamp, T. (2013). Informationsvisualisierung. Web – Print – Signaletik. Erfolgreiches Informationsdesign: Leitsysteme, Wissensvermittlung und Informationsarchitektur. Springer Vieweg, Berlin, Heidelberg.

Stock, W. G. (2007). Information Retrieval: Informationen suchen und finden. Oldenbourg Verlag, München.

Trajtenberg, M. (1990). A penny for your quotes: Patent citations and the value of innovations. RAND Journal of Economics, Vol. 21(1), S. 172–187.

Trajtenberg, M. (2002). A Penny for Your Quotes: Patent Citations and the Value of Innovations. In: A. B. Jaffe and M. Trajtenberg (2002): Patents, Citations, and Innovations. A Window on the Knowledge Economy. MIT Press, Cambrigde MA, London, S. 25–49.

Trippe, A. J. (2003). Patinformatics – Tasks to Tools. World Patent Information, Vol. 25, S. 211–221.

Tseng, Y.; Lin, C. und Lin, Y. (2007). Text Mining Techniques for Patent Analysis. Information Processing & Management, Vol. 43(5), S. 1216–1247.

Verein Deutscher Ingenieure (2015). VDI-Richtlinie 4521: Erfinderisches Problemlösen mit TRIZ. Blatt 1, 2 und 3, Entwurf. Düsseldorf.

Vitt, J. (1998). Schlüsselerfinder in der industriellen Forschung und Entwicklung: Strategien für das Akquisitionsmanagement in Unternehmen. Betriebswirtschaftslehre für Technologie und Innovation: Bd. 27. DUV Wirtschaftswissenschaft, Wiesbaden.

von Wartburg, I.; Teichert, T. und Rost, K. (2005). Inventive progress measured by multi-stage patent citation analysis. Research Policy, Vol. 34, S. 1591–1607.

Walter, L. und Bergmann, I. (2008). Patentlandkarte enttarnt Ähnlichkeiten und zeigt Potenziale – Durchblick im Patente-Dschungel. Impulse aus der Forschung 2/2008, Universität Bremen, S. 30–31.

Walter, L. und Gerken, J. (2011). Patentmanagement. Carl von Ossietzky Universität Oldenburg, Center für lebenslanges Lernen C3L. ISSN 1869-2958.

Walter, L.; Geritz, A. und Möhrle, M. G. (2003). Semantische Patentanalyse mit dem Knowledgist und PIA. Grundlagen – Beispiele – Kritik. In: PATINFO 2003. Gewerbliche Schutzrechte für den Aufschwung Europa: Schutz und Verwertung, Recherche und Analyse, Proceedings des 25. Kolloquiums der TU Ilmenau über Patentinformation, Ilmenau, 19. bis 20.5.2003, Reinhard Schramm und Heike Schwanbeck (Hrsg.) Ilmenau: TU Ilmenau, 284 S., S. 235–248.

Walter, L.; Geritz, A. und Möhrle, M. G. (2004). Problemlösungskompetenz von Erfindern - Untersuchung mittels Patentanalysen. In: PATINFO 2004. Patentrecht und Patentinformation – Mittel zu Innovation. Proceedings des 26. Kolloquiums der TU Ilmenau über Patentinformation, Ilmenau: 3. bis 4.6.2004, Reinhard Schramm und Heike Schwanbeck (Hrsg.) Ilmenau: TU Ilmenau, 308 S., S. 267–278.

Walter, L.; Möhrle, M. G. und Radauer, A. (2015). Werthaltige Patente – Exploration mittels Text Mining. In: PATINFO 2015 IP: Kooperation, Wettbewerb, Konfrontation. Proceedings des 37. Kolloquiums der TU Ilmenau über Patentinformation, Ilmenau: 10. bis 12. Juni 2015, Christoph Hoock, Sabine Milde (Hrsg.). Ilmenau: TU Ilmenau, 300 S., S. 141– 154.

Walter, L.; Niemann, H.; Möhrle, M. G. und Limper, W. (2013). Aufspüren neuer Wettbewerber – Eine Patentanalyse zu Geschäftsprozessen des IT-Outsourcing. In: PATINFO 2013 Neue Wege der Patent- und Markeninformation. Proceedings des 35. Kolloquiums der TU Ilmenau über Patentinformation, Ilmenau: 6. bis 7. Juni 2013, Christoph Hoock, Sabine Milde (Hrsg.). Ilmenau: TU Ilmenau, 328 S., S. 227–245.

Watts, R. J. und Porter, A. L. (1997). Innovation Forecasting. Technological Forecasting and Social Change, Vol. 56(1), S. 25–47.

Weber, G.; Hedemann, G. A. und Cohausz, H. B. (2007). Patentstrategien. Carl Heymanns Verlag, Köln.

Wege, P.; Müller, S. und Kempel, L. (2013). IP-Compliance. In: Jürgen Ensthaler und Patrick Wege (Hrsg.). Management geistigen Eigentums. Die unternehmerische Gestaltung des Technologieverwertungsrechts. Springer Vieweg, Berlin, Heidelberg. S. 239–316.

Wellensiek, M.; Schuh, G.; Hacker, P. A. und Saxler, J. (2011). Technologiefrüherkennung, In: Günther Schuh und Sascha Klappert (Hrsg.). Technologiemanagement. Berlin, Heidelberg. Springer, S. 89–169.

Witten, I. H.; Frank, E.; Hall, M. A. (2011). Data mining - practical machine learning, tools and techniques. Elsevier/Morgan Kaufmann, Amsterdam.

Wortschatz (2001). Wortschatz-Downloads. Siehe unter http://wortschatz.uni-leipzig.de//html/wliste, Abruf 22.07.2015.

Yang, Y. Y; Akers, L.; Klose, T. und Barcelon Y. C. (2008). Text mining and visualization tools – impressions of emerging capabilities. World Patent Information, Vol. 30, S. 280–293.

Yoon, B.-U. und Park, Y.-T. (2004). A text-mining-based network. Analytical tool for high-technology trend. Journal of High Technology Management Research, Vol. 15(1), S. 37–50.

Yoon, B.-U.; Yoon, C.-B. und Park, Y.-T. (2002). On the development and application of a self-organizing feature map-based patent map. R&D Management, Vol. 32(4), S. 291–300.

Yoon, J.; Park, H. und Yoon, K. (2013). Identifying technological competition trends for R&D planning using dynamic patent maps: SAO-based content analysis. Scientometrics, Vol. 94, S. 313–331.

Zeller, A. (2003). Technologiefrühaufklärung mit Data Mining - Informationsprozessorientierter Ansatz zur Identifikation schwacher Signale. Gabler, Wiesbaden.

5 Strategie mit Patenten

Die Strategie ist eine Ökonomie der Kräfte.
Carl Philipp Gottfried von Clausewitz (*1780; †1831)

Unternehmen wollen Innovationen wirksam vor Nachahmung schützen (Grant und Nippa 2006). Neben der Vorlaufzeit, der Geheimhaltung und komplementären Fähigkeiten im Bereich der Produktion oder des Marketings ist der Patentschutz ein rechtliches Mittel, um die Zeit zu verlängern in der Wettbewerber noch nicht dazu in der Lage sind, Nachahmungen (Imitationen) wie etwa Me-too-Produkte auf den Markt zu bringen. Neben dem primären Motivs des Schutzes vor Nachahmung sind Patente aber auch strategisch motiviert, und Unternehmen wollen das in ihren Patenten gebundene Wissen erfolgsstrategisch nutzen (Cohen et al. 2000). Es geht den Unternehmen dabei darum, die Innovationsbemühungen der Wettbewerber zu erschweren und geistiges Eigentum an innovativen Technologien zu schaffen, um dieses zu Verhandlungszwecken mit anderen Unternehmen einsetzen zu können. Es zeigt sich auch, dass Patente eine entscheidende Rolle bei der Steuerung von Unternehmen spielen und einen positiven Einfluss auf den Unternehmenserfolg haben (Ernst und Omland 2003 sowie Gassmann und Bader 2006). Patente haben damit eine neue Nutzungsform in der Unternehmensstrategie zur Gewinnerzielung gefunden; dies spiegelt auch das nachfolgende Zitat eines Technologiemanagers wider:

We turn ideas into inventions, inventions into patents, patents into profit (Macdonald 2004, S. 148).

Aus den genannten Aspekten erwächst für ein Unternehmen einerseits die Notwendigkeit, sich mit der Patentierung und den daran anknüpfenden Fragen – etwa im Rahmen der Recherche und Analyse – auseinanderzusetzen. Andererseits weisen sie aber auch auf eine sich zunehmend verschärfende Problematik hin, das Patentmanagement erfolgsstrategisch zu gestalten.

In diesem Kapitel geht es insbesondere um die Strategie mit Patenten, die zur Entwicklung von nachhaltigen Wettbewerbsvorteilen und damit zur Erreichung der Unternehmensziele beitragen soll. So wird zunächst in Abschnitt 5.1 näher auf die Begriffe Strategie und Patentstrategie eingegangen und es wird dargelegt, warum Patentstrategien für Unternehmen überhaupt eine solch große Bedeutung haben. Einen Überblick über die Vielfalt an Patentstrategien gibt dann Abschnitt 5.2. Hier geht es zum einen um die Entwicklung von Patentstrategien und zum anderen um die defensive und offensive Patentstrategie. Des Weiteren werden Patentstrategien unter Berücksichtigung der Internationalisierung wie auch unter Berücksichtigung der Patentansprüche vorgestellt. Im Anschluss daran werden in Abschnitt 5.3 alternative Appropriationsstrategien diskutiert und die Lizenzierung und Kreuzlizenzierung im Detail vorgestellt. Zudem wird die Bildung von Patentpools beschrieben und die

Verwertungsmöglichkeit durch einen Verkauf eigener Patente sowie der Kauf von fremden Patenten kurz dargelegt. Das Literaturverzeichnis zum Strategieteil findet sich abschließend in Abschnitt 5.4.

5.1 Warum Patentstrategien?

Es gibt kein einheitliches Verständnis des Begriffs Strategie, da sich dessen Inhalt und Reichweite auf unterschiedlich weit gefasste Konzepte des Denkens und Handelns beziehen (Wiesenfeld-Schenk 1995). Bekanntlich liegen die Wurzeln des strategischen Denkens im militärischen Verständnis der Antike. Der Begriff Strategie leitet sich von dem griechischen Wort *strategia* ab, das mit Feldherrenkunst übersetzt werden kann. Die erste Abhandlung zur Strategie aber kam aus China. Der Militärstratege Sun Tzu (* um 544 v. Chr; † um 496 v. Chr.) verfasste den Klassiker *„Die Kunst des Krieges"*, in welchem die Notwendigkeit des Einsatzes aller zur Verfügung stehenden Mittel und der Flexibilität zur Erreichung eines Zieles beschrieben werden. Demzufolge sollten der Mittel- und Ressourceneinsatz so geplant werden, dass sie zur Verwirklichung der definierten Ziele beitragen. In der Betriebswirtschaftslehre hielt der Strategiebegriff erst gegen Mitte des 20. Jahrhunderts mit der Spieltheorie Einzug. Die

> *Spieltheorie ist eine mathematische Theorie sozialer Phänomene*[1], *in der besonderes Gewicht auf das Studium menschlicher Interaktionen gelegt wird, die aus strategischen Möglichkeiten von Individuen und Gruppen resultieren* (Rosenmüller 2008, S. 703).

Im Rahmen der Spieltheorie ist eine Strategie ein vollständiger Plan, der bei allen denkbaren Situationen eine richtige Wahlmöglichkeit beinhaltet. Der Spieler kann mit Hilfe dieses Plans die Aktionen seiner Gegner simultan antizipieren und sein eigenes Verhalten auf diese abstimmen (Welge und Al-Laham 2003).

Das klassische Strategieverständnis hingegen definiert Strategien als ein von Unternehmen geplantes Maßnahmenbündel zur Erreichung langfristiger Ziele. Eine Strategie stellt hier das Ergebnis formaler und rationaler Planung dar. Aufbauend auf diesem klassischen Strategieverständnis lässt sich ein formaler Strategiebegriff als grundsätzliche langfristige Verhaltensweise (Maßnahmenkombination) von Unternehmen gegenüber ihrer Umwelt zur Verwirklichung langfristiger Ziele definieren und ermöglicht so eine weit gefasste und konsistente Betrachtung strategischer Phänomene (Welge und Al-Laham 2003). Strategisches Management kann dann als ein Prozess, in dessen Mittelpunkt die Formulierung und Umsetzung von Strategien in Unternehmen steht, verstanden werden. Das strategische Management ermöglicht

---

[1] Die spieltheoretische Modellbildung legt ein allgemeines Entscheidungsproblem für mehrere Individuen zugrunde und betont die Aspekte von Konflikt und Kooperation, die sich aus der konkurrierenden Zielsetzung der einzelnen Individuen ergeben (vgl. Rosenmüller 2008).

die Integration verschiedener Funktionen eines Unternehmens im Hinblick auf eine übergeordnete Strategie. Strategisches Management erstreckt sich dabei auf unterschiedliche organisatorische Ebenen eines Unternehmens und umfasst eine Vielzahl von Aktivitäten, wie z.B. die Festlegung strategischer Ziele, die Analyse des Unternehmensumfeldes, eine Stärken-Schwächen-Analyse oder die Ableitung konkreter Maßnahmen und Handlungen aus der Unternehmensstrategie (Steinmann und Schreyögg 2005 sowie Weber et al. 2007).

5.1.1 Patente in unternehmerischen Innovationsstrategien

Innovationen sind aus betriebswirtschaftlicher Sicht qualitative Neuerungen von Unternehmen mit der Absicht der Verbesserung des eigenen wirtschaftlichen Erfolgs am Markt oder werden als intern im Unternehmen eingeführte qualitative Neuerungen verstanden (Gerpott 1999). Damit sind sie das Ergebnis von Innovationsprozessen, ausgehend von der Initiativbildung über die Problemdefinition, die Zielbildung, die Findung von Alternativen bis hin zur Prozesssteuerung (Hauschildt und Salomo 2011). Eine Gewährung von gewerblichen Schutzrechten, wie etwa von Patenten, unterstützt diese Innovationsprozesse, da durch die einhergehenden wirtschaftlichen Anreize die Unternehmen bzw. Innovatoren dazu motiviert werden, weiter in Forschung und Entwicklung (FuE) zu investieren.

Die Gestaltung der unternehmerischen Innovationsstrategie unter Nutzung der Patente hängt außer von der Branche auch von den Ansatzpunkten der Innovationsentstehung sowie der daraus abgeleiteten prioritären Zielstellung der Strategie ab (vgl. hierzu und im Folgenden Bielig 2013). Die Branchen können in diesem Zusammenhang anhand fünf wesentlicher technologischer Pfade (Innovationspfade) unterschieden werden (Blum et al. 2006):

(i) Zu dem von *Zulieferern dominierten Pfad* zählen Unternehmen aus dem traditionellen Gewerbe, der Land- und Forstwirtschaft und aus dem Dienstleistungsbereich. Diese Unternehmen nutzen zumeist externe Zulieferer, um ihre Wettbewerbsposition auszubauen. Daher konzentrieren sie sich strategisch auf die Akquisition externen Wissens durch Zukauf oder durch Lizenzierung von Patenten.

(ii) Zu dem Innovationspfad *Massenproduktionsvorteile* zählen Unternehmen der Automobilwirtschaft und Konsumgüterindustrie. Hier liegt die Zielstellung der Innovationsstrategie in der inkrementellen Verbesserung der Produkte und die Unternehmen vertrauen auf *best practice* wie auf ein *best design* bei der Produktion respektive bei den Erzeugnissen. Hinsichtlich ihrer Patentstrategie setzen sie auf einen Mix aus interner Wissensgenerierung und einem externen Bezug.

(iii) Der Innovationspfad *Informationsintensität* fasst Unternehmen aus dem Finanzsektor und dem Handelsbereich zusammen. Diese stehen vor der Aufgabe, große Informationsmengen und -komplexitäten durch Anwendung computerbasierter

Systeme zu bewältigen. Die neuen Technologien und Innovationen stammen meist von spezialisierten Softwareentwicklern und Systemanbietern, so dass die Strategie der Unternehmen in der Gestaltung und Nutzung komplexer Informationssysteme zu sehen ist.

(iv) Ein weiterer Sektor wird durch den Innovationspfad *Wissenschaftsbasierung* charakterisiert. Zu diesem zählen Unternehmen aus der Elektronik und der chemischen Industrie. Diese Unternehmen engagieren sich stark in der FuE und verfolgen die Strategie einer intensiven Nutzung der Grundlagenforschung, der Entwicklung verwandter Produkte und der Schaffung komplementärer Werte. Damit setzen sie auf einen Mix aus interner Wissensgenerierung und externem Bezug, z.B. durch Kauf oder Lizenzierung von Patenten.

(v) Die *Anbieterspezialisierung* stellt einen Sektor dar, der Unternehmen aus dem Maschinenbau, der Feinmechanik und der Softwareentwicklung umfasst. Bei diesen Unternehmen geht es um die innovative Gestaltung von Produkten und Prozessen, d.h. dass ihre Innovationsstrategie sich in einer inkrementellen Integration wichtiger Innovationen sowie in der Beobachtung der Bedürfnisse von fortgeschrittenen Nutzern widerspiegelt. Daher ist diesen Unternehmen auch daran gelegen, ihr intern generiertes Wissen zu koordinieren und durch Schutzrechte wie Patente abzusichern.

Aus diesen sektoral bedingten Anforderungen an die Strategie des Patentmanagements formuliert Bielig (2013) eine allgemeine Grundlinie der Nutzung von Patenten in Unternehmen auf der strategischen Ebene. In Anlehnung an Faix (1998) sieht er die Funktion eines strategischen Patentmanagements im Bestehen

> *einer koordinierten Planung, Kontrolle und Überwachung der Erstellung, Akquisition und Nutzung von durch Geistige Eigentumsrechte geschützten Wissensgütern sowie dem Aufbau und der Sicherung von darauf gestützten zukünftigen einzelwirtschaftlichen Gewinnpotenzialen* (Bielig 2013, S. 207).

Daraus folgt, dass die Patentstrategie unbedingt mit einer übergeordneten Gesamtstrategie des Unternehmens abgestimmt sein muss. Diese Gesamtstrategie wiederum muss mit den hierfür relevanten Teilstrategien, wie beispielsweise der Strategie für die Technologieentwicklung oder für das Marketing, abgeglichen werden (Weber et al. 2007).

5.1.2 Strategische Verwendung von Patenten

Der strategischen Verwendung von Patenten zur Bewahrung der langfristigen Überlebensfähigkeit eines Unternehmens kommt somit eine große Bedeutung zu. Die Kernaufgaben des strategischen Patentmanagements liegen in der Planung und Implementierung von Patentstrategien im Rahmen der Unternehmensstrategie. Zur Entwicklung einer Patentstrategie[2] sollte die gesamte Laufzeit eines Patents, von der Anmeldung über die Erteilung bis zum Ende der Patentlaufzeit, beachtet werden (Tiefel und Dirschka 2007). Durch die Abstimmung der Strategien untereinander können konkurrierende Ziele ausgeschlossen werden und die Patentstrategie lässt sich dann erfolgreich umsetzen (Mohnkopf 2008). Dabei sollen Patentstrategien zur Entwicklung nachhaltiger Wettbewerbsvorteile und damit zur Erreichung der Unternehmensziele beitragen. Diese werden zum einen durch den Aufbau einer starken Patentposition und zum anderen durch das volle Ausschöpfen von Verwertungspotenzialen eigener Patente ermöglicht (vgl. beispielsweise Arundel 2001, Blind et al. 2006, Cohen et al. 2000, Granstrand 1999, Hentschel 2007, Jell 2012 sowie Somaya 2012).

Patente schützten Erfindungen sowohl unmittelbar als auch mittelbar durch das temporäre Ausschließlichkeitsrecht und verhindern somit die Nutzung durch Dritte. In diesem Sinne besteht das strategische Ziel des Patentschutzes darin, die patentierte Erfindung und damit die am Markt platzierte Innovation vor einer Nachahmung zu schützen. Gleichzeitig werden die Wettbewerber dazu gezwungen, eine meist sehr kosten- und zeitaufwändige Umgehungslösung zu entwickeln, wodurch das Patent eine Aufwandsfunktion erhält (Horter 2010 sowie Tiefel und Haas 2005). Ist die Umgehungslösung aus Sicht des patentierenden Unternehmens bekannt und leicht zu bewerkstelligen, kann der Schutz dadurch verbessert werden, dass auch die Umgehungslösung durch ein *Ersatzpatent* geschützt wird. Dieses Vorgehen sichert das ursprüngliche Patent zusätzlich ab (Harhoff 2005).

Neben dem primären Motiv des Schutzes vor Nachahmung sprechen aus Unternehmenssicht noch weitere Gründe für die Anmeldung eines Patents, so etwa die Einnahme von Lizenzgebühren, die Verhinderung von Rechtsstreitigkeiten oder auch die Verbesserung der Reputation (Grant und Nippa 2006). Ein Unternehmen kann beispielsweise durch Patente das in seiner FuE generierte Wissen direkt vermarkten und seine Kapitalleistung erhöhen. Patente dienen den Kapitalgebern als Sicherheit für das geleistete Eigen- oder Fremdkapital (Ensthaler und Strübbe 2006, Somaya 2012 sowie Tiefel und Haas 2005). Bei der Absicherung von Krediten durch Patente ist jedoch zu beachten, dass in der Regel eine Patentbewertung im Vorhinein erforderlich ist (Harhoff 2005). Auf der anderen Seite kann ein Patent auch als Gütesiegel für Erfindungen betrachtet werden, denn es offenbart gegenüber Dritten die Qualität einer Erfindung. Ferner spiegelt es die Forschungsleistung und die Innovationskraft eines Unternehmens wider (Burr et al. 2007, Cohen et al. 2000 sowie Hentschel 2007).

---

[2] Patentstrategie wird hier und im Folgenden als Oberbegriff verstanden; d.h. es wird nicht zwischen einer Patentanmeldestrategie, Patentaufrechterhaltungsstrategie, Patentverteidigungsstrategie, Patentangriffsstrategie, Patentnutzungsstrategie etc. unterschieden.

Tab. 5.1: Patentierungsgründe aus Sicht der Unternehmen (Quelle: Grant und Nippa 2006, S. 427).

	Produktinnovationen (%)	Prozessinnovationen (%)
Verhinderung der Nachahmung	95	77
Blockierung von Wettbewerbern	82	64
Verhinderung von Rechtsstreitigkeiten	59	47
Verbesserung der Reputation	48	34
Verwendung in Verhandlungen	47	43
Einnahmen von Lizenzgebühren	28	23
Messung der Leistung	6	5

In Tabelle 5.1 sind verschiedene Gründe für die Patentierung aufgeführt, wobei diese in Hinsicht auf Produktinnovationen und Prozessinnovationen seitens der Unternehmen bewertet wurden. Die Bewertung erfolgte durch 674 technologieorientierte US-amerikanische Unternehmen, die im Rahmen einer Studie von Cohen et al. (2000) befragt wurden. Es zeigte sich, dass die Verhinderung der Nachahmung und insbesondere die Blockierung von Wettbewerbern und die Verhinderung von Rechtsstreitigkeiten besonders bedeutende Patentierungsgründe bei Produkt- wie auch bei Prozesssinnovationen sind. Dagegen wurde den Patentierungsgründen Leistungsmessung, Lizenzeinnahmen, Verwendung in Verhandlungen oder Verbesserung der Reputation bei Produkt- wie auch bei Prozessinnovationen keine ganz so hohe Bedeutung beigemessen.

Zudem zeigten Cohen et al. (2000), dass die Unternehmen auch die Wettbewerbsstrategien der Nutzung von Zeitvorteilen, der Geheimhaltung unternehmensstrategischen Wissens sowie einer gezielten gemeinsamen Nutzung von Ressourcen in den Bereichen Produktion, Vertrieb und Dienstleistung teilweise als besonders effektiv ansehen. Dies wurde insbesondere bei Produkt- wie auch Prozessinnovationen in den Branchen Lebensmittel, elektronische Komponenten und Telekommunikation festgestellt, wie Tabelle 5.2 verdeutlicht. So wurden bei Produktinnovationen Zeitvorteile und Geheimhaltung als ungefähr gleichwertig effektive Schutzinstrumente angesehen, bei Prozessinnovationen wurde hingegen der Geheimhaltung verglichen mit anderen Schutzmechanismen eine deutlich höhere Effektivität beigemessen. Darüber hinaus stellten Cohen et al. (2000) fest, dass Patenten von größeren Unternehmen eine höhere Effektivität zugestanden wurde als vom Durchschnitt der befragten Unternehmen angegeben.

Untersuchungen haben des Weiteren gezeigt, dass Patente insbesondere in der Halbleiter- und Elektronikbranche – also in Branchen, die eine hohe Patentdichte besitzen und in denen Technologien aufeinander aufbauen – eine bedeutende Rolle bei Kreuzlizenzierungen (*cross licensing*) spielen (Gassmann und Bader 2011). Mit Kreuzlizenzierungen räumen sich die beteiligten Unternehmen gegenseitig Zugriff auf ihre Schutzrechte ein (Harhoff 2005). Das daraus gegebenenfalls entstandene Ungleichgewicht der getauschten Lizenzen kann durch zusätzliche

Tab. 5.2: Branchenspezifische Effektivität von Schutzmechanismen für Produkt- und Prozessinnovationen (Quelle: Grant und Nippa 2006, S. 427).

Branche / Schutzmechanismen	Produktinnovationen					Prozessinnovationen				
	Geheimhaltung (%)	Patente (%)	Vorlaufzeit (%)	Vertrieb und Service (%)	Produktion (%)	Geheimhaltung (%)	Patente (%)	Vorlaufzeit (%)	Vertrieb und Service* (%)	Produktion * (%)
Lebensmittel	59	18	53	40	51	56	16	42	30	47
Chemie	53	37	49	45	41	54	20	27	28	42
Pharmazie	54	50	50	33	49	68	36	36	25	44
Computer	44	41	61	35	42	43	30	40	24	36
Elektronische Komponenten	34	21	46	50	51	47	15	43	42	56
Telekommunikationsausrüstung	47	26	66	42	41	35	15	43	34	41
Medizinische Geräte	51	55	58	52	49	49	34	45	32	50
Alle Branchen	51	35	53	43	46	51	23	38	31	43

* Gibt den Prozentsatz der Unternehmen wieder, die angaben, dass komplementäre Fähigkeiten in Vertrieb und Service sowie in der Produktion ihre Prozessinnovationen effektiv geschützt haben.

Ausgleichszahlungen aufgehoben werden. Durch die Nutzung der Kreuzlizenzierung gelingt es den beteiligten Unternehmen, sich notwendige Entwicklungsfreiräume zu verschaffen, und sie erhalten die Möglichkeit, Produkte zu entwickeln, die auf bereits durch das Partnerunternehmen geschützten Technologien basieren (Grindley und Teece 1997). Für die beteiligten Unternehmen hat die Kreuzlizenzierung den Vorteil, dass auf gerichtliche Auseinandersetzungen verzichtet werden kann, die aus einer Technologienutzung ohne Kreuzlizenzierung entstehen könnten, was gegebenenfalls die Vermeidung immenser Verfahrenskosten bedeutet. Ein weiterer Vorteil der Kreuzlizenzierung liegt zudem in der Flexibilität der vertraglichen Ausgestaltung, beispielsweise hinsichtlich der Laufzeit der Lizenzen (Harhoff 2005 sowie Hentschel 2007).

Bezogen auf branchenspezifische Ausprägungen von Patentstrategien konnte im Rahmen einer Studie festgestellt werden, dass Unternehmen mit komplexen Produkten aus anderen Gründen patentieren als Unternehmen mit diskreten Produkten (vgl. hierzu und im Folgenden Blind et al. 2006). Die Maschinenbaubranche setzt sich beispielsweise mit komplexen Produkten auseinander. Hier sind die Produkte zumeist aus mehreren Komponenten zusammengesetzt, welche sich oftmals mehrerer Technologien bedienen. Dies hat zur Folge, dass ein komplexes Produkt häufig durch viele einzelne und zudem sehr unterschiedliche Patente geschützt sein kann. Bei diskreten Produkten, wie sie beispielsweise in der Biotechnologie, Chemie- und Pharmaziebranche vorkommen, ist der Schutz dagegen eher durch ein einziges Patent gegeben. So kann etwa eine patentierte chemische Verbindung direkt als medizinischer Wirkstoff verwertet werden. Die Patentierung von Verfahren oder deren Kombination zur Herstellung eines Stoffes kann ebenfalls patentiert werden und so das zu verwertende Produkt indirekt schützen. Da es sich im Allgemeinen schwierig gestaltet zu überprüfen, welches Verfahren der Entstehung eines diskreten Produktes zugrunde liegt, ist es bei Erfindungen in diesem Zusammenhang unerlässlich, auch das Endprodukt vor Nachahmung zu schützen, was letztlich den Hauptgrund für eine Patentierung darstellt. Bei komplexen Produkten ist die Zusammensetzung leichter zu erkennen und es sind, wie bereits erwähnt, mitunter verschiedene geschützte Technologien in einem Produkt enthalten. Damit ist in solchen Fällen die Notwendigkeit der Patentierung nicht so stark ausgeprägt wie bei diskreten Produkten. Deshalb treten die Sekundärfunktionen von Patenten, wie die Reputations- oder Tauschmittelfunktion, bei dem Schutz des Produktes stärker in den Vordergrund. Blind et al. (2006) konnten des Weiteren zeigen, dass sich Branchen mit diskreten Produkten in ihren Patentierungsgründen den Branchen mit komplexen Produkten immer weiter annähern. Daher treten auch hier die sekundären Patentfunktionen zunehmend in den Vordergrund.

Kurzum, die Motive für die Patentierung technischer Erfindungen zeigen, dass der Entwicklung, Umsetzung und Implementierung von Strategien im Patentmanagement eines Unternehmens eine wichtige Rolle zukommt. Durch sie wird es den patentaktiven Unternehmen nämlich möglich, sich eine entsprechende Handlungs- und Ausübungsfreiheit (*Freedom-to-Operate* (FTO)) zu sichern. Zudem können sie sich dadurch entsprechende Wettbewerbsvorteile herausarbeiten, die es ihnen wiederum ermöglichen, angestrebte Unternehmensziele zu erreichen.

5.2 Arten von Patentstrategien

Neben der operativen Ausprägung kommt der strategischen Ausrichtung des Patentmanagements eine besondere und zukunftsweisende Bedeutung zu, denn nach einer Patenterteilung kann nicht zwangsläufig von einer künftigen erfolgreichen Nutzung des Patents ausgegangen werden (Burr et al. 2007). Es bedarf einer Patentstrategie, die sich aus der übergeordneten Unternehmensstrategie ableitet und auf einen zielorientierten Einsatz von Patenten abgestellt ist. Dies stellt insbesondere für kleine und mittlere Unternehmen (KMU) eine große Herausforderung dar, denn es hat sich in der empirischen Studie[3] *„Patente in mittelständischen Unternehmen"* gezeigt, dass nur etwa ein Drittel der befragten Unternehmen über einen großen oder mäßigen Erfahrungsschatz bei der Entwicklung

---

3 Vgl. https://epub.ub.uni-muenchen.de/13119/1/Harhoff_1547.pdf, Abruf 09.11.2015.

von Patentstrategien verfügt. Des Weiteren gaben etwas weniger als zwei Drittel der Unternehmen an, überhaupt keine Erfahrung mit der Entwicklung solcher Strategien zu haben (Harhoff und Hoisl 2010). Dieses Ergebnis wurde auch durch eine weitere Studie bestätigt, in welcher 58 % von 322 befragten KMU angaben, Schutzrechtsinformationen nicht strategisch zu nutzen (Appel et al. 2015).

In der Literatur werden zahlreiche Arten von Patentstrategien diskutiert, die aus unterschiedlichen taktischen Ansätzen heraus erarbeitet wurden und meist verschiedene Maßnahmen zur langfristigen Erreichung der Unternehmensziele betreffen (vgl. beispielsweise Arundel 2001, Arundel und Patel 2003, Blind et al. 2006 und 2009, Burr et al. 2007, Cohen et al. 2000 und 2002, Granstrand 1999, Harhoff und Reitzig 2001, Henkel und Jell 2009 und 2010, Hentschel 2007, Jell 2012, Reiss 2011 und Somaya 2012). Abbildung 5.1 stellt eine Auswahl von Begriffen, die im Kontext der diskutierten Patentstrategien genutzt werden, in einer Wortwolke (*tagcloud*) dar und verdeutlicht die Vielfalt der Strategien, weist aber auch auf eine gewisse Unübersichtlichkeit hin.

Allen (Patent)strategien ist der Fokus auf die Patentpolitik[4] eines Unternehmens gemein, denn sie thematisieren grundsätzlich gewisse Verhaltensmaßnahmen

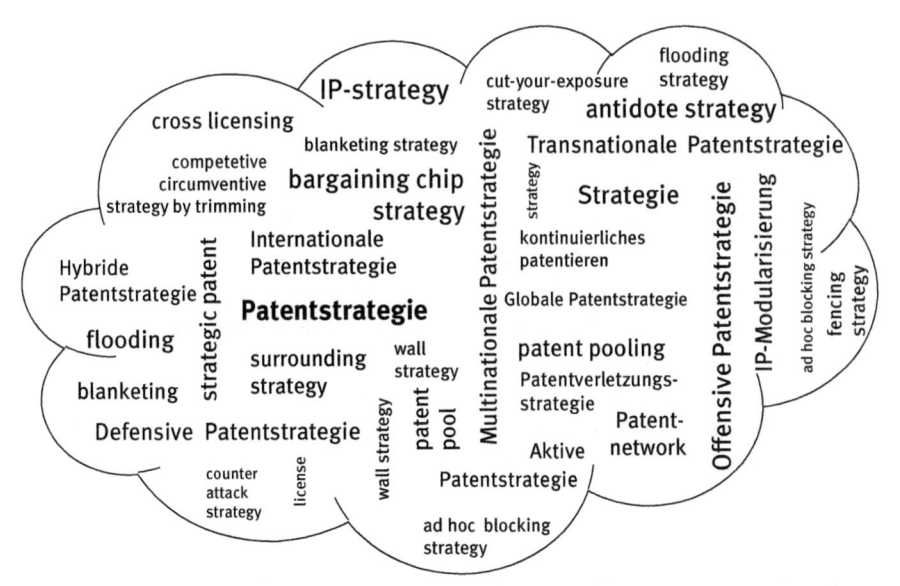

Abb. 5.1: Tagcloud zu Begriffen im Kontext von Patentstrategien (Quelle: Eigene Darstellung).

---

[4] Den Ausgangspunkt in der Patentpolitik bilden die Unternehmensziele, wobei das Patentwesen ein Mittel ist, das im Interesse der Unternehmensziele eingesetzt wird. Damit kann Patentpolitik als Ausdruck des Patentverhaltens von Unternehmen verstanden werden, das sich auf alle Maßnahmen zur Sicherung der Handlungsfreiheit durch Patente und weitere Schutzrechte bezieht. So vermag Patentpolitik die Unternehmenspolitik nicht zu ersetzen, sondern kann nur ein Teil einer auf Innovation ausgerichteten Unternehmenspolitik sein (vgl. hierzu Faix 1998 und Huch 2001).

bei der Einreichung und Verfolgung von nationalen wie auch internationalen Patentanmeldungen und betreffen zudem Maßnahmen im Umgang mit Einsprüchen oder Patentverletzungen (Weber at al. 2007).

Um nun nicht auf alle in der Literatur diskutierten Arten von Patentstrategien im Einzelnen eingehen zu müssen oder gar die verschiedenen Strategietypen ihrem Geltungsbereich[5] (Unternehmensstrategie, Geschäftsbereichsstrategie und Funktionsbereichsstrategie) entsprechend klassifizieren zu müssen (Burr et al. 2007), werden im Folgenden – aus rein pragmatischen Gründen – die beiden Grundorientierungen (offensiv und defensiv) von Patentstrategien vorgestellt und Patentstrategien unter Berücksichtigung der Internationalisierung sowie unter Berücksichtigung der Patentansprüche beschrieben. Zunächst einmal geht es aber um die grundsätzliche Entwicklung einer Patentstrategie.

5.2.1 Entwicklung einer Patentstrategie

Bei der Entwicklung einer Strategie hinsichtlich der Anmeldung eines Patents können verschiedene Leitfragen hilfreich sein (Walter und Gerken 2011). Im Einzelnen wären dies Fragen (i) zur Erfindung an sich sowie dazu (ii) welche Ziele mit der Anmeldung verfolgt werden sollen, (iii) welche Informationen benötigt werden, (iv) wann die Anmeldung erfolgen soll, (v) wer die Anmeldung vorbereiten soll, (vi) welche Informationen offengelegt werden sollen oder auch (vii) in welchen Ländern und Regionen der Patentschutz benötigt wird (vgl. hierzu und im Folgenden Knight 2013).

(i) Die grundlegende Frage, *was eigentlich die Erfindung ist*, erscheint zunächst banal. Da Erfinder dazu neigen, mehr zu beanspruchen als tatsächlich mit ihrer Erfindung möglich ist, hat die Frage jedoch Berechtigung. Der Schutzumfang wird nicht nur von der Erfindung bestimmt, sondern auch vom gegenwärtigen Stand der Technik, der den Schutzumfang einschränkt. D.h. die Entscheidung für oder gegen eine Patentierung sollte erst getroffen werden, wenn der Stand der Technik und der Schutzumfang genau recherchiert und analysiert worden sind, wie in den beiden ersten Stufen des Patentmanagementprozesses,

---

5 Mit der Unternehmensstrategie wird das Betätigungsfeld oder Leistungsprogramm des Unternehmens definiert, bezogen auf jene Branchen und Märkte, in denen das Unternehmen in den Wettbewerb tritt (vgl. hierzu und im Folgenden Grant und Nippa 2006). Dagegen ist die Ausgestaltung dessen, *wie* das Unternehmen innerhalb einer Branche oder eines Marktes in den Wettbewerb tritt, Gegenstand der Geschäftsfeldstrategie. Da es hierbei um den Aufbau eines Wettbewerbsvorteils geht, wird diese Art der Strategie auch als Wettbewerbsstrategie bezeichnet. Die Unterscheidung der beiden genannten Strategien entspricht in vielen Unternehmen gleichzeitig der Organisationsstruktur, und so gehen mit diesen Strategien auch die Funktionalstrategien einher. In Kombination mit den Funktionsbereichen eines Unternehmens, wie FuE, Marketing, Personal oder Finanzen, werden die Strategien entsprechend detailliert, bewertet und implementiert.

(ii) Neben den Funktionen spielen auch die Ziele der Patentanmeldung eine wichtige Rolle. So ist hier konkret die Frage zu beantworten, *welches Ziel mit der Erfindung verfolgt wird*. Die Hauptziele aus Verwertungssicht sind die Schaffung von FTO, die Blockade von Wettbewerbern und die Generierung von Lizenzeinnahmen. Das Ziel einer Patentanmeldung sollte bereits sehr früh im Patentierungsprozess identifiziert und benannt werden, wie folgendes Beispiel zeigt: Wenn es gilt, einen Wettbewerber zu blockieren, sollten dessen Produkte und Produktionsprozesse bekannt sein, sodass hier gezielt Patente platziert werden können. Um hingegen die Patentierung eines Prozesses durch den Wettbewerb zu vermeiden, können Teile eines Prozesses in der Patentanmeldung offengelegt werden. Allerdings ist eine Erteilung des Patents dann nicht mehr notwendig. Grundsätzlich sollten also die Situation, das Ziel und die Ressourcen bei Festlegung der Patentstrategie bekannt sein.

Recherche und Analyse, zur Erreichung eines ausreichenden Handlungsspielraums vorgeschlagen wird.

(iii) Die Antwort auf die Frage, *welche Informationen für die Patentanmeldung benötigt werden*, liefert das Patentgesetz. Eine Patentanmeldung enthält nach § 34 Abs. 3 PatG den Namen des Anmelders und einen Antrag auf Erteilung des Patents, in dem die Erfindung kurz und genau bezeichnet ist (Kraßer 2009). Des Weiteren sind bei der Anmeldung ein oder mehrere Patentansprüche beizufügen, in denen angegeben ist, was als patentfähig unter Schutz gestellt werden soll. Als letztes sind der Anmeldung noch eine Beschreibung der Erfindung und die Zeichnungen, auf die sich die Patentansprüche oder die Beschreibung bezieht, hinzuzufügen.

(iv) *Wann sollte die Patentanmeldung erfolgen?* Grundsätzlich sollte eine Erfindung so schnell wie möglich zum Patent angemeldet werden, jedoch ist zunächst zu klären, ob die mit der Erfindung angestrebten Ziele erreicht werden können oder weitere Forschungsarbeit geleistet werden muss. Positiv anzumerken ist hierbei, dass eine zusätzliche Forschungsarbeit die Erweiterung der Ansprüche und die Anpassung der Erfindung an das definierte Zielsystem ermöglicht. Negativ anzumerken ist, dass eine weitere Verzögerung der Patentierung das Risiko erhöht, dass eine Wettbewerberentwicklung schneller ist und letztendlich gar kein Patentschutz mehr erreicht wird. Des Weiteren muss geklärt werden, ob das *Timing* der Patentanmeldung auch mit der Markteinführung des Produktes zusammenpasst. Zu beachten ist hier, dass eine zusätzliche Forschungsarbeit mit anschließender Patentierung zwar den Schutzumfang und den Grad der Zielerreichung erhöht, die Produkteinführung aber verzögert.

Somit ist der Tag der Anmeldung eines Patents von großer Bedeutung, denn er setzt die Priorität, und jede spätere Anmeldung einer ähnlichen Erfindung ist nicht mehr patentfähig. In diesem Zusammenhang hat eine Studie zum Thema *Anmeldegeschwindigkeit* gezeigt, dass individuelle Erfinder einen deutlichen Nachteil gegenüber Organisationen aller Art haben, was darauf schließen lässt, dass das Erfinden eine Gruppenaufgabe ist (Laplume et al. 2015).

(v) Die Zuständigkeit der Vorbereitung einer Patentanmeldung kann von Unternehmen zu Unternehmen variieren, und so ist zu klären, *wer die Patentanmeldung vorbereitet*. So finden sich Stabsabteilungen oder einzelne Geschäftsbereiche in Unternehmen, die sich um die gewerblichen Schutzrechte und damit um die Patentanmeldungen kümmern können. Werden die Patentaktivitäten an eine externe Technologiegesellschaft ausgelagert oder wird die Wahrnehmung des Patentmanagements durch externe Patentanwälte realisiert, liegt die Anmeldung in deren Aufgabenbereich. In KMU verantwortet zumeist der Geschäftsführer die Patentaktivitäten, wobei er mit externen Patentanwälten zusammenarbeitet, die Patentanmeldung vorbereitet und auf den Weg bringt.

(vi) *Wie viele Informationen sollen in der Patentanmeldung offengelegt werden?* Bei der Einreichung einer Patentanmeldung ist zu berücksichtigen, dass die Schutz- und die Informationsfunktion eines Patents einander widersprüchlich gegenüberstehen. Wird nämlich für eine Technologie ein umfassender Schutz durch Patente angestrebt, so muss dieser auch im Patent erläutert und offengelegt werden. Dadurch werden jedoch die Beschreibung sowie mögliche Anwendungen und Ausführungsformen der Technologie auch für Wettbewerber leicht einsehbar. Die Geheimhaltung der Technologie kann demnach nicht mehr gewährleistet werden. Daher ist das Patent bzw. die Patentanmeldung im Spannungsfeld zwischen Schutzumfang und Offenlegung entsprechend auszugestalten.

Alternativ kann die Sicherung der kommerziellen Nutzung einer Erfindung auch durch die Strategie der Geheimhaltung erfolgen, d.h. das innovationsrelevante Wissen wird unternehmensintern auf eine kleine Gruppe loyaler und diskreter Mitarbeiter beschränkt (Armbruster et al. 2005 sowie Koppel 2008). Zu beachten ist dabei aber, dass die Geheimhaltungsstrategie die Gefahr birgt, den erworbenen Wissensvorsprung in Folge zufälliger Parallelentwicklungen durch die Wettbewerber oder aber durch sogenannte *Wissensspillover*, also durch Personalfluktuation, zu verlieren. Daher gilt es zwischen den Vor- und Nachteilen einer Offenlegung und Geheimhaltung des technischen Wissens sehr gut abzuwägen. Gegebenenfalls kann die Strategie auch darin bestehen, eine teilweise Geheimhaltung mit einer teilweisen Offenlegung zu kombinieren. Beispielsweise können wesentliche geschäftsrelevante Elemente einer technischen Produktinformation dem Zugriff durch Wettbewerber entzogen werden, während die mit einem eher kostenintensiven Aufwand verbundenen geheimhaltbaren Informationen offengelegt und durch Patente geschützt werden (Bielig 2013).

(vii) Da die globale Patentierung einer Technologie mit hohen Kosten verbunden ist, müssen Anmelder und Unternehmen genau hinterfragen, *in welchen Ländern tatsächlich ein Patentschutz notwendig ist*. Das Patent kann zwar in zahlreichen Ländern angemeldet werden, allerdings ist zu berücksichtigen, dass pro Land jeweils entsprechende Anmelde- und Aufrechterhaltungsgebühren zu entrichten sind. Eine Ausnahme bildet hier das Europäische Patentamt (EPA), das die gemeinschaftliche Einreichung eines Patents für die Mitgliedsstaaten des EPA vorsieht. Bei der Beantwortung der Frage, für welche Länder Schutz begehrt wird, sollten Unternehmen daher prüfen, wo die geschützten Produkte letztendlich verkauft werden und bei welchen Ländern es sich um lukrative oder wachsende Märkte für die zu patentierende Technologie handelt. Selbst wenn eine globale Vermarktung einer Technologie angestrebt wird, kann es sinnvoll sein, die Patentierung auf Schlüsselländer zu beschränken, in denen z.B. die Wettbewerber ihren Entwicklungsstandort oder ihren Absatzmarkt haben oder in denen grundsätzlich eine Gefahr durch potenzielle Imitatoren besteht. Neben den Kosten der Patentierung und dem Marktpotenzial sollte auch die Durchsetzbarkeit von Patenten vor der Einreichung in dem entsprechenden Land überprüft werden.

5.2.2 Defensive und offensive Patentstrategie

Bei der Anwendung von Patentstrategien wird im Allgemeinen zwischen zwei strategischen Ausrichtungen, einer defensiven und einer offensiven strategischen Ausrichtung, unterschieden (Arundel und Patel 2003).

Defensive Patentstrategie
Die defensive Patentstrategie versucht, Auswirkungen der Patentstrategien anderer Marktteilnehmer auf das eigene Unternehmen zu minimieren. Ihr liegt eine extensiv ausgerichtete Anmeldepolitik zugrunde, und die Unternehmen patentieren ihre Erfindungen alleine deshalb, um die Wettbewerberunternehmen von der Nutzung ihrer Erfindung abzuhalten (Hentschel 2007). Diese Abwehrstrategie kann z.B. durch Einspruchsverfahren gegen Wettbewerberpatente umgesetzt werden.

Eine defensiv gestaltete Patentabteilung legt daher großen Wert auf rein verwaltungstechnische Vorgänge und auf die Einhaltung formeller Prozesse zur Erlangung und Aufrechterhaltung von Patenten. Sie meldet eigene Patente – oftmals auch von geringer Qualität – an, nur um einen passiven Handlungsspielraum zu erlangen (Koppel 2008). Sie nutzt IT-gestützte Recherche- und Analysewerkzeuge einzig für die Wettbewerberbeobachtung und das Technologie-Monitoring. Ein in defensiv ausgerichteten Patentabteilungen vermehrt angewendetes Mittel ist das sogenannte defensive Publizieren[6] (*defensive publishing*), das der Öffentlichkeit lediglich einen

---

[6] Mittlerweile haben sich auch Unternehmen darauf spezialisiert, gegen eine Gebühr auf einer Datenbank die Defensivpublikationen abzuspeichern und interessierten Personen – wie den Patentprüfern – einen schnellen Zugang zu diesem technischen Wissen anzubieten. Als Beispiel seien die Datenbank von Prior Art Publishing GmbH aus Berlin oder die Datenbank Research Disclosure, welche von Questel Ireland Ltd. aus Cork, Irland betrieben wird, erwähnt. Siehe hierzu unter http://www.priorartpublishing.com/ respektive http://www.researchdisclosure.com/, Abruf 12.11.2015.

durch eigene erfinderische Tätigkeit entstandenen Stand der Technik zur Verfügung stellen soll (Henn 2010, Johnson 2014 sowie Pangerl 2009). Damit wird effektiv vermieden, dass andere in einem bestimmten Technologiefeld Patente erlangen können, welche eigene Entwicklungen behindern oder gar unmöglich machen. Eine strategische Publikation zum Stand der Technik ist im Allgemeinen auch nur mit geringem Verwaltungsaufwand verbunden, sie ist kostengünstiger als eine Patenanmeldung, und die Öffentlichkeit wird über den Inhalt früher in Kenntnis gesetzt.

Eine defensive Publikation wird zumeist gezielt von KMU genutzt, um auf ihr technologisches Knowhow hinzuweisen, indem als werthaltig angesehene Patente in Datenbanken offengelegt werden. Diese offengelegten Patente sollen als Indikator eines künftigen Markterfolgs dienen, Kooperationspartner anlocken und Finanzierungsquellen für die KMU erschließen (Reiss 2011).

Offensive Patentstrategie
Mit einer offensiven Patentstrategie versuchen Unternehmen mit Patenten zu verhindern, dass andere Unternehmen Erfindungen patentieren, die den eigenen ähnlich sind. Eine solche Strategie richtet sich zumeist gegen Wettbewerber aus demselben oder aus einem angrenzenden Technologiegebiet und hat das Ziel, anderen Unternehmen den Zugang zu komplementären Technologien und entsprechenden Marktsegmenten zu erschweren (Koppel 2008). Damit blockiert das Unternehmen also Wettbewerber und sichert sich die Option einer kommerziellen Verwertung der Patente. Unternehmen errichten zu diesem Zweck eine Art Schutzzaun (*patent wall*) um die eigentliche Erfindung herum, welcher andere Unternehmen von der Markteinführung wettbewerbsfähiger Produkte abhält. Im Extremfall werden sogenannte *anticommons* gebildet, in denen eine große Zahl von Patenten durch mehrere Unternehmen gehalten wird. Diese Patente beinhalten technologisches Wissen, das für weitere, gegebenenfalls gemeinsame Forschungsaktivitäten genutzt werden kann. Die Verdichtung von Patenten um eine Erfindung herum wird Patentdickicht (*patent thicket*) genannt. Hierdurch können dem Wettbewerber hohe Kosten für das Finden von Umgehungslösungen (*inventing around*) entstehen (Granstrand 1999).

Alles in allem stellt ein proaktives und aggressives Durchsetzen von Patenten die wesentliche Vorgehensweise bei einer offensiven Patentstrategie dar. Eine offensiv ausgerichtete Patentabteilung setzt daher auf der grundsätzlichen defensiven Ausrichtung auf und ergänzt diese durch aktive Elemente. Diese aktiven Elemente sind oftmals durch den Ausbau der eigentlichen Patentverwaltungsdatenbank zu einem unternehmensinternen IT-gestützten Patentinformationssystem gegeben. Alle Aktivitäten einer offensiv ausgerichteten Patentabteilung zielen somit auf die Stärkung der eigenen Patentposition und die teilweise sogar aggressive Verteidigung derselben ab. Gerade große Unternehmen verfolgen eine sowohl offensiv als auch defensiv ausgerichtete Strategie, die als hybride Patentstrategie bezeichnet werden kann (Gassmann und Bader 2011).

5.2.3 Patentstrategien unter Berücksichtigung der Internationalisierung

Unter Berücksichtigung der Internationalisierung muss auch die Patentstrategie von grenzüberschreitenden patentaktiven Unternehmen entsprechend gestaltet werden (vgl. hierzu und im Folgenden Burr et al. 2007). Die strategische Orientierung in solchen international tätigen Unternehmen erfolgt dabei im Spannungsfeld zwischen Globalisierungsvorteilen und Lokalisierungserfordernissen. Unter Globalisierungsvorteilen wird das wirtschaftlich motivierte Streben nach (Kosten-)Vorteilen der Standardisierung verstanden, wohingegen unter Lokalisierungserfordernissen das Streben nach bzw. die Erfordernis zur Anpassung an lokale Besonderheiten der Auslandsmärkte verstanden wird. Burr et al. (2007) unterscheiden in diesem Zusammenhang zwischen (i) internationaler, (ii) multinationaler, (iii) globaler und (iv) transnationaler Patentstrategie. Abbildung 5.2 zeigt die vier Typen der strategischen Grundhaltung im Spannungsfeld der Globalisierungsvorteile und Lokalisierungserfordernisse. Die Anwendung und Ausgestaltung der entsprechenden Strategien hängt letztendlich von dem Unternehmensumfeld und der Unternehmensstrategie ab.

(i) Die *internationale Patentstrategie* eignet sich insbesondere für Unternehmen, die aufgrund individueller Kundenanforderungen und rechtlicher Rahmenbedingungen auf einem heterogenen Weltmarkt aktiv sind und bei denen das Absatzpotenzial der Produkte im Ausland begrenzt ist. Die Aktivitäten beschränken sich im Rahmen einer Selektionsstrategie auf Märkte, die dem Heimatland ähnlich sind. Diese Märkte werden mit Exporten aus dem Heimatland beliefert. Durch

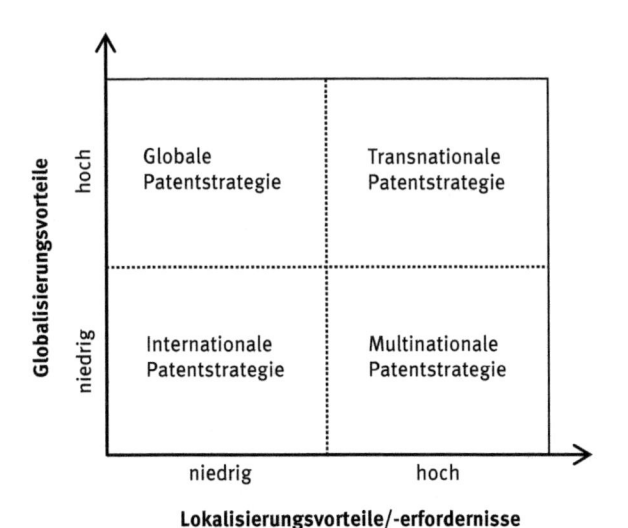

Abb. 5.2: Internationale, multinationale, globale und transnationale Patentstrategie (Quelle: Eigene Darstellung in Anlehnung an Burr et al. 2007, S. 105).

die geringfügige Anpassung von Produkten und Prozessen kann auf eine weitreichende technologische Anpassung verzichtet werden. Die zumeist im Stammland zentralisierte Patentabteilung überträgt die nationalen Schutzrechte auf die ausgewählten und belieferten Auslandsmärkte.

(ii) Die *multinationale Patentstrategie* ist für Unternehmen besonders dann geeignet, wenn diese mit einem heterogenen Weltmarkt konfrontiert sind, das Auslandsgeschäft aber von großer strategischer Bedeutung ist. Aufgrund der notwendigen regionalen Anpassung von Produkten und Prozessen werden häufig Tochtergesellschaften in den verschiedenen Ländern etabliert. Die Tochtergesellschaften übernehmen dann auch die lokalen Patentierungsaktivitäten für den Schutz der lokalen technologischen Besonderheiten. Das Patentmanagement wird nicht oder nur sehr wenig konzernübergreifend koordiniert.

(iii) Die *globale Patentstrategie* bietet Unternehmen insbesondere Vorteile auf homogenen Weltmärkten, die durch geringe Lokalisierungserfordernisse gekennzeichnet sind. Gleichzeitig sind die Globalisierungsvorteile hoch. Die Wertschöpfung der standardisierten Produkte und Geschäftskonzepte wird an wenigen Standorten konzentriert realisiert. Aufgrund der geringen Lokalisierungserfordernisse und der standardisierten Produkte und Prozesse bieten sich sogenannte Weltpatente, also PCT-Anmeldungen, zum Schutz der Technologien an. Die Patentaktivitäten werden dabei in der Regel in einer zentralen Patentabteilung gebündelt.

(iv) Die *transnationale Patentstrategie* ist im Spannungsfeld zwischen hohen Lokalisierungserfordernissen und hohen Globalisierungsvorteilen erstrebenswert. Diese Situation ist beispielsweise dann gegeben, wenn trotz hoher Globalisierungsvorteile infolge unterschiedlicher Nachfragestrukturen oder rechtlicher Rahmenbedingungen keine weltweite Standardisierung von Produkten oder Geschäftskonzepten möglich ist. In einem solchen Umfeld versuchen Unternehmen durch netzwerkartige Strukturen die globale Ausrichtung mit lokaler Individualität und Anpassung zu verbinden. Die Wertschöpfung ist durch eine starke länderübergreifende Arbeitsteilung gekennzeichnet. Die Standardisierung wird dabei für sogenannte Plattformtechnologien angestrebt. Andere Technologien werden den lokalen Erfordernissen angepasst. Realisiert wird dies durch eine zentrale Patentabteilung, welche die Patentstrategie vorgibt. Jedoch können im Rahmen dieser Patentstrategie auch dezentrale Patentanmeldungen in den einzelnen Tochtergesellschaften vorgenommen werden.

5.2.4 Patentstrategien unter Berücksichtigung der Patentansprüche

Im Gegensatz zu den bereits dargelegten Arten von Patentstrategien hat Knight (2013) einen Ansatz vorgestellt, der explizit auf die Patentansprüche eingeht. Dabei kann ein Unternehmen mit Hilfe eines oder mehrerer breit angelegter bzw. einer größeren Anzahl eng angelegter Patentansprüche Exklusivität in einem bestimmten Technologiefeld erzielen. Für die Generierung eines Patentportfolios mit breiten und schmalen Patenten diskutiert Knight (2013) insbesondere die Umsetzung einer Patentüberflutungs- und einer Patentzaunstrategie.

Patente mit *breit angelegten Patentansprüchen* stellen eine Erfindung in unterschiedlicher Weise dar und zeigen neue Techniken und Konzepte für die Erfindung auf. Es handelt sich dabei typischerweise um Kompositionen, neue Produkte, neue Prozesse oder neue Maschinen mit einem speziellen Verfahren, und die Anspruchsformulierungen spiegeln sich in einer langen Auflistung der Merkmale wider. Das Ziel breiter Patentansprüche besteht darin, andere Erfinder und Unternehmen von einem großen Teil des Technologiefelds auszuschließen.

Patente mit *schmalen Patentansprüchen* verfolgen das Ziel, Dritte von einem sehr spezifischen Teil des Technologiefelds auszuschließen. Die Ansprüche beziehen sich hierbei insbesondere auf wenige Ausführungen einer Erfindung und sind im Allgemeinen durch eine geringe Anspruchslänge, sehr spezifische und anwendungsorientierte Formulierung sowie eine Bezugnahme auf bereits bestehende Erfindungen und eine Erweiterung von bereits bestehenden Erfindungen gekennzeichnet. Tabelle 5.3 fasst die Indikatoren für die Unterscheidung von breiten und schmalen Patentansprüchen übersichtlich zusammen.

Auf den ersten Blick erscheint es sinnvoll, eher Patente mit breiten Ansprüchen als Patente mit schmalen Ansprüchen strategisch einzusetzen, da diese offensichtlich einen größeren Schutzumfang bieten. Oftmals ist dies aber schwer umsetzbar, da bei einer zu breiten Anspruchsfassung das Risiko besteht, dass der Anmelder den

Tab. 5.3: Indikatoren für die Unterscheidung von breiten und schmalen Patentansprüchen (Quelle: Knight 2013, S. 57–63).

	Indikatoren	Anspruchskategorie
breiter Patentanspruch	– viele unterschiedliche Darstellungsweisen – lange Auflistungen – Kompositionen – neue Produkte – neue Prozesse – neue Maschinen mit spezieller Funktion	– Erzeugnisansprüche – Hauptansprüche
schmaler Patentanspruch	– spezifischer Teil eines Technologiefeldes – Optimierung bestehender Erfindungen – kurze anwendungsspezifische Patentansprüche	– abhängige Ansprüche

aktuellen Stand der Technik missachtet und damit seinen Schutzumfang gefährdet. Bei schmal ausgelegten Patentansprüchen ist die Wahrscheinlichkeit, den angestrebten Schutzumfang zu erreichen, höher. Gleichzeitig ist der Zugang zu einem Technologiefeld, das gegebenenfalls durch mehrere derartige Patente geschützt wird, für den Wettbewerber erschwert. Des Weiteren bieten Patente mit schmalen Ansprüchen in der Praxis die Möglichkeit, Eingang in bestimmte Bereiche eines Technologiefeldes mit einem ausgeprägten Stand der Technik zu erhalten (Knight 2013).

Für die Generierung eines Patentportfolios mit breiten und schmalen Patentansprüchen sind demnach zwei Strategien denkbar, nämlich (i) die Patentüberflutungsstrategie und (ii) die Patentzaunstrategie, wie in Abbildung 5.3 dargestellt (siehe hierzu und im Folgenden Granstrand 1999 und Knight 2013).

(i) Mit der Patentüberflutungsstrategie (*flooding strategy*) versuchen Unternehmen anhand einer Vielzahl von Patenten mit eng gefassten Ansprüchen eine patentierte Erfindung eines anderen Unternehmens zu überschwemmen. Für den Fall der Verwandlung eines Technologiefeldes in einen Dschungel oder ein Minenfeld von Patenten innerhalb einer kurzen Zeitperiode, d.h. wenn beispielsweise jeder Schritt eines Produktionsprozesses patentiert wird, hat sich der Begriff *blanketing strategy* (Abdeckung) etabliert. Die Strategie des systematischen Bombardierens aller Schritte im Produktionsprozess mit mehreren, zum Teil für das patentierende Unternehmen ökonomisch unwichtigen Patenten (*junk patents*) kann sich für die Wettbewerber als ein echter Störfaktor erweisen und die Handlungsfreiheit stark einschränken. Insgesamt verfolgen Unternehmen mit der Überflutungs- und Abdeckungsstrategie das Ziel, die Expansion der Erfindung des ursprünglichen Anmelders zu blockieren oder einzuschränken. Dadurch kann jenes Unternehmen, das eine Patentüberflutungsstrategie verfolgt, bestimmte Erweiterungen an der ursprünglichen Erfindung des blockierten Unternehmens vornehmen und so FTO oder sogar eine neue, gegebenenfalls bedeutendere Exklusivität erzielen. Auf der anderen Seite kann das blockierte Unternehmen, das durch seine

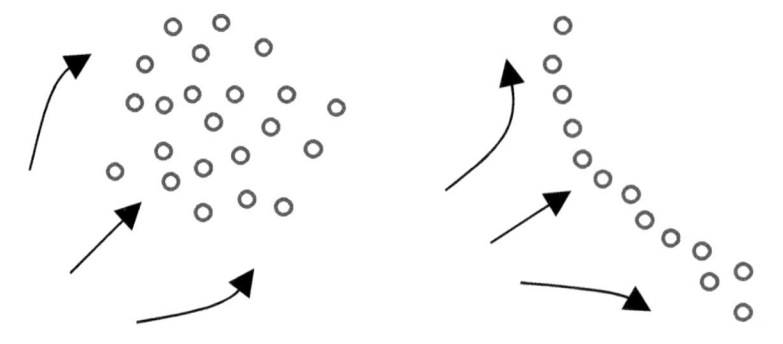

Abb. 5.3: Patentüberflutungs- und Patentzaunstrategie (Quelle: Eigene Darstellung in Anlehnung an Granstrand 1999, S. 221).

patentierte Erfindung vielleicht über Jahre hinweg eine Monopolstellung in einem Technologiefeld innehatte, durch die Patentflut in ein Joint-Venture[7] oder in eine Kreuzlizenzierung mit dem angreifenden Unternehmen gedrängt oder gar gezwungen werden.

Die Überflutungsstrategie findet oftmals bei Schrittmachertechnologien[8] Anwendung, deren technologisches Potenzial noch nicht genau und vollständig absehbar ist und bei denen der Zugang primär über die FuE ermöglicht wird:

Blanketing and flooding may be used as a strategy in emerging technologies when uncertainty is high regarding which R&D directions are fruitful or in situations with uncertainty about the economic importance of the scope of a patent (Granstrand 1999, S. 221).

(ii) Bei der Patentzaunstrategie (*wall strategy* oder *fencing*) wird die Monopolstellung eines in einem Technologiefeld tätigen Unternehmens durch ein anderes Unternehmen patentstrategisch angegriffen (Knight 2013). Die Patentzaunstrategie ist eng mit der Patentüberflutungsstrategie verwandt. Sie ist jedoch durch ein systematischeres und strukturierteres Vorgehen von dieser zu differenzieren (Granstrand 1999). Bei der Patentzaunstrategie werden um ein bedeutsames Schlüsselpatent eines Unternehmens von diesem weitere Patente mit angrenzenden Schutzumfängen generiert, um so einen wichtigen Technologiebereich systematisch abzuriegeln. Dieses Vorgehen kann zu einer monopolartigen und dauerhaften Beherrschung einzelner Technologiefelder führen und verhindert eine Blockade der eigenen Schlüsselpatente durch die Wettbewerber. Der Patentzaun soll nämlich verhindern, dass der Wettbewerber die geschützte Technologie mittels Umgehungslösungen angreifen kann. Eine weitere Möglichkeit einen Patentzaun aufzubauen besteht im Zukauf von Patenten, wenn nur unzureichende Ressourcen zur Eigenentwicklung und Patentierung vorhanden sind (Harmann 2003). Auf der anderen Seite kann ein angreifendes Unternehmen aber auch versuchen, durch seine patentierten Erfindungen dasselbe Problem zu lösen, welches das angegriffene Unternehmen in seinem Patent beschreibt, um damit dieses bestehende Patent gewissermaßen gegenstandslos zu machen. Auf diese Weise wird das Unternehmen zudem daran gehindert, seine Erfindung

---

7 Ein Gemeinschaftsunternehmen bestehend aus zwei oder mehreren Partnerunternehmen, die i.d.R. auf paritätischen Kapitalbeteiligungen beruhen, wird Joint Venture genannt. Die Partnerunternehmen tragen gemeinsam das finanzielle Risiko der Investition und nehmen Führungsfunktionen im Gemeinschaftsunternehmen wahr.

8 Neu entstehende Technologien mit einem hohen Weiterentwicklungspotenzial und noch nicht klar erkennbaren Anwendungsfeldern werden Schrittmachertechnologien genannt (vgl. Sommerlatte und Deschamps 1986). Im Gegensatz dazu sind bei Schlüsseltechnologien deren Anwendungsfelder schon erkennbar, und bei den Basistechnologien sind die Anwendungsfelder allen Marktteilnehmern bekannt.

weiterzuentwickeln, da der Spielraum durch die Patente des Angreifers eingeschränkt ist:

This refers to the situation where a series of patents, ordered in some way, block certain lines or directions of R&D, for example, a range of variants of a chemical sub-process, molecular design, geometric shape, temperature conditions or pressure conditions (Granstrand 1999, S. 221).

Es zeigt sich also, dass es eine Vielzahl von Patentstrategien gibt, die alle auf die Einschränkung des Handlungsspielraums von Wettbewerbern abzielen. Dabei werden eigene Erfindungen durch Patente so geschützt, dass die Weiterentwicklung dieser Erfindungen durch den Wettbewerber erschwert wird und dieser sich gezielt mit Umgehungslösungen auseinandersetzen muss. Eine andere Möglichkeit der Einschränkung des Handlungsspielraums von Wettbewerbern wird dadurch erreicht, dass ein enges Netz von eigenen Patenten auf ein Technologiefeld gelegt wird. Dies verhindert zum einen die Patentierung ähnlicher technologischer Erfindungen von Wettbewerbern und zum anderen den Eintritt von Wettbewerbern in dasselbe Technologiefeld. Die Unterschiede zwischen den Patentstrategien liegen somit grundsätzlich in der Wahl verschiedener strategischer Maßnahmen.

5.3 Alternative Appropriationsstrategien

Neben der vorrangigen Verfolgung strategischer Motive kann die Verwertung von Wissensgütern als ein weiteres Appropriationsziel[9] im Vordergrund einer Strategie stehen (Bielig 2013). Unternehmen sind heute in zunehmendem Umfang mit der Problematik des Transfers und der Verwertung technologischen Wissens konfrontiert. Bei den Verwertungsmotiven stehen nicht nur die Sicherstellung der eigenen Handlungsfreiheit und die Blockade von Wettbewerbern im Mittelpunkt, sondern auch die Generierung von Lizenzeinnahmen.

Im Folgenden geht es daher um alternative Appropriationsstrategien. Zum einen wird die Möglichkeit der Patentverwertung durch die Vergabe von Lizenzen erörtert, zum anderen wird die Bildung von Patentpools beschrieben. Unternehmen können nämlich Allianzen eingehen und ihre Patente in einen Patentpool einbringen, um sie gemeinsam zu nutzen und/oder zu verwerten. Abschließend werden Patentverkauf und Patentkauf als weitere Möglichkeiten einer Verwertungsstrategie thematisiert.

5.3.1 Lizenzierung von Patenten

Die Lizenzierung von Patenten als rechtsgeschäftliche Form des Transfers ist bei der Generierung monetärer Einnahmen von entscheidender Bedeutung. Allerdings

---

[9] Appropriation bedeutet so viel wie Aneignung, Verwendung, Zuordnung, also beispielsweise den Erwerb geistigen Eigentums.

können Lizenzen die Handlungsfreiheit im Sinne eines offensiven Aktivitätsniveaus auch durch Ein- und Kreuzlizenzierung unterstützen. Mit Hilfe exklusiver Lizenzen können sich Unternehmen, die über keine oder nicht ausreichende Entwicklungen bzw. gewerbliche Schutzrechte verfügen, im zunehmenden Wettbewerb behaupten. Somit können Lizenzverträge für viele Unternehmen erheblich zur Verbesserung der Produktion und Beschleunigung des technischen Fortschritts beitragen. Die aus der Lizenz erwachsenden Nutzungsrechte können nach der gesetzlichen Regelung des Lizenzvertrages ganz oder teilweise Gegenstand ausschließlicher oder einfacher Lizenzen sein (Bartenbach 2012 und Ensthaler 2003). Des Weiteren bieten auch Patentpools als Sonderform der Kreuzlizenzierung die Möglichkeit, an den Patenten mehrerer Vertragspartner zu partizipieren (Eppinger 2015). Tabelle 5.4 stellt die genannten Lizenzarten den geeigneten Verwertungsarten und Kooperationsformen gegenüber.

Lizenzen haben im Sinne einer Patentverwertungsstrategie in Unternehmen also eine wesentliche Bedeutung erlangt. Das Wort Lizenz leitet sich aus dem lateinischen *licere* (erlauben) ab. In Übereinstimmung mit der juristischen Literatur wird in der Betriebswirtschaftslehre unter dem Begriff Lizenz

Tab. 5.4: Lizenzarten, Patentverwertung und Kooperationsform (Quelle: Eppinger 2015, S. 43).

Lizenzart	Geeignet für folgende Verwertungsarten und Kooperationsformen	Zahl der Lizenzgeber	Zahl der Lizenznehmer
Exklusive Lizenz	Fremdverwertung	1	1
Teilexklusive Lizenz (zeitlich, räumlich, sachlich oder quantitativ beschränkt)	Eigennutzung und Fremdverwertung, Kooperationen, Joint Ventures	1	> 1
Einfache Lizenz (nicht-exklusiv, nicht ausschließlich)	Eigennutzung und Fremdverwertung, Kooperationen, Joint Ventures, Open Source, Technologiestandards, Lizenzvermittlungsplattformen (Clearing House)	1	> 1
Kreuzlizenzen (gegenseitige exklusive, teilexklusive oder einfache einzelne Patente oder Portfolios)	Als Tauschmittel zur Eigennutzung und Fremdverwertung, Zugang zu Technologien, Patentblockaden, Kooperationen, Joint Ventures	≥ 2	≥ 2
Patentpools (einfache Lizenzen, wirtschaftlicher Zusammenschluss von Patentportfolios)	Eigennutzung und Fremdverwertung, Kooperationen, Open Source, Technologiestandards	≥ 2	>> 2

> *die einem Unternehmen gegen eine Kompensationsleistung übertragene rechtsverbindliche Befugnis zur Nutzung eines Produktes, Produktteils oder Verfahrens, dessen gewerbliches Schutzrecht oder rechtlich ungeschütztes Knowhow einer anderen juristischen oder natürlichen Person gehört* (Specht und Möhrle 2002, S. 159).

verstanden. Es wird in diesem Zusammenhang zwischen aktiver (Lizenzvergabe) und passiver Lizenzierung (Lizenznahme) unterschieden (Greipl und Träger 1982). Dabei können Art und Umfang der überlassenen Rechte variieren, z.B. sind sowohl exklusive Lizenzen (der Lizenznehmer erhält das ausschließliche Nutzungsrecht) als auch teilexklusive Lizenzen (Lizenznehmer erhält ein zeitlich, auf eine Anwendungsgebiet, auf eine Region oder auf eine Stückzahl beschränktes Nutzungsrecht) und einfache Lizenzen (mehrere Lizenznehmer erhalten das Nutzungsrecht) denkbar.

Eine Lizenz stellt also die Erlaubnis dar, ein gewerbliches Schutzrecht, wie etwa ein Patent oder Gebrauchsmuster, zu nutzen. Lizenzverträge sind Instrumente, mit deren Hilfe der Lizenzgeber seine Lizenz vergeben und der Lizenznehmer diese aufnehmen kann. Die Lizenzierung ist nicht mit dem Patentverkauf zu verwechseln. Der Lizenzgeber bleibt Eigentümer der Erfindung (des Patents). Der Lizenznehmer erwirbt lediglich ein Nutzungsrecht. Der Umfang und die Bedingungen der Nutzungsrechte richten sich nach der vereinbarten Ausschließlichkeit der lizenzierten Rechte.

Bei der Vergabe einer einfachen, nicht-exklusiven Lizenz durch den Lizenzgeber an den Lizenznehmer ist das Recht dadurch gekennzeichnet, dass der Lizenzgeber weitere Lizenzen gleichen Inhalts in beliebiger Anzahl erteilen sowie eine eigene Nutzung vornehmen kann. Der Lizenznehmer darf also anderen die Nutzung des Patents nicht untersagen und muss folglich mit Konkurrenz rechnen, die sich in der derselben Rechtsstellung befindet (Ensthaler 2003). Des Weiteren kann ein Patent als positives Benutzungsrecht erteilt werden, d.h. dass weitreichende subjektive Rechte und Pflichten der Vertragsparteien entstehen (positive Patentlizenz). Dem steht ein Verzicht des Patentinhabers auf die Geltendmachung seiner Verbietungsansprüche (negative Patentlizenz) entgegen (Bartenbach 2002).

Eine exklusive, ausschließliche Lizenz erlaubt dem Lizenznehmer ebenso wie die einfache Lizenz die Nutzung der geschützten Technologie. Allgemein wird die ausschließliche Lizenz als dingliches bzw. quasidingliches Recht angesehen (Kortunay 2003). Darunter ist jedes subjektive Recht zu verstehen, dass dem Berechtigten ein unmittelbares Herrschaftsrecht an einer Sache einräumt und demnach gegen jedermann durchgesetzt werden kann. Mit einer ausschließlichen Lizenz wird dem Lizenzgeber jedoch das Nutzungsrecht für das vertraglich geregelte Anwendungs- und Vertragsgebiet entzogen. Eine Verwendung durch den Lizenzgeber ist nicht mehr erlaubt.

Der Lizenzvertrag regelt den Technologietransfer und eine entsprechende Gegenleistung zwischen Lizenzgeber und -nehmer. Es kann sich hierbei um

monetäre wie nicht-monetäre Gegenleistungen handeln. Beispiele sind (Burr et al. 2007):
- laufende oder pauschale Gebühren für den Lizenzgeber,
- Vereinbarungen über die Abnahme von Zubehör, Vorprodukten o.ä. für die auslizenzierte Technologie vom Lizenzgeber durch den Lizenznehmer,
- Gebührenzahlungen für vom Lizenzgeber erbrachte Dienstleistungen,
- günstige Belieferung des Lizenzgebers mit den lizenzierten Technologien des Lizenznehmers,
- Kreuzlizenzierungen (*cross licensing*),
- Rückgewährvereinbarungen,
- die Möglichkeit der Kapitalbeteiligungen durch den Lizenzgeber.

Die Lizenzierung von Patenten bietet sowohl dem Lizenzgeber als auch dem Lizenznehmer zahlreiche Vorteile. Gleichzeitig sind verschiedene Risiken zu beachten (vgl. hierzu und im Folgenden Burr et al. 2007). Zunächst einmal eröffnet sich für den Lizenzgeber die Möglichkeit der Generierung von Lizenzeinnahmen. Dies ist insbesondere in Hinblick auf strategisch unbedeutende Technologien eine interessante Option, um zusätzliche Einnahmen zu generieren. Da sich der Wert eines Patents aber nicht eindeutig ermitteln lässt, stellt die Einigung auf eine Lizenzgebühr eine der großen Herausforderungen bei Lizenzverhandlungen dar (Eppinger 2015).

Zudem beschleunigt die Lizenzierung von Patenten die Technologiediffusion; eventuell können dadurch sogar Standards etabliert werden. Seit den 1980er Jahren lässt sich vor allem in Branchen wie der Telekommunikation, der Haushaltselektronik und der Computertechnologie die Bedeutung von Patenten bei der Herausbildung von Standards feststellen (Granstrand 1999). Denn trotz bestehender Engpässe bei eigenen Ressourcen kann durch die Herausbildung von Standards eine Technologie in neuen Märkten etabliert werden.

Eigene Patente können zudem genutzt werden, um durch Kreuzlizenzierung an Lizenzen interessanter Wettbewerbspatente zu gelangen, wie verbreitet von Unternehmen aus der Informations- und Kommunikationstechnologie oder auch aus der Biotechnologie praktiziert (Anand und Khanna 2000 sowie Blind et al. 2006). Gleichzeitig können durch die Lizenzierung kostenintensive Gerichtsprozesse bei Patentstreitigkeiten oder kartellrechtlichen Auseinandersetzungen vermieden werden. Dem stehen als Gefahren die technologische Abhängigkeit des Lizenznehmers vom Lizenzgeber, eine mögliche Imageschädigung durch mangelhafte Produktqualität des Lizenznehmers, die Hintergehung der Lizenzvereinbarung durch den Lizenznehmer sowie eventuell hohe Kosten für das Lizenzmanagement gegenüber. Ebenso können fortlaufende Lizenzgebühren zu einer hohen finanziellen Belastung für den Lizenznehmer führen. Zudem ist darauf zu achten, dass der Lizenznehmer nicht zu sehr vom Lizenzgeber abhängig wird. Als Vorteil für den Lizenznehmer ist allerdings zu sehen, dass FuE-Aufwendungen und -Risiken sowie mögliche technologische Rückstände verringert werden können.

5.3.2 Bildung von Patentpools

Ein Patentpool kann als eine spezielle Patentverwertungsstrategie angesehen werden. Er besteht aus den Patenten kooperierender Unternehmen, wobei die Nutzung der Patente durch alle Beteiligten im Allgemeinen nach festgelegten Regeln erfolgt. So werden zum einen den beteiligten Partnern gegenseitige Nutzungsrechte am Patentpool eingeräumt, zum anderen wird aber auch Dritten die Möglichkeit gegeben, Lizenzen an diesem Patentpool – unter Standardbedingungen – zu erhalten (Shapiro 2001). Die von Dritten zu zahlende Lizenzgebühr bezieht sich dann auf alle im Patentpool befindlichen Patente, und so muss das am Patentpool interessierende Unternehmen nicht mit jedem einzelnen Patentinhaber verhandeln. Die Lizenzerlöse werden dann üblicherweise dem Wert der in den Pool eingebrachten Patente entsprechend zwischen allen Kooperationspartnern aufgeteilt. Auf diese Weise können Entwicklungskosten durch Synergieeffekte eingespart werden. Die Kooperationspartner einer solchen strategischen Allianz sind rechtlich unabhängig und unterliegen keiner Kapitalbindung. Sofern vertraglich nicht anders festgehalten, können die Kooperationspartner sämtliche Patente des Pools auch nach ihren eigenen Vorstellungen nutzen. Dabei ist aber zu beachten, dass es nicht zu Problemen kommen darf, wenn beispielsweise einer der Kooperationspartner sein Patent an den Wettbewerber eines anderen Kooperationspartners lizensiert (Belderbos et al. 2014).

Patentpools gelten als wichtiges Instrument zur Überwindung und Lösung von Patentblockaden und Patentdickichten sowie zur Etablierung von Technologiestandards. Allerdings werden sie durchaus auch kritisch betrachtet, denn als Kartelle können Patentpools einen freien Wettbewerb unterbinden, stehen unter dem Verdacht von Preis- und Marktabsprachen und sind potenziell hinderlich für das Wirtschaftswachstum (vgl. Carlson 1999, Clark et al. 2000, Eppinger 2015, Gilbert 2011, Lampe und Moser 2010, Lerner et al. 2007 sowie Sell und May 2001).

Überwindung von Patentblockaden
Die Überwindung von Patentblockaden gilt als das wichtigste Motiv für die Bildung eines Patentpools. Schon im Jahre 1856 gründeten in den USA die Nähmaschinenhersteller Grover & Partner, Wheeler & Wilson sowie Singer einen Patentpool, um ihre Patentrechtsstreitigkeiten beizulegen (siehe hierzu und im Folgenden Eppinger 2015). Nach diesem Vorbild eines strategischen Unternehmenszusammenschlusses bildeten sich auch in den folgenden Jahren Patentpools mit dem Ziel, Blockaden zu lösen und Innovationen auf den Markt zu bringen.

Besonders bekannt wurde das Beispiel des im Jahre 1917 vom damaligen Staatssekretär im Marineministerium, Franklin D. Roosevelt (*30.1.1882 in Hyde Park, New York; †12.4.1945 in Warm Springs, Georgia, USA), angestoßenen Zusammenschlusses verschiedener Flugzeugbauer zur *Aircraft Manufacturing Association*.[10] Der hierdurch entstandene Patentpool sollte die Technologieentwicklung im Flugzeugbau voranbringen, Innovationen fördern und die Blockaden der Flugzeugbauer Glenn Curtiss mit den Wright-Brüdern Wilbur und Orville überwinden. Erst 1975, als die Vermutung entstand, der Patentpool behindere Innovationen im Flugzeugbau, wurde er auf Drängen der US-amerikanischen Regierung wieder aufgelöst.

Überwinden von Patentdickichten

In den letzten Jahren war in gewissen Technologiefeldern, wie z.B. der Informations- und Kommunikationstechnologie oder auch der Biotechnologie, ein rasantes Innovationswachstum festzustellen und es werden in diesen Technologiefeldern nach wie vor zahlreiche Patente angemeldet. Dies führt zu sogenannten Patentdickichten, in denen sich Patente gegenseitig behindern oder hinsichtlich ihrer Patentansprüche überlappen (können). Hierdurch kommt es zu zahlreichen Patentverletzungsstreitigkeiten. Um diese zu umgehen, nutzen die in den besagten Technologiefeldern patentaktiven Unternehmen neben Kreuzlizenzierungen in jüngerer Zeit zunehmend auch Patentpools. Beispiele für solche jüngeren Patentpools, die nicht nur einen Lizenztausch zwischen den Kooperationspartnern ermöglichen, sondern auch weiteren externen Interessenten zu Standardbedingungen – oder gar gebührenfrei – Lizenzen an dem Patentpool anbieten, sind der von UNITAID[11] 2010 gegründete und von der Weltgesundheitsorganisation unterstützte *Medicines Patent Pool*[12] für HIV- bzw. AIDS-Medikamente oder der 1998 von den Unternehmen Ericsson, IBM, Intel, Nokia und Toshiba gegründete Patentpool *Bluetooth Special Interest Group*[13]. Dieser Gruppe haben sich mittlerweile schon mehr als 8.000 Unternehmen angeschlossen, die an der Entwicklung und Verbreitung der Bluetooth-Technologie interessiert sind.

Etablierung von Technologiestandards

Der erste Patentpool zur Etablierung eines Technologiestandards wurde durch die *Motion Picture Patents Company* (auch unter dem Namen *Movie Trust* oder *Edison*

---

10 Vgl. http://www.cptech.org/cm/maa-v-us.html, Abruf 16.12.2015.
11 UNITAID ist eine internationale Einrichtung zum Erwerb von Medikamenten gegen HIV/AIDS, Malaria und Tuberkulose. Siehe unter http://www.unitaid.eu/en/, Abruf 16.12.15.
12 Vgl. http://www.medicinespatentpool.org/, Abruf 16.12.15.
13 Vgl. https://www.bluetooth.org/en-us, Abruf 16.12.2015.

Trust bekannt) für Filmprojektoren im Jahre 1908 gegründet (siehe hierzu und im Folgenden Eppinger 2015). Initiatoren dieses Patentpools waren die Filmgesellschaften Edison und Biograph, die in ihrem Trust die Patente aller bedeutenden Filmproduzenten und des größten Filmvertriebs vereinigte. Ziel war es, alle Filmvorführer, welche die patentierten Technologien nutzten, zu einer Lizenzgebühr zu verpflichten. So sollten nicht nur die Hersteller und Patentinhaber, sondern auch die Anwender durch die Standards von Skalen- und Netzwerkeffekten profitieren, indem die Produkte kompatibler und günstiger wurden.

In jüngerer Zeit hat das Zusammenspiel von Patenten und Technologiestandards besonders im Bereich der Industrie 4.0[14] an Bedeutung gewonnen (siehe hierzu und im Folgenden Pohlmann 2015 sowie Pohlmann et al. 2015). In diesem Bereich sind die konkurrierenden Unternehmen aufgrund der Komplexität der Technologien oftmals gezwungen zusammenzuarbeiten, um wettbewerbsfähig zu bleiben. Hierfür ist die Etablierung von Technologiestandards besonders hilfreich, denn sie spezifizieren eine gemeinsame Sprache, sorgen für Kompatibilität und ermöglichen das Funktionieren komplexer Systeme. So spezifizieren Standards beispielsweise in der Informations- und Kommunikationstechnologie heute schon eine große Zahl an innovativen Technologien. Zu nennen sind hier der *UMTS-Standard* (*Universal Mobile Telecommunications System*) bei der Kommunikation mit Mobiltelefonen und Smartphones, der *Wi-Fi Direct Standard* zur drahtlosen Datenübermittlung zwischen zwei WLAN-Geräten (*wireless local area network*) oder auch der *MP3-Standard*, ein Dateiformat zur verlustbehafteten Audiokompression, der heute beim Hören von Musik auf unterschiedlichen mobilen Endgeräten eine wichtige Rolle spielt. Gerade in diesen Technologiebereichen ist in den Standards eine große Zahl an Patenten vieler konkurrierender Unternehmen integriert.

Patentpool als wettbewerbswidriges Kartell
Die Bildung von Patentpools darf nicht zu nachteiligen Effekten für Verbraucher führen. Daher prüfen Kartellbehörden Patentpools hinsichtlich wettbewerbshemmender Effekte (siehe hierzu und im Folgenden Eppinger 2015). Dies ist aufgrund des Spannungsfeldes zwischen dem Patentrecht, welches eingeschränkte Monopole ermöglicht, und dem Wettbewerbsrecht, das die Ausnutzung von Monopolen unterbindet, eine besondere Herausforderung. Verschiedene Richtlinien, wie z.B. die *Antitrust Guidelines for the Licensing of Intellectual Property*[15] des U.S. Department of Justice and the Federal Trade Commission aus dem Jahre 1995 oder auch die seit

---
14 Industrie 4.0 steht für die zunehmende Digitalisierung von Wirtschaft und Gesellschaft und bezeichnet die Verzahnung moderner Informations- und Kommunikationstechnologie mit der Produktionstechnik und der Logistik. Vgl. http://www.plattform-i40.de/I40/Navigation/DE/Industrie40/WasIndustrie40/was-ist-industrie-40.html;jsessionid=500A07129A554BEC1074445C978C34FC, Abruf 15.12.2015.
15 Vgl. http://www.justice.gov/atr/antitrust-guidelines-licensing-intellectual-property, Abruf 15.12.2015.

01.05.2014 in Deutschland in Kraft getretene neue *Gruppenfreistellungs-Verordnung für Technologietransferverträge*[16] (GVO-TT), geben den Behörden einen Interpretationsrahmen bzw. eine Orientierung bezüglich dessen, wie Patentpools auf wettbewerbshemmende Effekte hin zu prüfen sind und welche Formen von Patentpools als wettbewerbswidrig eingestuft werden (können). So gelten Patentpools als wettbewerbs- und innovationsfördernd, wenn sie Patentblockaden überwinden, kostenintensive Patentverletzungsstreitigkeiten vermeiden, komplementäre Technologien bündeln oder auch Transaktionskosten reduzieren. Dagegen sind sie wettbewerbshemmend, wenn sie zu Kartellen und zur Ausnutzung von Vormachtstellungen führen. Dabei prüfen die Behörden die Patentpools beispielsweise hinsichtlich ihres Umfangs, der Offenheit gegenüber weiteren Teilnehmern, der Höhe der Lizenzgebühren wie auch hinsichtlich unlauterer Absprachen. Bei einer solchen Prüfung kann es hilfreich sein sich vorzustellen, wie die Patentsituation aussähe, würde der Patentpool nicht existieren.

5.3.3 Patentverkauf und Patentkauf

Neben der Verwertungsmöglichkeit einer Lizenzierung können Patente auch verkauft und somit wirtschaftlich genutzt werden. Der Verkauf bietet sich beispielsweise bei Patenten an, die keine weitere unternehmensinterne Verwendung finden, für ein Wettbewerberunternehmen dagegen aber eine große technische und wirtschaftliche Bedeutung besitzen (Ernst 2002 sowie Rivette und Kline 2000). Der Patentverkauf finanziert die FuE-Aufwendungen und es entstehen keine weiteren Kosten für die Aufrechterhaltung des Patents.

Mit solchen Verwertungsmöglichkeiten setzen sich Patentverwertungsagenturen[17], Patentverwertungsfonds[18] oder Patentauktionen[19] auseinander (Lipfert und Ostler 2007). Die Möglichkeit, Patente auf Auktionen oder Märkten zu verkaufen, bietet sich für Patentinhaber an, die nur über wenig Marktkenntnis verfügen. Auch Unsicherheiten über den Preis, der erzielt oder gezahlt werden muss, lassen sich durch Auktionen

---

16 Vgl. http://www.bakermckenzie.com/files/Publication/5ce1d8ed-f030-4218-a1e1-9a6b4ee6ff12/Presentation/PublicationAttachment/d1c80340-9f87-44d1-b1f8-9aa217b0a079/ALGermany LifeSciencesGVO_Apr2014.pdf wie auch http://eur-lex.europa.eu/legal-content/DE/TXT/?uri=uriserv:OJ.L_.2014.093.01.0017.01.DEU, Abruf 15.12.2015.
17 Technologietransfer- und Patentverwertungsagenturen haben sich in dem Verband *Technologie-Allianz* in einem bundesweiten Netzwerk vereinigt. Siehe unter http://www.technologieallianz.de/home.php, Abruf 14.12.2015.
18 Unter Patentverwertungsfonds werden meist von Banken aufgelegte geschlossene Fonds verstanden, die sich Rechte an Patenten sichern, um diese anschließend über Lizenzierung oder Verkauf zu verwerten.
19 Als Beispiel eines Marktplatzes für Patentauktionen sei die 2004 unter dem Namen freepatentauction.com gegründete und kostenfrei nutzbare Plattform *Patent Auction* erwähnt. Siehe unter http://www.patentauction.com/index.php, Abruf 14.12.2015.

aufheben, da über eine Auktion eine große Zahl an (potenziellen) Kaufinteressenten erreicht wird, die sich auf einen Marktpreis einigen. Verwertungsagenturen oder -fonds werden für den Verkauf von Patenten zumeist dann genutzt, wenn diese nicht in das eigene Patentportfolio passen oder die Patentinhaber keine potenziellen Kooperationspartner und auch keinen möglichen Markt kennen. Neben eventueller Zeit- und Kostenersparnis erbringt der Patentverkauf auf diese Weise jedoch meistens nur geringe Erlöse (Eppinger 2012).

Zum anderen können Patentinhaber auch direkt auf potenzielle Käufer zugehen und ihr Patent anbieten. Dies geschieht meist dann, wenn die Patente für das eigene Unternehmen keinen Wert darstellen und auch in Zukunft im Unternehmen nicht genutzt werden sollen. Mit Abschluss eines Kaufvertrags verpflichtet sich der Patentinhaber, sein Patent dem Käufer vollständig zu übertragen. Der Verkäufer erzielt einen einmaligen Erlös und es entstehen ihm keine späteren Aufrechterhaltungskosten für die Rechtsbeständigkeit des Patents. Die mit dem Patent einhergehenden Rechte und Ansprüche stehen dem neuen Patentbesitzer somit vollständig zur Verfügung. Neben einer vollständigen Kontrolle über das gekaufte Patent hat diese Variante jedoch einen Kostennachteil gegenüber der Tausch- und Kooperationsfunktion, wie sie durch eine Lizenzierung gegeben ist (Eppinger 2012). Bei hohen Markteintrittskosten kann ein Unternehmen nämlich auch durch Lizenzierung an technologisches Knowhow gelangen (Hentschel 2007).

Da die Verwertung von Patenten hinsichtlich der damit verbundenen Haftungs- und Gewährleistungspflichten erhebliche Risiken beinhaltet, bedarf es bei der Ermittlung eines angemessenen Kaufpreises einer genauen Analyse und Bewertung (Harhoff 2005). Dies ist in der Praxis oftmals mit erheblichen Schwierigkeiten verbunden, da der Wert des im Fokus stehenden Patents vom Inhaber im Allgemeinen viel höher eingeschätzt wird als vom potenziellen Käufer.

Aufgrund dieser Diskrepanzen kommt es auch vor, dass an einem Patent Interessierte die darin beschriebene Erfindung unberechtigt nutzen. Diese unberechtigte Nutzung der Erfindung kann aber dazu führen, dass ein Schadensersatzanspruch geltend gemacht wird. Die wirtschaftliche Verwertung ist folglich durch den Schutzrechtsanspruch des Patentinhabers und die gesetzlichen Bestimmungen bezüglich einer Patentverletzung determiniert.

Alternativ zu den bisher genannten Verwertungsstrategien besteht für den Patentinhaber die Möglichkeit einer Eigenverwertung mit Existenzgründung, wie sie beispielsweise bei Erfindern aus Hochschulen und Universitäten des Öfteren vorkommt. Hochschulen und Universitäten sind keine Hersteller von Produkten. Das von ihnen generierte Wissen wird in wissenschaftlichen Fachpublikationen, Forschungsberichten oder auch durch Patente in die Öffentlichkeit getragen. Für die wirtschaftliche Verwertung der Erfindungen von Hochschul- und Universitätsangehörigen haben sich Patenverwertungsagenturen etabliert, die zum einen Lizenzpartner suchen oder aber mit den Hochschulerfindern eine Existenzgründung auf den Weg bringen. Diese Gründung kann in unterschiedlichen

Gesellschaftsformen verwirklicht werden. Infolge dessen ist der Patentinhaber Gesellschafter des patentverwertenden Unternehmens und somit in vollem Umfang an den unternehmerischen Chancen und Risiken beteiligt. Zudem können Unternehmensgründungen auf Basis von Patenten den Eintritt in neue Marktsegmente ermöglichen. Grundsätzlich ist diese Verwertungsstrategie aufgrund der gesetzlichen Bestimmungen mit nicht unerheblichen Haftungsrisiken verbunden und kann im Insolvenzfall zum Verlust des Patents führen.

Die spezifische Betrachtung der einzelnen Verwertungsstrategien zeigt, dass neben patentrechtlichen auch kartellrechtliche Aspekte bezüglich der Patentverwertung zu berücksichtigen sind (Carrier 2003). Dabei liegt ein Spannungsverhältnis vor, das von den in beiden Rechtsgebieten enthaltenen juristischen Bestimmungen determiniert wird. Es müssen daher die Freistellungsvoraussetzungen des Vertrags über die Arbeitsweise der Europäischen Union[20] bzw. der Gruppenfreistellungsverordnung über den Technologietransfer erfüllt sein (Wege 2013 sowie Wege et al. 2013).

Neben der Möglichkeit, eigene Patente zu verkaufen, um sie wirtschaftlich zu verwerten, können sich Unternehmen durch den Zukauf von Patenten natürlich auch externes Wissen aneignen. Sie können zu diesem Zweck nicht nur einzelne Patente kaufen, sondern auch komplette Wettbewerberunternehmen, die über ein interessantes Patentportfolio verfügen, oder Beteiligungen an diesen Wettbewerbern erwerben, so dass deren geschützte Technologie genutzt werden kann (Dreßler 2006 sowie Tiefel und Haas 2005). Geeignet ist der direkte Kauf von Patenten insbesondere dann, wenn wichtiges geistiges Eigentum schon anderweitig entwickelt wurde und eine eigene Entwicklung von Umgehungslösungen schwierig oder zu zeit- und kostenintensiv ist. Auf der anderen Seite kann auch die Recherche und Analyse von Patenten genutzt werden, um Schlüsselerfinder von Wettbewerberunternehmen zu identifizieren, die dann gegebenenfalls abgeworben oder deren Patente gezielt akquiriert werden können (Möhrle et al. 2005 sowie Vitt 1998).

Es kann somit festgehalten werden, dass die Grundlage für eine erfolgreiche Verwertung durch den gegebenen Schutzrechtsanspruch geschaffen ist. Für eine erfolgreiche Verwertung stehen dem Patentinhaber unterschiedliche Verwertungsstrategien zur Verfügung. Deren Anwendung bedarf grundsätzlich einer genauen Prüfung der Unternehmensressourcen, der Wettbewerber, des Haftungspotenzials, der Eigenliquidität und vor allem des Patentwertes. Eine erfolgsversprechende Verwertungsstrategie kann also nur unter Berücksichtigung aller relevanten Aspekte – insbesondere der juristischen – definiert werden. So ist es beispielsweise bei einem vergleichsweise niedrigen Patentwert nicht sinnvoll, eine Verwertungsstrategie mit hohem Haftungsrisiko zu wählen. Bei einem hohen Patentwert wäre dies dagegen optimal, wobei sich hier die Frage stellt, ob z. B. eine passive Verwertung bei einem hohen Patentwert wirklich sinnvoll erscheint.

---

20 Vgl. http://eur-lex.europa.eu/legal-content/DE/TXT/?uri=CELEX:12012E/TXT, Abruf 26.11.2015.

Zu berücksichtigen ist aber auch die Vermeidung hoher Opportunitätskosten. Folglich muss hinsichtlich jeder Strategie zwischen Kosten und Nutzen abgewogen werden, wobei die juristischen Risiken grundsätzlich Kosten darstellen und die Chancen dem Nutzen zuzurechnen sind. Da jede Erfindung individuell ist, kann es *die* Verwertungsstrategie, die immer zum Erfolg führt, nicht geben. Inwieweit die Patentverwertung erfolgreich ist, hängt im Allgemeinen von den unternehmerischen Ressourcen ab. Die juristischen Aspekte grenzen dabei den zur Verfügung stehenden Handlungsrahmen ein und beeinflussen den Erfolg der Patentverwertung.

5.4 Literaturverzeichnis zum Strategiekapitel

Anand, B. und Khanna, T. (2000). The structure of licensing contracts. Journal of Industrial Economics, Vol. 48(1), S. 103–135.

Appel, H.; Ardilo, A. und Fischer, T. (2015). Professionelles Patentmanagement für kleine und mittlere Unternehmen in Baden-Württemberg. Fraunhofer IAO, Fraunhofer Verlag, Stuttgart. Siehe unter https://www.verlag.fraunhofer.de/bookshop/buch/Professionelles-Patentmanagement-f%C3%BCr-kleine-und-mittlere-Unternehmen-in-Baden-W%C3%BCrttemberg/244200, Abruf 19.10.2015.

Armbruster, H.; Kinkel, S.; Kirner, E. und Wengel, J. (2005). Innovationskompetenz auf wenigen Schultern – Wie abhängig sind Betrieb vom Wissen und den Fähigkeiten einzelner Mitarbeiter? Mitteilung aus der Produktinnovationserhebung, Nr. 35. Fraunhofer-Institut für System- und Innovationsforschung (ISI), Karlsruhe.

Arundel, A. (2001). The relative effectiveness of patents and secrecy for appropriation. Research Policy, Vol. 30(4), S. 611–624.

Arundel, A. und Patel, P. (2003). Strategic patenting. Background report for the Trend Chart Policy Benchmarking. Workshop New Trends in IPR Policy. Siehe unter ftp://ftp.cordis.europa.eu/pub/trendchart/reports/documents/tcw15_background_paper.pdf, Abruf 24.11.2015.

Bartenbach, B. (2002). Die Patentlizenz als negative Lizenz. Verlag Dr. Otto Schmidt, Köln.

Bartenbach, K. (2012). Patentlizenz- und Know-how-Vertrag. 7. neu bearbeitete Auflage. Verlag Dr. Otto Schmidt, Köln.

Belderbos, R.; Cassiman, B.; Faems, D.; Leten, B. und van Looy B. (2014). Co-ownership of intellectual property: Exploring the value-appropriation and value-creation implications of co-patenting with different partners. Research Policy, Vol. 43(5), S. 841–852.

Bielig, A. (2013). Die Rolle des Geistigen Eigentums in der Wirtschaft. Theorie und Praxis. Warsaw School of Economics Press, Warschau.

Blind, K.; Cramers, K. und Müller, E. (2009). The influence of strategic patenting on companies' patent portfolios. Research Policy, Vol. 38(2), S. 428–436.

Blind, K.; Edler, J.; Frietsch, R. und Schmoch, U. (2006). Motives to patent: Empirical evidence from Germany. Research Policy, Vol. 35(5), S. 655–672.

Blum, U.; Müller, S. und Weiske, A. (2006). Angewandte Industrieökonomik. Theorien – Modelle – Anwendungen. Gabler, Wiesbaden.

Burr, W.; Stephan, M.; Soppe, B. und Weisheit, S. (2007). Patentmanagement – Strategischer Einsatz und ökonomische Bewertung von technologischen Schutzrechten. Schäffer-Pöschel, Stuttgart.

Carlson, S. (1999). Patent pools and the antitrust dilemma. Yale Journal on Regulation, Vol. 16, S. 359–399.

Carrier, M. (2003). Resolving the patent-antitrust paradox through tripartite innovation. Vanderbilt Law Review, Vol. 56(4), S. 1047–1111.

Clark, J.; Piccolo, J.; Stanton, B. und Tyson, K. (2000). Patent pools: A solution to the problem of access in biotechnology patents? Siehe unter http://www.uspto.gov/web/offices/pac/dapp/opla/patentpool.pdf, Abruf 15.12.2015.

Cohen, W. M.; Nelson, R. R. und Walsh, J. P. (2000). Protecting Their Intellectual Assets: Appropriability Conditions and Why U.S. Manufacturing Firms Patent (or Not). Working Paper No. 7552. National Bureau of Economic Research, Herausgeber.

Cohen, W. A.; Goto, A.; Nagata, A.; Nelson, R. R. und Walsh, J. P. (2002). R&D spillovers, patents and the incentives to innovate in Japan and the United States. Research Policy, Vol. 31, S. 1349–1367.

Dreßler, A. (2006). Patente in technologieorientierten Mergers & Acquisitions. Nutzen, Pro-zessmodell, Entwicklung und Interpretation semantischer Patentlandkarten. DUV Gabler, Wiesbaden.

Ensthaler, J.(2003). Gewerblicher Rechtsschutz und Urheberrecht. Springer Verlag, Berlin, Heidelberg, New York.

Ensthaler, J. und Strübbe, K. (2006). Patentbewertung – Ein Praxisleitfaden zum Patentmanagement. Springer Verlag, Berlin, Heidelberg, New York.

Eppinger, E. (2012). IP- und Patentmanagement in Open Innovation: Potenziale und Barrieren. In: Andreas Braun et al. (Hrsg.). Open Innovation in Life Sciences – Konzepte und Methoden offener Innovationsprozesse im Pharma-Mittelstand. Springer Gabler, Wiesbaden.

Eppinger, E. (2015). Patentpools – Eigenschaften, Motive und Implikationen. Springer Gabler, Wiesbaden.

Ernst, H. (2002). Strategisches IP-Management in schnell wachsenden Technologieunternehmen. In: U. Hommel und T.C. Knecht (Hrsg.). Wertorientiertes Start-Up Management. Vahlen, München, S. 292–319.

Ernst, H. und Omland, N. (2003). Patentmanagement junger Technologieunternehmen. Zeitschrift für Betriebswirtschaftslehre, Erg.H. 2, S. 95–113.

Faix, A. (1998). Patente im strategischen Marketing. Sicherung der Wettbewerbsfähigkeit durch systematische Patentanalyse und Patentnutzung. Erich Schmidt Verlag, Berlin.

Gassmann, O. und Bader, M.A. (2006). Patentmanagement – Innovationen erfolgreich nutzen und schützen. Springer-Verlag, Berlin, Heidelberg.

Gassmann, O. und Bader, M.A. (2011). Patentmanagement – Innovationen erfolgreich nutzen und schützen. 3. Aufl., Springer-Verlag, Berlin, Heidelberg.

Gerpott, T. J. (1999). Strategisches Technologie- und Innovationsmanagement. Schäffer-Poeschel, Stuttgart.

Gilbert, R. (2011). Ties that bind: Policies to promote (good) patent pools. Antitrust Law Journal, Vol. 77(1), S. 1–48.

Granstrand, O. (1999). The Economics and Management of Intellectual Property. Towards Intellectual Capitalism, Cheltham, Northampton, Edward Elgar.

Grant, R. M. und Nippa, M. (2006). Strategisches Management – Analyse, Entwicklung und Implementierung von Unternehmensstrategien. 5. Aktualisierte Auflage. Pearson Studium, München.

Greipl, E. und Träger, U. (1982). Wettbewerbswirkungen unternehmerischer Lizenzpolitik – unter besonderer Berücksichtigung kleiner und mittlerer Unternehmen. Dunker und Humblot Verlag, Berlin, München.

Grindley, P. und Teece, D. (1997). Managing intellectual capital: Licensing and cross-licensing in semiconductors and electronics. California Management Review, Vol. 39(2), S. 8–41.

Harhoff, D. (2005). Strategisches Patentmanagement. In: Sönke Albers (Hrsg.). Handbuch Technologie- und Innovationsmanagement. Gabler, Wiesbaden, S. 159–176.

Harhoff, D. und Hoisl, K. (2010). Patente in mittelständischen Unternehmen - Eine empirische Studie des Instituts für Innovationsforschung, Technologiemanagement und Entrepreneurship, München. Siehe unter https://epub.ub.uni-muenchen.de/13119/1/Harhoff_1547.pdf, Abruf 09.11.2015.

Harhoff, D. und Reitzig, M. (2001). Strategien zur Gewinnmaximierung bei der Anmeldung von Patenten. Zeitschrift für Betriebswirtschaft, Vol. 71(5), S. 509–529.

Harmann, B.-G. (2003). Patente als strategisches Instrument zum Management technologischer Diskontinuitäten. Dissertation, Universität St. Gallen. Siehe unter http://www.khp-law.li/files/medienarchiv/Dissertation_Harmann_2003_-_Patente_als_strategisches_Instrument_zum_Management.pdf, Abruf 26.11.2015.

Hauschildt, J. und Salomo, S. (2011). Innovationsmanagement. Vahlen, München.

Henn, R.-T. (2010). Defensive Publishing. Carl Heymanns, Köln.

Henkel, J. und Jell, F. (2009). Alternative motives to file for patents: Profiting from pendency and publication. Working Paper, Technische Universität München, München. Siehe unter http://papers.ssrn.com/sol3/papers.cfm?abstract_id=1271242, Abruf 07.12.2015.

Henkel, J. und Jell, F. (2010). Patent pending – Why faster isn't always better. Working Paper, Technische Universität München, München. Siehe unter http://papers.ssrn.com/sol3/papers.cfm?abstract_id=1738912, Abruf 07.12.2015.

Hentschel, M. (2007). Patentmanagement, Technologieverwertung und Akquise externer Technologien. Eine empirische Analyse. DUV, Wiesbaden.

Horter, K. (2010). Patentmanagement - Management von Innovations-Assets. In: C. Gundlach, A. Glanz und J. Gutsche (Hrsg.). Die frühe Innovationsphase. Methoden und Strategien für die Vorentwicklung. Symposium, Düsseldorf, S. 401–423.

Huch, P. (2001). Die Industriepatentabteilung – Die Arbeit des Patentingenieurs und die Aufgabe der Patentabteilung im Unternehmen. 2. Aufl., Carl Heymanns, Köln.

Jell, F. (2012). Patent filing strategies and patent management. An empirical study. Gabler, Wiesbaden.

Johnson, J. P. (2014). Defensive publishing by a leading firm. Information Economics and Policy, Vol. 15, S. 15–27.

Knight, J. H. (2013). Patent strategy for researchers and research managers. 3rd ed., John Wiley & Sons, Chichester.

Koppel, O. (2008). Das Wertpotenzial brachliegender Patente in Deutschland. Sozialer Fotschritt, Vol. 57(4), S. 93–99.

Kortunay, A. (2003). Patentlizenz- und Konw-How-Verträge im deutschen und europäischen Kartellrecht. Inaugural-Dissertation, Universität Köln. Siehe unter http://kups.ub.uni-koeln.de/1077/, Abruf 11.12.2015.

Kraßer, R. (2009). Patentrecht - Ein Lehr- und Handbuch. 6., neu bearbeitete Auflage. Verlag C.H. Beck, München.

Lampe, R. und Moser, P. (2010). Do patent pools encourage innovation? Evidence from the nineteenthcentury sewing machine industry. Journal of Economic History, Vol. 70(4), S. 898–920.

Laplume, A. O.; Xaver-Oliveira, E.; Dass, P. und Thakur, R. (2015). The organizational advantage in early inventing and patenting: Empirical evidence from interference proceedings. Technovation, Vol. 43–44, S. 40–48.

Lerner, J.; Strojwas, M. und Tirole, J. (2007). The design of patent pools: the determinants of licensing rules. RAND Journal of Economics, Vol. 38(3), S. 610–625.

Lipfert, S. und Ostler, J. (2007). Fonds und Auktionen: Neue Formen der Patentverwertung. In: T. Tiefel (Hrsg.) Gewerbliche Schutzrechte im Innovationsprozess. DUV Gabler, Wiesbaden, S. 85–106.

Macdonald, S. (2004). When means become ends: considering the impact of patent strategy on innovation. Information Economics and Policy, Vol. 16(1), S. 135–158.

Möhrle, M. G.; Walter, L.; Geritz, A. und Müller, S. (2005). Patent-based inventor profiles as basis for human resource decisions in R&D. R&D management, Vol. 35(5), S. 511–523.

Mohnkopf, H. (2008). Strategisches IP Management zum Schutz von Innovationen. In: Wilhelm Schmeisser et al. (Hrsg.). Innovationserfolgsrechnung. Innovationsmanagement und Schutzrechtsbewertung, Technologieportfolio, Target-Costing, Investitionskalküle und Bilanzierung von FuE-Aktivitäten. Springer, Berlin, Heidelberg, S. 223–288.

Pangerl, S. (2009). Defensive Publishing – Handlungsfreiheit und die Aneignung von Innovationsgewinnen. Gabler, Wiesbaden.

Pohlmann, T. (2015). Patente und Standards im Spannungsfeld von Kooperation und Wettbewerb für Industrie 4.0 Technologien. In: PATINFO 2015 IP: Kooperation, Wettbewerb, Konfrontation. Proceedings des 37. Kolloquiums der TU Ilmenau über Patentinformation, Ilmenau: 10. bis 12. Juni 2015, Christoph Hoock und Sabine Milde (Hrsg.). Ilmenau: TU Ilmenau, 300 S., S. 65–73.

Pohlmann, T.; Neuhäusler, P. und Blind, K. (2015). Standard essential patents to boost financial returns. R&D management, forthcoming. Siehe unter http://onlinelibrary.wiley.com/doi/10.1111/radm.12137/epdf, Abruf 15.12.2015.

Reiss, C. (2011). Patente und Produktwettbewerb. Der strategische Einsatz von Patenten im Wettbewerb jenseits der Innovationsförderung – eine Untersuchung wettbewerbspolitisch relevanter Patentstrategien. Mohr Siebeck, Tübingen.

Rivette, K. G. und Kline, D. (2000). Rembrandts in the attic. Unlocking the hidden value of patents. Harvard Business School Press, Boston, Massachusetts.

Rosenmüller, J. (2008). Spieltheorie. In: Artur Woll (Hrsg.). Wirtschaftslexikon, 10. vollständig neubearbeitete Auflage. Oldenbourg Verlag, München, S. 703–707.

Sell, S. und May, C. (2001). Moments in law: Contestation and settlement in the history of intellectual property. Review of International Political Economy, Vol. 8(3), S. 467–500.

Shapiro, C. (2001). Navigating the patent thicket: Cross licenses, patent pools, and standard setting. In: Adam Jaffe, Josh Lerner und Scott Stern (Hrsg.). Innovation policy and the economy. MIT Press, Cambridge, S. 119–150.

Specht, D. und Möhrle, M. G. (Hrsg.) (2002). Gabler Lexikon Technologiemanagement – Management von Innovationen und neuen Technologien im Unternehmen. Gabler, Wiesbaden.

Somaya, D. (2012). Patent strategy and management an integrative review and research agenda. Journal of Management, Vol. 38(4), S. 1084–1114.

Sommerlatte, T. und Deschamps, J.-P. (1986). Der strategische Einsatz von Technologien – Konzepte und Methoden zur Einbeziehung von Technologien in die Strategieentwicklung des Unternehmens. In: Arthur D. Little International (Hrsg.). Management im Zeitalter der Strategischen Führung. 2. Aufl., Wiesbaden, S. 37–76.

Steinmann, H. und Schreyögg, G. (2005). Management – Grundlagen der Unternehmensführung. 6. Aufl., Gabler, Wiesbaden.

Tiefel, T. und Dirschka, F. (2007). FuE-, Innovations- und Patentmanagement - Eine Schnittstellenbestimmung. In: Thomas Tiefel (Hrsg.). Gewerbliche Schutzrechte im Innovationsprozess. Deutscher Universitäts-Verlag, Wiesbaden, S. 1–23.

Tiefel, T. und Haas, P. (2005). Patentbasierte Strategien zum Einsatz im Hyperwettbewerb. In: Thomas Tiefel (Hrsg.). Patent- und Schutzrechtsmanagement in Zeiten des Hyperwettbewerbs. Deutscher Universitäts-Verlag, Wiesbaden, S. 33–69.

Vitt, J. (1998). Schlüsselerfinder in der industriellen Forschung und Entwicklung: Strategien für das Akquisitionsmanagement in Unternehmen. Betriebswirtschaftslehre für Technologie und Innovation: Bd. 27. DUV Wirtschaftswissenschaft, Wiesbaden.

Walter, L. und Gerken, J. (2011). Patentmanagement. Carl von Ossietzky Universität Oldenburg, Center für lebenslanges Lernen C3L. ISSN 1869–2958.

Weber, G.; Hedemann, G. A. und Cohausz, H. B. (2007). Patentstrategien. Carl Heymanns Verlag, Köln.

Wege, P. (2013). Technologietransfer – Technologieverwertung unternehmensübergreifend betrachtet. In: Jürgen Ensthaler und Patrick Wege (Hrsg.). Management geistigen Eigentums. Die unternehmerische Gestaltung des Technologieverwertungsrechts. Springer Vieweg, Berlin, Heidelberg. S. 175–237.

Wege, P.; Müller, S. und Kempel, L. (2013). IP-Compliance. In: J. Ensthaler und P. Wege (Hrsg.). Management geistigen Eigentums. Die unternehmerische Gestaltung des Technologieverwertungsrechts. Springer Vieweg, Berlin, Heidelberg. S. 239–316.

Welge, M. und Al-Laham, A. (2003). Strategisches Management – Grundlagen, Prozess, Implementierung. 4. Aufl., Gabler, Wiesbaden.

Wiesenfeld-Schenk, U. (1995). Marketing- und Technologiestrategien: Unternehmen der Biotechnologie im internationalen Vergleich. Schäffer-Poeschel, Stuttgart.

6 Management von Patenten

Bin ich meinem Amte in der Tat nicht gewachsen,
so ist der zu tadeln, der es mir anvertraut.
Johann Christoph Friedrich von Schiller (*1759; †1805)

Individuelle Ideen und schöpferische Werke sind Dinge, die – genau wie materielle Güter – einen wirtschaftlichen Wert haben können. Das Management dieser Werte, des intellektuellen Kapitals und des geistigen Eigentums, nimmt gerade in der heutigen Zeit an Bedeutung zu. Unter dem intellektuellen Kapital lassen sich das Wissen, die Kreativität, Computerprogramme, Zeichnungen, Ideen und vieles andere subsumieren (Sullivan 1998). Geistige Eigentumsrechte wie Urheberrechte, Patente, Marken oder Gebrauchsmuster dienen dazu, den Eigentumsanspruch auf diese Ideen sowie deren Darstellung oder Anwendung zu verbriefen und zu schützen. Gerade in technologieorientierten Unternehmen nimmt das Schutzrechtmanagement und insbesondere das Patentmanagement (*IP-Management*) eine besondere Rolle ein. Es unterstützt das Innovationsmanagement bei der Planung und Steuerung von Innovationsprozessen durch die Bereitstellung ausgewählter und analysierter Patentinformationen und sorgt dafür, dass die eigenen Entwicklungen die benötigte Handlungs- und/oder Ausübungsfreiheit (*Freedom-to-Operate* (FTO)) besitzen. Dabei verfolgt ein erfolgreiches Patentmanagement zeitgleich immer zwei Sichtweisen, nämlich eine nach innen gerichtete Sicht auf eigenes geistiges Eigentum und eine nach außen gerichtete Sicht auf fremdes geistiges Eigentum.

In diesem Teil des Buches soll es daher um das Management von Patenten gehen. In Abschnitt 6.1 wird dargelegt, warum Patentmanagement eine so wichtige Rolle in Unternehmen spielt, und in Abschnitt 6.2 wird Patentmanagement aus der theoretischen wie auch praktischen Sicht beleuchtet. Hierfür wird, gestützt durch die betriebswirtschaftliche Literatur, der Begriff Patentmanagement abgegrenzt und definiert, um dann das Patentmanagement im Umfeld weiterer unternehmerischer Funktionen und Bereiche einzuordnen. Zudem werden Organisationsstrukturen des Patentmanagements in Unternehmen vorgestellt. Der Abschnitt 6.3 stellt einen Aktionsrahmen für das Patentmanagement vor, und es werden mehrere Aufgabenfelder und Tätigkeiten des operativen wie auch des strategischen Patentmanagements diskutiert. In den sich anschließenden Abschnitten 6.4 und 6.5 werden zwei spezielle Herausforderungen, denen sich das Patentmanagement stellen muss, im Detail dargelegt. Zum einen geht es um die Patentbewertung und infolge dessen werden in Abschnitt 6.4 Anlässe und ausgewählte Verfahren der Bewertung von Patenten sowie die Wertbestimmung eines Patentportfolios thematisiert. Zum anderen stellen auch Patentverletzungen eine besondere Herausforderung für das Patentmanagement technologieorientierter Unternehmen dar, und so wird in Abschnitt 6.5 der interne wie auch der externe Umgang mit Patentverletzungen näher beschrieben. Abgeschlossen wird das Managementkapitel in Abschnitt 6.6 mit einem Literaturverzeichnis.

6.1 Warum Management von Patenten?

Die Bedeutung des Managements von Patenten ergibt sich aus der Tatsache, dass ein gezieltes Patentmanagement die Schaffung konkreter Werte unterstützt. Das Patentmanagement bildet immaterielles Vermögen des Unternehmens durch die Sicherung eigener Schutzrechte. Gleichzeitig sorgt es unternehmensinterne Innovationsprozesse verknüpfend dafür, dass eigene Entwicklungen die benötigte Ausübungsfreiheit besitzen. Somit wird deutlich, dass ein erfolgreiches Patentmanagement immer zeitgleich zwei Sichtweisen verfolgen sollte: eine nach innen gerichtete Sicht auf eigenes geistiges Eigentum und eine nach außen gerichtete Sicht auf fremdes geistiges Eigentum. Insbesondere bei fehlender Sicht nach außen wird deutlich, dass eigenes geistiges Eigentum einen Großteil seines Wertes und seine Bedeutung nur aus dem direkten Vergleich mit fremdem geistigem Eigentum schöpft.

Die Generierung eigenen geistigen Eigentums sowie dessen Mehrung und Aufrechterhaltung bzw. Verteidigung sind die sogenannten Kardinalsdisziplinen des Patentmanagements. Eine andere wichtige Disziplin ist die Abwehr oder das Beseitigen störender fremder Schutzrechtspositionen. Somit geht es beim Patentmanagement nicht nur um die Bewältigung des eigenen geistigen Eigentums in Form gewerblicher Schutzrechte, sondern auch um die Handhabung fremden geistigen Eigentums, sprich: das Patentmanagement überwacht Letzteres und geht gegebenenfalls dagegen vor.

Jedes Patentmanagement weist dabei eine Vielzahl hochdynamischer Prozesse auf. Ein rein statisch angelegtes Patentmanagement vermag nämlich nicht auf die ständig wachsenden Bedürfnisse des Schutzes eigener gewerblicher Schutzrechte und der Abwehr fremder Schutzrechte in zeitlich angemessener Weise zu reagieren. Aufgabenfelder des Patentmanagements sind die Entwicklung von Prozessen, die es einzurichten, zeitig anzustoßen und auszuführen gilt, sowie deren fortwährende Optimierung. Optimierungsansätze für die Prozesse innerhalb des Patentmanagements richten sich insbesondere auf die Quantität und vor allem die Qualität des eigenen geistigen Eigentums. Des Weiteren zielen sie auf die mit der Errichtung, Aufrechterhaltung und Verteidigung von Patenten entstehenden Kosten und schließlich auf die Durchsetzungsmöglichkeiten für das geistige Eigentum, respektive die eigenen Patente, ab.

Hierin zeigt sich, dass gewerbliche Schutzrechte wie Patente nicht einfach ignoriert (Patentignorant) und verwaltet (Patentverwalter) werden sollten. Vielmehr sollte eine systematische Anmeldestrategie für Patente verfolgt und eine Überwachung eigener wie fremder Schutzrechte zum Einsatz kommen (Patentstratege). Zudem sind alle strategischen Handlungsoptionen einzubeziehen und in die gesamte Geschäfts- und

Unternehmensstrategie zu integrieren (Patentmanager). Damit ist gewährleistet, dass Patente eine entscheidende Rolle bei der Steuerung von Unternehmen spielen und einen positiven Einfluss auf den Unternehmenserfolg haben (Ernst und Omland 2003 sowie Gassmann und Bader 2006). Aufgrund der bedeutenden Rolle des Patentmanagements gilt es daher, dieses auf- bzw. auszubauen, mit dem Ziel, die eigenen Wettbewerbsvorteile zu stärken, die Kapitalleistung zu verbessern und die Wettbewerbsfähigkeit des Unternehmens zu steigern (Gassmann und Bader 2006 sowie Wurzer 2004).

Trotz der Bedeutung, die Patente für technologieorientierte Unternehmen haben, ist das Patentmanagement keinesfalls in jedem Unternehmen ausreichend vertreten. Eine repräsentative Befragung von 150 Unternehmen im Jahre 2007 hat gezeigt, dass knapp die Hälfte der Unternehmen weniger als 20 Tage pro Jahr für das Patentmanagement aufwenden (TNS Emnid 2007). Die Befragung ergab weiterhin, dass in 61 % der Unternehmen die Verantwortung für das Patentmanagement bei der Geschäftsleitung liegt, wohingegen in 48 % der Unternehmen die Forschungs- und Entwicklungsabteilung für das Patentmanagement zuständig ist (TNS Emnid 2007).

Auch eine Befragung von 322 Unternehmen aus Baden-Württemberg ergab, dass seitens des Managements von KMU eine Sensibilität für strategisches und operatives Patentmanagement bislang nicht im wirtschaftspolitischen Fokus steht (siehe hierzu und im Folgenden Appel et al. 2015). Rund 1/3 der KMU hat in den letzten 10 Jahren keine Anmeldungen getätigt – begründet dadurch, dass eine Patentanmeldung mit zu hohen Kosten und einem zu hohen Zeitaufwand verbunden und dass kein Nutzen eines Patents erkennbar sei. Viele KMU verzichten eher aus finanziellen denn aus strategischen Implikationen auf eine Patentanmeldung, und in den meisten Fällen findet keine strategische Nutzung von Schutzrechtsinformationen statt. Zudem verfügen nur 16 % der befragten KMU über ein aktives Patentmanagement, wobei 30 % es für erforderlich halten.

6.2 Patentmanagement in Theorie und Praxis

Patente sind für die Sicherung von Wettbewerbsvorteilen wichtige strategische Elemente. Sie werden für Erfindungen erteilt, die laut Patentgesetz neu, auf einer erfinderischen Tätigkeit beruhend und gewerblich anwendbar sind (Kraßer 2009). Damit ist genau festgelegt, was unter einem Patent zu verstehen ist. Für das Patentmanagement existiert hingegen keine einheitliche Definition, da Patentmanagement nicht nur innerhalb der Betriebs- und Volkswirtschaft, sondern auch in den Ingenieurs- und Naturwissenschaften wie auch in den Rechtswissenschaften von Interesse ist. Im Folgenden werden daher ausgewählte Definitionen von Patentmanagement aus der Fachliteratur vorgestellt, um dann das Patentmanagement und dessen Aufgaben im Umfeld weiterer unternehmerischer Funktionen einzuordnen.

6.2.1 Begriffsbildung Patentmanagement

Für eine Definition von Patentmanagement sei zuerst der Begriff des Managements erklärt. Im funktionalen Verständnis bezieht sich der Begriff des Managements auf unternehmerische Tätigkeiten wie die Planung, Organisation und Kontrolle von Aktivitäten sowie auf die Führung von Mitarbeitern (Staehle 1999). Steinmann und Schreyögg (2005) beziehen den funktionalen Managementbegriff (*managerial functions approach*) auf sämtliche Managementaufgaben zur Leitung eines Unternehmens und definieren ihn als einen

> „Komplex von Steuerungsaufgaben, die bei der Leistungserstellung und -sicherung in arbeitsteiligen Systemen erbracht werden müssen" (Steinmann und Schreyögg 2005, S. 7).

Der Begriff des Managements im institutionellen Verständnis (*managerial roles approach*) umfasst hingegen alle Personen im Unternehmen, die mit Managementaufgaben betraut sind. Dabei wird zwischen oberer, mittlerer und unterer Managementebene unterschieden (Ulrich und Fluri 1995).

Im Kontext von Patenten interagieren Wirtschaftswissenschaftler (Wettbewerbsvorteile) mit Juristen (Ausschließlichkeit) sowie mit Naturwissenschaftlern und Ingenieuren (Erfindung), und so kann Patentmanagement als ein interdisziplinärer Ansatz verstanden werden. Daraus resultierend ist es verständlich, dass zwar viele Untersuchungen, Studien und Definitionen zu Einzelaspekten des Patentmanagements in der Fachliteratur diskutiert und vorgestellt werden, eine ganzheitliche Betrachtung aus betriebswirtschaftswissenschaftlicher Sicht zur Herausarbeitung einer Begriffsdefinition für das Patentmanagement jedoch zu fehlen scheint.

Abhilfe schafft die Betrachtung der Patente aus Sicht des ressourcenorientierten Ansatzes, in welchem sie wichtige strategische Elemente zur Sicherung von Wettbewerbsvorteilen darstellen. Patente weisen nicht sämtliche Eigenschaften von Ressourcen in vollem Umfang auf. Das Patent im Sinne eines Verfügungsrechtsbündels an (expliziertem) Wissen ist als Schutz zu begreifen, der eine Erfindung (also das Schützenswerte) vor Imitation bewahrt. Die zuordnende Betrachtung der Patente als strategische Ressource steht im Gegensatz zur Vielgestaltigkeit der Patentierung und bedarf eines tiefergehenden Verstehens. Ein systemdynamisches Wirkungsmodell kann die Aspekte der Patentierung jedoch mit Ressourceneigenschaften verbinden (vgl. hierzu und im Folgenden Möhrle et al. 2007 sowie von Wartburg et al. 2006). Die Ressourcentheorie (*Resource-based View*[1]) ergänzt die bekannte marktorientierte

---

[1] Der Resource-based View (Ressourcentheorie) ist eine von verschiedenen Wissenschaftlern vertretene Theorie zur alternativen Erklärung von Wettbewerbsvorteilen von Unternehmen, in denen der Begriff der Ressource in den Mittelpunkt gestellt wird.

Sichtweise[2], deren wichtigste Planungsinstrumente die Branchenanalyse, die Wertkettenanalyse und verschiedene Portfoliomodelle sind, um Bedingungen, die einem nachhaltigen Wettbewerbsvorteil zugrunde liegen. Beim *Resource-based View* beruhen Wettbewerbsvorteile nicht nur wie in der marktorientierten Sichtweise auf monopolistischen Renten, sondern auf Effizienzrenten durch die Ausnutzung von Ressourcenvorteilen. Dieses Theoriekonzept zielt darauf ab, neben der Erklärung unternehmensspezifisch-ressourcenbasierter Unterschiede in den Erfolgspositionen von Unternehmungen auch Gestaltungshinweise für das erfolgreiche Agieren von Unternehmen im kompetenzorientierten Wettbewerb abzuleiten.

In einem systemdynamischen Wirkungsmodell können die verschiedenen Aspekte der Patentierung mit Ressourceneigenschaften verbunden werden, und es lassen sich explizit zeitverzögerte Interaktionsbeziehungen zwischen Wettbewerbern, Rückkopplungsbeziehungen verschiedener Art sowie dadurch verursachte Pfadabhängigkeiten[3], in die Beurteilung der Konsequenzen für Patentrechte als strategische Elemente mit einbeziehen. Vor diesem Hintergrund kann Patentmanagement definiert werden, und zwar in funktionaler Weise als Führung eigener Patentaktivität. Diese Führung dient der Verstärkung der sich günstig für die Unternehmen auswirkenden positiven und negativen Rückkopplungsschleifen sowie der Behinderung der sich als ungünstig für die Unternehmen auswirkenden negativen und positiven Rückkopplungsschleifen. Ziel des Patentmanagements ist es dabei, die Ressourceneigenschaften der eigenen Patente und Patentportfolios im Vergleich zu den Patentpositionen des Wettbewerbs zu verbessern.

Vor dem Hintergrund der Ressourcentheorie kann in Anlehnung an Möhrle et al. (2007) und von Wartburg et al. (2006) daher

> *Patentmanagement als geführte Verbesserung der relativen Stärke der Ressourceneigenschaften eigener Patente im Vergleich zu derjenigen des Wettbewerbs bezeichnet werden.*

Dieser grundsätzliche Definitionsansatz kann weiter konkretisiert werden, indem die Ziele des Patentmanagements in den Erklärungsansatz einbezogen werden. Denn als zentrales Ziel des Patentmanagements kann

> *das Anliegen gelten, durch patentpolitische Maßnahmen die Handlungsfreiheit des Unternehmens in den bearbeiteten oder anvisierten Aktionsräumen zu gewährleisten. Über dieses Ziel hinaus trachten Unternehmen auch danach, die Patentpolitik als Mittel zur Beeinflussung der Gegebenheiten in der Unternehmensumwelt einzusetzen, was sich etwa in der Nutzung der Optionen zum Einsatz von Sperrpatenten bzw. der Realisierung von Patenthäufungen zum Aufbau von Machtpotenzialen äußert* (Faix 1998, S. 333).

---

2 Ein Ansatz des strategischen Managements stellt die marktorientierte Sichtweise (Market-based View) dar. Sie richtet sich auf den Markt und somit auf das externe Umfeld des Unternehmens. Es wird davon ausgegangen, dass der Erfolg maßgeblich von der Wettbewerbsposition beeinflusst wird.
3 Das Konzept der Pfadabhängigkeit ist ein häufig verwendeter Erklärungsansatz in der wirtschaftshistorischen und sozialwissenschaftlichen Forschung und bezeichnet einen vergangenheitsdeterminierten Prozess relativ kontinuierlicher bzw. inkrementeller Entwicklungen.

Abschließend sei an dieser Stelle angemerkt, dass in der Literatur zahlreiche weitere Definitionen von Patentmanagement zu finden sind. Als Beispiel seien Ansätze erwähnt, die die Aufgaben des Patentmanagements in den Mittelpunkt der Betrachtung stellen und einen Bezug zum Marketing herstellen (Weber et al. 2007) oder aber Patentmanagement als eine Kernkompetenz (*core competence*) in technologieorientierten Unternehmen ansehen, deren Wertschöpfungsprinzip in der Generierung und Kommerzialisierung technologischen Wissens besteht (Mersch 2013).

6.2.2 Patentmanagement im Unternehmen

Im Patentmanagement (*IP-Management*) geht es nicht nur um die Generierung und Verwaltung von Patenten zur Sicherung von Wettbewerbsvorteilen, sondern – wie auch die in der Fachliteratur thematisierten Definitionen von Patentmanagement zeigen – um die Bewältigung zahlreicher interdisziplinärer Aufgaben, bei denen das patentrechtliche, wirtschaftliche und technische Knowhow einzelner Unternehmensbereiche gebündelt wird. Diese zahlreichen Aufgaben muss das Patentmanagement zudem zentral und übergreifend steuern, um Innovationen erfolgreich hervorbringen zu können (Horter 2010).

Das Patentmanagement unterstützt somit verschiedene Funktionsbereiche des Unternehmens und steht eng mit dem Innovations- und dem Forschungs- und Entwicklungsmanagement sowie mit dem Technologiemanagement in Zusammenhang. Letzteres setzt sich mit allen technologischen Aktivitäten eines Unternehmens auseinander und ist in vielen Fällen mit dem Projekt- bzw. Produktmanagement verknüpft.

Abbildung 6.1 stellt das Patentmanagement im Spannungsfeld weiterer Unternehmensfunktionen wie Marketing, Produktion, Finanzen, Controlling, Lager- oder Beschaffungswirtschaft dar, welche in unterschiedlicher Art und Weise und in unterschiedlicher Häufigkeit auch vom Innovationsmanagement, vom Technologiemanagement und von der Forschung und Entwicklung (FuE) tangiert werden.

Im Folgenden werden verschiedene Managementansätze für die FuE sowie zum Technologie- und Innovationsmanagement gegeben, um dann das Patentmanagement im Umfeld der anderen drei genannten technologischen Unternehmensfunktionen einzuordnen.

Forschungs- und Entwicklungsmanagement

Die FuE zählt neben der Produktion, dem Marketing, dem Personalwesen und dem Vertrieb zu den klassischen Unternehmensfunktionen (Thommen und Achleiter 2009). Sie plant im Unternehmen den Einsatz von Produktionsfaktoren zur unternehmensinternen Generierung neuen Wissens, welches in Kombination

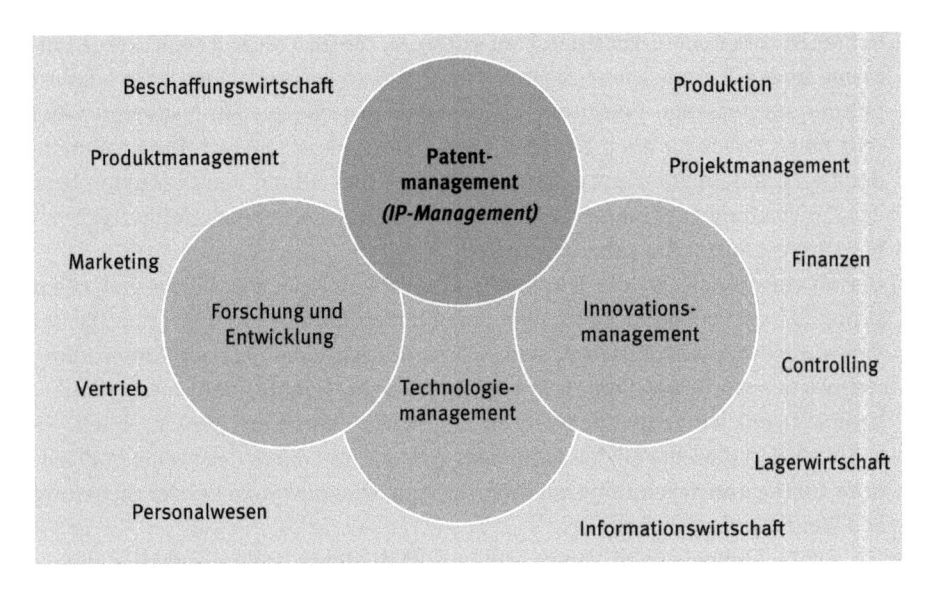

Abb. 6.1: Patentmanagement im Spannungsfeld weiterer Unternehmensfunktionen (Quelle: Eigene Darstellung).

mit anderen Produktionsfaktoren zu marktfähigen Produkten aber auch zu effizienten Produktionsprozessen führen soll (Brockhoff 1999, 2004). Die Aufgaben liegen hierbei z.B. in der Identifikation, Beschaffung und Eigenentwicklung von Technologien zur Bereitstellung von Produkten und Dienstleistungen, in der Pflege und Weiterentwicklung bestehender Marktleistungen oder auch in der Anpassung von Produkten und Dienstleistungen an spezifische Kundenwünsche.

Die FuE eröffnet demnach neue Anwendungsmöglichkeiten für vorhandenes Wissen. Sie lässt sich nach dem Neuigkeits- und Konkretisierungsgrad in (i) Grundlagenforschung, (ii) Technologieentwicklung, (iii) Vorentwicklung und (iv) Produkt- und Prozessentwicklung gliedern (siehe hierzu und im Folgenden Specht et al. 2002):

(i) Im Vordergrund der *Grundlagenforschung* steht die Gewinnung von wissenschaftlichen und technischen Erkenntnissen über die Grundlagen von Phänomenen und beobachtbaren Tatbeständen, ohne dass eine Anwendung oder Nutzung angestrebt wird. Sie besitzt also einen hohen Neuigkeitsgrad, aber einen geringen Konkretisierungsgrad, da sie nicht auf ein wirtschaftliches Ziel ausgerichtet ist und ihre Ergebnisse selten rechtlich, wie etwa durch Patente, geschützt werden können. Sie ist daher in Unternehmen weniger anzutreffen und wird vorwiegend an Universitäten, Hochschulen oder staatlichen Forschungsinstituten betrieben.

(ii) Die *Technologieentwicklung* setzt auf der Markt- und Grundlagenforschung auf und beschäftigt sich mit der Entwicklung und Weiterentwicklung von Technologien sowie mit der Umsetzung und Lösung praktischer Probleme. Sie besitzt einen mittleren Neuigkeits- und Konkretisierungsgrad. Sie wird von Großunternehmen wie auch von Universitäten, Hochschulen oder Forschungsinstituten betrieben, um neue Erkenntnisse zu erlangen, die zur Lösung praktischer Probleme in der Technik dienen sollen. Die Technologieentwicklung wird zumeist mit der angewandten Forschung gleichgesetzt, welche auf ein bestimmtes Ziel oder einen Zweck für die praktische Anwendung ausgerichtet ist. Die Ergebnisse der angewandten Forschung dienen somit der Herstellung von Produkten bzw. der Entwicklung bestimmter Methoden und Prozesse und werden häufig durch Patente geschützt oder geheim gehalten.

(iii) Die *Vorentwicklung* ist die Grundlage innovativer Produkte. Sie besitzt einen geringen Neuigkeitsgrad, dafür aber einen hohen Konkretisierungsgrad. Bei der Vorentwicklung geht es darum, neues Wissen zu generieren, das zur Entwicklung technisch anspruchsvoller, risikoreicher Bauteile, Baugruppen oder Produkte herangezogen wird, die zukünftig in den Markt eingeführt werden sollen. So spielt auch in diesem Fall der Schutz des Wissens und damit des geistigen Eigentums für die entwickelnden Unternehmen eine wichtige Rolle bei der Sicherung von Wettbewerbsvorteilen.

(iv) Mit der Technologie- und Vorentwicklung ist die Basis dafür geschaffen, neue, innovative Produkte und/oder Produktionsprozesse mit neuer oder veränderter Technologie entwickeln zu können. Die *Produkt- und Prozessentwicklung* gestaltet diese Produkte und Prozesse hinsichtlich der Erfüllung der Marktbedürfnisse, und das Ergebnis ist die unmittelbare Markteinführung des Produktes mit dem einhergehendem Produktionsprozess. Die Produkt- und Prozessentwicklung besitzt somit einen sehr niedrigen Neuigkeitsgrad, aber einen sehr hohen Konkretisierungsgrad und wird – auch wenn sie von strategischer Bedeutung im Technologiemanagement ist – der FuE zugeordnet, da es sich hierbei um die Neukombination von Wissen handelt. So wird beispielsweise auch die Erstellung von Konstruktionsunterlagen als Aufgabe der FuE gesehen (Lohmann 2010).

Die Ergebnisverantwortung für diese FuE-Aufgaben trägt das FuE-Management, wobei deren Erfüllung sich nach den kurzfristigen als auch nach den langfristigen Unternehmenszielen auszurichten hat. Damit ist das FuE-Management immer auch Projektmanagement[4], denn es befasst sich mit dem Initiieren, Planen, Steuern, Kontrollieren und Abschließen von FuE-Projekten.

Kurzum, die Generierung neuen Wissens aus internen Quellen ist Gegenstand des FuE-Managements. Es kann aber unter wirtschaftlichen Gesichtspunkten auch von Nutzen sein, Wissen aus externen Quellen zu beschaffen und zu verwerten. Dies ist

---

[4] Projektmanagement lässt sich als Managementaufgabe in Projektdefinition, Projektdurchführung und Projektabschluss gliedern. Das Ziel besteht darin, Projekte richtig zu planen und zu steuern, um Risiken zu begrenzen, Chancen zu nutzen und Projektziele, Termine, Kosten, Funktionen sowie die Qualität einzuhalten. Vgl. http://wirtschaftslexikon.gabler.de/Definition/projektmanagement-pm.html, Abruf 19.01.2016.

dann Gegenstand des Technologiemanagements, welches somit einen Brückenschlag zum Patentmanagement herstellt.

Technologiemanagement
Zur Erreichung der Unternehmensziele unterstützt das Patentmanagement das Technologiemanagement

> *in seiner zentralen Aufgabe, den Prozess der internen sowie der externen Technologiegewinnung, -speicherung und -verwertung im Hinblick auf die bestmögliche Erfüllung der Unternehmensziele zu planen und zu steuern* (Ernst 2002, S. 214).

Das Technologiemanagement kann im weiteren Sinne also als Planung, Organisation, Realisierung und Kontrolle des Wissens (Kenntnisse, Kompetenzen und Aktionen) über Technologien definiert werden, das für die Schaffung von Produkten erforderlich ist (Fischer und Lange 2002). Ein wichtiges Ziel des Technologiemanagements ist die Lösung technischer Probleme unter Hinzuziehung naturwissenschaftlich-technischer Kenntnisse und Fähigkeiten zum Aufbau und zur Aufrechterhaltung der technologischen Wettbewerbsfähigkeit. Zu den Aufgaben des Technologiemanagements zählt hier die Heranziehung interner und externer Quellen für die Wissensbeschaffung und Wissensverwertung, die der Erlöserzielung wie auch der Stärkung der technologischen Wettbewerbsposition dient (Brockhoff 2005). Es sind vier Phasen, die den Prozess des Technologiemanagements bestimmen, und zwar (i) die Technologiefrühaufklärung, (ii) die Technologieentwicklung, (iii) die Technologieumsetzung und (iv) das Technologiecontrolling (vgl. hierzu und im Folgenden Specht und Mieke 2005):

(i) Die *Technologiefrühaufklärung* oder auch Technologievorausschau befasst sich mit der systematischen Erfassung und Auswertung bedeutender (neuer) Technologien und technologischer Entwicklungen, die für das eigene Unternehmen Chancen und Risiken bieten können. Damit ist die Technologiefrühaufklärung ein Bestandteil der unternehmensweiten strategischen Früherkennung (Schuh et al. 2011 sowie Wolfrum 2000). Das Ziel der Frühaufklärung besteht darin, die in der Anwendung von Technologien liegenden Erfolgspotenziale sowie Erfolgsgefährdungen so rechtzeitig zu erkennen, dass dem Unternehmen noch eine ausreichende Reaktionszeit bleibt, um gegebenenfalls eine entsprechende Anpassung der technologischen Kompetenz und der Technologiestrategien vornehmen zu können (Koller 2002). Hierfür nutzt die Technologiefrühaufklärung nicht nur Informationen über die Entwicklung relevanter Technologien, sondern betrachtet auch gesellschaftliche, politische und rechtliche Veränderungen, die ihrerseits die Attraktivität von Technologien beeinflussen. Als Informationsquellen können hier neben Patenten und Fachliteratur auch Experten aus Hochschulen, Universitäten und Forschungsinstituten sowie Akteure aus dem Unternehmensumfeld, etwa Lieferanten oder Kunden, herangezogen werden. Methodisch kann die

Frühaufklärung neben Patentanalysen beispielsweise auch durch Expertenbefragungen, Trendextrapolationen, Technologieportfolios, die Szenario-Technik oder Technologie-Roadmapping unterstützt werden (Möhrle und Isenmann 2008).

(ii) Basierend auf den Ergebnissen der Frühaufklärung erfolgt die *Entwicklung von Technologiestrategien*. Dabei geht es um die Bestimmung künftiger Technologiefelder des Unternehmens und um die Festlegung des angestrebten Grades der technologischen Leistungsfähigkeit. Des Weiteren ist abzuwägen, inwieweit die eigene FuE durch externe Technologiequellen (Auftragsforschung, Technologiekauf oder Lizenznahme) Unterstützung erfahren soll. Damit konzentriert sich das strategische Technologiemanagement auf die erforderlichen technologischen Ressourcen und betrachtet aus Entstehungs- und Verwertungssicht neben den Produkt- auch die Prozesstechnologien in ihrem unternehmensinternen und externen Lebenszyklus.

(iii) Zur *Umsetzung der strategischen Technologien* sind konkrete Maßnahmen – meist mit dem Instrument des Projektmanagements – zur Realisierung der technologischen Ziele zu erarbeiten. Es geht hier also um die Operationalisierung der Technologiestrategie. Dabei sind die Anforderungen an die Organisationseinheit, die mit den Aufgaben des Technologiemanagements betraut ist, vielfältig (Schuh et al. 2011). Sie beziehen sich nämlich auf die Bereitstellung operativer Kapazitäten, auf die Arbeitsteilung und Vermeidung von Redundanzen, auf die Zusammenführung eines Informationsnetzwerks und auf die zentrale Bereitstellung von Informationen. Zudem ist die Organisation an eine Richtlinien- und Entscheidungskompetenz anzubinden bzw. darin zu integrieren und es gilt, die Aktivitäten zur Technologiebeschaffung und -verwertung zu steuern.

(iv) Dem *Technologiecontrolling* kommt aufgrund des relativ schnellen und unerwarteten technologischen Wandels und der Komplexität der Umwelt, die mit einer wachsenden Unsicherheit hinsichtlich zukünftiger Ereignisse einhergeht, eine besondere Bedeutung zu. Das Technologiecontrolling hat die Aufgabe, die aus der Technologiestrategie resultierenden Entscheidungen bei der Umsetzung zu überprüfen. Des Weiteren soll es externe Einflüsse erkennen und Veränderungen in die bestehende Technologiestrategie einfließen lassen. Auch die Vermeidung von Redundanzen und Widersprüchen der Technologiestrategie als Teil der Unternehmensstrategie oder Marktstrategie ist eine Aufgabe des Technologiecontrollings, wobei es sich hierfür einer in die Unternehmens-Scorecard integrierten Technology Balanced Scorecard[5] bedienen kann (Jung und Tschirky 2005).

---

[5] Die Balanced Scorecard (ausgewogener Berichtsbogen) geht auf die Forschungsarbeit von Robert Kaplan und David Norton zurück. In einer Balance Scorecard werden traditionelle finanzielle Kennzahlen (Finanzperspektive) durch eine Kunden-, eine interne Prozess- und eine Lern- und Entwicklungsperspektive ergänzt. Sie ist damit ein Bindeglied zwischen Strategiefindung und -umsetzung und dient zur verbesserten Kommunikation sowie als Steuerungsinstrument im Unternehmen. Vgl. http://wirtschaftslexikon.gabler.de/Definition/balanced-scorecard.html, Abruf 19.01.2016.

Das Technologiemanagement setzt sich also mit den Planungsaktivitäten zur langfristigen Sicherung und Stärkung der Marktposition eines Unternehmens auseinander (Schuh et al. 2011). Die Aufgaben des Technologiemanagements und die Qualität der getroffenen Entscheidungen können dabei durch das Patentmanagement unterstützt werden (Mohnkopf 2008). In Überschneidung mit dem FuE-Management fokussiert das Technologiemanagement somit auf Technologien im Sinne von Fähigkeiten und stellt die Schnittstelle zwischen Unternehmensführung und Technologie dar. Steht hingegen das Produkt und damit das Management aller Aktivitäten des Produktentstehungs- und Markteinführungsprozesses im Vordergrund, fällt dies in den Aufgabenbereich des Innovationsmanagements (Specht et al. 2002).

Innovationsmanagement
Aus betriebswirtschaftlicher Sicht sind Innovationen

> *qualitative Neuerungen von Unternehmen mit der Absicht der Verbesserung des eigenen wirtschaftlichen Erfolgs am Markt oder intern im Unternehmen eingeführte qualitative Neuerungen* (Gerpott 1999, S. 39).

Eine Innovation stellt somit wesentlich mehr dar als eine graduelle Verbesserung und auch mehr als die Lösung eines technischen Problems (Hauschildt und Salomo 2011). Die systematische Planung, Steuerung und Kontrolle solcher Innovationen in Unternehmen ist also Gegenstand des Innovationsmanagements. Aus prozessualer Sicht geht es beim Innovationsmanagement um die Gestaltung des Innovationssystems, also nicht nur einzelner Prozesse, sondern auch der Institution, innerhalb derer diese Prozesse ablaufen. In der unternehmerischen Praxis wird das Innovationsmanagement oftmals mit einem Innovationsprozess gleichgesetzt. Khan (2016) macht aber deutlich, dass es sich beim Innovationsmanagement um viel mehr als einen einzelnen Prozess handelt; es ist eine multi-disziplinäre Funktion, die im Laufe der Zeit durch unterschiedliche Fachrichtungen geprägt wurde, und beinhaltet neben technologischen, wirtschaftlichen, rechtlichen auch soziale Elemente (Ahmed und Shepherd 2010 sowie Becheikh et al. 2006).

Da das Innovationsmanagement nahezu alle Unternehmensbereiche tangiert, geht damit auch eine Vielzahl an Aufgaben einher, die das Innovationsmanagement erfüllen muss. Kahn (2016) stellt hierfür ein Rahmenkonzept vor, in welchem er mehrere sogenannte Dimensionen, wie z.B. Ideen, geistiges Eigentum, Portfolio oder Kunde und Markt, herausarbeitet und damit verbundene Themenfelder identifiziert. Nachfolgend wird auf diese Dimensionen und Themenfelder kurz eingegangen.

Die Ideengenerierung unter Einsatz verschiedener Kreativitätstechniken besitzt im Innovationsmanagement eine wichtige Initialfunktion. So stellen die Generierung von Ideen und deren Bewertung wie auch die Ideenauswahl Themenfelder in der Dimension *Ideen* dar. Der Dimension *Wissen* sind der Wissenstransfer innerhalb eines

Unternehmens, aber auch die Übertragung externen Wissens in das Unternehmen, die Speicherung und Aufbereitung des Wissens und damit die Handhabung von organisationalem Wissen zugeordnet. In der Dimension *Kooperation* sind hingegen die Themenfelder Gestaltung strategischer Partnerschaften und Allianzen sowie die Koordination der Zusammenarbeit integriert. Zur Dimension *Geistiges Eigentum* gehören die Themenfelder Ideen- und Erfindungsschutz wie auch der strategische Umgang mit Schutzrechten wie z.B. Patenten. Die Dimension *Technologie* subsumiert das strategische Management, die Beschaffung sowie die Verwertung von Technologien. Diese Themenfelder sind demnach eng mit dem Technologiemanagement verknüpft. Bei der Dimension *Vorausschau* geht es um die Bereitstellung und Verwendung von Methoden zur Vorausschau, wie z.B. des Roadmapping zur Identifikation zukünftiger Innovationspotenziale. Die Entwicklung der Innovationsstrategie und deren Implementierung im Unternehmen sind die beiden Themenfelder der Dimension *Strategie*. Die Innovationsstrategie ist ein Kernelement des Innovationsmanagements, welches alle Dimensionen direkt oder indirekt beeinflusst. So erfolgt beispielsweise die Gestaltung des Innovationsportfolios in enger Abstimmung mit der Innovationsstrategie. Dieses Themenfeld ist der Dimension *Portfolio* zugeordnet. Mit dem Innovationsportfolio soll eine direkte Kopplung zwischen der Geschäftsfeldplanung und Technologieplanung des innovierenden Unternehmens erfolgen. Die Dimension *Steuerung von Innovationsvorhaben* beschreibt die Innovationsprozessgestaltung sowie Schnittstellen, Verknüpfungen und Widerstände, die innerhalb der Organisation des Unternehmens auftreten können. Die Evaluierung von Innovationsaktivitäten ist der Dimension *Erfolgssicherung* zuzurechnen. Hier geht es um das Innovationscontrolling, das dem Innovationsmanagement im Hinblick auf die zeit- und kostenoptimierte Planung und Umsetzung eines Innovationsprojektes eine Entscheidungsunterstützung bietet. Die Dimension *Kunde und Markt* trägt der Einbindung des Kunden in das Innovationsmanagement sowie der Berücksichtigung von Marktinformationen zur Unterstützung von Innovationsprojekten und ihrer Vermarktung Rechnung. Die Grundlage und den Rahmen für ein erfolgreiches Innovationsmanagement bilden die Organisationsstruktur und die Innovationskultur, und so ordnet Khan (2016) die letzten identifizierten Themenfelder Management von Innovationsteams, Organisationsstruktur sowie Kultur und Klima der Dimension *Organisation und Kultur* zu.

Das durch diese Dimensionen charakterisierte Rahmenkonzept für ein Innovationsmanagement zeigt zum einen die starken Verknüpfungen der Dimensionen miteinander auf und weist zum anderen auf die Vielfalt der im Innovationsmanagement zu erfüllenden Aufgaben hin. Daraus wird ersichtlich, dass die Ausgestaltung eines wirkungsvollen Innovationsmanagements jeweils auf die spezifische Unternehmenssituation ausgerichtet werden muss. Zudem wird deutlich, dass das Innovationsmanagement nahezu alle Unternehmensfunktionen tangiert – von der FuE über das Patentmanagement und das Technologiemanagement bis hin zum Marketing.

Spannungsfeld der vier technologischen Unternehmensfunktionen
Die dargelegten und oftmals auf verschiedene, teils konkurrierende Intentionen zurückgehenden Managementkonzepte der FuE, des Technologiemanagements, des Innovationsmanagements und des Patentmanagements sind durch vielerlei wechselseitige Abhängigkeiten (Interdependenzen) gekennzeichnet (siehe hierzu beispielsweise auch Tschirky 2002). Aus diesen Interdependenzen resultiert für das Patentmanagement in der Praxis eine besondere Herausforderung, die durchaus auch von Konflikten begleitet wird. Durch das tägliche Zusammenspiel der vier technologiebezogenen Unternehmensfunktionen stellt sich nämlich kein quasi-statischer Zustand ein, sondern es kommt zu einer Dynamik im operativen Tagesgeschäft, die es bei der Organisation der jeweiligen Unternehmensfunktionen im Verhältnis zueinander, insbesondere bei der konkurrierenden Ausstattung mit Ressourcen zu beachten gilt. So erwächst aus dem Spannungsfeld der vier technologischen Unternehmensfunktionen eine *dynamische* Herausforderung, insbesondere für das Patentmanagement.

Ist beispielsweise das Technologiemanagement *die* verbindende unternehmerische Funktion, so regelt es in seiner operativen Ausprägung das Zusammenspiel der technologischen Funktionen untereinander. Damit stellt es gewissermaßen eine Schwerpunktsetzung zwischen dem Patentmanagement, der FuE- und dem Innovationsmanagement her. Das Technologiemanagement gewährleistet damit, dass im Unternehmen ein innovations- und inventionsfreundliches Klima vorherrscht. Die Zentrierung des Technologiemanagements zwischen den drei anderen technologischen Funktionen ist aber nur bei der in der Praxis eher selten vorkommenden Situation einer ausgeglichenen Ressourcenausstattung von Patentmanagement, FuE und Innovationsmanagement gegeben. Wird nämlich innerhalb eines technologieorientierten Unternehmens eine dieser Unternehmensfunktionen ressourcenstärker und damit einhergehend einflussreicher ausgestattet als die beiden anderen, ist der quasi-statische Zustand gefährdet und das Technologiemanagement verschiebt sich in Richtung der ressourcenstärkeren Unternehmensfunktion.

Eine solche Verschiebung ist in vielen Unternehmen beispielsweise dann festzustellen, wenn aus traditionellen Gründen die FuE enger mit der Unternehmensleitung verbunden ist als das Innovationsmanagement oder das Patentmanagement. Dadurch verliert das Technologiemanagement seinen ausgleichenden Charakter und die technologische Situation im Unternehmen wird von der FuE dominiert. Dies kann in extremen Fällen dazu führen, dass zum einen das Technologiemanagement von der FuE *absorbiert* wird und die FuE sich zum anderen zusehends vom Innovations- und Patentmanagement isoliert oder deren Aufgaben gar *übernimmt*. Die praktischen Auswirkungen zeigen sich dann in den *einsamen Entscheidungen*, Produkte und damit verbundene Innovationen, also letztlich auch das Patentportfolio, einzig und allein nach Maßgabe der FuE zu bestimmen. Das Patentmanagement ist hier operativ nur noch mit der Verwaltung von Patenten beschäftigt und meldet technische

Schutzrechte lediglich nach Vorgabe der FuE an – oder auch nicht. Eine Orientierung am Markt oder auch eine Beobachtung der Patentsituation von Wettbewerbern findet gar nicht erst statt. Dies kann dann zur Folge haben, dass kein Raum für FTO geschaffen wird und die Gefahr besteht, dass das Unternehmen mit Berechtigungsanfragen, Abmahnungen oder gar Verletzungsklagen belastet wird. Des Weiteren kann durch die Dominanz der FuE die Situation eintreten, dass die FuE komplett mit dem Tagesgeschäft ausgelastet ist und das Generieren von neuen Ideen oder Erfindungen vernachlässigt wird.

Eine andere Verschiebung des Technologiemanagements, nämlich in Richtung des Innovations- bzw. Patentmanagements, ist zwar theoretisch vorstellbar, in der Praxis wird eine solche Situation jedoch eher nicht auftreten, da es wenig sinnvoll oder zweckmäßig erscheint, viele Erfindungen zu generieren, diese aber nicht mittels der FuE in marktgängige Innovationen umzusetzen.

Insgesamt bleibt festzuhalten, dass nur ein ausgeglichenes Miteinander der technologischen Unternehmensfunktionen es vermag, das Technologiemanagement – zusammen mit dem Projekt- und Produktmanagement – in die Lage zu versetzen, seine Aufgaben effektiv zu erfüllen. In vielen technologieorientierten börsennotierten Unternehmen ist das Technologiemanagement die Hauptaufgabe des Technischen Leiters, der dabei für ein ausgeglichenes Verhältnis zwischen den drei Unternehmensfunktionen Patentmanagement, FuE und Innovationsmanagement sorgt. In einer GmbH fällt diese Rolle zumeist dem technischen Geschäftsführer zu.

6.2.3 Organisation des Patentmanagements

Um die nach innen *und* außen gerichteten Sichtweisen des Patentmanagements innerhalb eines Unternehmens gleichermaßen verstehen zu können, muss zunächst die Frage gestellt werden, wie das Patentmanagement im eigenen Unternehmen organisiert und an welcher Stelle es eingebunden werden soll, bzw. als gegebenenfalls bestehende Einheit integriert werden kann. Dabei sind nicht nur die Patentaktivitäten als solche zu berücksichtigen – es spielen auch Kostenaspekte sowie die Verteilung der Kompetenzen und Verantwortlichkeiten eine wichtige Rolle (Mittelstaedt 2009). Grundsätzlich ist aber erst einmal festzustellen, dass die Organisation des Patentmanagements in Unternehmen abhängig von deren Größe unterschiedlich gehandhabt wird (Hentschel 2007 und Huch 2001).

In KMUs wird die Patentverantwortung häufig vom Geschäftsführer oder Entwicklungsleiter übernommen, der in der Regel direkt mit externen Patentanwälten zusammenarbeitet (Gassmann und Bader 2006). In größeren KMUs und in Großunternehmen existieren eher eigene Patentabteilungen, die innerhalb der Organisationsstrukturen der Unternehmen in Linie organisiert sind oder als eigene Stabsabteilungen geführt werden. In börsennotierten Unternehmen ist das Patentmanagement oftmals in den Rechtsbereich (*corporate legal*) auf der

Vorstandsebene integriert, insbesondere dann, wenn das Unternehmen in diesem Bereich neben Rechtsanwälten auch eigene Patentanwälte beschäftigt.

In technologieorientierten Unternehmen liegt es nahe, das Patentmanagement innerhalb des Technologiemanagements anzusiedeln, dem ein Technischer Leiter (*Chief Technical Officer* (CTO)) oder Technischer Geschäftsführer vorsteht. Innerhalb des üblicherweise mitarbeiterstarken zentralen Bereichs Technologiemanagement leitet der CTO die operativen Konstruktions- und Entwicklungsbereiche sowie die Forschungsbereiche, sofern eine unternehmensinterne Forschungs- oder Vorentwicklungsabteilung vorhanden ist. In die Verantwortung eines CTO fallen zudem das Projektmanagement, welches unter anderem Produktentwicklungs- und Herstellungsprozesse bereitstellt, sowie das Produktmanagement, sofern letzteres nicht dem Marketing- und Vertriebsbereich angehört.

Durch die Entwicklung schlanker Organisationskonzepte (*Lean Management*) mit dem Ziel, Unternehmensbereiche wie beispielsweise das Technologiemanagement in kleinen, flexiblen und effizienten Organisationseinheiten zu strukturieren, verschmilzt oftmals das Technologiemanagement das Innovationsmanagement mit dem Patentmanagement in einen Unterbereich, der parallel zum klassischen FuE-Management existiert.

Durch die starke Verknüpfung und Interaktion des Patentmanagements mit dem Innovationsmanagement sowie den engen Bezug zum Produktmanagement (Marketing) und Projektmanagement nimmt das Patentmanagement eine der weitreichendsten Querschnittfunktionen im Unternehmen ein. In vielen Unternehmen hat sich aus der klassischen Linien- bzw. Stabsstellenorganisation[6] eine sogenannte Matrixstruktur[7] herausgebildet. Abbildung 6.2 zeigt beispielhaft eine solche Organisation des Patentmanagements (*IP-Management*) in einem internationalen Technologieunternehmen.

Innerhalb des Patentmanagements ist ferner zu berücksichtigen, ob dieser Bereich das Management nicht-technischer Schutzrechte oder ausschließlich technischer Schutzrechte übernimmt. Das Management nicht-technischer Schutzrechte wie Marken, Designschutz, Domains oder Urheberrechte (*copyrights*) wird in Unternehmen häufig von den Rechtsabteilungen übernommen. Das Management technischer Schutzrechte verlangt hingegen nach guten technischen Kenntnissen, oftmals erlangt in einer fortgeschrittenen Konstruktions- oder Entwicklungskarriere, gepaart mit einem Grundwissen über patentjuristische Zusammenhänge sowie gewissen

---

[6] Eine Linienorganisation ist eine Form der Aufbauorganisation, bei der den Instanzen zur Unterstützung entsprechende Stabsstellen zugeordnet werden. Vgl. http://wirtschaftslexikon.gabler.de/Definition/stab-linienorganisation.html, Abruf 20.01.2016.

[7] Die Grundform einer mehrdimensionalen Organisationsstruktur wird Matrixorganisation genannt. Vgl. http://wirtschaftslexikon.gabler.de/Definition/matrixorganisation.html, Abruf 20.01.2016.

6 Management von Patenten

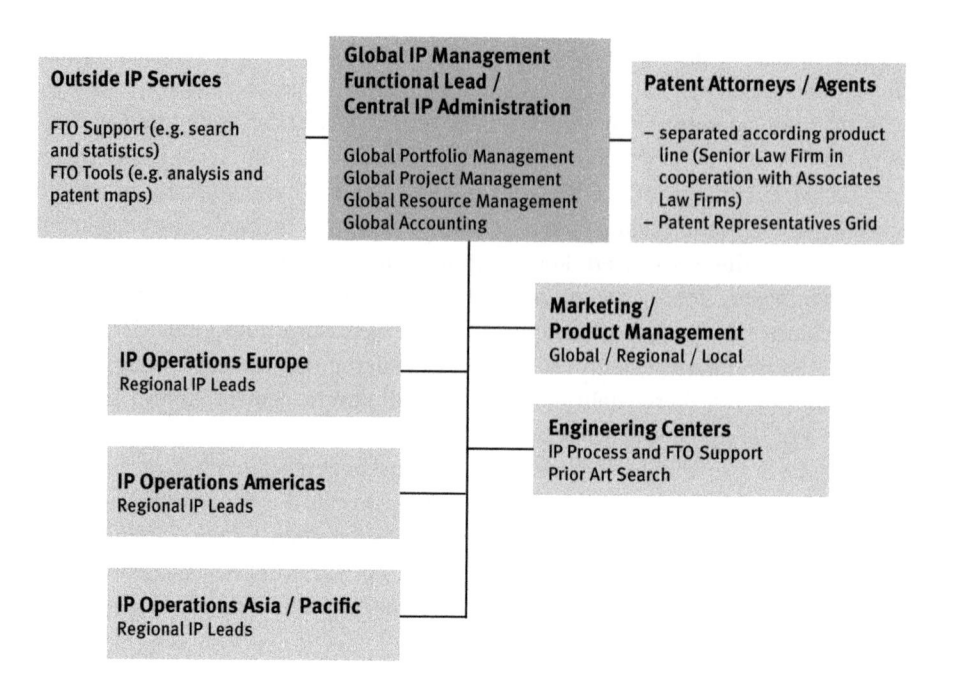

```
Outside IP Services              Global IP Management             Patent Attorneys / Agents
                                 Functional Lead /
FTO Support (e.g. search         Central IP Administration        – separated according product
and statistics)                                                     line (Senior Law Firm in
FTO Tools (e.g. analysis and     Global Portfolio Management        cooperation with Associates
patent maps)                     Global Project Management          Law Firms)
                                 Global Resource Management       – Patent Representatives Grid
                                 Global Accounting

                                                                  Marketing /
                                                                  Product Management
                                                                  Global / Regional / Local
        IP Operations Europe
        Regional IP Leads
                                                                  Engineering Centers
                                                                  IP Process and FTO Support
                                                                  Prior Art Search
        IP Operations Americas
        Regional IP Leads


        IP Operations Asia / Pacific
        Regional IP Leads
```

Abb. 6.2: Organisation des Patentmanagements (IP-Management) in einem internationalen Technologieunternehmen (Quelle: Eigene Darstellung).

Verwaltungskenntnissen und ausgeprägten Fähigkeiten im Projektmanagement. Die im Patentmanagement erforderlichen Verwaltungskenntnisse sind wiederum zum Teil nach innen gerichtet und auf die eigenen Verwaltungsprozesse abgestellt, aber teilweise auch nach außen, auf Prozesse und Verfahrensführung in der Zusammenarbeit mit dem jeweiligen Patentanwalt und Patentamt, gerichtet.

Des Weiteren ist festzustellen, dass Großunternehmen dazu übergegangen sind, Tochterunternehmen zu gründen, die sich als externe Technologiegesellschaften mit dem Patentmanagement, der reinen Patentverwaltung und – im Auftrag des Mutterunternehmens – mit Patentstreitigkeiten auseinandersetzen. Solche eigenständigen, ausgelagerten Organisationseinheiten bieten den Unternehmen vielfältige Freiräume, um strategische oder monetäre Ziele jenseits des originären Geschäftsbetriebs zu erreichen (Gassmann und Bader 2006).

Kurzum, das Patentmanagement agiert im Unternehmen innerhalb des Bereiches Technologiemanagement und darüber hinaus mit dem Projektmanagement, dem Produktmanagement (Marketing) und der Rechtsabteilung. Nach außen hin agiert das Patentmanagement häufig mit externen Juristen, insbesondere Patentanwälten, externen IP-Servicedienstleistern, Patentämtern und Patentgerichten (mit letzteren beiden nur dann, wenn unternehmensinterne Patentassessoren bzw. Patentanwälte vorhanden sind).

6.3 Aktionsrahmen des Patentmanagements

Das Patentmanagement hat die Aufgabe, die Organisation sowohl in betrieblicher als auch in kultureller Hinsicht dahingehend zu verbessern, dass ein patentförderndes Umfeld geschaffen wird (Tiefel und Dirschka 2007). Neben der Herstellung, Aufrechterhaltung oder Verbesserung der patentfördernden Umgebung hat das Patentmanagement aber noch zahlreiche weitere Aufgaben zu erfüllen. So muss es beispielsweise sicherstellen, dass die in der FuE-Abteilung generierten Ideen mit Erfindungscharakter erkannt und schließlich auch zum Patent angemeldet werden. Denn oft schätzen Ideengeber bzw. Erfinder ihre Erfindungen als trivial ein und geben daher keine Meldung an die Patentabteilung. In diesem Sinne muss das Verständnis für patentwürdige Erfindungen vom Patentmanagement geschärft werden, damit potenziell bedeutende Erfindungen nicht ungeschützt bleiben oder dem Unternehmen auf anderem Wege verlorengehen (Chesbrough et al. 2009). Schlimmstenfalls werden diese Ideen respektive Erfindungen vom Wettbewerb zum Patent anmeldet und stehen plötzlich eigenen Entwicklungsabsichten oder der schon darauf aufgebauten Produktentwicklung im Wege.

Auch im Patentmanagement kann der klassische Managementprozess als Ausgangspunkt für Führung und Planung dienen. Bei der Planung differenziert man im Allgemeinen zwischen einer operativen und einer strategischen Planung (Steinmann und Schreyögg 2005). Die hierbei durchzuführenden operativen Maßnahmen dienen der Umsetzung und Kontrolle des strategisch Gewollten. Im Rahmen eines Unternehmens bedeutet dies, dass das operative Management alle Unternehmensaktivitäten umfasst, die mit dem Unternehmenszweck in Zusammenhang stehen und auf das Unternehmensziel ausgerichtet sind. Im operativen Management geht es also darum, *die Dinge richtig zu tun* (effizient), um heute und in naher Zukunft erfolgreich zu sein, wohingegen es im strategischen Management darum geht, *die richtigen Dinge zu tun* (effektiv), um auch in ferner Zukunft erfolgreich zu bleiben (Malik 2006). Das sich mit dem Patentmanagement überlagernde IP-Management sollte in nebengeordneter Funktion zum Innovationsmanagement einen kombinierten Managementansatz beherzigen: Das *Richtige* zum *richtigen* Zeitpunkt *richtig* tun! Dabei gilt unabhängig von der Organisationsform des Patentmanagements: Was in der einzelnen Patentangelegenheit juristisch richtig ist, wird fast ausnahmslos vom jeweiligen Patentrecht bestimmt. Was im operativen Patentmanagement richtig ist, wird vom strategischen Patentmanagement vorbestimmt. Fehlt es an einem strategischen Patentmanagement, muss das operative Patentmanagement dieses Fehlen durch geschickte Taktik ausgleichen. Diese richtet sich oft ausnahmslos nach den gegebenen äußeren Umständen und hat daher keinen Bestand für einen weiteren Zeithorizont.

Im Folgenden wird auf die operative Ausprägung des Patentmanagements eingegangen, um anschließend strategische Ausprägungen des Patentmanagements aufzuzeigen. Aus deren Zielstellungen lassen sich dann jeweils verschiedene

Aufgabenfelder mit den auszuführenden Tätigkeiten für das operative und strategische Patentmanagement ableiten (siehe hierzu und im Folgenden Berman 2002, Bielig 2013, Cantrell 2009, Däbritz 2001, Ernst 2002, Faix 1998, Harhoff und Hoisl 2010, Harhoff und Reitzig 2001, Harrison und Sullivan 2011, Huch 2001, Mohnkopf 2008, Specht et al. 2006, Sullivan und Harrison 2008, Tiefel und Dirschka 2007, Weber et al. 2007 sowie Wurzer 2004).

6.3.1 Aufgabenfelder des operativen Patentmanagements

Die Organisation des operativen Patentmanagements sollte sich an dessen Aufgaben ausrichten. Mit den operativen Aufgaben wird das Alltagsgeschäft im Umgang mit Patenten bewältigt. Die Aufgaben betreffen den Ideenfindungsprozess, den Prozess der Reifung einer Idee bis zur Erfindungsmeldung, die Ausarbeitung der Anmeldungsunterlagen, den Anmeldeprozess, die Aufrechterhaltung der Schutzrechtsanmeldungen bzw. der erteilten Schutzrechte bis hin zur Verteidigung und Durchsetzung der Patente. Hierin bestehen sozusagen die *Kardinalaufgaben* des operativen Patentmanagements. Zusätzliche, die Entwicklungsarbeit unterstützende Aufgaben sind das Beobachten des Standes der Technik, die Fremdpatentüberwachung (*monitoring*) und das Vorgehen gegen störende Fremdpatente sowie – innerhalb von FTO-Projekten – das Etablieren und Durchführen von FTO-Prozessen.

Im Folgenden werden mehrere Aufgabenfelder des operativen Patentmanagements mit ihren auszuführenden Tätigkeiten definiert, ohne einen Anspruch auf Allgemeingültigkeit oder Vollständigkeit zu erheben.

Management von Ressourcen
Ein wichtiges Aufgabenfeld des operativen Patentmanagements ist das Ressourcenmanagement. Hier geht es um die Festlegung von Verantwortlichkeiten und Aufgaben (Organigramm, Stellenbeschreibung), die Auswahl und Führung geeigneten Personals, die Weiterbildung des Patentfachpersonals und die Durchführung von Schulungen für bereichseigenes Personal, sowie Mitarbeiter aus der FuE. Des Weiteren muss das Patentmanagement die in der FuE tätigen Mitarbeiter dazu motivieren, die Bedeutung der Patentierung eigener Erfindungen zu erkennen und dementsprechend Ideen in ausreichender Anzahl zu generieren (Stephan 2010). Zudem sollte neben den eigenen Schutzrechtsanstrengungen immer die Absicherung des eigenen technischen und wirtschaftlichen Erfolgs durch entsprechendes Erzielen von FTO auf der Tagesordnung stehen. Das heißt, auch wenn keine eigenen erfindungswürdigen Ideen innerhalb von Entwicklungen entstehen, sollte zu jedem Zeitpunkt sichergestellt sein, dass bei neuen Entwicklungen nicht in den Schutzbereich valider Patente des Wettbewerbs eingegriffen wird.

Einerseits können Patente im Unternehmen organisch entwickelt, d. h. durch unternehmenseigene Ideen und darauf basierende Anmeldungen generiert, werden. Andererseits lassen sie sich aber auch anorganisch entwickeln. In letzterem Fall erlangt das Unternehmen beispielsweise durch Kooperation, Lizenzierung oder Kauf ganzer Schutzrechtsportfolios Zugang zu weiteren Patenten (Horter 2010). Die organische Patentgenerierung hat demnach eine primäre Bedeutung, wenn es darum geht, eigene Kompetenzen bzw. Erfindungen zu entwickeln und durch Patente abzusichern. Zu diesem Zweck muss das Unternehmen allerdings die Fähigkeit besitzen, Patente in ausreichender Zahl und Qualität zu generieren. Hierfür kann das Patentmanagement zusammen mit dem FuE-Bereich sowie der Personalabteilung die entsprechenden Rahmenbedingungen schaffen und sich dabei verschiedener Maßnahmen bedienen. Beispielsweise können diverse Anreize für Erfinder geschaffen werden, sei es durch die Zahlung von Erfindungsprämien oder durch die Bereitstellung zeitlicher und sachlicher Freiräume zur Ideengenerierung (Postinett et al. 2010). Damit unterstützt das Patentmanagement die Förderung einer *Innovationskultur* im Unternehmen (Sommerlatte et al. 2006). Weitere Möglichkeiten stellen inhaltliche Maßnahmen wie Schulungen für Erfinder und Mitarbeiter der Patentabteilung, interne Ideengenerierungs-Workshops oder die Öffnung von Kommunikationswegen zu unternehmensexternen Patentexperten und Facharbeitskreisen dar.

Finden und Generieren von Ideen
Das Finden und Generieren von Ideen kann das operative Patentmanagement dadurch vereinfachen, dass es den Verantwortlichen einen Zugang zu Patentinformationssystemen bietet oder Fachbücher und -publikationen zur Verfügung stellt. So können die Mitarbeiter den Entwicklungsbereich jederzeit durch eigenmotivierte Recherchen und ein zielgerechtes Literaturstudium auf neue Ideen bringen. Das extern erlangte Wissen (*proudly found elsewhere*) kann eine Grundlage dafür sein, eigene Entwicklungen zu überdenken und gegebenenfalls zu verbessern.

Regelmäßig stattfindende Ideen-Workshops bilden ebenfalls einen Rahmen zur Steigerung der Innovationsbereitschaft und -fähigkeit. Ideen finden heißt kreativ sein. Kreativität ist die Voraussetzung für jede Innovation, und so nutzen innovative Unternehmen nicht nur intuitive Kreativitätstechniken wie Brainstorming in Ideen-Workshops, sondern zunehmend auch systematische Kreativitätstechniken wie das Methodische Erfinden mit TRIZ[8] (Gundlach und Nähler 2006, Herb et al. 2000, Knieß 2006, Möhrle und Walter 2007, Pannenbäcker 2001 sowie Walter 2005). Auch innerhalb von FTO-Workshops werden oftmals Methoden der Ideengenerierung wie etwa

---

[8] TRIZ steht für die Theorie des erfinderischen Problemlösens. Sie wurde vor ca. 70 Jahren durch den russischen Erfinder Genrich Altshuller und seine Kollegen entwickelt. Vgl. http://www.triz-online.de oder auch http://triz-akademie.de/, Abruf 30.01.2016.

die Galeriemethode[9] genutzt, um den Gegenstand bzw. das Verfahren eines störenden Fremdschutzrechtes erfinderisch zu umgehen. Hierbei kann die Methode der Patentumgehung mittels TRIZ zusätzlich Anwendung finden.[10]

Bearbeitung und Bewertung von Erfindungsmeldungen

Auch wenn dem Generieren neuer Ideen in Unternehmen oftmals keine hohe Priorität beigemessen wird; in technologieorientierten Unternehmen werden regelmäßig Verfahren zur Herstellung modifizierter oder neuartiger Produkte entwickelt. Daher ist die Bearbeitung und Bewertung unternehmensinterner Erfindungen ein weiteres wichtiges Aufgabenfeld des operativen Patentmanagements. Im Detail geht es hier um die Klärung des erfindungsgemäßen Gegenstands oder Verfahrens, um eine vorläufige interne Prüfung der Erfindung hinsichtlich ihrer Patentfähigkeit und um die Rentabilität einer Patentanmeldung. Ferner geht es abschließend um die Entscheidung für oder gegen ein Patent, um die Geheimhaltung der Erfindung oder um eine sogenannte defensive Publikation der Erfindung (Pangerl 2009).

Nach Eingang der Erfindungsmeldung sollte das Unternehmen zeitnah über die aktive *Inanspruchnahme* der Erfindung entscheiden. Hierdurch sichert es sich das alleinige Recht auf die Erfindung; anderenfalls hat der Arbeitnehmer die freie Verfügung darüber. Auch wenn durch die Novelle des Arbeitnehmererfindergesetzes 2009 die aktive Inanspruchnahme aufgrund der sogenannten Inanspruchnahme-Fiktion[11] an sich hinfällig geworden ist, sollte ein Unternehmen seine diesbezügliche Absicht klar äußern und damit eine zusätzliche Rechtssicherheit schaffen (Bartenbach und Volz 2009, 2012). Zur Vorbereitung der Inanspruchnahme-Entscheidung sollte die Erfindung auf ihre wirtschaftliche Nutzbarkeit hin untersucht werden. Danach ist die Entscheidung zu treffen, ob die Erfindung als Patent oder alternativ als Gebrauchsmuster angemeldet werden soll. Falls parallel zum technischen Schutzrecht ein Designschutz auf stilistische Elemente der Erfindung angestrebt wird, sollte dieses zeitgleich zum technischen Schutzrecht eingereicht werden, damit die beiden Schutzrechtsanmeldungen keinen wechselseitig entgegenstehenden Stand der Technik etablieren. Zusätzlich sind laut Arbeitnehmererfindergesetz[12] (ArbnErfG) Fristen, Vergütungen und Bestimmungen einzuhalten, wenn ein Ausschließlichkeitsrecht für die Nutzung und Übertragung der Anmeldung gesichert werden soll.

---

9 Die Galeriemethode ist eine Kreativitätstechnik zur Lösung von Problemen, die sich besonders für die Anwendung in kleinen Gruppen eignet. Die Ideen werden über Skizzen, Zeichnungen oder Tabellen in einem strukturierten Wechsel von Einzelarbeit und Gruppendiskussionen entwickelt und konkretisiert. Vgl. http://www.unternehmerlexikon.de/galeriemethode/, Abruf 08.02.2016.
10 Vgl. https://www.vdi.de/uploads/tx_vdirili/pdf/2299249.pdf, Abruf 08.02.2016.
11 Die Inanspruchnahme-Fiktion besagt, dass Arbeitnehmererfindungen vier Monate nach ihrer Meldung automatisch auf den Arbeitgeber übergehen, wenn dieser die Erfindung nicht vorher freigibt.
12 Vgl. http://www.gesetze-im-internet.de/arbnerfg/, Abruf 26.01.2016.

Eine Erfindungsbewertung ist im Allgemeinen eine schwierige Angelegenheit, da hierbei gleichzeitig gesetzliche und unternehmensinterne Anforderungen zu erfüllen sind. Transparente Regelungen zur Beurteilung des Wertes einer Erfindung sind häufig unpraktisch oder überhaupt nicht vorhanden, sodass durchaus wirtschaftliche Interessenkonflikte zwischen dem Unternehmen und seinen Entwicklern und Erfindern entstehen können. Des Weiteren können Bewertungen von Erfindungen auch immer durch subjektive Einschätzungen der vom Unternehmer in diesem Zusammenhang benannten Experten geprägt sein, die ihr spezialisiertes Wissen als einzige Bewertungsgrundlage heranziehen (Burr et al. 2007). Die Einschätzung kann durch Kennzahlen festgelegt werden, und eine Durchschnittsbildung oder Gewichtung versucht Objektivität in den Beurteilungsprozess einzubringen (Bartenbach und Volz 2009, 2012). Inwiefern sich Alternativen entwickeln lassen oder ob die Wettbewerber ein großes Interesse an der Erfindung und seiner Anwendung haben, sind sogenannte außenstehende Kriterien zur zusätzlichen Beurteilung heranzuziehen. Weitere Kriterien sind aus den Fragen, wie einfach ein Nutzungsnachweis durch Dritte erbracht werden kann oder ob das Unternehmen weiteren Verwendungsnutzen daraus ziehen kann, ableitbar (Gassmann und Bader 2011). Sinnvollerweise werden solche Bewertungen heute computergestützt in eigens dafür etablierten, am besten separat vorzuhaltenden Datenbanken durchgeführt, sodass auf einen aufwändigen Papierumlauf in den mit der Beurteilung befassten Abteilungen verzichtet werden kann. Schließlich gilt es auf der Geschäftsführungsebene, in Zusammenarbeit mit einem internen Anwalt oder einem außenstehenden Patentanwalt, zwischen einem wirtschaftlich nutzbaren Schutzbereich und der hypothetischen Durchsetzbarkeit abzuwägen.

Bei Erfindungen im Unternehmen, also sogenannten Diensterfindungen, sind das ArbnErfG und die gängigen Kommentare dazu in der Vergütungspraxis zu berücksichtigen (Bartenbach und Volz 2012). Hier geht es primär um die Fälligkeit einer Arbeitnehmererfindervergütung und die Berechnung der Vergütung. Sie wird aus dem Produkt des Erwartungswertes und des Anteilsfaktors errechnet. Der Erwartungswert spiegelt die wirtschaftliche Verwertbarkeit der Erfindung wider und kann nach Schätzungen, betrieblichem Nutzen oder Lizenzanalogie bestimmt werden (Kirchner et al. 2008). Der Anteilsfaktor setzt sich aus der Stellung des Erfinders im Betrieb, der zu lösenden Aufgabenstellung und aus den betriebsseitig zur Verfügung gestellten Hilfsmitteln zusammen. Dieser Faktor ist folglich nur bei Diensterfindungen anzusetzen, nicht aber bei freien Erfindungen, da freie Erfinder in der Regel nicht auf unternehmensinternes Wissen und Material zugreifen können.

Recherche und Analyse der Schutzrechtsinformationen
Die Aufgabe der Patent- und Literaturrecherche nach Stand der Technik besteht darin, Informationen zusammenzustellen und im Zuge dessen relevante von weniger relevanten oder gar redundanten Informationen zu unterscheiden. Dabei erhöhen Werkzeuge zur quantitativen (statistischen) und qualitativen (inhaltlichen)

Durchführung von Patentanalysen den Aussagegehalt der Recherchen und bringen den Rechercheuren und den mit der Patentanalyse befassten internen oder externen Mitarbeitern wertvolle Erkenntnisse, die vielseitig eingesetzt werden können.

Durch die Recherche nach Patentinformationen kann in den meisten Fällen eindeutig festgestellt werden, ob eine bestimmte Erfindung bereits patentiert bzw. zum Patent angemeldet und somit veröffentlicht wurde und damit womöglich einer eigenen Entwicklungsabsicht oder Patentanmeldung entgegensteht.

Patentinformationen werden seitens der Patentämter kostenfrei zur Verfügung gestellt und können dort von jedermann eingesehen werden. Die Aufgabe des operativen Patentmanagements ist es nun, diese Patentinformationen unter Anwendung geeigneter Mittel, Methoden und Prozesse zu erfassen, zu speichern, bereitzustellen und zu bewerten. Die Recherche nach Patenten und anderen Literaturquellen, also nach dem druckschriftlichen Stand der Technik, stellt die erste Stufe eines FTO-Prozesses dar.

Sodann sind die Rechercheergebnisse sorgfältig zu analysieren (Bendl und Weber 2013). In dieser zweiten Stufe des FTO-Prozesses können weitere Informationen zur Überprüfung der Rechtsbeständigkeit von Schutzrechten und deren rechtlicher Reichweite herangezogen werden. Dieses analysierte Wissen lässt sich gezielt für eigene Schutzrechtanmeldungen sowie gegen Fremdschutzrechte einsetzen. Aus den aufbereiteten Rechercheergebnissen lassen sich zudem wirtschaftliche Erkenntnisse ableiten und beispielsweise für die Technologiebewertung, die Trend- und Wettbewerbsanalyse sowie zum Erwerb und zur Verwertung von Schutzrechten verwenden. Für diese Anwendungsfelder stehen zahlreiche Werkzeuge der Patentanalyse bereit, die sich verschiedener Techniken des Data-Mining und Text-Mining bedienen und gezielt metadatenbasierte, textbasierte und rechtsbezogene Patentinformationen auswerten.

Bewertung der Recherche
Eine weitere Aufgabe des operativen Patentmanagements stellt die Bewertung der Recherche mit dem Ziel der Ableitung von Handlungsoptionen dar. Dabei geht es insbesondere um die Entwicklung von Bewertungskriterien aus der eigenen Zielsetzung heraus, um anhand dieser Kriterien überprüfen zu können, ob das Rechercheziel erreicht wurde.

Geeignete Bewertungskriterien und -maßstäbe sind wichtig, weil sie verhindern dass damit Bewertungen und daraus resultierende Entscheidungen durch unkalkulierbare und rein subjektive Einschätzungen beeinflusst werden. Bezüglich der Schwächen und Stärken des Rechercheergebnisses muss eine aktive Reflektion und gegebenenfalls sogar eine Gegenprüfung (*double check*) stattfinden, wodurch das Risiko von Fehlinterpretationen verringert wird. Dabei setzt sich der Rechercheur mit den Grenzen und Möglichkeiten der verwendeten Datenbanken auseinander und kann Empfehlungen darüber aussprechen, welche Suchmaschinen sich für das jeweilige

Untersuchungsziel eignen und die weitreichendsten Untersuchungsergebnisse erwarten lassen. Die Qualität der Suchergebnisse kann mittels des Recall- und Precision-Maßes verbessert werden. Je genauer das Rechercheresultat sein soll, desto mehr Zeit und Kosten müssen aufgewendet werden.

Erarbeitung der Anmeldungsunterlagen zur Einreichung beim Patentamt
Die Erarbeitung der Anmeldungsunterlagen und schließlich die Einreichung der technischen Schutzrechte sind weitere wichtige Aufgaben des operativen Patentmanagements. So sind in diesem Zusammenhang die Unterlagen den Anforderungen des jeweiligen Patentamts entsprechend zusammenzustellen.

Im Rahmen dieser Aufgabe wird nach und nach ein Patentportfolio aufgebaut, das für die strategische Ebene der Unternehmensführung eine hohe Bedeutung hat. Schon bei der Schutzrechtsausarbeitung werden die Grundlagen für einen effizienten und erfolgreichen Prüfungs- und Erteilungsprozess beim jeweiligen Patentamt gelegt. Dabei sind beim Anmeldungsentwurf insbesondere die Offenbarung, die Art und Breite der Schutzrechtsansprüche sowie das Anlegen von Rückzugsoptionen in der Beschreibung der Erfindung ausschlaggebende Gestaltungsmöglichkeiten (Harhoff und Reitzig 2001). Aufgrund der zwingenden Einhaltung zahlreicher Formalien sollten Unternehmen, die erst wenig Erfahrung mit technischen Schutzrechten haben, unbedingt auf die Unterstützung eines externen Patentanwalts zurückgreifen. Dennoch besteht sowohl beim Patentanmelder als auch beim Patentanwalt immer die Schwierigkeit, das Wettbewerbsumfeld sowie eventuelle wirtschaftliche Wirkungen und den Nutzen der potenziellen Schutzrechtsanmeldung einzuschätzen. Dagegen kann der Patentanwalt die Standfestigkeit der potenziellen Anmeldung begutachten und in Zusammenarbeit mit dem Patentanmelder das Kosten-Nutzen-Verhältnis abschätzen, weil im Allgemeinen ein technisches Schutzrecht nicht um jeden Preis angestrebt werden sollte. In Zusammenarbeit mit dem Patentanwalt wird dann eine Anspruchsformulierung verfasst und die Patentanmeldung auf den Weg gebracht.

Des Weiteren ist im Rahmen dieser Aufgabe neben der Gestaltung der Patentanmeldung insbesondere die im Unternehmen vorhandene Anmeldestrategie zu berücksichtigen (Lang 2007). An dieser Stelle geht es ausdrücklich nicht um Themen des strategischen Patentmanagements, sondern um die Erarbeitung einer strategischen Perspektive in Bezug auf die Anmeldungstaktik aus operativen Beweggründen. Falls – aus welchen Gründen auch immer – kein strategisches Patentmanagement im Unternehmen etabliert ist, so sollte zumindest eine aus rein taktischen Erwägungen heraus entstandene Anmeldestrategie im operativen Patentmanagement umgesetzt werden. Auf diese Weise kann eine territoriale Anmeldestrategie verfolgt werden. Hierbei geht es um die Entscheidung für eine nationale, regionale oder internationale Anmeldung. Die nationale Anmeldung im eigenen Land ist in vielen Patentgesetzgebungen, z.B. auch in Deutschland, rechtsverbindlich vorgeschrieben. Sie stellt zumeist auch die günstigste Anmeldungsoption dar und wird von vielen in

Deutschland ansässigen technologieorientierten Unternehmen genutzt (Harhoff und Reitzig 2001). Neben nationalen prioritätsstiftenden Patentanmeldungen kann ein Unternehmen aber auch regional gültige Patentanmeldungen, wie etwa EP-Patente (inklusive Rechtswirkung in Deutschland) oder innerhalb des sogenannten Prioritätsjahres auch internationale Patentanmeldungen, wie z.B. eine bei der WIPO in Genf einzureichende PCT-Anmeldung, anstreben (Harhoff und Reitzig 2001 sowie Weber et al. 2007).

Weitere Anmeldestrategien können nach aktiven und passiven Handlungsmustern unterschieden werden (Gassmann und Bader 2011). Die aktiven Maßnahmen stärken die eigene Patentaktivität und schaffen FTO (Bergmann 2011). Die passiven Maßnahmen beinhalten keine eigenen Patentaktivitäten; sie verfolgen lediglich das Ziel, den Handlungsspielraum der Wettbewerber einzuschränken, indem sie beispielsweise einen durch sogenannte Sperrpatente geschützten Stand der Technik schaffen. Dieses passive *in Verkehr bringen* bzw. Einflussnehmen auf den Stand der Technik kann aber auch durch gezielte Veröffentlichungen geschehen. Zwar ist dann kein Ausschließlichkeitsrecht der Nutzung mehr möglich, aber der Wettbewerb kann auch kein außenstehendes Schutzrecht mehr bezüglich des gleichen Gegenstandes oder Verfahrens erlangen.

Einreichung der technischen Schutzrechte
Sind die Anmeldungsunterlagen vom operativen Patentmanagement in enger Zusammenarbeit mit dem Erfinder und dem Patentanwalt erst einmal erarbeitet, kann die Anmeldung des Patents, oftmals mit gleichzeitiger Stellung eines Recherche- oder Prüfungsantrags, bei einem Patentamt wie dem EPA oder DPMA eingereicht werden. Sie muss in schriftlicher Form und beim DPMA prinzipiell in deutscher Sprache erfolgen. Wird die Anmeldung beim DPMA in englischer oder französischer Sprache eingereicht, muss innerhalb von 12 Monaten, spätestens jedoch 15 Monate nach dem Prioritätstag, eine deutsche Übersetzung nachgereicht werden. Wird die Anmeldung in einer anderen Fremdsprache eingereicht, ist die Übersetzung innerhalb von drei Monaten nach dem Anmeldetag nachzureichen. Innerhalb von drei Monaten nach dem Anmeldetag ist auch die Anmeldegebühr zu entrichten; ansonsten gilt die Anmeldung als zurückgenommen.

Mit dem Tag der Anmeldung ist das Prioritätsdatum festgelegt. Dieses Datum bestimmt grundsätzlich, welcher Stand der Technik bei der Prüfung der zum Patent oder zum Gebrauchsmuster angemeldeten Erfindung durch das Patentamt zu Grunde zu legen ist. Die Anmelder müssen bei der Einreichung darauf achten, dass sie die wesentlichen Merkmale der Erfindung genau beschrieben, zeichnerisch dargestellt und möglichst weitreichend beansprucht haben. Der Patentanmelder muss seine Erfindung ferner mit dem Einreichen der Anmeldung komplett und vollumfänglich darstellen (offenbaren). Eine nachträgliche Erweiterung der mit der Patentanmeldung gegebenen technischen Information ist nicht zulässig. Der Schutzrechtsanmelder hat im Falle einer DE-Anmeldung beim DPMA innerhalb eines Jahres nach dem Anmeldetag durch Inanspruchnahme einer sogenannten inneren Priorität die Möglichkeit, weitere Details oder auch eine Weiterentwicklung der ursprünglichen Erfindung zu ergänzen und in einer Nachanmeldung einzureichen. Aus den vorgenannten Gründen sollten die zur Einreichung bestimmten Unterlagen stets durch einen Patentanwalt auf Vollständigkeit hin überprüft werden. Der Anwalt nimmt dann auch die Einreichung der Patentanmeldung vor.

Grundsätzlich sollten alle Formerfordernisse der Patentämter eingehalten werden. Denn insbesondere das USPTO verleiht einer Patentanmeldung erst dann ein Prioritätsdatum, wenn sämtliche der Form entsprechenden Unterlagen nebst Anmeldungsgebühr eingegangen sind. Die Formerfordernisse lassen sich im Allgemeinen bei den Patentämtern erfragen oder über das Internet abrufen.[13] Auch die Zahlung der jeweiligen Jahresgebühren zur Aufrechterhaltung der Schutzrechtsanmeldung ist fristgerecht zu leisten, weil die Anmeldung sonst als zurückgenommen gilt.

Bearbeitung der Prüfungsbescheide
Eine wichtige Aufgabe des operativen Patentmanagements ist die Bearbeitung der Prüfungsbescheide. Die amtlichen Prüfungsbescheide erhält in der Regel der die Patentanmeldung vertretende Patentanwalt, welcher daraufhin den Patenanmelder und das dort ansässige Patentmanagement kontaktiert. Hierbei gilt es zu beachten, dass fristgerecht und situationsabhängig gegen die Prüfungsbescheide des jeweiligen Patentamts vorgegangen wird. Das Führen eines sogenannten Terminbuchs ist daher unabdingbar (Kramer 2008).

Das Ziel dieser Aufgabe des operativen Patentmanagements besteht demnach darin, die eingereichte technische Schutzrechtsanmeldung gegenüber Entgegenhaltungen durchzusetzen. Solche inhaltlich relevanten Entgegenhaltungen können zu negativen Amtsbescheiden in Bezug auf Neuheit, erfinderische Tätigkeit und fehlende gewerbliche Anwendbarkeit führen, oder die Anmeldung wird aufgrund formeller Einwänden bzw. einer nicht ausreichenden Offenbarung zurückgewiesen. Aufgrund der Möglichkeit solcher Einwände sollten vorab Rückzugsoptionen in die Beschreibung der Erfindungsanmeldung eingebaut werden. Häufig müssen nämlich während des Prüfungsverfahrens vor dem Patentamt Einschränkungen des ursprünglich eingereichten Schutzumfangs vorgenommen werden. Dabei wird stets zwischen der nach Einschränkung verbleibenden Wirtschaftlichkeit des zukünftigen Schutzrechts für das Unternehmen und der Aufgabe des Schutzrechtsbegehrens abgewogen. Bei solchen Überlegungen ist eine intensive Kommunikation mit

---

[13] Vgl. beim DPMA unter http://www.dpma.de/patent/formulare/, beim EPA unter http://www.epo.org/applying/forms-fees_de.html oder beim USPTO unter http://www.uspto.gov/patent/patents-forms, Abruf 08.02.2016.

dem Patentanwalt wichtig, da er das Unternehmen vor dem Patentamt vertritt und in Zusammenarbeit mit ihm die entsprechenden Beantwortungen der Prüfungsbescheide oder weitere umzusetzende Maßnahmen erarbeitet. Neben der Nutzung etwaiger Rückzugsoptionen und weiterer Einschränkungen sind während des Patentprüfungsverfahrens auch immer wieder Überlegungen zu Teilungsanmeldungen oder zur Weiterführung der Anmeldung mit geänderten Ansprüchen anzustellen. Diese können als strategische Maßnahmen dem Unternehmen dabei helfen, im späteren Verlauf die erteilten Schutzrechte gegen Verletzer durchzusetzen oder Schutzrechtsfamilien mit erweitertem Schutzumfang und hoher Rechtsbeständigkeit zu generieren.

Verwaltung der Schutzrechte
Auch die Verwaltung der Schutzrechte sowie der Aufbau und die Verwaltung des Patentportfolios bilden ein Aufgabenfeld des operativen Patentmanagements. Dabei geht es um die Dokumentation und Speicherung aller Schutzrechtsdaten, insbesondere der Korrespondenz mit außenstehenden Patentanwälten, gegebenenfalls auch mit Patentämtern, Patentgerichten und sonstigen Behörden, die aus unterschiedlichen Gründen während des Lebenszyklus eines Patents entstanden ist. Zudem bereitet das Patentmanagement – je nach Aufstellung des administrativen Bereichs – ergänzende statistische Auswertungen für das regelmäßige Berichtswesen (*reporting*) an die Entwicklungsleitung bzw. Geschäftsführung vor. Damit unterstützt es Prozesse auf der operativen wie auch auf der strategischen Ebene.

Zu den Schutzrechtsdaten gehören sämtliche bibliografischen Daten sowie Informationen der eigenen Schutzrechte in Bezug auf Ansprüche, Anmeldungsländer, Aufrechterhaltungsgebühren, Erfinder, Erfindungsvergütungen, Unterlagen und Korrespondenzen zu etwaigen Einsprüchen gegen eigene Schutzrechte sowie Bewertungen potenziell störender Schutzrechte. Die benötigten Daten aus anderen Geschäftsbereichen werden über Schnittstellen zur Verfügung gestellt. Zu diesen Daten zählen alle aus dem Produktmanagement oder dem Vertrieb stammenden produktbezeichnenden Informationen, die eine konkrete Nutzung der Schutzrechte an Produkten oder das in Verkehr bringen dieser Produkte in einem bestimmten Land dokumentieren. Diese umfassen Broschüren, Flyer, Internetauftritte, Werbeaussagen sowie Messestandaufnahmen.

Für viele Verwaltungsaufgaben, wie z.B. die Berechnung der Arbeitnehmererfindungsvergütung, die Einhaltung von Fristen oder die Ablage von Recherchedaten und Rechercheergebnissen, kann das operative Patentmanagement mittlerweile auf verschiedene integrierte Patentrecherche-, Informations- und Datenbanksysteme, so etwa XPAT[14] oder Patricia®[15], zurückgreifen. Dabei handelt es sich in der Regel um

---
14 Vgl. http://www.interhost.de/xpat_akte.html, Abruf 07.01.2016.
15 Vgl. http://www.serviva.com/produkte/patricia/, Abruf 07.01.2016.

datenbankgestützte und oftmals webbrowser-basierte Angebote zur Verwaltung von Patentdokumenten aller Art. Diese ermöglichen einen schnellen Zugriff auf einzelne Informationen und die Einrichtung individueller Patentdaten-Workflows innerhalb einzelner Entwicklungsbereiche (Kramer 2008, Möhrle et al. 2010 sowie Steinbrecher und Müll-Schnurr 2010). Je nach Anforderungen, Bedürfnissen und Möglichkeiten von KMUs und Großunternehmen wie auch von Patentanwaltskanzleien können diese Informationssysteme anhand einzelner Module nutzerspezifisch ausgebaut werden. Als weitere Beispiele seien die Systeme Anaqua[16], Genese[17], PatOrg[18] oder Uranus[19] erwähnt.

Die Verwaltung des Patentportfolios zielt nicht nur auf rein administrative Vorgänge, sondern auch auf die aktive Führung des Patentportfolios, um kurz- und mittelfristige Entscheidungen auf operativer Ebene herbeiführen zu können. So kann z.B. eine Entscheidung darüber anstehen, inwieweit aus taktischen Gründen das Portfolio ausgebaut werden soll. Der Ausbau kann sich dabei primär an dem Patentportfolio des stärksten Wettbewerbers oder aber an den Kernkompetenzen des eigenen Unternehmens orientieren. Ferner können auch kostenbezogene Aspekte im Vordergrund stehen, die in einer Konsolidierung des Patentportfolios in Richtung starker Märkte münden, sodass ein Patentschutz ausschließlich in Ländern erworben oder ausgebaut wird, in denen auch die Hauptwettbewerber produzieren oder schwerpunktmäßig verkaufen.

Das aktive Management des Patentportfolios ist insbesondere bei börsennotierten Unternehmen eine Pflichtübung, damit dynamisch auf sich verändernde Markt- und Wettbewerbssituationen reagiert werden kann. Ein statisches, passiv angelegtes Portfoliomanagement kann lediglich dazu dienen, einen aktuellen Zustand gegenüber der Wettbewerbssituation *einzufrieren* oder die Patentportfoliogröße in geringem Maße zu variieren. Das Patentportfoliomanagement stellt somit ein bedeutendes Aufgabenfeld des operativen Patentmanagements dar, das sich in den weitaus meisten Fällen direkt aus dem strategischen Patentmanagement ableitet und – je nach Ausrichtung – einen großen Einfluss auf die Kostengestaltung des Patentmanagements hat.

Verteidigung und Durchsetzung von Schutzrechten
Des Weiteren setzt sich das operative Patentmanagement mit dem Einlegen von Einsprüchen bzw. Beschwerden[20] gegen erteilte und rechtskräftige Fremdschutzrechte auseinander. Der Sachverhalt eines Einspruchs gleicht in groben Zügen dem eines formellen Widerspruchs gegen einen Amtsbescheid. Wie beim formellen Widerspruch

---

16 Vgl. http://www.anaqua.com/de, Abruf 07.01.2016.
17 Vgl. http://www.genese.de/de/, Abruf 07.01.2016.
18 Vgl. https://www.patorg.de/?page=PatOrg, Abruf 07.01.2016.
19 Vgl. http://www.uranus-software.de/, Abruf 07.01.2016.
20 Vgl. http://www.ipwiki.de/patentrecht:einspruchsbeschwerdeverfahren, Abruf 30.01.2016.

muss der Einspruch nicht nur wirksam mittels eines schriftlichen Antrags beim Patentamt, z.B. beim DPMA oder EPA, eingelegt werden, sondern er muss auch begründet sein. Einspruchsgründe können aufgrund fehlender Neuheit, fehlender erfinderischer Tätigkeit oder fehlender Ausführbarkeit der Erfindung gegeben sein. Ferner müssen Bedenken gegen die Patentfähigkeit eines Gegenstandes oder Verfahrens der Einspruchsabteilung des DPMA oder des EPA substantiiert vorgetragen werden. Einen solchen Vortrag stellt in der überwiegenden Anzahl der Fälle ein Patentanwalt zusammen, wobei die dokumentarische Vorarbeit vom Patentmanagement geleistet wird. Dieses trägt hierfür entweder alle in Betracht kommenden Belege einer Vorbenutzung durch die Einsprechenden oder den druckschriftlichen Stand der Technik, der nachweislich und eindeutig vor dem Prioritätsstichtag des Streitschutzrechts entstanden sein muss, zusammen. Neben einem Patentanwalt kann auch jeder Einsprechende sich selbst, bzw. nach Vollmachtausstellung auch ein Mitarbeiter aus dem Patentmanagement das Unternehmen vor der Einspruchsabteilung des Patentamtes vertreten.

Das Einspruchsverfahren erfolgt prinzipiell auf schriftlichem Wege, hilfsweise kann von der einsprechenden Partei oder in der Erwiderung der Patentinhaberin des Streitpatents auf den Einspruch hin eine Verhandlung im mündlichen Verfahren vor der Einspruchsabteilung beantragt werden. Falls sich das Einspruchsverfahren auf rein schriftlichem Wege führen lässt, erfolgt in der Regel eine Entscheidung aufgrund der Aktenlage.

Die Entscheidung der Einspruchsabteilung ergeht immer zum Ende der Verhandlung, was zu einer Rechtsklarheit bzw. Rechtssicherheit innerhalb des Verhandlungstages führt. Nachdem die Entscheidung über Aufrechterhaltung, Widerruf oder Einschränkung des Streitpatents gefallen ist, stehen sowohl dem Einsprechenden (angreifende Partei) als auch dem Patentinhaber (verteidigende Partei) weitere Optionen zur Verfügung. Er kann zum einen entweder die Entscheidung akzeptieren oder innerhalb von zwei Monaten nach Zugang der schriftlichen Einspruchsbegründung Beschwerde gegen die Entscheidung einlegen. Zum anderen kann zu einem späteren Zeitpunkt versucht werden, das Schutzrecht auf gerichtlichem Wege durch einen Nichtigkeitsantrag zu Fall zu bringen.

Die Beschwerdekammern des EPA sind Gerichten gleichgestellt und genießen in diesem Sinne Unabhängigkeit. Mitglieder der Beschwerdekammern sind nicht an Weisungen des EPA-Präsidenten gebunden. Die Große Beschwerdekammer, welche oftmals irrtümlich als Berufungsinstanz zu den eigentlichen Beschwerdekammern angesehen wird, ist keine echte weitere Instanz auf der Ebene der Beschwerdekammern, wenngleich mit dem EPÜ im Jahre 2000 prinzipiell eine Möglichkeit der Überprüfung schwerer Verfahrensfehler durch die Einrichtung der Großen Beschwerdekammer geschaffen wurde. Sie ist daneben auf höchster Ebene für die Abgabe von Stellungnahmen zu generellen Rechtsfragen, die ihr vom Präsidenten des EPA zur Klärung überstellt werden, zuständig und sichert die einheitliche Rechtsanwendung.[21]

---

21 Vgl. https://www.epo.org/law-practice/case-law-appeals/eba_de.html, Abruf 04.02.2016.

Beschwerden gegen das Ergebnis einer Einspruchsverhandlung bzw. eines schriftlichen Einspruchsverfahrens stellen vor dem DPMA die letzte Möglichkeit dar, die Rechtsbeständigkeit valider Fremdschutzrechte in einem amtlichen und nicht gerichtlichen Verfahren prüfen zu lassen. Weiterführende Details zu den Verfahrensgängen innerhalb der Einspruchs- und Beschwerdeverfahren können z.B. kostenfrei auf der Webseite des EPA[22] eingesehen werden.

Sollte ein potenzieller Einsprechender es vorziehen abzuwarten, um die Entwicklung der Wettbewerbssituation zu beobachten, hat er auch die Möglichkeit, später auf gerichtlichem Wege durch Stellen einer Nichtigkeitsklage zu versuchen, das valide Schutzrecht zu Fall zu bringen. Eine solche Klage kann zu jedem Zeitpunkt nach Erteilung eines Schutzrechts erfolgen, also auch nach Ablauf der Einspruchsfrist. Insbesondere bei Angriffen eines Patentinhabers aus einem validen Schutzrecht heraus, welches zudem womöglich noch ein Einspruchsverfahren und gegebenenfalls zusätzlich ein nachfolgendes Beschwerdeverfahren überstanden hat, bleibt dem Angegriffenen häufig nur der Weg zum Gericht. Hier kann der Angegriffene einen eventuell erfahrenen Patentverletzungsvorwurf ausräumen lassen oder im selben Verfahren versuchen, das störende Fremdschutzrecht komplett zu Fall zu bringen bzw. entschärfen zu lassen.

Verteidigung und Abwehr von Verletzungsvorwürfen
Die Tätigkeiten zu den Einspruchs- und Beschwerdeverfahren lassen sich innerhalb des operativen Patentmanagements dem Gebiet der Bearbeitung der Patentanmeldungen sowie der Verteidigung und Durchsetzung der Schutzrechte, also der sogenannten *Patent Prosecution*, zurechnen. Bei einer umfassenden Betrachtung der Aufgabenfelder des operativen Patentmanagements kommt man aber nicht umhin, auch einen Blick auf angrenzende Rechtsmittel im Zusammenhang von Patentstreitigkeiten und -verletzungen, also die sogenannte *Patent Litigation*, zu werfen. Im Folgenden geht es daher um das Aufgabenfeld der Verteidigung und Abwehr von Verletzungsvorwürfen. Dabei werden die am häufigsten genutzten Klagewege und Verfahren kurz umrissen, um in diesem Zusammenhang ausgewählte unterstützende Tätigkeiten des operativen Patentmanagements für den hierin ausschließlich tätigen rechtlichen Bereich zu erörtern.

Bevor es zu einer Klage bzw. Widerklage kommt oder weitere Rechtsmittel eingelegt werden, fragt der Patentinhaber in der Regel zuerst einmal bei dem der Patentverletzung Beschuldigten an, warum dieser sich dazu berechtigt sieht, das betreffende Patent zu nutzen. Wird eine solche Berechtigungsanfrage daraufhin nicht oder nur unbefriedigend beantwortet, erfolgt im Normalfall eine formelle Abmahnung

---

[22] Vgl. Richtlinien für die Prüfung im Europäischen Patentamt, Ausgabe November 2015. Teil D: Richtlinien für das Einspruchsverfahren und das Beschränkungs- bzw. Widerrufsverfahren. Vgl. https://www.epo.org/law-practice/legal-texts/guidelines_de.html, Abruf 04.02.2016.

des potenziellen Patentverletzers. Sollte die als unberechtigt angesehene Nutzung des Patents weiterhin anhalten, wird der Patentinhaber eine Verletzungsklage in Erwägung ziehen und bei dem zuständigen Verletzungsgericht gegen den mutmaßlichen Patentverletzer vorgehen.

In der überwiegenden Zahl der Fälle werden Nichtigkeitsklagen – als Widerklage auf eine Verletzungsklage hin – eingelegt. Eine Nichtigkeitsklage gegen ein rechtsgültiges Patent darf (mit Ausnahme des Patentinhabers selbst) prinzipiell jedermann einreichen. Dieses kann zunächst ohne den Nachweis eines berechtigten Rechtsschutzinteresses geschehen, und die Klage kann jederzeit während der Gültigkeit des betroffenen Patents eingereicht werden. Sollte zeitgleich ein Einspruchsverfahren gegen ein Streitpatent anhängig sein, kann das Klageverfahren ausgesetzt werden, solange über den Einspruch nicht entschieden bzw. die Einspruchsfrist gegen ein Streitpatent noch nicht verstrichen ist.

Der mutmaßliche Patentverletzer kann sich bei Bestehen eines unberechtigten Verletzungsvorwurfs mittels einer Nichtigkeitsklage als Reaktion auf die Verletzungsklage wehren. Dabei wird die Validität des Streitpatents, aus dem heraus geklagt wurde, von einem – in der Regel nicht-technischen – Richter beurteilt.[23] Aus Gründen der Verfahrensökonomie ist es möglich, in einer Sitzung einerseits über die Verletzung und andererseits auch über die Validität des Streitpatents zu entscheiden. Als Ergebnis kann das angegriffene Patent entweder aufrechterhalten werden (bei abgewiesener Nichtigkeitsklage) bzw. teilweise oder vollumfänglich als nichtig erklärt werden. Die erfolgreiche Nichtigkeitsklage führt demnach wie der Einspruch zum vollkommenen oder teilweisen Widerruf eines Streitpatents. Der Patentinhaber verliert durch den Widerruf rückwirkend alle bisher auf der Erteilung des Schutzrechts basierenden Rechtspositionen.

Grundsätzlich wird jedes Gericht zunächst einmal davon ausgehen, dass ein Patent gemäß der gültigen Ordnung vom Patentamt geprüft worden und damit auch vollumfänglich rechtsbeständig ist. Der an der Beseitigung des Schutzrechts Interessierte, sprich der mutmaßliche Patentverletzer, hat dann nur die Möglichkeit, beim Bundespatentgericht[24] in München eine Nichtigkeitsklage gegen das Patent einzureichen. Gelingt es dem an der Beseitigung Interessierten bzw. Patentverletzer, der Patentstreitkammer glaubhaft vorzutragen, dass er das Patent im Nichtigkeitsverfahren mit hoher Wahrscheinlichkeit zu Fall bringen kann, so vermag das Gericht das Verletzungsverfahren so lange auszusetzen, bis im Nichtigkeitsverfahren eine Entscheidung gefallen ist. Die zweite und letzte Rechtsmittelinstanz bei Nichtigkeits- bzw. Widerklagen gegen ein deutsches Patent ist der Bundesgerichtshof[25] in Karlsruhe.

---

23 Vgl. http://www.dpma.de/patent/patentschutz/durchsetzung, Abruf 30.01.2016.
24 Vgl. https://www.bundespatentgericht.de/cms/, Abruf 30.01.2016.
25 Vgl. http://www.bundesgerichtshof.de/DE/Home/home_node.html, Abruf 30.01.2016.

Feststellungsklagen werden im Normalfall von Parteien angestrengt, die wegen vermuteter Patentverletzung befürchten, konkret von einem Patentinhaber verklagt zu werden. Eine solche Partei kann durch Klage ihrerseits die Feststellung dessen beantragen, dass sie keine Verletzung des Schutzrechts begeht (negative Feststellungsklage).

Sieht sich eine Partei dem Verdacht der Schutzrechtsverletzung ausgesetzt und versucht, einen möglichen gegen sie gerichteten Verletzungsprozess mittels einer negativen Feststellungsklage zu blockieren, wird oft auch von einem sogenannten *italienischen Torpedo*[26] gesprochen. Anzumerken ist, dass eine solche Verschleppungstaktik nur auf europäischer Ebene, sprich bei vermuteter Verletzung eines EP-Patents, möglich ist. Zudem muss nach der Verordnung über die gerichtliche Zuständigkeit und die Anerkennung und Vollstreckung von Entscheidungen in Zivil- und Handelssachen (EuGVVO) die negative Feststellungsklage vor der eigentlichen Verletzungs- bzw. Leistungsklage eingereicht werden. Aufgrund von Artikel 27 Abs. 1 der EuGVVO[27] ist es nämlich unzulässig, parallel in zwei Mitgliedsstaaten des EPÜ um den gleichen Streitgegenstand zu prozessieren. Demnach kann ein EP-Schutzrechtsinhaber effektiv keine sogenannte Leistungsklage erheben, solange in der negativen Feststellungsklage nicht entschieden wurde.

Die sich einer potenziellen Schutzrechtsverletzung ausgesetzt empfindende Partei kann nach dem Grundsatz des *Forum Shoppings*[28] für das Einlegen der negativen Feststellungsklage auch ein Gericht im Mitgliedsland des EPÜ seiner Wahl anrufen. Damit die besagte Partei genügend Zeit hat, um eine drohende Leistungsklage zu blockieren und sich damit eine temporäre Geschäftsfreiheit zu verschaffen, sollte sie allerdings ein Mitgliedsland des EPÜ wählen, in dem Verletzungsverfahren erfahrungsgemäß langwierig sind. Insbesondere Italien und Belgien haben sich als EPÜ-Mitgliedsstaaten mit sehr langen Verfahrensdauern herausgestellt (Schmelz-Buchhold 2010). Daher der Begriff des *italienischen Torpedos*, wobei man korrekterweise in diesem Zusammenhang immer auch vom *belgischen Torpedo* sprechen sollte.

Last but not least sei die Schriftsatzhinterlegung erwähnt, die bei Gericht als Rechtsmittel eingelegt werden kann, solange nicht eindeutig geklärt ist, ob tatsächlich eine Verletzung vorliegt. Die von einer einstweiligen Verfügung bedrohte Partei hinterlegt gewissermaßen vorbeugend eine Schutzschrift. Auf diese Weise ist es möglich, einer vom Patentinhaber angestrengten gerichtlichen Eilbeschlussfassung, die zu einer einstweiligen Verfügung führen könnte, zuvorzukommen. Durch das Hinterlegen der Schutzschrift verhindert die von der einstweiligen Verfügung

---

26 Vgl. https://de.wikipedia.org/wiki/Torpedo_%28Recht%29, Abruf 30.01.2016.
27 Mit Wirkung vom 15.01.2015 ist die EuGVVO neugefasst worden. Vgl. https://dejure.org/gesetze/EuGVVO und http://www.juraexamen.info/neufassung-eugvvo-examensrelevante-aenderungen/, Abruf 03.02.2016.
28 Vgl. https://de.wikipedia.org/wiki/Forum_Shopping, Abruf 30.01.2016.

bedrohte Partei, dass diese ohne Anhörung beider Parteien – bzw. in Unkenntnis der durch die bedrohte Partei dargelegten Faktenlage – erlassen wird.

Zusammenstellung der Aufgabenfelder und Tätigkeiten
Kurzum, neben (i) der Führung des Personals im Patentbereich geht es beim operativen Patentmanagement um die Festlegung von Verantwortlichkeiten und Aufgaben, unter anderem auch um die Erstellung und Verwaltung des hierfür bereitzustellenden Budgets. Zudem liegt die (ii) Initiierung und Organisation von Ideenfindungs-Workshops im Tätigkeitsbereich des operativen Patentmanagements. Führen generierte Ideen zu unternehmensinternen Erfindungsmeldungen, sind diese (iii) vom Patentmanagement zu bearbeiten und zu bewerten. Hierbei gilt es, die eingehenden Erfindungen hinsichtlich ihrer Patentfähigkeit und ihres Innovationspotenzials für das Unternehmen zu prüfen. Ein wichtiges Aufgabenfeld des operativen Patentmanagements ist auch die Durchführung zielgerichteter (iv) Patent- und Literaturrecherchen sowie der sich daran anschließenden Analysen. Die recherchierten Informationen werden dann (v) einer Bewertung unterzogen, aus der gegebenenfalls weitere Aufgaben erwachsen. Zudem versorgen die analysierten und bewerteten Recherchen das operative wie das strategische Patentmanagement gezielt mit technischem Wissen und Aufnahmen der jeweiligen Wettbewerbssituation. Als weiteres Aufgabenfeld steht (vi) die Erarbeitung von Anmeldungsunterlagen zur Einreichung beim jeweiligen Patentamt an. Sodann kann (vii) das Patent ausgearbeitet und dem Patentamt vorgelegt werden. Die Einreichung von Patenten geschieht in den allermeisten Fällen durch einen damit beauftragten außenstehenden Patentanwalt. Nach Prüfung seitens des Patentamts auf Patentfähigkeit steht dann (viii) der Umgang mit Prüfungsbescheiden im Vordergrund des operativen Patentmanagements. Bei erfolgter Anmeldung werden (ix) die Schutzrechte und sämtliche damit im Zusammenhang stehenden Informationen im Unternehmen dokumentiert und abgespeichert, sodass sie sowohl dem Patentmanagement als auch der technischen Leitung jederzeit vollständig und zeitnah zur Verfügung stehen. Des Weiteren sind (x) die Schutzrechtsanmeldungen vor dem Patentamt zu verteidigen und gegebenenfalls inhaltliche Einschränkungen bzw. formelle Nachbesserungen in Bezug auf die eingereichte Patentanmeldung zu erarbeiten. Die (xi) Verteidigung und Abwehr von Verletzungsvorwürfen stellt ein letztes wichtiges Aufgabenfeld des operativen Patentmanagements dar.

Tabelle 6.1 stellt die genannten Aufgabenfelder des operativen Patentmanagements und die damit verbundenen Tätigkeiten punktuell zusammen. Sie gibt einen schnellen Überblick bezüglich des gesamten Aufgabenspektrums und kann beispielsweise im (oder vom) operativen Patentmanagement zur Planung des Mitarbeitereinsatzes herangezogen werden. Des Weiteren bietet diese Tätigkeitsaufstellung eine Unterstützung bei der Ausfertigung konkreter Stellenbeschreibungen sowie bei der Formulierung von Stellenanzeigen. Ferner lassen sich anhand der Aufstellung Schnittstellen zu anderen

Tab. 6.1: Aufgabenfelder und Tätigkeiten des operativen Patentmanagements.

Operatives Patentmanagement	
(i) Management von Ressourcen	Festlegung der Verantwortlichkeiten und Aufgaben (Stellenbeschreibung), Durchführung von Schulungen, Anreizsetzung (*Incentives*), Zusammenarbeit mit dem Personalbereich (*Human Resource Management*), Erstellung und Verwaltung des Budgets (damit verbundene Tätigkeiten des *Accountings* bzw. *Controllings*), IP-Datenbankmanagement, Patentinformationssysteme, interne IP-Websites
(ii) Finden und Generieren von Ideen	Initiierung, Organisation und Durchführung von Workshops (Ideenfindung), Kooperation mit dem Innovationsmanagement und dem Produktmanagement
(iii) Bearbeitung und Bewertung von Erfindungsmeldungen	Kursorische Prüfung der Erfindung hinsichtlich Gehalt, Prüfung der Rentabilität einer Patentanmeldung, Entscheidungen über alternative, passive Schutzrechte treffen (z.B. defensives Publizieren), Unterstützung des Erfinders bei der Abfassung der Erfindungsmeldung (bei Bedarf), Erfindungsmeldung in Kooperation mit dem Erfinder komplettieren, Strikte Berücksichtigung des ArbnErfG (falls in Jurisdiktion vorhanden), Einhaltung der Fristen zur Erfindungsinanspruchnahme bzw. Nichtinanspruchnahme, Bestimmung der Erfindervergütung
(iv) Recherche und Analyse der Schutzrechtsinformationen	Festlegung des Rechercheziels, Auswahl der Datenbanken, Festlegung der Suchstrategie, Durchführung der Patent- und Literaturrecherche, Analyse der Rechercheergebnisse, Verteilung der Ergebnisse
(v) Bewertung der Recherche (stets unter Konsultation eines Patentanwalts!)	Ableitung unabhängiger Bewertungskriterien aus der Zielsetzung (oftmals FTO-gerichtet), Vergleich der Ergebnisse anhand dieser Kriterien, Überprüfung, ob das Rechercheziel erreicht wurde und aussagekräftig ist (insb. anhand von internen FTO-Statements)
(vi) Erarbeitung der Anmeldungsunterlagen zur Einreichung beim jeweiligen Patentamt (zusammen mit Patentvertreter)	Aufstellen der Merkmalsammlung (zusammen mit dem Erfinder bzw. den Erfindern), Vergleich mit dem recherchierten Stand der Technik (zumindest ein Ausführungsbeispiel für die Beschreibung erarbeiten), Erstellen der vorschriftsmäßigen Abbildungen (sogenannte Figuren) und Bezugszeichenliste, Wählen der Beanspruchungsart, Formulierung der Ansprüche
(vii) Einreichung der technischen Schutzrechte (in der Regel über Patentanwalt) und Aufrechterhaltung der Anmeldung bzw. der erteilten Schutzrechte	Zusammenstellung der Anmeldeunterlagen, Anmeldungserfordernisse der Patentämter berücksichtigen, ggf. Rechercheantrag stellen, Prüfungsantrag stellen, Zahlung der Jahresgebühren (in der Regel über Patentanwalt oder durch externe Dienstleister)

Tab. 6.1: (fortsetzung)

Operatives Patentmanagement	
(viii) Bearbeitung der Prüfungsbescheide (mit Patentanwalt) und über Patentanwalt gehend Patenterteilung erwirken	Rückzugsoptionen einbauen, Prüfungsbescheide fristgerecht und situationsabhängig beantworten, Teilungsanmeldungen bedenken, Nachanmeldungen (nationale, regionale oder internationale) tätigen, Erteilungs- und Druckgebühren zahlen
(ix) Verwaltung der Schutzrechte, Aufgabe der Schutzrechte und Patentportfoliomanagement	Dokumentation und Speicherung der Schutzrechtsdaten, Aktualisierung der Schutzrechtsdaten, Jahresgebührenüberwachung, Rechtsstandüberwachung, Portfolio-Entwicklung
(x) Verteidigung und Durchsetzung der Schutzrechte (zusammen mit Patentanwalt)	Einspruchsentscheidungen intern treffen (ggf. in enger Zusammenarbeit mit der Rechtsabteilung), Einspruchsunterlagen zusammenstellen, Einspruch thematisch begleiten, ggf. als zusätzliches Rechtsmittel Nichtigkeitsklage in anderen Rechtsräumen einlegen, Verletzungshandlungen Dritter erkunden, Verletzungssachverhalte klären, Verletzungen nachweisen, Verletzungsdokumentation nachhalten, Berechtigungsanfrage stellen, ggf. Abmahnen, schließlich Verletzungsklage erheben, ggf. für Zeugenaussagen sorgen (zusammen mit Patentanwalt oder zugelassenem Ermittler), Prüfung des Einlegens alternativer Rechtsmittel, Lizenzeinräumung
(xi) Verteidigung und Abwehr von Verletzungsvorwürfen (immer in enger Konsultation außenstehender Patent- bzw. Rechtsanwälte)	Information der Geschäftsführung bzw. des Vorstands, verbindliche Kommunikationsregeln aufstellen, Kommunikation streng kontrollieren, Zusammentragen des selbst entwickelten Standes der Technik, Vorbenutzung und Verkaufsdokumentation prüfen, Erwiderungen erarbeiten, ggf. Zeugen benennen, ggf. vorsorgliche Schriftsatzhinterlegung beim zuständigen Gericht

Unternehmensfunktionen definieren und sogenannte *Tasks-Lists* für jährliche bzw. quartalsbezogene Ziele vereinbaren. Damit vereinfacht eine solche Aufstellung nicht nur organisatorische Vorgänge, sondern auch Planungsaufgaben innerhalb des operativen Patentmanagements.

6.3.2 Aufgabenfelder des strategischen Patentmanagements

Das strategische Patentmanagement plant und überprüft grundsätzlich die Unternehmenspatentposition. Zudem leistet es einen Identifikationsbeitrag zur Unternehmensstrategie und erstellt und schützt die betrieblichen Erfolgspotenziale im Bereich des geistigen Eigentums. Orientierungspunkt für das strategische

Patentmanagement ist dabei das im Unternehmen festgelegte Unternehmensziel, das sich unter anderem im Unternehmensleitbild[29] widerspiegelt. Das Unternehmensziel stellt die Basis für die grundsätzliche und langfristige Ausrichtung des strategischen Patentmanagements im Unternehmen dar. Die Unternehmensziele werden in die Patentabteilung *übersetzt*, sodass eine individuelle Patentstrategie vor einem praktikablen Zeithorizont und unter Berücksichtigung einer eventuellen Anpassung an die langfristige Unternehmensentwicklung erarbeitet werden kann. Dabei können sich das strategische wie auch das operative Patentmanagement an den grundlegenden Kriterien, wie sie im Kontext der Strategie mit Patenten subsumiert wurden, orientieren. So geht es bei der generellen strategischen Ausrichtung im Patentmanagement beispielsweise um den Stellenwert von Schutzrechten im Unternehmen, um die Möglichkeiten der Zusammenarbeit zwischen FuE und Patentverantwortlichen sowie deren Bereitschaft dazu, um eine defensiv oder offensiv angelegte Ausrichtung des Patentmanagements – beispielsweise in Hinsicht auf Nachahmer oder Technologieführer – oder um ein daraus abgeleitetes FTO-geführtes Patentmanagement.

Beispielhaft für die praktische Hinwendung zum Thema ist die nachfolgend beschriebene, aus einer Strategie mit Patenten abgeleitete Maßnahme: Der eigene Schutzrechtsbestand wird in gewissen Zeitabständen quantitativ und qualitativ analysiert und mit den Schutzrechten der Wettbewerber in Vergleich gesetzt (*benchmarking*). Eine Bewertung ermöglicht anschließend die Beurteilung der Analysen, und aus den Informationen über das gegenwärtige eigene Patentportfolio und der erarbeiteten Patentstrategie können konkrete strategische Maßnahmen abgeleitet werden.

Im Gegensatz zum operativen Patentmanagement, welches taktische und somit eher kurz- und mittelfristige Zeit- und Handlungsräume betrachtet, agiert das strategische Patentmanagement immer vor einem langfristigen Horizont. Dieses bedingt im Umkehrschluss, dass in Ermangelung eines strategischen Patentmanagements Planungen im Patentbereich oftmals aus rein taktischen Erwägungen heraus begründet werden, die vor einem langfristigen Horizont nicht von Bestand sind. Ein derartig agierendes Patentmanagement wird eher als desorganisiert wahrgenommen und reagiert faktisch nur auf von außen konstituierende Situationen. Ein erfolgreiches Patentmanagement ist dagegen von langer Hand vorbereitet und zeichnet sich durch das Vorhandensein einer Patentstrategie aus. Dies ist durch Taktik, wie genial diese auch immer sein mag, nicht zu ersetzen.

---

[29] Das Unternehmensleitbild (mission statement, corporate philosophy) formuliert kurz und prägnant den Auftrag, die strategischen Ziele und die grundlegenden Verhaltensrichtlinien eines Unternehmens. Dabei geben die Elemente des Leitbildes den Unternehmensmitgliedern Orientierung und die Möglichkeit zur Identifikation. Das Leitbild ist ein wichtiger Bestandteil des unternehmenseigenen Identitätskonzeptes, welches nach innen und außen wirkt. Vgl. http://www.business-wissen.de/artikel/unternehmensleitbild-leitbild-entwickeln-und-umsetzen/, Abruf 07.02.2016.

Aufbauend auf den bereits dargelegten Ausführungen zur grundsätzlichen Strategie mit Patenten geht es im Folgenden nun konkret um die im strategischen Patentmanagement zu erfüllenden Aufgaben. Die Strategie von Patenten zielt, wie beschrieben, auf die Entwicklung nachhaltiger Wettbewerbsvorteile, zu deren Erreichung verschiedene Arten von Patentstrategien eingesetzt werden, welche im offensiven Sinne auf die Einschränkung der FTO von Wettbewerbern gerichtet sind. Alternative Appropriationsstrategien zielen zunächst auf die Sicherstellung der eigenen Handlungsfreiheit im Entwicklungsbereich und können mittels Nutzung durch Schutzrechte abgesicherter Wettbewerbsvorteile pro-aktiv zur Generierung von Lizenzeinnahmen eingesetzt werden. Aus diesen komplementären Zielsetzungen innerhalb der Strategie mit Patenten leiten sich verschiedene Aufgabenfelder ab, die im Rahmen des strategischen Patentmanagements zu bewältigen sind. Diese Aufgabenfelder setzen sich im Wesentlichen mit der langfristigen Gestaltung des Patentportfolios auseinander. Im Folgenden werden sieben Aufgabenfelder des strategischen Patentmanagements thematisiert, ohne an dieser Stelle einen Anspruch auf Allgemeingültigkeit oder Vollständigkeit zu erheben.

Kommunikation und Übertragung der Unternehmensziele
Ein wichtiges Aufgabenfeld des strategischen Patentmanagements ist die Kommunikation und Übertragung der Unternehmensziele in die Patentabteilung unter Berücksichtigung der Unternehmensstrategie. Dabei gilt es, die Patentstrategie aus der Unternehmensstrategie abzuleiten und sie periodisch bzgl. ihrer inhaltlichen Übereinstimmung zu prüfen.

Die Ziele des Patentmanagements leiten sich direkt aus der festgelegten Unternehmensstrategie ab. Die Patentstrategie sollte sich deshalb an der Unternehmensstrategie orientieren, welche wiederum insbesondere von den finanziellen Ressourcen, der Art der Geschäftstätigkeit und dem Geschäftsmodell abhängig ist. Auch die Wettbewerbsstrategien einzelner Geschäftsbereiche sind mit dem Patentmanagement abzustimmen (Burr et al. 2007). Durch die Abstimmung der Strategien untereinander können konkurrierende Ziele ausgeschlossen und die Patentstrategien erfolgreich umgesetzt werden (Mohnkopf 2008).

Somit gibt die Unternehmensstrategie also die Vorgehensweise zur Zielerreichung vor, und die vorgegebenen Ziele determinieren die operativen Schutzrechtsaktivitäten. Die für die Patentabteilung abgeleiteten Ziele können dabei bezüglich ihrer strategischen Wirkung mit Kennzahlen hinterlegt werden. Hierfür eignen sich Zahl und Qualität von Ideen und Erfindungen oder die Zahl potenzieller Anmeldungen. Eine aktive Auseinandersetzung sowohl mit der Unternehmensstrategie als auch mit den Zielen hilft dabei, das strategische Denken in das Alltagsgeschäft zu übertragen. Die Mitarbeiter werden durch intrinsische und extrinsische Motivationsarten zum strategischen Denken angeregt (Thommen und Achleitner 2009). Als intrinsisch bezeichnet man eine Motivation, die sich aus der ausgeübten Tätigkeit ergibt, z.B. indem die Möglichkeit geschaffen wird, die Interessen der Mitarbeiter bezüglich der strategischen Gestaltung zu befriedigen. Die extrinsische Motivation wird durch äußere Einflüsse wie positive Personalbeurteilungen oder auch Gehaltserhöhungen angetrieben. Durch den gezielten Einsatz beider Motivationsarten kann das Bewusstsein der Mitarbeiter für strategisches Denken sensibilisiert werden, wodurch ihre Identifikation mit dem Unternehmenserfolg gesteigert und ein Beitrag zur erhöhten Leistungsfähigkeit geleistet wird.

Die Inhalte der aufeinander abgestimmten Unternehmens- und Patentstrategien sind regelmäßig zu kontrollieren und der Geschäftsführung zu berichten, damit Zielkonflikte verhindert werden können (Mittelstaedt 2009). Ein Berichtswesen (*reporting*) ist in diesem Fall unumgänglich, um das Patentmanagement kontrollierbar und steuerbar zu machen (Ensthaler 2013). Der periodische Abgleich von Unternehmensstrategie und Patentstrategie hilft dabei, die abgeleiteten Ziele zu aktualisieren. Dadurch kann kontinuierlich auf einschneidende Ereignisse, die gegebenenfalls eine Um- oder Neuorientierung erfordern, reagiert werden. Auslöser hierfür können vor allem vom Wettbewerb ausgelöste Technologiesprünge, gravierende Marktveränderungen, gesellschaftliche Krisen oder interne operative Probleme sein (Flascha et al. 2008, Steinmüller 2008 sowie Tiefel und Dirschka 2007). Mittels Technologiefrüherkennung lassen sich vorhersehbare Veränderungen für Technologien schon frühzeitig sichtbar machen (Burr et al. 2007). Da sich bereits gestartete Projekte dann als nicht mehr erstrebenswert erweisen können, sollten Abbruchbedingungen formuliert werden, um eine Verschwendung von Ressourcen zu vermeiden.

Entwicklung der Patentstrategie
Die Entwicklung der Patentstrategie stellt ein zentrales und bedeutendes Aufgabenfeld des strategischen Patentmanagements dar (Faix 1998 und Macdonald 2004). Als Basis dient die Unternehmensstrategie, welche die übergeordneten Zielvorgaben liefert und die Ausrichtung der Patentstrategie vorgibt.

Die langfristigen Unternehmensabsichten sowie die Wahl der Patentstrategie sind von vielen Faktoren wie z. B. äußeren Rahmenbedingungen abhängig (Ensthaler und Strübbe 2006). Das Unternehmensumfeld besteht aus Wettbewerbern, Branchen, Technologien und Ländermärkten, die unter dem Gesichtspunkt der Schutzrechte betrachtet werden müssen (Tiefel und Dirschka 2007). Nachdem das Unternehmen seine geschäftliche Umgebung aus der Schutzrechtsperspektive heraus analysiert hat, ist es wichtig, die einzelnen Komponenten der Patentstrategie zu betrachten. Ernst (2002) hat hierzu verschiedene Elemente zusammengestellt, die bei der Entwicklung patentpolitischer Leitlinien zur Strategieentwicklung berücksichtigt werden sollten. Hierzu zählen beispielsweise der Zeitpunkt der Patentanmeldung, die Breite des Patentanspruchs oder die Identifikation und Bewertung von Lizenzierungsmöglichkeiten. In ihrer Gesamtheit sollen diese Elemente dem

Unternehmen bzw. dem strategischen Patentmanagement helfen, weitreichende Gestaltungsmöglichkeiten nicht unberücksichtigt zu lassen und diese in den Strategieentwicklungsprozess einzubauen. Hierzu sollten aber auch die Substrategien zu Marketing, Vertrieb, Produktion, Personal und Finanzen einbezogen werden sowie bereits vorhandene eigene Patente und relevante Patente der Wettbewerber (Weber et al. 2007).

Sind die Grundbedingungen für die Entwicklung einer Patentstrategie koordiniert und insgesamt strategisch abgestimmt, erfolgt die Entwicklung einer dementsprechenden Strategie. Zunächst ist zu entscheiden, welches Ziel mit der Patentstrategie verfolgt werden soll. Dabei kann grundsätzlich zwischen drei Strategien – der proprietären Strategie, der Schutzstrategie und der Kapitalstrategie – differenziert werden (Somaya 2012). Mit der proprietären Strategie sollen eigene Wettbewerbsvorteile erhalten werden, indem man eigene Erfindungen vor Nachahmung schützt. Die Schutzstrategie dient dazu, einen Wettbewerb durch Patente zu verhindern. Die Patente der Schutzstrategie, auch Sperrpatente genannt, dienen dazu, den Wettbewerb vom Erwerb an Schutzrechten gleichen Gegenstands auszuschließen, um primär die eigene Handlungsfreiheit zu erhalten. Die Kapitalstrategie bietet eine weitere Möglichkeit Patente auszunutzen. Dabei werden Patente ausschließlich als immaterielle Güter zur Kapitalgenerierung angesehen. Diese Patente besitzen einen bestimmten Wert und müssen keine Beziehung zu eigenen Technologien oder Produkten aufweisen. Unternehmen oder auch sogenannte Patenttrolle können sie beispielsweise zur Generierung von Lizenzeinnahmen verwenden.

Analyse des eigenen und fremden Schutzrechtsbestands
Die initiale und fortlaufende Analyse des eigenen wie fremden Schutzrechtbestands ist eine weitere Aufgabe des strategischen Patentmanagements. Dabei muss der jeweils aktuelle Schutzrechtsbestand zum einen erfasst und zum anderen dokumentiert werden, damit er für die anschließende Bewertung entsprechend aufbereitet ist (Krallmann et al. 2013).

Bei der Analyse des eigenen Schutzrechtbestands geht es darum, dass das Unternehmen einen ganzheitlichen Überblick bezüglich der eigenen Schutzrechte gewinnt. Es ist bekannt, dass Schutzrechte eigene Entwicklungen und Produkte schützen, aber die unternehmerische Bedeutung dieses umfassenden Schutzes ist im Allgemeinen nur rudimentär präsent. Die Schutzrechtsqualität wird nach Ernst (2002) als Wirkung von Schutzrechten verstanden, wobei die Schutzrechte gemäß ihrer technologischen und ökonomischen Bedeutung im Vergleich zur Masse differenziert werden. Die Schutzrechtsqualität wird zudem nach dem Schutzumfang und der Rechtsbeständigkeit der Ansprüche, der Durchsetzbarkeit des Schutzrechts innerhalb der jeweils gegebenen Rechtsprechung, der Reichweite des territorialen Schutzes, der Interdependenz zu den erteilten Ansprüchen der Patentfamilie und dem Abstand zum nächstliegenden Stand der Technik bemessen. Eine Patentstrategie sollte folglich die Herausbildung und Entwicklung eines Schutzrechtsportfolios entlang dieser Qualitätskriterien fördern und in gewissen Abständen entsprechend evaluieren. Aus diesem strategischen Ansatz heraus sollte im operativen Patentmanagementbereich eine regelmäßige Portfoliobereinigung vorgesehen sein. Zudem wird das in der Regel nur limitiert zur Verfügung stehende Patentmanagementbudget jede nutzlose Patentanmeldung, aber auch wirkungslose Patenterteilungen vermeiden.

Durch die Analyse des gegenwärtigen fremden Schutzrechtbestands sollen Informationslücken bezüglich der Wettbewerber und der von ihnen verfolgten FuE-Strategien geschlossen werden (Ernst 1996). Nur anhand von Kenntnissen über den Wettbewerb können die eigenen Stärken und Schwächen eingeschätzt werden (Möhrle et al. 2009). Dadurch wird eine Art Frühwarnsystem aufgebaut, das Chancen für neue, aber auch Bedrohungen für gegenwärtige Geschäftsfelder aufdeckt. Es leitet rechtzeitig Erkenntnisse ein und ermöglicht die Reaktion auf geschäftsverändernde oder gar geschäftsbedrohende Ereignisse. Die Analyse beinhaltet zwei verschiedene Blickwinkel: einer betrachtet die Wettbewerber und der andere die relevanten Technologien unabhängig von den Wettbewerbern. Die Schwierigkeit besteht darin, eine kontinuierliche und systematische Analyse aufzubauen, die allein ein rechtzeitiges Erkennen von Veränderungen gewährleistet.

Zur Analyse werden bibliografische Patentinformationen wie Anmelder, Erfindername(n), Anmeldetag und -land, Prioritätsdaten oder Patentklassifikationen zusammengefasst. Mit diesen metadatenbasierten Informationen wird eine Datenbasis geschaffen, die es erlaubt, vielfältige deskriptive Statistiken zu erstellen. Die Analyseergebnisse stellen so eine grundlegende Transparenz des eigenen wie auch des fremden Patentbestands her und ermöglichen Aussagen in Hinsicht auf Lizenzierungsmöglichkeiten, Kreditbesicherungen durch Schutzrechtsportfolios, die Größe des Schutzbereiches oder den monetären Gesamtwert der Schutzrechte (Ensthaler und Strübbe 2006 sowie Wurzer 2004). Des Weiteren werden rechtliche Informationen wie der Verlauf des Patentprüfungsverfahrens, Anzahl und Tiefe der Patentansprüche sowie Gebührenfälligkeiten erfasst. Bei einem hohen Schutzrechtsvolumen werden diese zur leichteren Erfassung nach definierten Merkmalen gebündelt. Die Merkmale können Produkte, Module, Produktbereiche, Regionen oder auch Stärken der Schutzrechte sein. Neben einer manuellen Inhaltserschließung besteht auch die Möglichkeit, die Patente mit computergestützten Text-Mining Verfahren inhaltlich zu erschließen. Die Analyseergebnisse lassen sich dann beispielsweise in Patentlandkarten visualisieren (Walter und Bergmann 2008). Ergänzend können zur schnellen Erfassung der quantitativen (metadatenbasierten) und qualitativen (textbasierten) Patentinformationen visuelle Darstellungen in Form von Trendverläufen, Zitationsnetzwerken, Spinnendiagrammen sowie Heat Maps oder Fahrspurdiagrammen herangezogen werden.

Die Analyse des eigenen und fremden Schutzrechtbestands sollte in regelmäßigen Zeitabständen wiederholt werden. Dabei ist zu prüfen, ob beispielsweise der Zweck des Patents zur Stärkung der Wettbewerbsposition bzw. seine Wirkung als

Sperrpatent noch gegeben ist. Sollte dies nicht mehr der Fall sein, wird überprüft, ob andere Möglichkeiten wie der Verkauf, die Löschung des Schutzrechts oder die Chance einer Kreuzlizenzierung vorhanden sind.

Bewertung des Schutzrechtsbestands
Eine weitere Aufgabe des strategischen Patentmanagements stellt die Bewertung des Schutzrechtsbestands dar. Hierzu sind die Anlässe, Methoden und Kriterien der Bewertung festzulegen, um dann die Potenziale des Schutzrechtbestands herausarbeiten zu können.

Die Bewertung ist ein zentrales Element zur Umsetzung der Patentstrategie, da sie Alternativen aufzeigt und als Entscheidungsgrundlage herangezogen werden kann (Wurzer und Reinhardt 2006). Grundsätzlich können Patente evaluiert und valuiert werden (Tiefel und Schuster 2006). Die Evaluierung ist eine qualitative Bewertung von Patenten und beurteilt diese nach Stärken und Schwächen. Die Valuierung hingegen beruht auf einer quantitativen Bewertung und ermittelt den monetären Wert eines Patents (Gassmann und Bader 2006). Das Aufrechterhalten von Patenten, insbesondere von großen und vielen Patentfamilien, führt zu erheblichen Kosten. So dient die regelmäßige Bewertung sowohl des Patentportfolios wie auch einzelner darin enthaltener Patente der Prüfung dessen, ob sie für das eigene Unternehmen überhaupt noch gewinnbringend sind (Gassmann und Bader 2006). Für die zukünftige Verwertungsstrategie eines Patents ist dessen Bewertung ebenfalls von Relevanz (Hsieh 2013). Die Valuierung ist insbesondere für Lizenzierungen, Kreditbesicherungen oder potenzieller Kooperationen sehr wichtig (Hanel 2006). Die Bewertung gilt indessen auch für Erfindungen, die noch nicht zum Patent angemeldet sind.

Patentbewertungen werden grundsätzlich in Relation zu Wettbewerbspatenten durchgeführt (Harhoff 2005). Je nach Bewertungsanlass und Zweck können verschiedene in der Literatur diskutierte monetäre Bewertungsverfahren eingesetzt werden, die sich in kostenorientierte, marktorientierte und ertragswertorientierte Verfahren unterscheiden lassen (Ensthaler und Strübbe 2006 sowie Wurzer und Reinhardt 2010). Auf der anderen Seite kann zur Bewertung auch eine Portfolioanalyse hinsichtlich der Stärken und Schwächen und des Nutzens für das Unternehmen sowie hinsichtlich des Bedrohungspotenzials gegenüber den Patenten und dem Geschäftsbetrieb von Wettbewerbern durchgeführt werden. Hierzu muss man zunächst die strategisch wichtigen Geschäftsfelder bestimmen, welche anhand ihrer Stärken und Schwächen sowie Chancen und Risiken beurteilt werden. Mittels einer nicht beeinflussbaren Dimension des Unternehmensumfelds und einer beeinflussbaren Unternehmensdimension lässt sich dann die Attraktivität der einzelnen Geschäftsfelder bestimmen (Gassmann und Bader 2011). Um eine aussagekräftige Patentbewertung zu gewährleisten, sollten aber stets mehrere Bewertungsverfahren angewendet werden (Hanel 2006).

Ableitung der strategischen Maßnahmen
Die Ableitung der strategischen Maßnahmen ist ebenfalls ein Aufgabenfeld des strategischen Patentmanagements. Die Ableitung und Planung von strategischen Maßnahmen, die sich aus dem eigenen Schutzrechtsbestand ergeben, zielen übergeordnet primär auf die Technologiesicherung, sekundär auf die Betrachtung der Kostensituation und tertiär auf eine Gewinnorientierung (Wurzer 2004). Von Unternehmen zu Unternehmen wird diesen Zielen je nach Situation ein anderer Stellenwert beigemessen. Mit der Planung werden Unsicherheiten reduziert, die Effizienz erhöht und Ziele genauer verstanden; gleichzeitig dient sie als Grundlage für die Umsetzung und Kontrolle der strategischen Maßnahmen (Bea et al. 2011).

Zur Ableitung strategischer Maßnahmen sind grundsätzlich die Informationen und Ergebnisse aus allen zuvor genannten Aufgaben des strategischen Patentmanagements zu berücksichtigen. In diesem Prozess fließen sämtliche Informationen der vorangegangen Prozesse zusammen. Zum einen muss die Patentstrategie so aufgestellt sein, dass die gesetzten Ziele erreicht werden können. Zum anderen müssen die eigenen patentrechtlichen Stärken und Schwächen bekannt sein. Diese Informationen spiegeln somit die Ausgangssituation und die langfristige Perspektive wider. Die Ableitung spezieller Maßnahmen zur langfristigen Zielerreichung kann sich dabei an verschiedenen Normstrategien wie Handlungsfreiheit, Differenzierung und Lizenzierung orientieren (Gasmann und Bader 2011). Die Handlungsfreiheit sichert die Unabhängigkeit, Produkte zu entwickeln, die keine Schutzrechte Dritter enthalten. Die Differenzierung befasst sich mit der Blockierung von Wettbewerbern und mit der Bereitschaft, Schutzrechte gezielt gegen diese durchzusetzen sowie mit der Lizenzierung zum Generieren zusätzlicher Einnahmen.

Die strategischen Maßnahmen lassen sich orientiert am Produktlebenszyklus in den Phasen Planen, Aufbauen, Sichern, Optimieren und Abbauen herausarbeiten. (siehe hierzu und im Folgenden Gassmann und Bader 2007, 2011). In der ersten Phase findet eine grundlegende Orientierung darüber statt, wohin sich ein Schutzrechtsportfolio und sogar einzelne starke Schutzrechte entwickeln sollten. Dies wird vor allem durch gezielte Patentrecherchen erreicht, die dazu dienen, den nächstliegenden, entsprechend starken Fremdschutzrechtsbestand zu identifizieren. Durch das Aufbauen werden ertragreiche Kompetenzfelder erkannt und entsprechende Patentanmeldungen bzw. Nachanmeldungen und Teilanmeldungen fokussiert. Das Sichern konzentriert sich auf die Formierung von Patentclustern, um den Schutzrechten im Bündel mehr Stärke zu verleihen und damit die Kernkompetenzen wie auch die Ressourcen des Unternehmens zu schützen. Recherchen erbringen nur bedingt Einsichten in aktuelle Weiterentwicklungen, da Patente erst 18 Monate nach Prioritätslegung veröffentlicht werden (Mes 2015). Ergeben sich jedoch vermehrt Anzeichen für Schutzrechtsverletzungen, ist es wichtig diesen nachzugehen und gegebenenfalls Gegenmaßnahmen einzuleiten. Im Rahmen der Optimierung steht die Kosten-Nutzen-Betrachtung im Vordergrund. Die strategische Bedeutung der ursprünglichen Technologie hat sich zum Ende des Lebenszyklus aus Kunden-,

Wettbewerbs- oder Technologiesicht oftmals von einstigen Schlüssel-Schutzrechten zu reinen Substitutionstechnologien hin verlagert. Innerhalb der letzten Phase – der des Abbaus – verlieren das ehemals starke Patentportfolio oder einzelne relevante Patente an strategischer Bedeutung. Wenn Neubewertungen keinen überzeugenden wirtschaftlichen Nutzen durch die Aufrechterhaltung solcher Portfolios oder einzelner Schutzrechte versprechen, sind eine exklusive Lizenzierung, der Verkauf oder sogar das Fallenlassen der Schutzrechte als Möglichkeiten zu überprüfen.

Umsetzung der strategischen Maßnahmen
Für die Umsetzung strategischer Maßnahmen ist es entscheidend, die gesetzten Ziele systematisch zu erreichen. Dieses Aufgabenfeld umfasst demnach die Steuerung der Maßnahmen in den Bereichen Informations-, Änderungs-, Konfigurations-, Vertrags- und Nachforderungsmanagement (siehe hierzu und im Folgenden Bea et al. 2011). Das Informationsmanagement stellt in einem etablierten Berichtswesen Informationen sowie die dazugehörigen Dokumentationen bereit, um Wissen und Daten zu gewinnen und auszutauschen. Dazu werden in der Regel integrierte Patentinformationssysteme eingerichtet, die gezielte Wissensflüsse sowie Arbeitsabläufe (*workflows*) beinhalten. Die Kommunikation ist bei der Umsetzung der strategischen Maßnahmen ein wichtiges und nicht zu unterschätzendes Element. Im Fall einer unrealistischen Planung, unrealistischer Erwartungen oder unerwarteter Veränderungen hilft das Vertrags- und Nachforderungsmanagement (*claim management*).

Die im Rahmen der Ableitung strategischer Maßnahmen aufgestellten Pläne stellen die Basis für die Umsetzung dar. Sie helfen dem Unternehmen bzw. der Patentabteilung, Schutzrechte gezielt zu nutzen. Ein ständiger Ist-Soll-Abgleich ermöglicht eine koordinierte Verwirklichung der notwendigen Maßnahmen. Im Umsetzungsprozess sollte auch auf Erfahrungen aus früheren Maßnahmen zurückgegriffen werden, um unnötige Fehler zu vermeiden. Eine Professionalisierung ist dann gegeben, wenn die Ausführung des Prozesses strategisch verankert ist und dementsprechend kommuniziert sowie durch ständige Neuinformationen erweitert wird.

Für das Patentmanagement lassen sich qualitative Faktoren formulieren, die für eine erfolgreiche Umsetzung wichtig sind (Ernst 2002). So ist zum einen die Patentstrategie mit der Unternehmensstrategie abzustimmen. Zum anderen ist der Schutzrechtsstellenwert im Unternehmen deutlich zu machen. Zudem sorgt die Patentkultur dafür, dass die Mitarbeiter Schutzrechte als strategisches Mittel wahrnehmen und anwenden. Hierdurch wird ein Beitrag zur Schaffung von Kernkompetenzen und Innovationskraft geleistet. Die Institutionalisierung des Patentmanagements mit seinen Aufgaben etabliert und verankert des Weiteren die Kompetenzen im Unternehmen. Auf diese Weise wird der Umgang mit Schutzrechten zentralisiert und entsprechend professionalisiert. Zudem werden patentbezogene Aktivitäten im Produktentwicklungsprozess berücksichtigt und Entscheidungen über Entwicklungsalternativen an eine gewünschte Schutzrechtsposition gekoppelt.

Gassmann und Bader (2011) ergänzen die von Ernst (2002) aufgestellten Erfolgsfaktoren dahingehend, dass eine Patentkultur in Verbindung mit spezifischen Anreizsystemen erfolgsfördernd sei. Ferner beschreiben sie regelmäßige Aufklärungsarbeiten sowie Aus- und Weiterbildungsmaßnahmen als sehr wichtig für den Erfolg, da hierdurch aktuelles Wissen vermittelt wird und Kompetenzen abteilungs- wie hierarchieübergreifend gestärkt werden (Gassmann und Bader 2011).

Überprüfung der strategischen Maßnahmen
Abschließend steht die Überprüfung der strategischen Maßnahmen auf Erfolg im Mittelpunkt des strategischen Patentmanagements. Bei dieser Aufgabe handelt es sich um einen systematischen Vorgang, der Abweichungen zwischen geplanten und tatsächlichen Größen abbildet. Denn

Planung ohne Kontrolle ist sinnlos, Kontrolle ohne Planung unmöglich (Bea et al. 2011, S. 269).

Die Erfolgsmessung stellt somit die Kontrolle dar, mittels derer Faktoren wie Leistung, Termine und Kosten überprüft werden.

Erfolge und Misserfolge sollten innerhalb der Patentabteilung kommuniziert sowie situationsabhängig auch der Geschäftsleitung mitgeteilt werden. Neben der qualitativen Erfolgskontrolle durch einen direkten Vergleich von gesetzten und tatsächlich erreichten Zielen wird ergänzend auch der Entwicklungsfortschritt qualitativ erhoben, um festzustellen, ob gleiche Fehler bereits mehrmals aufgetreten sind. Diese haben dann eine höhere Priorität bei zukünftigen Maßnahmen. Eine unternehmensweite Berichterstattung verankert die Patentmanagementmaßnahmen dabei auf der Führungsebene (Ensthaler und Strübbe 2006). Ferner kann der Erfolg anhand der durch die Strategieumsetzung gewonnenen Investitionen von Kapitalgebern bemessen werden. Dies ist insbesondere für börsennotierte Unternehmen zur Bestimmung des Unternehmenswertes entscheidend.

Zusammenstellung der Aufgabenfelder und Tätigkeiten
Es zeigt sich also alles in allem, dass auch im strategischen Patentmanagement zahlreiche Aufgabenfelder zu bewältigen sind. Die Basis für die grundsätzliche Ausrichtung des strategischen Patentmanagements im Unternehmen stellt die Unternehmensstrategie dar. So sind (i) die Unternehmensziele an die verantwortlichen Personen im Patentbereich zu kommunizieren und zu übertragen, damit (ii) eine individuelle Patentstrategie entwickelt werden kann. Ein weiteres Aufgabenfeld des strategischen Patentmanagements ist (iii) die Analyse des eigenen wie auch des fremden Schutzrechtsbestands und der quantitative wie qualitative Vergleich beider. Eine (iv) Bewertung ermöglicht nun die Beurteilung vorangegangener unsubstantiierter Analysen. Aus den Informationen über den gegenwärtigen Bestand und der

Tab. 6.2: Aufgabenfelder und Tätigkeiten des strategischen Patentmanagements.

Strategisches Patentmanagement	
(i) Kommunikation und Übertragung der Unternehmensziele	Verknüpfung der Unternehmensstrategie mit der Schutzrechtsstrategie, Ableitung der Patentstrategie, Periodische Evaluierung der Patentstrategie
(ii) Entwicklung der Patentstrategie	Untersuchung der Unternehmens- und Wettbewerbssituation aus Schutzrechtssicht, Berücksichtigung verschiedener Elemente der Patentstrategie, Art der Patentstrategie bestimmen, Verfassen der Patentstrategie
(iii) Analyse des eigenen und fremden Schutzrechtsbestands	Erfassung des eigenen und fremden Schutzrechtsbestands, Dokumentation des recherchierten und analysierten Schutzrechtsbestands
(iv) Bewertung des Schutzrechtsbestands	Identifikation des Bewertungsanlasses, Definition der Bewertungsmethoden, Festlegung der Bewertungskriterien, Aufzeigen von Potenzialen und Beschränkungen des Schutzrechtsbestandes
(v) Ableitung der strategischen Maßnahmen	Definition von Kernaufgaben, Aufstellen von Alternativen
(vi) Umsetzung der strategischen Maßnahmen	Ausführen der Aufgaben, Steuerung der Maßnahmen
(vii) Überprüfung der strategischen Maßnahmen	Erfolgsprüfung, Ableitung weiterer Maßnahmen aus den Ergebnissen

entwickelten Patentstrategie werden (v) konkrete Maßnahmen abgeleitet. Hierfür wird (vi) ein Soll-Konzept aufgestellt und umgesetzt. Nach der Realisierung von Handlungsmöglichkeiten kann das strategische Patentmanagement (vii) die Wirkung auf den Unternehmenserfolg abschließend überprüfen. In Tabelle 6.2 finden sich – punktuell aufgeführt – die genannten und diskutierten Aufgabenfelder des strategischen Patentmanagements mit den dazugehörigen Tätigkeiten.

6.4 Patentbewertung als Herausforderung im Patentmanagement

Immaterielle Vermögenswerte, wie Patente es sind, haben in der Wirtschaft einen ständig höher werdenden Stellenwert (siehe hierzu und im Folgenden auch Walter und Gerken 2011). Dies wird besonders deutlich, wenn man das Verhältnis von intangiblen – also immateriellen – zu tangiblen – also materiellen – Vermögenswerten der Unternehmen betrachtet. Der Anteil des intangiblen Vermögenswertes nimmt nämlich in den letzten Jahren kontinuierlich zu und demonstriert damit den Übergang von der Produktionsgesellschaft (*tangible assets*) hin zu einer heute dominierenden Wissensgesellschaft (*intangible asssets*). Vor allem Unternehmen, die in den Bereichen Internet, Software, Pharmazie oder Biotechnologie tätig sind, weisen hohe immaterielle Vermögenswerte auf. Die enorme Bedeutung immaterieller Vermögenswerte hat auch der US-amerikanische Großinvestor Warren Edward Buffet (*30.8.1930 in Omaha, Nebraska) erkannt, der auf einer Aktionärsversammlung der Berkshire Hathaway Inc.,[30] eines von ihm aufgebauten Investment-Unternehmens, den Aktionären mitteilte:

> *I can make a whole lot more money skillfully managing intangible assets than managing tangible assets* (Malayendu 2011, S. 41).

Bei den immateriellen Vermögenswerten kann grundsätzlich zwischen Rechten, wirtschaftlichen Werten und rein wirtschaftlichen Vorteilen unterschieden werden. Zu den rein wirtschaftlichen Vorteilen zählen das *Knowhow* der Mitarbeiter, das Vertriebsnetz oder auch die Standortvorteile; zu den wirtschaftlichen Werten zählen der Kundenstamm oder die ungeschützte Erfindung bzw. ungeschützte Software; und zu den grundsätzlichen Rechten gehören Lizenzen, Urheberrechte und Patente.

Die Bewertung von Patenten ist somit eine unabdingbare Voraussetzung für ein zielgerichtetes und wertorientiertes Patentmanagement in technologieorientierten Unternehmen. So kann eine Bewertung von Patenten beispielsweise für unternehmensexterne Zwecke, zur Gewinnung eines Investors oder für unternehmensinterne Entscheidungen nützlich und hilfreich sein, so etwa bei der Entscheidung über die Verlängerung der Patentschutzdauer. Dabei müssen rechtliche Fragen interdisziplinär mit betriebswirtschaftlichen und technischen Aspekten in Einklang gebracht werden, was einen fachübergreifenden Ansatz erfordert.

Auch aus volkswirtschaftlichen Gründen ist die Bewertung von Patenten von Interesse. So wird beispielsweise geschätzt, dass in Deutschland jedes vierte Patent brach liegt, obwohl die meisten darin beschriebenen Erfindungen schon bis zur Marktreife weiterentwickelt wurden. Das entspricht einem Wertschöpfungspotenzial von über 8 Milliarden Euro, welches die Unternehmen bzw. Patentanmelder als Vermögenszuwachs realisieren könnten (Koppel 2008). Auch die EU-Studie PatVal[31], die sich mit dem Wert und der Verwertung von Patenten in Europa auseinandersetzt, zeigt, dass über ein Drittel der Patente nicht wirtschaftlich verwertet werden. Andererseits hat diese Studie aus dem Jahre 2005 aber auch ergeben, dass die Zahl der Patente von sehr hohem Wert recht gering ist und die Wertbandbreite zwischen einzelnen Ländern variiert. Nur schätzungsweise 7,2 % der 9.000 analysierten Patente waren mehr als 10 Millionen Euro wert; 68 % der Patente waren dagegen weniger als eine Million Euro wert.

Im Folgenden werden nun verschiedene Anlässe der Patentbewertung thematisiert und ausgewählte Verfahren der Patentbewertung kurz vorgestellt. Weiterführende fachübergreifende Ansätze zur Bewertung von Patenten sind beispielsweise bei Ensthaler und Strübbe (2006) oder Wurzer und Reinhardt (2010) zu finden.

---

30 Vgl. http://www.berkshirehathaway.com/, Abruf 05.01.2016.
31 Vgl. http://ec.europa.eu/invest-in-research/pdf/download_en/patval_mainreportandannexes.pdf, Abruf 08.01.2016.

6.4.1 Anlässe der Patentbewertung

Bevor konkret auf die Verfahren der Patentbewertung eingegangen werden kann, wird zunächst dargelegt, was eigentlich unter einem Patentwert zu verstehen ist sowie erläutert, welche Anlässe eine Bewertung von Patenten überhaupt erforderlich machen und welche Risiken bei einer Patentbewertung bestehen.

Patentwert

Der Begriff Patentwert kann aus einer ökonomischen Sichtweise heraus definiert werden. Der Wert eines Gutes – und damit auch eines Patents – ergibt sich aus dem Nutzen, den es durch die Bedarfsdeckung gewähren kann und aus dem Grad der Knappheit im Vergleich zum Bedarf. Es wird zwischen einem objektiven und einem subjektiven Wert unterschieden. Der Wert wird als objektiv angesehen, wenn er unabhängig von jeglichen Interessen, Zielen und Präferenzen des oder der bewertenden Entscheidungsträger(s) sowie direkt und sachlich zu bestimmen ist. Als subjektiv wird ein Wert bezeichnet, wenn er unmittelbar abhängig von den Wertvorstellungen und subjektiven Präferenzen jedes einzelnen bewertenden Entscheidungsträgers ist.

Der Patentwert ist eine latente, also nicht beobachtbare Größe. Aus Sicht des Patentinhabers wird zwischen einem Verlängerungswert (*renewal value*) und einem Gegenstandswert (*asset value*) unterschieden. Der Verlängerungswert gibt die Differenz der zukünftigen Gewinne im Fall der eigenen Inhaberschaft des Patents an sowie in der Situation, dass es über die Erfindung keinen Patentschutz mehr gibt. Der Gegenstandswert ist die Differenz der zukünftigen Gewinne im Fall der eigenen Inhaberschaft und in der Situation, dass ein Wettbewerber das Patent innehat.

Der Patentwert wird neben wirtschaftlichen auch von technischen Faktoren beeinflusst und im Allgemeinen durch die Indikatoren Lebensdauer, Neuheit und erfinderische Höhe, Schutzumfang, Substituierbarkeit, Umfang der Offenlegung, Stärke des Portfolios und Größe der Patentfamilie, Vielfältigkeit der Anwendung, Sperrfunktion und Druckmittel bei Verhandlungen bestimmt (Reitzig 2003 und 2004).

Bewertungsanlässe

Verschiedene Bewertungsanlässe begründen eine Patentbewertung (Burr et al. 2007 sowie Wurzer und Reinhardt 2006). Es können wirtschaftliche Anlässe wie Lizenzvergabe, Kreditsicherung, Beschaffung von Eigenkapital oder Bilanzierung sein, die eine Bewertung von Patenten notwendig machen oder auch rechtliche Anlässe wie beispielsweise eine Arbeitnehmererfindung oder das Abschätzen

Tab. 6.3: Anlässe für eine Bewertung von Patenten (Quelle: Burr et al. 2007, S. 80–181).

Interne Anlässe	Externe Anlässe
– Management (Planungsgrundlage für Budgets, Make-or-Buy-Entscheidungen, Wettbewerberbeobachtung) – Patentstrategien formulieren, überprüfen, ausbauen oder erweitern – Unternehmensinterner Transfer geistigen Eigentums – Effizienzkontrolle der Forschung- und Entwicklung, wie auch des Patentmanagements – Arbeitnehmererfindervergütung	– Strategische Allianzen (Akquisitionen, Ausgliederungen, Verkäufe, Spin-Offs, Mergers & Acquisitions) – Lizenzverhandlungen (Ermittlung der Lizenzgebühren) – Kauf und Verkauf von Patenten – Bildung von Patentpools – Gerichtliche Auseinandersetzungen – Bilanzierung immaterieller Werte – Externe Berichterstattung

eines Prozesskostenrisikos. Eine weitere Möglichkeit der Strukturierung von Bewertungsanlässen für Patente ist in Tabelle 6.3 zu finden. Hier werden die Bewertungsanlässe in interne und externe Anlässe differenziert. Zu den internen Anlässen zählen beispielsweise die Formulierung und Überprüfung der Patentstrategien oder auch die Effizienzkontrolle der FuE und des Patentmanagements. Strategische Allianzen, Lizenzverhandlungen oder der Kauf und Verkauf von Patenten zählen dagegen zu den externen Anlässen für eine Patentbewertung.

Bewertungsrisiken
Der Patentwert wird durch das Ausmaß der Unsicherheit zum Zeitpunkt der Erteilung des Schutzrechts maßgeblich beeinflusst (siehe hierzu und im Folgenden Spranger 2006). Dabei können marktseitige, technologische und rechtliche Unsicherheiten auftreten. Abbildung 6.3 zeigt die Risikoelemente bei der Patentbewertung hinsichtlich der drei genannten Dimensionen.

Das Marktrisiko resultiert im Wesentlichen aus dem allgemeinen Geschäftsrisiko des Absatz- oder Markterfolgs für das patentierte Produkt oder Verfahren. So können sich beispielsweise nach Beendigung der eigenen Produktentwicklung bereits andere Standards als jene, auf denen die eigene Entwicklung basiert, etabliert haben. Dies hätte dann zur Folge, dass das eigene patentierte Produkt am Markt schwer abzusetzen ist. Zum einen nehmen insbesondere die Akzeptanz des patentierten Gegenstandes durch die Marktteilnehmer, das Auftreten substituierender Technologien oder die strategische Ausrichtung der Wettbewerber und zum anderen das Marketing Einfluss auf die Bewertung der Patente.

Werden Erfindungen in einem frühen Entwicklungsstadium zum Patent angemeldet, kann dies zu technologischen Unsicherheiten führen. Dabei bestehen die

Risikoelemente bei der Patentbewertung

Marktrisiken
- Marktakzeptanz
- Marktdynamik
- Absatzchancen
- Wettbewerbsmaßnahmen
- Verlustrisiko, Investitionsrisiko

Technische Risiken
- Realisierbarkeit
- Integrierbarkeit in Produkte und Prozesse
- Verdrängung durch technologischen Fortschritt
- Entwicklungssprünge
- Herstellungsprobleme

Rechtliche Risiken
- Schutzfähigkeit
- Unbekannter Stand der Technik, Rechtsbeständigkeit
- Umgehbarkeit
- Verletzungs-, Prozessrisiko
- Schutzrechtssituation (Wettbewerberpatente, Abhängigkeiten)
- Einsprüche, Nichtigkeitsklage

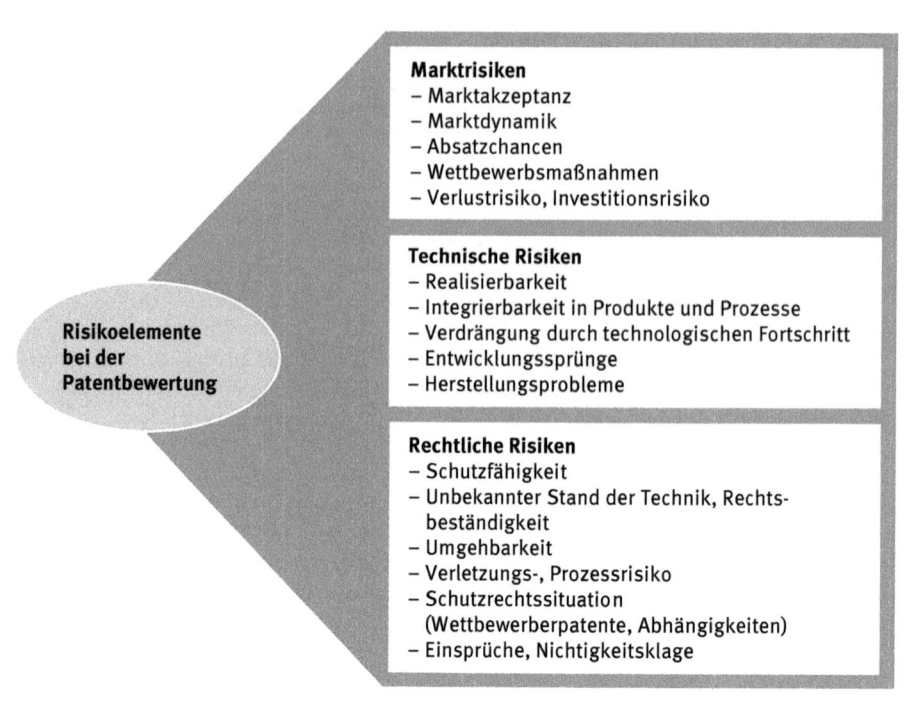

Abb. 6.3: Risikoelemente bei der Patentbewertung (Quelle: Eigene Darstellung in Anlehnung an Spranger 2006, S. 70).

technischen Bewertungsrisiken im Grad der Integrierbarkeit der Erfindungen in bestehende Herstellungsprozesse und Produkte, technologischen Verdrängungseffekten wie auch möglichen Problemen bei der Herstellung. Gerade in forschungs- und entwicklungsintensiven Branchen ist mit derartigen Unsicherheiten zu rechnen. Die in diesen Branchen tätigen Unternehmen stehen in einem starken Wettbewerb miteinander und so versucht jedes im Allgemeinen, den anderen mit einer ersten Patentanmeldung zuvorzukommen. Im Laufe der weiteren FuE-Aktivitäten sinkt im Gegensatz zur marktseitigen Unsicherheit die technische Unsicherheit, denn bis zur Erteilung des Patents sind zumeist wichtige Entwicklungsarbeiten erfolgreich abgeschlossen.

Unter den rechtlichen Unsicherheiten werden jene Risiken subsumiert, welche die Aussicht auf eine Erteilung des Patents und die Rechtsbeständigkeit vor (und in geringem Maße auch nach) der Patenterteilung umfassen. So können beispielsweise ein unbekannter Stand der Technik, der vom Patentamt im Prüfungsverfahren aufgedeckt wird oder Einsprüche und Nichtigkeitsklagen seitens der Wettbewerber ein Patent zum Fall bringen. Des Weiteren gelten die Abhängigkeit des Patents von anderen Patenten sowie die Möglichkeit der Umgehung des Schutzumfanges als rechtliche Risiken bei der Patentbewertung (Rings 2000).

6.4.2 Monetäre Verfahren der Patentbewertung

Zur monetären Bewertung von Patenten werden verschiedene konkurrierende Methoden und Verfahren diskutiert. Sie basieren – sofern verfügbar – auf beobachtbaren Marktpreisen, im Wesentlichen aber auf verauslagten Kosten oder zukünftigen Zahlungsströmen. Vereinfachend lassen sich die Verfahren somit in kostenorientierte, marktorientierte und ertragswertorientierte Verfahren unterscheiden. Im Folgenden werden diese drei Verfahrenstypen der Patentbewertung kurz vorgestellt (siehe hierzu und im Folgenden auch Neuburger 2005, Reitzig 2002, Schwingenschlögl und Gotwald 2008 sowie Wurzer und Reinhardt 2006).

Kostenorientierte Verfahren

Den kostenorientierten Verfahren liegt die Überlegung zugrunde, den Wert eines Patents als denjenigen Betrag zu definieren, der aufgewendet werden müsste, um einen gleichwertigen zukünftigen Nutzen zu erhalten. Dieser Ansatz beruht insofern auf der impliziten Annahme, dass der Marktpreis eines Gutes dem Wert seines künftig zu erwartenden Leistungsvermögens entspricht. Dies kann mittels der sogenannten Reproduktionskostenmethode oder der Wiederbeschaffungskostenmethode geschehen. Die Reproduktionskostenmethode zieht zur Ermittlung des Wertes eines Patents die Kosten heran, welche notwendig wären, um das Patent exakt zu replizieren. Hingegen wird bei Anwendung der Wiederbeschaffungskostenmethode versucht, den Wert über jene Kosten zu schätzen, welche für die Beschaffung eines ähnlichen Patents mit gleichwertigem zukünftigem Nutzen entstehen würden. Bis auf diesen Unterschied gliedert sich die grundsätzliche Ermittlung des Patentwerts nach beiden Vorgehensweisen in die gleichen drei Schritte: (i) die Identifizierung der relevanten Kosten, (ii) die Quantifizierung des ökonomischen Wertverlustes und (iii) die Berechnung der Steuerersparnis.

(i) In einem ersten Schritt müssen alle relevanten Kosten identifiziert werden, die notwendig sind, um das Patent in Form seines ursprünglichen Zustands zu reproduzieren. Dazu zählen im Wesentlichen die FuE-Kosten, die Schutzrechtskosten sowie die Produktionsanbahnungs- und Vermarktungskosten. Innerhalb dieser Kostenarten ist zwischen auszahlungswirksamen Kosten (wie etwa Material-, Arbeits- und Gemeinkosten) und Opportunitätskosten[32] (beispielsweise kalkulatorischer Unternehmerlohn und Erfinderlohn) zu differenzieren. Die Summe der relevanten Kosten stellt den Nettoreproduktionsneuwert dar.

---

[32] Als Opportunitätskosten gelten entgangene Erlöse bzw. entgangener Nutzen. Sie entstehen dadurch, dass vorhandene Möglichkeiten (Opportunitäten) zur Nutzung von Ressourcen nicht wahrgenommen werden. Opportunitätskosten werden manchmal auch als Alternativkosten, Verzichtskosten oder auch als Schattenpreis bezeichnet.

(ii) Wird die Abschreibung in die Bewertung einbezogen, um der Abnutzung und der technischen wie wirtschaftlichen Wertminderung Rechnung zu tragen, ergibt sich der Nettoreproduktionsaltwert. Folglich muss im zweiten Schritt der eingetretene ökonomische Wertverlust des spezifischen Schutzrechts quantifiziert werden, welcher von den Wiederbeschaffungskosten zu subtrahieren ist. Ein solcher Wertverzehr kann durch funktionale, technologische oder wirtschaftliche Obsoleszenz der patentierten Erfindung hervorgerufen werden. Diesen Wert kann man auch als Wiederbeschaffungsaltwert (Zeitwert) bezeichnen.

(iii) Um schließlich zum Wert des Patents im Sinne des kostenorientierten Ansatzes zu gelangen, muss in einem dritten Schritt die Steuerersparnis berücksichtigt werden, die dem Patentinhaber durch den Anfall der Kosten verbleibt.

Der kostenorientierte Ansatz ist für eine adäquate Bewertung von Patenten generell als ungeeignet einzustufen. Er wird zur Wertermittlung von Patenten dann zur Anwendung kommen, wenn ein geringer Informationsstand vorhanden ist, bzw. große Unsicherheiten hinsichtlich des zukünftigen wirtschaftlichen Nutzens des Patents bestehen.

Marktpreisorientierte Verfahren
Bei den marktpreisorientierten Verfahren – auch Multiplikatorverfahren genannt – handelt es sich um Vergleichsverfahren, die den Patentwert aus dem Wert vergleichbarer Patente oder den realisierten Marktpreisen vergleichbarer Patenttransaktionen ableiten. Das Ergebnis einer Bewertung nach dem Multiplikatorverfahren ist als potenzieller Marktpreis zu verstehen, der bei einer Veräußerung des zu bewertenden Patents erzielt werden soll. Die Bewertung mit Multiplikatoren basiert dabei auf der Annahme, dass ähnliche Patente bzw. Transaktionen ähnlich bewertet werden wie das zu bewertende Patent bzw. die zu bewertende Transaktion. Zur Wertfindung werden die erhobenen Marktpreise der Vergleichspatente bzw. der Vergleichstransaktionen zu bestimmten Patenten in Relation gesetzt. Auf Basis dieser Problemstellung entwickeln Ökonomen auch Modelle, die Patenten – vergleichbar mit dem Immobilienbereich – Werte anhand abstrakter Indikatoren zuweisen. Beispiele für diese Indikatoren sind in der ökonomischen Restlaufzeit, der Anzahl der überstandenen juristischen Auseinandersetzungen oder der Wahrnehmung der Technologie durch Dritte (Zitierungen) gegeben. Die daraus resultierenden Verhältniszahlen werden dann auf die für das zu bewertende Patent erwarteten Bezugsgrößen angewendet.

Die marktorientierte Patentbewertung unterscheidet zwischen der Vergleichstransaktionsmethode und der Lizenzanalogiemethode. Die Methode der Vergleichstransaktion unterstellt, dass Kauf- bzw. Verkaufsaktionen vergleichbarer Patente vorliegen, anhand derer ein Patentwert ermittelt werden kann. Die Methode der Lizenzanalogie hingegen zieht als Vergleichsobjekt tatsächlich gezahlte Lizenzgebühren aus gleichartigen Transaktionen mit ähnlichen Patenten heran. Nachfolgend sind die drei wesentlichen Schritte einer marktorientierten Patentbewertung aufgeführt:

(i) Zunächst müssen geeignete Transaktionen bzw. Lizenzsätze vergleichbarer Patente ausgewählt werden. Voraussetzung hierfür ist, dass einerseits ein öffentlich zugänglicher Markt existiert, auf dem Transaktionen stattfinden oder Lizenzen gehandelt werden und andererseits Informationen über Marktpreise und Lizenzraten beschafft werden können.
(ii) In einem zweiten Schritt ist zu überprüfen, inwieweit die betreffenden Patente vergleichbar sind. Zu den wichtigsten Faktoren, die im Rahmen einer Beurteilung der Vergleichbarkeit von Patenten zu berücksichtigen sind, zählen die Branche, der Marktanteil des patentgeschützten Gegenstands, das erwartete künftige Nutzenpotenzial des Patents, die Stärke des Rechtsschutzes, die voraussichtliche Restnutzungsdauer und die Ausprägung der Determinanten des Patentwerts. Da die Transaktionspreise der als Vergleichswerte spezifizierten Vermögenswerte in der Regel nicht dem beizulegenden Zeitwert des zu bewertenden Patents entsprechen, gilt es weitere Anpassungen vorzunehmen. Dadurch werden die der Transaktion zugrunde liegenden speziellen Marktgegebenheiten und die käuferspezifischen Motive im Sinne von Objektivierungsüberlegungen bereinigt, bevor eine Übertragung auf das Bewertungsobjekt erfolgt. In Abhängigkeit vom Ausmaß der notwendigen Korrekturen ist anschließend ein Anpassungsfaktor zu bestimmen, der die betreffenden Patente direkt vergleichbar macht.
(iii) In einem dritten Schritt sind schließlich die Bewertungsmultiplikatoren festzulegen. Eine geeignete Vergleichsgröße (z.B. der aus dem Patent resultierende Umsatz) muss ausgewählt und anschließend die spezifische Ausprägung von Bewertungsobjekt und Vergleichsobjekt in Relation zueinander gesetzt werden.

Kurz gefasst lässt sich über den marktorientierten Ansatz zur Bewertung von Patenten sagen, dass er nur begrenzt einsetzbar ist.

Ertragswertorientierte Verfahren
Im Rahmen der ertragswertorientierten Verfahren wird der Wert eines Patents als Barwert der erwarteten zukünftigen Zahlungsströme ermittelt, die sich aus der Nutzung des Patents ergeben. Die erwarteten Zahlungsströme werden dabei mit einem risikoadjustierten Zinssatz diskontiert. Die Planung jedes Zukunftserfolgsstroms ist mit Unsicherheit verbunden. Die Ausschaltung der Prognoseunsicherheit ist zwar unmöglich, sie kann jedoch durch die Charakterisierung und Bewertung von Risiken und Chancen sowie die Veranschlagung von Wertbandbreiten begrenzt werden. Zudem vermindert sich das Prognoseproblem durch die abnehmende Bedeutung ferner Zukunftsjahre für den Barwert der Erfolge. In Abhängigkeit von der Art, Patent-Cashflows zu prognostizieren, werden innerhalb des ertragswertorientierten Ansatzes im Wesentlichen zwei Gruppen von Bewertungsverfahren unterschieden: Zur ersten Gruppe zählen Verfahren, die tatsächliche oder hypothetische Lizenzzahlungen analysieren (*relief-from-royalty-method*). Die zweite Gruppe umfasst Verfahren, die

Erträge anhand der Umsatzsteigerungen messen, welche durch den Einsatz der patentierten Technologie erzielt werden (*incremental-cashflow-method*).

Beiden Verfahren ist gemein, dass sie zur Prognose der Patent-Cashflows die Restnutzungsdauer des Patents abschätzen müssen. Dabei gilt es, zwei zumeist gegenläufige Faktoren zu berücksichtigen. Einerseits sollte eine adäquate Restnutzungsdauer eine bestmögliche Abschätzung jenes Zeitraums darstellen, in dem durch die Nutzung des Patents künftige Erfolge erwirtschaftet werden. Andererseits sollte sie nur bis zu jenem Zeitpunkt reichen, für den der Bewerter noch mit hinreichender Sicherheit künftige Erfolge zu prognostizieren vermag.

Die mit Patenten verbundenen Geldflüsse (*cashflows*) unterliegen einer relativ hohen Unsicherheit. Die Bewertungstheorie kennt zwei Vorgehensweisen, um das Risiko von Cashflows im Rahmen ertragswertorientierter Verfahren zu berücksichtigen:

(i) Bei der Risikozuschlagsmethode werden die erwarteten Cashflows mit einem risikobereinigten Kapitalisierungszinssatz diskontiert.
(ii) Alternativ besteht bei der Sicherheitsäquivalenzmethode die Möglichkeit, sicherheitsäquivalente Cashflows zum risikofreien Zinssatz abzuzinsen. Das Sicherheitsäquivalent bezeichnet dabei jene sicheren Cashflows, die aus Eigentümersicht den gleichen Nutzen stiften wie die Bandbreite unsicherer Cashflows.

Die Sicherheitsäquivalenzmethode bereitet allerdings wesentliche praktische Schwierigkeiten, da sie voraussetzt, dass die Entscheider die jeweiligen Risikonutzenfunktionen kennen. Die Höhe des Risikos kann sich im Zeitablauf ändern. Eine Möglichkeit, diese Schwankungen zu erfassen, besteht darin, den Bewertungszeitraum in verschiedene Abschnitte zu teilen und dann verschiedene Kosten anzusetzen.

Kurz gefasst stellt der ertragsorientierte Ansatz ein zur Wertermittlung von Patenten generell geeignetes Verfahren dar. Voraussetzung ist eine gute Informationsbasis in Bezug auf das wirtschaftliche Nutzenpotenzial des Patents.

Grundsätze ordnungsgemäßer Patentbewertung
Alle dargelegten monetären Ansätze der Patentbewertung weisen Unzulänglichkeiten auf, denn sie leisten z.B. keine methodische Unterstützung bei der Ermittlung zukünftiger Gewinne. Die Vielzahl an Bewertungsverfahren führt zudem dazu, dass die Höhe des Patentwerts von der angewandten Methode abhängig ist, mittels welcher er bestimmt wurde. Eine weitere Problematik bei der Bewertung von Patenten besteht darin, dass diese Kenntnisse aus verschiedenen unternehmerischen Funktionen wie dem Marketing, der Finanzwirtschaft, der Rechtsabteilung oder der FuE erfordert, je nachdem für welchen Zweck die Patentbewertung durchgeführt werden soll. Kurzum, einen neutralen Bewertungsstandard zu definieren, der möglichst allen Betrachtungsweisen gerecht wird und gleichzeitig für die Verantwortlichen im Patentmanagement nachvollziehbar und in der Patentmanagementpraxis

handhabbar erscheint, ist schwierig – wenngleich nicht unmöglich. So bietet beispielsweise das EPA eine Bewertung von Patenten und technischen Entwicklungsprojekten an. Mit der Software IPscore® 2.2[33] stellt es ein Instrument zur Verfügung, das eine qualitative und quantitative Bewertung mittels einer Finanzprognose, die den Kapitalwert der bewerteten Technologie bestimmt, ermöglicht.

Damit Unternehmen verlässliche, möglichst neutrale und vertrauenswürdige Informationen über den Wert ihrer Patente erhalten, sollten sie also auf unternehmensexterne Sachverständige zurückgreifen, die als außenstehende Bewerter juristische, wirtschaftliche und technische Expertise mitbringen (Wurzer und Ilgner 2010). Gab es früher keinen speziell auf Patente ausgerichteten Leitfaden, der dem interdisziplinären Charakter von Patenten Rechnung trug und die rechtlichen, wirtschaftlichen sowie technologischen Aspekte zur Patentbewertung berücksichtigte, so können Bewerter seit 2010 auf eine Norm zurückgreifen, die sich mit der quantitativen Bewertung von Patenten zur Ermittlung eines zuordenbaren Geldwertes befasst. Mit der DIN 77100[34] *„Patentbewertung - Grundsätze der monetären Patentbewertung"* soll gewährleistet werden, dass die Bewertungsergebnisse für jeden Interessierten nachvollziehbar und nachprüfbar sind. Sie priorisiert die verschiedenen Verfahren der Patentbewertung in Abhängigkeit von der Verfügbarkeit geforderter Rahmeninformationen. Des Weiteren fördert sie die Verlässlichkeit monetärer Patentbewertungen und somit die Ausweisung und Steuerung des wirtschaftlichen Nutzens von Patenten. Ihren Anwendungsbereich legt die DIN 77100 wie folgt fest:

> *Die Norm legt die zur ordnungsgemäße monetären Bewertung zu beachtenden Grundsätze und Bewertungsverfahren sowie deren Einflussfaktoren und deren Zusammenwirken fest. Dabei werden die verschiedenen Bewertungsverfahren in Abhängigkeit der Verfügbarkeit geforderter Rahmeninformationen priorisiert.*
>
> *Ziel der vorliegenden Norm ist es, eine Grundlage für die monetäre Bewertung von Patenten zu schaffen. Als Patente im Sinne der Norm werden auch gleichartige gewerbliche technische Schutzrechte wie Gebrauchsmuster sowie Patentanmeldungen bezeichnet.*
>
> *Diese Norm richtet sich an sachverständige Bewerter. Nach dieser Norm erstellte Gutachten sind für den sachverständigen Bewerter nachvollziehbar und nachprüfbar und für den Adressaten verständlich* (Grünewald und Wurzer 2012, S. 178).

6.4.3 Wertbestimmung eines Patentportfolios

Es steht außer Frage, dass relevante FuE-Ergebnisse technologieorientierter Unternehmen patentiert werden, um aus den Erfindungen einen wirtschaftlichen Wert zu generieren. Die Bewertung der Patente wie auch der Innovationskraft dieser Unternehmen ist

---

[33] Vgl. https://www.epo.org/searching-for-patents/business/ipscore_de.html#tab11, Abruf 23.02.2016.
[34] Vgl. http://www.beuth.de/de/norm/din-77100/140168931, Abruf 08.01.2016.

mit dem vom Spin-off Unternehmen PatentSight GmbH[35] entwickelten Patent Asset Index™ möglich. Dieser stellt eine objektive Methode dar, um Unternehmensvorstände, Investoren, Portfoliomanager, Technologie Scouts, Patentexperten und andere Beteiligte in die Lage zu versetzen, den Wert ihres Patentportfolios zu bestimmen und zu steigern sowie Trends und Innovationen weltweit aufzuspüren. Die PatentSight-Lösungen werden von führenden Unternehmen aus den Bereichen Chemie, Telekommunikation, Automobil, Elektronik, Maschinenbau, Lebensmittel, Logistik und anderen Branchen für die operative und strategische Entscheidungsfindung genutzt (Ernst 2003, Ernst und Omland 2011 sowie Omland 2011).

Der Patent Asset Index™ berücksichtigt nicht nur die Gesamtmenge an Patenten, sondern auch deren Qualität. Dies ist entscheidend, da im Allgemeinen nur einige wenige Schlüsselpatente einen tatsächlichen Wert haben, während die restlichen Patente lediglich einen geringen wirtschaftlichen Wert besitzen (Ceccagnoli et al. 2005). Daher sagt ein Vergleich der Größe von Patentportfolios alleine nichts über die Stärke von Patenten aus. Der Patent Asset Index™ ermöglicht es hingegen, die wirtschaftliche Stärke von Patenten in einer objektiven, zuverlässigen und konsistenten Art und Weise zu identifizieren. Somit sind beispielsweise ein Benchmarking der Patentstärke sowie die Suche nach Schlüsselpatenten und nach Innovationen möglich oder es lassen sich potenzielle Kooperationspartner profilieren. Der Patent Asset Index™ ist dabei als Gesamtstärke aller in einem Portfolio enthaltenen Patente definiert, wobei die Stärke jedes einzelnen Patents anhand seiner Wettbewerbswirkung (*competetive impact*) gemessen wird.

Die Wettbewerbswirkung eines jedem Patents wird auf der Grundlage zweier komplementärer Wertindikatoren, der Technologierelevanz (*technology relevance*) und der Marktabdeckung (*market coverage*), berechnet (Ernst und Omland 2011). Zur Bestimmung der Technologierelevanz werden die Zitationen herangezogen, analog dazu wie es bei der Evaluierung von Forschungsleistungen oder der Relevanzbestimmung von Webseiten geschieht. Für die Marktabdeckung wird ein internationaler Schutz als Indikator des Patentwerts angesehen, denn der Wert eines Patents erhöht sich mit jedem weiteren geschützten Markt, in dem es angemeldet oder gar erteilt wurde. Die relative Größe der einzelnen nationalen Märkte lässt sich mithilfe des Bruttonationaleinkommens (*Gross National Income* (GNI[36])) abschätzen. Dieses berücksichtigt auch die im Ausland realisierten Einnahmen von Inländern und damit auch die Einnahmen inländischer Unternehmen außerhalb der Nationalgrenzen. Dies ist deswegen bedeutend, weil Patente zwar nur im Anmeldeland als Ausschlussrecht gelten, aber durchaus Strahlkraft über die Landesgrenzen hinweg haben. Die deutsche Automobilindustrie meldet beispielsweise viele Erfindungen nur in Deutschland an, weil der Wettbewerb nicht unbedingt ein erfolgreiches Auto konzipieren würde, das zwar im Rest der Welt fahren darf, jedoch nicht in Deutschland.

---

35 Vgl. http://www.patentsight.com/en/, Abruf 12.10.2015.
36 Vgl. http://www.nationsonline.org/oneworld/GNI_PPP_of_countries.htm, Abruf 15.10.2015.

Eine Marktabdeckung kann alternativ auch auf Basis der branchenspezifischen Marktgröße oder des Produktionsvolumens berechnet werden, die dann in Bezug auf den US-amerikanischen Markt zum Ausdruck gebracht wird.

Alle für die Bestimmung der Indikatoren notwendigen Daten werden aus einer eigens von der PatentSight GmbH aufgebauten Datenbank bereitgestellt, in der neben Patentdaten aus mehr als 90 öffentlich zugänglichen Datenbanken der Patentämter auch weitere Informationen, z.B. zu Einspruchs- und Nichtigkeitsverfahren, zu Gebührenzahlungen für die Aufrechterhaltung der Patente oder zu technischen Standards, gespeichert sind. Mittels Zugriff auf diese umfangreichen Daten ist es dank dem Patent Asset Index™ also möglich, wertvolle Patente zu identifizieren, die eine deutliche Wettbewerbswirkung besitzen.

Zusammengefasst zeigen die unterschiedlichen Bewertungsansätze, dass die hierbei eingesetzten Verfahren zur Bewertung von Patenten sowohl mit Vor- als auch mit Nachteilen verbunden sind. So sind bei der Bewertung insbesondere Risiken zu berücksichtigen, die sich aus wirtschaftlichen, technischen und rechtlichen Unsicherheiten ergeben. Den wirtschaftlichen Risikoelementen lassen sich die Marktakzeptanz und -dynamik, die Absatzchancen oder das Investitionsrisiko zuordnen. Zu den technischen Unsicherheiten bei der Patentbewertung gehören die Realisierbarkeit, die Verdrängung durch technologischen Fortschritt oder Entwicklungssprünge. Die Schutzfähigkeit, ein unbekannter Stand der Technik oder drohende Einsprüche und Nichtigkeitsklagen zählen dagegen zu den rechtlichen Unsicherheiten.

6.5 Patentverletzungen als Herausforderung im Patentmanagement

Die zunehmende Zahl an Patentrechtsverletzungsklagen und die oftmals daraus resultierenden hohen Schadensersatzzahlungen, welche Richter in den letzten Jahren bei Verletzungsfällen verhängt haben, machen es für Unternehmen unumgänglich, sich mit der Erkennung von Patentverletzungen und der Vermeidung von Patentverletzungsklagen auseinanderzusetzen (Bergmann 2011, Pitz 2010 und Ziedonis 2003). Daher zielen in diesem Zusammenhang selbstauferlegte *Compliance* Richtlinien auf die Schaffung und Aufrechterhaltung rechtlich einwandfreier Situationen im Patentbereich (Wege et al. 2012). Aus der *Compliance* erwächst aber nicht zwingend die Notwendigkeit, in einem Entwicklungsprojekt etwa an unterschiedlichen Meilensteinen oder bestimmten Gates eines Stage-Gate-Prozesses[37] eine auf metadaten- und textbasierten Analysen aufbauende

---

[37] Das Stage-Gate-Modell ist ein nach Robert G. Cooper und Elko J. Kleinschmidt standardisiertes Prozessmodell zur Entwicklung von Produktinnovationen. Ziel des Modells ist die Sicherung der Prozessqualität bei der Innovationsentwicklung. Vgl. http://wirtschaftslexikon.gabler.de/Definition/stage-gate-modell.html, Abruf 19.01.2016.

rechtsbezogene Patentanalyse als *Deliverable*[38] durchzuführen. Sollte allerdings eine Situation eintreten, in der die Verletzung eines oder mehrerer Fremdschutzrechte nicht nur vermutet wird, sondern real vorliegt, müssen alle Bereiche, die im Unternehmen an der Abwehr von Patentverletzungen beteiligt sind, eine Regelung dazu vorfinden, wie mit der faktischen Patentverletzungssituation umzugehen ist. In Anlehnung an das Vorsichtsprinzip[39] (*principle of caution*) aus dem Handelsrecht, sollte die Aufnahme einer Handlungsrichtlinie zum internen Umgang mit Patentverletzungen, z.B. im Unternehmenshandbuch, das letzte Mittel – die *Ultima Ratio* – und nicht die erste unternehmerische Wahl darstellen. Ansonsten könnte aus dem Vorhandensein einer Richtlinie, beispielsweise in Form einer Geschäftsführungsanweisung, der Schluss gezogen werden, dass es im Unternehmen regelmäßig zu Patentverletzungen kommt, die in Konsequenz zur Postulierung der Richtlinie geführt haben.

Das sensible Thema des Umgangs mit Patentverletzungen kann nicht nur durch eine Handlungsrichtlinie sondern auch durch die Formulierung eines Leitfadens zur Ausübungsfreiheit, welcher die mit der Entwicklungsarbeit betrauten Mitarbeiter sensibilisiert und Kommunikationswege wie Umfänge im Falle einer vermuteten oder konkreten Patentverletzung festlegt, angegangen werden. In einem solchen *FTO-Leitfaden* ist dann festgehalten,
- welche konkrete Schritte im Falle einer Patentverletzung einzuleiten sind,
- wer im Einzelnen informiert werden muss,
- wer für die interne und externe Kommunikationssicherheit zu sorgen hat, und
- wie die Verletzungssituation im Einzelnen zu dokumentieren ist.

Primäre Informationsempfänger sind immer die Geschäftsführer bzw. die jeweiligen Vorstände des juristischen und des technischen Bereichs sowie der bei Auftreten der Patentverletzungsvermutung zu konsultierende außenstehende Patentanwalt.

Des Weiteren kann im Falle einer noch vagen und unsubstantiierten Verletzungsvermutung die Erstellung einer FTO-Opinion als optional erscheinen. Bei einer faktisch eingetretenen Patentverletzung ist das unverzügliche Einholen einer außenstehenden Meinung, also ein extern eingeholtes, rechtsanwaltliches Gutachten (*opinion*), unabwendbar und nicht als optional zur internen Meinungsbildung anzusehen.

---

[38] Als *Deliverable* wird ein eindeutiges und überprüfbares Produkt oder Ergebnis oder eine Dienstleistung, das/die hergestellt bzw. erbracht werden muss, um einen Prozess, eine Phase oder ein Projekt abschließen zu können. Vgl. https://www.projektmagazin.de/glossarterm/liefergegenstand, Abruf 19.01.2016.

[39] Unter Vorsichtsprinzip wird der Grundsatz kaufmännischer Vorsicht verstanden, wonach bei der Bilanzierung alle Risiken und Verluste angemessen zu berücksichtigen sind. Vgl. http://wirtschaftslexikon.gabler.de/Archiv/134392/vorsichtsprinzip-v5.html, Abruf 19.01.2016.

6.5.1 Interner Umgang mit Patentverletzungen

Trotz der umfangreich angelegten FTO-Maßnahmen, die ein operatives Patentmanagement durchführt, sind Patentverletzungen nicht generell vermeidbar. Es besteht immer das Restrisiko, dass ein Fremdschutzrecht dem sogenannten *Überwachungs-Radar* entgeht und die Verletzungssituation dem dort Hineingeratenen womöglich erst nach einer Produkteinführung offenbar wird. Dementsprechend erfolgen Patentverletzungen in den meisten Fällen unabsichtlich und nicht willentlich bzw. wissentlich. Die wissentliche Verletzung eines Fremdschutzrechts tritt nur in sehr wenigen Fällen auf, mit der Konsequenz, dass gegen bewusste Patentverletzer in einigen Ländern, wie etwa den USA, ein erhöhter Strafschadensersatz geltend gemacht werden kann, der über die bloße Wiedergutmachung des entstandenen Schadens hinausgeht (Pohlman 1999).

Was kann das operative Patentmanagement nun tun, wenn sprichwörtlich „*das Kind in den Brunnen gefallen ist*"? Ist eine Patentverletzungssituation eingetreten, muss das operative Patentmanagement festlegen, wer sich mit der Sache befasst, die Führung übernimmt und das Vorgehen im Sinne der *Due Diligence* zu verantworten hat. Zudem ist zu klären, wer der Führung zuarbeitet und wer den Kontakt zur Geschäftsleitung und insbesondere zum außenstehenden Patentanwalt hält, welcher zur rechtlich wie sachlich hinreichenden Darstellung und Bearbeitung der eingetretenen Situation unbedingt hinzugezogen werden sollte.

Sobald eine potenzielle Patentverletzung aufgeworfen wird – in der Regel durch eine von einer Patentanwaltskanzlei stammenden Berechtigungsanfrage –, stellt sich in der Geschäftsführung, im Konstruktions- und Entwicklungsbereich sowie in der Rechts- und der Patentabteilung üblicherweise ein hoher Aktivitätsgrad ein. Dabei gilt es, Ruhe zu bewahren. Der nachfolgend skizzierte Handlungsablauf bei festgestellter Verletzung von Fremdschutzrechten soll beispielhaft zeigen, wie mit einer solchen Verletzungssituation umzugehen ist. Vorab werden aber kurz einige grundlegende Eigenschaften von Patenten beleuchtet, aus denen sich sogenannte *Dos and Don'ts* für den internen Umgang mit Patentverletzungen ableiten lassen.

Ohne Einwilligung des Patentinhabers ist es Dritten nicht gestattet, den Gegenstand eines Patents zu gebrauchen, herzustellen, in Verkehr zu bringen, anzubieten, zu besitzen oder einzuführen. Selbiges gilt, wenn der patentgeschützte Gegenstand ein Verfahren, also ein Arbeits- oder Herstellungsverfahren, ist. Auch patentgeschützte Verfahren dürfen von Dritten weder angeboten noch durchgeführt werden. Ein Patent schützt damit den Inhaber nicht nur vor der Herstellung eines patentverletzenden Produktes, sondern auch davor, dass dieses Produkt beispielsweise angeboten oder importiert oder vertrieben wird. Das Anbieten patentverletzender Produkte auf Webseiten, die sich in den meisten Fällen automatisch auch an Adressaten im Schutzterritorium des fraglichen Patents richten, stellt ebenfalls eine Verletzungshandlung dar. Ein Haftungsausschluss (*disclaimer*), der den Betrachter solcher Webseiten darauf hinweist, dass das, was er dort sieht, nicht primär an ihn gerichtet ist, sofern er sich im Schutzgebiet des Patents befindet, dürfte rechtlich unhaltbar erscheinen und in seiner Konstruktion sicherlich juristisch fragwürdige Züge aufweisen. Das Ausschließen bzw. Blockieren bestimmter Länder oder Regionen, in denen patentverletzende Produkte nicht beworben werden sollen, wird selbst für erfahrene IT-Experten ein schwieriges Unterfangen darstellen.

Folglich können alle Benutzungshandlungen innerhalb eines Schutzterritoriums potenzielle Verletzungshandlungen darstellen, so etwa das Anbieten an einen Kunden im jeweiligen Schutzterritorium, das Anbieten vom Schutzterritorium aus ins Ausland, der Vertrieb in das Schutzterritorium, der Vertrieb von einem Standort innerhalb des Schutzterritoriums aus, die Herstellung im Schutzterritorium usw. Auch die Präsentation des potenziellen Verletzungsgegenstandes bzw. die Bewerbung auf einer Messe oder sonstigen Leistungsschau im Schutzterritorium kann bereits als patentverletzende Benutzungshandlung gelten. Bevor allerdings auf Messeständen einer potenziellen Patentverletzung unbotmäßig oder gar ignorant begegnet wird, sollte schon an Ort und Stelle eine eingehende Analyse der Patentverletzung durch einen außenstehenden Patentanwalt erfolgen. Keine noch so perfekte Handlungsempfehlung vermag eine derartige ad hoc Rechtsberatung mit Festlegung der ersten rechtlichen Schritte zu ersetzen.

Wie dargelegt, stellt schon das reine Anbieten, z.B. über das Internet, eine patentverletzende Benutzungshandlung dar, wenn entweder der Anbieter oder der Adressat des Angebots im vom Patent geschützten Territorium, ansässig ist. Ein patentverletzendes Angebot muss in rechtlicher Hinsicht nicht die Voraussetzungen erfüllen, die im Vertragsrecht an ein Angebot gestellt werden, um die die Qualitäten eines verbindlichen Angebots aufzuweisen. Es reicht aus, wenn das Angebot das potenziell verletzende Produkt mit hinreichender Genauigkeit umfasst und klar ist, dass das Produkt eindeutig zum Verkauf und nicht etwa nur zum Testgebrauch bestimmt ist. Eine Spezifikation des Lieferumfanges oder eine Preisangabe sind dabei nicht erforderlich. Damit ein Angebot auf einer Webseite patentverletzend ist, muss nicht zwingenderweise eine konkrete Abfrage durch einen Kunden erfolgt sein. Es reicht aus, wenn anhand des Internetauftritts klar erkennbar ist, dass sich das Angebot an jedweden Kunden im Land des Patentschutzes richtet.

Handlungsablauf bei festgestellter Verletzung von Fremdschutzrechten
Damit nun eine Handlungsempfehlung eine vermutete Patentverletzungssituation in einen handhabbaren, kontrollierbaren Zustand umwandeln kann, muss zunächst eine Unterrichtung und Sensibilisierung aller maßgeblich Beteiligten erfolgen. Sobald durch eine interne Überprüfung oder durch einen Hinweis von außen ein Produkt oder ein Verfahren in den Verdacht gerät, patentverletzend zu sein, sollte in jedem Fall sowohl das fremde Patent bzw. dessen komplette Patentfamilie wie auch das fragliche Produkt bzw. Verfahren identifiziert werden. Wenn sich nicht schon auf den ersten Blick (*prima facie*) ergibt, dass das Patent das besagte Produkt

bzw. Verfahren nicht berührt, sollte auf jeden Fall ein Patentanwalt zu Rate gezogen werden. Oftmals erweist sich eine versteckte Verletzung als Gefahr, wenn sich ein der potenziellen Patentverletzung Bezichtigter in Sicherheit wähnt und glaubt, ihm könne eine Verletzung nicht nachgewiesen werden, nur weil ein geschützter Prozess, eine Methode oder ein Verfahren schwer zu identifizieren ist. Auskunfts- oder Besichtigungsansprüche des Patentinhabers decken solche verborgenen oder mittelbaren Patentverletzungen auf!

Eine FTO-Analyse ist unter allen Umständen unabdingbar und sollte genau wie eine parallele Verletzungsrecherche immer im Sinne von *Due Diligence* durchgeführt werden. Sofern nach dem Abschluss einer solchen Analyse, z.B. bei Vorliegen eines initialen internen FTO-Statements, weiterhin Zweifel bezüglich einer tatsächlichen oder vermuteten Patentverletzung bestehen, sollte bei einem Patentanwalt eine außenstehende Meinung – eine FTO-Opinion – eingeholt werden. Alternativ können auch IP-Dienstleister in Anspruch genommen werden, die entsprechende Patentrecherchen durchführen und daraufhin ihre Einschätzung abgeben. Damit wird eine etwaige Betriebsblindheit beim Erkennen und Analysieren von Patentverletzungssituationen wirkungsvoll vermieden bzw. eingedämmt.

Aufgrund internationaler moderner Konzernstrukturen ist es oftmals wahrscheinlich, dass ein Patentverletzungsstreit über die Grenzen eines Staates hinaus, entweder gleichzeitig oder sukzessive in weiteren Ländern ausgetragen wird. Sobald ein Produkt, das von einem Unternehmens angeboten wird, in den Verdacht gerät, in einem bestimmten Land patentverletzend zu sein, sollte bei der Kommunikation zu diesem Thema innerhalb des Unternehmens über die Landesgrenze hinweg strenge Vorsicht walten. Aussagen, die den Schluss zulassen, verschiedenen Abteilungen eines der Patentverletzung bezichtigten Unternehmens sei die Patentverletzung bekannt gewesen, oder man habe sich eine solche intern sogar gegenseitig attestiert, müssen unbedingt vermieden werden. Muss intern dennoch eine zeitnahe Kommunikation aufrechterhalten werden, z.B. um den Sachverhalt unter den betroffenen Abteilungen oder mit konsultierten Fachexperten hinreichend zu klären, ist vorschlagsweise folgender Sprachgebrauch zu empfehlen: *„wir befinden uns in einer bedrohlichen Situation"* oder aber *„wir sind mit einer unter Umständen konfliktgeladenen Angelegenheit konfrontiert"*. Das Wort *Patentverletzung* (*patent infringement*) sollte auf jeden Fall in der unternehmensinternen Kommunikation, etwa per E-Mail bzw. auf jedwedem dokumentierten oder protokollierten Wege vermieden werden.

Auch bei einer Gruppen-Kommunikation via E-Mail-Verteiler oder bei der Weiterleitung von E-Mails an mehrere Empfänger ist besondere Vorsicht geboten, denn unvorsichtige Aussagen könnten einem Gegner in die Hände fallen, z.B. im Zuge eines dem eigentlichen US-Patentverletzungsprozess vorgeschalteten Auskunftsverfahrens (*discovery*). Zusätzlich sollte im Fall einer vermuteten oder tatsächlichen Patentverletzung jede Korrespondenz mit außenstehenden Anwälten immer und ausdrücklich unter dem Vorbehalt des Privilegs der unter Schutz stehenden Kommunikation zwischen Anwalt und Mandant (*attorney-client privilege*) stattfinden (Mann 2009). Vorzugsweise sollte die interne wie externe Kommunikation in solchen Fällen per Telefon aufrechterhalten werden.

Neben E-Mails haben sich heute auch sogenannte SharePoints[40] als interne Daten-Austauschportale in der Unternehmenskommunikation etabliert. Viele über SharePoints ausgetauschte Daten oder Kommunikationen werden hierfür in sogenannten Clouds gespeichert und liegen auf unternehmensexternen Servern. Hierbei besteht die Gefahr, dass Hacker in diese externen Kommunikationsportale und Speicherorte eindringen und sich unbefugt Zugriff auf die Daten verschaffen. Gelangen diese *ausspionierten* Daten als Beweismittel vor einen Verletzungsrichter, der solch einen an sich nicht zulässigen Beweis dennoch zulässt, kann dies für potenziell patentverletzende Unternehmen negative Konsequenzen haben. Mit einer derartigen Situation ist insbesondere dann zu rechnen, wenn in unterschiedlichen Ländern verschiedene Wege des Einlegens von Rechtsmitteln sowie der Beweislegung beschritten werden.

Um Kommunikationswege und -verteilung wirksam kontrollieren zu können, sollte sowohl bei einer vermuteten als auch bei einer konkreten Patentverletzung in jedem Fall das *Need-to-know-Prinzip*[41] angewendet werden. Zu viele *Wissende* und unzureichend sensibilisierte Sender und Empfänger können jedem Unterfangen der Patentabteilung zur Informationseingrenzung im Patentverletzungsfall effektiv entgegenwirken. Der Schaden, den man sich dadurch selbst zufügt, kann unter Umständen immens und irreparabel.

Wurde eine Patentverletzung festgestellt, ist die Benutzung des patentverletzenden Produktes sofort zu unterlassen. Als weitere Empfehlung kann in diesem Fall die zeitnahe Konstruktionsänderung des patentverletzenden Produktes dergestalt gelten, dass es das Fremdschutzrecht nicht mehr unmittelbar oder mittelbar verletzt. Dies geschieht zumeist durch das Finden einer oder mehrerer Umgehungslösungen. Unter Umständen sind störende Patente von Wettbewerbern nicht oder aber nur mit erheblichem Aufwand zu umgehen. Anstatt einer komplizierten Umgehungslösung, kann in dieser Situation die Recherche des dem fremden Patent entgegenstehenden Standes der Technik erfolgen, um darzulegen, dass ein – im besten Fall neuheitsschädlicher – Stand der Technik dieses Patent gegebenenfalls vernichtet. Bezüglich der beiden zuletzt vorgeschlagenen Handlungsvarianten sollte die gefundene Patentumgehung bzw. das Rechercheergebnis in jedem Fall auch von einem außenstehenden Patentanwalt überprüft werden. Dieser kann dann bestätigen, ob die Gefahr einer Verletzung des störenden Fremdschutzrechts effektiv ausgeräumt ist

---

40 Vgl. https://products.office.com/de-de/SharePoint/collaboration, Abruf 27.01.2016.
41 Das Need-to-know-Prinzip (Kenntnis nur bei Bedarf) zielt auf die personelle Trennung von Vertraulichkeitsbereichen innerhalb eines Unternehmens. Einzelne Mitarbeiter sollen nur so viele Informationen erhalten, wie es für einen reibungslosen Geschäftsablauf notwendig ist. Vgl. beispielsweise https://www.bsi.bund.de/DE/Themen/ITGrundschutz/ITGrundschutzKataloge/Inhalt/_content/m/m02/m02008.html, Abruf 28.01.2016.

bzw. der gehobene Stand der Technik dazu geeignet erscheint, die Patentfähigkeit des Hauptanspruchs des fremden Patents wirksam in Frage zu stellen, um damit erfolgreich prozessual vorgehen zu können.

Selbstverständlich kann die Verletzung eines Fremdschutzrechts auch einfach ignoriert werden. Diese Option ist zwar im Allgemeinen nicht zu empfehlen, stellt aber in wenigen Fällen gegebenenfalls doch eine akzeptable Alternative dar, beispielsweise bei geringer Restlaufzeit des verletzten Patents oder bei Wissen um begrenzte finanzielle Mittel oder gar Insolvenz des Patentinhabers. Ohne Konsultation eines außenstehenden Patentanwalts sollte sich aber niemand für das Ignorieren eines fremden Schutzrechts entscheiden. Damit gilt in den skizzierten Fällen des Umgangs mit einer störenden Fremd-Patentsituation ausnahmslos: Parallel zu den eigenen Recherchen und Analysen sowie dem Finden von Umgehungslösungen *muss* ein außenstehender Patentanwalt hinzugezogen werden.

Feststellung der Verletzung aufgrund eines Schutzrechtshinweises
Ein Schutzrechtshinweis kann informell, beispielsweise in Form eines Hinweises, oder formell, beispielsweise in Form einer konkreten Berechtigungsanfrage, durch den Patentinhaber erfolgen. Allgemein gilt, dass der Eingang des Hinweises in Bezug auf ein verletztes Fremdschutzrecht oder eine behauptete Verletzungshandlung gut dokumentiert werden muss, da er sofort Ausschlussfristen in Gang setzt. Generell gilt, dass der Inhaber eines Fremdschutzrechts oder ein ausschließlicher Lizenznehmer aus einem validen Schutzrecht heraus umso weniger Möglichkeiten hat, Einfluss auf den Patentverletzer auszuüben, je mehr Zeit seit dem ersten dokumentierten Hinweis vergangen ist.

Die in vielen Patentrechtsauffassungen verankerte Tatsache der Verwirkung von Ansprüchen auf Unterlassung führt immer wieder dazu, dass Patentinhaber den Patentverletzer mit Anfragen – in der Regel über einen Anwalt kommend – regelrecht *bombardieren*. In den USA ist es hingegen oftmals so, dass keine Berechtigungsanfrage gestellt oder vorher abgemahnt, sondern sofort geklagt wird. Dies hat die Folge, dass damit eine zumeist extrem kostspielige und langwierige Prozesslawine ins Rollen gerät. In Europa und insbesondere Deutschland ist man diesbezüglich zurückhaltender. Dies bedeutet aber nicht, dass der Angreifer die Angelegenheit gering schätzt. Ein konkreter Hinweis oder eine Berechtigungsanfrage sollte unbedingt ernstgenommen werden. Falls sich nach einer Prüfung durch den Patentanwalt herausstellt, dass der Hinweis oder die Berechtigungsanfrage eindeutig unbegründet ist, kann Entwarnung gegeben werden.

In diesem Zusammenhang sind die sogenannten Patenttrolle oder Patenthaie (*patent sharks*) erwähnenswert. Sie sind alleinig an der monetären Verwertung der in ihrem Besitz befindlichen Patente interessiert, ohne die patentierte technische Erfindung wirtschaftlich nutzen zu wollen (Reitzig et al. 2007). So kann ein Bombardement mit Klagen, Berechtigungsanfragen oder auch direkten Abmahnungen seitens eines Patenttrolls dazu führen, dass ein angegriffener potenzieller Patentverletzer praktisch keine Zeit hat, die jeweilige Faktenlage ausreichend zu verifizieren, die Situation hinreichend zu analysieren und ggf. eine unabhängige Meinung einzuholen. Die Wucht einer in kurzen zeitlichen Abständen erfolgenden Kombination aus Berechtigungsanfrage, Abmahnung mit strafbewehrter Unterlassungserklärung und abschließender Klage kann den mutmaßlichen Patentverletzer *in die Knie zwingen* und zur Zahlung extrem hoher Abfindungssummen führen. Selbst ein besonnen reagierender Patentverletzer wird in solchen Fällen möglicherweise zu Zugeständnissen bereit sein, die er unter *normalen* Verletzungsverhältnissen niemals eingehen würde.

Informelle Hinweise auf eine Patentverletzung
Bei einem informellen Hinweis auf eine Patentverletzung kann es sich beispielsweise um eine Situation auf einer Messe oder um einen Geschäftskontakt handeln, bei dem der Inhaber eines Fremdschutzrechts aktiv auf einen Vertreter des Patentverletzers zugeht, um auf das Schutzrecht und das verletzende Produkt hinzuweisen. Ist dieser allgemeine Hinweis nicht mit einer direkten Aufforderung zur Aufklärung des Sachverhaltes verbunden, so ist der Patentverletzer nicht dazu verpflichtet, überhaupt darauf zu reagieren. Es empfiehlt sich allerdings in jedem Fall eine Dokumentation des Hinweises, z.B. durch Anfertigung eines Gesprächsprotokolls, sowie eine zeitige Prüfung der Sach- und Rechtslage durch einen außenstehenden Patenanwalt.

6.5.2 Externer Umgang mit Patentverletzungen

Nachdem vorstehend Handlungsempfehlungen für den internen Umgang mit Patentverletzungen gegeben wurden, stellt sich nun prinzipiell die Frage, ob man potenzielle Patentverletzungen und die intern unter gebotener Vorsicht identifizierten und mündlich kommunizierten Verletzungshandlungen überhaupt nach außen kommunizieren sollte. Unter Umständen führt an der Information außenstehender Wirtschaftspartner kein Weg vorbei – schon weil es gilt, Klarheit über die Situation aus Sicht des der Patentverletzung Bezichtigten zu schaffen. Mit einer Patentverletzung kann extern durchaus aktiv umgegangen werden.

Eine kontrollierte und gut dokumentierte geschützte Kommunikation, vor allem mit dem die Verletzungssituation beurteilenden bzw. begutachtenden außenstehenden Patentanwalt, erscheint sinnvoll und zielführend. Auch wenn im Fall einer Patentverletzungsvermutung oder einer unzweifelhaft vorliegenden Patentverletzungssituation oft eine sogenannte *Festungsmentalität* mit dem Hochziehen der Zugbrücke einhergeht, sollte man das Thema aus taktischen Verfahrensgründen ganz offen, aber kontrolliert nach außen kommunizieren und die

Kommunikationswege mittels moderner Informations- und Kommunikationstechnik absichern. Als vorteilhaft erweist sich hierbei die Nutzung verschlüsselter Nachrichten, die eine Sicherheit oberhalb des sogenannten PGP-Standards[42] ermöglichen. SharePoint basierte Austauschportale sind dagegen, wie schon zuvor ausgeführt, nicht empfehlenswert.

Wie beim internen Umgang mit Patentverletzungen sollte auch beim externen Umgang jede Korrespondenz mit außenstehenden Patentanwälten immer und ausdrücklich unter dem Vorbehalt des Privilegs der unter Schutz gestellten Kommunikation zwischen Anwalt und Mandant stattfinden. Dies kann verstärkend als Abbinder zu einer E-Mail in der Form *„Diese Kommunikation steht unter dem besonderen Mandantenschutz und dem Anwaltsprivileg"* oder aber *„This is an email communication according to client-attorney privilege"* geschehen. Grundsätzlich ist vor jeder Kommunikation nach außen die Frage zu beantworten, ob überhaupt und auf welchem Wege die Kommunikation erfolgen soll. Denn auch Hinweise unter vertraulicher Kommunikation sind noch immer Hinweise gemäß dem Motto „Wo Rauch ist, ist auch Feuer". Sind Gerüchte erst einmal im Umlauf, könnte dies in US-Streitfällen womöglich dazu führen, dass eine weitere *Discovery* angeordnet wird und auch unbeteiligte Dritte per *Subpoena Duces Tecum*[43] hineingezogen werden.

6.6 Literaturverzeichnis zum Managementkapitel

Ahmed, P. K. und Shepherd, C. (2010). Innovation management – Context, strategies, systems and processes. Pearson Prentice Hall, Harlow Essex.

Appel, H.; Ardilo, A. und Fischer, T. (2015). Professionelles Patentmanagement für kleine und mittlere Unternehmen in Baden-Württemberg. Fraunhofer IAO, Fraunhofer Verlag, Stuttgart. Siehe unter https://www.verlag.fraunhofer.de/bookshop/buch/Professionelles-Patentmanagement-f%C3%BCr-kleine-und-mittlere-Unternehmen-in-Baden-W%C3%BCrttemberg/244200, Abruf 19.10.2015.

Bartenbach, K. und Volz, F.-E. (2009). Die Novelle des Gesetzes über Arbeitnehmererfindungen. GRUR, S. 997–1007.

Bartenbach, K. und Volz, F.-E. (2012). Arbeitnehmererfindergesetz – Kommentar. 5. Aufl., Carl Heymans, Köln.

---

42 Die Abkürzung PGP steht für eine ziemlich gute Privatsphäre (*pretty good privacy*). Bei dem PGP-Standard handelt es sich um einen Verschlüsselungsstandard mit einem Verschlüsselungskonzept, bei welchem die Teilnehmer ihren öffentlichen Schlüssel gegenseitig austauschen und einander ihre Identität und Vertrauenswürdigkeit bestätigen. Vgl. http://www.elektronik-kompendium.de/sites/net/1810181.htm, Abruf 26.01.2016.

43 Der in den USA häufig verwendete Begriff *Subpoena Duces Tecum* bedeutet „unter Strafe führe mit Dir" und beschreibt die in einer Vorladung enthaltene gerichtliche Auflage, bestimmte Gegenstände oder Beweisstücke vorzulegen. Vgl. http://www.bonnefous.com/de/Juristische-Ubersetzung-Franzosisch-/-Englisch/subpoena-duces-tecum.html, Abruf 26.01.2016.

Bea, F. X.; Scheurer, S. und Hesselmann, S. (2011). Projektmanagement. 2. Aufl., UTB, Stuttgart.

Becheikh, N.; Landry, R. und Amara, N. (2006). Lessons from innovation empirical studies in the manufacturing sector: a systematic review of the literature from 1993 - 2003. Technovation, Vol. 26, S. 644–664.

Bendl, E. und Weber, G. (2013). Patentrecherche und Internet. 4. Aufl., Rdn. 125. Carl Heymanns Verlag, Köln.

Bergmann, I. (2011). Patentverletzungen in der Biotechnologie – Einsatz semantischer Patentanalysen. Gabler Verlag, Wiesbaden.

Berman, B. (2002). From Ideas to Assets: Investing Wisely in Intellectual Property. John Wiley & Sons, Inc., New York.

Bielig, A. (2013). Die Rolle des Geistigen Eigentums in der Wirtschaft. Theorie und Praxis. Warsaw School of Economics Press, Warschau.

Brockhoff, K. (1999). Forschung und Entwicklung – Planung und Kontrolle. 5., erg. und erw. Aufl., Oldenbourg, München, Wien.

Brockhoff, K. (2004). Organisation der Forschung und Entwicklung. In: Georg Schreyögg und Axel von Werder (Hrsg.). Handwörterbuch Unternehmensführung und Organisation. 4., völlig neu bearbeitete Aufl., Schäffer-Poeschel, Stuttgart, S. 285–294.

Brockhoff, K. (2005). Vom Forschungs- und Entwicklungsmanagement zum Technologie- und Innovationsmanagement. In: Manfred Bruhn et al. (Hrsg.). Die Unternehmung. Swiss Journal of Business Research and Practice, 59. Jg., Nr. 1, S. 11–30.

Burr, W.; Stephan, M.; Soppe, B. und Weisheit, S. (2007). Patentmanagement – Strategischer Einsatz und ökonomische Bewertung von technologischen Schutzrechten. Schäffer-Pöschel, Stuttgart.

Cantrell, R. L. (2009). Outpacing the Competition: Patent-Based Business Strategy. John Wiley & Sons, Inc., New York.

Ceccagnoli, M.; Gambardella, A.; Geuna, A.; Fontes, W. G.; Giuri, P.; Harhoff, D.; Licht, G.; Mariani, M. und Verspagen, B. (2005). Study on evaluating the knowledge economy – what are patents actually worth? The value of patents for today's economy and society. Final Report to the European Commission, Tender n°MARKT/2004/09/E. Siehe unter http://ec.europa.eu/internal_market/indprop/docs/patent/studies/patentstudy-report_en.pdf, Abruf: 12.10.2015.

Chesbrough, H.; Enkel, E. und Gassmann, O. (2009). Open R&D and open innovation: Exploring the phenomenon. R&D Management, Vol. 39(4), S. 311–316.

Däbritz, E. (2001). Patente – Wie versteht man sie? Wie bekommt man sie? Wie geht man mit ihnen um? 2. Aufl., C. H. Beck, München.

Ensthaler, J. (2013). Patent- und Gebrauchsmusterrecht. In: Jürgen Ensthaler und Patrick Wege (Hrsg.). Management geistigen Eigentums. Die unternehmerische Gestaltung des Technologieverwertungsrechts. Springer, Berlin, Heidelberg. S. 7–64.

Ensthaler, J. und Strübbe, K. (2006). Patentbewertung – Ein Praxisleitfaden zum Patentmanagement. Springer Verlag, Berlin, Heidelberg, New York.

Ernst, H. (1996). Patentinformationen für die strategische Planung von Forschung und Entwicklung. Betriebswirtschaftslehre für Technologie und Innovation. DUV Wirtschaftswissenschaft, Wiesbaden.

Ernst, H. (2002). Strategisches IP-Management in schnell wachsenden Technologieunternehmen. In: Ulrich Hommel und Thomas C. Knecht (Hrsg.). Wertorientiertes Start-Up Management. Vahlen, München, S. 292–319.

Ernst, H. (2003). Patent information for strategic technology management. World Patent Information, Vol. 25(3), S. 233–242.

Ernst, H. und Omland, N. (2003). Patentmanagement junger Technologieunternehmen. Zeitschrift für Betriebswirtschaftslehre, Erg.H. 2, S. 95–113.

Ernst, H. und Omland, N. (2011). The Patent Asset Index - A New Approach to Benchmark Patent Portfolios. World Patent Information, Vol. 33, S. 34–41.

Faix, A. (1998). Patente im strategischen Marketing. Sicherung der Wettbewerbsfähigkeit durch systematische Patentanalyse und Patentnutzung. Erich Schmidt Verlag, Berlin.

Fischer, J. und Lange, U. (2002). Technologiemanagement. In: Dieter Specht und Martin G. Möhrle (Hrsg.). Gabler Lexikon Technologiemanagement – Management von Innovationen und neuen Technologien im Unternehmen. Gabler, Wiesbaden, S. 357–362.

Flascha, K.; Hanisch, M. und Hartmann, E. E. (2008). Strategieentwicklung: Grundlagen - Konzepte - Umsetzung. Ein Praxishandbuch für den Mittelstand. Frankfurter Allg, Buch, Frankfurt.

Gassmann, O. und Bader, M. A. (2006). Patentmanagement – Innovationen erfolgreich nutzen und schützen. Springer-Verlag, Berlin, Heidelberg.

Gassmann, O. und Bader, M. A. (2007). Innovationen schützen – eine Frage der richtigen Strategie. io new management, Vol. 76(4), S. 31–35.

Gassmann, O. und Bader, M. A. (2011). Patentmanagement – Innovationen erfolgreich nutzen und schützen. Dritte, vollständig überarbeitete und erweiterte Auflage. Springer-Verlag, Berlin, Heidelberg.

Gerpott, T. J. (1999). Strategisches Technologie- und Innovationsmanagement. Schäffer-Poeschel, Stuttgart.

Grünewald, T. und Wurzer, A. J. (2012). Monetäre Patentbewertung nach DIN 77100 – Mit Anwendungsfällen für die praktische Bewertung. Beuth, Berlin.

Gundlach, C. und Nähler, H. (Hrsg.) (2006). Innovation mit TRIZ – Konzepte, Werkzeuge, Praxisanwendungen. Symposion, Düsseldorf.

Hanel, P. (2006). Intellectual property rights business management practices: A survey of the literature. Technovation, Vol. 26 (8), S. 895–931.

Harhoff, D. (2005). Strategisches Patentmanagement. In: Sönke Albers (Hrsg.). Handbuch Technologie- und Innovationsmanagement. Gabler, Wiesbaden, S. 159–176.

Harhoff, D. und Hoisl, K. (2010). Patente in mittelständischen Unternehmen - Eine empirische Studie des Instituts für Innovationsforschung, Technologiemanagement und Entrepreneurship, München. Siehe unter https://epub.ub.uni-muenchen.de/13119/1/Harhoff_1547.pdf, Abruf 09.11.2015.

Harhoff, D. und Reitzig, M. (2001). Strategien zur Gewinnmaximierung bei der Anmeldung von Patenten. Zeitschrift für Betriebswirtschaft, Vol. 71(5), S. 509–529.

Harrison, S und Sullivan, P. H. (2011). Edison in the Boardroom Revisited: How Leading Companies Realize Value from Their Intellectual Property. 2. Aufl., John Wiley & Sons, Inc., New York.

Hauschildt, J. und Salomo, S. (2011). Innovationsmanagement. 5., überarbeitet, ergänzte und aktualisierte Auflage, Vahlen, München.

Hentschel, M. (2007). Patentmanagement, Technologieverwertung und Akquise externer Technologien. Eine empirische Analyse. DUV, Wiesbaden.

Herb, R.; Herb, T. und Kohnhauser, V. (2000). TRIZ – der systematische Weg zur Innovation: Werkzeuge, Praxisbeispiele, Schritt-für-Schritt-Anleitungen. mi, Moderne Industrie, Landberg/Lech.

Horter, K. (2010). Patentmanagement - Management von Innovations-Assets. In: Carsten Gundlach, Axel Glanz und Jens Gutsche (Hrsg.). Die frühe Innovationsphase. Methoden und Strategien für die Vorentwicklung. Symposion, Düsseldorf, S. 401–423.

Hsieh, C.-H. (2013). Patent value assessment and commercialization strategy. Technological Forecasting and Social Change, Vol. 80 (2), S. 307–319.

Huch, P. (2001). Die Industriepatentabteilung – Die Arbeit des Patentingenieurs und die Aufgabe der Patentabteilung im Unternehmen. 2. Aufl., Carl Heymanns, Köln.

Jung, H.-H. und Tschirky, H. (2005). Technologie-Controlling. In: Dieter Specht und Martin G. Möhrle (Hrsg.). Gabler Lexikon Technologiemanagement – Management von Innovationen und neuen Technologien im Unternehmen. Gabler, Wiesbaden, S. 338–341.

Khan, A. (2016). Innovationsmanagement in der Energiewirtschaft – Entwicklung eines Reifegradmodells am Fallbeispiel eines regionalen Energieversorgungsunternehmens. Gabler, Wiesbaden.

Kirchner, A.; Kirchner-Freis, I. und Zimmermann, A. (2008). Technische Schutzrechte – Ein Praxisleitfaden. Version 1.0, Bremen – Berlin. Siehe unter http://d-nb.info/990881288/34, Abruf 06.01.2016.

Knieß, M. (2006). Kreativitätstechniken: Methoden und Übungen. Beck, München.

Koller, H. (2002). Technologiefrühaufklärung. In: Dieter Specht und Martin G. Möhrle (Hrsg.). Gabler Lexikon Technologiemanagement – Management von Innovationen und neuen Technologien im Unternehmen. Gabler, Wiesbaden, S. 343–351.

Koppel, O. (2008). Das Wertpotenzial brachliegender Patente in Deutschland. Sozialer Fortschritt, Vol. 4, S. 93–99.

Krallmann, H.; Frank, H.; Bobrik, A. und Slawtschew, C. (2013). Vorgehensmodell. In: Hermann Krallmann, Annette Bobrik, Olga Levina (Hrsg.). Systemanalyse im Unternehmen. 6., überarb. und erw. Aufl., Oldenbourg, München, S. 117–172.

Kramer, C. (2008). IP-Management Software – Anforderungen und Nutzen. In: Heiko Barske, Alexander Gerybadzke, Lars Hünninghausen und Tom Sommerlatte (Hrsg.). Innovationsmanagement. USB-Stick mit Arbeitshilfen, Präsentationen und Excel-Tools. Symposion, ISBN 978-3-939707-26-4.

Kraßer, R. (2009). Patentrecht - Ein Lehr- und Handbuch. 6., neu bearbeitete Auflage. Verlag C.H. Beck, München.

Lang, C. (2007). Erteilungspraxis bei Patentanmeldungen und ihre Auswirkungen auf die Strategie von KMUs. In: Thomas Tiefel (Hrsg.). Gewerbliche Schutzrechte im Innovationsprozess. Deutscher Universitäts-Verlag, Wiesbaden, S. 71–84.

Lohmann, C. (2010). Impulse für das Innovationsmanagement: Forschung und Entwicklung. In: Faktenblattreihe „Impulse" des RKW, Eschborn. Siehe unter http://www.rkw-kompetenz-zentrum.de/fileadmin/media/Dokumente/Publikationen/2010_FB_Forschung-Entwicklung.pdf, Abruf 15.01.2016.

Macdonald, S. (2004). When means become ends: considering the impact of patent strategy on innovation. Information Economics and Policy, Vol. 16(1), S. 135–158.

Malayendu, S. (2011). Intagible Assets – New Paradigm Initiatives. In: Arun K. Basu und Malayendu Saha (Hrsg.). Studies in Accounting and Finance – Contemporary Issues and Debates. Pearson, Delhi.

Malik, F. (2006). Führen, Leisten, Leben: Wirksames Management für eine neue Zeit. Campus, Frankfurt am Main.

Mann, M. E. (2009). Anwaltliche Verschwiegenheit und Corporate Governance. Josef Eul Verlag, Lohmar und Köln.

Mersch C. (2013). Die Welt der Patente – Soziologische Perspektive auf eine zentrale Institution der globalen Wissensgesellschaft. transcript Verlag, Bielefeld.

Mes P. (2015). Patentgesetz, Gebrauchsmustergesetz: PatG, GebrMG – Kommentar. 4., neu bearbeitete Auflage. C. H. Beck.

Mittelstaedt, A. (2009). Strategisches IP-Management - mehr als nur Patente. Geistiges Eigentum schützen und als Wettbewerbsvorsprung nutzen. Gabler, Wiesbaden.

Möhrle, M. G. und Walter, L. (2007). Generieren von Problemlösungen mit TRIZ. In: Tom Sommerlatte, Georg Beyer, Gerrit Seidel (Hrsg.). Innovationskultur und Ideenmanagement. Symposion, Düsseldorf, S. 195–215.

Möhrle, M. G. und Isenmann, R. (2008) (Hrsg.). Technologie-Roadmapping – Zukunftsstrategien für Technologieunternehmen. 3., neu bearb. und erw. Aufl., Springer, Berlin, Heidelberg.

Möhrle, M. G.; Walter, L. und Bergmann, I. (2009). Monitoring von Geschäftsprozessen und Geschäftsprozess-Patenten. In: Martin G. Möhrle und Lothar Walter (Hrsg.). Patentierung von Geschäftsprozessen. Monitoring – Strategien – Schutz. Springer, Berlin, S. 75–104.

Möhrle, M. G.; Walter, L. und von Wartburg, I. (2007). Patente im Resource-based View – Eine konzeptionelle Annäherung mittels eines systemdynamischen Wirkungsdiagramms. In: Jörg Freiling undHans G. Gemünden (Hrsg.). Dynamische Theorien der Kompetenzentstehung und Kompetenzverwertung im strategischen Kontext. Jahrbuch Strategisches Kompetenzmanagement, Band 1. Rainer Hampp Verlag, München, Mering, S. 157–174.

Möhrle, M. G.; Walter, L.; Bergmann, I.; Bobe, S. und Skrzipale, S. (2010). Patinformatics as a Business Process: A Guideline through Patent Research Tasks and Tools. World Patent Information, Vol. 32, S. 291–299.

Mohnkopf, H. (2008). Strategisches IP Management zum Schutz von Innovationen. In: Wilhelm Schmeisser et al. (Hrsg.). Innovationserfolgsrechnung. Innovationsmanagement und Schutzrechtsbewertung, Technologieportfolio, Target-Costing, Investitionskalküle und Bilanzierung von FuE-Aktivitäten. Springer, Berlin, Heidelberg, S. 223–288.

Neuburger, B. (2005). Die Bewertung von Patenten – Theorie, Praxis und der neue Conjoint-Analyse Ansatz. Cuvillier Verlag, Göttingen.

Omland, N. (2011). Valuing patents through indicators. In: Frederico Munari und Raffaele Oriani (Eds.): The Economic Valuation of Patents – Methods and Applications, S. 169–201.

Pangerl, S. (2009). Defensive Publishing – Handlungsfreiheit und die Aneignung von Innovationsgewinnen. Gabler, Wiesbaden.

Pannenbäcker, T. (2001). Methodisches Erfinden in Unternehmen. Bedarf, Konzept, Perspektiven für TRIZ-basierte Erfolge. Gabler, Wiesbaden.

Pitz, J. (2010). Patentverletzungsverfahren. Grundlagen - Praxis - Strategie, 2., aktualisierte Auflage, Beck, München.

Pohlman, J. (1999). Patentverletzung und Klageansprüche im amerikanischen Recht. Nomos, Baden-Baden.

Postinett, A.; Keuchel, J. und Steuer, H. (2010). Innovationen – Ein Tag für eigene Ideen. Handelsblatt online. Siehe unter http://www.handelsblatt.com/unternehmen/management/innovationen-ein-tag-fuer-eigene-ideen/3751634.html, Abruf 20.01.2016.

Reitzig, M. (2002). Die Bewertung von Patentrechten – eine theoretische und empirische Analyse aus Unternehmenssicht. DUV Verlag, Wiesbaden.

Reitzig, M. (2003). What determines patent value? Insights from the semiconductor industry. Research Policy, Vol. 32, S. 13–26.

Reitzig, M. (2004). Improving Patent Valuations for Management Purposes – Validating New Indicators by Analyzing Application Rationales. Research Policy, Vol. 33, S. 939–957.

Reitzig, M.; Henkel, J. und Heath, C. (2007). On sharks trolls and their patent prey. Research Policy, Vol. 36, S. 134–154.

Rings, R. (2000). Patentbewertung – Methoden und Faktoren zur Wertermittlung technischer Schutzrechte. GRUR, S. 839–848.

Schmelz-Buchhold, A. (2010). Mediation bei Wettbewerbsstreitigkeiten Chancen und Grenzen der Wirtschaftsmediation im Lauterkeits- und Immaterialgüterrecht. Herbert Utz Verlag, München.

Schuh, G.; Klappert S. und Moll, T. (2011). Ordnungsrahmen Technologiemanagement. In: Günther Schuh und Sascha Klappert (Hrsg.). Technologiemanagement. Berlin, Heidelberg, S. 11–31.

Schwingenschlögl, T. und Gotwald A. (2008). Wirtschaftliche Bewertungsmethoden für Patente – Patentbewertung für die Praxis. Linde Verlag, Wien.

Somaya, D. (2012). Patent strategy and management an integrative review and research agenda. Journal of Management, Vol. 38 (4), S. 1084–1114.

Sommerlatte, T; Beyer, G. und Seidel, G. (Hrsg.) (2006). Innovationskultur und Ideenmanagement – Strategien und praktische Ansätze für mehr Wachstum. Symposion, Düsseldorf.

Specht, D. und Mieke, C. (2005). Technologiemanagement. In: Katrin Alisch, Ute Arentzen und Eggert Winter (Schriftl.)(2005): Gabler Wirtschaftslexikon – Die ganze Welt der Wirtschaft. 6., vollst. überarb. und aktual. Aufl., Gabler, Wiesbaden, S. 2908–2910.

Specht, G.; Beckmann, C. und Amelingmeyer, J. (2002). F&E-Management: Kompetenz im Innovationsmanagement. 2. überarb. und erw. Aufl., Schäffer-Poeschel, Stuttgart.

Specht, D.; Mieke, C. und Behrens, S. (2006). Konzepte und Anwendung des Patentmanagements – Ergebnisse und Schlussfolgerungen einer empirischen Studie. Wissenschaftsmanagement, Vol. 5, S. 27–31.

Spranger, C. H. (2006). Die Bewertung von Patenten. Inaugural-Dissertation, Julius Maximilians Universität Würzburg. Siehe unter https://opus.bibliothek.uni-wuerzburg.de/opus4../Kap__1-9_vS_310.pdf, Abruf 05.01.2016.

Staehle, W. H. (1999). Management – Eine verhaltenswissenschaftliche Einführung. 8. Aufl., Verlag Vahlen, München.

Steinbrecher, W. und Müll-Schnurr, M. (2010). Prozessorientierte Ablage. Dokumentenmanagement-Projekte zum Erfolg führen. 2., überarb. und erw. Aufl. Springer Gabler, Wiesbaden.

Steinmann, H. und Schreyögg, G. (2005). Management – Grundlagen der Unternehmensführung. 6. Aufl., Gabler, Wiesbaden.

Steinmüller, K. (2008). Methoden der Zukunftsforschung – Langfristorientierung als Ausgangspunkt für das Technologie-Roadmapping. In: Martin G. Möhrle und Ralf Isenmann (Hrsg.). Technologie-Roadmapping. Zukunftsstrategien für Technologieunternehmen. 3., neu bearbeitete und erweiterte Aufl., Springer, Berlin, Heidelberg, S. 85–105.

Stephan, M. (2010). Die strategische Nutzung von Patentinformationen. In: Carsten Gundlach, Axel Glanz und Jens Gutsche (Hrsg.). Die frühe Innovationsphase. Methoden und Strategien für die Vorentwicklung. Symposion, Düsseldorf, S. 369–399.

Sullivan, P. H. (1998). Profiting from Intellectual Capital – Extracting Value from Innovation. John Wiley & Sons, Inc., New York.

Sullivan, P. H. und Harrison, S. (2008). IP and business: Managing IP as a set of business assets. WIPO Magazine, Nr. 1, S. 15–17. Siehe unter http://www.wipo.int/export/sites/www/wipo_magazine/en/pdf/2008/wipo_pub_121_2008_01.pdf, Abruf 06.01.2016.

Thommen, J.-P und Achleitner, A.-K. (2009). Allgemeine Betriebswirtschaftslehre – Umfassende Einführung aus managementorientierter Sicht. 6. überarb. und erw. Aufl., Gabler, Wiesbaden.

Tiefel, T. und Dirschka, F. (2007). FuE-, Innovations- und Patentmanagement - Eine Schnittstellenbestimmung. In: Thomas Tiefel (Hrsg.). Gewerbliche Schutzrechte im Innovationsprozess. Deutscher Universitäts-Verlag, Wiesbaden, S. 1–23.

Tiefel, T. und Schuster, R. (2006). Ansätze der Patentportfolio-Analyse – Eine vergleichende Übersicht aus der Perspektive des strategischen Technologie und Innovationsmanagements. In: Thomas Tiefel (Hrsg.). Strategische Aktionsfelder des Patentmanagements. Deutscher Universitäts-Verlag, Wiesbaden, S. 21–54.

TNS Emnid (2007). Studie zum Thema "Bewertung von Patenten" im Auftrag der BDO Deutsche Warentreuhand AG. Siehe unter http://www.ihk-ko-blenz.de/blob/koihk24/innovation/downloads/Studie/1486132/5bae488368d86d7b2f9724a7870520ca/patentstudie-data.pdf, Abruf 22.12.2015.

Tschirky, H. (2002). Technologie- und Innovationsmanagement. In: Dieter Specht und Martin G. Möhrle (Hrsg.). Gabler Lexikon Technologiemanagement – Management von Innovationen und neuen Technologien im Unternehmen. Gabler, Wiesbaden, S. 332–334.

Ulrich, P. und Fluri, E. (1995). Management. Eine konzentrierte Einführung. 7., verbesserte Auflage. Haupt, Bern.

Von Wartburg, I.; Möhrle, M. G.; Walter, L. und Teichert, T. (2006). Patents as resources – Theoretical considerations guided by the resource-based view and system dynamics modelling. Proceedings VIIIth World Congress IFSAM 2006, 28.–30. Sept. 2006, Berlin, Germany. Track 6, No. 00747.

Walter, L. (2005). TRIZ-Werkzeuge im Innovationsmanagement: Der Einsatz von Erfindungsverfahren und elementaren Umformungen zur Überwindung von Widersprüchen. Industrie Management, Vol. 21(3), S. 13–16.

Walter, L.und Bergmann, I. (2008). Patentlandkarte enttarnt Ähnlichkeiten und zeigt Potenziale – Durchblick im Patente-Dschungel. Impulse aus der Forschung 2/2008, Universität Bremen, S. 30–31.

Walter, L. und Gerken, J. (2011). Patentmanagement. Carl von Ossietzky Universität Oldenburg, Center für lebenslanges Lernen C3L. ISSN 1869–2958.

Weber, G.; Hedemann, G. A. und Cohausz, H. B. (2007). Patentstrategien. Carl Heymanns Verlag, Köln.

Wege, P.; Müller, S. und Kempel, L. (2012). IP-Compliance. In: Jürgen Ensthaler und Patrick Wege (Hrsg.). Management geistigen Eigentums. Die unternehmerische Gestaltung des Technologieverwertungsrechts. Springer, Berlin, Heidelberg. S. 239–316.

Wolfrum, B. (2000). Strategisches Technologiemanagement. 2. überarb. Aufl., Gabler, Wiesbaden.

Wurzer, A. J. (2004). Patentmanagement: Ein Praxisleitfaden für den Mittelstand. 1. Aufl., RKW-Verlag, Eschborn.

Wurzer, A. J. und Ilgner, D. (2010). Die bloße Existenz schafft noch keinen Wert. Markt & Technik, Nr. 20, S. 16–19.

Wurzer, A. J. und Reinhardt, D. F. (2006). Bewertung technischer Schutzrechte – Praxis der Patentbewertung. Carl Heymanns, München.

Wurzer, A. J. und Reinhardt, D. F. (2010). Handbuch der Patentbewertung. 2. Aufl., Carl Heymanns, München.

Ziedonis, R. H. (2003). Patent Litigation in the US Semiconductor Industry. In: Wesley M. Cohen und Stephan A. Merril (Hrsg.). Patents in the Knowledge-Based Economy. National Academies Press, Washington, S. 180–216.

7 Zusammenfassung und Ausblick

Am Schluss wird nichts beendet sein.
Darko Todorovic (*1975)

Patente sind ein gebräuchliches und bewährtes Instrument zum Schutz von Erfindungen, und sie haben einen entscheidenden Einfluss auf den Unternehmenserfolg. Der qualifizierte Umgang mit geistigem Eigentum und gewerblichen Schutzrechten wie Patenten ist daher zu einer Kernaufgabe technologieorientierter Unternehmen geworden. Diesbezüglich bewältigt das Patentmanagement (*IP-Management*) zahlreiche interdisziplinäre Aufgaben, bei denen das patentrechtliche, wirtschaftliche und technische Knowhow einzelner Unternehmensfunktionen gebündelt wird. Es geht also nicht nur um die Schaffung immateriellen Vermögens durch die Sicherung eigener Schutzrechte; das Patentmanagement hat auch dafür zu sorgen, dass eigene Entwicklungen die benötigte Handlungsfreiheit (*Freedom-to-Operate*) besitzen. Diese Aufgabe ist Thema des vorliegenden Buches, und so wurde gezeigt, wie mit einem dreistufigen Patentmanagementprozess von der Recherche über die Analyse von Patenten bis hin zur Strategie mit Patenten der Erfolg eines Unternehmens gezielt gesteigert werden kann.

7.1 Inhalt in Kürze

Nach dem einführenden *Kapitel 1* ging es zunächst in *Kapitel 2* um Grundlagen zu Patenten und anderen gewerblichen Schutzrechten. Es wurde deutlich, dass Patente ausschließlich für Erfindungen erteilt werden, nicht für Entdeckungen, und dass sie dem Schutz sowie der Förderung von gewerblichen und geistigen Leistungen dienen. Den Patentämtern der Welt kommt hier eine wichtige Rolle zu, denn sie prüfen die zum Patent angemeldeten Erfindungen auf Patentfähigkeit, wobei je nach Patentamt entsprechende Richtlinien und Formerfordernisse einzuhalten sind. Demnach ist es der Staat, der letztlich bestimmt, ob eine Erfindung als patentfähig anerkannt wird und der daraufhin ein Verbietungsrecht für genau diese Erfindung etabliert.

Ein Patent ist also ein hoheitlich erteiltes gewerbliches Schutzrecht für eine Erfindung und gilt als das wichtigste Schutzrecht überhaupt. In diesem Zusammenhang wurden die Unterschiede gewerblicher Schutzrechte herausgearbeitet. Anschließend wurde dargelegt, dass Patente weitaus mehr Funktionen erfüllen können als innovativen Unternehmen temporäre Monopolgewinne zu ermöglichen. Sie sind auch dazu in der Lage, Anreize für Erfindungen und technischen Fortschritt zu schaffen und somit zum Wachstum wie zum Wohlstand einer ganzen Volkswirtschaft beizutragen.

Patente stellen für Unternehmen einen Erfolgsfaktor dar, mit dem die technologische Position gesichert werden kann. Dabei geht es nicht nur um die Verwaltung der eigenen Patente, sondern insbesondere auch darum, Patente von Wettbewerbern als Informationsquelle zu nutzen. Eine wichtige Aufgabe des Patentmanagements besteht deshalb darin, Patentinformationen zu erfassen, auszuwerten, zu speichern, bereitzustellen und zu bewerten. Hiermit befasste sich *Kapitel 3*. Es wurde gezeigt, dass Patentrecherchen der Ermittlung von Patentinformationen dienen, denn durch sie wird die Frage beantwortet, ob eine Idee für eine technische Erfindung neu, erfinderisch und gewerblich anwendbar ist. Insbesondere werden Patentrecherchen durchgeführt, um den Stand der Technik zu ermitteln, Schutzrechtsverletzungen zu identifizieren, Kooperationspartner zu finden, Unternehmensanalysen zu erstellen oder technologische Durchbrüche aufzuspüren.

Da es für Patentrecherchen bislang keinen standardisierten Prozess gibt, wurde ein dreiphasiger Offline-Online-Offline-Prozess vorgeschlagen und an Fallbeispielen aus der Krantechnologie demonstriert, wie damit erfolgreich Recherchen in Patentdatenbanken, z.B. in frei zugänglichen Datenbanken der Patentämter, durchgeführt werden können.

In *Kapitel 4* wurde gezeigt, wie mit Hilfe von Patentanalysen gezielt technisches Wissen aus Patenten erschlossen werden kann, welches sich dann erfolgsstrategisch nutzen lässt. Die Patentanalysen stellen für Unternehmen eine wichtige Stufe der Realisierung ihrer Ausübungsfreiheit dar, denn neben der frühzeitigen Erfassung des Entwicklungsstandes einer Technologie liefern sie auch eine Einschätzung bezüglich der Entwicklungstendenzen bei Wettbewerbern. Des Weiteren lassen sich mit Patentanalysen fremde Schutzrechte identifizieren, die den eigenen Entwicklungsaktivitäten möglicherweise entgegenstehen und Situationen aufzeigen, in denen Einsprüche gegen fremde Schutzrechte erhoben werden müssen. Darüber hinaus geben sie Impulse zur Ideenfindung, für neue Produkte und Verfahren oder bestimmen die technologische Problemlösungskompetenz eines Unternehmens und seiner Wettbewerber.

In diesem Zusammenhang wurde auch verdeutlicht, dass eine gebührende Sorgfaltspflicht in der Vorgehensweise bei einer Patentanalyse notwendig ist, um ungenaue, unzutreffende oder gar falsch interpretierte Analyseergebnisse zu vermeiden, die zu Fehlentscheidungen des Managements führen könnten. An mehreren, unter anderem aus der Krantechnologie entlehnten Fallbeispielen wurden neben metadatenbasierten und textbasierten Analysen auch rechtsbezogene Patentanalysen im Detail vorgestellt und es wurde gezeigt, wie sich daraus Entscheidungshilfen und Handlungsempfehlungen für das strategische Patentmanagement ableiten lassen.

Unternehmen wollen das in ihren Patenten gebundene Wissen erfolgsstrategisch nutzen, weil sie damit einerseits die Innovationsbemühungen ihrer Wettbewerber erschweren und andererseits geistiges Eigentum an innovativen Technologien schaffen können, welches etwa zu Verhandlungszwecken einsetzbar ist. So spielen Patente eine entscheidende Rolle bei der Steuerung von Unternehmen und sie haben in der Unternehmensstrategie zur Gewinnerzielung eine neue Nutzungsform gefunden. Unternehmen stehen folglich vor der Herausforderung, ihr Patentmanagement erfolgsstrategisch zu gestalten und so widmete sich *Kapitel 5* der Strategie mit Patenten.

Des Weiteren wurde gezeigt, dass die Kernaufgaben des strategischen Patentmanagements in der Planung und Implementierung von Patentstrategien im Rahmen der Unternehmensstrategie liegen. Neben den Ausrichtungen einer defensiven und offensiven Strategie wurden weitere Appropriationsstrategien, wie z.B. die Patentverwertung zur Generierung von Lizenzeinnahmen oder die Bildung von Patentpools zur Überwindung und Lösung von Patentblockaden, erörtert.

Kapitel 6 zeigte abschließend, dass ein erfolgreiches Patentmanagement zeitgleich immer zwei Sichtweisen, nämlich eine nach innen gerichtete Sicht auf das eigene geistige Eigentum und eine nach außen gerichtete Sicht auf fremdes geistiges Eigentum, verfolgen muss. Dabei geht es nicht nur um die Generierung und Verwaltung von Patenten zur Sicherung von Wettbewerbsvorteilen, sondern auch um die Bewältigung zahlreicher operativer und strategischer Aufgaben, die in diesem Kapitel detailliert ausgeführt wurden. Von Seiten des Patentmanagements sind diese Aufgaben zentral und übergreifend zu steuern, um Innovationen erfolgreich hervorbringen zu können. Es wurde zudem erläutert, dass das Patentmanagement verschiedene Funktionsbereiche eines Unternehmens unterstützt und eng mit dem Innovations- sowie dem Forschungs- und Entwicklungsmanagement wie insbesondere auch mit dem Technologiemanagement in Zusammenhang steht.

7.2 Ausblick

Patente besitzen als Schutzinstrument für Erfindungen, als Informationsquelle für technologische Neuerungen sowie als bilanzierbarer Unternehmenswert eine große Relevanz. Ihnen wird eine erfolgsstrategische Bedeutung für technologieorientierte Unternehmen beigemessen – und das wird sich so bald nicht ändern. Ungeachtet dessen ist es der Staat, der ein hoheitliches Schutzrecht für eine Erfindung erteilt. Nun kann ein Staat sein Patentrecht aber ändern, so wie beispielsweise 2011 in den USA das Ersterfinderprinzip durch das Erstanmelderprinzip abgelöst wurde. Dementsprechend stellen solche rechtliche oder auch wirtschaftliche Veränderungen das Patentmanagement heute wie zukünftig vor neue Herausforderungen im Spannungsfeld von Patentrecht, Technik, Wettbewerbsfähigkeit und Wirtschaftspolitik.[1] Nachfolgend sei daher ein kurzer Ausblick auf einige bereits absehbare Entwicklungen und Tendenzen im Bereich des Patentwesens gegeben.

Ein Patentschutz kann in vielen Ländern und Regionen der Welt erlangt werden. Die dortigen Schutzrechtssysteme zeigen neben einigen Übereinstimmungen aber auch Unterschiede, die sich differenziert auf das Patentmanagement international agierender Unternehmen auswirken können. Durch eine verstärkte internationale

---

[1] Vgl. http://www.zeit.de/2014/13/benoit-battistelli-epa-europaeisches-patentamt, Abruf 03.03.2016.

Zusammenarbeit gleichen die länder- und regionalspezifischen Schutzrechtssysteme sich einander jedoch immer stärker an, so z.B. in den USA, China und Japan sowie in Europa. Die Zukunft wird zeigen, ob die einander immer ähnlicher werdenden Prüfungspraktiken in den genannten Schutzrechtsterritorien zu einem mehr oder minder einheitlichen Patentstandard führen werden. In diesem Fall wäre sogar ein *Weltpatent* denkbar. Gleichsam bleibt abzuwarten, ob eine international angeglichene Patentschutzpraxis auch zu einer gegenseitigen Angleichung der Patentverletzungspraxis führen wird. Diesbezüglich hat beispielsweise China seine Gesetzgebung wie auch seine Patent-Durchsetzungspraxis in den letzten Jahren verstärkt den deutschen Entsprechungen angepasst und wird sicherlich in naher Zukunft einen westlichen Standard in der Patentschutz- und Patentverletzungspraxis erlangen.

Eine tiefgreifende Veränderung des europäischen Patentrechts werden die Etablierung eines Einheitspatents und das in Entwicklung stehende Einheitliche Patentgericht (UPC) bewirken.[2] Nach deren Einführung müssen sich auf dem europäischen Markt aktive Unternehmen mit neuen Patentportfolio-Strategien auseinandersetzen und entscheiden, ob sie bei einer Patentanmeldung ein nationales Patent, ein EP-Patent und/oder ein Einheitspatent anstreben. Das Einheitspatent entfaltet aber erst dann in allen teilnehmenden EU-Staaten eine einheitliche Wirkung, wenn mindestens 13 Beitrittsländer, darunter notwendigerweise Deutschland, Frankreich und Großbritannien, die Errichtung des UPC ratifiziert haben. Da die Ratifizierung auf britischer und auf deutscher Seite bislang nicht erfolgt ist (Stand Anfang 2016), könnten sich das Rechtsinstitut des Einheitspatents wie auch die Einrichtung des UPC um etliche Jahre verzögern oder am Ende gar obsolet werden.

Hin und wieder wird auch in Technologiefeldern, in denen Patente an sich keine Rolle spielen, ein Patentschutz für Erfindungen angestrebt. In diesen innovativen Technologiefeldern werden Erfindungen getätigt, für die es noch keine Schutzrechte gibt, oder es handelt sich um auf den ersten Blick nicht schutzfähige Erfindungen. Hier kann sich aber schnell eine Erweiterung des Schutzrechtswesens ergeben und in Neuformulierungen von Gesetzestexten niederschlagen, wie es beispielsweise in der Softwarebranche oder der Bio- und Gentechnologie (z.B. Richtlinie 98/44/EG des Europäischen Parlamentes und Rates[3]) geschehen ist. Die Erteilungsgrundsätze der Patentämter in diesen Bereichen wurden entweder auf Initiative von Interessenverbänden oder infolge von Gerichtsurteilen hoher Instanzen umgestaltet. Eine solche Liberalisierung des Patentrechts gründet zumeist auf der Initiative von Unternehmen, die sich von der Monopolisierung einer Erfindung wirtschaftlichen Erfolg versprechen. Daraus resultieren wiederum neue Herausforderungen für die schutzbezogenen Aufgaben des Patentmanagements.

---

2 Vgl. http://www.lto.de/recht/hintergruende/h/eu-einheitspatent-klage-spanien/, Abruf 03.03.2016
3 Vgl. http://eur-lex.europa.eu/LexUriServ/LexUriServ.do?uri=OJ:L:1998:213:0013:0021:DE:PDF, Abruf 14.03.2016.

Ungeachtet der vielversprechenden Absichten zur Verschlankung und Vereinfachung amtlicher Verfahren im Umgang mit Patenten ist bei der amtlichen Prüfung und Aufrechterhaltung von Schutzrechtsanmeldungen weltweit ein erhöhter Verwaltungsaufwand zu verzeichnen. Um beispielsweise in Indien Patentschutz zu erlangen und diesen aufrecht zu erhalten, muss dem indischen Patentamt einmal im Jahr eine sogenannte Nutzungserklärung und Weiterführungsabsichtserklärung vorgelegt werden.[4] Dies führt zumeist dazu, dass ausländische Anmelder aufgrund des zeit- und kostenintensiven Verwaltungsaufwandes in Indien keinen Patentschutz anstreben. Auch die Bemühungen in den USA, durch den *America Invents Act*[5] die Einreichung, Patentprüfung und Nichtigkeitsstellung zu Unrecht erteilter Schutzrechte zu vereinfachen und darüber hinaus auch noch kostengünstig zu gestalten, scheinen *ad absurdum* geführt, wenn bis März 2032 in den USA gewissermaßen zwei Patentgesetze herrschen.

Weltweit ist seit einigen Jahren ein kontinuierlicher Anstieg von Patentanmeldungen festzustellen und es kann davon ausgegangen werden, dass sich dieser Trend – mit regionalen und länderspezifischen Verschiebungen, wie z.B. einem starken Zuwachs an Patentanmeldungen in und aus China[6] – insgesamt fortsetzen wird. Daher stellen die Recherche sowie die Analyse der umfangreichen Patentinformationen auch weiterhin große Herausforderungen dar, und Big Data wird im Patentmanagement immer mehr zum Thema. So werden künftig neue auf Data-Mining und Text-Mining basierende Algorithmen sowie internetbasierte Suchmaschinen die computerbasierte Patentrecherche und -analyse sicherlich weiter voranbringen, sei es durch den Einsatz innovativer semantischer Recherche- und Analyseansätze oder durch die Weiterentwicklung auf künstlicher Intelligenz basierender Computersysteme.

Auch wenn es noch keinen allgemein akzeptierten standardisierten Rechercheprozess für Patente gibt: In den letzten Jahren haben sich zahlreiche Patentrechercheure zur Wahrung gemeinsamer Interessen zusammengeschlossen. Als Beispiel sei das Internationale Standardisierungsgremium für Qualifizierte Patentinformationsprofis (*International Standards Board for Qualified Patent Information Professionals* (ISBQPIP[7]) erwähnt, in dem man sich über die Recherche und Analyse von Patentinformationen verständigen möchte, um insbesondere

---

[4] Vgl. http://www.inde.eu/index.php/indisches-recht/india-outbound/patent-und-know-how-recht wie auch http://www.epo.org/searching-for-patents/helpful-resources/asian/india/faq_de.html, Abruf 02.03.2016.

[5] Vgl. http://www.aipla.org/advocacy/congress/aia/Pages/summary.aspx und http://www.uspto.gov/patent/laws-and-regulations/leahy-smith-america-invents-act-implementation, Abruf 15.03.2016.

[6] Vgl. http://www.heise.de/newsticker/meldung/Deutschland-bleibt-Europameister-bei-Patenten-China-holt-weltweit-auf-2560166.html und http://www.chinasinda.com/add/China%20Patent%20Statistic%20Report%202015.pdf, Abruf 15.03.2015.

[7] Vgl. https://www.p-d-g.org/portal/load/fid43842/Overview.pdf, Abruf 28.02.2016.

Unterstützung bei Entscheidungen bezüglich der Neuheit von Erfindungen oder auch bei Patentverletzungen geben zu können. Solche Zusammenschlüsse streben zudem eine professionelle Aus- und Weiterbildung sowie eine künftige Zertifizierung von Patentrechercheuren an.[8]

Angesichts der Existenz anscheinend unlimitierter (und oftmals völlig kostenfreier) Informationsquellen wird es für Schutzrechtsinhaber immer schwerer, ihre Patente – einerseits als technische Schutzrechte und andererseits in deren Funktion als Titel – vor wortgleichen Kopien oder wortsinngemäßen Entlehnungen (*derivations*) zu schützen. Faktisch lässt sich heute mittels Übersetzungssoftware ein valides Schutzrecht oder auch eine veröffentlichte Schutzrechtsanmeldung einfach und mit überschaubarem Nacharbeitsanteil in eine andere Amtssprache überführen, um dann eine Schutzrechtsanmeldung in einem Land vorzunehmen, in dem entweder keine sachliche Prüfung eines unter Schutz gestellten Gegenstands vorgesehen ist oder in dem ein im Ausland entstandener Stand der Technik bei der Prüfung formaler Hindernisse im Rahmen der Eintragung keine Würdigung findet. Die Folgen solcher *Blindspots* wirken dann der Intention, die eigentliche Erfindung zu schützen entgegen, denn der originäre Erfinder kann in einem solchen *Blindspot* auf seine Nachanmeldung hin keine Erteilung mehr erwarten. Seinem im Heimatland geschützten Gegenstand stehen unerwartete Fremdschutzrechte entgegen, die er nur auf zeit- und kostenintensivem Verwaltungswege oder vor Gericht ausräumen kann. Der Vermarktungsabsicht in einem lukrativen Auslandsmarkt ist damit ein wirksames Hindernis in den Weg gestellt. Ein potenzieller Kopist kann sogar mit einer gewissen Rechtssicherheit agieren bzw. aus diesem drittrechtsfreien Raum heraus in Märkte des originären Schutzrechtsinhabers exportieren. In Staaten mit schwierigen Durchsetzungsmöglichkeiten wie Russland, Brasilien oder Indien droht dem ausländischen originären Schutzrechtsinhaber im schlimmsten Fall sogar eine Verletzungsklage aus einem kopierten bzw. entlehnten Schutzrecht heraus, ohne dass faktisch die Möglichkeit einer Intervention mittels Widerklage auf Nichtigkeit besteht.

Die weitere Entwicklung von Übersetzungssoftware wird es möglich machen, sich ein ganzheitliches Bild von Patentfamilien zu verschaffen und auch den Zugang zu Patentinformationen aus Schutzrechtsterritorien eröffnen, die bislang von den meisten Interessenten aufgrund sprachlicher Barrieren nicht ohne Weiteres erfasst werden können. Auch eingetragene und ungeprüfte Schutzrechte wie beispielsweise Gebrauchsmuster aus China werden aufgrund von internationalem Druck und internationalen Abkommen künftig für alle Interessenten recherchierbar sein, und somit dürfte die Anzahl der sogenannten *Blindspots* kontinuierlich abnehmen.

---

[8] Vgl. Hantos, S. (2011). A proposed framework for the certification of the patent information professional. World Patent Information, Vol. 33, S. 352–354. Siehe unter http://www.sciencedirect.com/science/article/pii/S0172219011001372, Abruf 11.03.2016.

Patente gelten gemeinhin als innovationsfördernd. Doch der Schutz geistigen Eigentums durch gewerbliche Schutzrechte wie Patente wird nicht von allen als ein Instrument zur Steigerung der Innovationsfähigkeit angesehen. So stellen Akteure des Web 2.0 ihr urheberrechtlich geschütztes Wissen der Öffentlichkeit kostenfrei über das World Wide Web zur Verfügung, unter der Bedingung, dass eine *freie* Verfügbarkeit für die Allgemeinheit gewährleistet ist und Innovationen gefördert werden.[9] Damit erhält ein breites Spektrum an Nutzern uneingeschränkten und kostenfreien Zugriff auf die entsprechenden Inhalte. Beispielsweise machen Softwareentwickler im Rahmen der Open Source Bewegung verschiedene Versionen ihrer Programme mit offen gelegtem Quellcode (*open source software*) für Nutzer im Internet zugänglich. Sie verzichten auf den möglichen Schutz einer computerimplementierten Erfindung; auch das per se bestehende Urheberrecht wird nicht für die Erzielung von Lizenzeinnahmen genutzt. Neben den intrinsischen Motiven der Softwareentwickler liegen weitere Beweggründe vor, die mit der Reputation der Beteiligten, dem gemeinsamen Entwickeln und Programmieren bestimmter Funktionalitäten der Software oder auch sozialen Aspekten innerhalb der Open Source Community zu tun haben.

Nicht nur im Softwarebereich sondern auch im Umfeld der Pharmazie wird der Patentschutz zunehmend kritisch betrachtet, da Patente hier eher zum Missbrauch von Monopolrechten führen würden als Innovationen zu fördern. So wird beispielsweise bezweifelt, dass ein weltweiter Patentschutz den Zugang armer Länder zu kostengünstigen Medikamenten fördern würde, wenn er mit einem vollständigen Verbot jeglichen Parallelhandels zwischen diesen Ländern verknüpft wäre.[10]

Vereinzelt kann es auch dazu kommen, dass der Patentschutz aufgrund öffentlichen Interesses von staatlicher Seite her eingeschränkt und ein Patentinhaber zur Zwangslizenzierung verpflichtet wird. Zwangslizenzen sind insbesondere in der Pharmabranche zu finden und werden einerseits von manchen als Meilenstein betrachtet, während andere Stakeholder darin eine Aushöhlung des Patentrechts sehen.[11] So hat beispielsweise Indien unlängst den Patentschutz aufgeweicht und eine Zwangslizenz für lebensrettende Medikamente erteilt.[12]

Auch auf unternehmerischer Seite sind neue Wege im Umgang mit Patenten festzustellen. Beispielsweise sorgte der Elektroautomobilhersteller Tesla Motors Inc. unlängst für Aufregung in der Automobilbranche, als der Firmengründer Elon Musk verkündete, er wolle dem Wettbewerb Tesla-Patente frei zur Verfügung stellen, um

---

9 Vgl. http://administracja.sgh.waw.pl/pl/OW/publikacje/Documents/Die_Rolle_Bielig_srodki.pdf, Abruf 02.03.2016.
10 Vgl. http://www.wissensgesellschaft.org/themen/publicdomain/alternativenstolpe.pdf, Abruf 14,.03.2016.
11 Vgl. http://www.lto.de/recht/hintergruende/h/arzneimittel-patent-indien-pharmaindustrie-zwangslizenz/, Abruf 14.03.2016.
12 Vgl. http://blog.handelsblatt.com/rechtsboard/2012/03/22/indien-weicht-patentschutz-auf-indisches-patentamt-erteilt-erste-pharma-zwangslizenz/, Abruf 15.03.2016.

Entwicklungen in der Elektromobilität schneller voranzutreiben.[13] Es bleibt aber abzuwarten, ob dies alle von Tesla gehaltenen Patente betreffen wird oder nur jene aus dem starken Tesla-Patentportfolio, die für das Unternehmen keinen besonderen Wettbewerbscharakter besitzen.

Als Konsequenz aus den teilweise negativen Entwicklungstendenzen im Bereich des Patentwesens wird das Patentmanagement in den Unternehmen hierauf reagieren und seine operativen und strategischen Aufgabenfelder und Tätigkeiten entsprechend ausrichten müssen. Ob dem Patentmanagement – vor allem von amtlicher Seite her – künftig weitere Hindernisse in den Weg gelegt werden, bleibt abzuwarten.

Alles in allem lässt sich zum Ende des Buches ohne Zweifel feststellen, dass Patentmanagement keineswegs ein langweiliges Thema ist. Im Gegenteil! Das Patentmanagement mit seinen vielfältigen Aufgaben – von der Recherche über die Analyse bis zur Strategie – kann ausgesprochen spannend und aufregend sein. So war die bereits 1994 von Prof. Dr. Erich Otto Häußer, dem einstigen Präsidenten des DPMA in München geäußerte Devise

> *Wer nicht erfindet, verschwindet.*
> *Wer nicht patentiert, verliert.*
> *Und wer nicht informiert, stirbt*[14].

nicht nur damals zutreffend, sie ist es noch heute und wird es wahrscheinlich auch morgen noch sein.

---

13 Vgl. http://ieeexplore.ieee.org/stamp/stamp.jsp?tp=&arnumber=7273032 und https://www.tesla-motors.com/de_DE/blog/all-our-patent-are-belong-you, Abruf 14.03.2016.
14 Vgl. http://inside-owen.de/das-patent-und-seine-bedeutung-fuer-den-mittelstand/, Abruf 10.12.2015.

Glossar

Ähnlichkeitsmessung (*similarity measurement*) Die Ähnlichkeitsmessung dient dazu, Muster in den recherchierten Patentinformationen zu erkennen und komplexe inhaltliche Zusammenhänge in und zwischen Patenttexten zu erschließen. Hierbei kommen kombinierte Data- und Text-Mining Methoden zum Einsatz.

Anmeldedatum (*application date*) Das Anmeldedatum bezeichnet den Tag, an dem die Erfindung zur Anmeldung eines Schutzrechts beim Patentamt eingegangen ist.

Anmelder (*applicant*) Der Anmelder ist eine natürliche oder juristische Person, in deren Namen die Anmeldung eingereicht wird. Rechtmäßiger Anmelder und Besitzer der Anmeldung kann ausschließlich der Erfinder oder dessen Rechtsnachfolger sein.

Anmeldung (*application*) Die Anmeldung einer Erfindung zum Patent besteht aus einem Antrag, einer Beschreibung der Erfindung, den Ansprüchen und einer Zusammenfassung. Als Anmeldung wird auch der Status der Erfindung zwischen dem Anmeldetag und der Erteilung bezeichnet.

Anspruch (*claim*) Der Anspruch stellt das Kernstück einer Patent- oder Gebrauchsmusteranmeldung dar und gibt an, was genau unter Schutz gestellt werden soll. Die Ansprüche beinhalten eine Aufzählung der technischen Merkmale, die vorhanden sein müssen, damit die Erfindung verwirklicht werden kann.

Arbeitnehmererfinderrecht (*law relating to inventions of employees*) Das Arbeitnehmererfinderrecht ist im Arbeitnehmererfindergesetz (ArbnErfG) geregelt und sichert dem Erfinder im Nutzungsfall eine angemessene wirtschaftliche Vergütung für seine während oder außerhalb der Arbeitszeit gemachten und mit seiner Tätigkeit im Unternehmen zusammenhängenden Erfindung zu. Das Arbeitnehmererfindergesetz liegt an der Schnittstelle zwischen dem Patent- und Gebrauchsmusterrecht und dem Arbeitsrecht.

Arbeitnehmererfindung (*employee invention*) Eine Arbeitnehmererfindung ist eine patent- oder gebrauchsmusterfähige Erfindung, die ein Arbeitnehmer im Rahmen seines Arbeitsverhältnisses geschaffen hat. In diesem Zusammenhang wird zwischen einer Diensterfindung und einer freien Erfindung unterschieden.

Beschreibung (*description*) Die Beschreibung eines Patents beinhaltet die For-mulierungen des zu lösenden technischen Problems, eine Erklärung der vorgeschlagenen Lösung und eine Unterstützung zur Auslegung der Patentansprüche. Die in der Beschreibung vorgenommene Offenbarung des erfinderischen Gedankens hat in erster Linie die Erlangung eines möglichst weitreichenden Ausschließlichkeitsrechtes zum Ziel.

Beschwerde (*appeal*) Mit einer Beschwerde ist die Möglichkeit gegeben, eine erstinstanzliche Entscheidung, zum Beispiel einer Prüfungsabteilung oder Einspruch-sabteilung, rechtlich überprüfen zu lassen.

Bezeichnung (*title*) Die Bezeichnung der Erfindung entspricht dem Titel der Patentanmeldung; sie soll den Gegenstand der Erfindung möglichst kurz und genau zum Ausdruck bringen.

Bibliografische Daten (*bibliographic data*) Die bibliografischen Daten finden sich auf dem Deckblatt der veröffentlichten Patentanmeldungen und Patentschriften. Sie geben unter anderem Auskunft über den Anmelder, den Erfinder, das Anmeldedatum, die Anmeldenummer und den Titel der Erfindung.

Bundespatentgericht (*Federal Patent Court*) Das seit 1961 in München ansässige Bundespatentgericht entscheidet u.a. über Beschwerden gegen Beschlüsse der Prüfstellen und Patentabteilungen des Deutschen Patent- und Markenamtes. Es ist ein Gericht der ordentlichen Gerichtsbarkeit und gehört wie der Bundesgerichtshof und das Paten-tamt zum Ressort des Bundesministeriums der Justiz und für Verbraucherschutz.

Computer-implementierte Erfindung (*software related inventions*) Eine computerimplementierte Erfindung stellt eine Erfindung dar, zu deren Ausführung ein Computer oder Computernetzwerk eingesetzt wird und die auf den ersten Blick mindestens ein neuartiges Merkmal aufweist, welches gänzlich oder teilweise mit einem oder mehreren Computerprogrammen realisiert wird.

Data-Mining (*data mining*) Unter Data-Mining versteht man die systematische Anwendung statistischer Methoden und Algorithmen auf große Datenbestände, mit dem Ziel, Muster und Ordnungsstrukturen aus den Daten zu extrahieren und zu erkennen.

Diensterfindung (*service invention*) Diensterfindungen sind im Rahmen eines Arbeitsverhältnisses gemachte Erfindungen, die entweder aus der Tätigkeit im Betrieb entstanden sind oder aufgrund von Erfahrungen bzw. Arbeiten des jeweiligen Betriebes (auch öffentlicher Verwaltungen). Sie sind meldepflichtig und unterliegen dem Inanspruchnahmerecht des Arbeitgebers. Der Arbeitgeber ist beweispflichtig für das Vorliegen einer Diensterfindung.

Designschutz (*design patent*) Ein eingetragenes Design ist das Schutzrecht für ästhetische Gestaltungsformen. Voraussetzungen zur Erlangung des Designschutzes sind Neuheit und Eigenart der Erscheinungsform des Erzeugnisses sowie die Eintragung beim DPMA. Es handelt sich hierbei um ein ungeprüftes Recht.

Durchschnittsfachmann (*average man skilled in the art*) Der Durchschnittsfachmann ist eine rechtliche Kunstfigur, und zwar ein auf einschlägigem Fachgebiet tätiger Sachverständiger, der über durchschnittliches Wissen und Können verfügt.

Einheitspatent (*unitary patent*) Das Einheitspatent hat seinen Ursprung im EP-Patent und soll dem Erfinder einen supranationalen Schutz in 26 Staaten Europas ermöglichen. Die schutzrechtsgewährende Autorität beim Einheitspatent ist die europäische Kommission, die schutzrechtserteilende Autorität ist das Europäische Patentamt.

Einspruch (*opposition*) Mit dem Einspruch können Dritte unter Beachtung gesetzlicher Fristen mit einem simplen Verfahren (gegenüber Verletzungs- oder Nichtigkeitsverfahren vor Gericht) Einwendungen gegen die Erteilung von Patenten erheben. Das Patentamt prüft die für den Einspruch angegebenen Gründe und entscheidet, ob und in welchem Umfang das Patent aufrechterhalten oder widerrufen wird. Dies kann durch Widerruf, unbeschränkte Aufrechterhaltung oder beschränkte Aufrechterhaltung des Patents geschehen.

Entdeckung (*discovery*) Eine Entdeckung ist das Auffinden von etwas bereits Vorhandenem. Hieraus ergibt sich eine reine Erkenntnis, nicht aber eine Lehre zum technischen Handeln, da das schöpferische Element einer Erfindung fehlt.

Entgegenhaltungen (*citations, references*) Entgegenhaltungen sind Veröffentlichungen aus dem Stand der Technik, welche dem Neuheitsanspruch und damit der Patentfähigkeit einer Erfindung entgegenstehen.

Erfinder (*inventor*) Ein Erfinder ist eine natürliche Person, die aufgrund schöpferischer Leistungen auf technischem Gebiet etwas grundsätzlich Neues schafft.

Erfinderische Tätigkeit (*inventive activity*) Erfinderische Tätigkeit bedeutet, dass sich die Erfindung für einen Durchschnittsfachmann nicht in naheliegender Weise aus dem Stand der Technik ergibt. Eine erfinderische Tätigkeit ist in der Regel gegeben bei nicht naheliegenden Kombinationen bekannter Merkmale, bei nicht naheliegender Auswahl aus einer Reihe prinzipiell bekannter Möglichkeiten und bei der Überwindung eines technischen Vorurteils. Das nach dem Patentrecht mögliche Zurückweisungsargument naheliegend oder nicht auf einer erfinderischen Tätigkeit beruhend entspricht im US-Patentrecht dem Begriff *obvious* (offensichtlich, naheliegend).

Erfindung (*invention*) Eine Erfindung ist eine neuartige technische Lösung, die eine geistige Leistung darstellt, welche das durchschnittliche Können eines Fachmanns übersteigt. Somit handelt es sich dabei um eine Lehre zum technischen Handeln unter Einsatz beherrschbarer Naturkräfte zur Erreichung eines kausal übersehbaren Erfolges.

Erfindungshöhe (*inventive step*) Erfindungen müssen eine gewisse Erfindungshöhe aufweisen. Hierunter wird eine erfinderische Leistung verstanden, die über das hinausgeht, was einem Fachmann auf dem Gebiet der jeweiligen Erfindung naheliegend erscheint.

Erfindungsmeldung (*notification of invention*) Ein Arbeitnehmer, der eine Erfindung gemacht hat, muss den Arbeitgeber durch eine Erfindungsmeldung davon in Kenntnis setzen. Der Arbeitgeber hat den Eingang der Erfindungsmeldung unverzüglich schriftlich zu bestätigen und er muss dem Arbeitnehmer seine Entscheidung über Inanspruchnahme oder Freigabe der Erfindung fristgerecht mitteilen.

Erstanmelderprinzip (*first to file system*) Wenn zwei Erfinder die gleiche Erfindung zum Patent anmelden, erhält dem Erstanmelder-Prinzip entsprechend derjenige das Patent, der die Erfindung zuerst angemeldet hat.

Ersterfinderprinzip (*first to invent system*) Wenn zwei Erfinder unabhängig voneinander eine Erfindung gemacht haben, erhält dem Ersterfinder-Prinzip entsprechend derjenige ein Patent, der die Erfindung zuerst gemacht hat. Dieses Prinzip wurde bis 2011 in den USA angewandt und dann durch das *first to file system* abgelöst. Somit gehört diese berüchtigte Besonderheit des US-amerikanischen Patentrechts der Vergangenheit an.

Erteilung (*grant of patent*) Ein Patent wird dem Patentgesetz gemäß für eine Erfindung erteilt, die neu, auf einer erfinderischen Tätigkeit beruhend und gewerblich anwendbar ist. Die Erteilung beinhaltet das auf 20 Jahre begrenzte ausschließliche Nutzungsrecht an der Erfindung. Die Zeitspanne von der Anmeldung bis zur Erteilung des Patentes kann national wie international mehrere Jahre umfassen.

Europäisches Patentübereinkommen (*European Patent Convention*) Das Europäische Patentübereinkommen wurde 1973 in München von der europäischen Patentorganisation ratifiziert. Ziel des Übereinkommens ist es, eine einheitliche, zentral im europäischen Patentamt zu bearbeitende Patenterteilung zu ermöglichen, die in allen angeschlossenen und vom Anmelder gewünschten Staaten wirksam ist und dabei nur einer einzigen Recherche und einer einzigen Prüfung der Anmeldung nach bestimmten Kriterien bedarf.

Fachmann (*expert, person skilled in the art*) Der Fachmann im Patentrecht ist eine rechtlich fiktive und abstrakte Person, die zwar den gesamten Stand der Technik auf einem bestimmten Gebiet kennt, jedoch nicht in der Lage ist, selbst schöpferisch tätig zu werden.

Fortschritt (*advance in the art*) Technischer Fortschritt ist eines der wichtigsten Beweisanzeichen für eine erfinderische Tätigkeit. Ist der technische Fortschritt aufgrund von Erfahrungssätzen nicht glaubhaft, muss er belegt werden, beispielsweise durch Vorführung, Beibringen von Versuchsberichten oder Gutachten.

Freie Erfindung (*free invention*) Freie Erfindungen sind all jene Arbeitnehmerer-findungen, welche nicht die Voraussetzungen einer Diensterfindung erfüllen. Es besteht kein Inanspruchnahmerecht des Arbeitgebers, sondern lediglich eine Mitteilungspflicht des Arbeitnehmers. Eine Anbietungspflicht besteht nur dann, wenn der Arbeitnehmer die freie Erfindung während der Dauer des Arbeitsverhältnisses anderweitig verwerten will und der Erfindungsgegenstand in den vorhandenen oder vorbereiteten Arbeitsbereich des Arbeitgebers fällt.

Gebrauchsmuster (*utility model*) Gebrauchsmuster sind Arbeitsgerätschaften oder Gebrauchsgegenstände, die durch eine neue Gestaltung, Anordnung oder Vorrichtung dem Arbeits- bzw. Gebrauchszweck dienen sollen, ohne patentfähig zu sein. Das Gebrauchsmuster wird auch als kleines Patent bezeichnet, da die erfinderische Tätigkeit geringer als bei einem Patent angesetzt wird. Seine Schutzrechtsdauer liegt bei zehn Jahren, gerechnet ab dem Anmeldetag.

Gegenstand eines Patents (*subject matter of the patent*) Der Gegenstand des Patents entspricht dem Patentanspruch und seinem Schutzbereich.

Geistiges Eigentum (*intellectual property*) Zum geistigen Eigentum zählen individuelle Ideen und schöpferische Werke. Sie können genau wie materielle Güter einen wirtschaftlichen Wert haben. Geistige Eigentumsrechte wie Urheberrechte, Patente, Marken oder Designs dienen dazu, den Eigentumsanspruch auf Ideen sowie deren Darstellung oder Anwendung zu verbriefen und zu schützen.

Gemeinsame Patentklassifikation (*corporate patent classification*) Die Gemeinsame Patentklassifikation wurde vom europäischen und vom US-amerikanischen Patentamt am 1. Januar 2013 eingeführt. Sie vereint die Klassifikationspraktiken beider Patentämter und stellt ein neun Sektionen umfassendes globales, international kompatibles Klassifikationssystem für Patente und Gebrauchsmuster zur Verfügung.

Geschmacksmuster (*industrial design*) Geschmacksmuster ist die in Deutschland vor 2014 genutzte Bezeichnung für den Designschutz. Es stellt eine neue Formgebung für gewerbliche Erzeugnisse unter Schutz, in welcher eine persönliche schöpferische Leistung zum Ausdruck kommt.

Gewerbliche Anwendbarkeit (*industrial applicability*) Ist die gewerbliche Anwendbarkeit einer Erfindung gegeben, bedeutet dies, dass ihr Gegenstand auf irgendeinem gewerblichen Gebiet einschließlich der Landwirtschaft hergestellt oder benutzt werden kann.

Gewerbliche Schutzrechte (*industrial property rights*) Unter gewerblichen Schutzrechten werden technische Schutzrechte (z.B. Patent, Gebrauchsmuster), ästhetische und dem Urheberrecht nahe stehende Schutzrechte (z.B. Designschutz) sowie kennzeichnende Schutzrechte (z.B. Marke) zusammengefasst.

Hauptanspruch (*main claim*) Der Hauptanspruch stellt das Kernstück einer Patent- oder Gebrauchsmusteranmeldung dar. Er gibt an, was unter Schutz gestellt werden soll, und beschreibt die vorhandenen technischen Merkmale, damit die Erfindung verwirklicht werden kann. Weitere Ansprüche, die den Erfindungsgedanken weiter ausführen, können in Nebenansprüchen und Unteransprüchen aufgeführt werden.

Innere Priorität (*priority based on an earlier application*) Die Innere Priorität bezeichnet eine Folgeanmeldung, die auf einer früheren inländischen Eigenan-meldung aufbaut und innerhalb von 12 Monaten danach abgegeben wurde.

Interferenzverfahren (*interference proceeding*) Das Interferenzverfahren analysiert, welche Merkmale der miteinander in Wettbewerb stehenden Schutzrechte jeweils deren Priorität voreinander begründen.

Internationale Patentklassifikation (*international patent classification*) Für das eu-ropäische Patentsystem war bis 2013 die Internationale Patentklassifikation zur Klassifikation technischer Inhalte von Patenten ausschlaggebend. Sie wurde 2013 durch die Gemeinsame Patentklassifikation abgelöst.

Kreuzlizenz (*cross license*) Als Kreuzlizenzierung wird ein Abkommen zwischen zwei Unternehmen bezeichnet, das diesen die wechselseitige Erlaubnis erteilt, Patente des jeweils anderen Unternehmens zu nutzen. Dabei kann die gegenseitige Anerkennung entweder ohne zusätzliche Lizenzgebühren erfolgen oder auf Basis einer einmaligen Zahlung.

Lemmatisierung (*lemmatising*) Die Lemmatisierung ist der Vorgang zur Bestimmung der genaueren Lemmata (Grundformen) von Wörtern. Sie ist eng mit dem Stemming, der Wortstammbildung, verwandt.

Lizenz (*license*) Die Lizenz ist ein Vertrag über die Nutzung von Patenten. Der Pat-entinhaber ist berechtigt, die wirtschaftliche Verwertung seiner Erfindung gegen regelmäßige Lizenzgebühren unbeschränkt oder beschränkt an Dritte zu übertragen. Gewährt der Patentinhaber dem Lizenznehmer ein alleiniges Nutzungsrecht, so handelt es sich dabei um eine sogenannte ausschließliche Lizenz.

Marke (*trademark*) Eine Marke ist ein Kennzeichen, das dazu dient, die Waren oder Dienstleistungen eines Unternehmens von den Waren oder Dienstleistungen eines anderen Unternehmens zu unterscheiden und somit Unterscheidungskraft besitzt. Der Schutz von Marken wird durch das Markenschutzgesetz geregelt.

Nebenanspruch (*alternative independant claim*) Der Nebenanspruch ist seinem Wesen nach ein unabhängiger Hauptanspruch. Er enthält weitere unabhängige Lösungen für dieselbe technische Aufgabe wie der Hauptanspruch.

Neuheit (*novelty*) Neuheit ist ein wesentliches Patentierbarkeitskriterium. Eine Erfindung gilt nur dann als neu, wenn sie nicht zum Stand der Technik gehört.

N-Gramm (*n-gram*) Ein n-Gramm ist ein n-gliedriger Teil eines geordneten Stranges von Elementen, wobei n für eine natürliche Zahl steht. Bei den besagten Elementen kann es sich um Buchstaben, Silben oder Wörter handeln.

Nichtigkeit (*invalidity*) Nichtigkeit bezeichnet die Löschung eines Patents oder Ge-brauchsmusters nach erfolgreicher Nichtigkeitsklage.

Nichtigkeitsklage (*revocation action*) Eine Nichtigkeitsklage gegen ein Patent bzw. gegen dessen Inhaber kann während der gesamten Laufzeit eines erteilten Patents beim Bundespatentgericht eingereicht werden; allerdings nicht während der Einspruchsfrist und nicht während eines Einspruchsverfahrens. Eine Nichtigkeitsklage kann nicht gegen ein Europäisches Patent insgesamt, sondern nur gegen einen spezifischen nationalen Teil eines Europäischen Patents eingereicht werden.

Offenbarung (*disclosure*) Die Offenbarung einer Erfindung wird durch die allgemeine Beschreibung – gegebenenfalls auch Zeichnungen – und durch die Erläuterung der Erfindung anhand konkreter Ausführungsbeispiele abgebildet. Die Erfindung muss in der Anmeldung so deutlich und vollständig offenbart sein, dass ein Durchschnittsfachmann sie ausführen könnte.

Offenlegung (*publication*) Eine Offenlegung der Patentanmeldung erfolgt 18 Monate nach dem Anmelde- oder Prioritätstag. Von diesem Zeitpunkt kann das Patent eingesehen werden. Die Offenlegungsschrift erscheint und damit endet die übliche Geheimhaltung der Erfindung. Mit der Offenlegung hat der Anmelder noch kein Schutzrecht erworben, sie zählt aber zum Stand der Technik.

Offenlegungsschrift (*unexamined laid-open patent application*) Die Offenlegungsschrift ist eine ungeprüfte Anmeldung, die der Öffentlichkeit in der Regel 18 Monate nach dem Prioritätsdatum zugänglich gemacht wird.

Pariser Verbandsübereinkunft (*Paris Convention for the Protection of Industrial Property*) Die Pariser Verbandsübereinkunft ist ein erstmals 1883 geschlossener Ver-trag, mit dem der Schutz des gewerblichen Eigentums in den Vertragsstaaten geregelt wird. Die Übereinkunft enthält Regelungen wie die Prioritätsbeanspruchung oder die Inländerbehandlung (ein ausländischer Anmelder genießt die gleichen Rechte wie ein inländischer Anmelder).

Patent (*patent*) Das Patent ist ein vom Staat erteiltes ausschließliches Recht zur Nutzung einer Erfindung. Dritten ist es verboten, das geschützte Erzeugnis her-zustellen, anzubieten, in den Verkehr zu bringen, zu gebrauchen oder zu den genannten Zwecken einzuführen oder zu besitzen. Das Patent stellt ein negatives Ausschließungsrecht dar, kein positives Nutzungsrecht. Die Schutzrechtsdauer liegt bei maximal 20 Jahren, ab dem Tag der Anmeldung.

Patentamt (*patent office*) Die Hauptaufgabe eines Patentamtes ist es, der Öffentlichkeit Informationen über Patente und den Stand der Technik umfassend, offen und frei zugänglich zu machen.

Patentanwalt (*patent attorney*) Ein Patentanwalt ist ein juristisch ausgebildeter In-genieur, Naturwissenschaftler oder Wirtschaftsingenieur, der speziell die Interessen von Erfindern oder Anmeldern im Bereich der gewerblichen Schutzrechte vertritt. Patentanwälte werden nach der Patentanwaltsordnung berufen.

Patentblatt (*official gazette*) Das Patentblatt ist die offizielle Veröffentlichung der Patentämter, in denen Neuanmeldungen, Erteilungen, Eintragungen, Löschungen und andere wichtige Rechtsstanddaten zu Patenten (und Gebrauchsmustern) veröffentlicht werden.

Patentfamilie (*patent family*) Unter einer Patentfamilie wird die Zusammenstellung aller Patentanmeldungen, die auf eine gemeinsame Ursprungsanmeldung (Priorität) zurückgehen, verstanden. So können zu einer in Deutschland zum Patent angemeldeten Erfindung beispielsweise entsprechende Anmeldungen in den USA, Frankreich und Großbritannien vorliegen.

Patentinformation (*patent information*) Patentinformationen können in die drei Bestandteile technische, bibliografische und rechtliche Informationen untergliedert werden. Zum ersten Teil zählt das technische Wissen, zum zweiten beispielsweise der Anmelder- oder Erfindername und zum dritten Teil der Rechts- und Verfahrensstand.

Patentinhaber (*patentee*) Der Patentinhaber ist eine natürliche juristische Person, für die ein Patent eingetragen wurde. Er alleine kann über das Patent verfügen.

Patentklassifikation (*patent classification*) Bei der Klassifikationen von Patenten wird die Anwendungs- und/oder die Funktionsorientierung der Erfindung berücksichtigt. International und national sind oder waren verschiedene Patentklassifikationen im Einsatz. Heute gilt die Gemeinsame Patentklassifikation als die bedeutendste, da sie von vielen Patentämtern der Welt genutzt wird.

Patentprüfung (*patent examination*) Nach fristgerechtem Einreichen des Prüfungsantrages und der Entrichtung der anfallenden Gebühr beginnt das Patentamt mit der Patentprüfung. Sie erfolgt nach den formalen und verwaltungstechnischen Anforderungen, den Anforderungen an die Patentierbarkeit des Patentinhaltes und den Anforderungen an die Patentfähigkeit des erfinderischen Gegenstandes wie im Patentgesetz festgelegt.

Patentgutachten (*opinion*) Ein rechtsanwaltliches Gutachten (Wertgutachten, Verletzungs- und Rechtsbeständigkeitsgutachten) im Kontext der Patente wird Patentgutachten genannt. Es spielt im Rahmen der *Due Diligence* eine wichtige Rolle.

Patentverletzung (*infringement of a patent*) Eine Patentverletzung ist die unberechtigte Nutzung einer patent- oder gebrauchsmustergeschützten Erfindung zu betrieblichen Zwecken. Der Verletzer kann auf Unterlassung bzw. Schadensersatz verklagt werden. Schuldhaft handelt dabei ein Gewerbetreibender, wenn er Nachforschungen zu Schutzrechten unterlässt.

PCT-Anmeldung (*PCT application*) Die PCT-Anmeldung ist eine internationale Patentanmeldung bei der Weltorganisation für geistiges Eigentum in Genf. Mit dieser Anmeldung kann eine Option auf eine Patentierung in mehreren Vertragsstaaten erworben werden. Diese Option kann bis zu 30 Monaten nach der ersten Priorität der Anmeldung eingeleitet werden.

Priorität (*priority*) Das Datum der allerersten Anmeldung einer Erfindung in einem Vertragsstaat der Pariser Verbandsübereinkunft wird unter der Bezeichnung Priorität gefasst. Innerhalb einer Frist von 12 Monaten kann der Anmelder in jedem anderen Mitgliedsstaat eine Anmeldung tätigen, da er die Priorität, also den Vorrang, innehat. Das Prioritätsdatum ist zudem der Stichtag für die Prüfung auf Neuheit.

Prioritätsdatum (*priority date*) Von einem Prioritätsdatum mit der Bedeutung des zeitlichen Vorrangs spricht man, wenn ein früheres Datum als das Anmeldedatum den Zeitrang eines Patentes begründet. Im Allgemeinen entspricht das Prioritätsdatum aber dem Anmeldedatum.

Prioritätsjahr (*period for claiming the right of priority*) Mit der Bestätigung des Eingangs der Patentanmeldung durch das Patentamt beginnt das Prioritätsjahr. Der Anmelder kann dieses Jahr dazu nutzen, sein Patent auch in anderen Ländern anzumelden.

Prüfungsantrag (*request for examination*) Mit einem Prüfungsantrag setzt der An-melder die Prüfung seiner Anmeldung in Gang. Die Antragstellung kann schon bei Einreichen der Anmeldung beim EPA innerhalb von sechs Monaten nach Veröffentlichung des Rechercheberichtes bzw. beim DPMA innerhalb von sieben Jahren erfolgen.

Prüfungsbescheid (*examiner´s action*) Mit dem Prüfungsbescheid werden dem Anmelder etwaige Mängel und Bedenken hinsichtlich der Patentfähigkeit mitgeteilt. Bei unvollständiger oder nicht fristgemäßer Beantwortung des Prüfbescheides erfolgt eine Zurückweisung der Anmeldung durch die Patentprüfstelle.

Prüfungsverfahren (*examination procedure*) Im Prüfungsverfahren wird die Patentanmeldung in formeller und materieller Hinsicht auf die Patentfähigkeit des Anmeldungsgegenstands hin geprüft. Der gebührenpflichtige Antrag auf Prüfung der Patentanmeldung kann gleichzeitig mit der Anmeldung bzw. innerhalb von sieben Jahren ab dem Anmeldetag vom Patentsucher oder von jeglichem Dritten, der hierdurch jedoch nicht am Prüfungsverfahren beteiligt wird, gestellt werden. Ist bis zum Ablauf der Siebenjahresfrist kein Prüfungsantrag gestellt worden, gilt die Anmeldung als zurückgenommen. Das Ergebnis des Prüfungsverfahrens wird dem Antragsteller im Prüfungsbescheid mitgeteilt.

Recherchegenauigkeit (*precision*) Die Recherchegenauigkeit ist ein Maß für die Recherchequalität und ergibt sich als Quotient aus der Anzahl der relevanten Informationen und Dokumente im Suchergebnis sowie der Gesamtzahl der Informationen und Dokumente im Suchergebnis.

Recherchevollständigeit (*recall*) Der Recherchevollständigkeit ist ein Maß für die Recherchequalität und errechnet sich als Quotient aus der Anzahl der relevanten Informationen und Dokumente im Suchergebnis sowie der Gesamtzahl der relevanten Informationen und Dokumente.

Rechtsstand (*legal status*) Der Rechtsstand zu gewerblichen Schutzrechten gibt Auskunft über den rechtlichen Status wie beispielsweise über die Eintragung, das Widerspruchs- bzw. Einspruchsverfahren oder die Löschung des Schutzrechtes.

SAO-Strukturen (*SAO structures*) Semantische Strukturen, die aus einem Subjekt, einem Prädikat und einem Objekt bestehen, werden SAO-Strukturen oder auch Problemlösungsstrukturen genannt. Sie spiegeln die Kernaussagen eines Satzes wider, wobei die Prädikat-Objekt-Struktur als das Problem bzw. die jeweilige Aufgabenstellung interpretiert werden kann und das Subjekt als die dazugehörige Lösung.

Schlüsselerfinder (*key inventor*) Schlüsselerfinder sind Erfinder, die sich durch eine hohe Patentaktivität bei gleichzeitig hoher Patentqualität auszeichnen.

Schutzbereich (*extent of protection*) Der Schutzbereich eines Patents wird vom Inhalt der Ansprüche bestimmt. Der Begriff Inhalt bezieht sich nicht auf den reinen Wortlaut, sondern auf den Sachverhalt. Die Beschreibung und die Zeich-nung in der Patentschrift dienen lediglich der Auslegung. Der Patentschutz erstreckt sich daher nur so weit, wie die Erfindung in den Ansprüchen offenbart ist. Darüber hinausgehende Teile der Beschreibung/Zeichnung erweitern den Schutzbereich nicht.

Semantik (*semantics*) Unter Semantik wird die Lehre von den sprachlichen Zeichen und Zeichenfolgen oder auch die Bedeutung sprachlicher Begriffe verstanden.

Softwarepatent (*software patent*) Aus juristischer Sicht gibt es den Begriff Softwarepatent nicht, er wird im Allgemeinen nur umgangssprachlich verwendet. Im Patentwesen hat sich der Begriff Computer-implementierte Erfindung etabliert.

Sortenschutz (*plant patent*) Der Sortenschutz schützt das geistige Eigentum an Pflanzenzüchtungen. Es handelt sich dabei um ein dem Patent vergleichbares Ausschließlichkeitsrecht, das der Pflanzenzüchtung sowie dem züchterischen Fortschritt in Landwirtschaft und Gartenbau dient.

Stand der Technik (*state of the art, prior art*) Der Stand der Technik umfasst alle Kenntnisse, die vor dem für den Zeitrang der Anmeldung maßgeblichen Tag durch schriftliche oder mündliche Beschreibung, Benutzung oder in sonstiger Weise der Öffentlichkeit zugänglich gemacht worden sind. Als Stand der Technik gelten auch ältere bislang unveröffentlichte Patent- und Gebrauchsmusteranmeldungen.

Stemming (*stemming*) Das Stemming ist ein Verfahren, mit dem verschiedene morphologische Varianten eines Wortes auf ihren Wortstamm reduziert werden. Hierfür stehen zahlreiche Algorithmen zur Verfügung, so z.B. der Porter-Stemmer-Algorithmus.

Term-Dokument-Matrizen (*term document matrices*) In den Term-Dokument-Matrizen wird die Häufigkeit des Vorkommens bestimmter semantischer Strukturen (Terme) aus den mit Text-Mining Verfahren analysierten Patenten (Dokumenten) aufgelistet.

Text-Mining (*text mining*) Das Text-Mining umfasst computergestützte Verfahren für die semantische Analyse von Texten. Diese unterstützen die automatische bzw. semi-automatische Strukturierung von Texten.

Unteranspruch (*subsidiary claim*) Im Unteranspruch werden jegliche Ausgestaltungen und bevorzugte Ausführungsformen der Erfindung formuliert.

Urheberrecht (*copyright law*) Das Urheberrecht schützt Werke wie beispielsweise Kunst-, Literatur- und Musikschöpfungen, Rundfunksendungen und Computerprogramme vor unbefugtem Kopieren und bestimmten anderen Nutzungsarten. Voraussetzung für die Erteilung ist eine persönliche, geistige und schöpferische Leistung des Urhebers. Es bedarf jedoch keiner Anmeldung bei einer Behörde. Die Geltungsdauer des Urheberrechts und des Copyrights beträgt bis zu 70 Jahre nach dem Tod des Urhebers.

Weltpatent (*world patent*) Ein Weltpatent existiert nicht; der Begriff Weltpatent wird umgangssprachlich für Anmeldungen nach den PCT-Verfahren verwendet.

Widerruf (*revocation of the patent*) Der Widerruf eines Patentes erfolgt, wenn mangelnde Patentfähigkeit, eine unzureichende Offenbarung, eine widerrechtliche Entnahme oder eine unzulässige Erweiterung vorliegt. Der Einsprechende muss zumindest einen dieser Gründe vorbringen und belegen. Trifft ein Widerrufsgrund nur teilweise zu, erfolgt ein Beschluss auf beschränkte Aufrechterhaltung. Das Patent hat danach einen geringeren Schutzbereich. Bei vollem Widerruf gelten die Wirkungen des Patents als von Anfang an nicht eingetreten. Diese Änderungen werden im Patentblatt bekannt gemacht.

Zeichnung (*patent drawing*) Zeichnungen sind Bestandteile einer Patentschrift. Sie bilden zusammen mit der Beschreibung und den Ausführungsbeispielen die Offenbarung der Erfindung. Die Zeichnungen sind zur Auslegung der Patentansprüche heranzuziehen.

Zeitrang (*priority*) Der unveränderliche Anmeldetag legt den Zeitrang fest. Bei der Prüfung auf Patentfähigkeit scheiden Anmeldungen mit späterem Zeitrang aus. Gehen mehrere Anmeldungen am selben Tag bei einem Patentamt ein, so weisen sie alle den gleichen Zeitrang auf. Der Zeitrang kann durch die Inanspruchnahme einer Priorität vorverlegt werden.

Zipfsche Gestz (*Zipf's law*) Das nach George Kingsley Zipf benannte Gesetz befasst sich mit der antiproportionalen Entwicklung von Rang und Häufigkeit der Wörter in einem Text.

Zurückweisung (*refusal of the application*) Die Zurückweisung einer Patentanmeldung erfolgt, wenn diese die vom Patentgesetz vorgeschriebenen Bedingungen nicht erfüllt. Gründe für eine Zurückweisung sind beispielsweise Formmängel, mangelnde Patentfähigkeit oder fehlende Neuheit.

Zusammenfassung (*abstract*) Eine Zusammenfassung des Erfindungsgedankens aus der Patentanmeldung ist laut Anmeldeverordnung vom Patentanmelder gefordert und wird von diesem erstellt. Zur Beurteilung der Patentfähigkeit wird sie allerdings nicht herangezogen.

Autoren

Dr. Lothar Walter, Dipl.-Physiker, war nach Studium und Promotion an den Universitäten in Darmstadt, Würzburg und Bremen von 1993 bis 2001 für neugegründete Unternehmen im Bereich der Medizintechnik in den neuen Bundesländern aktiv. Sein Tätigkeitsfeld lag in der Erarbeitung von Vertriebskonzepten sowie in der Schaffung und Umsetzung eines für Medizinproduktehersteller geforderten Qualitätsmanagementsystems. Als Vertriebsleiter war er für den Absatz der Produkte in Deutschland verantwortlich.

Seit 2001 ist Dr. Lothar Walter als Akademischer Oberrat am Institut für Projektmanagement und Innovation im Fachbereich Wirtschaftswissenschaft der Universität Bremen tätig. Als Senior Researcher der Universität forscht er auf dem Gebiet des Patentmanagements; insbesondere stehen hier Fragen zum methodischen Erfinden, zur Organisation der Patentarbeit und zur Wissenserschließung aus Patenten mittels semantischer Analysen im Vordergrund.

Seit 2010 hält Dr. Lothar Walter an der Universität Bremen Vorlesungen zum Thema Patentmanagement für Studierende des Masterstudienganges Wirtschaftsingenieurwesen und des Bachelorstudienganges Betriebswirtschaftslehre. Zudem lehrt er seit 2012 an der Carl von Ossietzky Universität am dortigen Center für lebenslanges Lernen (C3L) das Fach Patentmanagement im Masterstudiengang Innovationsmanagement.

Frank C. Schnittker, Dipl.-Ingenieur, war nach seinem Studium an den Technischen Universitäten Clausthal und Berlin lange Jahre in der Forschung und Entwicklung sowie im Service und Vertrieb von Bergbaumaschinen- und Krantechnik tätig. Nach 20 Ingenieursjahren absolvierte er ein patentrechtliches Fernstudium und durchlief neben seiner Tätigkeit als Senior IP-Manager eines US-amerikanischen Maschinenbaukonzerns eine Ausbildung zum US-Patentvertreter.

Frank C. Schnittker ist seitdem vor dem USPTO als zugelassener Patentvertreter tätig und vertritt hauptsächlich seinen Arbeitgeber; zudem berät er weitere – vornehmlich aus USA und Europa stammende – Mandanten. Seine kombinierte Expertise bestehend im DE-, EP-, PCT- und US-Patentrecht wie auch seine Verbindungen zu international agierenden Kanzleien sind insbesondere im Bereich der patentprozessoptimierten Praxis nachgefragt.

Frank C. Schnittker ist Mitglied mehrerer berufsständischer Vereinigungen und Fachgremien auf nationaler und internationaler Ebene. In Kooperation mit anderen Patentvertretern und Technologiemanagement-Fachexperten hält er wiederkehrend Vorträge, Workshops und Seminare in den Bereichen operatives Patentmanagement, mit Schwerpunkt Freedom-to-operate-Prozesse, sowie zu Innovationsmethodiken.

Stichwortverzeichnis

Abmahnung 287
Absicherungsfunktion 44
Abstandsoperator 123
Ähnlichkeitskurve 183, 187
Ähnlichkeitsmaß 162, 184, 185, 187
Ähnlichkeitsmessung 149
Ähnlichkeitsmatrix 189, 202
America Invents Act (AIA) 26, 49, 217
Amtsblatt 57
Amtssprache 22, 333
Analyse, siehe Patentanalyse
Anmeldedatum 14, 19, 121, 128, 144
Anmelder 19, 22, 25, 27, 30, 40, 51, 85, 92, 109, 128, 129, 143, 170, 206, 236, 242, 282, 297, 332
Anmelderprinzip, siehe Erstanmelderprinzip
Anmeldeverfahren 58
Anmeldung, siehe Patentanmeldung
Anreizfunktion 42
Ansprüche, siehe Patentanspruch
Anspruchskategorie 241
Antrag 19, 31, 36, 40, 64, 66, 235
Anwaltsprivileg 321
Appropriationsstrategie 244, 294
Arbeitnehmererfindergesetz (ArbnErfG) 278
Arbeitnehmererfinderrecht 50, 67, 70
Arbeitnehmererfindung 67, 304
Aufgabe 93, 94, 97, 98
Aufrechterhaltung 14, 50, 55, 260, 267, 276, 283, 300, 332
Ausführungsbeispiel 87
Auslegung 25, 92, 93, 211, 215
Ausschlussfunktion 42

Bargaining chips 44
Benutzung 16, 55, 111, 318
Beschreibung 144, 160, 211, 281, 283
Beschwerde 20, 22, 56, 286
Beschwerdekammer 22, 61
Beschwerdeverfahren 20, 27, 59, 61, 62, 67, 205
Betriebsgeheimnis 74
Beweis 26, 206, 318
Bewertung, siehe Patentbewertung
Bewertungsanlass 298
Bewertungsverfahren 298, 309, 310
Bibliografische Daten 87, 91, 129

Big Data 82, 144, 332
Boolsche Operatoren 113, 114, 118, 122
Bundesgerichtshof (BGH) 60, 288
Bundespatentgericht (BPatG) 20, 60, 72, 73, 288
Bundessortenamt (BSA) 36

Chinesische Patentamt (SIPO) 50, 57, 59
Complete-Linkage-Methode 184
Compliance 207, 215, 313
Computer-implementierte Erfindung 35
Cosine-Koeffizient 185
Cross licensing, siehe Kreuzlizenzierung

Data-Mining 137, 138, 144, 145, 147, 148, 183, 280, 332
Datenbank, siehe Patentdatenbank
Defensive Patentstrategie 237
Defensive Publikation 238, 278
DEPATISnet 109, 117, 122, 123, 124, 128, 129
Designgesetz (DesignG) 38
Designschutz 38, 56, 273, 278
Designverordnung (DesignV) 38
Deskriptive Statistik 129, 147, 150, 297
Deutsche Klassifikation (DEKLA) 104
Deutsche Patent und Markenamt (DPMA) 57
Deutsches Patent (DE-Patent) 18, 124
Diensterfindung 50, 71, 72, 73, 74, 279
Discovery 206, 317, 321
Due Diligence 141, 205, 315, 317
Durchschnittsfachmann 15, 142, 143, 218

Eigentum, siehe Geistiges Eigentum
Einheitliches Patentgericht 61
Einheitspatent 23, 61, 331
Einreichung 30, 31, 91, 236, 237, 281, 282, 283, 332
Einspruch 20, 22, 26, 55, 110, 288
Einspruchsfrist 20, 287, 288
Einspruchsverfahren 237, 287, 288
Einsteigerrecherche 124, 125
Entdeckung 10, 12, 13
Entgegenhaltung 119, 283
Entschädigung 60, 210
Erfinder 8, 25, 49, 54, 64, 65, 67, 68, 69–74, 85, 109, 128, 129, 174, 218, 275, 277, 333
Erfinderische Tätigkeit 20, 22
Erfinderpreis 11

Erfinderprinzip, siehe Ersterfinderprinzip
Erfindung 9, 10, 12, 13, 15, 17, 19, 20, 34, 54, 56, 64, 69, 70, 72, 93, 94, 95, 104, 217, 234, 235, 252, 262, 319
Erfindungshöh 15, 55, 82, 174
Erfindungsmeldung 50, 278
Erstanmelderprinzip 49, 217, 330
Ersterfinderprinzip 25, 49, 217, 218, 330
Erteilung, siehe Patenterteilung
Erteilungsverfahren 22, 29, 67
Ertragswertorientierte Verfahren 298, 309
Erzeugnispatent 96
Espacenet 118, 123, 125, 128
Europäisches Patent (EP-Patent) 21, 22, 23, 28, 206, 331
Europäisches Patentamt (EPA) 21, 23, 28, 31, 49, 51, 85, 100, 118, 129, 282, 286, 311
Europäische Patentklassifikation (ECLA) 107
Europäisches Patentübereinkommen (EPÜ) 54
Expertenrecherche 124, 125

Fachanwalt 61, 206, 211
Fachmann, siehe Durchschnittsfachmann
Fahrspurdiagramm 164, 202, 203, 204, 297
File Index 106
Finanzierungsfunktion 45
First to file, siehe Erstanmelderprinzip
First to invent, siehe Ersterfinderprinzip
Forschung und Entwicklung (FuE) 41, 227, 264
Fortschritt 10, 36, 40, 50, 55, 59, 70, 107, 174, 245, 313
Freedom-to-operate (FTO) 10, 133, 138, 232
Freie Erfindung 72
Fremdschutzrecht 64, 278, 285, 287, 314, 315, 316, 318, 319
F-term 106
FTO-Opinion 211, 216, 314, 317
FTO-Statement 206, 207, 211, 317
FuE-Management 139, 166, 269
FUE-Personalmanagement 141

Gebrauchsmuster 27, 34, 56, 59, 90, 100, 106, 211, 246, 278, 282, 333
Gebrauchsmustergesetz (GebrMG) 34
Gebrauchsmusterverordnung (GebrMV) 34
Geheimhaltung 225, 230, 278
Geistiges Eigentum 36, 208, 260
Gemeinsame Patentklassifikation (CPC) 83, 100
Gemeinschaftsmarke 38
Gemeinschaftsmarkenverordnung (GMV) 38
Geschäftsführer 236, 272, 314

Geschäftsprozess 35, 84, 147
Geschäftsprozesspatent 36
Geschmacksmuster 38, 59, 92
Geschmacksmustergesetz (GeschmMG) 38
Geschmacksmusterverordnung (GeschmMV) 38
Gewerbliche Anwendbarkeit 20, 34, 83
Gewerbliches Schutzrecht 8, 10, 14, 32, 57, 260
Globale Patentstrategie 240
Grace Period siehe Neuheitsschonfrist
Grundstrategie 113, 114

Häufigkeit 158, 162, 163, 183, 192
Hauptanspruch 95, 97, 212, 319
Heat Map 163, 189, 190, 297
Herstellungsverfahren 96, 97, 315
Hidden-Markov-Modell 156

Ideengenerierung 269, 277
Imitation 40, 46, 225, 262
Inanspruchnahme 16, 50, 73, 278, 283
Inclusion-Koeffizient 185
Informationsfunktion 43, 108, 236
INID-Code 91
Innovation 40, 229, 269, 277
Innovationskultur 270, 277
Innovationsmanagement 8, 133, 259, 264, 269, 271, 273, 275
Innovationsstrategie 227, 270
Intangible Assets 28, 303
Intellectual Property, siehe Geistiges Eigentum
Interferenzverfahren 26, 217
Internationale Patentklassifikation (IPC) 83, 103
Internationaler Patentschutz 28
Internationale Patentstrategie 239
Inventing Around, siehe Umgehungslösung
Italienisches Torpedo 289

Jaccard-Koeffizient 185
Jahresgebühr 14, 283
Japanische Patentamt (JPO) 106

Kartell 248, 250, 253
Klassifikation, siehe Patentklassifikation
Knowhow 141, 238, 252, 264, 303
Kostenorientierte Verfahren 307
Kreativität 47, 259, 277
Kreativitätstechnik 269, 277
Kreuzlizenz, siehe Kreuzlizenzierung
Kreuzlizenzierung 44, 208, 230, 231, 243, 245, 247, 249, 298

Ländercode 89
Landgericht (LG) 60
Lemmatisierung 161, 183, 192
Lizenz 45, 208, 245, 246
Lizenzanalogie 279, 308
Lizenzgebühr 247, 248

Marken 27, 29, 37, 58, 59, 273
Markengesetz (MarkenG) 37
Markenverordnung (MarkenV) 37
Markenwert 38, 39
Marketing 228, 264, 270, 273, 274, 296, 305, 310
Marktpreisorientierte Verfahren 308
Merkmalsanalyse 213, 215, 216
Merkmalsaufstellung 143, 212, 213, 215, 216, 219
Metadaten 150, 151, 152, 153, 154
Monopol 42
Mopopolgewinn 40
Multidimensionale Skalierung (MDS) 163
Multinationale Patentstrategie 240
Multivariate Verfahren 196

Nachahmung 225, 229, 230, 232, 296
Nachanmeldung 24, 27, 32, 52, 65, 283, 333
Namensrecherche 109
Natural Language Processing (NLP) 155, 156
Nebenanspruch 95
Neuheit 15, 16, 20, 27, 30, 34, 39, 82, 108, 174
Neuheitsrecherche 108, 113
Neuheitsschonfrist 26, 39, 49, 218
n-Gramm 157, 185
Nichtigkeit 20, 86, 333
Nichtigkeitsklage 20, 110, 217, 287, 288
Nichtigkeitsverfahren 45, 110, 219, 288, 313
Nicht-Patentliteratur 12, 119

Oberbegriff 95, 99, 209
Oberlandesgericht (OLG) 60
Offenbarung 16, 57, 65, 93, 97, 281, 283
Offenlegung 8, 19, 43, 236
Offenlegungsschrift 87, 89, 90, 167, 214
Offensichtlichkeitsprüfung 19, 82
Offensive Patentstrategie 238
Open Source 245, 334
Operatives Patentmanagement 261, 291, 292, 315
Operator, siehe Boolsche Operatoren
Opinion, siehe FTO-Opinion
Organisation 262, 267, 268, 270, 271, 272, 274, 276

Pariser Verbandsübereinkunft (PVÜ) 19, 49, 92
Patent 8, 13, 14, 17, 33, 41, 42, 43, 44, 45, 137, 165, 225, 259, 278, 328
Patentamt 9, 14, 17, 19, 30, 34, 54, 55, 56, 57, 63, 64, 65, 66, 67, 274, 281, 282, 288, 332
Patentanalyse 148, 154, 160, 164, 169, 177, 207, 211, 212, 217, 314
Patentanmelder, siehe Anmelder
Patentanmeldung 17, 24, 25, 26, 64, 65, 69, 235, 236, 281, 283, 297
Patentanspruch 19, 53, 59, 92, 95, 96, 109, 211, 216, 240
Patentanwalt 24, 63, 66, 211, 215, 216, 274, 279, 281, 282, 283, 286, 315, 316, 317, 320
Patentanwaltskammer 66
Patentanwaltsliste 66
Patentbeschreibung, siehe Beschreibung
Patentbewertung 148, 229, 298, 302, 304, 305, 307, 308, 310, 311
Patentblatt 19, 84, 85
Patentblockade 248, 251
Patentdatenbank 81, 87, 109, 111, 115, 116, 117, 118, 120, 122, 123, 128, 160
Patentdickicht 238, 248, 249
Patentdokument 84, 85, 91, 92, 97, 98, 120
Patenterteilung 14, 20, 22
Patentfähigkeit 14, 17, 19, 20, 25, 26, 30, 32, 35, 51, 55, 60, 66, 174, 278, 286, 319
Patentfamilie 118, 128, 177, 296, 298, 304, 316, 333
Patentfamilienrecherche 108, 110
Patentgericht 54, 59, 61, 64, 66
Patentgerichtsbarkeit 23, 54, 59, 61, 62, 64
Patentgesetz (PatG) 35, 48, 49, 50, 235
Patenthaie, siehe Patenttrolle
Patentinformation 82, 85
Patentinformationsflut 82, 159
Patentinformationszentrum 18, 66, 81, 120, 216
Patentinhaber 22, 23, 42, 53, 59, 60, 70, 86, 210, 211, 217, 218, 219, 252, 286, 287, 288, 289, 319
Patentkauf 251
Patentklassifikation 88, 104, 107
Patentlandkarte 196, 200, 201, 208, 210
Patentlaufzeit 229
Patentmanagement 80, 138, 225, 259, 260, 261, 262, 264, 271, 272, 273, 274, 275, 292, 301
Patentmonitoring, siehe Patentüberwachung
Patentpool 248, 249, 250

Patentportfolio 73, 178, 179, 180, 293, 331
Patentportfoliomanagement 285
Patentprüfer 31, 56, 65, 84, 174
Patentprüfung, siehe Prüfungsverfahren
Patentrecherche 79, 80, 104, 111, 112, 149, 215
Patentrechercheprozess, siehe Rechercheprozess
Patentrecht 24, 25, 26, 46, 50, 51, 69, 218, 250, 330
Patentregister 84, 86
Patentschrift 87, 90, 116, 117
Patentschutz 14, 17, 18, 20, 21, 23, 24, 27, 28, 35, 43, 225, 236, 330, 331, 332, 334
Patentstrategie 140, 141, 229, 232, 234, 239, 293, 294, 295, 296, 300
Patentstreit 20, 24, 61, 62, 247, 274, 287
Patenttroll 45, 296, 319
Patentüberflutungsstrategie 242, 243
Patentüberwachung 111, 186
Patentverkauf 246, 251
Patentverletzung 252, 289, 317, 320
Patentverletzungsklage 43, 313
Patentverletzungsprozess 317
Patentvertreter 61, 63, 64, 65, 66, 67, 211
Patentverwertung 45, 244, 248, 251, 253
Patentverwertungsagentur 45, 251
Patentwert 180, 253, 304, 305, 308, 310
Patentzaun 241, 243
Patentzaunstrategie, siehe Patentzaun
Patentzeichnung, siehe Zeichnung
Patinformatics 147, 148, 150
PatVisor 149, 155, 159, 160, 162, 163, 183, 186, 187, 192, 194, 196, 202
PCT-Anmeldung 29, 30, 31, 51, 59, 91, 240
Portfoliomanagement 285
Pragmatik 155
Precision, siehe Recherchegenauigkeit
Priorität 16, 19, 26, 27, 52, 66, 110, 217, 235, 283, 301
Prioritätsdatum 19, 21, 282
Prioritätsjahr 19
Produktentwicklung 275, 305
Produktinnovation 230
Produktmanagement 264, 272, 273, 284
Projektmanagement 266, 268, 273
Prozessinnovation 230
Prüfungsantrag 22, 32, 282
Prüfungsbescheid 65, 68, 283, 290
Prüfungsverfahren 19, 24, 27, 28, 31, 33, 82, 110, 212, 218, 283, 297, 306

Recall, siehe Recherchevollständigkeit
Recherche, siehe Patentrecherche
Recherchebehörde 30, 51
Recherchebericht 21, 30, 88, 91, 133
Recherchegenauigkeit 131, 133
Rechercheprozess 79, 111, 332
Recherchestrategie 79, 111, 113, 133
Recherchevollständigkeit 131, 133
Rechercheziel 111, 112, 121, 280
Rechtsbezogene Patentanalyse, siehe Patentanalyse
Rechtsstand 43
Rechtsstandsrecherche 108, 110
Reputationsfunktion 44
Ressourcenmanagement 276
Ressourcentheorie 262, 263
Risikomanagement 141, 142, 207

Sachrecherche 30, 108, 110, 111
SAO-Struktur 155, 156, 159, 162
Schadenersatz 60, 208, 217
Schlagwortsuche 111
Schlagwortwolke 191
Schlüsselerfinder 141, 253
Schrittmachertechnologie 243
Schutzanspruch, siehe Patentanspruch
Schutzbereich 43, 52, 143, 209, 212, 215, 297
Schutzrecht, siehe Gewerbliches Schutzrecht
Schutzrechtsanmeldung, siehe Patentanmeldung
Schutzrechtsbestand 293, 296, 298, 299
Schutzrechtsverteidigung, siehe Verteidigung
Schutzumfang 205, 209, 211, 215, 234, 241, 242, 296
Sektion 100, 101, 103
Semantik 155
Semantische Navigieren 164, 191, 196
Semantische Patentanalyse 159, 160
Semiotik 154, 155
Signalfunktion 44
Softwarepatent 35, 68, 79
Sortenschutz 36
Sortenschutzgesetz (SortSchG) 36
Sperrpatent 74, 219, 263, 282, 296, 298
Spinnendiagramm 181, 182
Sprachfilter 146, 159, 161, 183, 194
Stand der Technik 15, 16, 17, 19, 26, 30, 45, 94, 107, 110, 205, 212, 215, 279, 280, 318, 319
Stand der Technik Recherche, siehe Sachrecherche

Statute of Monopolies 48
Stemming 161, 183, 192
Stoppwörter 157, 161, 183, 192
Strategie, siehe Patentstrategie
Strategisches Patentmanagement 281, 302
Suchbefehl 111, 112, 119, 121, 123, 124, 127, 129, 133
Suchbegriff 113, 118, 122, 124, 125
Suchmaschine 114, 280, 332
Supreme Court 62
Syntaktik 155
Syntax 113, 155

Tagcloud, siehe Schlagwortwolke
Tauschmittelfunktion 44, 232
Technizität 84
Technologieattraktivität 178, 179
Technologiebewertung 164, 280
Technologieentwicklung 228, 249, 265
Technologiefrüherkennung 295
Technologiemanagement 264, 266, 267, 268, 269, 270, 271, 272, 273, 274
Technologiemonitoring 164, 165
Technologieportfolio 139, 178, 268
Technologiestandard 248, 249
Technologietransfer 246, 250, 253
Term-Dokument-Matrix 195, 197
Termfrequenz - inverse Dokumentenfrequenz (Tfidf) 193
Testfunktion 46
Text-Mining 145, 146, 149, 280
Theorie des erfinderischen Problemlösens (TRIZ) 68
Titel 85, 88, 97
Titelblatt 87, 88
Trade-Related Aspects of Intellectual Property Rights (TRIPS) 49
Transaktion 141
Transnationale Patentstrategie 240
Trendanalyse 130, 165
Trendverlauf 165, 167, 297
Triade-Patent 52
TRIPS-Abkommen 49

U-Boot Patent 45
Überraschungsfunktion 45, 205
Überwachungsrecherche 111, 186
Umgehungslösung 42, 207, 216, 229, 238, 243, 244, 253, 318

Unitary Patent, siehe Einheitspatent
Unteranspruch 94, 95, 97
Unterlassung 36, 210, 319, 320
Unternehmensfunktionen 264, 265, 270, 271, 292
Unternehmensstrategie 141, 225, 227, 229, 232, 234, 239, 261, 268, 294, 295, 300
Unternehmensziel 229, 232, 233, 266, 267, 275, 293, 294
Urheberrecht 32, 273, 303, 334
US-amerikanische Patentamt (USPTO) 24, 82, 100, 118
US-amerikanisches Patent (US-Patent) 58, 105, 106, 126
US-Patentklassifikation (USPC) 106, 119

Verbietungsrecht 43, 50, 54, 210
Verfahrenspatent 96, 97
Verletzung, siehe Patentverletzung
Verletzungsabwehr 137, 215, 216
Verletzungsrecherche 108, 109, 111, 113, 211, 212, 317
Verletzungsvermutung 137, 206, 210, 212, 216, 217, 314
Verteidigung 23, 59, 64, 260, 276, 285, 287
Vorentwicklung 265, 266, 273

Warenzeichen, siehe Marke
Weltorganisation für geistiges Eigentum (WIPO) 28, 46, 49, 83, 119
Weltpatent 28, 51, 240, 331
Wettbewerberanalyse 139, 164, 169, 171
Wettbewerberbeobachtung 237, 305
Wettbewerberrangfolge 169, 171
Wettbewerbsfähigkeit 169, 261, 267, 330
Wettbewerbsrecht 32, 250
Widerruf 22, 86, 286, 288
Widerspruch 285
Wissensspillover 236

Zeichnung 93
Zeitrang 19, 111
Zipfsche Gesetz 158, 183
Zitate, siehe Zitationen
Zitationen 140, 174, 177, 312
Zitationsanalyse 147
Zitationsnetz 174, 297
Zusammenfassung 19, 85, 87, 92, 98, 144, 160
Zwangslizenz 53, 334